珍藏本
纪念版

汉译世界学术名著丛书

路易十四时代

〔法〕伏尔泰 著

吴模信 沈怀洁 梁守锵 译

吴模信 校

2017年·北京

LE SCIÈCLE DE LOUIS XIV

Par Voltaire

Garnier Frères, Libraires-Editeurs, Paris.

根据巴黎加尼埃兄弟出版社版本译出

汉译世界学术名著丛书
（120 年纪念版·珍藏本）
出 版 说 明

2017 年 2 月 11 日，商务印书馆迎来 120 岁的生日。120 年前，商务印书馆前贤怀揣文化救国的理想，抱持“昌明教育，开启民智”的使命，立足本土，放眼寰宇，以出版为津梁，沟通中西，为中国、为世界提供最富智慧的思想文化成果。无论世事白云苍狗，潮流左右激荡，甚至战火硝烟弥漫，始终践行学术报国之志，无改初心。

迻译世界各国学术名著，即其一端。早在 20 世纪初年便出版《原富》《天演论》等影响至今的代表性著作，1950 年代后更致力于外国哲学和社会科学经典的译介，及至 1980 年代，辑为“汉译世界学术名著丛书”，汇涓为流，蔚为大观。丛书自 1981 年开始出版，历时三十余年，迄今已推出七百种，是我国现代出版史上规模最大、最为重要的学术翻译工程。

丛书所选之书，立场观点不囿于一派，学科领域不限于一门，皆为文明开启以来，各时代、各国家、各民族的思想与文化精粹，代表着人类已经到达过的精神境界。丛书系统译介世界学术经典，引领时代思想，为本土原创学术的发展提供丰富的文化滋养，为推动中国现代学术和现代化进程做出了突出的贡献。

为纪念商务印书馆成立120周年，我们整体推出“汉译世界学术名著丛书”120年纪念版的珍藏本，寄望既利于文化积累，又便于研读查考，同时向长期支持丛书出版的译者、编者和读者致以敬意。

两甲子后的今天，商务印书馆又站在了一个新的历史时间节点上。我们不仅要铭记先辈的身影和足迹，更须让我们的步伐充满新的时代精神。这是商务人代代相传的事业，更是与国家和民族的命运始终紧密相连的事业。我们责无旁贷，必须做好我们这代人的传承与创造，让我们的努力和成果不仅凝聚成民族文化的记忆，还能成为后来人可以接续的事业。唯此，才能不负前贤，无愧来者。

商务印书馆编辑部

2017年10月

中译本序言

一

1715年,本书的中心人物路易十四去世。他留下一个经济崩溃、民穷财尽的法国。继位者路易十五无论在智慧、才干和魄力上都大为逊色。旧制度的弊端已充分显露,宫廷生活糜烂不堪,国王不擅治政,大臣们钩心斗角,各自为政。专制统治却变本加厉,密札捕人、严刑拷打、草菅人命之事屡屡发生。在文化上也是如此,出版物动辄被查禁,大部分政治和哲学著作不是无法出版,就是被焚被抄。

本书就是在这种压抑的气氛中酝酿的,那时正是1732年,伏尔泰已是三十七岁,处于成熟之年。可是,在人生的征途上,他已经遭受一系列厄运:因写讽刺诗,1716年被逐出巴黎,次年再次被捕,投入臭名昭著的巴士底狱。1719年,又因诗文之祸被放逐,软禁于絮利。1725年,因与一贵族口角,重被囚于巴士底狱。1726年被押解到加莱,流放到对岸的英国,两年后才获准返回。

伏尔泰在本书的漫长写作期间,因逃避政府通缉,1734年逃往西雷,1737年逃往布鲁塞尔。到1751年本书脱稿时为止,著者在二十年间被放逐五次,被囚禁两次。虽然遭到多次如此残酷的打击,伏尔泰仍不屈不挠、始终不渝地从事研究和写作,成果是丰富的。

让我们回顾一下著者五十七岁以前的文学生涯。在流亡英国期间，他接触到迄今为止的先进哲学思想，会见了文史哲和科学方面的名流，考察了英国的社会制度，向法国公众介绍了牛顿和贝克莱。

随后，他又拿起犀利的战斗史笔，讽刺了一位穷兵黩武、愚蠢自大的北欧国王，这就是他的三部著名史书之一的《查理十二史》。1744—1750年，伏尔泰同进步的哲学家狄德罗、达朗贝一起，为新时代的号角《百科全书》的出版，作出重大贡献，这也就是为启蒙思想运动做了极有意义的前驱性工作。

至于他的史诗（如《亨利亚特》）、悲剧（如《恺撒之死》、《穆罕默德》）、小说（如《查第格》、《如此世界》），在本书完成以前都已出版，并且受到广大读者欢迎。然而，现实是残酷的，伏尔泰虽然已是遐迩闻名，但却免不了司法机关的残酷迫害。如前所述，在他酝酿、执笔和完成本书以前，他早已饱尝人间的辛酸悲苦。面对着如虎的苛政和糜烂的社会，他的心情是抑郁、暴躁和痛苦的。据阿尔弗雷·雷贝留的见解，对当时现实的严重不满使伏尔泰更加怀念路易十四的光辉业绩，使他以对前朝的讴歌来讽喻当前的政局和社会状况，这是不无道理的。

如本书导论所示，著者撰写本书的目的不在于写路易十四个人，而在于写他那个时代，以及那个时代人类的精神文化所取得的进步。在伏尔泰心目中，路易十四时代并不意味着路易十四的一生，而是略早和略晚于这个人的寿命。因此，以路易十四命名那个时代绝不意味着伏尔泰全盘肯定这个时代和这位君主的一切。伏尔泰在 1731 年 8 月 24 日给奥利维的信中明确说过:“营、连的战斗、战败,城池的得失,历来的历史都是如此。路易十四时代在战争和政治方面,丝毫不优于其他史书,甚至远不如联盟和查理五世时代有趣。删掉艺术和人类精神的成果,就找不出足以引起后人注目的杰出东西来。”在另一处,他又说,书中的重点是“值得一切时代注意,能描绘人类的才智和风俗,足以起教导作用,引人热爱道德、学术和祖国的事情”。

所以,着重描绘那个时代人们的精神面貌和文化技艺的日臻完美,是本书的宗旨,或者说,写作的动机。

二

伏尔泰出身于一个公证人家庭。父亲有一定的社会地位,与上流社会人士有广泛的来往。他从小就从父辈的朋友口中听说到前朝许多辉煌事物,耳濡目染,印象很深。二十岁那年,他结识了圣昂热侯爵。他常常到枫丹白露后者的邸宅中去听讲路易十四朝的典故。

金信本书酝酿于 1732 年。此后,伏尔泰陆续出版了很多文学、哲学著作,有过撰述《查理十二史》的经验,这样,既有生花妙笔,又有敏于思维的头脑和勤奋的天才,由他来执笔叙述路易十四时代史显然是再理想不过了。

著者开始写作时离路易十四的死期不远,文字和口头材料易于寻求,这是伏尔泰所处的年代上的优越条件。他孜孜不倦地搜集材料。勤勉和一丝不苟始终贯穿这个漫长的过程,甚至在定稿以后也是如此。从准备伊始，他就阅读当若侯爵的著名回忆录手稿四十卷，即后来出版的《路易十四朝廷日记》(1681—1715)。当若是路易十四的宠信，下棋结交的好友，任副官，国王外出必偕同，曾数次衔命出使外国。此回忆录翔实可靠，圣西门写回忆录时也曾参考过。

1745—1747年，伏尔泰任王家史官，因与军机大臣达让松相友善，得以在军机部和外交部不间断研究各种文件档案，达六个月之久。后来他又研究了罗浮宫所藏国王给大使的训令和他们发回的外交报告。1700年，国王为教育王孙勃艮第公爵而编写的回忆录、路易十四的书简，伏尔泰由于担任宫内侍从而得以看过。维拉尔和托尔西元帅的回忆录，他都查阅过。对于《曼特农夫人回忆录》，他更是细心地研究过，多次指出文中附会和虚构之处。

他还很重视见证人和目击者的口述。他从前朝遗臣和显贵的口中获知很多重要史料。曾经辅弼过路易十五的枢机主教弗勒里曾请他到伊西去谈话，特意给他讲述前朝遗事。此外，他还同从国外归来的使节、贵妇、巴士底狱医生、国王的宠臣、卢瓦的家奴那里得到很多有用材料。

伏尔泰曾到荷兰、英国和法国游历，沿途对名胜古迹和湖光山色都不大留心，却喜欢到人群之中找人交谈。这一点很像马丁·路德为翻译《圣经》而广泛熟悉市井之言。不过，伏尔泰更注意社会风俗和人们的思想动态，自然也忘不了为他的史书搜集材料。他在里尔搜集参加过1709年和约谈判的荷兰代表回忆的材料。在海牙，他同熟悉西班牙王位继承战争的英国大使斯泰尔斯过从甚密。在英国，他会见了各界有识之士。此外，他还求助于其他有关人士，其如黎世留公爵元帅、普鲁士王太子等。

要取得他所需的史料，他就得克服种种障碍，对不同的人采用不同的方法和手腕，或甘言劝诱者，或晓以大义者，总之，礼貌和语言都要周到而有分寸。

由于有这种亲身经历，他下笔时就写得真切，令人信服。有时他在书中就以第一人称出现，现身说法，写一些亲身耳闻目睹的事情。这使人们不禁联想到罗曼·罗兰的《欣悦的灵魂》。罗曼·罗兰自己就出现在小说中，作为见证，把情节写得活灵活现。这种笔法有独到之处，值得注意。

不仅如此，全书出版后，他仍继续搜集史料，不断进行修改和补充。1752 年初，发现久已搜求的路易十四亲笔所写的回忆录在诺阿耶元帅手中，本书的第二版因此推迟。这个回忆录有助于领会和把握路易十四的为人和性格。

1756 年版增添了疯神父圣皮埃尔的手稿材料，圣皮埃尔尖锐地批评了路易十四的处事和施政。为了补充西班牙战争，伏尔泰又研究了瓦伦西亚主教达尼尔·达·柯苏阿尔的回忆录，等等。本书的修订持续达十年之久。

对于时人的意见，伏尔泰也是虚心听取的，不客气的批评，他也耐心倾听。

三

本书既是路易十四的传记，又是一个时代的写照。著者在许多地方都很强调写整个时代的重要性，但由于他对路易十四怀有好感，衷心敬慕，在人物的评价上有很大的偏颇。路易十四成了唯一的英雄，其他人物全都黯然失色。伏尔泰夸大了国王的德政、智慧和作用，而忽略了开明君主也有反动残暴的一面。溢美之辞近于恭维，过分的颂扬使说服力减弱。著者未能摆脱他的先入为主之见。对于路易十四在征战中的成败得失也有所论述，但不是本书的重点。

描写有史以来这一开明时代人们的精神面貌，人们在精神文化方面的进步是本书有别于前人之处。但是，把文化的昌盛归功于君主个人的提倡和保护，是不妥当的。人才荟萃，文物鼎盛，岂是君主独力所能创造？路易十四显然不会有法术把他们从历史中呼唤出来。在伏尔泰以后，这样的认识屡见不鲜。《意大利文艺复兴时期的文化》一书的作者雅各布·布克哈特就是如此。可见，这种错误认识带有时代的性质。

伏尔泰对于他所写的时代的评价也有言过其实之处。“这些杰出的作家的美好时代过去以后，很少再出现伟大的天才。将近路易十四逝世时，大自然似乎休闲了。”“这一时代今后很难超过。如果它在某些方面被超过，它仍然是它行将产生的那些更加幸运的时代的榜样。”我们已经看到，历史事实否定了这种看法。十七世纪在法国人心目中是一个伟大的世纪，但是，十八世纪却无可比拟地更加伟大。在法国大革命前夕，启蒙运动思潮蓬蓬勃勃，势不可挡。文史哲方面，群星灿烂，不可胜数。仅举其中荦荦大者，以见一斑：贝尔、孟德斯鸠、伏尔泰、狄德罗、卢梭、博马舍……以致法国竟然成为当时欧洲的文化中心。

本书的主要缺点已如上述。至于史料的审核、取舍、失真、遗漏等方面仍然存在不足之处，但也是在所难免的。正如本序言第二节所陈述的，伏尔泰的治史态度是严肃认真的，这是事情的主要方面。

四

1740 年，伏尔泰在给哈维勋爵的信中说："有些历史仅仅叙述一个国王的遭遇，似乎只有他一个人存在，其他一切仅仅由于他才得以存在。我讨厌这样的历史；一句话，我写历史更多地是写一个伟大的时代，而不是一个伟大的国王。那不应当简单地仅仅是他在位的年代记，相反，应当成为最能为人类增光的那个时代的人类智慧史。"

伏尔泰又曾解释他以路易十四命名这个时代的原委，因为路易十四赞助文艺，同时在位时间很长（在别的国家已经更换了三代君主），而在这个时期人类精神取得了极大的进步。这样明确的历史观，无疑比他的前人有极大的不同。他的主观愿望在实践中仍未能贯彻得很好。相反地，他却把这个中心人物刻画得很生动，很形象。凡读过本书的人都留下难以磨灭的印象：路易十四英明伟大、仪表威严、慷慨大度、谦逊有礼……

在伏尔泰以前，史学家多半效法希腊和罗马的楷模，以纪传体为主。传统的写法以政治和军事为主，兼论当时的帝王将相。伏尔泰却一反以前的写法，把人物放在广阔的时代范围内来评述。在本书里，除了政治、军事以外，财政、贸易、宗教、哲学、文艺、科学都说到了。伏尔泰第一次把人类精神的进步摆到应有的地位上。

因此,本书是阐述人类文明的最初尝试,开世界文化史的先河。

以年鉴学派为代表的现代法国新史学派则把历史放在迄今从未有过那样广阔的范围内去考察。它不仅跨学科,而且把现代科学(如地理学、社会学、计量经济学等)的方法广泛地应用到历史研究之中。他们提倡写"全面的历史",反对孤立地研究历史事件。政治和帝王的作用退居微不足道的地位。该派大师吕西安·费弗尔的《拉伯雷》着重描写的也是拉伯雷那个时代的精神面貌,当然手法、范围和内容已大为变异。就其根源来说,也是受了伏尔泰历史思想的影响。我们甚至可以说法国新史学派的远祖可以追溯到伏尔泰。

本书对于启蒙思想运动的贡献也是不可忽视的。著者主张"尊重事实,尊重良心",否认冥冥中有神意在指导历史的运行。他不厌其详地叙述并坚定地相信人类文明的进步,理性必然战胜迷信和谬误。他反对宗教狂热、宗教迫害和教派纷争。在最后四章中,他指出无谓的神学争论是对人类理性的侮辱。他的反宗教思想还应当同他的其他哲学论著联系起来认识,才是完整的。由于出身、教育和社会条件使然,他的反宗教思想仍然是有局限的。但是,作为启蒙运动先驱者,他这一历史著作将永放光芒。

几乎每一本法国文学史都提到本书。它的文学价值也是很明显的。法国历史学家米什莱和朗松都欣赏《路易十四时代》。"每一章都是一篇明晰畅达和才思充溢的杰作。他〔伏尔泰〕把许多材料缩写成短小精悍的故事,引人入胜。"

综上所述,读者不难发现,把伏尔泰这本历史名著介绍到我国来是有益的。二百多年以来,各国论述路易十四及其时代的书已经多得很。伏尔泰这本书当然不是唯一可读的，但却是主要的和必不可少的。

李 澍 泖

1981 年 2 月 16 日

目　录

第一章

导言

本书拟叙述的，不仅是路易十四的一生，作者还确立一个更加宏伟的目标。作者企图进行尝试，不为后代叙述某个个人的行动功业，而向他们描绘有史以来最开明的时代的人的精神面貌。

每个时代都产生过英雄和政治家，每个民族都经历过剧烈的变革。对只愿牢记史实的人来说，所有历史都彼此相似，大体相同。但是勤于思考和善于鉴别的人（这更加罕有）却认为世界历史上只有四个时代值得重视。这四个兴盛昌隆的时代是文化技艺臻于完美的时代，是作为人类精神的崇高伟大的划时代而成为后世典范的时代。

这四个真正享有盛誉的时代中的第一个是菲利浦和亚历山大的时代[①]，或者说是伯里克利、德谟斯提尼[②]、亚里士多德、柏拉图、阿佩尔、菲迪阿斯和普拉克西泰尔[③]这类人物的时代。但是这种

---

① 菲利浦，马其顿国王，公元前359—前336年在位。亚历山大，菲利浦之子，公元前336—前323年在位。——译者

② 伯里克利（约公元前495—前429），雅典杰出的政治家。德谟斯提尼（公元前384—前322），雅典政治家、演说家。——译者

③ 亚里士多德（公元前384—前322），希腊哲学家。柏拉图（公元前428—前347），希腊哲学家。阿佩尔为公元前三世纪的希腊画家。菲迪阿斯为公元前五世纪的雅典雕刻家。普拉克西泰尔为公元前四世纪的雅典雕刻家。——译者

荣誉只局限于希腊的疆域之内。世界当时已为人所知的其他地区还处于野蛮状态。第二个是恺撒和奥古斯都①的时代。这个时代还以卢克莱修、西塞罗、李维、维吉尔、贺拉斯、奥维德、瓦龙和维特吕弗②等人的名字著称。

第三个是紧接穆罕默德二世③攻占君士坦丁堡之后的时代。读者还会记得,当时意大利一个普通公民家族——美第奇家族——完成了本应由欧洲各国国王进行的事业。这个家族④把被土耳其人驱逐出希腊的学者召请到佛罗伦萨。这是意大利光辉灿烂的时代。艺术已经在该地获得新的生命。意大利人给予艺术以德行的称誉,正如早期的希腊人把艺术尊誉为智慧一样。当时一切都趋于完美。

文化技艺一如既往,由希腊移植到意大利,种在适宜的土地上。它在这块沃壤里,顷刻之间结出累累果实。法国、英国、德国和西班牙也想收获这些果实。然而,它们在这些国家,或则根本不发芽成长,或则很快就蜕化变种。

弗朗索瓦一世⑤奖掖过一些学者。但是,这些学者仅仅是学

---

① 恺撒(公元前101—前44),罗马政治家,前三雄之一。奥古斯都(公元前63—公元14),即屋大维,罗马帝国元首。——译者

② 卢克莱修(约公元前94—前55),罗马诗人。著有《物性论》。西塞罗(公元前106—前43),罗马演说家、政治家。李维(公元前59—公元17),罗马历史学家。维吉尔(公元前70—前19),罗马诗人。贺拉斯(公元前65—前8),罗马诗人。奥维德(公元前43—公元17),罗马诗人。瓦龙(公元前65—前8),罗马农学家。维特吕弗,公元前一世纪罗马建筑家。——译者

③ 穆罕默德二世,土耳其素丹。1451—1481年在位。于1453年攻陷君士坦丁堡,灭东罗马帝国。——译者

④ 美第奇家族为佛罗伦萨的统治家族。——译者

⑤ 弗朗索瓦一世,法国国王。1515—1547年在位。——译者

者而已。这位君主有过一批建筑师，但却没有像米开朗琪罗或帕拉迪奥[①]那样的艺术巨匠。他想创立各种绘画流派，但未成功。他召请的意大利画家没有培养出一个法国弟子。一些讽刺短诗和内容猥亵的故事构成我国当时的全部诗歌。拉伯雷[②]的散文是亨利二世[③]时代我们唯一风靡一时的作品。

总而言之，除了当时尚未臻于完美的音乐，以及无处有人知晓、最后始由伽利略[④]使之为世人所知的实验科学之外，无不具备的只有意大利人。

第四个时代被人称为路易十四时代。可能这是四个时代中最接近尽善尽美之境的时代。其他三个时代的发现和发明使这个时代得以充实丰富，因此它在某些方面的成就比其他三个时代的总和还多。说实话，在这个时代，也并非所有文化技艺都比在美第奇家族、在奥古斯都和在亚历山大统治之下更有发展。但是，总的说来，人类的理性这时已臻成熟。健全的哲学在这个时代才为人所知。这种说法是千真万确的：从黎世留红衣主教[⑤]统治的后期起，一直到路易十四去世后的几年止，在这段时期内，我国的文化技艺、智能、风尚，正如我国的政体一样，都经历了一次普遍的急剧变革，这些变革应该成为我们祖国真正光荣的永恒标志。这种有益的影响甚至还不局限于法国的范围之内。它扩展到英国，激起这

① 米开朗琪罗（1475—1564），意大利著名画家、雕刻家。帕拉迪奥（1518—1580），意大利著名建筑家。——译者

② 拉伯雷（1495—1553），法国人文主义作家。——译者

③ 亨利二世，法国国王。1547—1559年在位。——译者

④ 伽利略（1564—1642），意大利杰出的天文学家、物理学家。——译者

⑤ 黎世留（1585—1642），法国政治家。1624—1642年任法国首相。——译者

个才智横溢、大胆无畏的国家当时正需要的竞争热情。它把高雅的趣味传入德国，把科学传入俄国。它甚至使萎靡不振的意大利重新活跃起来。欧洲的文明礼貌和社交精神的产生都应归功于路易十四的宫廷。

不应该认为这四个时代已经灾难消除，罪恶绝迹。热爱和平的公民培植的各种技艺臻于完美，并不能阻止王公贵族野心勃勃，平民百姓兴风作浪，教士僧侣骚动叛乱，欺诈作伪。所有时代因人心邪恶而彼此相似。但是在所有时代中，因拥有才能卓越的伟人而超凡出众的，我只知道这四个时代。

这个被我称为路易十四时代的时代大约始于法兰西科学院的创建时期。在这个时代之前，意大利把所有位于阿尔卑斯山背后的民族统称为野蛮人。必须承认，法国人在某种程度上遭受这一辱骂，倒也该当。他们的祖先把摩尔人①具有浪漫色彩的殷勤风流和哥特人②的粗野土俗合为一体。他们几乎没有任何令人喜爱的技艺可言。这证明有用的技艺受到他们忽视，因为当生活必需品已经完善的时候，人们很快就会找到美好和令人喜爱的事物。无怪乎，在一个虽然濒大西洋和地中海都有港口，但却无船队，虽然酷爱豪华奢侈，但却只有极少简陋的制作工场的国家里，绘画、雕刻、诗歌、雄辩术、哲学等几乎都闻所未闻。

犹太人、热那亚人、威尼斯人、葡萄牙人、佛兰德尔人、荷兰人和英国人都先后与对贸易准则和规律毫无所知的法国进行过贸

① 摩尔人即中世纪侵入西班牙的阿拉伯人。——译者

② 哥特人为罗马帝国末期侵入西欧的日耳曼人的一支。——译者

易。路易十三登位时，法国连一艘大船也没有。巴黎居民不到四十万。城内宏伟壮丽的建筑不到四座。王国的其他城市与现在卢瓦尔河彼岸的市镇相似。整个贵族阶级与世隔绝，蛰居于乡下有护城河围绕的城堡中，残酷压榨种地人。通衢大道几乎无法通行。城市没有警政。国库空空如也。政府在国外几乎毫无信誉可言。

毋庸讳言，自从查理曼家族①没落衰败以来，法国已经或多或少在这种虚弱状态中萎靡不振，因为它从来没有过善于理政治国的政府。

一个国家要强大，必须使人民享有建立在法律基础之上的自由，或者使最高权力巩固强化，无人非议。在法国，直到将近菲利浦·奥古斯特②统治时期，人民还始终是奴隶。直到路易十一③即位，庄园主还专制横暴。国王始终忙于维护自己对于诸侯封臣的权威，既无暇考虑臣民的幸福，也无力使之幸福。

路易十一曾经积极致力于巩固王权，但却没有为国家的福祉和光荣作过丝毫努力。弗朗索瓦一世促使贸易、航海、文学以及各种技艺诞生，但他却极为不幸，以致无法使之在法国扎根。而且这一切也随着他去世而消亡。伟人亨利④正要把法国从因三十年的纷争不和而重新陷入其中的那种灾难和野蛮的状态中解救出来之时，却在首都，在他正开始为其造福的百姓中间被人暗杀。黎世留

① 查理曼家族指以查理大帝(768—814)的统治为标志的加洛林王朝。——译者

② 菲利浦·奥古斯特，法国国王。1180—1223 年在位。——译者

③ 路易十一，法国国王。1461—1483 年在位。——译者

④ 亨利四世，法国国王。1589—1610 年在位。1610 年被宗教狂徒拉瓦里雅克刺杀于巴黎。——译者

红衣主教忙于贬压奥地利家族①、加尔文教派②以及豪强权贵的气焰，因此丝毫没有在相当和平安定的环境中行使权力来改革国政。但是，他至少开创了这一难能可贵的事业。

这样，法国人的才华在九百年间几乎一直处于举国分裂、内战频仍的环境中，萎缩在某个哥特式的朴野无文的政府的统治之下，既无法律典章可遵，也无固定习俗可循，每隔两世纪改变一次始终粗俗不雅的语言。贵族毫无纪律可言，只知征战杀伐、游手好闲。教士道德败坏、愚昧无知。百姓不知勤劳发奋，陷入贫困之中。

其他民族的伟大发现和令人赞美的发明，法国人都没有参与。印刷术、火药、玻璃、望远镜、比例规尺、气动机械的发明以及宇宙的真实体系的发现都与法国人无关。正当葡萄牙人在已为人所知的世界的东方和西方发现并征服新世界的时候，法国人还经常在比武场上耍枪弄剑。在弗朗索瓦一世的几个臣民发现加拿大未经开拓的地区③之前，卡尔五世④已在欧洲大肆挥霍从墨西哥运来的金银财宝。然而，甚至从法国人在十六世纪初获得的那点微不足道的成就中也可看出，一旦他们得到正确领导便会有何等作为。

本书拟描述法国人在路易十四统治下的情况。

读者不应指望能在本书中，比在对先前几个世纪的描绘中找到更多关于战争的、关于攻城略地的大量繁琐细节。这些城池被

---

① 奥地利家族指哈布斯堡家族。——译者

② 加尔文教派即法国人让·加尔文（1509—1564）创立的新教。——译者

③ 法国人卡尔提埃和罗伯伐尔于 1534—1547 年间曾数度远航，企图在加拿大魁北克建立殖民地。——译者

④ 卡尔五世，神圣罗马帝国皇帝兼西班牙国王。1519—1559 年在位。——译者

交战双方军队反复争夺，又根据条约时而割让，时而归还。千百个对当代人说来饶有兴味的情节，在后世人眼里都烟消云散，消失净尽。其结果是只让人看到决定各个帝国命运的重大事件。发生过的事并非全都值得一写。在这部历史中，作者将只致力于叙述值得各个时代注意、能描绘人类天才和风尚、能起教育作用、能劝人热爱道德、文化技艺和祖国的事件。

路易十四诞生以前法国和欧洲其他各国的情况，大家已经了解。本书将对路易十四在位时期的重大军、政事件加以叙述。王国的内政对平民大众说来至为重要，本书将专章论述。路易十四的私生活、他的宫廷和统治的特点将在本书中占很重要的地位。其余各章，有的将用做记叙这个时代的文化技艺、科学以及人类在精神方面的进步。本书最后将谈及教会。长期以来，教会一直与政府相联系。它时而使政府焦虑不安，时而又使之巩固强大。它虽然为教导人们遵守道德而创设，但却经常参与政治，并陷入人类的激情偏见之中。

第 二 章

路易十四以前的欧洲各国

长期以来，基督教欧洲（俄罗斯除外）可以视为一个与分为若干邦的大共和国相类似的国家。这些邦之中，有的是君主政体，其余的则是混合政体；有些奉行贵族政治，另一些则奉行平民政治。尽管如此，它们仍然彼此相互来往。它们虽然分属若干教派，但是全都具有同一宗教基础，全都具有相同的、在世界其他地区尚不为人所知的公法和政治原则。正是根据这些原则，欧洲各国绝不使战俘沦为奴隶。它们尊重敌国使节，共同承认某些君主，如德意志皇帝、各国国王以及其他较小的诸侯的优越地位和若干权利。它们特别商定，尽可能在彼此之间遵行保持力量均衡的明智政策。即使战争期间，两军酣战之际，它们也从不中断谈判。它们互相向对方派遣使节，或者行事并不光明正大的密探。这种人能把任何一国宫廷的图谋告知各国宫廷，同时向全欧发出警报，使较弱的国家免遭较强的国家随时准备发动的入侵。

卡尔五世即位以来，力量对比开始有利于奥地利家族。将近1630年，这个强大的家族拥有西班牙、葡萄牙等国以及美洲的财富。尼德兰、米兰城邦、那不勒斯王国、波希米亚、匈牙利和德意志本身（如果可以这样说的话）都已经变成它的祖传产业。假使这样多国家都集合于这个家族的一个首脑的统治之下，很可能欧洲最终将遭受它的奴役。

德　意　志

德意志帝国[①]是法国最强大的邻邦。它的疆域大于法国。它的钱财则可能少于法国。但是它壮实耐劳的人民却远比法国为多。德意志民族受人统治。它的情况好像当年处于卡佩王朝[②]最初几个国王统治之下的法国，其间仅小有差别。这些国王统领若干大陪臣及大批小陪臣。后者经常违抗王命。现在共有六十个被称为帝国城市的自由城市、大约同等数量的世俗君主、四十个教会公侯（或者是修院住持，或者是主教）、九个选侯[③]（他们之中目前已有四个国王[④]），最后还有所有这些诸侯的首领——皇帝，他们共同组成这个庞大的日耳曼团体。德意志民族沉着冷静的天性使这个集团存留至今。它内部的井然有序和法国政府过去的紊乱不堪几乎达到同等程度。

帝国每个成员都有自己的权利、特权和义务。了解卷帙浩繁而又经常引起争议的法律十分困难，这就使在德国被称为“公法研

① 这里及以下提到的德意志帝国即指历史上的神圣罗马帝国。从15世纪开始，皇帝称号及皇位由哈布斯堡家族的奥地利王室世袭。——译者

② 卡佩王朝指987—1328年间统治法国的王族。——译者

③ 选侯指有资格选举德意志帝国皇帝的王公或高级教会人士。——译者

④ 四个国王指：波希米亚选侯，后任波希米亚国王；萨克森选侯，自1697年起任波兰国王；勃兰登堡选侯，自1701年起任普鲁士国王；汉诺威选侯，自1714年起任英国国王。——译者

究”的这门学问应运而生。日耳曼民族因研究这门学问而颇负盛名。

事实上，德意志皇帝本身并不比威尼斯执政官更有权势。读者知道，德国被分割为城市和诸侯领地。给那个统治如此多城邦的首脑留下的只不过是最优越的地位和极大的荣誉而已。这个首脑一无领地，二无钱财，因此毫无权力可言。

德意志皇帝，身为皇帝，不拥有一村一镇。然而，这个往往既空虚不实而又至高无上的尊贵称号，在奥地利人手中却变得威势煊赫，以致人们时刻担心他们会把这个由诸侯组成的共和国变为实行专制君主政体的国家。

当时基督教欧洲，特别是德意志，分为两派。今天仍然如此。一派是天主教徒。他们或多或少服从教皇。另一派是教皇和天主教教吏的宗教统治和世俗统治的敌人。这一派我们笼统称之为新教徒，虽然他们内部又分为路德教派①、加尔文教派以及其他派别。这些派别彼此之间的相互仇恨，和它们对罗马的共同仇恨相比，其程度几乎不相上下。

在德国，萨克森、勃兰登堡的一部分、帕拉蒂纳、波希米亚和匈牙利的一部分、不伦瑞克家族②各邦、符腾堡和黑森等地区都信奉被称为福音派的路德教派③。所有自由的帝国城市都信奉这个教

---

① 路德教派之创始人为德国马丁·路德（1483—1546）。——译者

② 不伦瑞克家族：不伦瑞克位于北德。布鲁诺二世开始拥有不伦瑞克伯爵称号，形成不伦瑞克家族。——译者

③ 路德主张人人有权读圣经，一切教义应以圣经为根据，圣经中最重要部分为福音书，故该派又称福音派。——译者

派。这个教派似乎比天主教更加适合某些珍视其自身自由的民族。

加尔文教派散布在最强大的路德教派中间，本身只形成一个不大的派别。德意志帝国的其他地区都居住着天主教徒。这些教徒以奥地利家族为首，毫无疑问，势力最强。

不仅德国，而且所有基督教国家也都经历过连绵不绝的宗教战争，饱受创伤，流血不止。这种战争是一种基督教徒特有的、而其他崇拜偶像的教徒根本体会不到的狂热，是长期以来在各种环境中输进人心的教义精神所产生的不幸后果。几乎没有不引起内战的教义争论。我们的祖先长年累月一面鼓吹忍耐，一面却互相残杀。将来总有一天，外国人（也许包括我们的子孙在内）会对此感到大惑莫解。

费迪南二世①如何行将把德国的贵族政治改变为专制君主政治，又如何几乎被古斯塔夫·阿道夫②废黜等等，我已向大家作过描述。他的儿子费迪南三世③继承他的政策，像他父亲那样从书房里指挥战争。这个儿子在位时路易十四还未成年。

当时德国远不如后来那样繁荣昌盛，对豪华奢侈的事物还毫无所知。舒适的生活起居设备在最大的领主的家中还极为罕见。将近1689年，这些设备才由逃到德国建立制造工场的法国难民带

---

① 费迪南二世，德意志帝国皇帝。1619—1637年在位。——译者

② 古斯塔夫·阿道夫，瑞典国王。1611—1632年在位。此处指三十年战争（1618—1648）中他对费迪南二世取得的胜利。——译者

③ 费迪南三世，德意志帝国皇帝。1637—1657年在位。——译者

到德国。[①] 这个土地肥沃、人口众多的国家缺乏商业和金钱。严肃的风尚和德国人特有的迟钝使他们无缘享受心灵手巧的意大利人长年累月培植的、又由勤奋的法国人使之臻于完美的种种令人感到惬意的娱乐和技艺。德国人在国内富有，在国外却显得贫穷。除了国家贫穷之外，要在短时期内把这样多不同的民族聚集在同一面旗帜之下又困难重重。这就使德国人像今天这样几乎不可能把战争引向邻国，并在邻国境内坚持战争。因此，法国人对历代德意志皇帝进行的战争，几乎始终在德意志帝国境内进行。法、德两国在政体和特性方面的差别，似乎使法国人更适于进攻，使德国人更适于防守。

西　班　牙

西班牙处于奥地利家族嫡长支系的统治下。卡尔五世死后，它曾经比日耳曼民族更加令人胆战心惊。西班牙历代国王专制和富有的程度都无与伦比。墨西哥和波托西[②]的矿藏似乎向他们提供了足以购买整个欧洲的自由所需要的一切。关于由卡尔五世开始着手，菲利浦二世[③]继续推行的建立统一的君主国的计划，或者说得更确切些，那项在我们这个基督教大陆上建立全面最高霸权

① 1685 年，法国国王路易十四废止《南特敕令》，驱逐新教徒，于是大批新教徒流亡国外。他们中间有许多是技艺工人。——译者

② 波托西为过去秘鲁的一部分，今属玻利维亚。该地于 1545 年发现蕴藏量极大的银矿。——译者

③ 菲利浦二世，西班牙国王。1558—1598 年在位。——译者

的计划，读者已经有所了解。

菲利浦三世[①]统治时期，西班牙的赫赫威势已只不过是个名盛力衰、虚有其表的庞然大物而已。

菲利浦四世[②]继承了他父亲的软弱庸懦。因疏忽大意而丢失葡萄牙，因兵力薄弱而丢失鲁西荣，因滥施专制而丢失加泰罗尼亚[③]。这样的国王在对法战争中，未能长期称心如意。他们虽因敌方内部分裂和失误而取得某些胜利，但却因自身庸碌无能而把胜利果实丧失殆尽。此外，他们统治之下的一些民族，因享有特权，而有权不尽力为西班牙效劳。卡斯蒂利亚人享有特权，可以不到国外作战。阿拉贡人不断为争取自由而反对西班牙国王的枢密会议。加泰罗尼亚人视国王为寇仇，甚至不准国王在他们居住的各省征募民兵。尽管如此，西班牙与德意志帝国结合在一起，仍然在欧洲的力量对比中举足轻重、令人生畏。

葡　萄　牙

葡萄牙当时已经再度成为王国[④]。布拉冈斯公爵让，这个被人认为懦弱无能的君主，已经从一个比他更弱的国王手里夺取了这个省份。葡萄牙人被迫发展商业贸易。这种活动，西班牙因骄

---

① 菲利浦三世，西班牙国王。1598—1621 年在位。——译者

② 菲利浦四世，西班牙国王。1621—1665 年在位。——译者

③ 葡萄牙于 1641 年宣布独立。鲁西荣于 1659 年被法国占领。加泰罗尼亚于 1640 年投归法国。——译者

④ 1640 年，葡萄牙人起义，推翻西班牙统治，布拉冈斯公爵让当选为国王(1640—1656)，从此建立布拉冈斯王朝。——译者

傲自大，而予以忽视。葡萄牙人刚刚在 1641 年与法国和荷兰结成反对西班牙的同盟。① 葡萄牙的这一彻底转变比最重大的胜利对法国更有价值。法国政府在这一事件中没有丝毫尽力，却不劳而获，从中取得在对敌斗争中所取得的最大好处，即看到敌人受到与它势不两立的国家的攻击。

葡萄牙摆脱西班牙的桎梏，发展贸易，增强国力，使人想起荷兰。这个国家与葡萄牙殊途同归，以迥然不同的方式享受到相同的成果。

联　　省

这个七省联合组成的小国②，盛产牧草，但不生五谷，气候有损健康，国土几乎被海淹没。然而，大约半个世纪以来，它却几乎是整个世界唯一的榜样。这就足以说明，热爱自由和辛勤劳动会取得何等巨大成就。这些贫困民族，人数不多，远远不如西班牙最差的民兵能征惯战，当时在欧洲尚无足轻重。但是他们却抗击了他们的主人和暴君——菲利浦二世——的全部兵力，避开了好些为了奴役他们而表示愿意救助他们的君主的图谋③，创建了大家已经目睹与西班牙本身的政权分庭抗礼的强国。专制暴政引起的

① 西葡战争始于 1641 年，止于 1667 年。——译者

② 在十六世纪尼德兰革命中，北方七省（荷兰、格尔德兰、泽兰、乌得勒支、弗里斯兰、奥佛赖塞尔、格罗宁根）于 1579 年建立乌得勒支同盟，1581 年宣布脱离西班牙独立。——译者

③ 指英国表面上援助荷兰，实际想占据它的某些港口。——译者

绝望首先促使他们武装起来。自由使他们勇气百倍。奥伦治家族[1]的历代君主把他们培养为优秀士兵。他们刚刚战败了他们的主人,就立刻建立起一种尽可能保持人类最天然的权利——平等——的政体。

这个如此新型的国家,从建立之日起,就和法国紧密联合。切身利益使两国团结一致。它们有共同敌人。"伟人"亨利和路易十三都曾经是这个国家的同盟者和保护者。

英　　国

英国远较荷兰强大,竭力谋求海上霸权,并且意欲维持欧洲大陆各派统治力量之间的均势。但是查理一世[2]从 1625 年统治英国以来,不仅远不能承担维持这一均势的重任,而且还感觉自己的权杖正从手中滑落。他曾经想使他在英国的王权独立于法律之外,并且改变苏格兰的宗教。他过于固执,以致不愿放弃自己的图谋;又过于弱小,以致无法实施这些图谋。他善待妻子、臣民、儿女,诚实正直,但是却得不到忠谏良谋。他投身内战。作者已经谈到,这场内战引发了一场几乎闻所未闻的彻底革命。这场革命终于使他在断头台上丧失了王位和生命。

这场内战开始时,路易十四尚未成年。它使英国在一个时期

① 奥伦治家族的创始人为沉默者威廉(1533—1584)。他于 1544 年继任奥伦治公,领导尼德兰人民反对西班牙统治,为尼德兰共和国奠定基础。——译者

② 查理一世,英国国王。1625—1649 年在位。英国资产阶级革命胜利后,被处死刑。——译者

内无法干预邻国的事务。这个国家不再受人尊重，从此时乖运蹇。它的贸易中断。其他民族都认为英国已经深埋于自身的废墟之下。这种状态一直延续到克伦威尔[①]登位。克伦威尔统治时期，英国突然变得空前令人畏惧。此人一手执福音书，一手执剑，戴着宗教的面具，统治英国。他执政时，以伟大国王的品质掩盖篡位者的种种罪行。

罗　马

英国长期以来自以为能凭仗其威力在欧洲各国之间维持的那种均势，罗马教廷却试图以其策略手腕来加以维持。当时意大利像今天一样，划分为若干领地。教皇拥有的领地足以使他像君主那样受人尊敬，但是却不足以使他令人畏惧。教皇政府的性质使他的国家的人口无法增殖繁衍。此外，这个国家国穷民贫、贸易不兴。它的宗教权威始终掺有世俗成分，在半个基督教世界里已被摧毁，遭人厌弃[②]。教皇虽然在另半个基督教世界被视为教父，但他的一些儿女有时也理直气壮对他违拗反抗，并且获得成功。在对待教皇这个问题上，法国的行事准则是，把他看成神圣但又胆大妄为的人，必须吻他的脚，有时则须捆他的手。在天主教各国还可看到罗马教廷从前在走向世界王国的途程中留下的足迹。全体信

① 克伦威尔(1599—1658)，英国资产阶级革命领导者。革命胜利后成为独裁者。——译者

② 十六世纪宗教改革后，欧洲基督教分裂为旧教与新教。旧教即为天主教。罗马教廷只能对天主教世界发号施令。——译者

仰天主教的君主即位时，都向教皇派遣所谓“听命使节”。每个国王在罗马都有号称保护人的红衣主教。教皇向所有主教辖区发出谕旨。从谕旨行文措辞来看，仿佛教皇是凭他独一无二的威势把这些尊职高位授予各个主教。所有意大利、西班牙、佛兰德尔的主教都由于神旨，由于“圣座”批准而获得主教称号。将近1682年时，很多法国教吏就已经抛弃了这种公元初几个世纪根本不存在的程式[①]。今天我们也看到一位主教（苏瓦松主教斯图亚特·费茨-詹姆士）在他于1754年发出的一道值得传给子孙后代的训谕中，大胆地略去这个程式。这道训谕，说得更确切些，这道独一无二的训令，明确说出过去没有一位神长敢讲的话，宣称全人类，甚至包括异教徒在内，都是我们的同胞弟兄。

最后，教皇还在所有天主教国家里保持着特权。这些特权如果不是过去遗留下来的既成事实，他肯定无法取得。没有一个王国没有大量由教皇任命的有俸圣职。所有教会议会的第一年的圣俸收入都必须作为贡税，向教皇缴纳。

遍布各国的修道士目前还都是教皇的直属臣民。他们的首脑人物住在罗马。习俗惯例决定一切。它使世界既受制于法律，也为恶弊所操纵。它使君主们有时无法彻底纠正这种源出于被人视为神圣事物的事物的危险。不向自己的君主，而向他人宣誓效忠，这对世俗民众来说乃是大逆不道。但这在寺院里却是宗教行为。对这位外国君主应该服从到何种程度，这很难了解。受人诱惑十

① 1682年，法国教会发表宣言，声称在世俗事务上，国王有绝对主权；在教义问题上，宗教会议权力高于教皇。这一宣言表明法国教会不受罗马教廷绝对控制。——译者

分容易。摆脱天然的枷锁，戴上另外一副自己选择的镣铐，令人感到愉快。骚扰作乱的天性为害。时代的灾难重重。凡此种种都促使整个教团的僧侣效忠罗马，反对祖国这样的事屡见不鲜。

一个世纪以来风靡于法国并几乎遍及社会各阶层的开明精神，曾经是医治这种弊病最好的灵丹妙药。就这一题材写成的优秀著作都真正能为国王和百姓效劳尽力。路易十四在位期间，这种手段使我国的风尚产生的重大变化之一就是修道士们全都开始树立一种坚定的信念，即：他们首先是国王的臣民，然后才是教皇的奴仆。但是作为主权的最基本的标志的裁判权，仍然掌握在罗马教皇手中。尽管法兰西教会享有种种自由权利，但是法国本身仍然容许人们在某些宗教案件中向教皇提出终审上诉。

假如有人要撤销婚姻，想要自己的表姨妹或外甥女为妻，想解除自己已订的誓约，他还是不向当地主教，而向罗马提出。恩典在罗马定了官价，各阶层人士在那里不惜一切代价购买宽免证书。①

这些权益被很多人视为最大的流弊所产生的后果，又被另一些人看成是最神圣的权利的残余。但是不管怎样，它们始终被巧加维护。罗马教廷在维护自身的威信和荣誉方面使用的策略和手段之多，堪与罗马共和国用以征服半个已知世界的策略和手段相比。

在因人、因时制宜、行事处世方面，没有任何宫廷堪与罗马媲美。历届教皇几乎都是意大利人，全都饱经沧桑，阅历很深，毫无那种使他们盲目行事的激情冲动。他们的咨议团由与他们相似并

① 天主教会认为教皇和教士有权赦免罪恶，出售宽免证书。——译者

本着同一精神行事的红衣主教组成。远达中国和美洲的命令都由这个机构发出。在这个意义上，这个组织真可谓囊括五洲四海。从前有个外国人在谈到罗马元老院时曾经说过：“我看到一个由国王组成的议会。”这句话有时也可用于这时的教廷。大多数作家曾理直气壮，奋起反对教廷的野心。但是，我却没有见过任何作家对教廷的审慎小心予以公正的评价。我不知道别的民族是否能把这样多始终受到非议的特权在欧洲保持得如此之久。其他宫廷，或因傲慢，或因软弱，或因迟钝，或因急躁，很可能早已把这些特权丧失殆尽。然而罗马却始终刚柔并用，软硬兼施，颇合时宜，把凡能尽人事加以保存的利益全都保存下来。卡尔五世在位时，它卑躬屈膝。它对法国国王亨利第三声色俱厉，对亨利第四时敌时友，对路易十三机智灵活。路易十四令人畏惧时，它公开对抗。它暗中与历代德意志皇帝为敌，提防他们，超过提防土耳其素丹。

若干权利、颇多的要求、权术、耐心，这些就是这个古老的强国今天在罗马留存的一切。六个世纪以前，它曾经想使整个德意志帝国和整个欧洲都听命于教皇的三重冠①。

过去历届教皇手法高明，气魄宏大，行使这种权利创立了新的王国，并且封赠他人。那不勒斯就是这种权利还留存至今的明证。② 然而，这个城邦的所有者西班牙国王留给罗马教廷的，只不过是荣誉以及拥有过分强大的臣属会产生的那种危险。此外，教皇的国家一直国泰民安，幸福安定。这种幸福安定的局面只有一

① 三重冠即教皇戴的御冕。——译者

② 教皇英诺森二世于 1139 年赐给罗哲一世以西西里国王的称号。从那时起。那不勒斯名义上就被认为是教皇的属国。——译者

次遭到教皇乌尔班八世[①]的几个侄儿——巴贝里尼家的几位红衣主教同帕玛[②]公爵之间的一场小规模战争的破坏。关于这场小战，我前已提及。

意大利的其他地区

意大利其他各省根据不同的利益行事。威尼斯惧怕土耳其和德意志皇帝。它几乎无法保卫它在大陆上的各邦，使之免遭德意志的觊觎以及土耳其素丹的入侵。这再也不是过去曾经执世界贸易之牛耳、一百五十年前曾经为许多国王嫉妒的那个威尼斯了。它的政府仍然明智，但是它规模巨大的贸易惨遭破坏。[③] 它的实力因此几乎丧失净尽。威尼斯城因其地理条件，不可能被人征服；也因其力量薄弱，不可能征服他人。

佛罗伦萨城邦在美第奇家族的统治下安定富足。这个家族创造的文学、艺术和文明仍然繁荣昌盛。当时托斯卡纳[④]在意大利同过去雅典在希腊处于同一地位。

萨伏依被内战和法、西军队弄得四分五裂，最后终于全邦统一。这对法国十分有利，并有助于削弱奥地利在意大利的势力。

瑞士人和今天一样，竭力维护本身自由，不谋求压迫他人。他们向比自己富有的邻邦提供雇佣军队。他们生活穷困，对于因衣

① 乌尔班八世，罗马教皇。1623—1644 年在位。——译者

② 帕玛为意大利城市，1545 年成为公爵领地。——译者

③ 自从十五世纪中叶土耳其控制东方航路后，意大利商业大受影响。——译者

④ 在意大利中部地区。——译者

食丰足而产生的科学、艺术，一无所知。但是，他们审慎而幸运。

北欧各国

北欧各国如波兰、瑞典、丹麦、俄罗斯，也和其他强国一样，经常相互猜疑，彼此征伐。当时的波兰和今天一样，存在哥特族和法兰克族的风习和政体：国王由选举产生，贵族瓜分权力，人民遭受奴役，步兵十分弱小，骑兵由贵族组成，没有设防城市，几乎毫无贸易可言。波兰民族时而受到瑞典人或莫斯科人袭击，时而遭受土耳其人侵略。瑞典这个国家，因其政体结构，更加自由，准许农民参加三级会议，但却比波兰更服从国王。瑞典人所向披靡，无往不胜[①]。丹麦曾经一度使瑞典人心惊胆战，现在则无人畏惧。它的真正伟大的时期在腓德烈三世和腓德烈四世[②]两个国王在位时才开始。那时莫斯科还处于野蛮状态之中。

土耳其人

土耳其人不再处于塞利姆、穆罕默德和苏利曼[③]等统治时期

---

① 古斯塔夫·阿道夫统率的瑞典军队，在三十年战争中曾经横扫欧洲。——译者

② 腓德烈三世，丹麦国王，1648—1670 年在位。腓德烈四世，丹麦国王，1699—1730 年在位。——译者

③ 土耳其在塞利姆一世统治时期(1512—1520)大事扩张领土。穆罕默德二世是占领君士坦丁堡时候的素丹。土耳其帝国的版图在苏利曼一世统治时期(1520—1566)最大。——译者

的那种盛极一时的状态。奢靡之风腐蚀伊斯兰国家的王室，但并未消除其凶暴残忍。历代素丹在宫中是最专制暴虐的君主，但自身的王位和生命却朝不保夕。奥斯曼①和易卜拉欣②当时刚被绞死。穆斯塔法③在这以前曾经两度遭到罢黜。土耳其帝国一方面受到这类事变震荡，另一方面又受到波斯人攻击。但每当波斯人让这个帝国歇息喘气，每当宫廷政变告一段落，它又令基督教世界心惊胆战。因为从波里斯泰内河口一直到威尼斯各邦、莫斯科、匈牙利、希腊各个岛屿都先后深受土耳其兵燹之害。自 1644 年起，土耳其人不断进行对基督徒为害无穷的康迪战争④。法国国王路易十三即将去世时，欧洲各主要国家的情况、力量和利害关系就是这样。

法国的情况

法国当时与瑞典、荷兰、萨伏依和葡萄牙结成联盟。所有其他不大活跃的国家也祝愿法国国运兴隆。它当时正对德意志帝国和西班牙进行一场两败俱伤，并使奥地利家族惨遭不幸的战争⑤。

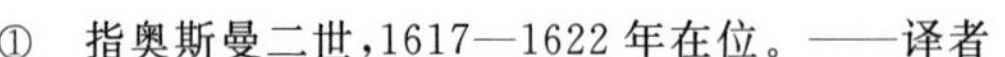

① 指奥斯曼二世，1617—1622 年在位。——译者

② 易卜拉欣，土耳其素丹。1640—1648 年在位。——译者

③ 穆斯塔法一世于 1617 年登位。因是白痴，不久即被废黜。他于 1622 年奥斯曼二世被杀后，一度复位，旋又被废黜。——译者

④ 康迪位于希腊半岛南部克里特岛，当时属威尼斯。1669 年被土耳其占领。——译者

⑤ 从 1630 年起，法国实际上已经参加了三十年战争，对德意志帝国作战。自 1635 年起，它又对西班牙作战。——译者

这场战争和很多世纪以来在基督教君主之间进行的历次战争如出一辙：数百万人丧失生命，一些省份惨遭蹂躏，而作战目的只不过是为了占领几座边境小城。占有这些小城几乎全都得不偿失。

路易十三的将领已经攻占鲁西荣。加泰罗尼亚人刚刚投向他们的自由的保护者——法国——一边。他们奋起保卫这种自由，使之免遭他们本国国王的侵犯。但是这些胜利未能阻止敌人于1639年攻占科尔比①，直抵蓬图瓦兹。巴黎风声鹤唳。一半居民纷纷逃离。黎世留红衣主教当时正埋头制订削弱奥地利威势的庞大计划，此时不得不对巴黎城内大门能通车马的巨宅富户征税，下令每家提供一名奴仆入伍作战，以击退兵临城下的敌人。

这样，法国人就使西班牙人和德国人惨遭损失，但自身损失也不稍轻。

路易十三逝世后法国的军事力量和当时的习俗风尚

历次战争造就了诸如古斯塔夫·阿道夫、瓦伦斯坦②、魏玛公爵、皮科洛米尼、让·德·维尔特、盖布里昂元帅、奥伦治诸亲王、

① 科尔比在法国北部索姆省亚眠附近。1636年被西班牙占领。——译者

② 瓦伦斯坦（1583—1634），德意志帝国将军。魏玛公爵（1604—1639），虽为帝国臣属，但在三十年战争中先后协助瑞典与法国，为新教作战。皮科洛米尼（1599—1656），奥地利将军。让·德·维尔特（生于十六世纪末，死于1652年），德意志帝国将军。盖布里昂（1602—1643），法国元帅。阿尔古尔伯爵（1601—1666），法国将军。——译者

阿尔古尔伯爵等杰出将帅。一些国务大臣的名声也并不稍逊。奥克赞斯蒂恩首相、奥利瓦莱斯公侯[①]，特别是黎世留红衣主教等，都是全欧瞩目、名噪一时的人物。没有一个世纪没有著名的政治家、军事家。不幸的是，政治和战争仿佛是最合乎人类天性的两种职业。人总是要谈判或者作战。最幸运的人物被看成是最伟大的人物。公众往往把侥幸取得的成就归功于个人的才能。

当时的作战方式和路易十四时代有所不同：军队数量不如后来那样巨大。查理五世包围梅斯[②]以来，没有一位将领统率过一支五万人的军队。攻守要塞使用的大炮远少于今天。修筑堡垒的技术还极为稚拙。长矛、火枪还在流行。今天已毫无用途的刀剑，当时还经常使用。某些国家的一些古老法规，诸如通过传令官宣战的法规，仍然存留。路易十三是遵行这种习俗的最后一人。1635年，他曾经派遣一名正式传令官到布鲁塞尔向西班牙宣战。

读者知道，教士统率军队，当时司空见惯，不足为奇[③]。西班牙的王子红衣主教、萨伏依的红衣主教、黎世留、拉瓦莱特、波尔多大主教苏尔迪和西班牙骑兵统领泰奥多尔·特里维尔斯红衣主教等人[④]，都曾披挂上阵，亲自作战。一位芒德的主教曾屡任后勤

---

① 奥克赞斯蒂恩（1583—1654），瑞典首相。奥利瓦莱斯（1587—1645），西班牙大臣。——译者

② 1552年，德法作战。卡尔五世以大军围攻被法国占领的梅斯城。——译者

③ 这是中世纪封建制度的残余。主教因拥有土地，也算做国王的臣属，和世俗贵族一样有服兵役的义务。——译者

④ 太子红衣主教即西班牙国王菲利浦四世之弟费迪南。萨伏依红衣主教即萨伏依公爵维克多·阿梅代一世之弟莫里斯。拉瓦莱特（1593—1639），法国人，1621年任红衣主教。苏尔迪（1593—1645），1624年任主教。1628年参加拉罗歇尔远征。特里维尔斯（1597—1659），意大利人。1629年任红衣主教。——译者

官。历届教皇有时以逐出教门的惩罚来对好战的教士进行威吓。教皇乌尔班八世对法国十分恼怒，曾经告知拉瓦莱特红衣主教，如果他不离开军队，就褫夺他红衣主教的职位。但是教皇和法国言归于好之后，却对这位大主教恩宠备至。

使节和教士同为和平使者。但他们对在自己驻节的盟国的军队中任职却毫无异议。法国驻荷兰特使夏尔纳塞[①] 1637 年曾在荷兰统率一个团。后来，德斯特拉德大使[②]甚至是荷兰军队的一名上校。

法国当时能随时出动的步兵实际上总共只有八万人左右。法国海军久已消亡，黎世留红衣主教曾使之略为恢复，但在马扎然[③]统治下，它再度败落。路易十三的普通税收只有四千五百万利弗。按当时的货币价值，大约一马克[④]只值二十六利弗。所以，这四千五百万利弗约等于今天八千五百万利弗。因为今天铸成硬币的银马克的任意价格已经上升到四十九又二分之一利弗，纯银更已达到五十四利弗十七苏。不论考虑到公共利益，还是考虑到公理，这个价码都绝不应该改动。

目前商业遍布各地，但是那时还掌握在少数人手里。王国的治安全被忽视。这就是国家治理不善的确凿证据。黎世留红衣主教专心致志于树立个人威势，而这种威势又与国家的威势紧密相

① 夏尔纳塞(1588—1637)，法国外交家。——译者

② 德斯特拉德(1607—1686)，法国元帅和外交家。——译者

③ 马扎然(1602—1661)，出生于意大利。路易十三时代及路易十四幼年时代任法国首相。——译者

④ 古时金、银的重量单位，约等于八盎司。——译者

连，因此，他已经开始使法国在国外令人畏惧，但尚未能使法国内部繁荣昌盛。法国国内的通衢大道年久失修，盗匪经常出没骚扰。巴黎街道狭窄，铺砌马虎，垃圾遍地，令人作呕，窃贼充斥。高等法院的记录载明，全城夜间巡逻队已减至四十五人，队员薪给微薄，玩忽职守。

弗朗索瓦二世逝世以来，法国一直或因连年内战而四分五裂，或因党争不息而国无宁日。百姓从来不会温顺而自愿地戴上枷锁。大贵族们自幼受的教育是搞阴谋诡计。这是当时宫廷里讲究的手段技巧，正如讨好君主是后来的宫廷手段技巧一样。

这种党同伐异、同室操戈的劣根性从宫廷传到边远小城。连王国的村社[①]也受其影响。因无法规可循，事事都会引起争吵。甚至在巴黎教区各教堂，也有人大打出手。各种宗教仪仗队，为了各自的旗幡的荣誉互相殴斗。巴黎圣母院的议事司铎经常与神圣教堂的议事司铎厮打。高等法院和审计法院，就在路易十三把王国置于圣母玛丽亚庇护之下那天（1638 年 8 月 15 日），为了居先权在巴黎圣母院聚众斗殴。

几乎王国全部村社都有武装。几乎人人都表现出决斗的狂热。这种陈旧的野蛮习俗以前曾经得到国王本人准许，因而成了民族特性。它和内、外战争同样使国家人口锐减，田园荒芜。可以毫不夸张地说，在半受战争骚扰的二十年内，法国的贵族死于自己同胞之手的，比死于敌人之手的为数更多。

当时如何培植艺术和科学，这里暂时不谈。我国风尚习俗史

① 村社是法国最小的行政单位。——译者

的这一部分将在谈及它们的章节中加以叙述。这里只指出一点：法兰西民族陷于愚昧无知之中，那些自以为不是平民百姓的人也不例外。

经常有人请教占星家，并对之深信不疑。从《图院长私史》起，那个时代所有的回忆录都充满预言。严峻的絮利公爵①也郑重其事地引证有关亨利四世的预言。这种轻信盲从是愚昧无知最确切的标志，它在当时极其盛行，以致在路易十四诞生的时刻，一位占星家还被小心翼翼藏在母后奥地利的安娜的房间附近。

说来令人难以置信，但修道院长维多里奥·西里这位当时学识渊博的作者却在他的书里载明，路易十三之所以从幼年起就有“公正者”的绰号，就是因为他诞生时，正值“天秤星”照命。

用星相来协助裁判，这种荒谬怪诞的幻想，因人们轻信盲从而风靡一时。这个弱点使人相信妖魔附体和魔法巫术。这些都被视为宗教上的大事。跳神驱鬼的都是神父。法庭虽然由理应比一般民众头脑清楚、渊博明理的法官组成，但却整天审理妖巫案件。著名的卢登神父于尔班·格朗迪埃被枢密院一个委员会判为妖巫，处以火刑。黎世留红衣主教将为此事永远受到谴责。他和法官们竟然轻信盲从，以为卢登真有妖魔。他们竟然野蛮残酷到让一个无辜者在火中丧命。人们对此万分愤慨。昂克尔元帅夫人②被判为女巫，在格雷弗广场被处以火刑。千秋万代之后，人们回忆此事，还会感到震惊。

---

① 絮利公爵(1559—1641)，亨利四世的大臣。——译者

② 昂克尔元帅夫人，即康契尼夫人雷奥诺·加里盖。路易十三王后的女侍。与其夫共谋煽动贵族叛乱。被视为女巫处死。——译者

在夏特莱法庭的档案中还可看到一桩 1610 年开始受理的案件：一个心灵手巧的养马人把马训练得能表演各种马戏，情况和现在集市上卖艺的差不多一样。控告人要求把养马人和马一起烧死。

上述事实足以说明路易十四登位以前的时代风尚和精神面貌。

国家各个阶层这样愚昧无知，影响所及，使最正直的人也染上迷信的恶习。这种习惯使宗教声名狼藉。加尔文派教徒混淆了天主教徒合理的宗教信仰和对这种信仰的滥用，因而对我们的教会更加恨之入骨。他们用苛严冷酷的态度和凶恶残酷的风尚——这种几乎所有改革派的共同特点，来反对我国民间往往有淫行荡举充斥其中的迷信行为。派性就这样使法国四分五裂，堕落败坏。今天使这个国家闻名遐迩、温和亲睦优雅的社交风习，当时还不为人所知。没有一个地方博学多才之士可以济济一堂，交流学问。根本没有学院和正规剧场。总而言之，那时的风俗、法律、艺术、社会、宗教、和平与战争，同后来被称为路易十四时代的这个时代相比，都迥然不同。

第三章

路易十四的幼年时代——在大孔代（当时的昂吉安公爵）麾下的法军取得的胜利

黎世留红衣主教和路易十三刚刚去世。前者既受人钦佩，也被人憎恨；后者则已被人遗忘。法国人在首相和国王死后极度忧虑不安，一听见政府这个名称就反感厌恶，对国王毫无敬意。路易十三临终下诏设立摄政会议。这位君主生前被人抗命不从，以为自己死后臣民会对他遵旨从命。他的遗孀奥地利的安娜在夫王死后采取的第一个行动就是通过巴黎高等法院作出决定，废弃丈夫的遗愿。巴黎高等法院这个机构长期和宫廷分庭抗礼。路易十三在位时，它几乎毫无谏疏的自由可言。它这次撤销国王遗嘱轻而易举，就和判决普通百姓的案件一样。奥地利的安娜向高等法院提出，要求进行无限期摄政，因为亨利四世逝世后，玛丽·德·美第奇[①]也曾经利用这同一法院。玛丽·德·美第奇首开这个先例，原因为：任何其他途径都漫长而不可靠；高等法院陷入御林军重围之中，无法对她违旨抗命；勋贵重臣们向高等法院宣布的一项

---

① 玛丽·德·美第奇（1573—1642），生于意大利佛罗伦萨，1600 年嫁给法国国王亨利四世。——译者

决定，似乎能确保一项无可争议的权利。

因此，当时对法国人来说，这种交由母后摄政的惯例，好像是一条同剥夺妇女登基的权利的法律同样具有根本性质的法律。由于巴黎高等法院曾经两度就这一问题作出决定，即曾经单独作出决定，宣布母后拥有这种权利，所以这个机构似乎的确已经授予母后摄政大权。高等法院自视为国王的监护人，这倒也有几分真实可信。每个法官则自认为享有一部分国家的最高权力。国王的年轻叔父奥尔良公爵加斯东①，由于高等法院作出的上述废弃国王遗愿的决定，在专制摄政女王统治下徒拥代理国王的虚名。

奥地利的安娜首先被迫对其爱弟西班牙国王菲利浦四世继续作战。这场战争的根由很难确切说明。法国对西班牙并没有提出过任何要求，甚至连理应成为法国国王产业的纳瓦尔，法国也没有要求收回。1635 年以来，战争就连绵不绝，其原因是黎世留心甘情愿事态如此。他如此居心，似乎旨在使自己成为法国不可或缺的人物。他曾经与瑞典，与萨克森-魏玛的贝尔纳德公爵结盟，反对德意志皇帝。贝尔纳德公爵是意大利人称之为 Condottieri（雇佣兵队长）的将军，意即出卖所统率的军队的将军之一。黎世留还进攻在我们通常称为佛兰德尔的十省之内的奥地利—西班牙支系。他和我们当时的同盟者荷兰人瓜分了这个佛兰德尔，但这个地区根本没有被征服。

最激烈的战斗在佛兰德尔境内进行。西班牙军队两万六千人，由一个名叫唐·弗朗西斯科·德·梅略的久经沙场的老将率

① 加斯东（1608—1660），曾参与反黎世留及马扎然的活动。——译者

领，开出埃诺的边界，抵达香巴尼边境，对该地大肆蹂躏。他们进攻罗克鲁瓦，以为马上就可以像八年前一样，深入法国境内，兵临巴黎城下。路易十三已死，新王幼弱，这个情况使西班牙人希望倍增。当他们发现同他们对抗的敌方军队数量居于劣势，而且由一个二十一岁的青年率领时，他们的胜利希望进而化为必胜的信念。

这个受西班牙人轻蔑且毫无实战经验的青年是路易·德·波旁。他当时是昂吉安公爵，从那以后则以大孔代①之名蜚声于世。伟大的将帅大都循序渐进、有所历练、逐步成长，而这位王侯却生为将才。作战艺术在他身上仿佛与生俱来。全欧洲只有他和瑞典人托尔斯唐松②二十岁时就具有无需经验就能率军作战的天才。

昂吉安公爵获悉路易十三驾崩，同时又奉命不得轻举妄动，冒险出战。奥斯皮塔尔元帅奉派为公爵出谋划策，并予以引导。元帅为人审慎周到，有利于执行这些不坚决果断的命令。公爵对元帅和宫廷都不信任，只把自己的意图秘密告诉他部下一个值得他征求意见的准将加西翁。他们迫使元帅承认战斗势在必行。

（1643 年 5 月 19 日）人们发现这位王侯在战斗前夕诸事处理完毕之后，便倒床酣睡，以致需人唤醒出战。关于亚历山大也有同样传说。年轻人因为部署如此事关重大的一天的战斗之后，精疲力竭，倒床熟睡，是自然而然的事。战争的天才指挥若定，因而行事镇定，身心安宁，足能入睡，也是自然而然的。这位公爵取得胜利，是依靠本身的能力；依靠他那既能认清危险，又能看到办法的

① 大孔代与下文提到的孔代、孔代亲王为同一人。——译者

② 托尔斯唐松（1603—1651），瑞典元帅。三十年战争中曾在布雷唐弗尔德及让科维茨两战役中大获全胜。——译者

目光；依靠他那适时把自己引向任何地点，而又临危不乱、应付裕如的机灵敏捷。是他率领骑兵向迄今所向无敌的西班牙步兵发起进攻。这支步兵强大和密集程度都与受到高度评价的古代重甲长枪军不相上下。这支步兵还以后者所没有的灵巧展开队形，使位于它正中的十八门大炮得以进行齐射。公爵包围了这支步兵并向它发起三次进攻。他一旦获胜，就制止屠杀。西班牙军官纷纷扑倒在他膝下，寻求庇护，以免死于胜利的法国士兵的狂怒之下。昂吉安公爵先前为打败这些人，现在又为宽免这些人，同样煞费苦心。

指挥这支西班牙步兵的老菲恩特斯伯爵在战斗中阵亡，遍体鳞伤。孔代得知此事，说他自己假如没有打赢这一仗，倒愿意像老伯爵那样战死沙场。

欧洲人过去尊重西班牙军队，现在转而尊敬法国军队。一百年以来，法国军队从来没有打过这样著名的胜仗。因为马里尼昂①的浴血战斗日的胜利，与其说是弗朗索瓦一世在对瑞士人进行的战斗中赢得的，不如说是争到的。参加这次战斗的，既有德国黑军团②，也有法国军队。帕维亚③和圣康坦④战役进行时期，对法国的声誉来说，是生死攸关时期。亨利四世不幸只对自己的国家取得一些值得纪念的胜利。路易十三在位时，盖布里昂元帅虽然

① 地名，位于意大利米兰之东南。1515 年法国国王弗朗索瓦一世曾在此战败瑞士人。——译者

② 十五至十六世纪法国雇佣的德国步兵。——译者

③ 城市名，位于意大利伦巴第。1525 年 2 月 24 日，西班牙军队在此战败法军，并生俘弗朗索瓦一世。——译者

④ 地名，位于法国，滨索姆河。1557 年西班牙军队曾攻陷此城。——译者

获得一些小胜，但是总是被失败抵消。这个时期，只有古斯塔夫·阿道夫进行了几次震撼各国，被人永远铭记在心的大战役。

进行罗克鲁瓦战役的这一天成了法国和孔代的光辉时期。孔代善于战胜敌人和扩大战果。他致宫廷的几封信，推动宫廷做出包围蒂翁维尔的决策。这一军事行动，黎世留红衣主教过去不敢轻易冒险采取。孔代的信使从京城返回前线时，这次远征已经一切准备就绪。

孔代亲王穿越敌境，骗过贝克将军①的耳目，最后攻占蒂翁维尔（1643 年 8 月 8 日）。他从该城疾进，包围西尔克，并加占领。他迫使德国人渡返莱茵东岸，并紧紧尾随其后渡过该河。他迅速弥补了盖布里昂元帅死后法军在这一边境地区遭受的损失和挫败。他发现弗里堡已被敌军抢先占领，城下有梅西将军率领的一支军队驻守，人数多于他的军队。当时孔代麾下有两名法国元帅。一名是格拉蒙②，另一名是蒂雷纳。后者曾经在皮埃蒙抗击西班牙人，为国效劳，战功卓著，仅仅几个月以前才晋升为元帅。他那时就为他后来享有的盛誉奠定了基础。孔代亲王同两员大将向构筑在两个高地之上的梅西的营地发起进攻（1644 年 8 月 31 日）。战斗三次复起，每次日期不同。据说昂吉安公爵把他的元帅权杖投掷到敌军防御工事中，为了拾起权杖，手执利剑率领孔蒂指挥的团队向敌阵进攻，或许只有能这样大胆行动的人才能率领部队进行这样艰巨的进攻。这次弗里堡告捷是这位亲王的第二次胜利。

① 此人当时为西班牙效劳，1648 年阵亡于阿拉斯。——译者

② 格拉蒙（1604—1678），曾参加三十年战争，1653 年出任国务大臣。——译者

这次战役与其说具有决定性意义，毋宁说造成肝脑涂地。四天以后，梅西匆匆撤离。菲利浦斯堡和美因茨两城投降是这次胜利的证据和成果。

昂吉安公爵返回巴黎，受到百姓热烈欢迎。他请求朝廷颁赏。他把军队交给蒂雷纳亲王元帅指挥。但是后者虽然颇有才能，却在马里昂达尔受挫（1645 年 4 月）。昂吉安公爵驰返军中，重任统帅。他指挥蒂雷纳，并弥补了后者作战受挫造成的损失，这对他来说是荣上加荣。他向屯兵诺德林根平原的梅西发起进攻，大获全胜（1645 年 8 月 4 日）。格拉蒙元帅在该地被俘。但梅西麾下的格伦将军也被法军俘虏。梅西本人阵亡。这位被视为伟大统帅之一的将军埋骨于战场附近。他的墓碑上刻有：STA，VIATOR；HEROEM CALCAS.（止步，旅行者；你践踏了一个英雄）这一战役使孔代的荣誉达到顶点，也使蒂雷纳享有盛名。后者大力襄助前者取得胜利，万分荣幸，但也可能因这次胜利而深感屈辱。可能他从来没有比为这个人效劳时更加伟大，而这个人此后却成了他的竞争对手和手下败将。

昂吉安公爵的名字使其他名字尽皆相形见绌，黯然无光。（1646 年 10 月 7 日）他率军在西班牙军队的睽睽目光之下包围敦刻尔克，并第一个使这个要塞落入法国手中。

他频频获胜，尽力报国，但得自宫廷的却是猜疑多而奖赏少。内阁对他心怀戒惧，敌人对他胆战心惊，两者不相上下。他被调离他获得胜利和光荣的战场，奉派率领一支质量低劣、薪饷微薄的军队前往加泰罗尼亚。他包围莱里达后，又被迫撤围（1647 年）。他因下令在士兵挖掘战壕时用提琴伴奏，因而在几本书中被指责为自吹自擂。殊不知道这是西班牙的习俗。

不久，局势不稳，宫廷被迫把孔代召回佛兰德尔。德意志皇帝费迪南三世的兄弟利奥波德大公当时正在包围阿图瓦的朗斯。孔代返回在他指挥之下曾经百战百胜的军队后，径向大公发起进攻。这是他第三次以劣势兵力作战。他向士兵们说：“朋友们，记住罗克鲁瓦、弗里堡和诺德林根。”

（1648 年 8 月 10 日）孔代亲自解救格拉蒙元帅。后者率领左翼后撤。他俘虏贝克将军。利奥波德大公和富恩萨尔达涅伯爵几乎未能逃脱。组成他们指挥的这支军队的德意志帝国军队和西班牙军队土崩瓦溃，丢失军旗百余面、大炮三十八门，这在当时十分可观。此外还有五千人被俘，三千人被杀。其余的官兵则临阵脱逃。利奥波德大公手下不再剩有一兵一卒。

真正想探求史实的人可以看到，自从法国建立君主政体以来，法国人还没有连续打赢这样多战役；没有由于指挥卓越和作战英勇，而打赢这样多如此光荣的战役。

正当孔代亲王风华正茂，连年获胜之时，正当路易十三的兄弟奥尔良公爵也以攻占格拉夫利纳（1644 年 7 月）库特雷和马尔迪克（1644 年 11 月）之举，维护了作为亨利第四的儿子的荣誉和法国国家的荣誉之时，蒂雷纳子爵也已经攻克兰道，把西班牙人驱逐出特里尔，在该地重新扶立选侯。

（1647 年 11 月）蒂雷纳子爵与瑞典人共同取得拉温根和索默斯豪森战役的胜利，并迫使巴伐利亚公爵以年近八十之高龄离开所属各邦（1645 年）。阿尔古尔伯爵攻占巴拉盖，击溃西班牙人。西班牙人在意大利丢失了波尔托-隆戈纳（1646 年）。由黎世留着手重建，并且几乎组成法国全部海军的二十艘军舰和二十艘双桅战船在意大利沿海打败西班牙舰队。

事情还不止于此：法军还已侵入查理四世公爵的领地洛林。这是个尚武好战、反复无常、鲁莽冒失、万分不幸的诸侯。他既被法国人夺走邦土，又为西班牙人囚禁。法国的盟国在欧洲的南部和北部对强大的奥地利步步进逼。葡萄牙将军阿尔布克尔克公爵在与西班牙交锋的巴达霍斯战役中获胜（1644 年 5 月）。托尔斯唐松在塔博尔附近击败德意志帝国军队，大获全胜（1645 年 3 月）。奥伦治亲王率领荷兰军队，一路势如破竹，长驱直入布拉邦特。

西班牙国王到处受挫，眼见鲁西荣和加泰罗尼亚两地落入法国人手中。那不勒斯也起而反对西班牙国王，并在不久前宣布忠于吉斯公爵。这位公爵所属的家族卓越和危险的人物辈出，他是这一家族的某一支系的最后一个王侯。他虽因毫无成就而被认为只不过是个胆大的冒险者，但至少有过如下的光荣事迹：在西班牙舰队的桅丛樯林之中，只身驾着一叶孤舟，在只凭自身英勇之外别无其他救援的情况下，登陆保卫那不勒斯。

奥地利家族这样迭遭不幸，法国人这样屡战屡胜，加上法国的盟友多处得手，人们目睹此情此景便会认为，维也纳和马德里现在只不过是在等候开门乞降的时机而已；便会认为德意志皇帝和西班牙国王所属各邦已经丧失殆尽。但是，在这光荣的五年，虽然法国只遭到很少几次挫折，但也很少获得真正好处。这几年引起大量流血，却没有引发任何剧烈的变革。如果有什么剧烈变革令人担心的话，这是对法国而言。这个国家正在表面繁荣之下濒临毁灭。

第四章

内战

专制的摄政母后奥地利的安娜已经让马扎然红衣主教成为法国和她本人的主子。马扎然对她的操纵控制，有如一个机敏灵巧的男人操纵控制一个天生懦弱、必然受人支配，但却又坚毅刚强、足以坚持自身选择的女人。

关于那个时期的几部回忆录写道，母后只是当博韦主教波蒂埃[①]离职时，才对马扎然予以信任。波蒂埃最初被母后选任为首相。这个主教被描写为庸碌无能。很有可能他的确如此。也很有可能，母后仅仅把他当成有职无权的人使用一段时期，以便不要因选用第二个红衣主教，选用一个外国人，而首先激怒法国人。但是，不应相信，波蒂埃在出任首相的短暂期内，曾经首先向荷兰人宣布，他们如果想同法国继续结盟，必须改宗天主教。据说，他向瑞典人也作过同样建议。这件荒诞无稽的事，几乎所有史家都加以叙述，因为他们在宫廷的近幸内宠和投石党人[②]的回忆录中

---

① 波蒂埃(? —1650)，1613年任博韦主教。奥地利的安娜任摄政时任她的指导神父。——译者

② “投石”一词源出当时在巴黎盛行的一种儿童弹弓。“投石党运动”指路易十四幼年时期法国反专制制度的政治运动(1648—1653)。——译者

读到这件事。在这些或出于偏激而伪造，或根据民间传闻而记载的回忆录中，含讥带讽的语句实在太多。幼稚可笑者不应引用；荒谬无稽者不应置信。很可能长期以来，甚至在路易十三生前，太后就已属意马扎然红衣主教，让他担任首相。读了奥地利的安娜的首席管衣仆人拉波特的回忆录，对于这点就会深信不疑。帝王在宫廷里的下属对宫廷内幕耳闻目睹，了如指掌。他们知道的事甚至高等法院和党派的首领都毫无所闻，或只不过有所猜疑而已。

马扎然使用权势之初还有所节制。要描绘某个首相的性格，要说出他内心多么勇敢，或者多么软弱，要说出他怎样行事审慎，或者怎样为人狡黠，必须长期和他朝夕相处。因此，本书将只谈他的所作所为，对他的为人行事则不拟猜测。他开始拥有重权高位时，装出坦直率真，其程度和黎世留的矜骄傲慢一样。最初，他生活十分简朴，不要警卫，出行不讲王家排场。他的前任在哪一方面骄妄自负，他就在哪一方面和蔼可亲，甚至柔弱温顺。母后想使她的摄政政府和她自身都深受宫廷和百姓爱戴。这方面她获得成功。路易十三的兄弟奥尔良公爵加斯东和孔代亲王都拥戴她的政权，而且他们除竞相为国效劳之外，别无他图。

为了支撑对西班牙和对德意志皇帝的战争，必须征税。亨利四世逝世后，法国理财不善，其糟糕程度和西班牙、德国相仿。税务管理紊乱不堪。国民极端愚昧无知。盗匪猖獗之极。但是，当时抢劫的范围还没有扩大到像今天这样广泛。国家债务比现在轻八倍。不需供养二十万军队。不需支付巨额特种补助金。不需进行海战。摄政初期，国库收入上升到当时的七千五百万利弗。如果政府厉行节约，这笔钱款本已足够。但在 1646 年和 1647 年又急需赈济。当时的财政总监是一个出身于意大利锡耶纳的农民，名叫帕尔蒂切利·埃梅里。此人的灵魂比他的出身更加卑贱。他生活奢侈豪华，荒淫无度，激起全国公愤。他想出一些令人感到既苛繁沉重、又滑稽可笑的生财之道。他设置束薪稽查员、宣誓干草出售员[①]、国王酒类拍卖顾问等官职。他大事鬻卖贵族权状。巴黎市政府的公债当时只上升到近一千一百万法郎。年金收入者的若干按季领取的款项被扣除。入境税增加。设置了若干争议审察官的职位。行政官吏被克扣的薪津将近三十万埃居。

不难判断，有识之士如何义愤填膺，群起反对这两个意大利人。这两个人初来法国时，不名一文，到法国后，损公肥私，大发横财，并能对法国的有识之士施加极大影响。巴黎高等法院、争议审察官、其他法庭、年金收入者群情激愤，聚众闹事。马扎然解除他的亲信埃梅里财政总监之职，并将其流放到他自己拥有的领地，但是，这样做徒劳无益。公众还对埃梅里其人在法国拥有田产一事无比愤慨。马扎然虽然这时正在完成缔结蒙斯特条约[②]这件大事，大家对他仍十分憎恶。因为，必须看到，这项著名的条约和巴黎的街垒路障都在1648年同年出现。

巴黎开始为了一笔区区钱款进行内战，正如伦敦也曾经为此进行过内战一样。

(1647年)有权核查有关这些税收的法令的巴黎高等法院，对

① 按当时的规定，从事此类职业的人需要履行宣誓手续。——译者

② 蒙斯特位于德国，和奥斯纳布吕克同属威斯特伐利亚省。1648年，参加三十年战争的欧洲各国分别在这两个城市签订条约，合称威斯特伐利亚和约。根据这项条约，西班牙正式承认荷兰独立。——译者

新法令表示强烈反对。它使用反驳抗辩的手段把政府弄得精疲力竭，因而深得平民百姓拥护。

最初并没有发动叛乱。有识之士只是逐渐忿懑激怒和大胆行动。下层百姓则会像那不勒斯发生的情况一样[①]，首先匆忙夺取武器，选出首领。行政官和政治家行事成熟老练得多。他们开始时，遵守礼法惯例，并且在党派精神允许的范围内行动。

马扎然红衣主教曾经以为对高等法院的法官巧加分化瓦解，就可防止一切纷争骚乱。殊不知，他们却以坚毅不屈的精神来对付他狡黠灵活的手腕。他克扣所有高等法院法官四年的薪金，而免除他们缴纳鲍勒税[②]，即让他们免付亨利四世在位时鲍勒制定的高等法院法官为确保其职务的所有权而须交付的那种税，这种克扣并不是对这些法官的权益的损害。他又为高等法院保留了四年的薪金，以为可以通过这种恩赐来解除高等法院的武装。高等法院蔑视这一恩赐，因为接受这种恩赐会使它受到重自身利益，轻其他团体利益的指责（1648 年）。它仍然作出与其他法院联合的决定。马扎然的法语发音一向不准。他说这项“良合决定”具有损害性质，并要枢密院加以撤销。仅仅“良合”这个字就使他成为笑柄。由于人们永远不会向自己蔑视的人让步，所以高等法院因此事而更加大胆。它公开明确要求撤销所有被百姓视为横征暴敛者

① 1647 年 7 月 7 日，以马萨尼埃罗为首的叛乱分子在那不勒斯发动暴乱。——译者

② 一种卖官年金。付给此项年金即可世袭国家官职。这个名词因亨利四世的税务大臣鲍勒而来，因当时此项年金由他经收。这一制度于 1790 年废除。——译者

的总督[1]的职务，公开要求废除路易十三在位时期在没有进行任何正常准备工作的情况下设立的新型行政官吏职务。这讨好全国百姓，又同样激怒宫廷。它根据旧的法律，规定任何公民，如果在被捕二十四小时内，他的当然法官[2]未受理其案件，就不得投入牢狱。似乎没有任何举措像这样正确。

巴黎高等法院并不到此为止。它发布决定（1648 年 5 月 14 日），废除各省总督职位并命令其管辖范围内的国王检察官对各省总督进行审讯。

这样，对政府的仇恨，加上对公共财富的热爱，使宫廷受到一场剧烈变革的威胁。母后于是作出让步，表示愿意撤销各省总督的职务，仅仅要求给她留下三个，但遭到拒绝。

（1648 年 8 月 20 日）骚乱开始时，孔代亲王取得朗斯战役的著名胜利。这一胜利使他的荣誉达到顶峰。当时才十岁的国王大叫："高等法院会生气的。"这些话足以表明，当时宫廷只把巴黎高等法院看成叛乱分子的集合场所。马扎然红衣主教和他的宠信不给予高等法院其他名称。高等法院的拥护者愈对自己被视为叛乱分子怨恨不满，就愈坚决抗争。

母后和马扎然红衣主教决定派人捉拿三名最顽固的法官：被称为戴黑丝圆帽的院长诺维荣·布朗克梅尼尔、诉状审理庭长之一的夏尔东以及前高等法院主庭教士法官[3]布鲁塞尔。这三个人并不是党派首领，而是党派首领的工具。夏尔东才智低下、庸碌无

① 指法国国王派到各省的总督或财政监督、警政监督、司法监督。——译者

② 根据法律，并按案情，被指定负责审理被告、当事人的法官。——译者

③ 指负有宗教职责的法官。——译者

能。他以“我这样说”院长的绰号闻名，因为他发表意见总是用这句话开始或结束。布鲁塞尔满头白发，仇恨政府，一贯事事大叫大嚷，与宫廷作对。他除了这些声誉之外，别无其他值得赞许之处。他在高等法院的同事对他并不尊重，而下层百姓却把他当成偶像崇拜。

马扎然红衣主教不趁夜深人静时毫不声张地劫持他们。相反，他认为，正当人们中午在巴黎圣母院为朗斯大捷高唱赞美诗时，正当法院的门卫把缴获自敌军的七十三面军旗带到教堂时，趁机派人逮捕他们，就可以震慑民众。但王国恰恰因此而被颠覆。夏尔东潜逃。逮捕布朗克梅尼尔倒轻而易举。布鲁塞尔的情况则有所不同。他的老女仆一个人看见卫队长科曼热把她的主人扔进一辆华丽的四轮马车，就煽动平民百姓。马车被团团围住，砸得稀烂。法国卫队开来援救执法人员。犯人被押上通往色当的大道。但是布鲁塞尔被抓走一事远未吓住平民，反而激怒了他们，使他们胆壮起来。商店纷纷关闭。那时设置在主要街道入口处的粗大铁链紧紧绷直。巴黎城内筑起几道街垒路障。四十万人齐声高呼：“还我自由！还我布鲁塞尔！”

很难使雷斯红衣主教、莫特维尔夫人①、塔隆代理检察长②和其他很多人记述的关于这一事件的细节一致起来。然而，所有的人在主要问题上却是一致的。暴乱发生后的当天晚上，太后把驻扎在离巴黎几里远的军队两千人调来支援宫廷。掌玺大臣

① 莫特维尔夫人(1621—1689)，奥地利的安娜王后的侍女及朋友。——译者

② 塔隆(1625—1694)，1665年任新法兰西首任总督。——译者

塞吉埃[①]以一名卫队长和几名枪手为先导，前往最高法院撤销该院的所有决定。据说还要撤销最高法院这个机构。但是，当晚暴乱分子在以雷斯红衣主教之名著称的巴黎副总主教的家中集会。已经作好一切准备来武装巴黎全城百姓。平民拦截并掀翻掌玺大臣的四轮马车。他和他女儿絮利公爵夫人几乎未能逃脱，因为公爵夫人不顾父亲劝阻，执意要伴随他。掌玺大臣受尽下层民众欺逼凌辱，在一片混乱之中避进吕内公馆（1648 年 8 月 24 日）。一位民事案件官员前来把他接上自己的马车，带到罗亚尔宫，由两连御前卫士和一班宪兵护送。百姓向他们开枪射击，有几个人被杀。絮利公爵夫人膀臂受伤（1648 年 8 月 26 日）。顷刻之间，巴黎城内筑起路障街垒达两百个之多，而且一直延伸到离罗亚尔宫一百步的地方。护送的全体士兵看见他们几名袍泽倒地，就向后退却，观看市民如何行动。最高法院全体法官，穿过街垒，集体步行前往母后处所，再次要求释放最高法院被监禁的成员。他们遇到路障时，路障放下。母后被迫释放法院被捕法官。她这样做，又引起乱党一番侮辱。

雷斯红衣主教自吹自擂，声称他单独一人，在这一天内，把整个巴黎武装了起来。这天被称为路障日。它是这类日子中的第二个。雷斯这个奇特人物是法国第一个不以宗教为借口，进行内战的主教。他在回忆录中，自我吹嘘渲染了一番。这部回忆录以宏伟的气魄、敏捷的才思、变化无常的气质写成。这正是他为人行事的写照。此人荒淫无度，并因这种花天酒地的生活而体力日衰、萎

① 塞吉埃（1588—1672），在路易十三及路易十四在位时曾任掌玺大臣。——译者

靡不振。但他却向百姓讲道说教，并因而使人对他像对偶像那样崇拜。他渴求发动叛乱，搞阴谋诡计。他二十三岁时，曾经是谋害黎世留的阴谋集团的灵魂。他发起修筑街垒路障，把高等法院推进阴谋诡计之中，把百姓推进暴乱骚动之中。他极端虚荣，因此大胆妄为，鲁莽轻率，犯下罪行，其目的乃是要成为群议众论的人物。在这种虚荣心驱使下，他多次声称："我出身于佛罗伦萨的一个家族。这个家族和佛罗伦萨最大的王侯的家族同样悠久。"其实，他和他好些同胞一样，祖先是商人。

高等法院①受他蛊惑引诱，甚至早在得到任何诸侯支持以前，就已举起反对宫廷的旗帜。这一点似乎令人惊讶不止。

长期以来，宫廷和百姓对高等法院这个团体的看法就大相径庭。根据全体大臣和宫廷的说法，巴黎高等法院是个法庭，为审理公民的案件而设。它这项特权仅仅得自国王的旨意。它除了资深、管辖范围更大之外，并无优于王国其他高等法院②之处。它仅仅因朝廷驻设于巴黎，才成为重臣法院③。它并不比其他机构有更多进谏之权，何况这种进谏之权也纯粹是一种恩赐。它已接替从前代表法兰西民族的那些议会④，但仅仅接替了这些古老的议会⑤的名称而已。这一点的无可争辩的证据是：事实上，三级会议⑥已被

---

① 原文 parlement 有两义：1.（法国大革命前的）高等法院；2. 议会。此处为第 1 义。——译者

② 原文 parlement 为注①中的第 1 义。——译者

③ 原文 cour des paire 意为重臣法院、勋贵法院、领主法院。——译者

④ 原文 parlement 为注①中的第 2 义。——译者

⑤ 原文 assemblée 意为议会。——译者

⑥ états généraux 意为三级会议。——译者

用以取代国家的议会[①]。巴黎高等法院和我们最初几个国王创设的议会不再有类似之处，正如士麦拿[②]或阿勒颇[③]的执政官，不再与罗马的执政官有类似之处一样。

这个仅仅属于名称的错误却成了这个法律界人士团体提出过奢要求的借口。这些法律界人士，因为花钱买来法官职务，全都自以为拥有高卢征服者和国王采邑领主的地位。这个团体历来都滥用常驻首都的第一法庭必然会窃取的权力。它曾经敢于对查理七世[④]作出决定，并将其流放国外。它已经开始指控亨利三世[⑤]犯有罪行。它始终竭力反对君主。在路易十四幼年时期，在最温和的政府和最宽仁的母后的统治之下，它企图效法当时囚禁了英国国王并将其斩首的英国国会，向国王发动一场内战。这些就是政府关于巴黎高等法院的言论和看法。

但是巴黎公民以及所有尊重法官职务的人都把高等法院看成庄严的团体。这个团体廉洁可敬，持事公正，唯国家利益是爱，而且为此冒遭厄运之险。它把自己的宏愿限制在能光荣地抑压国王近幸宠臣的野心的这个范围之内。它对国王和百姓不偏不倚。人们把最神圣的权利和最无可争议的权力赋予这个团体，而不去查考这些权利和权力源出何处。当人们看见它支持百姓，反对被人憎恶的首相时，就称它为“国家的父亲”，并且很少在现在对国王加

① 原文 assemblée 意为议会。——译者

② 土耳其海港，滨爱琴海，又名伊兹密尔。——译者

③ 叙利亚西北部城市。——译者

④ 法国国王，1422—1461 年在位。——译者

⑤ 法国国王，1574—1589 年在位。——译者

冕的权利和从前授予最高法院的节制国王旨意的权力之间，进行区别。

在这两个极端之间不可能找到准确的折中点。因为，归根到底，除了时机和时间的规律之外，没有被人真正承认的其他规律。在强有力的政府统治下，高等法院无足轻重。懦弱无能的国王在位时，它却举足轻重。在路易十三统治之下，当这个机构抱怨贵族代表的等级名位在它的前面时，吉梅纳先生曾经说过："先生们，国王年幼的时候，你们可以报复。"这句话可以用在它身上。

本书作者不想在此重复所有关于这些骚乱的文字；不想为了把浩如烟海的、当时十分重要，而现在却几乎被人遗忘的细枝末节提供读者一阅而抄录书本。但是，构成民族精神特点的东西却应该叙述。叙述所有内战共有的事物，应该少于成为投石党战争的特征的事物。

既然在人们心目中专为维护和平而确立的两种权力——大主教和巴黎高等法院——已经开始骚乱，百姓便认为他们的一切行动都合理合法。母后每次公开露面，都受到侮辱。百姓只称她为安娜夫人。如果有人在夫人二字之外再加某个称号，乃是为了把她侮辱一番。百姓怒气冲天，强烈谴责她为了同马扎然的友谊而牺牲法国。而最令人难以忍受的是，她到处听见一些歌曲和讽喻时弊的民谣。这些既开玩笑又含恶意的证据，似乎会使人们对她的德行的怀疑永远留存人间。莫特维尔夫人以其高贵而诚挚的纯朴感情写道："这些傲慢无礼的行为令母后十分厌恶。受骗的巴黎人引起她的怜悯之心。"

（1649年1月6日）母后偕同孩子——路易十四、首相、路易十三的兄弟奥尔良公爵和大孔代逃离巴黎,前往圣日耳曼①。几乎全体宫廷人员留住该城时,都在麦秆铺上过夜。王冠的珠玉宝石也不得不抵押给高利贷者。

国王经常缺少日常生活必需品。国王的青年侍从被宫廷辞退,因无法供给他们膳食。那时,路易十四的婶母、伟人亨利的女儿、英国国王的妻子逃亡巴黎,一贫如洗。她那后来和路易十四的兄弟结婚的女儿,因为没有柴炭取暖,只得卧床不起。而巴黎百姓正处于狂热激奋之中,对这样多王室成员的痛苦却根本不加关注。

奥地利的安娜的才智、恩惠、善良都受人赞颂,但是,她在法国却似乎始终不幸。她长期被丈夫当成罪人对待,又饱受黎世留红衣主教迫害。她的身份证件在瓦尔-德-格拉斯②被没收。她在枢密院会议上被迫签字承认对夫王犯了罪。她生路易十四时,国王不愿按照习俗吻她。这种侮辱使她的健康每况愈下,以致危及生命。她在摄政期内,对哀求她的人慷慨施恩,但最后竟被朝秦暮楚、狂热激怒的百姓赶出巴黎。她和她的小姑子英国王后两人的命运都是戴王冠的人物所能经历的剧烈变革所产生的令人难忘的警戒。

母后含泪敦促孔代亲王充任国王的保护人。这位罗克鲁瓦、弗里堡、朗斯和诺德林根的征服者,为人行事不能与他过去立下的大量汗马功劳背道而驰。他幻想获得这种荣誉,即保卫他认为忘恩负义的宫廷,反对寻求他的支持的投石党。这样,高等法院就必

---

① 地名,在凡尔赛附近。——译者

② 巴黎的一个旧修道院,在圣雅各路。——译者

须同大孔代斗争。它敢于把斗争进行到底。

大孔代的兄弟孔蒂亲王既忌妒他的长兄，却又无法与之匹敌。他和隆格维尔公爵①、博福尔公爵②以及布荣公爵③，在副总主教胆大妄为的天性怂恿驱动之下，渴求标新立异，自以为能在国家的废墟之上建立他们自己的威势，自以为能使高等法院盲目的行动服务于他们的个人目的，于是都主动前来向高等法院效劳。高等法院主庭为一支徒具虚名的军队任命将领。每个高等法院成员都自动捐输以招募军队。二十名法官被授予黎世留红衣主教创设的官职。他们在高等法院的同事，出于任何社会都难免的那种狭窄心胸，通过攻击他们来破坏黎世留身后的声誉。他们对这二十名法官深恶痛绝，不把他们看成高等法院成员。这二十名法官每人都得拿出一万五千利弗来作为战争费用，并以此购得他们的同事的宽恕。

高等法院主庭、调查团、诉状审理厅、审计法院和间接税案件审理庭等机构虽然曾经大声疾呼，反对低额必征税，特别是反对增加税率（而这只不过增加二十万利弗），但却又提供一笔其价值约相当于今天我们一千万法郎的巨款来颠覆自己的祖国。此外，还作出决定，没收宫廷拥护者的全部钱财，其价值等于今天一百二十万利弗。根据高等法院决定，招募军队一万二千人。（1649 年 2 月 15 日）每一大门能通车马的巨宅富户提供一人一马。这支军队因而称为车门骑兵。副总主教自己拥有一个团的兵力，这个团称

① 隆格维尔（1595—1663），投石党首领之一。——译者

② 博福尔（1616—1669），亨利四世之孙。投石党首领之一。——译者

③ 布荣（1605—1652），其父为新教首领之一。本人与黎世留为敌。——译者

为科林斯团，因为副总主教是科林斯①的领衔大主教。

如果没有法国国王、大孔代和王国首都的名字出现，这场投石党战争会同巴贝里尼战争②一样可笑。人们不知道为什么要拿起武器。孔代亲王以八百名士兵包围十万名市民。巴黎人戴上羽毛饰带，投入战斗。他们的队形变换成了职业军人的谈资笑料。他们一旦和王军两百人遭遇，就逃之夭夭，作鸟兽散。一切全成笑柄。科林斯团被王军一个小分队打垮。这次挫败被称之为科林斯的首次演出。

这二十名每人出资十五万利弗的法官被称为“出十五万的二十人”。除此以外，他们没有获得什么别的荣誉。

博福尔·旺多姆公爵是亨利四世的孙子，是百姓崇拜的偶像，并被用来充做煽动百姓的工具。公爵本是个颇孚众望的亲王，但却才智平庸，受到宫廷甚至投石党人公开嘲笑。大家谈到他，只称他为“市井国王”。他一只臂膀中弹受了轻伤。他说这只不过是个张冠李戴的误会而已。

内穆尔公爵夫人③在她的回忆录中记述说，孔代亲王向母后介绍一个全副武装的驼背矮子。他说：“瞧，这就是巴黎军队的总司令。”他想以此来描绘他的兄弟孔蒂亲王。这位亲王的确驼背，的确已被巴黎人选任为将领。但是，同样这个孔代随后成了同样这些部队的将领。内穆尔夫人补充说，孔代亲王认为整个这场战

① 本为希腊城市名。——译者

② 指巴贝里尼家族的红衣主教因帕玛公爵欠债而与后者发生争执。著者在这里把投石党战争同这场争执相比。——译者

③ 内穆尔公爵夫人(1625—1707)，其回忆录于1709年发表。——译者

争只值得用滑稽可笑的诗来加以描写。他还把这场战争称为“夜壶战争”。

巴黎军队每次从首都出战，总是战败而归，因此被人以嘲骂喧笑相迎。这一切轻微挫败，只有用歌曲和讥刺短诗来加以弥补。小酒店和其他花天酒地的场所成了举行作战会议的营帐，而作战会议就在玩笑嬉闹声、歌声和下流放荡至于极点的淫乐之中举行。自由放纵、肆意妄为到了漫无节制的地步，以致某天晚上，投石党的主要军官们遇见街上有人把圣餐带给一个被怀疑为马扎然的人后，用剑背乱打教士，把他们撵走。

最后，人们发现副总主教，即巴黎的大主教，荷包里装着匕首出席巴黎高等法院会议。有人看见这把匕首的柄，高声叫道：“这是我们大主教的日课经呀！”

一个传令官，由国王侍从室的一个普通贵族陪同，前来圣安托万门传达建议（1649 年）。高等法院丝毫不愿接待这位传令官。但它却在高等法院主庭中接待当时正在对法作战的利奥波德大公的使节。

全体贵族在这些动乱之中，集会于奥古斯丁修道院，任命巴黎市议会总务委员，公开定期开会。人们会以为这是为了改造法国，为了召集三级会议，为了让王后授予蓬斯夫人[①]以面对皇上而坐的权利。法国人被人责备生性轻浮。这一点或许过去从来没有比这更加明显的证据。

正好与此同时使英国惨遭浩劫的内讧，把法、英两个民族的

① 蓬斯夫人曾积极影响其夫，使他成为热心的加尔文教派教徒。——译者

性格显示得清清楚楚。英国人把忧郁和顽强、理智和狂怒，投入国内骚乱和浴血奋战之中。铁决定一切。他们为处决战败者而架设断头台。英王作战被俘，押解到法庭。他被控滥用权力，受到审讯，并被判处斩首，当百姓的面执行(1649 年 2 月 9 日)。执行时，刑场秩序和行刑的场面都和处决犯罪的公民时相同。在这种种可怕的动乱之中，伦敦从未蒙受到与内战俱来的灾难的影响。

法国人则与此相反。他们投身暴乱往往任性行事，嬉闹作乐。妇女率领乱党。爱情酿成阴谋，并粉碎阴谋。蒂雷纳刚刚晋升为法国元帅，隆格维尔公爵夫人①就怂恿他去煽动他所统率的王家军队起来叛乱。

这是曾经由著名的萨克森-魏玛公爵征募的同一支军队。魏玛公爵死后，这支军队由出身于伯尔尼州一个古老家族的埃尔拉赫伯爵率领。就是这个埃尔拉赫伯爵把这支军队交给法国，并使法国拥有阿尔萨斯。蒂雷纳子爵企图引诱他。对路易十四来说，阿尔萨斯本会丢失。但是伯爵毫不动摇。他约束魏玛的部队，使之忠于它们理应当遵守的誓言。他甚至还受马扎然红衣主教之托逮捕子爵。子爵这个大人物当时意志薄弱、对国不忠，被迫逃离自己统率的军队，以讨好一个嘲笑他的激情的妇女。这个法国国王的将军竟成了唐·埃斯特旺·德·加马尔的副手。他们在雷代尔被普莱西-普拉斯兰②打败。

① 大孔代的姊妹(1619—1679)，马扎然的死敌。——译者

② 普莱西-普拉斯兰(1598—1675)，法国元帅。曾任国务大臣。——译者

大家知道奥克坎库尔元帅[①]在给蒙特巴宗公爵夫人[②]的短信中写道，佩罗内是美人中最美的人。大家知道拉罗什富科公爵[③]因在圣安东战斗中中了火枪子弹，一度失明，此时他曾写给隆格维尔公爵夫人如下的诗句：

为了无愧于她的爱心，
为了取悦她美丽的眼睛，
我同国王进行这场战争；
这战争我原要向上帝进行。

在国王的兄弟的女儿的回忆录里，人们看到她的父亲奥尔良公爵加斯东的一封信。对收信人这样写着："致我的女儿的反对马扎然的军队中的伯爵夫人们、将官夫人们。"

战争反反复复。人人朝秦暮楚。孔代亲王把胜利的王室带回巴黎。他在保卫宫廷之后，却以轻蔑宫廷为乐。他发现没有人给予他与他的光荣和功勋相称的奖赏，就带头嘲弄马扎然，顶撞母后，侮辱受他蔑视的政府。据说，他写信给马扎然红衣主教时称他："All' illustrissimo signor Faquino。"[④]一天，他对红衣主教说："再见吧，战神。"他怂恿一位雅尔塞侯爵向母后求爱，并且非难母

---

① 奥克坎库尔(1599—1658)，法国元帅。三十年战争后期战功卓著。投石党战争时期忠于宫廷。——译者

② 蒙特巴宗公爵夫人(1612—1657)，曾被路易十三、马扎然放逐。后参加投石党之乱。——译者

③ 拉罗什富科(1613——1680)，最积极的投石党人之一。——译者

④ 意大利文，意为：致最杰出的法基诺先生。——译者

后敢于为此生气。他的兄弟孔蒂亲王和隆格维尔公爵抛弃了投石党，和他结成同盟。摄政初期，博福尔公爵的私党所搞的阴谋曾经被人称之为“自命不凡党”的阴谋。现在则有人称孔代私党的阴谋为“小老爷党”阴谋，因为这些人想成为国家的主宰。除了今天用在那些矜骄自负、缺乏教养的青年身上的“小老爷”这个称号之外，所有这些动乱并没有留下其他痕迹。

既卑鄙又可恨的手段到处有人使用。夏特莱的法官、以后成了雷斯红衣主教的秘书的若利竟然计上心来，割伤自己的膀臂，向自己的马车开枪，企图使人相信宫廷要暗害他。

几天以后，有人为了在孔代亲王党和投石党人之间制造分裂，使两派不共戴天、无法调和，开枪射击大孔代的马车，并且杀死他一个跟班。这一事件被人称为“加强的若利行动”。这一咄咄怪事究系何人所为？是马扎然红衣主教那一党吗？该党嫌疑最大。最高法院开会时，有人指控雷斯红衣主教、博福尔公爵和老布鲁塞尔是凶犯。但是他们都被证明清白无辜。

各党之间，时而互相倾轧，时而进行商谈，时而彼此背叛。每个显要人物，或者想成为显要人物的人，都企图把个人的飞黄腾达建立在国家的毁灭覆亡之上。人人都把公益二字挂在嘴上，大谈特谈。加斯东忌妒大孔代的光荣和马扎然的声誉。孔代对他们则既不喜欢，也不尊重。巴黎总主教府的副总主教想让母后提名自己为红衣主教。他效忠母后，以求得到这个并不给予人以任何权威，但却使人地位突出的来自国外的显职。当时偏见的力量极其强大，以致大孔代的兄弟孔蒂亲王也想用主教的红帽来覆盖他亲王的冠冕。与此同时，阴谋的力量也极其强大，以致一个出身微贱、未立寸功，名叫拉里维埃尔的修道院院长也同孔蒂争夺这一顶罗马的帽子。但是谁都没有争到手。其原因是：亲王终于懂得蔑视这顶帽子；而拉里维埃则由于他的野心被人嘲笑，因而作罢。但是，副总主教却因使母后对孔代亲王记仇怀恨，而得到这顶帽子。

母后对孔代亲王怀恨在心，除了大孔代和马扎然的细小利害争吵之外，并没有其他缘由。没有任何国是罪加在孔代身上。然而，他却和他的兄弟孔蒂、他的内兄弟隆格维尔在罗浮宫被捕。这次逮捕没有履行任何手续。逮捕他们的唯一原因是马扎然对孔代心存疑惧（1650 年 1 月 18 日）。说实话，这一行动违反所有法律。但是，没有一个党派知道法律为何物。

马扎然红衣主教为了制服这些王侯，使用了被称为策略的奸诈手段。投石党人被控企图谋害孔代亲王。马扎然使孔代相信：重要的是要逮捕一名密谋犯，要对投石党人进行欺骗；应该由孔代亲王殿下签发一项要卫队的宪兵在罗浮宫作好准备的命令。就这样，大孔代签署了拘留自己的命令。策略常常在于欺骗，而能干就是识破说谎者的本领。这一事实，这次比任何时候都显得更加清楚。

《隆格维尔公爵夫人的一生》一书叙述说，这几位王侯被捕时，母后退入一间小祈祷室内。她让十一岁的儿子国王跪在地上。母子二人一同向上帝虔诚祷告，祝愿这次逮捕顺利进行。如果马扎然这样做，这将会是种非常令人憎厌、虚伪可笑的仪式。在奥地利的安娜身上，这只是妇女常有的一种弱点。虔诚在她们身上和爱情、策略，甚至残酷本身合为一体。坚强的女人对心胸狭窄的卑鄙行为嗤之以鼻。

只要孔代亲王愿意讨人欢心，他本可统治法国。但他满足于受人仰慕钦佩。当这位法国的保卫者和英雄被押解到万森的城堡主塔时，过去曾经为一个近于白痴的教士法官[1]构筑街垒的巴黎百姓点起火堆，表示欢庆。

更加表明这些事件蒙蔽百姓颇深的是，监禁三位王侯似乎本会平息乱党。但结果适得其反。这一行动却使乱党死灰复燃，重振旗鼓。孔代亲王的母亲虽被流放，但仍然违抗宫廷命令，留居巴黎，并向最高法院提出诉状(1650 年)。他的妻子历尽艰险，逃亡到波尔多城。她在布荣和拉罗什富科两位公爵的帮助下，煽动这座城市叛乱，并且武装了西班牙。

整个法国都向宫廷讨还大孔代。孔代如果在那时出现，宫廷就会覆灭。因大胆审慎而从拉罗什富科公爵的普通跟班平步青云，变为重要人物的古尔维尔想出一个解救当时囚禁于万森的三位王侯的稳妥办法。参与策划此事的一个密谋者却愚蠢糊涂，向投石党的神父忏悔。这个卑鄙无耻的神父把这件事告诉当时迫害大孔代的副总主教。这次行动因忏悔的内容泄露而归于失败，而泄露忏悔内容的事在内战中屡见不鲜，十分平常。

从国务参赞勒内不很著名但非常奇特的回忆录中可以看出，在这个狂乱放纵、骚动不安、公道不存、忤逆不敬的时期，神父对于人心的影响还何等巨大。他追述说，在勃艮第，神圣教堂的长老对孔代亲王忠诚友好。他为了全力营救孔代，提出愿意教全体讲道

[1] 指布鲁塞尔。马扎然下令逮捕布鲁塞尔等三人，巴黎市民筑街垒表示抗议。参见本章上文。——译者

者在教坛上大声疾呼，营救孔代，并且命令全体神父在听忏悔时，竭尽全力。

为了使人对当时的习俗风尚更加了解，勒内说，大孔代的妻子去波尔多避难时，布荣公爵和拉罗什富科公爵率领一群年轻贵族前去迎接。这些贵族对着孔代的妻子的耳朵高呼“孔代万岁!”，另外还加上一句辱骂马扎然的恶言秽语。他们并请她同他们一起呼喊。

(1651 年 2 月 13 日)投石党人先前曾经把大孔代和亲王们出卖给马扎然，以便让后者畏畏缩缩地复仇雪恨。一年以后，还是这些投石党人，又迫使母后打开囚禁这几位王侯的监狱，并把她的首相驱逐出境。马扎然亲往囚禁孔代等人的勒阿弗尔，恢复他们的自由。而他们对他的接待，别无其他，只是嗤之以鼻而已。这种轻蔑应该在他意料之中。之后，他退隐到列日。孔代在曾经多次背弃他的百姓的欢呼声中返回巴黎。他来到巴黎，使该城的阴谋活动、纠纷争执、凶杀暗害纷纷死灰复燃。

王国陷入这场大乱之中又达数年之久。政府除了某些软弱无力、含糊不清的决定之外，几乎没有采取过任何措施。这个政府似乎应该寿终正寝了。然而，叛乱分子内部始终四分五裂。正是这一情势救了宫廷一命。副总主教时而与孔代亲王为友，时而与他为敌。他挑起最高法院部分法官和部分百姓反对孔代。他敢于同时既为母后效劳，顶住这位亲王，而又对母后欺压侮辱，逼迫母后抛弃那退隐于科隆的马扎然红衣主教。那种对软弱无力的政府说来司空见惯的矛盾，使母后不得不既让副总主教卖命效劳，又让他凌辱犯上，不得不把这个副总主教、这个构筑街垒路障的发动者、这个曾经逼迫王室出走京都并包围京都的人提名为红衣主教。

第 五 章

内战延续到1653年叛乱结束

孔代亲王最后决心进行战争。他过去如果想当一国之主，早在投石党叛乱时期就该发动这场战争；他过去如果是普通公民，就永远不该进行这场战争。他离开巴黎，前往古埃纳、普瓦图以及昂儒等地煽动暴乱，并且向他曾经对之为害最烈的西班牙人求援，以征讨法国。

没有什么比当时这位亲王的遭遇更能表明这个时代的怪癖躁狂，以及导致种种奔走活动的精神紊乱状态。母后从巴黎向亲王派去一名使者，并携带建议，敦促他返回首都，彼此和好。这个使者弄错地方，没有前往亲王当时所在的昂热维尔，而到了奥热维尔，母后这封信到达太迟。孔代说，他如果早些收到，本会接受和平建议。他现在既已远离巴黎，就无必要返回。信使的错误和这位亲王的任性就这样使法国再度陷入内战深渊。

（1651年12月）曾经在流放科隆期间，远离权位，遥控宫廷的马扎然红衣主教，这时与其说以前来复职的首相的身份，毋宁说以再度拥有其所属各邦的君主的身份返回王国。护送他返回的是一支七千人组成的小军队。这支军队由他本人出资征募，亦即用他侵吞的王国的钱财征募。

有人促使国王在当时发表的一项声明中宣称，这些军队的确由红衣主教自己出资招募。这使那些把马扎然初次自王国出走时描写得贫困不堪的人哑口无言，张口结舌。马扎然把他这支小小的军队交由奥克坎库尔元帅指挥。这支军队的军官都身系绿色肩带。绿色是这位红衣主教的仆从的号衣的颜色。当时法国各党各派都有自己的肩带。白色肩带为王党肩带。浅栗色肩带为孔代亲王党的肩带。令人惊奇的是，到那时为止一贯装得十分谦逊简朴的马扎然红衣主教竟然敢于让一支军队穿上自己仆从的制服，似乎他自己还另有一个党，与他主人的那个党有别。他无法抗拒这种虚荣心。这正是昂克尔元帅[①]过去的所作所为，也正是促使这位元帅垮台的主要原因。马扎然红衣主教同样轻率鲁莽，但却达到目的。母后对他倍加赞许。已经成年的国王和他的兄弟前往迎接红衣主教。

（1651 年 12 月）红衣主教返回巴黎的消息刚刚传开，曾经要求主教离开首都的路易十三[②]的兄弟奥尔良公爵正在巴黎招募军队，但却不知道这些军队做何用途。高等法院重申它的决定，宣布放逐马扎然，并悬赏索求红衣主教的人头。王国敌人的头价值如何，必须在政府账册中查考。查理九世在位时期，曾经允诺凡交出科利尼海军司令[③]，不论生死，均赏给五万埃居。对刺杀红衣主教

---

① 昂克尔元帅，意大利冒险家，名孔奇尼。与其妻同对法国王后玛丽·德·美第奇有重大影响。被王后封为昂克尔侯爵及法国元帅。后被路易十三下令逮捕。因拒捕被杀。——译者

② 查理九世（1601—1643），法国国王。——译者

③ 科利尼（1519—1572），法国海军将领。曾参加圣康坦保卫战。后为新教党首领之一。为“圣巴托罗缪之夜”惨杀事件的首批受害者之一。——译者

首相予以同等奖赏，被认为是严格按章办事。

这项放逐令未能诱使任何人想获得这笔五万埃居巨款而问心无愧。这笔赏金最后毕竟分文未付。这类决定在其他时代、其他国家，肯定会有人付诸实施。但当时在法国，只不过充做新添的笑料而已。布洛和马里尼等文人墨客把调侃嬉乐带进这些动荡骚乱时期的喧嚣之中。他们教人在巴黎张贴一张分赏十五万利弗的表：割下红衣主教鼻子者赏金若干；割下耳朵一只者赏金若干；挖得眼睛一只者赏金若干；割下生殖器者赏金若干。这件可笑的事纯由放逐首相的命令引起。首相的动产和藏书楼由高等法院第二项决定宣布出售。售得之款充做赏付刺客之用。结果这笔款子也正同当时征收的全部税款一样，被保管人挥霍净尽。红衣主教方面既未使用投毒，也未使用暗杀等手段对付敌人。尽管党派林立，恨大仇深，因而使人乖戾狂躁，各党首脑却并不像联盟[①]时期那样残酷；百姓也不像那时那样狂热，因为这并非一场宗教战争。

(1651 年 12 月)在这个时期盛行一时的昏乱风气，对高等法院整个机构竟然左右支配到这样的程度，以致它在庄严下令进行那次被人嘲笑的暗杀之后，竟决定派遣法官数名前往边境地区探听马扎然红衣主教的军队的虚实，亦即王室军队的情况。

两名法官冒冒失失，同几个农民前去拆毁红衣主教要通过的桥梁。其中一名叫比托，被国王的军队俘虏，后又被宽大释放，受到各党嘲笑。

---

① 指十六世纪法国天主教徒为反加尔文教派同盟而组成的神圣联盟，成立于 1576 年。——译者

(1652 年 8 月 6 日)这时已经成年的法国国王下令巴黎高等法院停止行使职权,并将其迁往蓬图瓦兹。十四名忠于宫廷的法官遵旨照办。其他法官则抗命不从。于是形成两个高等法院,彼此针锋相对发布决定,互相猛烈抨击。这就使局势和亨利四世以及查理六世①在位时一样,社会动荡,政局混乱,无以复加。

正当高等法院这个团体耽于种种暴烈活动,大反国王的首相时,它又宣布孔代亲王犯有大逆不敬罪。其实后者正是为反对这位大臣才武装起来的。一种因先前种种奔走活动而变得可信的精神的颠倒促使这个团体命令奥尔良公爵加斯东新近召募的军队进军讨伐马扎然。与此同时,它严禁从公共收入中支取分文来支付这些军队的军饷。

这样一个司法官团体投身本身职权之外的活动,对本身权利、本身真正权力、政治事务、战争都毫无所知,在混乱喧嚷之中开会通过决议,作出决定前不假思索,作出决定后自己也惊讶不置。对于这样一个团体,人们不能抱有任何期望。

波尔多的高等法院当时为孔代亲王效劳。它的举动前后比较稳定一致。因为它离宫廷较远,受各对立乱党煽惑较少。一些更加重大的问题正在引起整个法国关注。

孔代和西班牙人结盟,积极活动,反对国王。蒂雷纳曾经在雷代尔和西班牙人共同受挫。这时他刚刚离开这些西班牙人,与法国宫廷言归于好,并统率王家军队。由于国库枯竭,财源耗尽,交战各方都无法拥有大量部队。但是小军队仍能同样决定国家命

① 查理六世(1368—1422),法国国王。1380—1422 年在位。——译者

运。有时参战军队虽多达十万之众，但却无法攻克两座城市。而有时一场在七八千人之间进行的战役却能推翻或巩固王权。

路易十四在逆境中被抚育成人。他和母后、兄弟以及马扎然红衣主教逐省转移迁徙，在他左右随行的军队还远不如后来和平时期中他单独一人的御林军多。一支部分兵员由西班牙派来，其余则由孔代亲王的党徒招募，共五六千人的军队在王国的中心地带对路易十四穷追紧逼。这时孔代亲王正率军奔驰于波尔多与蒙托邦之间，攻城略地，到处扩大他的私党。

宫廷寄全部希望于蒂雷纳。王军当时驻屯于滨卢瓦尔河的吉昂附近。孔代亲王的军队离吉昂只有几里，由内穆尔公爵和博福尔公爵率领。这两位将领意见分歧。这很快就使亲王的党遭到致命的不幸。博福尔公爵不能胜任任何指挥。内穆尔公爵则被人认为骁勇和蔼有余，精明能干不足。两人凑在一起，使他们指挥的军队惨遭覆灭。这支部队的士兵都知道大孔代离奥尔良森林一百里，并且认为自身已经全军覆没。正在这时，一名信使深夜出现在驻守于奥尔良森林中的大警卫队前面。哨兵认出这个信使就是孔代亲王本人。他乔装打扮从阿让出发，历尽惊险，前来指挥他的军队。

他的出现作用很大，这次不期而至作用更大。他懂得，突如其来和意料不到的事物会使人万分激动。他立即利用刚才激发起来的信心和勇气。这个亲王在战争中的伟大才能乃是能在瞬息之间作出最大胆的决断，并且既行动迅速敏捷，又指挥明智审慎，把决断付诸实施。

（1652 年 4 月 7 日）王军被分割为两部。孔代率军向由奥克坎库尔元帅率领，驻守在布勒诺的那部分军队猛扑。这支驻军一旦受到攻击，就立刻溃散。这一败绩无法告知蒂雷纳。马扎然红衣主教丧魂失魄，深夜跑到吉昂，叫醒国王，告诉他这个消息。国王的小宫廷顿时惊惶失措。有人建议，为了保全国王，要赶快逃跑，并把国王秘密带到布尔热。孔代亲王战斗获胜，迫近吉昂。王室方面悲哀与恐惧有增无已。蒂雷纳以其刚毅坚定，使众人放下心来；并以其能干灵巧，使宫廷得救。他对剩下的少量部队善于指挥调遣，对地形和时机巧加利用，以致使孔代无法扩大战果。因此很难判定，在得胜的孔代和从孔代手中抢走胜利果实的蒂雷纳两人之中，谁获得荣誉更多。不错，在这场如此长期闻名于法国的布勒诺战役中，阵亡不到四百人。尽管如此，孔代亲王仍然几乎旦夕之间就将征服整个宫廷，并且一鼓作气抓到他的敌人马扎然红衣主教。规模比这更小的战斗、利害关系比这更大的事件、比这更加紧迫的危险，都十分罕见。

孔代并不以为他能像打奥克坎库尔那样，也能把蒂雷纳打个措手不及，于是率军向巴黎进发。他匆匆进入这座城市，享受荣誉，并利用盲目的百姓对于他有利的情绪。人们对最近这次战役的赞赏（虽然它的前后经过全都被人渲染夸大）、对马扎然的仇恨，以及孔代亲王的鼎鼎大名和他在巴黎的出现，最初都似乎使这位亲王成了巴黎的绝对主人。然而实际上，人们仍然不能同心同德。而每个党内部又派系林立，这和所有骚乱不安时期的情况毫无二致。副总主教这时已经成为雷斯红衣主教，表面上已与宫廷言归于好。宫廷对他心存疑惧。他对宫廷也处处提防。他已不再指挥百姓，也不再扮演主要角色。他唆使奥尔良公爵反对孔代。最高法院动摇于宫廷、奥尔良公爵和亲王之间。虽然大家一致向马扎然提出抗议,但私下都顾全自身利益。百姓是激荡的怒海。不断刮起的、方向相反的暴风随意推波助澜。有人捧着圣女日尼薇[①]的遗物盒在巴黎游街,目的在于驱逐这位红衣主教首相。下层民众并不怀疑这个圣女会像普降甘霖一样,会带来这个奇迹。

平民百姓耳闻目睹的,只是党魁进行谈判、高等法院派出代表、法庭内举行会议、下层民众发动暴乱、军人作战征伐等。寺院大门有人把守。亲王吁请西班牙人予以救援。查理四世这个洛林公爵已被赶出他所属各邦。他剩下的全部财产只是一支八千人的军队。这支军队他每年都卖给西班牙国王。他此时正率领这支军队前来巴黎附近。马扎然红衣主教赠予他一笔款子,让他离开。这笔钱比孔代亲王供他来巴黎的钱还多。洛林公爵一路上大肆杀烧掳掠,然后,卷带双方所给的钱财离开法国。

孔代留在巴黎,手中权力日益削减,率领的军队更加削弱。蒂雷纳带领国王和宫廷人员向巴黎进发。国王于十五岁时,自夏罗内高地(1652 年 7 月)目睹圣安东战役进行。这两位将军用兵如此之少,而完成的业绩却如此之大,以致两人似乎已无法增长的声誉,反而因此增高。

孔代亲王和他那个党内的少数贵族领主,率领少数士兵,顶住并击退王家军队进攻。奥尔良公爵不知应该作出何种抉择,因此留在卢森堡宫。雷斯主教蛰居于总主教府中。高等法院坐待战争

① 日尼薇(422—502)在匈奴王阿提拉逼近巴黎时,曾安抚居民,要他们不必担忧。后因她的预言应验,被奉为巴黎的守护神。——译者

分晓，以便作出某一决定。涕泪滂沱的母后在加尔默罗修院的一个小教堂里跪拜祈祷。百姓对国王和亲王的军队同样惧怕，因而紧闭城门、禁绝出入。这个时刻，法国最大的人物战斗方酣，血洒巴黎城郊。因勇敢机智而颇负盛名的拉罗什富科公爵在城郊作战时眼睛上方受伤，双目暂时失明。马扎然红衣主教的一个侄子在该处阵亡。百姓对此感到大为解恨。伤亡的年轻贵族领主运回圣安东门时，大门却紧紧关闭。

最后，加斯东的女儿站到他父亲不敢救援的孔代那一边。她教人为伤员打开巴黎城门，还敢于教人用巴士底狱的大炮向王军射击。王军后撤。孔代所获只不过是一些虚荣。但这位亲王的女儿却因为她的这一激烈行为，在她的表兄弟、法国国王的心目中，声名狼藉，不堪信任。马扎然红衣主教知道她最渴望嫁给一个头戴王冠的人，于是说："这门炮刚刚打死了她的丈夫。"

我们的历史学家大多数只向读者展示这些战斗和这些勇敢与策略的奇迹。然而，谁如果了解到在这些斗争中要玩弄何等可耻的手段权术、迫不得已要把平民百姓投入何等灾难之中、道德沦丧到了何等卑鄙无耻的地步，那么，谁看到这个时期的英雄人物的光荣时，他的恻隐之心就会胜过钦慕之情。仅仅根据忠于亲王先生的古尔维尔[①]记叙的几个行动，就可判断这一点。他承认，为了谋取钱财，他抢劫了税务所。他还把一个驿站站长劫持到住所，逼他付了一笔赎金。而这些暴行，古维尔叙述起来，好像都已司空见惯，不足为奇。

① 古尔维尔(1625—1703)，法国财政官及外交代表。——译者

当时巴黎面包每斤价值二十四苏。百姓受苦，施舍不足。好些省份粮食短缺。

还有什么比在波尔多城下进行的这场战争中发生的事更加惨绝人寰的吗？一个贵族被王军抓去，头被砍掉。拉罗什富科公爵为进行报复，教人吊死王党的一个贵族。而这位公爵却被人看成是个通达哲理的人。这种种暴行都因党魁的重大利益，而很快被人遗忘。

但是，与此同时，还有什么比这件事更可笑的吗？大孔代在宗教游行的行列中亲吻圣女日尼薇的遗物盒，在行进中搓捻念珠，让百姓看到念珠，用这种戏谑来证明英雄常常迎合下层民众。

人们的言谈举止都不成体统、粗野无礼。奥梅尔・塔隆[①]叙述说，他听见一些法官发表意见时，称呼红衣主教首相为粗鄙的家伙。一个被人叫做四个苏的法官，在高等法院开会时，出言不逊，破口大骂大孔代。人们在堂堂法庭上公然互打耳光。

1644 年，调查团团长和高等法院主要法庭庭长为争夺一个席位在巴黎圣母院大打出手。1645 年，一些普通妇女被人放进王家检察院。她们跪倒在地，要求高等法院取消捐税。

种种混乱从 1644 年一直延续到 1653 年。开始时尚未发生骚动，最后却整个王国，从东到西，从北到南，暴乱连绵不绝。

（1652 年）大孔代疏忽失态，竟然在奥尔良公爵家中打了埃尔伯夫亲王的儿子里厄伯爵一记耳光。这并不是重新争取巴黎人心

① 奥梅尔・塔隆（1595—1652），法国高等法院法官。投石党运动时期积极反对王权。——译者

的办法。里厄伯爵对这位罗克鲁瓦、弗里堡和诺德林根的征服者也予以回敬。这桩稀奇古怪的事，倒也没有产生什么重大后果。国王的兄弟把埃尔伯夫的儿子关进巴士底牢狱几天。这件事以后就再也没有人提起。

博福尔公爵和他的内兄弟内穆尔公爵发生激烈口角。他们诉诸决斗。决斗时各有助手四名。内穆尔公爵被博福尔公爵杀死。绰号叫"奥隆达特"①的维拉尔侯爵是内穆尔的助手，杀死了以前从未见过的对手埃利库尔。这里没有丝毫司法裁判可言。决斗事件频频发生，抢劫掳掠层出不穷，荒淫放荡之风发展到恬不知耻的地步。但在种种骚动混乱之中，一种轻松愉快的情绪却始终是主流，它大大减轻了这些动乱带来的痛苦。

血腥而无益的圣安东战斗之后，国王无法返回巴黎。亲王也不能在巴黎久住。百姓情绪激昂。亲王被人认为主谋策划屠杀了几个公民。这些都使他遭到百姓憎恨。然而他在高等法院中还有自己的私党。（1652 年 7 月 20 日）这个团体当时对那个居处无定、四处流浪、已在某种程度被赶出京城的宫廷并不害怕，但却在奥尔良公爵和孔代亲王的党徒的压逼之下，发布决定，宣布奥尔良公爵为代理国王，虽然这时国王已经成年。这个称号与同盟时期授予马延公爵②的称号相同。孔代亲王被任命为大元帅。巴黎和蓬图瓦兹的两个高等法院相互否认对方的权威，发布相反的决定，

① 据圣西门谈称，此人仪表堂堂，容貌俊秀，绰号为"奥隆达特"。"奥隆达德"原为小说《居鲁士》中的人物。此人貌美能使一切妇人倾倒，彬彬有礼，明智审慎，又擅长剑术。——译者

② 马延公爵(1554—1611)，法国王侯。曾为神圣联盟首领。——译者

因而受到百姓蔑视。但是这两个法院却协同一致,要求驱逐马扎然。仇恨这个首相当时多么像是法国人最重要的义务啊!

这个时期,无党不弱。宫廷党和其他各党同样软弱无力。大家都缺乏钱财和武力。乱党与日俱增。战争为各方带来的只是伤亡和悲痛。宫廷被迫再次牺牲马扎然。他被大家称为动乱之源,而实际上,他只不过是动乱的借口而已。于是,他第二次出走,离开王国(1652 年 8 月 12 日)。更加耻辱的是,国王不得不公开声明,撤去首相职务,同时却又夸奖他的劳绩,抱怨他被流放。

英国国王查理一世在这之前不久,在断头台上丧生,因为在骚乱开始时,他曾把他的朋友斯特拉福德①的生命交由议会处置。与此相反,路易十四容忍流放马扎然,成了王国的温和的主人。因此,同样的软弱得到的结果却迥然不同。英国国王抛弃自己的宠信,使渴求战争、憎恨国王的百姓胆大包天。而路易十四,或说得更确切些,母后,罢免红衣主教,却解除了厌弃战争、热爱王权的百姓进行叛乱的任何借口。

(1652 年 10 月 28 日)红衣主教刚动身前往他的第二次退休地布荣,巴黎市民就纯粹出于自发,向国王派遣代表,恳请国王返回首都。国王于是回到巴黎。首都一片安定平静。这令人很难想象,几天以前,这座城市还是一片混乱。奥尔良的加斯东因为在他永远无法支撑到底的事业中十分不幸,被贬谪到布卢瓦。他在痛悔之中于该地度过余生。他是伟人亨利的第二个儿子。伟人亨利

① 斯特拉福德(1593—1641),英国政治家。1641 年因反对议会被控,并被处决。——译者

死时未享哀荣。既冒失又大胆的雷斯主教在罗浮宫被捕。他从一个监狱解送到另一监狱，生活长期漂泊不定，最后在退隐时才结束了这段生活。他在退隐期间获得他过去命运处于动乱时虽有巨大勇气但却无法了解的德行。

几个法官曾在他们主管的部门滥用职权，因而遭到流放，以此来抵偿他们过去的胡作非为。其他法官固守在司法官吏的职权范围内。还有几个法官每年因可领取奖金五百埃居，因而专心致志，克尽厥职。这笔年金是总检察官和财政总监富凯①秘密教人发给他们的。

孔代亲王虽然在法国已经众叛亲离，西班牙人对他也不大力援助，仍在香巴尼边境进行一场失利的战争。波尔多还剩下乱党，但很快就被镇抚。

王国局势平静，这是流放马扎然的结果。然而，当马扎然因举国大声疾呼，刚由国王颁令驱逐之后，又由国王降旨令他返回巴黎（1653 年 2 月 3 日）。这次他重返京都，权大无边，心境安定。对此连他自己也惊讶不止。路易十四把他当做父亲，百姓把他看成主人加以接待。在公民一片欢呼声中，巴黎市政厅内，为他举行盛宴。他把钱扔给下层百姓。但是，据说，他在这样可喜的变化给人带来的欢乐之中，却对巴黎人的变化无常，或者说得更确切些，对他们的癫狂荒诞，嗤之以鼻。高等法院的官吏曾经把他当成窃国大盗，悬赏索求他的脑袋，现在却几乎尽皆施展权术，谋求有幸前

① 富凯（1615—1680），任法国财政总监期间曾为法国积聚大量财富，并以钱财慷慨赠送文人学士。大兴土木建修宫堡。后被柯尔伯控告盗用公款被捕。死于狱中。——译者

来请他庇护。而且不久以后，这个高等法院，在被告缺席的情况下，判处孔代亲王死刑（1653 年 3 月 27 日）。在这样的时期，这种变化倒也屡见不鲜。但是，由于对这样一个人物曾经数次决定判处，而决定对他判处的人们长期以来却曾经参与他的过错，因此这种变化就更加令人觉得丢净脸面。

红衣主教催促判处孔代，却又把自己的甥女嫁给孔代的兄弟孔蒂亲王（1654 年 2 月 22 日）。这证明，这位首相将会权力无边。

国王把巴黎和蓬图瓦兹两地的高等法院合并为一。他禁止法院集会。高等法院企图进行谏诤。一名法官被投进监狱。另外几名遭到流放。高等法院于是噤若寒蝉。星移斗转时过境迁，世事全非。

第　六　章

马扎然红衣主教1661年去世以前法国的形势

正当法国内部四分五裂之际，外部又受到攻击。内忧外患，国势削弱。罗克鲁瓦、朗斯、诺德林根等次战役的成果丧失殆尽(1651年)。敦刻尔克要塞被西班牙人再度攻占(1652年9月)。西班牙人把法国人赶出巴塞罗那，重新占领意大利的卡萨尔(1652年10月)。

然而，尽管内战引起骚乱，外战形成重压，马扎然红衣主教却灵活巧妙、时来运转，仍然缔结了著名的威斯特伐利亚和约①。和约规定，德意志帝国及其皇帝以三百万利弗，即以相当于今天六百万利弗左右的售价，把阿尔萨斯卖给法国国王和法国王室(1648年)。这笔款子付给奥地利大公。这项后来成为所有条约的基础的条约为巴伐利亚家族创设了新的选侯资格。德意志帝国的全体诸侯和全部城市的权利，以及德国最小的贵族的特权都得到确认。德意志皇帝的权力被限制在狭小的范围之内。法国人和瑞典人结

① 威斯特伐利亚是德国的一省。1648年在此缔结和约：从而结束自1618年开始的三十年欧洲混战。——译者

合在一起，成了德意志帝国的立法者。法国得到的这种光荣，至少部分应该归功于瑞典军队。瑞典国王古斯塔夫·阿道夫早已开始震撼德意志帝国。他的将领在他的女儿克里斯蒂娜在位时期，又把瑞典军队获得的战果进一步扩大。弗兰格尔将军①几乎攻入奥地利境内。这项和约缔结时，克尼斯马克伯爵②已经控制了半个布拉格，并正对该城另一半进行包围。法国每年只需付给瑞典人一百万利弗左右，就足以制服德意志皇帝。

瑞典因这些条约而获得的好处大于法国。它取得波美拉尼亚、大批要塞和金钱。它迫使德意志皇帝把某些属于罗马天主教的权益转让到路德派教徒手中。罗马方面大声疾呼，控诉这种蔑视宗教的行为。它声称，上帝的事业被人背叛。新教徒夸耀他们通过剥夺罗马天主教徒，使和平的成果变为神圣的事物。只有私利才能使每个人都泄露出自己秘而不宣的东西。

西班牙没有参加签订这项和约。它之所以如此行事，理由也很充足。西班牙政府眼见法国陷入内战的深渊，企图利用法国国内四分五裂的局势。被遣散的德国军队，对西班牙人说来，成了一支新的援军。德意志皇帝自从蒙斯特和约缔结以来，四年之内，把将近三万军队调到佛兰德尔。这是对该约明目张胆地违反。但是，除此以外，这些条约几乎从来没有被人以其他方式履行过。

马德里的首相大臣们在威斯特伐利亚谈判之初，机智灵活地同荷兰缔结了一项单独和约。西班牙君主国终于异常幸运，不再

① 弗兰格尔(1613—1676)，瑞典将军。曾参加三十年战争。——译者

② 克尼斯马克(1600—1663)，瑞典将军。原籍德国。——译者

同被它长期视为不配得到宽恕的叛逆分子的人为敌，并且承认他们享有主权。这些荷兰的共和主义者和西班牙进行商谈，但与此同时，并不和法国断绝交往，这样就使自己财富增加，威势和安定得到巩固。

(1653年)荷兰共和主义者已经十分强大，以致不久以后，在一次对英海战中，他们投到海上的战列舰①达一百艘之多。英国海军上将布莱克和荷兰海军上将特龙普交手时，常常胜负难分。孔代和蒂雷纳在陆上是怎样的人物，他们在海上就是怎样的人物。这个时期，法国能投到海上的装备有五十门大炮的军舰还不到十艘。它的海军正日趋毁灭。

1653年，路易十四是这样一个王国的权力无限的主人：这个国家还受到过去遭受的打击的震撼，所有行政部门紊乱不堪，但它资源丰足。除了萨伏依外，它没有盟国，因此无力对外征伐。除了西班牙之外，它没有外敌，而西班牙当时的处境比法国更糟。曾经打过内战的法国人都归顺君主，只有孔代亲王和他的几个党徒例外。这几个党徒中，像科利尼伯爵②和布特维尔等一至两人，或出于友谊，或因心地高尚，才继续忠于亲王，而其他党徒则因宫廷不愿高价收买他们，因此不愿归附国王。

孔代成了西班牙军队的将领，但却无法振兴一个党派。在罗克鲁瓦和朗斯等战役中，这支军队的步兵被歼灭，因而使这个党的力量大为削弱。孔代和自己并不统率的新部队一起，同曾经在他

① 古时装备大炮七十五门以上的军舰。——译者

② 科利尼伯爵(1617—1686)。——译者

麾下学习克敌制胜，现在正由蒂雷纳指挥的法国老团队作战。

蒂雷纳和孔代的命运是：他们统率法国人并肩作战时，就所向无敌；当他们指挥西班牙人作战时，就屡战屡败。

过去，当蒂雷纳从法国国王的将领变为一位西班牙将军的副手时，在雷代尔战役中几乎未能拯救西班牙军队的残余。孔代亲王在阿拉斯城下的命运与此相同（1654 年 8 月 25 日）。奥地利大公和孔代亲王包围这座城市。蒂雷纳又把他们包围在兵营内，并发起强攻，突破了他们的防线。大公的部队四处溃逃。孔代率领由法国人和洛林人组成的两个团孤军奋战，顶住蒂雷纳的进攻。正当大公仓惶逃遁时，孔代打败了奥克坎库尔元帅，击退了拉费尔泰元帅①。然后一边掩护战败的西班牙人撤退，一边胜利转移。因此，西班牙国王在致孔代的信中这样写道："我已经得知，一切都已丢失，而你却把一切又保存下来。"

很难说明什么是决定这些战役胜负的因素。但是，孔代是有史以来最伟大的军人之一。大公和他的参谋团当天却不愿采纳孔代的任何建议，这一点是确定无疑的。

阿拉斯得救。防线突破。大公逃走。这使蒂雷纳的荣誉达到顶峰。人们注意到，在一封以国王名义就这次胜利致高等法院的信中，整个战役的胜利却归功于马扎然红衣主教。信里甚至连蒂雷纳的名字都未提到。红衣主教的确曾经偕同国王在离阿拉斯几里远的地方待过。他甚至在包围斯特内时走进兵营。该地在蒂雷纳援救阿拉斯之前，就已攻克。作战会议曾在红衣主教在场时召

① 拉费尔泰（1600—1681），在投石党之乱中忠于王室。——译者

开。他据此把荣誉归于自己。这种虚荣心使他遭到嘲笑。政府的全部权威都无法使人忘却这个笑柄。

阿拉斯战役进行期间，国王没有亲临战阵。他本来可以前去。包围斯特内时，他走进战壕。但红衣主教不愿国王的身体进一步暴露。国家的安定、首相的权势都似乎与国王的安危紧密相连。

以法国和年轻的法国国王的专制导师马扎然为一方，和以统治西班牙并操纵菲利浦四世的唐·路易斯·德·哈罗为另一方，双方以他们君主的名义继续进行这场并不受人积极支持的战争。路易十四当时在世界上还默默无闻。在这以前，西班牙国王也无人道及。当时欧洲只有一个人头戴王冠并享有个人荣誉。这就是瑞典女王、独一无二的克里斯蒂娜。她亲理国政，并维护这个在其他国家或被人抛弃，或受到谴责，或不为人所知的王位的荣誉。

英国国王查理第二和他的母亲、兄弟亡命法国。在那里他们历尽不幸而又满怀希望。当时，一个普通公民——克伦威尔——已经征服英格兰、苏格兰和爱尔兰。这个无愧于统治英国的篡位者，当时已经取得"护国公"，而不是国王这个称号。因为英国人知道他们国王权利的范围，却不知道护国公的权力的界限。

克伦威尔善于适时节制自己的权力，从而使之得以巩固。人民渴求的特权他决不侵占。伦敦城内他决不驻军。群众不满的捐税他决不征收。他不过分讲究排场，以免使人看不顺眼。他严于律己，从不娱乐消遣。他不积攒钱财。他要求司法当局秉公执法，对显贵和百姓一视同仁。

葡萄牙驻英大使庞塔勒翁·萨的兄弟认为兄长既是神圣不可侵犯的人物，自己就可胡作非为而不受惩罚，因此侮辱了几个伦敦市民，并且还教人暗害了其中一人，以便对另外几个人的抵抗进行报复。他被判处绞刑。克伦威尔有权予以赦免，但却准予处决，后来他同大使签订了一项条约。

贸易从来没有这样自由繁荣。英国从来没有这样富有。它的舰队所向无敌，因而它的名字在五洋四海之上备受尊崇。这时，马扎然却一心忙于统治国家，发财致富，听任法国的司法、商业、海军乃至国库凋敝败落。正如克伦威尔是一国之主，马扎然也是一国之主。内战之后，他本可为他统治的国家做出克伦威尔为他统治的国家所做的事。但他是外国人，他的精神没有克伦威尔那种蛮性，因而也没有他那种伟大。

所有在詹姆士一世①和查理一世在位期间忽视同英国结盟的欧洲国家，当护国公掌权时，都渴望和它结盟。克里斯蒂娜虽然对杀害查理一事切齿痛恨，但也同这位她重视的专制君主结成联盟。

马扎然和唐·路易斯·德·哈罗竞相施展策略，以求与护国公联合。这位护国公眼见自己被两个最大的基督教强国奉献殷勤，因而感到心满意足。这种满足的滋味，他有时也大加品尝。

西班牙首相提出愿意帮助护国公占领加来。马扎然建议护国公包围敦刻尔克，并把这座城市交给他。克伦威尔要在打开法国大门的和打开佛兰德尔大门的这两把钥匙之间进行选择。孔代也竭力恳求他予以帮助。但他丝毫不愿和一位徒拥虚名，在法国没

① 英国国王(1566—1625)，1603—1625年在位。——译者

有朋党,在西班牙毫无权力的亲王进行谈判。

护国公决定赞助法国,但并不同它单独缔约,也不同它事先瓜分战果。他想以更加宏伟的功业来显扬他篡政夺权之举。他谋求从西班牙手中夺取墨西哥。但西班牙却及时获得警告。克伦威尔的几位海军上将至少从西班牙手中夺得牙买加(1655 年 5 月)。这个岛屿至今还被英国人占有。它确保英国人在新世界进行贸易。远征牙买加之后,克伦威尔才和法国国王签订条约,但是该约对敦刻尔克仍然只字未提。护国公以平等地位签订条约。他迫使法国国王在信中称呼他为兄弟(1655 年 11 月 8 日)。他的秘书先于国王的全权大使在以后保存在英国的条约正本上签字。他在谈判中迫使法国国王命令法国应该收容庇护的亨利四世的两个外孙:查理二世和约克公爵——离开法国各邦。他这样做,俨然以上级长官的身份自居。人不可能为了发财,对荣誉作出比这更大的牺牲。

正当马扎然进行缔约谈判之际,查理二世要求首相把侄女嫁给他。他身处逆境,不得不有此一举。这个逆境又使他遭到拒绝。有人甚至怀疑红衣主教想把那个他拒绝许配给英国国王的侄女儿嫁给克伦威尔的儿子。确实可靠的是,当这位主教看见查理二世通向王位的道路不像过去那样堵塞不通时,便想和查理二世联姻,但这次他却遭到拒绝。

这两位英国亲王的母亲、伟人亨利的女儿、法国的昂里埃特,因在法国孤苦无援,被迫恳求红衣主教向克伦威尔力争,至少争取把她丈夫的遗产给她。向把自己丈夫处死在断头台上的人乞求衣食,真是世间最令人感到痛苦的奇耻大辱。马扎然以这个王后的名义,在英国提出要求,态度并不坚决。然后,他对王后说,他在英国毫无所获。正当王后的孩子去到孔代和奥地利的唐·璜的军队中学军习武,以对抗抛弃他们的法国时,王后自己却在巴黎贫困不堪,并且为哀求克伦威尔怜悯而含垢忍辱。

查理一世的孩子被赶出法国后,逃亡到西班牙。西班牙的公使们在各国宫廷,特别在罗马,对马扎然红衣主教大事口诛笔伐,怒不可遏。他们说,这个主教为了一个弑君凶犯,不惜牺牲神明、人道的法律,不惜牺牲荣誉和宗教。这个主教曾把路易十四的两个表兄弟查理二世和约克公爵赶出法国,目的在于讨好杀死他们父亲的刽子手。为了答复西班牙人的叫嚷,法国仅仅把西班牙人自己向护国公提出的建议公之于众。

佛兰德尔的战争始终持续不绝,战果时大时小。蒂雷纳和拉费尔泰元帅包围瓦朗西安后,他们所遭到的失败与孔代曾在阿拉斯城下遭到的失败相同。孔代亲王在比大公更配与他并肩作战的奥地利的唐·璜的协助下,发起猛攻,突破拉费尔泰元帅的防线,生俘元帅本人,并解救了瓦朗西安。蒂雷纳采取孔代在同样的惨败中曾经采取的行动。(1656 年 7 月 17 日)他拯救了败军,到处顶住敌人进攻。一个月以后,他甚至还前往包围并攻占拉卡帕尔这座小城。败军竟敢围城,这可能是破天荒第一次。

蒂雷纳这次进军大受赞扬。他进军之后,夺取了拉卡帕尔。但是这一举动却因被孔代亲王更加漂亮的一着超过,而黯然无光(1657 年 4 月)。蒂雷纳几乎还未完成对康布雷的包围,孔代就率领两千骑兵穿过围城部队。他把企图拦阻这支骑兵的部队杀得人仰马翻,然后直扑城内。市民跪倒在地迎接解放者。这两位势不两立人物就这样竞相施展智谋，各显神通。他们不管败退或告捷，不管指挥卓越或失误，莫不受人钦佩，对于所犯错误他们总能弥补。他们的才能相继阻止了这个或那个君主国的扩张。但是西班牙和法国紊乱不堪的财政，对他们的成就却是更大的阻碍。

法国和克伦威尔结盟使法国最后占有更加明显的优势：一方面，布莱克海军上将率军开赴加那利群岛附近，焚毁了西班牙武装载运金银的船只，使西班牙人失去赖以维持战争的唯一财源；另一方面，二十艘英国军舰前往封锁敦刻尔克，六千名参加过英国革命的老兵增强了蒂雷纳的军队。

于是敦刻尔克这个佛兰德尔最重要的要塞，海陆两面均被包围。孔代和奥地利的唐·璜挺身而出，集中全部兵力，前往援救。这一事件全欧瞩目。马扎然主教把路易十四带到战场附近。虽然那时国王已经将近二十岁，主教却不准他亲临战场。这个君主就留在加来。克伦威尔派来这里一个十分威严的使团，为首的是他的女婿福尔康布里奇爵士。法国国王向克伦威尔派去克雷基公爵①和红衣主教的侄子内韦尔公爵曼奇尼，随从的有两百名贵族。曼奇尼向护国公呈交了红衣主教致他的信。这封信令人注意。马扎然在信中对护国公说，他对不能亲自前来向他表示应对世界上最伟大的人物表示的敬意感到遗憾。他对杀害亨利四世的女婿、杀害他的主子路易十四的叔叔的人讲话用的就是这种口吻。

这时蒂雷纳元帅亲王在迪纳附近向西班牙军队，或者说得更确切些，向佛兰德尔的军队发起进攻。佛兰德尔的军队由奥

① 克雷基(1624—1687)，法国元帅。——译者

地利的唐·璜指挥。唐·璜的父亲是菲利浦四世，母亲是喜剧演员。两年后，他成了路易十四的内兄弟。孔代亲王就在这支军队中，但并不担任指挥。因此，蒂雷纳不难取胜。六千名英国兵对这一胜利作出贡献。这是一次全面胜利（1658 年 6 月 14 日）。两位后来登基的英国亲王眼见克伦威尔的声威权势加深了他们的不幸。

大孔代的天才对抗击法、英两国的精锐部队未能奏效。西班牙军队全军覆没。接着，敦刻尔克很快投降。法国国王和首相赶来观看卫戍部队进军。路易十四无论以国王或士兵的面目出现，红衣主教都不允准。这个国王无钱犒赏士兵，几乎无人侍候他。他在军中时，要到马扎然处或蒂雷纳元帅处用餐。路易十四这样把皇上的尊严置诸脑后，并非蔑视奢侈豪华，而是因他行事受到干扰，以及红衣主教力图集荣誉及权力于己身所致。

路易十四进入敦刻尔克，结果只是把这个要塞交给了克伦威尔的大使洛卡尔特爵士。马扎然进行试探，看是否可以要弄手腕，规避条约，不把要塞交给英国。但洛卡尔卡进行恐吓。英国人的坚定不移终于压倒了意大利人的能干灵巧。

有人断言，红衣主教曾把阿拉斯的胜利归功自己，这次又想怂恿蒂雷纳再把迪纳战役的荣誉让给他。据说，莫雷公爵迪·贝克-克雷潘由首相派往蒂雷纳处，建议这位将军写一封信。根据这封信，红衣主教似乎曾经亲自拟定作战计划。蒂雷纳对这些暗示十分鄙夷。他决不对此表示同意，否则将军会蒙受耻辱，教士会成为笑柄。马扎然以前有过这种缺点，现在又有了至死都与蒂雷纳龃龉不和的缺点。

正当王军首战告捷之际，国王在加来突然病倒，有好几天生命垂危。宫廷近幸内宠全都转而对国王的长兄极尽阿谀逢迎之能事。马扎然对这位年轻亲王从前的家庭教师普莱西斯-普拉斯兰元帅和他的宠信吉什伯爵大加优遇，竭力奉承，并封官许愿。巴黎城内组成一个敢于大胆写信到加来反对红衣主教的阴谋集团。主教采取措施，离开王国，隐匿他的巨大财富。阿布维尔一个江湖郎中用一种被御医认为是毒药的催吐酒治愈了国王（1658 年）。这个怪人坐在国王的床沿，说："这孩子病势沉重，但不会死。"一俟国王逐渐康复，红衣主教就把阴谋搞掉他的人全部流放。

（1658 年 9 月 13 日）几个月后，克伦威尔逝世，终年五十五岁。他死时正在制订巩固权力、光邦耀国的计划。他生前曾经侮辱荷兰，把一项条约的条款强加给葡萄牙，打败西班牙，并迫使法国渴求与之结盟。他死前不久，获悉他的海军将领在里斯本极为骄横狂妄时，说："我要人像从前尊敬罗马共和国那样尊敬英吉利共和国。"医生告诉他，他的生命已无法挽救。笔者不知道他是否的确曾在此时装做一个身受神灵启示的先知先觉；他是否的确曾经回答这些医生说，上帝会创造奇迹来保佑他。据他的秘书图尔洛声称，他对医生们说："大自然比医生更有能耐。"这番话不是出自一位先知先觉之口，而是出自一个十分明智达理的人之口。可能他确信医生诊断错误，因此希望在万一得以幸免于死的情况下，在百姓中间享有能预言自身病愈的光荣，并因而使自己更受人尊敬，甚至更加神圣。他作为合法的君主受到安葬，并在全欧留下英勇无畏、时而狂热、时而狡诈，以及善于统治的篡政者的名声。

坦普尔爵士[1]说，克伦威尔死前曾经打算联合西班牙反对法国，并借西班牙人之助取得加来，正如他曾经假法国国王之手得到敦刻尔克一样。没有什么策略比这更符合他的本性和他的策略。克伦威尔如果对英国所同样仇恨的法、西两国这样剥夺，他会因此成为英国人崇拜的偶像。他的宏图大略、暴政以及英国的威势，都因他的死而被推倒。

必须指出，法国宫廷为克伦威尔服丧。只有国王的长侄女对这个杀害她当国王的亲属的人不表哀悼。我们已经看到，理查德·克伦威尔继承他父亲的护国公的地位时，平安无事，无人反对。这和威尔士亲王继承英国国王王位时的情况一样。理查德的情况说明，国家的命运往往系于某个个人的性格。理查德的天性和奥利弗·克伦威尔的天性截然相反。他具有平民的德行的全部温良柔慈，毫无那种为个人利益不惜牺牲一切的凶狠残忍。如果他愿意杀死三四个反对他升据高位的主要军官，他本会保住他父亲经过千辛万苦，多年经营得来的遗产。然而他却宁可辞去政府职务，而不愿采用暗杀手段进行统治。他直到九十岁都一直孤独地生活在他只当过几天国王的那个国家里，甚至不为人所知。他辞去护国公的职位后，赴法旅行。据说，大孔代的兄弟孔蒂亲王在蒙彼利埃遇见过他，不知道他的身份，对他说："奥利弗·克伦威尔是个伟人。但是他儿子理查德却是个可怜虫。他不会享受他父亲犯罪得来的果实。"可是，这个理查德却生活幸福愉快，而他的父亲却从来没有尝过幸福的滋味。

---

① 坦普尔(1628—1699)，英国外交家。曾参加亚琛及内伊梅根谈判。——译者

不久以前，法国人还见到另一个更加令人难忘的轻蔑王位的例子——瑞典女王克里斯蒂娜的例子。她来到巴黎。这位年轻女王早在二十七岁时，就为了自由宁静的生活，放弃她当之无愧的王位。她这一点大受钦佩。而一些新教作家并无任何真凭实据，就大胆妄言，说她只是因为无法保住王位才不得已离开。这种行径十分可耻。她从二十岁起，就怀有这个意图。七年之内，这个意图日渐成熟。这个如此超越俗念，经过长期深思熟虑之后下定的决心，必然会使那些责难她行事轻率不假思考，不由自主放弃王位的人哑口无言。这两种责难互相否定。以小人之心度君子之腹的事始终存在。

只要读一读这位女王的信，就可了解她的独特天性。她在致法国驻瑞典大使夏尼的信中说："我拥有王位，朴实无华；我离开王位，轻而易举。这件事发生后，请不要为我担心。我的福祉并非命运所能左右。"她在致孔代亲王的信中写道："你对我的尊敬和我戴过的王冠同样使我感到荣幸。如果我离开王位后，你认为我不像过去那样值得尊敬，我将承认，我为了得到曾经梦寐以求的宁静而付出的代价实在太昂贵了。但是，我将毫不后悔用王冠的代价把宁静买来。我永远不会用怯懦的后悔来玷污在我看来是高尚的行为。如果你们谴责这个行为，作为辩白，我只会对你们说：'假如我认为命运给我的财富，对我的最大幸福说来必不可少，我本来不会抛弃这些财富的；假如我能够得到保证，我在世界上能像大孔代那样成功或者那样死去的话，我本来会追求世界的统治权的。'"

这个如此超凡出尘的人物的灵魂就是这样。她的风格用我们的语言来表达就是这样。她很少讲我们这种语言。她会八种语

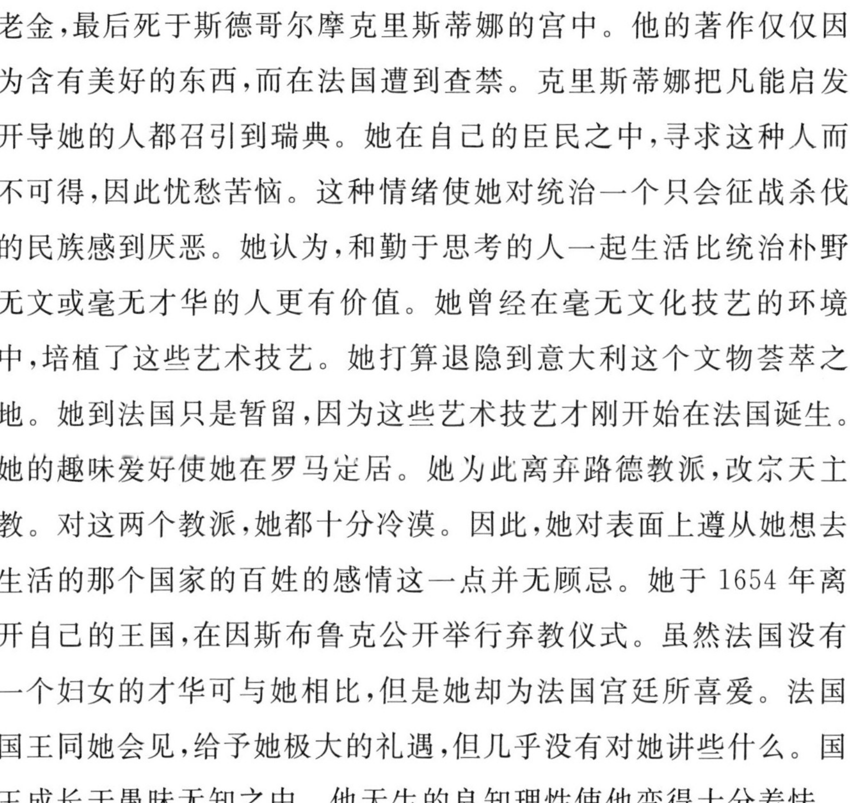

言。她曾经是笛卡儿[①]的门生和朋友。笛卡儿在法国无法领取养老金，最后死于斯德哥尔摩克里斯蒂娜的宫中。他的著作仅仅因为含有美好的东西，而在法国遭到查禁。克里斯蒂娜把凡能启发开导她的人都召引到瑞典。她在自己的臣民之中，寻求这种人而不可得，因此忧愁苦恼。这种情绪使她对统治一个只会征战杀伐的民族感到厌恶。她认为，和勤于思考的人一起生活比统治朴野无文或毫无才华的人更有价值。她曾经在毫无文化技艺的环境中，培植了这些艺术技艺。她打算退隐到意大利这个文物荟萃之地。她到法国只是暂留，因为这些艺术技艺才刚开始在法国诞生。她的趣味爱好使她在罗马定居。她为此离弃路德教派，改宗天主教。对这两个教派，她都十分冷漠。因此，她对表面上遵从她想去生活的那个国家的百姓的感情这一点并无顾忌。她于1654年离开自己的王国，在因斯布鲁克公开举行弃教仪式。虽然法国没有一个妇女的才华可与她相比，但是她却为法国宫廷所喜爱。法国国王同她会见，给予她极大的礼遇，但几乎没有对她讲些什么。国王成长于愚昧无知之中。他天生的良知理性使他变得十分羞怯。

大多数女人和朝臣只看到这个哲学家女王梳的不是法国发式，跳舞技术不佳，除此之外，别无其他。贤哲对她的唯一谴责是：她第二次旅法期间，曾教人在枫丹白露暗杀她的骑术教师蒙纳尔德希。后者不管对她犯了什么过错，她既已放弃王位，就理应诉诸法律，而不应自行处置。这个暗杀行动并非一个女王惩处臣民，而是一个女人以凶杀结束艳史。事情是，一个意大利人奉一个在法

① 笛卡儿(1596—1650)，法国哲学家、数学家及物理学家。——译者

国王宫内的瑞典人之命，教人杀害另一意大利人。人只能被法律处死。克里斯蒂娜在瑞典本国也无权下令暗杀。当然，在斯德哥尔摩是犯罪的行为，在枫丹白露也不准许。为这个行为辩护的人无愧于为这样的主人效劳。这个耻辱和残酷的行为玷污了促使她退离王位的哲理。她在英国或者其他法治的国家一定会受到惩处。但是，法国对这一反国王权威、反国际法、反人道的谋杀事件却闭目不见，置若罔闻。

在克伦威尔逝世和他的儿子被废黜后的一年内，英国群龙无首，一片混乱。北欧和德国对继承克里斯蒂娜为瑞典国王的查理-古斯塔夫都十分畏惧。德意志皇帝费迪南三世死于 1657 年。他十七岁的儿子利奥波德当时已是匈牙利和波希米亚的国王，但在他父亲生前尚未当选为罗马人的国王。马扎然企图立路易十四为德意志皇帝。这个意图只是空中楼阁。要做到这一点，对选帝侯必须软硬兼施。法国当时强大的程度还不足以攻夺帝国，富有的程度还不足以对之进行收买。因此格拉蒙元帅和里约内①在法兰克福的初步建议刚刚提出，就立即放弃。利奥波德当选为德意志皇帝。马扎然的策略所能做到的，就是和德国的诸侯结成联盟，使蒙斯特条约得到遵守，并限制德意志皇帝对帝国具有的权威（1658 年 8 月）。

迪纳战役以后，法国因它的军队享有荣誉，和其他国家陷入困境，而外表十分强大，但内部却萎靡困顿，财力枯竭。人民需要和

① 里约内（1611—1671），侯爵、法国外交家。曾任国务大臣。参与签订比利牛斯和约。——译者

平。

所有基督教君主国从它们君主之间的历次战争中得不到丝毫好处。由某个首相下令征募，并由盲从某个首相的将领指挥的雇佣军，多次进行毁灭性战争。这些军队以国王名义作战，而这些国王却并不希望，甚至根本不打算彼此抢夺祖传家业。战胜国百姓从来没有从缴获自战败国的战利品中得到任何好处。他们付出一切代价。无论军队兵强马壮，出师告捷，或者军队势衰力弱，作战失利，他们都深受苦难。无论本国军队大获全胜，或敌军占领边陲要塞，他们都急需和平。

马扎然红衣主教必须做两件事才能使他的政府圆满完成职责：实现和平，通过国王的婚姻来保证国家的安宁。国王患病期间，法国国内的阴谋活动使他深感王位继承人对首相的威势来说何等必要。所有这些考虑促使他下定决心立即为路易十四娶亲。这时，有两个对象可供选择：西班牙国王的女儿和萨伏依的公主。国王内心则已打定其他主意。他热恋红衣主教的侄女曼奇尼小姐。他天生心地温良、意志坚强、满腔热情，但缺乏经验。他本可下定决心娶他的情人。

莫特维尔夫人是母后的宠信。她的回忆录看来翔实可靠。她说，马扎然很想让国王的爱情产生影响，使他的侄女登上王位。他已经把他另一个侄女嫁给孔蒂，把第三个侄女嫁给梅尔克尔公爵。英国国王向路易十四爱上的那个侄女求婚。凡此种种都可充作为红衣主教的野心辩护的根据。红衣主教巧妙地试探母后说：“我担心国王太想娶我的侄女了。”母后十分了解首相，明白他的愿望正是他假装的担心。她以奥地利血统的公主、国王的女儿，妻子和母亲的高傲，用好些时候以来一个假装不再依赖她的首相在她身上激起的那种尖酸刻薄回答说："国王如果干出这种不体面的事来，我要和我的第二个儿子率领全国百姓反对他和反对你。"

据说，马扎然始终不原谅母后的这个答复。但是，他却作出这个明智的抉择：和母后的想法一致。他以反对路易十四的恋情为荣，并以此居功自傲。他并不需要一个和他同一血统的王后的支持。他甚至害怕他侄女的性格。他相信避开那种过分提高他的家族的荣誉会招致的危险，反而会进一步巩固自己的权力。

从 1656 年起，他曾经派遣里约内去西班牙求和，并要求把第二个西班牙公主嫁给法国国王。但是唐·路易斯·德·哈罗认为，西班牙虽然很弱，但法国也并不比它稍强，因而拒绝了红衣主教的要求。西班牙国王前妻生的这个公主，预定嫁给年轻的利奥波德。西班牙国王菲利浦四世的第二个妻子只生了一个儿子。这个孩子幼年体弱多病，大家担心他会夭亡。第二个公主有权继承如此众多的城邦。因此，人们希望她把这一继承权带到奥地利家族，而不要带到与之敌对的家族。但是，后来菲利浦四世有了另一个儿子，即唐·菲利浦·普罗斯佩。不仅如此，他的妻子又怀了孕。把公主嫁给法国国王会产生的危险显得小了一些。迪纳战役使他非谋求和平不可。

西班牙答应把公主嫁给法国人，并要求停战。马扎然和唐·路易斯前往西、法边界的费桑岛进行谈判(1659 年)。虽然会谈题目是法国国王的婚姻和全面和平，但一个多月的时间都用于调解处理在居先权和礼仪问题上产生的困难。红衣主教们自称与国王地位平等，并且优于其他君主。法国有较多理由声称自己的地位优于其他强国。然而唐·路易斯却认为,马扎然和他之间、西班牙和法国之间完全平等。

会谈历时四月之久。马扎然和唐·路易斯在会谈中各自用尽策略。马扎然的策略是要弄花招。唐·路易斯的策略则是拖磨延宕。后者几乎从不作任何口头承诺。前者则始终含糊其辞。意大利籍首相的特点为:使人猝不及防;而西班牙人的特点则为:防人突然袭击。据说,这个西班牙人谈到红衣主教时,曾说:“他的策略有个很大的缺点:总想骗人。”

人间事物变化无常,以致这项有名的比利牛斯条约的条款存留至今的还不到两条。法国国王保存鲁西荣。即使没有缔结这项条约,这个地方他本来也会保存下来。西班牙君主国在佛兰德尔从此一无所有。当时,法国是葡萄牙必不可少的盟友,现在则不再如此。星移斗转,世事全非。如果唐·路易斯·德·哈罗曾经说过,马扎然红衣主教善于欺骗,那么,在那以后,就有人说他长于预见。马扎然长期以来,就在考虑法、西两国王族结盟问题。他在进行蒙斯特谈判时写的这封信被人引用:“法国国王如果娶西班牙的第二个公主为妻,荷兰和弗朗什-孔泰就会作为公主的嫁妆,这样,不管要求公主放弃什么权利,我们都能要求继承西班牙王位。既然只有公主的亲王哥哥健在才能排除她要求这一继承,因此,这一期望的实现不会十分遥远。”这位亲王就是巴尔塔扎尔。他死于1649年。

红衣主教认为荷兰和弗朗什-孔泰会作为公主的陪嫁而交出,他显然大错特错。并没有规定把任何城市作为公主的嫁妆。相反,一些相当大的、已被法国占领的城市如圣奥梅尔、伊普雷、梅嫩、奥德纳德以及另外一些要塞,倒反而要归还西班牙君主国。只有几个被法国保存下来。红衣主教认为,总有一天,放弃权利也会徒劳无益。这一点倒没有错。那些把预见这件事的荣誉归于他的人,因此说他早已预言:巴尔塔扎尔会于1649年死去;在这之后,西班牙国王第二个妻子所生的三个孩子将夭折于摇篮之中;他的第五个男孩查理将身后无嗣;这个奥地利血统的国王总有一天会立下一纸有利于路易十四的孙子的遗嘱。但是,马扎然主教最后的确预见到在菲利浦四世没有男嗣的情况下,放弃权利有何价值。五十多年后发生的一切怪事证实了他的看法。

玛丽-泰蕾斯本可把法国归还的城市作为自己的嫁妆,但是根据婚约,却只带来法国现金五十万金埃居。法国国王前往国境线上去迎娶她,花费的钱比这笔钱还多。这五十万埃居当时价值二百五十万利弗,在两国大臣之间引起不少争执。最后,法国除十万法郎外,没有得到分文。

除了和平之外,这桩婚事远远没有带来其他任何实实在在的真正好处,公主却反而放弃了她本来能够在她父亲的某部分领土上得到的一切权利。路易十四用最庄严的方式批准了这一放弃,之后,又在高等法院备案。

这些放弃和这笔五十万埃居的嫁妆,似乎是西班牙小公主们和法国国王们结婚最惯用的条款。菲利浦三世的女儿奥地利的安娜王后同样以这些条件嫁给路易十三。当伟人亨利的女儿伊莎贝尔许配给西班牙国王菲利浦四世时,并没有规定一笔多于五十万金埃居的嫁妆。即便是这笔钱,也还分文未付。因此,这些重大的婚事看来并没有带来任何好处。人们看到的只不过是一国的公主和另一国的国王结婚,几乎没有任何结婚礼品。

法国和西班牙都对洛林公爵查理四世抱怨连天。或者说得更确切些,他对这两国满腹牢骚。这项条约提到这个可怜的王侯,但他只是作为受惩罚者被提到的,其原因是他不能使人畏惧。法国归还他所属各邦,但拆毁南希要塞,并禁止他拥有军队。唐·路易斯·德·哈罗威吓要把他拥有的罗克鲁瓦、卡特莱以及其他要塞交由孔代亲王以君主身份统治,以此迫使马扎然红衣主教饶恕并接纳孔代亲王返回法国。法国因而既得到这些城市,又得到大孔代。孔代失去他王家骑士团首领之职。这一职位接着授予他的儿子。他带回一身虚荣,几乎没有一兵一卒。

英国的名义国王查理二世那时比洛林公爵更加不幸,他前往比利牛斯山附近的和谈地点,哀求唐·路易斯和马扎然给予援助。他深信,既然克伦威尔已不在人世,这两位首相的国君,即他自己的嫡亲表兄弟,如果团结一致,就敢于为所有君主的共同事业报仇雪恨。然而他却连会见马扎然和唐·路易斯的机会都无法得到。英吉利共和国大使洛卡尔特当时正在圣-让-德-吕兹。甚至在护国公死后,大使还照样使自己受到尊敬。法、西两国首相生怕得罪这个英国人,因此拒绝会见查理二世。马扎然和唐·路易斯认为查理二世复位绝不可能。英国国内虽然乱党林立、四分五裂,但却协同一致,永不承认国王。这两位首相对形势作了错误估计。过不了几个月,命运却促成了他们本可做得光荣体面的事:查理被召回他所属的各邦。而在这之前,欧洲竟然没有任何专制君主准备阻止杀害当父亲的君主，或为儿子复位效劳。查理二世在多佛平原受到两万英国公民迎接，他们在他面前下跪。一些曾经参加这次迎接的老人对我说，几乎大家都泪如雨下，痛哭失声。可能从来没有任何场面比这更加动人，从来没有一次革命比这更加突然(1660 年 6 月)。这一彻底变化历时比缔结比利牛斯条约短得多。查理二世已经在安定和平之中成为英国的所有者。这时路易十四的代理人甚至还没有为这位法国国王娶亲。

(1660 年 8 月)马扎然红衣主教最后把法国国王和新后带回巴黎。一个为儿子娶亲却又不让儿子掌理自己财产的父亲的做法和马扎然不会有什么不同。他返回巴黎后，权势空前强大，他也比过去更加珍视自己的权势，甚至荣誉。他首先要求，其次还让高等法院派遣代表前来向他汇报。这在君主国还史无前例。但是就高等法院曾经对他的损害来说，这倒也并非太过分的补偿。第三，他不再像过去那样，让男系亲王坐在右侧，以示礼遇。这个曾经以平等对待唐·路易斯·德·哈罗的人想把大孔代当成下属来对待。他出行时前呼后拥，大讲王家排场，担任警卫的除了自己的卫队之外，还有一个火枪连，该连现在是国王的第二火枪连。接近他已经不像过去那样容易。如果某人阿谀奉承，卑躬屈膝，请求国王赐恩，他肯定会身败名裂。长期以来，母后曾经顽强保护马扎然，使之免受法国人民的触犯，但是，一俟他不再需要她时，她就毫无权威影响可言。她的国王儿子从小受到盲从首相的教育，现在已无法摆脱她既强加于他，也强加于自己的这一枷锁。她尊重首相的工作。马扎然在世时，路易十四还不敢亲理国政。

当国家这艘航船的大舵，因为暴风雨来临，而不得不交给一位

首相操纵掌握的时候，他所造成的损失可以原谅。但是，在和平安定的环境中，他未能造福于民，是有过错的。马扎然只为自身谋利，并且由于他的缘故，他的家族也得到好处。从他最后一次返回巴黎，直到他去世为止，在这个他拥有显赫权势与和平安定的八年中，他并没有创建任何光荣和有益的机构，因为四族学校①只不过执行他的遗嘱的结果而已。

他像一个债台高筑的贵族领主的管家那样管理国库。国王有时向富凯要钱。富凯回答说："陛下，陛下的银箱是空的。但是红衣主教大人会借给陛下一些。"如果用现在的方式计算，马扎然是个拥有近两亿法郎的富翁。好些回忆录写道，他积聚部分财富所使用的手段与他的威严崇高的地位相比显得过于低下。这些回忆录记述他和船主平分他们搞海盗活动得来的利润。这一点并没有得到证明，但是荷兰人对此怀疑。他们对黎世留红衣主教并没有这种怀疑。

据说，马扎然弥留之际顾虑重重，踌躇再三，他虽然表面很有胆量，但是内心至少为自己的财富忐忑不安。他把全部财产赠给国王，认为国王会如数归还。果然不出他所料。三天以后，国王把赠与书退还他。他终于死去（1661 年 3 月 9 日）。似乎只有国王对他的去世表示哀悼，因为这个君主这时已经学会隐藏真实感情。统治国家这副重担开始压在国王肩上。他急于治国理政。与此同时，他又想对这一使他得以登位的死亡事件显得十分悲伤。

① 创设于 1661 年，接纳出生于阿尔萨斯、尼德兰、鲁西荣及比尼罗尔等四地的学童入读。法国大革命时撤销。——译者

路易和宫廷为马扎然戴孝服丧。这对死者来说,并非一般的荣誉。亨利四世曾经给予加布里埃尔·德斯特雷[①]这种荣誉。

本书作者不拟在此探讨马扎然红衣主教是否是伟大的首相。这应由他的所作所为来加以说明,由子孙后代来作出评断。凡夫俗子有时设想:治理帝国取得成就的人总是足智多谋、神奇惊人、超凡越圣、近乎神明。造就政治家的,绝不是超凡出众的洞察力,而是他们的性格。人们纵然缺乏见识,但几乎全都同样关心自身利益。对这一问题的了解,一个亚姆斯特丹或者伯尔尼的市民与塞让[②]、格齐梅纳[③]、白金汉[④]、黎世留或马扎然等人相比,并无高下之分。我们的行为和着手的事业,只取决于我们的灵魂的素质,而我们的成功则系于我们的命运。

譬如像教皇亚历山大六世[⑤]或者他的儿子波贾[⑥]那样的天才,假如他们要攻占拉罗歇尔,就会把该城主要首领邀请到他们的营帐中,在进行神圣的宣誓时,把这些首领全部清除。马扎然采用争取和分化市民的办法,两三年之后可能进入这座城市。唐·路易斯不会轻举妄动,冒险做这件事。黎世留模仿亚历山大,在海上修筑一道堤坝,以征服者的姿态进入拉罗歇尔。然而一股来势凶猛

---

① 加布里埃尔·德斯特雷(1573－1599),法国国王亨利四世的女宠。——译者

② 塞让,罗马帝国皇帝提比略(公元前 42—公元 37)的宠臣。后因阴谋篡夺提比略的帝位被提比略绞死。——译者

③ 格齐梅纳(1436—1517),西班牙红衣主教。——译者

④ 白金汉(1592—1628),英国大臣。为英国国王詹姆士一世及查理一世的宠信。——译者

⑤ 亚历山大六世,1492—1503 年任教皇。——译者

⑥ 波贾(1475—1507),教皇亚历山大六世的私生子。以能干、狡猾、残忍著名。——译者

的海潮，或者英国方面稍微多使出的一把劲却解救了拉罗歇尔，使黎世留被人视为轻率鲁莽之徒。

可以根据一些人的举动作为来对他们进行评断。可以肯定：黎世留的灵魂显得恃才傲物，有仇必报；马扎然则行事审慎、灵活机动、爱财如命。要了解一个首相的才智高低，必须经常听其言，读其书。在政治家中间，经常发生每天在近幸内宠当中人们耳闻目睹的事，即：才智卓越之士遭到失败，而更有耐心、刚强灵活、坚持不懈的人却获得成功。

我们读马扎然的书信和雷斯红衣主教的回忆录，便不难看出雷斯才高一筹。然而马扎然拥有至高无上的权力。雷斯却被人制服。总之，要成为权高势大的首相，往往只需要才能平凡、判断准确、吉星高照即可；而要成为治国良相，却需要对公众利益的热爱成为压倒一切的热烈愿望，这一点是千真万确的。伟大的政治家是在身后留下有益于祖国的巨大功绩的丰碑的人。

马扎然使法国获得亚尔萨斯，这是使他永垂不朽的丰碑。正当举国上下受人煽动，起来激烈反对他的时候，他把这个省份给予法国。由于奇怪的命运，马扎然在法国任职期间受迫害时，比他在专制大权在握，国家安定平静时，为这个国家做的好事更多。

第七章

路易十四亲政　他强迫西班牙的奥地利家族支系处处让他居先　他强迫罗马教廷对他赔礼道歉　他购买敦刻尔克　他援助德意志皇帝、葡萄牙、三级会议，并使自己的王国繁荣昌盛，令人生畏

马扎然临终时，法国宫廷中期盼和阴谋之多，前所未有。自以为国色天香的女人相信自己能够左右一个二十二岁，因受爱情诱惑甚至甘心要把王位献给情妇的君主。年轻的内宠近幸认为可以恢复他们的控制和支配。每个大臣都希望成为首揆。他们谁也没有料到，在远离朝政的环境中抚育成人的国王竟敢肩负国政重担。马扎然曾经尽其可能延长这位君主的童稚期。他教育这位君主的时间很短，而且也仅仅因为这位君主自己想受教育才教育他。

大家远未料到会受这位君主的统治，以致在所有曾经和马扎然首相共事的人中间，竟然没有人问过国王何时想听取他们汇报。他们问路易十四："我们今后有事找谁？"国王回答说："找我。"他坚韧不拔，大家更是万分惊诧。不久以前，他衡量过自己的力量，并且暗地试过自己的才能，以便统治国家。他一旦下定决心，就坚定不移，直至生命最后一刻。他规定每个大臣的职权范围，责成他们

定期汇报，不得略漏。他对他们予以信任，大臣们需有这种信任才能使他们掌理的部门享有威信。国王对大臣进行监督，以防他们滥用君主的信任。

莫特维尔夫人叙述说，当时被认为亲理国政的英国国王查理二世的声誉，激发了路易十四的竞争心。如果情况属实，则路易十四远远超过他的对手。人们最初对查理的赞颂之词，路易十四一生都当之无愧。

路易十四从整顿多年惨遭破坏因而紊乱不堪的国家财政着手。国库恢复井井有条。军队纪律整饬一新。阔绰豪华以及端庄礼仪使宫廷美化。甚至娱乐消遣也生辉放彩。所有技艺都得到提倡鼓励，并为国王和法国光耀门楣。

国王的私人生活以及政务的处理，将另章专门记叙，此处不拟描述。只需说这一点就已足够：伟人亨利去世后，平民百姓从来没有见过真正的国王，他们憎恶首相统治的王国。现在，百姓看见路易十四二十二岁就已着手进行亨利四世五十岁时才做的事，真是不胜钦佩，信心百倍。如果亨利四世任用首相，他就会丧失王位。因为对某个个人的仇恨，会使众多势力极为强大的乱党死灰复燃。路易十三如果没有首相，这位因体弱多病而意志薄弱的君主，就会不堪国政的重压。路易十四则有无首相都不会冒任何风险。过去乱党的残余已经全部清除。法国现在只有君主和臣民。他首先表示，他有志于追求各种荣誉。他要在国外受人尊敬，在国内实行绝对统治。

欧洲过去的国王都认为他们之间完全平等。这非常自然。但是，法国历代国王却一直要求取得他们的种族和国王因其古老而应得的居先权。他们之所以向德意志皇帝作过让步,乃是因为人们几乎没有足够勇气来推翻长期存在的风习。德意志共和国的首脑,虽然是选任的君主,本身也并不强大,但是,由于具有古罗马皇帝和查理曼大帝的继承人这些称号,倒享有对于欧洲其他君主的居先权而无人反对。德国首相府甚至不把其他国王当成君主。既然法国曾经创建过真正的西方帝国,既然在德国只不过残留这个帝国的称号,因此,法国历代国王就可以向德意志皇帝争夺居先权。他们不仅具有继承的王位对选举产生的爵禄高位的优越性,而且还具有辈辈代代始终出身于统治一个庞大君主国家的君主家族的这种优势。法国国王的统治地位,在全世界所有今天拥有王位的家族崛起前数百年,就已确立。他们至少要走在欧洲其他强国前面。“笃信基督教的国王”这个称号被援引来为他们辩护。西班牙有些国王则用“天主教国王”的称号来和他们分庭抗礼。自从卡尔五世在马德里囚禁过一个法国国王以来,西班牙更加矜骄自满,远不会让出这个地位。英国人和瑞典人虽然无法援用这些别号中的任何一个,但对法国人这种优越地位也尽可能不予承认。

过去曾经在罗马对这些要求进行过讨论。历届教皇由于颁布谕旨,封赠邦土,更加认为自己有权在各国君主之间决定地位高下。在罗马这个宫廷里,一切都按礼仪行事。它是对这些徒有伟大之名的虚荣事物进行审理裁决的法庭。当法国比西班牙强大时,法国在罗马教廷始终占有优势。但是,自从卡尔五世统治西班牙以来,西班牙就决不放过任何一个与人平起平坐的机会。争论长期悬而未决。在宗教行列中,多走一步或少走一步,椅子安放在圣坛附近、还是面对讲道的人,都意味着胜利,并且可以确定得到这种优越地位的资格。正如个人之间的决斗狂热一样,当时在国王之间,在这件事上,荣誉攸关问题方面的奇思幻想也达到无以复加的程度。

(1661 年)法国大使德斯特拉德伯爵和西班牙大使瓦特维尔男爵,在瑞典驻伦敦大使馆的大门口为了谁先走这个问题发生争执。这个西班牙人比这个法国人更加富有、随员更多,因而把英国的地痞流氓拉了过去。他先教人杀死法国四轮马车的马,接着又把埃斯特拉德伯爵的随从人员殴伤驱散。西班牙人就这样刀剑出鞘,招摇过市,俨然凯旋。

路易十四获悉这一侮辱后,召回法国驻马德里大使,下令把西班牙驻法大使驱逐出境,中断还在佛兰德尔进行的法、西两国国界谈判,并派人告知他的岳父菲利浦四世,如果他不承认法国王权的优先地位,如果他不郑重赔礼道歉,弥补这一侮辱,以满足法国的要求,战端就将重启。菲利浦四世不愿为了大使的居先权而把自己的国家再次投入战争深渊。他派遣菲昂特斯伯爵前往枫丹白露,当着各国驻法公使的面,向法国宣布(1662 年 3 月 24 日):“西班牙公使今后将不再和法国公使竞争。”这个举动并不足以明确承认法国国王的优越地位,但却足以说明,西班牙的确承认自身弱小。这个骄傲如故的宫廷长期对它蒙受的耻辱愤懑不平。后来西班牙好几位首相都曾经重申他们过去的要求,并在内伊梅根谈判中获得平等地位。但是,路易十四当时坚定不移、寸步不让显示他何等可畏,因而获得在欧洲的真正优越地位。

这件小事发生后,路易十四的威势强大,震掠全欧以致这件事甫告结束,他又在另一个与他的荣誉并无多大关系的场合进一步显示他的威势。年轻的法国人在意大利长期进行对西班牙的战争，已经给予审慎周全而又妒忌心重的意大利人一个迅猛急躁的民族的印象。意大利人把大量涌入意大利的各个民族都视为蛮族，把法国人则看成比其他蛮族更加快活，但更加危险的蛮族，因为法国人把娱乐和轻蔑，把放荡和侮辱合为一体，带到所有家庭之中。在意大利各地，特别在罗马，人们都对法国人心存恐惧。

法国驻教廷大使克雷基公爵的倨傲使罗马人十分愤慨。他的仆从把主人的缺点发展到登峰造极的地步。他们同以攻击巴黎夜间警卫人员为荣的巴黎青年一样，放荡不羁，胡作非为。

克雷基公爵的几个仆从竟敢执械袭击科西嘉的警卫班。这是维护司法判决执行的教皇卫队。科西嘉人的这个团体整个受到冒犯。它在仇恨克雷基公爵的教皇亚历山大七世的兄弟多·马里奥·齐吉暗中嗾使之下，武装包围法国大使住宅（1662 年 8 月 20 日）。他们开枪射击大使夫人的四轮马车。当时大使夫人正乘这辆马车返回官邸。她的一名青年侍从中弹身亡，另外几名仆从受伤。克雷基公爵自罗马出走，指控教皇的亲戚和教皇本人支持这一谋杀事件。教皇深信，和法国人打交道，只需敷衍拖延，法国人就会把一切都忘得干干净净，因此尽量迟迟不予赔偿。四个月后，他下令吊死一个科西嘉人和一个暴徒。他还命令一个有批准这次凶杀之嫌的总督离开罗马。但是，当他获悉法国国王扬言要派兵包围罗马，并已派兵进入意大利，已经任命普莱西-普拉斯兰为入侵部队司令时，万分惊恐。这个事件已经演变为国与国之间的争端，法国国王要使他的国家受人尊敬。教皇在进行对方要求的赔礼道歉之前，恳请全体天主教君主从中调解。他竭力唆使他们反对路易十四。但当时形势对教皇不利：德意志帝国正遭到土耳其人进攻；西班牙在一场对葡战争中很不顺利，无法脱身。

罗马教廷只不过激怒了一下法国国王，并没有给他丝毫危害。普罗旺斯高等法院下令传讯教皇，并没收阿维尼翁伯爵领地。如果在别的时期，这些侮辱必然招致罗马方面革除教门的惩罚。但是，这种惩罚当时已经变成破损可笑的武器。教皇不得不低头屈服。他被迫把他的亲兄弟流放出罗马，派遣他的侄儿齐吉红衣主教以教皇特派代表的身份向法国赔礼道歉，解散科西嘉卫队。他还被迫在罗马城内修建一座金字塔，塔上载有关于这次侮辱行动和道歉的文字。齐吉红衣主教是第一个奉派求饶的罗马教廷特使。以前，教皇特使都是前来宣布法律和征收什一税的。法国国王并不坚持要求用历时短暂的礼仪或者同样不能经久的碑塔来纠正这次侮辱（因为他允许几年以后拆毁这一金字塔）。但是，他迫使罗马教廷答应把卡斯特罗和龙奇利奥纳归还帕玛公爵①，赔偿莫德内公爵②对科马基奥拥有的权利所受的损失。这样，他就从一次受辱之中得到作为意大利各个诸侯的保护者的这一牢固的荣誉。

法国国王在维护他的尊严的同时，并没有忘记扩大自己的权势。（1662 年 10 月 27 日）由于柯尔伯理财有方，法国国库使国王能以五百万利弗（每个马克价值二十六利弗十苏）的价格，从英国手中购得敦刻尔克和马迪克。英国国王查理二世当时挥霍无度、

① 帕玛公爵（1630—1694），意大利王侯。——译者

② 莫德内公爵（1608—1672），意大利王侯。——译者

贫困不堪、寡廉鲜耻，出售了英国人用血汗换来的奖赏。他的财政大臣海德被控怂恿或容忍国王犯下这一意志薄弱造成的过错，之后，就被英国国会放逐。英国国会经常因国王亲信有过错，而加以惩处，有时甚至对国王进行审判。

（1663年）路易十四调集三万人从陆、海两面加强敦刻尔克的防务。城市与城堡之间挖掘了一个可停泊战舰三十艘的船坞。英国人刚出售了这座城市，就对这座城市提心吊胆起来。

（1663年8月30日）不久以后，法国国王强迫洛林公爵把马尔萨尔要塞交给他。这个不幸的查理四世，虽然是个相当杰出的武士，但却是个软弱无能、反复无常、轻率冒失的诸侯。他刚刚缔结了一项条约，条约规定，在他死后把洛林交给法国，其交换条件是：法国国王准许他在他行将放弃的邦内征税一百万利弗，洛林血亲亲王将被尊为法国血亲亲王。巴黎高等法院对这项条约进行了审查，但是徒劳无益，其结果只不过是再次引起洛林公爵反复无常。这位公爵后来交出马尔萨尔，再度得到法国国王宽恕，非常高兴。

路易十四甚至在和平时期也扩展疆土，并且战备不懈，巩固边防，整饬军纪，增加兵员，经常阅兵。

当时欧洲对土耳其人胆战心惊。土耳其人同时向德意志皇帝和威尼斯进攻。自从弗朗索瓦一世以来，法国历代国王一直采取与土耳其结盟的政策，其目的不仅在于获得贸易利益，还在于防止奥地利家族过分占有优势。然而，一个笃信基督教的国王却无法拒绝援救处境岌岌可危的德意志帝国皇帝。此外，法国的利益只在于让土耳其使匈牙利感到惴惴不安，而不在于匈牙利遭到土耳其人侵略。最后，根据法国与德意志帝国签订的各项条约，法国国王有义务采取这一光荣行动。他于是派遣六千人去匈牙利。这支军队由科利尼伯爵指挥。这位伯爵是从前在我国内战中名闻遐迩的那个科利尼的家族的硕果仅存者。他或许应该享有和这位海军将军因作战英勇、行端德美而享有的同等盛誉。友谊已经使伯爵和大孔代两人紧密结合。过去马扎然红衣主教提出的种种许诺都无法诱使他出卖朋友。伯爵率领法国贵族的精华，其中包括年轻的拉弗亚德，开赴匈牙利。拉弗亚德是个胆大有为、渴求荣誉和财富的青年（1664 年）。这些法国人开往匈牙利，在蒙特古古利将军①的指挥下作战。当时蒙特古古利正抗击土耳其首相基乌帕利或库普罗格利的进攻。他后来为反对法国尽力，因而抵消了蒂雷纳的声望。土耳其人和德意志皇帝的军队在拉布河岸的圣哥大展开大战。法国人在这场大战中英勇善战，创造奇迹。德国人虽然并不喜欢这些法国人，却不得不对他们执公正态度。但是许多著作认为只有法国人才配享有这次胜利的光荣。这种观点，对德国人也有失公允。

法国国王运用他的威势公开援救德意志皇帝，使法国军队战功彪炳。与此同时，他施展策略，暗中支持葡萄牙反对西班牙。此前马扎然红衣主教已经通过签订比利牛斯条约，正式抛弃葡萄牙人。但是，西班牙已经暗中多次轻微地违反此项和约。法国人则明目张胆地、决定性地违反一次。朔姆贝格元帅②这个外国人和

---

① 蒙特古古利（1609—1680），奥地利服务的意大利元帅。曾先后为哈布斯堡家族、波兰国王效劳。——译者

② 朔姆贝格（1615—1690），法国元帅。生于德国海德尔堡。曾先后为奥伦治亲王、法国国王及葡萄牙国王效劳。——译者

胡格诺教徒[①]率领法国士兵四千名进入葡萄牙。他用路易十四的钱来支付这些士兵的薪饷，但又装着用葡萄牙国王的名义来收买他们。这四千名法国士兵会同葡萄牙军队在维拉-维西奥萨一战中大获全胜(1665 年 6 月 17 日)。这次胜利使布拉冈斯家族的王位得到巩固。这样，路易十四甚至还未兴师征伐，就已被视为好战喜功、手腕灵活的君主。他甚至还未发动战争，欧洲就已经对他心存恐惧。

他运用这种灵巧策略，背弃诺言，避不使用他当时拥有的屈指可数的几艘战船会同荷兰舰队作战。他早在 1667 年就已和荷兰结盟。这个共和国将近那时，由于国旗的荣誉这种毫无意义而又稀奇古怪的问题，由于它在印度的贸易利益问题，与英国重启战端。英、荷两个海上强国，每年把百余艘战舰投到海上，互相厮杀，展开激战，史无前例。结果却是两败俱伤。路易十四目睹这种情况，乐不可支。英、荷之间有场海战曾经历时整整三天(1666 年 6 月 11、12、13 日)。荷兰人吕泰尔因这次海战而荣获有史以来最伟大的海上将士的称誉。他率军直抵英国港口，在离伦敦仅四里之遥处，把英国最好的军舰付之一炬。他使得荷兰成了海上的胜利者，而在这以前，海洋一直处于英国的控制之下。当时路易十四在海上的力量还微不足道。

多年来，大西洋一直分由英荷两国统治。只有这两个国家通晓修造和利用船舶进行贸易和作战的技术。法国在黎世留首相统

① 胡格诺教派教徒，16—18 世纪法国天主教徒对加尔文教派教徒的称呼。——译者

治时期，曾以海上强国自居，因为它可以从停泊在它各个港口内的六十艘圆体军舰中抽调将近三十艘投到海上。其中仅仅一艘就装备大炮七十门。马扎然统治时期，法国从荷兰人手中购得当时他们拥有的数量很小的那点军舰。海军官兵、造船工厂、造船设施无一不缺。法国国王着手修复海军残余舰艇。他呕心沥血，锲而不舍，使法国应有尽有。但是，在 1664 年、1665 年当英国人和荷兰人以将近三百艘巨型战舰覆盖大西洋时，法国还只拥有十五六艘末等军舰。这些军舰由博福尔用来对付柏伯里①的海盗活动。当荷兰的三级会议催促路易十四把法国舰队同荷兰舰队合并一起时，布雷斯特港内只有火攻船一艘。调走这只船，令人感到无比羞愧。但因荷兰三级会议恳求再三，又不得不将其调离。路易十四后来赶忙抹除了这个耻辱。

（1665 年）路易十四派遣陆军给予荷兰联邦以更加必不可少、更加受人尊敬的援助。他派去法国人六千名保护荷兰联邦，使之免遭蒙斯特主教克里斯多夫-贝纳德·范加伦的攻击。蒙斯特主教嗜争好战，是联邦不共戴天之敌，被英国收买来蹂躏荷兰。但是，路易十四使荷兰联邦为这次援助付出高昂代价。他像保护富商巨贾从而对之索取钱财的有权有势的人物那样对待联邦。柯尔伯不但使联邦支付法国军队的薪饷，甚至还让联邦负担法国派往英国同查理二世缔结和约的使团的费用。给人援助从来没有这样勉强违心，受人援助也从来没有这样毫无谢忱。

① 柏伯里，泛指埃及以西的北非洲，包括摩洛哥、阿尔及利亚、突尼斯。关于该地沿岸的海盗，请参阅本书第 29 章。——译者

法国国王就这样锻炼了军队。他在匈牙利、荷兰、葡萄牙培养了新军官。他在罗马备受尊敬，并且得以复仇雪恨。这样他就看不到任何他应对之畏惧的霸主。英国惨遭瘟疫之害。伦敦被一场大火化为瓦砾。天主教徒蒙不白之冤，被诬控纵火。查理二世的挥霍无度和长期穷困对他的国政说来，其危害性有如瘟疫和火灾，而法国却因此在对英关系方面感到安全无虞。德意志皇帝在对土战争之后，精疲力竭，现在几乎尚未恢复元气。西班牙国王生命垂危，奄奄一息。他那个君主国家和他本人同样衰弱不堪。凡此种种都使路易十四成为独一无二、令人生畏的强大人物。他风华正茂、财力丰足。臣民为他尽力效劳，对他盲目服从。他情急意迫，急欲名扬四海，征服全球。

第八章

征服佛兰德尔

谋取佛兰德尔的时机不久就出现在寻求这一时机的法国国王面前。他的岳父菲利浦四世去世(1665)。菲利浦的元配、路易十三的姊妹生了玛丽-泰蕾丝公主,公主嫁给她的表兄弟路易十四。由于这宗婚姻,西班牙君主国终于落到它的宿敌波旁家族手中。菲利浦和他的第二个妻子奥地利的玛丽-安娜结婚后,生了查理二世。查理二世是王位继承人,幼年体弱多病。他兄弟三人,两人夭亡,只剩下他一人。路易十四声称,佛兰德尔、布拉邦特和弗朗什-孔泰等西班牙省份,根据它们的法律原则,都应该归他妻子所有,尽管他的妻子曾经宣布放弃这些权利。如果国王之间的诉讼案能够由对此秉公行事的法庭根据国际法判决,路易十四能否胜诉,大有疑问。

路易十四要枢密院和一些神学家审查他在这方面的权利。神学家们认为,他的这些权利无可争议。但是,枢密院和菲利浦的遗孀的忏悔师[1]却觉得这些权利毫无根据。菲利浦的遗孀也有无法驳倒的理由,即卡尔五世制定的法律对此有明文规定。然而,卡尔

---

[1] 指耶稣会教士尼塔尔,此人对菲利浦的遗孀影响极大。——译者

五世的法律法国宫廷从不遵守。

法国国王的枢密院的借口之一是，法国王后应得的嫁妆五十万埃居分文未付。但是，人们却已忘记，亨利四世的女儿的嫁妆也同样如此。法国和西班牙先是大打笔墨官司。银行家进行的计算和律师列举的理由在官方文书中，都摆了出来。但是只有国家利益这个理由，人们才听得入耳。这个理由却非同一般。路易十四行将进攻一个他本应理所当然加以保护的孩子，因为他娶了这个孩子的姊妹。他怎能相信，被人视为奥地利家族首领的德意志皇帝利奥波德，会听任他压迫这个家族，并在佛兰德尔扩张疆土呢？谁会相信，德意志皇帝和法国国王已经蓄意瓜分从这个西班牙国王、年轻的奥地利的查理那里缴获的战利品呢？在托尔西侯爵[①]的回忆录中，这个令人伤心的真相确有蛛丝马迹可寻。但是，对这些蛛丝马迹很少有人加以剖析。时间终于使这个秘密真相大白。它证明：在国王之间，强者的方便和权利取代了正义公道，特别当这种正义公道显得可疑时，情况更是如此。

西班牙国王查理二世的弟兄全都死去。查理自己也体弱多病。路易十四和利奥波德在查理孩提时代，就已经缔结了一项瓜分条约。这项条约和他们在查理死后就着手缔结的条约大同小异。根据这项目前保存于罗浮宫的条约，利奥波德应让路易十四拥有佛兰德尔，其条件为：一俟查理死去，西班牙就转入德意志皇帝的统治之下。谈成这笔奇怪的交易是否花了金钱，条约本身未

① 托尔西(1665—1746)，法国外交家。曾参加西班牙王位继承战争前法国与德、西等国的各次谈判及乌得勒支和谈。——译者

加说明。在成百上千、林林总总的条约中，这个主要的条款通常都秘而不宣。

利奥波德刚签署了这个外交文书就后悔不迭。他要求至少做到：不让任何宫廷了解这项条约的内容；不按照惯例制成副本；应当存留的唯一的一份条约锁藏在一只小金属箱内，一把钥匙由德意志帝国皇帝保存，另一把存放法国国王处。箱子则交给佛罗伦萨大公保存。德意志皇帝为此把箱子交到法国驻维也纳大使手里。法国国王派遣十六名侍卫去维也纳城边护送运送这只箱子的信使，因他担心皇帝会改变主意，派人中途拦劫信使。箱子被运到凡尔赛，而不是佛罗伦萨。这件事就令人怀疑利奥波德已经接受钱财，既然他不敢为此事抱怨叫苦。

德意志皇帝听任西班牙国王受人摆布掠夺的情况就是这样。

法国国王向佛兰德尔进军，稳操胜券。他一如既往，仗势多于讲理(1667 年)。他亲自率领三万五千人马。另一支八千人的部队被派往敦刻尔克。第三支四千人的部队派往卢森堡。蒂雷纳在国王麾下指挥这支大军。柯尔伯已使国库财源倍增，足供作战开支。新任国防大臣卢瓦已经进行大规模战备。各类仓库、兵站布设边境沿线上。卢瓦第一个提出这种有益的办法。由于过去国家十分衰弱，因此在这以前用兵站提供军队给养的办法还难以付诸实施。无论国王要包围什么地方，无论他下令军队进攻何处，各类救援物资早已齐备，军队宿营地点早已标好，行军路线早已确定。国防大臣为人坚定严肃，使军纪日益严明。军纪严明又使全体军官严守岗位，克尽厥职。军队的偶像——年轻的国王——亲临部队，使这项艰巨的职责变得容易而珍贵。从那时起，军人的衔级开始成为一种权利，大大优于家庭出身。受人重视的是劳绩战功，而不是祖宗门第。这种情况过去几乎从未有过。出身微贱的军官因而大受鼓舞，而出身高贵的军官也并不因此而叫苦抱怨。自从枪骑兵被认为无用以来，战争的重担就落在步兵肩上。步兵分享骑兵获得的奖赏。政府的新准则使得士气更旺。

国王置身于一位统帅和一位首相之间。他们同样精明能干，彼此猜疑妒忌，但是为国王效劳却更加勤勉忠诚。国王率领欧洲最精锐之师，后来又与葡萄牙结成联盟。他以这种种优越条件，进攻一个已遭毁灭和分裂的王国的一个设防很差的省份。而和他打交道的，是他的岳母——一个弱小的、受耶稣会教士操纵的女人。她的政府受人轻蔑，极为不幸，使西班牙君主国毫无防务可言。西班牙缺乏的，法国无不具备。

当时的攻城技术不像今天这样完善，因为那时巩固城防和坚守要塞的技术更被人忽视。西[班牙]属佛兰德尔边境，几乎既无防御工事，又无守备部队。

路易十四一旦在边境出现，边境城市就纷纷落入法国手中。他进入夏勒鲁瓦如同进入巴黎一样(1667 年 6 月)。阿特、图尔内于两天内相继攻克。菲尔纳、阿尔芒蒂埃尔和库特雷等城市坚持时间也不稍长。路易十四走下杜埃城下的战壕中。这个城市于次日投降(1667 年 7 月 6 日)。里尔是这些地方最繁荣的城市，有守军六千人，是唯一设防强固的城市，于围城九天之后投降(8 月 27 日)。西班牙用于抵抗这支胜利之师的只有八千人。此外，这支八千人的小军队的后卫，被后来成为克雷基元帅的那位侯爵粉碎(8 月 31 日)。西班牙的残余卫队藏匿在布鲁塞尔和蒙斯城下，法国国王因此兵不血刃，不战而胜。

这次战役进行期间，法国国家十分富足，胜利取得轻而易举，作战好像是宫廷旅行。军纪不断加强之时，佳肴美酒、豪华奢侈、娱乐消遣都传入军队。军官完成任务更加准确及时，使用的器材装备更加精良讲究。蒂雷纳元帅作战时，军中长期以来只有铁制盘碟。于米埃尔元帅于1657年包围阿拉斯时，第一个在战壕中由人用银制餐具侍膳。他还使士兵在战斗中吃到炖肉和甜食。在1667年的这次战役中，年轻的国王喜欢阔绰。他在作战辛劳疲惫之时，大事炫耀宫廷的阔绰豪华。于是大家都在佳肴美馔、衣着穿戴以及车马随从等方面自炫豪华奢侈、大方雅致。这种豪奢之风既确切标志大国富有，也往往导致小国衰败。然而这个时代的豪华奢侈，与后来人们见到的相比，只不过是小巫见大巫而已。当时国王、将军和大臣都骑马前往参加军队聚会。而今天没有一个骑兵军官或将官的秘书不是乘坐装有玻璃和弹簧的驿站马车作这种旅行。这种旅行比当时在巴黎从一个地区到另一个地区去访问亲友还方便安全得多。

军官生活的讲究当时并不妨碍他们头顶钢盔、身披铠甲在战壕中作战。国王以身作则。他也这样装束，来到杜埃和里尔城下的战壕。这种明智的做法，使不止一个大人物得以保全性命。但是后来一些并不壮实、很有才能、也很娇弱的青年却对这种做法过分轻视忽略。他们似乎惧怕疲劳甚于惧怕危险。

法军攻城略地这样迅速，使布鲁塞尔全城人心惶惶。市民把家具衣物搬往安特卫普。攻占佛兰德尔将成为一次战役的成果。当时法国国王只缺乏足够的、足资防卫准备向他开门投降的要塞的部队。卢瓦向国王进言献策，劝他在已经攻下的城市中部署大量守备部队，并修筑防御工事。在十七世纪为了为路易十四效劳而涌现的伟大人物和天才之一的沃邦被责成经管此项修建工作。他按照新法修建。这种方法今天已经成为优秀工程师遵循的准则。要塞上除了几乎与田野平齐的工事之外，再也看不见别的保护物，这使人们都感到惊奇。高大雄伟、外观吓人的防御工事，更有遭受炮兵轰击之险。沃邦愈使这种工事贴近地面，这种工事就愈无被攻占之虞。他根据这些原则修筑里尔的城堡（1668 年）。法国过去从来没有把管理城市与管理堡垒分开。开创这种分管的先例对沃邦有利。他担任一座城堡的首任要塞司令。大家还能看到，在罗浮宫的画廊里展出的模型图中的第一幅，就是里尔的防御工事的模型图。

法国国王匆匆忙忙赶来，接受百姓的欢呼、宠臣和情妇的顶礼膜拜，以及享受他在宫廷中举行的盛大欢庆。

第 九 章

征服弗朗什-孔泰　亚琛和约

1668 年隆冬一月，圣日耳曼正沉浸于欢娱之中。这时，一个景象使人十分惊异：到处车辚辚，马萧萧，行军急迫。在三主教辖区①内通往香巴尼的大道上，部队往返络绎不绝。炮兵运输车、四轮军火运输车，以种种借口，在香巴尼通往勃艮第的大路上停下。法国这部分地区车马来往频繁，其原因却无人得知。外国人出于利害，近幸内宠出于好奇，绞尽脑汁，纷纷猜测。德国惶恐不安起来。这种种准备工作和异乎寻常的行军，没有人了解其目的何在。路易十四这次行动的秘密比任何一次阴谋活动都保守得更严。最后，法国国王于 2 月 2 日偕同大孔代的儿子、年轻的昂吉安公爵以及几个近幸内宠离开圣日耳曼。其他军官正在军队的集结地点。国王星夜兼程，策马前进，最后抵达第戎。二十万大军从二十条不同的道路前来集中，同日在弗朗什-孔泰会合，离贝桑松只有几里之遥。为首的是大孔代。他的主要副将是他的朋友、后来成为卢

① 三主教辖区为法国的旧行政区，位于洛林领地内。由凡尔登、梅斯和图尔三城市组成，并不隶属于洛林公爵。亨利二世从西班牙国王查理五世手中夺取（1552 年），1648 年才开始被承认为法国领土。——译者

森堡公爵的蒙莫朗西-布特维尔[①]。这个朋友无论孔代运道好坏，处境顺逆，都对他赤胆忠心。卢森堡在作战技术方面是大孔代的弟子。他因为屡立战功，以致国王虽然对他并不宠信，却也不得不加以任用。

一些秘密的谋算促成这次无人料到的行动。孔代亲王妒忌蒂雷纳的荣誉；卢瓦妒忌蒂雷纳深得国王宠信。孔代作为英雄对他妒忌，卢瓦则作为大臣对他妒忌。这位在与弗朗什-孔泰毗邻的勃艮第任总督职务的孔代亲王打算秋末占领弗朗什-孔泰，所用时间将比去夏蒂雷纳用于攻占法属佛兰德尔的时间少。他把这个计划首先告诉卢瓦，得到热烈赞同。孔代这样做，其目的在于排挤蒂雷纳，使之无用武之地，并同时为国君效劳。

这个省份当时钱财匮乏，但土地肥沃，人口众多，长四十里、宽二十里，被称为"弗朗什"[②]，的确名不虚传。西班牙历代国王与其说是这个省份的主人，毋宁说是它的保护者。这个地方虽然隶属佛兰德尔政府，但很少依靠它。弗朗什-孔泰的高等法院和总督分管并互相争夺这个地方的全部行政权。百姓享有很大的特权。这些特权始终受到马德里宫廷尊重。马德里宫廷小以翼翼对待这个酷爱自身权利并与法国邻接的省份。贝桑松本身像德意志帝国直辖城市那样自治。百姓从来没有受过比这更加温和的治理，也没有像这样忠于自己的君主。他们对奥地利家族的热爱保持达两代人之久。但是，归根到底，这种热爱是对他们自身自由的热爱。总

---

① 蒙莫朗西-布特维尔(1628—1695)，法国元帅。曾在卡塞尔、圣德尼、佛勒吕、施泰因刻尔克及内尔温德等战役中获胜。——译者

② "弗朗什"，franche，法文原义为"沃土"。——译者

而言之，弗朗什-孔泰是个幸福的，但却又是贫困的地方。既然它类似共和国，因此就有党派林立。不管珀利松①的说法如何，人们并不仅限于使用武力。

首先用请客送礼、封官许愿的办法争取了几个公民，也从让·德·瓦特维尔修道院长方面得到赞助。这位院长的兄弟就是那个曾在伦敦侮辱法国大使，从而使西班牙的奥地利家族支系蒙羞受辱的那个人。这个以前当过军官，接着是查尔特勒修会的修士，之后长期在土耳其皈依伊斯兰教，最后成为天主教教士的修道院院长，曾经得到过担任长老和其他有俸圣职的许诺。收买几个行政官吏和军官花费代价不大。最后甚至还买通了总督伊埃纳侯爵。这位侯爵变得非常容易通融，以致战后他在法国公开接受了一份优厚的养老金和副将军衔。这些密谋活动刚刚开始，就得到二十万人支持。这个省的首邑贝桑松被孔代亲王包围。卢森堡则奔袭萨兰。次日，贝桑松和萨兰投降。前一城市仅以敌方保存该城异常尊重的耶稣裹尸布作为投降条件。这个要求很容易就得到同意。这时法国国王已经抵达第戎。卢瓦已经驰往边境，指导所有这些事务的进展。他前来禀奏国王这两个城市已经包围并被攻克。国王立即前来面临命运，命运为他安排一切。

他亲自前往包围多尔。这个要塞以强固著称，由蒙特勒韦尔公爵担任要塞司令。这是个刚毅勇敢的人物。他因为心灵高尚而忠于他憎恨的西班牙和他轻蔑的高等法院。为他守城的只不过四

① 珀利松(1624—1693)，法国作家。得路易十四宠信，成为国王史官。著有《法兰西学院史》等书。——译者

百名士兵和城里的市民。但是他敢于英勇自卫。法军的攻城壕没有按照常规挖得很深。刚刚挖好，一群青年志愿兵就紧随国王在壕中奔往进攻敌方的堡壕外护墙，并加以占领。孔代亲王因年长资深、经验丰富，因此勇敢沉着。他及时派人来支援他们，并和他们同担风险，以便使他们脱离险境。这位亲王同他的儿子寸步不离，然后就如同一个谋求飞黄腾达的军官那样，来向国王汇报作战经过。国王在大本营中表现出的，与其说是君主在宫廷中的威严，不如说是不必要的热情冲动。圣日耳曼的全部礼节仪式在军中仍然严格遵行；他每晚就寝之前，循例接见宠臣、将帅的请安；他照常授予出入国王住室的特权，在军营有他自己的接见室。他要他的将官、副官与他同席用餐，这样才使国王的排场阔气稍有减少。弗朗索瓦一世和亨利四世主动寻找种种危险。他们那种暴烈易怒而又英勇无畏的气质，路易十四在艰苦的战斗中丝毫没有。他仅满足于不怕这种种危险，以及激励大家为他斗志昂扬地冲锋陷阵。他在离开圣日耳曼十二天后，即多尔被围四天后（1665 年 2 月 14 日），进入该城。最后，不到三周，整个弗朗什-孔泰向他投降。西班牙枢密院对该地几乎不战而降，感到十分惊讶和愤怒。它致函该城总督说："法国国王本可派遣其仆从来占领该地，而不必御驾亲征。"

法国国王这样行时走运、野心勃勃，以至惊醒无精打采、昏昏欲睡的欧洲。德意志帝国开始多方活动。德意志皇帝则开始征募军队。弗朗什-孔泰的邻居瑞士除本身的自由之外别无长物，竟为其自由不寒而栗起来。佛兰德尔的剩余部分可能在明春遭到入侵。那些一向以与法国人交友为首要任务的荷兰人，此时对以法国人为邻也胆战心惊。西班牙人于是向这些荷兰人求援。事实上，他们的确受到这个从前在他们看来只不过是个受人轻蔑、桀骜不驯的小国的保护。

荷兰当时处于约翰·德·维特的统治之下。约翰·德·维特从二十八岁起就被选为首相。这是个兼爱国家自由和个人威势的人物。他遵从他那个共和国的俭朴有节的生活方式，只有男女仆役各一。在欧洲的谈判中，他的名字列入最强大的国王的名字之中。但这时他却步行来到海牙。这是个孜孜不倦、有条不紊、足智多谋、精于事务的人，一个卓越的公民，一个手段高明的策略家，但是后来却十分不幸。

他曾经和英国驻海牙大使坦普尔骑士结成两个大臣之间罕有的友谊。坦普尔是个哲学家，集文学与商务于一身，而且为人正直，尽管伯内特主教指责他为无神论者。他生而具有明智的共和主义者的天才。他爱荷兰像爱自己的祖国那样，因为这是个自由国家，他和荷首相同样珍视这种自由。这两个公民联合瑞典大使多纳，共同遏止法国国王推进。

事态迅速发展，是这个多事之秋的重要标志。被人称为法属佛兰德尔的这块地方于三个月内被占。弗朗什-孔泰在三周内攻克。旨在保持欧洲的均势和遏止路易十四的野心的荷、英、瑞(士)条约，于五天之内提出并签订。德意志皇帝的枢密院却不敢参与这一密谋。它受到为掠夺年轻的西班牙国王而同法国国王签订的密约的约束。他暗中怂恿英国、瑞典以及荷兰等国联合起来，但他自己却没有采取任何公开行动。

路易十四对像荷兰这样的蕞尔小国竟意欲阻止他的胜利推

进，并谋求在国王之间进行仲裁，十分愤慨。他对这个国家能这样做，尤其恼怒。联省的这个举动，对他说来，乃是奇耻大辱，这个耻辱，他必须对之忍气吞声。他从那时起，就反复思考进行报复。

路易十四不管怎样野心勃勃、力强势盛、激愤恼怒，他还是使即将从欧洲四面八方掀起的风暴转向他方。亲自提出缔结和约。法国和西班牙把亚琛选做谈判地点，把新任教皇克莱门九世罗斯皮利奥西①选为调解人。

罗马宫廷为了用表面受到的尊重来掩饰自身的虚弱，千方百计追求充当国王之间的调解人的荣誉。这种荣誉，在缔结比利牛斯条约时，它没有得到；在签订亚琛和约时，它至少似乎得到了。一位教廷使节奉派参加这次和会，在有名无实的全权代表之间充当有名无实的仲裁者。荷兰人酷爱荣誉，丝毫不愿让人同他们分享他们已经开创的事业的光荣。事实上，一切都通过他们的大使范博伊宁格斡旋，在圣日耳曼进行磋商。这位大使秘密地让人把谈判双方达成的协议送到亚琛，由出席和会的各国首相举行盛大庄严仪式正式签署。三十年前谁能说一个荷兰的市民竟能够迫使法国和西班牙接受他的调解呢？

范博伊宁这位亚姆斯特丹的副市长，兼有法国人的活泼和西班牙人的自豪。他在各种场合，以压抑法国国王的专横倨傲为乐事，并以共和主义者的坚韧不拔来对抗法国首相开始具有的那种高人一等的口气。一天，里约内先生在一次会议中对他说："你不相信法国国王的话吗？"范博伊宁回答说："我不知道国王想要什

① 克莱门九世（1600—1669），1667—1699年任教皇。——译者

么，我考虑的是他能做什么。”最后，在世界上最威严的帝王的宫廷中，一个荷兰的市长受权缔结一项使法国国王不得不归还弗朗什-孔泰的条约(1668 年 5 月 2 日)。荷兰人宁愿法国国王归还佛兰德尔，从而脱离这样一个可怕的邻邦。但是，各国都觉得法国国王舍弃弗朗什-孔泰是表现了足够的克制。然而，他留下佛兰德尔的城市，却所得更多。他为自己打开了荷兰的大门。他对这个国家作出让步之时，就已打算消灭这个国家。

第十章

路易十四的宏伟壮丽业绩　葡萄牙罕见的奇事　卡齐米尔在法国　在康迪进行的援救　征服荷兰

路易十四虽在一段时期内被迫止戈息武，保持和平，但却一如既往，继续整顿、加强、美饰王国。他让人看到，愿意为善的专制国王可以做到一切而毫不费力。他只需一声令下，治国成就和过去的军事胜利一样可以迅速取得。昔日毁废荒凉的海港，现在建筑物环绕，既作装饰，又充防务。港内船舶遍布，水手云集，已能停泊他可在战时武装起来的巨型船舰六十艘。在他的旗帜的保护下，移民从各个港口出发，前往美洲、东印度群岛和非洲海岸。与此同时，在法国本土，在他眼前，高楼大厦鳞次栉比，雇佣人员成千上万，并且拥有由建筑术带动发展起来的百工技艺。在宫廷和首都，更加高雅精巧的技艺为法国带来过去甚至没有想到的娱乐和荣誉。文学艺术十分繁荣。鉴赏力和理智深入蒙昧无知的学校。关于国家的光荣和幸福的全部细节将在这部史书中占有它真正应有的地位。这里叙述的仅仅是一般事务和军事。

这个时期，葡萄牙让欧洲人看到一个怪异荒诞的景象。吉星高照的唐·璜·德·布拉冈斯的不争气的儿子唐·阿尔方斯这时在位。他易怒而又愚蠢。他的妻子是内穆尔公爵的女儿。这位王后热恋阿尔方斯的兄弟唐·佩德尔，竟然敢于策划篡夺丈夫的王位，和她的情人结婚。丈夫的愚蠢鲁钝说明妻子的胆大包天不无道理。唐·阿尔方斯体力超群。他和一个女宠公开生过一个得到他承认的孩子。他长期和王后同宿，王后却责怪他阳痿。王后巧施手腕，耍弄花招，得到她丈夫因暴怒而失去的权力之后，下令把国王监禁起来(1667年11月)。她不久就从罗马争取到一封允许同她的小叔子结婚的教皇敕书。罗马教廷颁发这个敕书，并不足为怪。令人惊奇的是，一些权势极大的人物竟然需要发布这个敕书。优里乌斯二世[①]从前轻易给予英国国王亨利八世[②]的东西，克莱门九世给了葡萄牙的一个王后。在某个时期，略施阴谋就可做成另一个时期费尽九牛二虎之力也无法实现的事。衡量国王和百姓的一切权利，一向有两种不同尺度、两种不同的标准。自从教皇影响欧洲的事务以来，这两种尺度就存在于梵蒂冈。如果不知道风尚习俗的力量有多大，就不可能懂得这样多国家怎么会把这样一种奇特的权威给予罗马教皇。

这一事件是一场并非发生在葡萄牙王国国内，只是发生在国王家族内的剧烈变革。它没有改变欧洲事态的发展。它仅仅由于情节离奇才引人注目。

不久以后，法国接待了一个以另外一种方式逊位的国王——波兰国王约翰·卡齐米尔(1668年)。这位国王效法克里斯蒂娜

① 优里乌斯二世(1443—1513)，1503—1513年任教皇。——译者

② 亨利八世(1491—1547)，1509—1547年在位。——译者

女王的榜样。他对棘手难办的政务深感厌倦,希望生活愉快幸福,因此愿意在巴黎的圣日耳曼修道院退休,后来担任该院院长职务。巴黎多年以来已经成为百艺之苑。对一个追求社交生活的乐趣和喜好文学的国王来说,这是个绝妙的居留地。这位波兰国王即位以前,当过耶稣会教士、红衣主教。他对王位和教会同样憎厌,但求像普通百姓和贤哲那样生活。他不能容忍在巴黎再被人给予陛下的称号。但是,有件更有趣的事使所有基督教君主都十分关切。

土耳其人的确已经不像穆罕默德、塞利姆、苏利曼在位时那样可怕,但仍然是个危险的民族,它还因为我们陷于四分五裂,而显得十分强大。他们包围康迪达八年之久,至今还倾整个帝国之力,定期包围该岛。人们不知道,威尼斯人自卫如此之久和欧洲各国国王抛弃他们这两件事中,哪一件更加令人惊奇。

时移事易,世事全非。从前,信奉基督教的欧洲还处于野蛮状态。一个教皇,甚至一个僧侣,曾派遣几百万基督徒在回教徒的帝国境内同这些教徒作战。我们欧洲各国为了前往征服穷苦贫瘠的犹大省①,耗尽人力和金钱。现在在被誉为基督教国家的通衢大道的康迪岛,有多达六万土耳其人充斥其间。但基督教国王却对这一损失漠然置之。援助这个共和国抵抗奥托曼帝国入侵的只有几艘马耳他和教皇的桨帆战舰。威尼斯的参议院既软弱无力,又明智审慎,以本身的雇佣兵和如此微薄的援助根本无法抗击那个统率雄兵百万,并有优秀工程师辅助,身为土耳其帝国的名相、良将,以及一国主宰的基乌帕利大首相。

① 以色列古国名,位于死海和地中海之间,今为巴勒斯坦的一部分。——译者

法国国王为其他欧洲各国君主做出榜样，派兵援救康迪，但徒劳无功。他的帆桨战舰和在土伦港内新造的军舰，向康迪岛运去一支由博福尔公爵指挥的七千人的军队。由于法国这一慷慨大度的行为无人仿效，这些援助在这样大的危难之中，就显得过于微薄。

一个普通的法国贵族拉弗亚德采取了一个行动，其先例只在古代骑士时期才能找到。他并不富有，但却出资率领近三百名贵族前往援救康迪。如果有另一个国家像拉弗亚德那样尽力而为，这个岛屿就很可能得救。拉弗亚德的援助，只不过使这个岛屿推迟几天沦入敌手，并使鲜血白流而已。博福尔公爵在一次出击中丧生。基乌帕利于守岛军队投降后进入这座城市，该城这时已化为一片废墟(1669 年 9 月 16 日)。

土耳其人在这次包围康迪之役中，显得优于基督徒，甚至在通晓掌握军事技术方面也是如此。现在还能在欧洲见到的口径最大的炮是在土耳其阵营内铸造的。他们首次在战壕里修筑平行壕。我们就是从他们那里学来这种作业方法。而这种方法他们却又仅仅得自一个意大利工程师。可以肯定，像土耳其人这样经验丰富、作战英勇、财力充裕、以工作持之以恒为其特性的胜利者，一定会在短期之内征服意大利，攻占罗马。但是，从那个时期以后，他们的皇帝怯懦懈怠，将领庸碌无能，政府深染恶习，以致基督教徒因而得救。

这些远处发生的事件，对法国国王几乎毫无触动。他考虑的征服尼德兰的庞大计划日趋成熟，并从荷兰开刀。时机对他日渐有利。这个小共和国虽然称霸海洋，但在陆上却无比弱小。它与西班牙、英国结成联盟,与法国和平相处,躺在条约和规模巨大的贸易之上未免过分高枕无忧。它的海军如此纪律严明、所向披靡,它的陆军却如此装备差劣、受人轻蔑。陆军的骑兵仅仅由市民组成。后者从来足不出户,只是雇佣社会的败类来代替他们在军中服役。步兵的情况与骑兵相去无几。军官、甚至要塞司令全是市长的子弟或亲戚。这些人在未经世事、懒散怠惰的情况下被抚育长大。他们看待自己的职位,就像神父看待自己的有俸圣职一样。约翰·德·维特首相要求革除这种种恶弊,但意志并不坚决。这是这位共和主义者的重要缺点之一。

(1670 年)首先必须离间英国和荷兰。联省一旦得不到英国支持,就似乎会不可避免地遭到毁灭。对路易十四来说,怂恿查理参与他的图谋,并非难事。荷兰舰队曾追至泰晤士河内焚毁英国船只。但是查理这位英国君主对他的王朝和国家蒙受这一奇耻大辱,其实并不感到十分沉痛。他并不急于报仇雪恨,夺取胜利,却宁愿沉湎于声色犬马之中,并以受掣肘较少的权力进行统治。他受人诱惑之处,正在于此。当时只需张口就会得到金钱的路易十四允诺给予查理大量钱财。但查理本身如无英国国会允准,就无法得到分文。英、法两国国王之间的这一秘密,在法国只告知了查理二世的姊妹、国王唯一的兄弟的妻子、蒂雷纳和卢瓦等三人。

(1670 年 5 月)一个二十六岁的亲王夫人将作为全权代表会同英王查理,圆满结束这项条约的签订工作。法国国王的这个弟媳渡海赴英的借口是:法国国王想向敦刻尔克和里尔方面,在他新近征服的疆土上作一次旅行。古代亚洲国王出行时,其排场之豪华奢侈、威严盛大与这次旅行的辉煌壮观相比,都望尘莫及。国王首途离京，有三十万人或开道先行，或殿后跟随。一些人奉派加强被征服各国的警卫守备，另一些人则修建防御工事，还有一些人则担任平整道路。国王带领他的王后妻子、全体公主和宫中美女。国王的弟媳在她们之中艳丽超群、引人注目。她内心深处尝到所有笼罩她这次旅行的豪华奢侈的气氛的欢乐和光荣。这是一次盛大的节庆，从圣日耳曼一直绵延到里尔。

国王想在新的臣民之中争取民心，使邻国眼花缭乱，于是到处慷慨解囊，挥金如土。哪怕只能找到最小的借口和他谈话的人，都被慷慨赠予金银珠宝。昂里埃特公主在加来上船，前往看望她的兄弟。她的兄弟当时已经到达坎特伯雷。查理由于对妹妹的感情和法国人的金钱的引诱，答应了路易十四的全部要求，准备使荷兰灭亡于消遣娱乐、节日欢庆之中。

法国国王的弟媳返回法国后，突然可怕地死去。她的去世使她的丈夫受到不公正的怀疑。但这并没有丝毫改变法、英两国国王的决心。这个将被消灭的共和国的战利品已经根据两国宫廷缔结的密约瓜分，如同1635年法国人和荷兰人瓜分佛兰德尔的情况一样。人们的见解和敌友关系就这样变幻无常，所有计划经常落空。关于这个即将采取的行动的消息开始流传。欧洲在侧耳倾听，默不作声。德意志皇帝忙于对付匈牙利的叛乱。瑞典被谈判所麻痹。西班牙始终软弱无力，遇事犹豫不决，行动迟缓。凡此种种都使路易十四得以放手实现他的野心。

雪上加霜的是，荷兰国内又分为两派。一派是严峻刻板的共和主义者，对他们来说，一星半点专制权威的痕迹，都几乎是破坏人类的准则的妖魔鬼怪。另一派是温和的共和主义者。他们拥立年轻的奥伦治亲王担任他祖先的职务①。这位亲王后来以威廉三世之名闻名于世。大首相约翰·德·维特和他的兄弟高乃依是严肃的自由的拥护者的首领。但是年轻的亲王那一派开始占上风。这个共和国忙于内讧而不警惕自身面临的危险,促成了自身的覆灭。

根据七百多年以来传到基督教徒中间的令人惊奇的风俗,一些神父可以成为世俗的和尚武的领主。路易十四像过去贿买英国国王查理二世一样,也贿买了科隆大主教、巴伐利亚的马克西米利安,以及威斯特伐利亚的科尔比修道院院长、蒙斯特主教范加伦。国王过去帮助荷兰人反对这个主教,现在却付钱给这位主教消灭荷兰人。这位主教是个历史不应略而不谈的奇特人物。他是个杀人犯的儿子,出生于他父亲囚禁其内达十四年之久的监狱中。他主要靠阴谋诡计,再加上天赐良机,爬上蒙斯特主教的位置。他一旦当选为主教,就企图剥夺这个城市的特权。全城百姓群起反对,他于是下令包围该城,对这个选他作为自己的司牧的地方大肆烧杀掳掠,对他那所科尔比修道院也不例外。他被看成是个受人雇佣的强盗,时而从荷兰人那里领取钱财,攻打他的邻居,时而从法国人那里领取钱财,反对荷兰。

瑞典没有进攻联省,但它一看到联省受到威胁,就弃之不顾,并向法国缴纳贡银,以恢复和法国过去的联系。一切都促使荷兰灭亡。

奇怪而又值得一提的是,在所有即将扑向这个小国的敌人中,

① 指中世纪西班牙统治时期荷兰各省总督,或中世纪荷兰联省共和国执政的职务。——译者

没有一个能提出战争的借口。这个举动有点像路易十二、德意志皇帝马克西米利安和西班牙国王的联盟,他们从前曾经因为威尼斯共和国富有和自豪而起来合谋把它消灭。

惊恐万状的荷兰三级会议致函法国国王,低声下气地询问国王进行大规模战备是否针对它这个国王多年的忠实盟友?他们什么地方得罪了他?他要求什么赔偿?国王回答说,他的尊严怎样要求,他就怎样使用自己的军队,而关于他对军队的使用,他并无义务向任何人报告。路易十四的大臣们举出的理由只是:荷兰的报纸编辑太放肆无礼。据说范博伊宁教人铸造了一枚侮辱路易十四的奖章。那时,法国人对象征性图像的喜爱,简直风靡一时。人们把一枚太阳徽章奉送给路易十四,徽章上有这样的字样:“Nec pluribus impar.”(“高于一切”)法国的大臣们还断言,范博伊宁教人把自己的像和太阳画在一起,并用如下的话来说明:“IN CONSPECTU MEO STETIT SOL”(“太阳一见了我就停下来”)其实这枚徽章从来不曾有过。不错,荷兰三级会议曾下令铸造一枚奖章,并在这枚奖章上表达了这个共和国已完成的全部光辉业绩:“Assertis legibus; emendatis sacris; adjutis, defensis, conciliatis regibus; vindicata marium libertate; stabilita orbis Europæ quiete.”(“法律得到加强;宗教得到纯净;国王们得到援救,受到保卫,并团结一致;海上自由之仇已报;欧洲已经安抚。”)

事实上,荷兰三级会议并没有凭空自我吹嘘夸耀。然而,为了平息路易十四的愤怒,它下令销毁这枚奖章的钢模。

英国国王也对荷兰三级会议横加指责,说它的舰队在一艘英国军舰面前没有降旗,并且还举出一幅画,画上,首相的兄弟高乃

依·德·维特被画得具有胜利者的特征。画的背景是一些缴获和焚毁的船只。这个在对英海战中的确功勋彪炳的高乃依·德·维特曾经容许为他的光荣制作这个小小的纪念品。但是这幅画收藏在一间从来无人进入的房间里。英国的大臣们书面列举他们的国王对荷兰的不满,特别举出荷兰方面的具有侮辱性的图画,即 abusive pictures。荷兰三级会议一向把英国大臣们的备忘录译成法文,用法文的“有错的”、“骗人的”等词来译英文的“abusive”这个词。它万万没有想到,这幅侮辱性的图画指的竟是它的同胞的一幅肖像。它无法想象竟然会有这样的战争借口。

为了征服一个国家,人们出于野心和审慎而能尽力做好的一切准备,路易十四已经全部完成。在世人间为完成一项远非宏伟的事业而殚精竭虑,进行如此令人生畏的准备工作,还史无前例。路易十四征服这个联省小邦,使用的正规部队和金钱之多,任何侵略过世界某一部分的征服者在开始进行征伐时都无法与之相比。价值相当于今天九千七百万法郎的五千万法郎已经消耗在这次战备之中。三十艘装有五十门大炮的军舰与由一百艘船舰组成的英国舰队会合。法国国王和他的兄弟率领十一万两千人开赴西班牙属地佛兰德尔和荷兰的边境,离马斯特里赫特和夏勒鲁瓦不远的地方。蒙斯特主教和科隆选侯拥有军队近两万人。法国国王军队的将帅是孔代和蒂雷纳两人。卢森堡在他们率领之下指挥作战。沃邦负责指挥围城。卢瓦和平时一样保持警惕,在各处巡视。这样一支威武雄壮而又纪律严明的军队为有史以来所仅见。国王的御林军特别令人敬畏。这支部队有四个警卫连。每连由三百名贵族组成,其中有很多是不领军饷的青年士官生。他们同别人一样,习惯于军中服役的规律性。此外，还有两百名卫队的宪兵、两百名轻骑兵和五百名火枪手。他们全是精选的贵族，个个青春年少、雄姿英发。最后，还有宪兵十二连，后来增为十六连。瑞士卫队甚至跟随国王左右。这些法国卫队或瑞士卫队在国王的行宫或营帐前担任警戒。它们大都薪饷很高。这使那些在本国没有见过任何豪华奢侈的人既畏惧又羡慕。军纪更加严明，部队整顿一新。当时还没有设置我们以后看到的骑兵和步兵督察官。但有两个与众不同的人担任这项职务：马蒂内把至今仍然沿用的纪律作为当时步兵军纪的基础；富里伊骑士在骑兵内担任同样职务。一年前，马蒂内下令几个团队使用刺刀。在他以前，使用刺刀并不经常，也不划一。这是军事技术所能创造出来的最可怕的事物。这种最新的用法已经为人所知，但是很少付诸实施，因为当时长矛还占优先地位。马蒂内曾经发明易于由双轮大车运载的铜制浮桥。国王具有这样多优势，对自己的运道和荣誉坚信不疑，因而把一个负责描述他的胜利的历史学家带在身边。他就是珀利松。本书关于美术一节中将谈到他。他写作的能力比抑制自己阿谀奉承的能力更强。

加速荷兰人失败的因素是，卢瓦侯爵教被暗中争取到法国方面来的本泰姆伯爵在荷兰国内收买了一大部分军火。这些军火不久就用来消灭荷兰人。卢瓦就这样使荷兰人的军火库空空如也。毫不奇怪，一些正值两军酣战之际每天都向敌人出卖这类物资的商人，早在宣战以前就出卖了这些储备。大家知道，莫里斯亲王①

① 莫里斯亲王(1567—1625)，1584—1625年任荷兰联省总督。曾领导推翻西班牙统治。——译者

曾经为这样一宗巨大买卖怒斥大批发商。后者回答他说:“大人,如果能够漂洋过海和地狱做些有利可图的买卖,我会冒在那里烧毁我的帆船的危险。”但是令人骇异的是,大家对这件事铭记不忘:卢瓦侯爵亲自化装前去荷兰进行这类交易。人们怎能想象一次这样不合时宜、这样危险有害、这样徒劳无功的冒险呢?

荷兰用来对抗蒂雷纳、孔代、卢森堡、沃邦、法国的三十万大军和一支强大的炮兵的,用来对抗用作进攻敌方要塞司令的忠心之用的金钱的,仅仅是一个体弱多病、无论围城或者攻防都毫无经验可言的亲王,以及当时组成荷兰全部警卫部队的将近两万五千名素质低劣的士兵。二十二岁的威廉·奥伦治亲王刚刚根据百姓的心愿被选为陆军统帅。大首相约翰·德·维特对此不得不表示同意。这位亲王具有荷兰人冷静的外表,内心壮志满怀,热烈追求荣誉。这种热烈的感情以后虽然在言谈中从来没有流露,却始终在他指挥作战时迸发出来。他生性冷静严肃。他的特点是勤奋积极、目光敏锐。他从不失望沮丧。这些使他衰弱疲惫的身躯得以承担起他的体力难以负荷的事业。他英勇无畏而不自炫;他壮志凌云而厌恶豪奢阔绰;他天生冷静顽强,适足以战胜逆境;他喜好治国征战,但对与威势相联系的,或合乎人性的娱乐消遣却一无所知。总之,他几乎在各方面都与路易十四大相径庭、截然相反。

最初,他无法遏阻那股在祖国的土地上涌溢泛滥的激流。他的兵力弱小得不堪使用。他的权力甚至受到三级会议限制。法国军队突然进军,扑向孤立无援的荷兰。那个轻率冒失的洛林公爵想要募集军队,并把自己的命运和这个共和国的命运紧密连在一起,却刚刚看见洛林被法军攻占,攻占的轻易,就和人们对教皇不满时攻占阿维尼翁①那样。

这时，法国国王正指挥军队开入那些与荷兰、科隆和佛兰德尔接壤的地区，向莱茵河进发。他下令把钱分发给各个村庄，以补偿他的军队在那里可能造成的损失。如果附近某个贵族前来向国王抱怨诉苦，他肯定会得到国王的馈赠。尼德兰总督的一个特使前来向国王陈述法军造成的损失，从国王手中得到一幅饰有珠宝、价值超过一万二千法郎的国王肖像。这个举动引起庶民百姓的钦佩，并使他们对国王的威势更加畏惧。

法国国王亲率御林军和他那支由三万人组成的最精锐的部队。这支军队由蒂雷纳秉承国王旨意进行指挥。孔代亲王指挥的那支军队同样强大。其他部队时而由卢森堡指挥，时而由夏米伊②指挥，视情况需要，或分或合。法军以同时包围四座城市作为开始。这些城市的名字，仅仅由于这次军事进攻，才在历史上占有一席之地。它们是：莱茵贝格、奥尔苏瓦、韦塞尔、比里克。它们几乎一受包围就被攻克。法国国王想亲自包围的莱茵贝格甚至未中一枪一弹，就告失守。为了确保顺利占领该城，贿买了该城要塞司令、一个名叫多塞里的爱尔兰人。此人贪生怕死、卑鄙无耻、卖身投靠，并且后来轻率冒失，退至马斯特里赫特。在该地被奥伦治亲王处以死刑。

莱茵河和伊塞尔河沿岸各个要塞纷纷投降。有几个总督只要远远看见一两个法国骑兵连经过，就把城门钥匙拱手相送。敌人

① 法国城市，中世纪战乱时，曾多次易手。1309—1377年曾为教皇的居住地。——译者

② 夏米伊（1636—1715），法国元帅。——译者

还未入境，好些军官就逃离他们保卫的城市。到处风声鹤唳、草木皆兵。这时奥伦治亲王没有足够的军队投入战斗。整个荷兰预料到，一俟法国国王渡到莱茵彼岸，它就会戴上枷锁。奥伦治亲王下令在这条河彼岸仓促草草设防。布防虽然完毕，他却感到无力防守。现在的问题只是了解法国人在何处架设舟桥，以及如有可能，阻止法军渡河。法国国王意欲，使用马蒂内发明的舟桥渡河。当时当地有人告诉孔代，由于季节干旱，在莱茵河一条支流上，在一个用来征收通行税，称为通行税卡的古老的小塔附近，有一处可以徒涉的地方。这个小塔里有十七名士兵。国王要吉什伯爵对该地进行侦测。根据目击渡河经过的珀利松在信中的叙述以及当地居民对我证实的材料，在这条支流中间，只有二十步的距离需要泅渡。这段距离根本算不了什么，因为只要几匹马并列就可使这条流速很低的河断流。靠岸轻而易举。河的彼岸只有四百到五百名骑兵和两个弱小并且没有配备大炮的步兵团防守。法军炮兵进行侧射。当国王的御林军和骑兵的精锐部队共约一万五千人安全渡河时，孔代亲王搭乘一艘铜船与他们齐头并渡。几名荷兰骑兵刚刚策马跃下河中，佯装进行战斗，一见面前大批人马涌来，马上就逃之夭夭，抱头鼠窜而去。荷兰步兵这时立刻放下武器，投降乞命(1672 年 6 月 12 日)。这次渡河只损失了诺让伯爵和几名骑兵。他们因为离开涉徒地点，渡河时遭到灭顶之灾。如果年轻的隆格维尔公爵不轻率行动，当天不会有任何人阵亡。据说这位公爵当时酒意正浓，用手枪向跪地求饶的敌人射击，并对他们高叫：“不要饶恕这帮恶棍！”他一枪打死敌军军官。绝望的荷兰步兵立即重新拿起武器射击，隆格维尔公爵中弹丧命。一个没同别人一齐逃命、

名叫奥森布罗克的骑兵队长奔到正骑马从河中跃到岸上的孔代亲王跟前，把枪顶在孔代的头上。亲王做了一个动作把正要发射的手枪拨开。这一枪只打断了他的手腕。孔代身经百战，只受过这一次伤。法国人怒气冲天，对这支四处逃散的步兵大肆杀戮，毫不留情。路易十四亲自指挥整个进军之后，和步兵通过舟桥渡河。

这就是横渡莱茵河这个辉煌灿烂、史无前例的行动的前后经过。当时这个行动被当成人类应该永远铭记于心的重大事件之一。法国国王威风凛凛，使他的全部行动显起十分突出。他的威风、他的征讨神速顺利、他灿烂辉煌的统治、他的内宠近幸的偶像崇拜，最后还有百姓，特别是巴黎人的渲染夸张的癖好，再加上城市中饱食终日无所用心的人对战争的无知，凡此种种都使渡过莱茵河这一行动在巴黎被当成奇迹，一直被人夸大。公众舆论以为法军全军面临一支筑壕固守的军队，不顾一座叫做勒托吕的固若金汤的堡垒的炮火轰击，进行泅渡。对敌人来说，的确没有一次行动比这次渡河声势更大。敌方如果在莱茵彼岸驻有一支精锐部队，这次渡河行动的确会十分危险。

法军一渡过莱茵河，就接连攻下多埃斯堡、聚特方、阿尔恩海姆、诺桑布尔、内伊梅根、申克、博梅尔和克雷弗-克尔等地。每天从早到晚，国王无时无刻不收到攻克某地的消息。一个名叫马泽尔的军官叫人转告蒂雷纳说："你如果愿意派给我五十名骑兵，我可以占领两三个要塞。"

（1672 年 6 月 20 日）乌得勒支城拱手交出城门钥匙并和那个以它的名字命名的省份一起投降。路易十四带领他的随行神父、忏悔师和乌得勒支的正式大主教胜利入城。大教堂被隆重交还给天主教徒。徒拥虚名的大主教在此后一段时间内，真正具有尊严的地位。路易十四皈依的宗教同他的军队一样也取得了战果。这是他在天主教徒的心目中对荷兰取得的一项权利。

乌得勒支、上伊塞尔、盖尔德尔都已降服。阿姆斯特丹只在等待受奴役或遭毁灭的时刻到来。在该地定居的犹太人急忙向孔代亲王的总管和朋友古尔维尔缴纳两百万盾，以免惨遭抢掠之祸。

与阿姆斯特丹邻接的纳埃尔登已被攻占。四名法国骑兵外出偷采蔬果，一直走到米伊登城外。该地有能放水淹没全国的闸门，离阿姆斯特丹只有一里之遥。该城的行政官惊惶失措，竟向这四名骑兵拱手交出钥匙。后来，这些官吏发现法军大队人马并未开到，于是索回钥匙，关上城门。法军再稍作努力，就会使阿姆斯特丹落入法国国王手中。这个首都一旦攻克，不但共和国灭亡，荷兰民族也将不复存在，甚至这个国家的土地也会很快消失。最富有的家庭、最热爱自由的家庭，准备逃到天涯海角和乘船前往巴塔维亚①。可以用来进行这次旅行的船只已经清点完毕，可以装载的物品已经计算停当。五万户人家可以逃到新的祖国。荷兰将只在东印度的末端继续存在下去。过去，荷兰的欧洲各省只用它们亚洲的财富购买需要的谷物，只依靠它们的商业贸易为生，只靠它们的自由为生（如果敢于这样说的话）。这些省份这次几乎突然遭到毁灭，变得荒无人烟。欧洲的货栈、有十万人从事贸易和技艺的阿姆斯特丹本会变成浩瀚无边的沼泽。所有与它接壤的土地需要巨额款项和大量人力来修筑堤岸。这些土地或许将荒无一人，财富

① 即今印度尼西亚首都雅加达。——译者

毁尽，沉没水底，让路易十四只享受到摧毁那最奇妙、最壮丽、象征人类勤劳的纪念碑的这种可哀叹的荣誉。

国家的悲痛因在遭逢不幸的人中间常常产生分裂不和而增加。国家遭难时，这些不幸的人互相推诿指责。德·维特大首相认为只有向征服者求和才能拯救祖国尚未沦陷的部分。他既极端信仰共和主义，又酷爱自身的特别权力，因此惧怕奥伦治亲王地位上升甚于惧怕法国国王征服荷兰。他甚至曾经让这位亲王发誓遵守一项永久法令。这项法令规定亲王永远不得担任共和国执政之职。荣誉、权威、派性和利益把维特和这一誓言紧密相连。他宁愿看见他的共和国臣服于一个战胜者，而不愿看见它对一位执政俯首听命。

奥伦治亲王和维特相比，更有雄心壮志，同样忠于祖国，在国难时期更能忍耐。他指望时间和他顽强的恒心会使他得到一切。他对渴求执政这个职位和反对讲和同样积极。三级会议决定不顾亲王反对，向法国国王求和。尽管维特一派反对，亲王仍然被提升为执政。

四名代表以荷兰共和国的名义来到法国国王的营帐，哀求宽大为怀的对待。六个月前，这个共和国还以欧洲各国国王之间的仲裁者自居。这些代表没有受到路易十四的大臣们那种把温和的礼仪同执政者的严肃掺混一起的法国式礼节的接待。冷酷无情、倨傲无礼，生来为了效劳国君，而不是为了使国君受人爱戴的卢瓦接待恳求者时趾高气扬，甚至加以侮辱嘲笑。荷兰代表被迫往返多次。最后，法国国王教人向他们宣示他的旨意：他要求三级会议把莱茵河彼岸的内伊梅根和荷兰国内的一些城市和堡垒统统割让给他；付给他两千万盾；法国人控制荷兰国内的所有通衢大道；在水陆上自由往来，而不必付任何关税；在各地重建天主教；荷兰每年派遣特别使团，向他贡送金质勋章一枚，勋章上刻有荷兰人的自由得自路易十四等字样；最后，除了满足法国的上述要求外，荷兰人还必须把他们应该给予英国国王和德意志各诸侯，如科隆和蒙斯特诸侯的种种优惠也给予法国。荷兰当时还受到后两个诸侯的侵犯和蹂躏。

这些和平条件迹近奴役，显得令人无法容忍。战胜者的骄横使战败者因绝望而产生勇气。荷兰人决心手执武器，战至最后一息。奥伦治亲王在荷兰已是众望所归、人心所向。百姓群情激愤，怒不可遏，反对向法国求和的大首相。亲王施展的策略以及他那一党的愤怒又为这些骚动火上加油。首先，有人谋杀约翰·德·维特大首相。接着他的兄弟高乃依被控谋害亲王，并遭到严刑拷打。他在极度痛苦之中背诵贺拉斯的《正直的与顽强的人》[①]这首短诗的头几句。这首诗与他的地位和勇气都很相符。对不懂拉丁文的读者，这几句诗可以译为：

激流滔滔迅猛，
大海奔腾轰鸣。
乱民蛮横愤怒，
暴君复仇骄横。

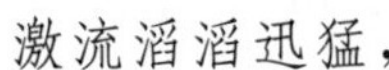

① 据《小拉鲁斯插图词典》，贺拉斯的这首短诗的主旨是，如果不感动那正直和顽强的人，世界就会粉碎。——译者

这一切都丝毫不能动摇
坚定而纯洁忠诚的心。

(1672年8月26日)过激的下层民众终于在海牙杀害了维特弟兄:一个以德治国达十九年之久,另一个用剑为国效劳。人们在他们血肉模糊的身躯上尽情泄愤。各个民族都发生过这种惨绝人寰的事。法国人首先使昂克尔元帅、科利尼海军上将等人尝到这些暴行的滋味,因为各国下层民众的情况几乎如出一辙。大首相的朋友也受到株连。甚至荷兰共和国的海军上将吕泰尔这个唯一为共和国作战获胜的人在阿姆斯特丹时也处于暗害者的包围之中。

在举国一片混乱和悲痛之中,行政官员表现出只在各个共和国才会具有的德行。拥有钞票的百姓,成群结队涌向阿姆斯特丹银行。大家担心国库已经被人触动,遭到盗窃,于是迫不及待去银行兑换被认为还可能剩在那里的一点银子。行政长官教人打开存放银子的地窖。银子在窖里原封未动,和六十年前存放时一模一样。这些银子甚至已被几年前焚毁市政府大厦的那场大火熏黑。到那时为止,钞票始终充作交易之用。金库从来没有触动。于是就用这些银钱来付给那些希望兑付的人。像这样讲究信义,而财富又这样丰裕,这在英国国王查理二世为了对荷兰人发动战争以及获得个人吃喝玩乐之所需而使臣民破产的时候,相形之下,就显得可敬可赞。英国国王破坏国家信誉,何其可耻;而阿姆斯特丹的官员,在似乎可以破坏这种信誉的时刻,却加以维护,何等光荣。

除了这种共和主义的德行之外,荷兰的官员们还有那种在无法挽救的困境中毅然决然作出破釜沉舟的决定的魄力。他们下令凿穿拦海大堤。阿姆斯特丹四周不计其数的郊区房舍、邻近的城市,如莱顿、德尔夫特等,尽皆一片汪洋。农民看见自己的畜群在田野中淹死,毫无怨言。阿姆斯特丹俨然是座巨大的水中堡垒,四周有军舰护卫,水深足以舶近城边。百姓缺粮严重,淡水尤其缺乏,按品脱出售,六个苏一品脱①。但是这种种艰难困苦,看来总比沦为奴隶略胜一筹。荷兰在陆上受到欺凌,不再成其为国家,而在海上仍旧令人敬畏,这是件值得子孙后代思考的事。这是这些平民大众的真正本色。

正当路易十四渡过莱茵河,连克三省时,吕泰尔海军上将率领近百艘军舰和五十多艘火攻船驶往英国海岸附近,寻找战机袭击法、英两国国王的舰队。过去,他们的海军合在一起,也并不比共和国的海军强大。英国人和荷兰人作为两个惯于争夺大西洋霸权的民族而进行战斗。被称为索尔贝战役的那次战役进行了整整一天(1672 年 6 月 7 日)。吕泰尔发出暗号,进攻英国国王的弟兄约克公爵乘坐的旗舰。这场非同寻常的战斗的光荣归于吕泰尔。约克公爵被迫换乘军舰,从此不再在这位荷兰海军上将面前出现。三十艘法国军舰参加了这次战斗,起的作用不大。这天战斗的结果是:荷兰海岸安然无恙。

这次海战后,路特不顾国内同胞的恐惧和反对,让同印度进行贸易的商船队驶入特塞尔。这样,当他的祖国正在一个方面覆灭的时候,他却在另一方面保卫祖国并使之富裕起来。荷兰人的贸

① 古法国容积单位,在巴黎一品脱为 0.93 公升。——译者

易还继续维持。印度洋上只能看到荷兰国旗。某天,法国领事对波斯国王说,路易十四几乎征服了整个荷兰。这位波斯君主说:“这怎么可能呢?在霍尔木兹港里,荷兰的船只和法国人始终是十与一之比啊。”

奥伦治亲王立志要做一个优秀公民。他为了维护自由,把他担任各种职务的收入和他的全部财产都捐献给国家。他把法国人进入荷兰可能经过的其他通道全部用水淹没。他进行迅速而秘密的谈判,把德意志皇帝、德意志帝国、西班牙枢密院、佛兰德尔总督从慵懒麻木之中唤醒。他甚至促使英国转向和平。最后,法国国王于五月进入荷兰。七月以后,欧洲开始秘密勾结反对法国国王。

佛兰德尔的总督蒙特雷调动几个团队秘密前去援救联省。德意志皇帝利奥波德的枢密院派遣蒙特古古利指挥一支近两万人的军队。拥有两万五千名雇佣兵的勃兰登堡选侯开始行动起来。

(1672 年 7 月)这时法国国王离开军队。在一个已被淹没的国家里,已经不再有什么征伐需要进行了。已被征服的各省日益难以保住。路易十四想获得可靠的荣誉。但是,由于他并不想坚持不懈、再接再厉取得这种荣誉,因此把它丢失。他对在两个月内攻占这样多城市,深感满意,于是在盛夏时节返回圣日耳曼,让蒂雷纳和卢森堡进行战争的扫尾工作,他自己则去享受胜利归国的荣誉。正当欧洲其他强国千方百计从他手中夺走他的胜利果实时,人们为他的战果修建纪念碑。

第十一章

自荷兰撤退　再次征服弗朗什-孔泰

本书作者认为必须告诉将来可能阅读这一著作的人，他们应该记住：这部著作绝非各次战役单纯的记述，而是一部人类风尚习俗的历史。详述战斗的情节、人类的狂怒和苦难，而毫无遗漏的书，已经够多。这部论作旨在撇开浩如烟海的细枝末节，对这些剧烈变革的主要特征进行描述，让人只看到重大事件，并且在可能的情况下，看到导致产生这些事件的精神。

法国当时正荣殊誉满，如日中天。它的将领的名字令人肃然起敬。它的大臣被人视为天才，高于其他各国君主的枢密参赞。路易十四在欧洲似乎是独一无二的国王。的确，德意志皇帝利奥波德并没有在他的军队中出现过。西班牙国王菲利浦四世的儿子查理二世刚刚脱离孩提时期。英国国王一生热中爱好的只是声色犬马、吃喝玩乐。

所有这些君主和他们的大臣首相全都犯下大错。英国与法国联合，以求培植一股力量。而削弱这股力量才是英国的国家利益所在。它这样做正好与其国是的原则背道而驰。德意志皇帝、德意志帝国和西班牙枢密院不首先去反对这股激流，为害更大。最后，路易十四本人轻易获胜后，不迅速乘胜追击，扩大战果，这样，他犯下的错误就和他们的同样大。孔代和蒂雷纳希望拆毁荷兰的大部分要塞。他们认为,攻夺邦国并不使用卫戍部队,而是使用野战部队。他们认为,一方面须保存一两处要塞,以备撤退之用;另一方面应火速进军,夺取彻底胜利。卢瓦的看法与此截然相反。他希望要塞遍布各地,卫戍部队处处驻防。这是他的天性,也正是法国国王的喜好。卢瓦采用这种办法,使供他支配的官职更多,使政府权力更大。他对当代最伟大的两位将帅的意见被驳回,感到满意。路易十四对卢瓦给予信任,因而把事情弄错。这一点他后来也承认。他错过进入荷兰首都的时机。他分散兵力,防守要塞太多,以致军队分散削弱。他予敌喘息之机。最伟大的君主的历史往往是众人所犯的错误的记述。

国王离去后,形势大为改观。蒂雷纳被迫向威斯特伐利亚进军,以对抗德意志帝国军队。佛兰德尔的总督蒙特雷未经西班牙胆小的枢密院同意,擅自派兵增援奥伦治亲王那支区区不足一万人的军队。于是这位亲王顶住法军,战斗一直进行到冬季。使逆境危局得以缓和,这已很了不起。最后严冬来临。荷兰淹没地区坚冰覆盖。卢森堡在乌得勒支指挥作战,发动一场法国人闻所未闻的新式战争,使荷兰再度陷入险境,其恐怖和前几次大致相同。

某天晚上,卢森堡把从邻近卫戍部队调来的一万两千名士兵集合起来,鞋底钉上铁钩,在冰上行军,向莱顿和海牙进发。途中忽然解冻冰融,海牙因而得救。这支军队被水包围,既无道路,又缺粮食,濒于覆灭。要返回乌得勒支,必须在一道泥泞难行的堤上行军。堤窄几乎容不下四人齐头并进,而且只有攻下一个如无炮兵就似乎无法攻克的堡垒,才能到达堤上。这支军队即使被这个堡垒阻挡一天，也会累死饿毙。卢森堡这时束手无策。但是挽救了海牙的命运之神，也由于这个堡垒的司令胆小怯懦，拯救了这支法国军队。这个司令无缘无故放弃职守。战争时期也和平民生活中一样，不可思议、难于理解的事层出不穷。上述事件就属于这类。这一行动的全部后果是，法国人在该地逞凶肆虐以致令人憎恨。博德格拉弗和斯瓦梅尔丹这两个地大物博，人口和我们中等城市几乎同样稠密的市镇，任凭法国士兵抢劫掠夺，以犒赏他们的辛劳疲累。士兵们纵火焚烧这两座市镇。他们在烛天的火光之中，奸淫掳掠，凶残作恶。骇人听闻的是，法国士兵虽然由为数颇多的、无愧于人道和勇敢的声誉的军官指挥，却竟然这样野蛮残暴。这次劫掠给人留下的印象极其深刻，以致四十年后，我还看见一些荷兰的儿童识字课本描述这次险遇，并且激发子孙后代仇恨法国。

(1673 年)这时法国国王通过谈判，使各国君主的政府忐忑不安。他把汉诺威公爵争取过去。勃兰登堡选侯开始进行战争时，缔结了一项条约，但这项条约不久就被撕毁。没有一个德国宫廷没有路易十四的津贴的领取者。他的秘密使节在匈牙利煽起该省骚乱。该省曾受到维也纳枢密院的严厉处置。英国本想压挫路易十四的气焰。尽管这个国家举国上下对于助长这种气焰异常愤怒，大声疾呼，强烈反对，路易十四仍然给予英国国王大量金钱，使他继续进行对荷战争。整个欧洲被路易十四的军队和谈判弄得毫无宁日。但他毕竟无法阻止德意志皇帝、德意志帝国、西班牙和荷兰结成联盟①，向他庄严宣战。他使事态的发展变化如此之大，以

① 指 1673 年 8 月 30 日的海牙大联盟。——译者

致他的天然同盟者荷兰人一变而为奥地利家族的朋友。德意志皇帝利奥波德派来的援军姗姗来迟，但他对路易十四不共戴天，极端仇视。据报道，当他前去埃格拉视察他在该地集结的军队时，曾经在旅途中领圣体。领完圣体，他手中拿着基督受难苦像，祈求上帝为他的事业的正义性作证。这种行动在十字军时代是合时宜的。利奥波德的祈祷丝毫无法阻止法国国王的军队推进。

首先，法国国王的海军看来已经有所改善。这支海军当时已经不再只是前一年并入英国舰队的那三十艘战舰，而是四十艘，火攻船还不计算在内。法国海军军官从英国人那里学到精湛的操作技术。英国人曾经使用这些技术同他们的敌人荷兰人作战。詹姆士二世即位以来，约克公爵发明了用旗帜的各种动作在海上传达命令的技术。在这之前，法国人还不知道怎样把一支舰队列成作战队形。他们的经验是让一艘船对抗一艘船，而不是使几艘船协同行动，在海上模仿陆军的队形变换。陆军的队伍，彼此分开，互相支援。他们的做法差不多和罗马人相同。罗马人在一年之内便从迦太基人那里把海战技术学到手，并且同他们的老师势均力敌。

(1673 年 6 月 6 日、7 日、14 日、21 日)德斯特雷海军中将和他的副将马泰尔，六月份在荷兰舰队和法、英舰队之间连续进行的三次海战，为法兰西民族的军事技术大大增光。吕泰尔海军上将在这三次战斗中比过去更受人敬佩。德斯特雷写信给柯尔伯说："我真愿意用自己的生命去换取吕泰尔刚刚获得的光荣。"如果吕泰尔也这样谈论德斯特雷，后者也当之无愧。两人的才能和指挥在各方面都不相上下，以致战斗始终胜负难决。

路易十四由于柯尔伯的关切和努力，在法国人中间培养了一批海军人才之后，又由于沃邦的勤奋，使法国的陆战技术更加臻于完善。上述三次海战进行期间，他亲赴前线，指挥马斯特里赫特之围。该地对他说来乃是打开尼德兰和联省的钥匙。这是由一个出生时是法国人，名叫法里奥的英勇无畏的总督防守的强固要塞。此人先前曾经为西班牙人效劳，后来又转为荷兰人服务。马斯特里赫特的守卫部队有五千人。指挥这次围城的沃邦，首先使用在康迪城下曾为土耳其人效劳的意大利工程师发明的平行壕。此外，他还在这种平行壕内另筑进攻部队集合壕。这种工事修建在战壕中，使队伍在壕内排成作战队列。如果队伍出击，又可使队伍能更好重新集合。路易在这次围城战斗中，比过去更加精确严格，更加吃苦耐劳。他以身作则，使法兰西民族在劳作中习惯于忍耐有恒。这个民族曾被人指责情绪易于昂扬，因疲惫又很快懈怠。马斯特里赫特经过八天战斗之后投降（1673 年 6 月 29 日）。

为了进一步加强军纪，法国国王采取了甚至显得有些严厉过火的措施。奥伦治亲王用来抵抗这些迅猛的进攻的，只是些无志争雄的军官和士气低落的士兵。他下令将那些放弃职守、临阵脱逃的人斩首，以便用这种严酷的办法来培养官兵。法国国王第一次丢失要塞时，也使用过惩罚。一个名叫迪-帕的十分忠厚老实的军官，投降奥伦治亲王，交出纳埃尔登（1673 年 9 月 14 日）。他确实只坚持了四天。不过他经过五小时战斗之后，才交出这个城市。这场战斗在构筑粗劣的防御工事上进行。交出这座城市，是为了避免一支弱小而又灰心丧气的守卫部队遭受无法顶住的总攻击。

国王对他的军队首次蒙羞受辱异常愤怒。他下令处分迪-

帕，让迪-帕手里拿一把铲子，让人在乌得勒支把他放在地上让人拖。受刑者的剑已经折断。对法国军官来说，这是一种毫无裨益的可耻行为。他们十分珍惜荣誉，并不需要使用让人惧怕、让人蒙受耻辱的办法来管理他们。必须了解，要塞司令的命令的确规定军官必须坚决顶住敌军三次进攻。但是这属于那些从来没有被人遵守执行的法令。迪-帕一年后在志愿参加包围小城格拉夫时作战阵亡。他的勇敢和牺牲，应该令那个曾经对他严惩的卢瓦侯爵感到遗憾懊悔。君王的权力能够虐待一个老实的人，但不能玷污他的名誉。

法国国王的良苦用心、沃邦的聪明才智、卢瓦的高度警惕、蒂雷纳的丰富经验和高超本领以及孔代亲王的积极勇敢，全都无法补救保留要塞过多、部队分散削弱以及没有占领阿姆斯特丹这一错误。

孔代亲王企图插入已被淹没的荷兰的心脏而未果。蒂雷纳既无法拦阻蒙特古古利和奥伦治亲王会师，也不能阻止奥伦治亲王占领波恩。曾经发誓要消灭荷兰三级会议的蒙斯特主教自己也遭到荷兰人进攻。

英国国会迫使英王认真进行谈判，不再充当为法国的威势效劳的雇佣工具。因此法国放弃这三个荷兰省份，就必须和攻占它们时行动同样迅速敏捷。但是这三个省份并未免遭敲诈勒索之苦。总督罗伯特仅一年内就在乌得勒支一省榨取钱财达一百六十六万八千盾之多。从一个如此迅速被占的国家撤退得如此急迫，以致两千八百名荷兰战俘以每人一埃居的代价被遣送回国。圣德尼门的凯旋门和其他胜利纪念碑刚刚竣工，胜利果实就已被抛弃。

荷兰人在这次入侵中荣获海上霸权，巧妙地把陆上战场移到国外。欧洲人认为路易十四享受这一短暂的胜利的光荣过于仓促，过分自豪。这次行动的后果是：要进行一场反对西班牙、德意志帝国和荷兰联军的血腥战争；先被英国，最后被蒙斯特，甚至被科隆背弃；在他已经征服但又撤离的地方留下的仇恨多于崇敬。

国王单枪匹马，坚持和他为自己树立的敌人对抗。法国必须进行自卫，抵抗结成联盟的强国，抵抗名帅良将，这同国王过去在旅途中，从毫无防备的敌人手中夺取法属佛兰德尔、弗朗什-孔泰以及半个荷兰时相比，他的政府和他的国家就显得更加明智和强大。

人们特别看到善于理财的专制国王和其他国王相比，具有何种优点。他同时还向对抗德意志帝国军队的蒂雷纳派遣一支将近两万三千人的军队，向抗击奥伦治亲王的孔代派去一支四万人的军队，在鲁西荣边境上部署一个兵团。一支载运士兵的舰队一直驶抵墨西拿与西班牙人作战。国王本人再度御驾亲征弗朗什-孔泰。他到处既防守又进攻。

他最初在弗朗什-孔泰采取新行动时，优势完全在法国政府方面。问题在于要把瑞士人争取过来，或者至少加以麻痹。这个民族既令人生畏，又穷困不堪，始终保有武备，酷爱自由至于极点，在自己国境内是无法战胜的。它看见路易十四再次出现在与它的国家邻近的地方，已经抱怨不满，甚至惊恐猜疑。德意志皇帝和西班牙央求这十三州①至少准许他们的部队自由过境，以援救由于

① 即瑞士。当时瑞士联邦由十三州组成。——译者

西班牙首相的疏忽大意而毫无防御可言的弗朗什-孔泰。法国国王这方面则压逼瑞士拒绝敌军自由过境。德意志帝国和西班牙只是对瑞士喻之以理,不断央求。而法国国王则用金钱使瑞士人下定决心,满足他的愿望,即拒绝德、西军队过境。路易十四在他的兄弟和大孔代的儿子陪同下,前往包围贝桑松。他喜好包围战,可能他以为自己在这方面与孔代和蒂雷纳等不相上下。但是,尽管国王热爱荣誉,却也承认这两个伟人比他擅长野战。其次,他如果在思想上没有攻占某个城市的绝对把握,他从来不包围该城。卢瓦的战备进行得周密充分,军队补给丰裕充足,几乎指挥所有围城战斗的沃邦的攻城技术极其高超,因此,国王确有把握获得荣誉。沃邦指挥进攻贝桑松。该城于九天内攻克(1674 年 5 月 15 日)。六周后,整个弗朗什-孔泰向法国国王归顺投降。它归顺法国,并且似乎永远并入法国版图。这是奥地利-西班牙政府软弱和路易十四强盛的明证。

第十二章

一次漂亮的战役　蒂雷纳元帅之死　大孔代在塞纳弗的最后一仗

法国国王迅速攻占弗朗什-孔泰，其作战之轻易和战果之辉煌与他的命运攸关。这时候在莱茵方面防守边境的蒂雷纳正施展精巧绝妙、无比高超的作战艺术。人们克服困难越多，就越受敬重。正因为这样，蒂雷纳进行这次战役，获得极大荣誉。

(1674 年 6 月)蒂雷纳首先进行了一次灵活的长途奔袭，在菲利浦斯堡渡过莱茵，连夜向辛茨海姆挺进，攻下这座城市。同时，他还向德意志皇帝的将军卡普拉拉和洛林的老公爵查理四世发起进攻，迫使他们逃窜。查理四世一生不断丧邦失土和征募军队。他刚刚把他那支小军队和德意志皇帝的部分军队联合起来。蒂雷纳把他挫败以后，又对他穷追猛打，并在拉登堡(1674 年 7 月)击溃他的骑兵。接着，蒂雷纳又从拉登堡出发，奔袭另一位德意志帝国军队的将军布尔农维尔亲王。这位将军只等待增援部队开到，以便打开通往阿尔萨斯的道路。蒂雷纳预先防止了这几支军队会师，向布尔农维尔进攻，并迫使他逃离战场(1674 年 10 月)。

德意志帝国调集它的全部兵力对付蒂雷纳。七万德国人驻守阿尔萨斯。布里萨赫和菲利浦斯堡被他们包围。蒂雷纳最多只有两万人。(12 月)孔代亲王从佛兰德尔派出骑兵援救。蒂雷纳那时经过塔思和贝福尔,穿越白雪皑皑的高山,忽然出现于上阿尔萨斯敌军的营垒之中。敌人还以为他当时正在洛林休整,战役已告结束。蒂雷纳在米卢兹马尔豪森击溃进行抵抗的敌军,俘敌两名,接着向科尔马尔进发。该地有被称为大选侯、当时统帅德意志帝国军队的勃兰登堡选侯的大本营。蒂雷纳抵达该地时,这位诸侯正在同其他将领进餐。他们仅仅来得及逃走。田野里逃兵触目皆是。

蒂雷纳觉得只要还有使命尚待完成,就等于什么也没有完成,于是在图尔克海姆附近等待袭击敌军部分步兵。他选择的驻扎地点条件优越,使他稳操胜券。他击败敌军这支步兵(1675 年 1 月 5 日)。这支七万人的军队终于几乎未经大战就战败溃散。阿尔萨斯仍然留在法国国王手中,德意志帝国的将军被迫渡返莱茵河东岸。

所有这些连续的军事行动,指挥得十分高明巧妙,组织得非常冷静耐心,执行得如此迅速敏捷,以致法国人和敌人都同样钦佩赞赏。大家了解到,蒂雷纳在这次战役中的全部行动都是在将在外不受君命的态度如何、在不顾卢瓦以法国国王名义发出的三令五申的情况下采取的。这使他声誉更隆。对抗权高势大的卢瓦、承担战争的重任、不顾宫廷的非议、不顾路易十四的旨意和首相的仇恨,都充分表明蒂雷纳具有很大的勇气,立下了最大的功劳。

必须承认,对战功持人道态度多于持尊重态度的人,因这次十分艰巨的战役而痛苦哀叹。这一战役既因人民遭受的灾祸不幸,也因蒂雷纳的挥师远征而著名于世。辛茨海姆战役结束后,蒂雷纳对地势平坦、土地肥沃、遍布富裕殷实城镇的帕拉蒂纳大肆烧杀。帕拉坦选侯从他在曼海姆的城堡上目睹两座城市和二十五个村庄火光烛天，付之一炬。这位诸侯悲痛欲绝，写信痛骂蒂雷纳，向他挑战，要同他进行个人对个人的战斗①。蒂雷纳把这封信转呈国王。国王不准他接受这一挑战。蒂雷纳于是对这位选侯的抱怨和挑衅报之以一番空洞含糊、言之无物的恭维话。一贯温和节制、模棱两可地表白自己的看法，这是十足的蒂雷纳作风和习惯。

他同样冷酷无情，纵火焚烧阿尔萨斯的房舍和部分田野，使敌人无法生存。接着他又纵容骑兵对洛林进行蹂躏掠夺。在该地造成局势极端混乱，以致本身平时虽也挥动笔杆，下令对洛林横征暴

① 在本书付印期间，目前在位的帕拉坦选侯的私人秘书和史官科利尼先生以似是而非的理由，对决斗挑战书一事提出质疑。他陈述这些理由，颇具才识，洞察入微。他非常合理地指出，查理-路易选侯写不出库尔蒂尔兹·德·桑德拉和朗塞认为出自这位诸侯的手笔的那封信。的确，不止一位历史学家经常把他们自己虚构的文书和讲话说成是出自他们著作中的主人公之口。

查理-路易选侯那封真正的信，或者蒂雷纳元帅的回信从来没有人见过。这位选侯因蒂雷纳对他的邦土大事蹂躏、肆意焚烧而义愤填膺，于是通过一个名叫帕蒂-让的号手向蒂雷纳提出，要同他决斗。这件事始终被人认为确实可靠。我遇见过布荣的仆役。他们对这一轶事都坚信不疑。修院院长旺多姆和维拉尔元帅也对此毫不怀疑。蒂雷纳的同代人博沃侯爵的《回忆录》肯定这一点。然而，可能在选侯本人说曾经给蒂雷纳亲王元帅的写那封措辞严厉的信中，并没有明确提出要进行这场决斗。但愿帕拉蒂纳两次被焚于兵燹一事并不可靠。但是，这类事实在太司空见惯，这就是主要之点，以及路易十四为此身后遭到的责难。

科利尼先生责备埃诺院长先生曾经在所著《编年纲要》一书中说过，蒂雷纳亲王稳重地答复了挑战。这一稳重的态度责备了选侯，使选侯对自己的虚张声势感到惭愧。其实早在同帕拉蒂纳公开宣战以前，耻辱就已存在于纵火焚烧的暴行之中。在这个义愤填膺的诸侯方面，要同这些残酷暴行的祸首进行决斗，绝非虚张声势。选侯急躁易怒、骑士精神尚未熄灭。从珀利松的书信中可以看出，路易十四也问过自己是否可以当真同德意志皇帝利奥波德决斗。——1768年版，伏尔泰注

敛、施行虐政的总督也多次致函蒂雷纳，并与之面谈，要求刹住这些暴行。蒂雷纳冷冷回答说：“这件事我让人每天发布命令时宣布一下。”他宁愿被叫做交给他指挥的士兵之父，而不愿被称为根据战争规律始终受苦受难的百姓之父。他造成的一切损失和灾难似乎都不可避免。这一切都被他的光荣掩盖。此外，被他阻止进入法国境内的七万德国人，如果进入法国，对法国的为害会远远超过他对阿尔萨斯、洛林和帕拉蒂纳造成的灾难。

从十六世纪开始，法国的情况就是这样：每当它进行战争，就必须朝着德国、佛兰德尔、西班牙和意大利等方向同时作战。正当蒂雷纳把德国人驱逐出阿尔萨斯时，孔代亲王顶住了年轻的奥伦治亲王的进攻。蒂雷纳元帅指挥的战役进展顺利。孔代亲王指挥的战役伤亡巨大。辛茨海姆和图尔克海姆的多次小规模战斗则具有决定意义。规模巨大、著名于世的塞纳弗战役只不过是一次屠杀而已。大孔代在蒂雷纳暗中向阿尔萨斯进军时，发起这次战役，但没有取得任何胜利，其原因可能是因为地形地物对他比较不利；也可能是他采取的措施不十分正确；或许更主要的是，他需要与之较量的是更有才能的将军和更加精锐的部队。弗基埃尔侯爵①希望只称塞纳弗战役为战斗，因为作战行动并不在两支整队列阵的军队之间进行，而且并非所有军团都参加行动。但是，大家似乎一致把战斗如此激烈、伤亡如此巨大的这一天的军事行动称为战役。一次有三千名列阵士兵参加、所有小部队都在作战的这种冲突只能是一次战斗。决定事物名称的总是事物自身的重要性。

① 弗基埃尔（1590—1640），法国将军及外交家。——译者

孔代亲王必须以一支将近四万五千人的军队抗击据说拥有六万人马的奥伦治亲王。他等待敌军通过蒙斯附近的塞纳弗隘口。他向由西班牙人组成的一部分后卫部队发起进攻，十分得手(1674年8月11日)。奥伦治亲王被人指责在通过隘口时，没有采取足够的预防措施。但是他力排混乱、重振颓局的方式却令人十分钦佩。孔代后来企图再战，进攻防守极为强固之敌，可是无人赞同。战斗三起三落。两位将军在过失错误和伟大行动混杂交错之际，都显得英勇镇定。在孔代指挥的历次战斗中，这一次他对自己和士兵的生命最不吝惜。他的三匹战马在他作战时被杀。他想在已进行了三次惨烈的进攻之后，再冒险发起第四次。一位参加过这次战斗的军官说："想战斗下去的，看来只有孔代亲王一人。"这次战斗最奇特之处是，作战双方在这场伤亡最重、极其惨烈的肉搏之后，都因惊惶恐惧而在夜间逃跑。次日，两军各自撤退，两败俱伤，无人获胜。法国方面七千人阵亡、五千人被俘。敌方损失同样巨大。伤亡极其惨重，大量鲜血白流，以致两军都无法再度进行规模较大的战斗。但是使自己的军队享有声誉又是如此重要，因此奥伦治亲王为了让人相信他获得胜利，包围了奥德纳德。孔代亲王马上解除该城之围，并追赶奥伦治亲王，以证明他并没有在这次战斗中受挫。

法国和它的盟国还举行毫无意义的仪式，为并未真正取得的胜利感谢上帝。这是一种为了鼓励必须永远欺骗的百姓而形成的习俗。

蒂雷纳率领一支人数很少的军队继续在德国取得进展，这些进展是他的天才的成果。维也纳的枢密院不敢再把德意志帝国的命运付托给保卫帝国不力的各邦诸侯，而把它的军队交给蒙特古古利将军指挥。蒙特古古利曾经在圣哥大战役中打败土耳其人。他曾经不顾蒂雷纳和孔代的截阻，率军和奥伦治亲王会合，并使路易十四在攻占荷兰三省之后好运不长。

人们注意到，德意志帝国最伟大的将帅往往来自意大利。这个地区虽然处于没落衰退、遭受奴役的时代，仍然产生一些令人缅怀它昔日盛况的人物。蒙特古古利是唯一配得上与蒂雷纳争雄抗衡的人物。这两个人物都把作战变为了艺术。他们花了四个月在行军宿营中互相跟踪观察。德、法两国军官对行军宿营比对夺取胜利更加重视。这两位将领都设身处地判断对方意图。他们谁也永远无法使对方陷入圈套。他们彼此针锋相对，以耐心、计谋、机敏来互相抗衡。当他们终于即将交手，把自己的声誉交由将在萨尔茨巴赫村附近进行的一次战役的结局来决定时，蒂雷纳在前往选择架设大炮地点的途中，被一炮击中身亡(1675 年 7 月 27 日)。他阵亡的经过，家喻户晓。但是本书作者本着那种目前还使人每天读起这事的精神，不免要叙述一下它的梗概。

这件事似乎无论重复多少遍也不为过：杀死蒂雷纳的同一颗炮弹，打掉了他的儿子、炮兵副将圣-伊莱尔的臂膀。儿子扑在父亲身上，泪流满面，对父亲说："应该为之痛哭的，不是我，而是这个伟大的人物。"这是一句堪与历史确认的所有最英勇的事迹相比拟的话，也是蒂雷纳得到的最当之无愧的赞扬。在专制政府统治之下，人人都只顾自身利益，为国捐躯的人受到公众哀悼极为罕见。然而，士兵和百姓却为蒂雷纳的死哀悼，只有卢瓦例外。公众舆论甚至责难卢瓦和他的兄弟、兰斯的大主教为人处世过于低下，竟为这位伟人之死幸灾乐祸。大家知道，法国国王隆重追悼蒂雷纳。这位元帅像王军最高司令盖斯克兰[1]一样葬于圣德尼。公众舆论把蒂雷纳的地位升得高于盖斯克兰的地位，正如蒂雷纳的时代高于这位王军最高司令的时代一样。

蒂雷纳并非每次战斗都得心应手，顺利取胜。他曾经在马里昂达尔、雷代尔和康布雷等地受挫。因此，他曾说他犯过错误。他心胸坦荡，承认这一点。他从来没有进行过辉煌的征伐，也从来没有进行过有时导致一个国家遭受另外一个国家统治的那种列阵大战。然而，他总是能弥补遭到的失败，以很小代价换取巨大成果，因此，在战争艺术比任何时代都更加精深的时期，他被认为是欧洲最杰出的统帅。同样，他虽然被指责在投石党战争中叛变，他虽然年近花甲时因爱情而泄露国家机密，他虽然在帕拉蒂纳犯下看来并不必要的暴行，但是他始终保持了一个善良、明智、温和的人的声誉。他的德行和他的奇才必然使人把他和其他人物都共有的缺点和错误全都置诸脑后。如果要把他比拟为某个人物的话，可以说，在过去各个时代的将军之中，绰号叫良将的贡札尔夫·德·科尔杜[2]和他最为相似。

他出生身为加尔文教派教徒，于1668年改皈天主教。没有一个新教徒，甚至没有任何哲学家认为，在一个军人、一个年虽半百但还有几个情妇的政治家的身上产生这种转变，仅仅是被人说服的结果。大家知道，路易十四封他为王国军队总元帅时，曾经对他

---

① 盖斯克兰(1315—1380)，1370年被任命为法国王军最高司令。——译者

② 贡札尔夫·德·科尔杜(1453—1515)，西班牙将军。曾于1503年在意大利的切里尼奥拉及加里利亚诺等地战败法军。后又征服那不勒斯。——译者

说过这些在珀利松的信中和别处都有记载的话:“我要你迫使我再为你做一些事。”根据他们的看法,随着时间的推移,这些话能够促使宗教信仰的改变。王军最高司令的地位会诱发勃勃的野心。也可能这次改变信仰出于至诚。人类的心灵往往把政治、野心、爱情的脆弱和宗教的感情合为一体。最后,很可能蒂雷纳仅仅出于政治原因而背离了他先辈皈依的宗教。但是对这次改宗欣喜若狂的天主教徒不愿相信蒂雷纳的灵魂会欺骗说谎。

紧接蒂雷纳之死在阿尔萨斯发生的一切,使这位元帅的去世的后果更加明显。因法国将领的精明能干而被牵制在莱茵河彼岸达三月之久的蒙特古古利,一旦获悉他不必再畏惧蒂雷纳之后,立即渡过该河。他向由洛尔热和沃布兰指挥的一部分情绪狂热的军队猛扑。这是两位彼此不和、优柔寡断的副将。这支军队虽然英勇自卫,但无法阻止德意志帝国军队深入蒂雷纳曾经把他们从那里赶走的阿尔萨斯。这支军队需要一个首领。之所以如此,不仅为了有人指挥,也为了弥补克雷基元帅新近犯下的错误。这位元帅大胆无畏,能够进行最壮伟的冒险活动,是个对敌人、对祖国都危险的人物。

克雷基刚刚由于他在康萨尔布鲁克失算而遭到挫败(1675 年 8 月 11 日)。一支由两万名德国人组成的军队包围了特里尔,打败并驱散了克雷基那支小军队。克雷基几乎是第四个逃脱的人。他逃脱后,又历经艰险匆匆进入特里尔。这座城市他必须谨慎援救。他英勇奋战,尽力保卫该城。他打算战至最后一息,葬身废圩瓦砾之间。缺口已经打开。但他仍然坚持抵抗。守城部队叫苦抱怨。布瓦-儒尔丹队长率领叛乱分子行将在缺口投降。从来没有过这样卑鄙可耻、贪生怕死的叛变行为。布瓦-儒尔丹威吓元帅说,如果他不签字投降,就杀死他。克雷基和几个忠诚的军官撤退到一所教堂内。他宁愿被俘,任敌处置,也不愿投降。

为了补充法国在多次包围和战斗中减损的兵员,有人谏劝路易十四不要像平时那样只限于招募正规军的增援队,而应动员全民。按照一种目前已不再流行的古老习俗,封地所有者有义务自己出资作战,以此为君主效劳,并有义务在若干天内进入战备状态。这种效劳构成我们野蛮民族的法律的大部分内容。今天,欧洲已经彻底改变,没有一个国家不招募士兵。这些士兵始终被留队服役,并且组成纪律严明的部队。

路易十三召集过一次王国贵族。路易十四也循例行事。贵族部队在后来晋升为元帅的罗什福尔侯爵的指挥下,先向佛兰德尔边境进军,然后向德国边境挺进。但是这支部队兵员很少,不堪为用,也不可能有用。好战而不能很好服役的贵族是部队的军官。因限于年龄或心怀不满而蛰居家中的人,从来就足不出户。其余那些耕种世袭领地的人,怀着反感,来了四千名。没有一支比这更不像作战部队的军队。全体士兵装备参差不齐,既未经战斗,又未受训练,既不能也不愿定期服役,成事不足而败事有余,始终被人厌恶。这正是过去的骑兵在我们的正规军中残存的最后的痕迹。这支骑兵以前构成我们的全部军队。它虽然具有对一个民族来说天然的勇气,但是从来没有认真打过一仗。

(1675 年 8 月 9 日)蒂雷纳作战阵亡。克雷基战败被俘。特里尔陷入敌手。蒙特古古利命令阿尔萨斯出钱出力。法国国王认为只有孔德亲王才能使因蒂雷纳之死而灰心失望的军队恢复信心，重振士气。孔代派卢森堡前去佛兰德尔支撑法国的命运，自己则去阻遏蒙特古古利的推进。他冷静而耐心，其程度同他在塞纳弗时的迅猛急躁，不相上下。他因为具有善于因时因地制宜的天才，因此充分运用了和蒂雷纳相同的艺术。部队在他指挥下，经过两次扎营就使德国军队无法继续前进，并迫使蒙特古古利撤除对阿格瑙和萨韦尔纳的包围。这次战役不如塞纳弗战役辉煌，但比塞纳弗战役更受人重视。战役结束后，这位法国亲王就不再出现在战场上。他想要他儿子担任指挥，愿意为他儿子出谋划策。但是法国国王既不想以青年，也不想以王侯为将帅。他过去起用孔代亲王也有几分勉强。卢瓦对蒂雷纳的忌妒和孔代自身的声誉都是促成孔代出任统帅的因素。

这位亲王退隐于尚蒂伊。他很少到凡尔赛去目睹自己的光荣在那里日渐消退，黯然无光。这个地方内宠近幸看重的只是国王的恩宠。他晚年饱受痛风湿病折磨。他同济济洋洋的法国各类天才人物谈话，以此自慰，从而忘掉痛苦和退隐。他对聆听他们抒陈己见，当之无愧，并且对他们成绩斐然的每门科学技艺都不陌生。他退隐后，仍然备受尊敬。但是，那曾经在他青年时代使他勇猛顽强、激情满怀的烈火已经耗尽他那灵活甚于壮实的躯体的精力，使他感到未老先衰。加之随着身体的衰弱，心智日益枯竭。在他生命的最后两年，昔日的大孔代在他的身上已经没有留下任何痕迹。他逝世于1686年。当孔代亲王不再担任法国军队的指挥的职务时，蒙特古古利也退隐为民，不再为德意志皇帝效劳。

根据广泛流传、但却令人嗤之以鼻的传说，蒂雷纳死后，蒙特古古利就放弃军队统帅之职。他说，因为蒂雷纳一死，他就失去了堪与他争雄夺胜的对手。如果他这样讲过，这是一句蠢话，因为即使没有孔代，也还会有其他与孔代才能媲美的法国将帅。他远没有说过人们认为他说过的那句胡言乱语。他和法国人作战，并在这一年迫使法军渡返莱茵西岸。其次，哪一位将军会对自己的国君说如下的话呢：“我不再愿为陛下效劳，因为陛下的敌人太弱小，而我的才能太高超了。”

第十三章

从蒂雷纳之死到1678年内伊梅根和约的缔结

蒂雷纳去世和孔代亲王退隐后，法国国王在对德意志帝国、西班牙和荷兰的战争中，仍然接连得手。他有这两个伟人培养的军官。他还有一个卢瓦。对他来说，此人的价值强似一个将领。卢瓦的深谋远虑、远见卓识使将军们得以东征西讨，为所欲为。军队长期以来战无不胜。激励他们的情绪，与一个始终一帆风顺的国王御驾征临时激起的同种情绪完全相同。

国王在战争期间，亲自率军攻占贡德(1676年4月26日)、布香(1676年5月11日)、瓦朗西安(1677年3月17日)、康布雷(1677年4月5日)等地。有人责难他，在包围布香时害怕同企图援救这个要塞而率领五万人出现在他面前的奥伦治亲王对阵交锋。也有人责备奥伦治亲王有能力与路易十四作战，但没有这样做。国王和将军的命运就是如此，他们做了什么和未做什么，都总会有人横加指责。但是，法国国王和奥伦治亲王都无可指责。奥伦治亲王虽然想发动一次战役，但并没有这样做。因为，荷兰总督蒙特雷在他的军队中，他不愿他的政府冒孤注一掷之险。战役的光荣归于法国国王，因为他已经能够为所欲为，在与敌军对峙的情况下，攻占城市一座。

至于瓦朗西安这座城市则由于发生了构成这个民族狂热勇敢的特征的种种奇事之一而被攻占。

法国国王指挥这次包围。和国王一起参加这次战斗的有国王的兄弟以及德·于米埃尔、朔姆贝格、拉弗亚德、卢森堡和德·洛尔热五位法国元帅。元帅轮流值日，指挥战斗。沃邦领导全部行动。

要塞的外部工事还没有一道攻下。要攻占这个要塞，首先必须进攻两道半月形工事。这两道工事后面是另一处巨大工事。这一工事中有环状建筑体，四周有栅栏，装有螺锥，围有壕沟。壕沟被一些横沟隔断。在这道有环状建筑体的工事中，还有另一道工事，四周有另一条壕沟。这些工事全部攻占后，必须渡过埃斯科河的一条支流。渡过这条支流后，还会发现另外一道称为“馅饼”的工事。“馅饼”后面是水深流急、充做护城壕的埃斯科河的宽阔河道。最后，城墙还有大型防御体支持。这些工事中全都布满大炮。一支三千人的卫戍部队准备长期驻守。

法国国王召开御前作战会议，部署进攻外围工事。按照惯例，这类进攻总是在夜间进行，以便队伍冲向敌阵而不被发现，并减少士兵流血牺牲。但沃邦却建议白昼发起进攻。法国元帅全都激烈反对。卢瓦也不赞成。沃邦对自己提出的建议有绝对把握，充满信心，寸步不让。他说：“你们想使士兵少流血牺牲。他们白天作战，秩序井然，临阵不乱，毫不嘈杂吵嚷，不必担心我军一部向另部射击。这种事情发生得太多了。他们如果白天作战，就会少流血。问题在于对敌人要出其不意，攻其不备。敌人总是料想会有人夜间进攻。当他们经过一夜疲劳之后，筋疲力竭，还得顶住我军生力军的进攻时，我们就真会把他们打得措手不及。还有一点，我们这支军队中如果有的士兵勇气不足，黑夜会助长他们胆怯。而在白天，将军的眼睛却会激发士兵的勇气，甚至使士兵发挥出他们本来发挥不出的作用。”

尽管卢瓦和五位法国元帅反对，国王却对沃邦举出的理由表示折服。

（1677 年 3 月 17 日）上午九时，火枪兵两连、掷弹兵一百名左右、卫队一营、皮卡尔迪团所属的一个营从四面八方登上那具有环状建筑体的巨大工事。下达的命令是仅仅占领该处，因为这样已经成果不小。但是几名身穿黑色制服的火枪手通过一条小道深入这个堡垒的内层防御工事后，便首先加以占领。与此同时，穿灰色制服的火枪手经过另外一个地方进抵该处。警卫队几个营尾随他们前进。受围敌军被杀、被赶。火枪手放下连接这个工事和其他工事的吊桥。他们沿埃斯科河的大、小支流，挨壕逐堡追逐敌军。警卫队蜂拥前进。法国国王还没有获悉拿下第一道被攻打的工事，火枪手就已攻入城内。

这还不是这次战斗最奇特的景象。很可能发生了这样的事：一些年轻的火枪手在夺取胜利的热情驱使下，盲目扑向街上前来迎战的敌军和市民。很可能他们在街上丧生，或者城市即将遭到洗劫。但是这些年轻人由一个名叫莫瓦萨克的骑兵旗手指挥，在几辆大车后列成散兵线。当开来的队伍从容不迫排成战斗队形时，另外一些火枪手则占领附近房屋，用火力掩护街上的火枪手。作战双方交换人质。市议会召开，并向法国国王派遣代表。这一切进行时，没有发生抢劫、混乱，没有出现任何错误。国王将该城卫戍部队官兵全部俘虏，进入瓦朗西安。他对自己成了这座城市的主人，感到惊奇。这一军事行动的奇特性促使本书作者对这一细节加以叙述。

（1678 年 3 月 9 日）国王还光荣地在四天之内攻下根特城，在七天之内攻下伊普雷（3 月 25 日）。这两次战斗都由他亲自指挥。在他的将领部署的战斗中，他取得的胜利更大。

（1676 年 9 月）在德国前线，卢森堡公爵元帅确实眼睁睁地目睹敌军占领菲利浦斯堡。他率领一支五万人的军队，试图援救该城，却白费力气。攻陷该城的将军是查理四世的侄子和继承者洛林新公爵查理五世。这位公爵和他伯父同样被剥夺了自己的属邦。他具有他不幸的伯父的全部优秀品质，却没有他伯父的缺点。他长期荣任德意志帝国军队统帅。但是，他虽然攻占菲利浦斯堡并率领六万大军，却永远无法返回他原有各邦。他在军旗上写着“Aut nunc, aut nunquam”（或许现在，或许永不），但也枉然。

克雷基元帅被从狱中赎回后，因曾在康萨尔布鲁克之役受挫，变得格外谨慎小心。他始终紧闭严守洛林的入口，不让查理五世进入。（1677 年 10 月 7 日）他在阿尔萨斯的科黑尔贝格的一次小规模战斗中打败查理五世，并不断对他进行袭扰，使之精疲力竭。他在查理五世的眼观目睹之下攻下弗里堡（1677 年 11 月 14 日）。不久，他又在莱茵费尔德打败查理五世军队的一个分队。（1678 年 7 月）他在查理五世的眼皮下，渡过金斯河，朝着奥芬堡方向对查理五世进行追击，趁查理五世撤退时，向他发起进攻。他迅即攻下克尔堡垒。他手执刀剑，立即前往焚毁斯特拉斯堡的桥梁。这座还是自由的城市，由于有这座桥梁，曾经多次让德意志帝国军队过境。克雷基元帅就这样以一系列因作战审慎而取得的胜利，弥补了他过去因莽撞冒失进行一天战斗而遭受的挫败。他如果还活着，得到的声誉或许可与蒂雷纳媲美。

奥伦治亲王在佛兰德尔并不比洛林公爵在德国更加幸运。他不但被迫撤除对马埃斯特里赫特和对夏勒鲁瓦两地的包围，而且在让贡德、布香和瓦朗西安等地沦入路易十四之手后，又在为援救圣奥梅尔而同法国国王的兄弟交锋的蒙-卡塞尔的战役中受挫（1677 年 4 月 11 日）。卢森堡元帅和于米埃尔元帅在法国国王的兄弟麾下指挥军队。有人认为，奥伦治亲王的一个错误和卢森堡一次灵巧的行动，决定了这次战役的胜负。国王的兄弟冲锋陷阵时，英勇镇定。这种英勇镇定，人们料想不到会出现在一个娇弱的亲王身上。勇敢与柔弱并非水火不相容。关于这个事实，还从来没有人见过比这更好的例证。这位经常男扮女装，具有女人癖好的亲王，行动起来却像统帅和士兵。他的兄长国王似乎对他的荣誉非常忌妒。国王很少对他这位兄弟谈起后者的胜利。国王甚至不去巡视战场，虽然战场近在咫尺。亲王有几个仆役目光比别人锐利，对亲王预言，他以后不会再统率军队。这句话他们言之不虚。

路易十四在这次战争中取得的成功，并不限于在佛兰德尔和德国迭克城邑，频频获胜。朔姆贝格伯爵和纳瓦伊元帅在比利牛斯山麓的郎普当征讨西班牙人，甚至追到西西里岛攻击他们。

西西里自从被叙拉古的历代暴君统治以来，始终处于外国控制之下。在这些暴君的统治下，它至少还被认为在世界上有一定地位。后来，它又先后遭到罗马人、汪达尔人、阿拉伯人和诺曼人的奴役。它作为教皇的附庸时，又受过法国人、德国人和西班牙人的统治。它对统治者几乎始终恨之入骨，起而反叛。但是，它并没有作出无愧于获得自由的努力。它不断煽起叛乱，结果是挣脱旧镣又带上新铐。

墨西拿的行政官吏刚刚点燃内战的火焰，声讨他们的总督，并呼吁法国援救。一支西班牙舰队封锁了他们的港口。他们沦为饿殍。

最初，瓦尔贝尔骑士率领几艘三桅战舰穿过西班牙舰队，为墨西拿运来粮食、武器和士兵。接着，维沃纳公爵率领七艘装备六十门炮、两艘装备八十门炮的军舰，以及多艘火攻船到达。他击败西班牙舰队，胜利进入墨西拿(1675 年 2 月 9 日)。

西班牙为了保卫西西里，被迫向它的夙敌、始终被人视为海上霸主的荷兰哀求。吕泰尔率领舰队从须得海深处前往援救。他通过海峡，把他的二十三艘大型战舰和二十艘西班牙军舰会合。

在法、英联合时期从来没有打败过荷兰舰队的法国人，这次却单枪匹马战胜荷、西联军。(1676 年 1 月 18 日)维沃纳公爵不得不留在墨西拿弹压已经对他们的保卫者不满的百姓，而让海军副将迪凯纳去进行这次战役。迪凯纳是个和吕泰尔同样奇特的人物。他和吕泰尔一样，仅因战功赫赫，才擢升为指挥官。但是他还从来没有指挥过海军。到那时为止，他作为船主比作为海军将领名声更大。有他那样的技术和指挥天才的人都会毫不费力青云直上。迪凯纳与吕泰尔交锋，显出是个杰出的海军将领。凡是对这个荷兰人取得小胜的，就堪称这样的将领。他还在阿古斯特附近同两支敌舰队进行第二次海战(1676 年 3 月 12 日)。吕泰尔在这次战斗中受伤，结束了他光辉的一生。

他是那些在荷兰千秋万代最受人尊敬的人物之一。他由于最初当过奴仆和少年见习水手，因此更受人尊重。纳骚的亲王的声誉并不在他之上。西班牙枢密院授予吕泰尔公爵称号和证书。对共和主义者说来，这是个同他们格格不入并且毫无价值的高官显爵。公爵爵位证书在他死后才发来。吕泰尔的儿子无愧于作为他的后代，拒绝了这个称号。这个称号在我们专制国家里人们趋之若鹜，其实它并不比优秀公民的名称更加珍贵。

路易十四心胸宽广、气魄宏大，对他的死深感悲痛。有人对他说，他摆脱了一个可怕的敌人。路易十四回答说："对这样一个伟大人物的死，我不能不感到悲哀。"

法国的吕泰尔-迪凯纳在这位荷兰将领死后，第三次向西、荷两支舰队进攻。他击沉、焚毁并俘获敌舰多艘。

维沃纳公爵元帅在这一战役中担任总指挥。但获胜的仍是迪凯纳。法国在这样短暂的时期内，变得在海上和在陆上同样令人胆寒。这使欧洲惊讶不已。不错，这些武器装备和打赢了的战役，在欧洲各国起了散播惊惶、恐怖的作用。英国国王最初为法国的利益而战，而最后却几乎要和刚娶他的侄女的奥伦治亲王结成联盟。此外，在西西里获得的荣誉耗去财富太多。法国人终于在被认为即将占领全岛的时刻(1678 年 4 月 8 日)，撤离墨西拿。有人大肆责难路易十四在这场战争中干了一些他无法坚持到底的事情，责备他放弃墨西拿，正如在取得某些毫无裨益的胜利后，放弃荷兰一样。

然而，令人胆战心惊的是，法国除了没有保住它的全部胜利果实外,并没有遭到别的不幸。法国国王把敌人从欧洲一端压逼到另一端。他进行西西里战役所花的钱比精疲力竭、处处受挫的西班牙少得多。他还为奥地利家族树立新敌。他策划煽动匈牙利的骚乱。他派驻土耳其奥托曼朝廷的大使唆使、怂恿这个国家把战争扩展到德国境内,尽管他还不得不出于礼仪,对德意志帝国给予一些援助,来对抗那些由于他的策略而招惹来的土耳其人。他单枪匹马压垮所有敌人,因为他当时唯一的盟国瑞典正在进攻勃兰登堡选侯,作战颇不得手。这个选侯是普鲁士第一个国王的父亲,他那时正开始使自己的国家受人重视。从此,他那个国家果然就更加受人重视。那时,他正从瑞典人手中夺取波美拉尼亚。

引人注目的是,这次战争期间,和谈几乎连绵不绝。这种活动最先在科隆举行,由瑞典进行徒劳无益的调解。接着又在内伊梅根举行,由英国进行斡旋。这种斡旋纯系客套仪式,几乎和教皇在缔结亚琛条约时进行的裁决相同,全然白费力气。事实上,路易十四是唯一的裁决者。1678 年 4 月 9 日,路易十四在处处告捷的气氛中提出建议,并限敌方在 5 月 10 日接受。之后,他又允予荷兰三级会议卑躬屈节地要求的为期六周的宽限。

路易十四的野心不再转向荷兰。这个共和国十分幸运,或者说十分机智,因此在一场旨在消灭它而进行的战争中显得只居次要地位。德意志帝国和西班牙最初只处于辅助地位,现在却一变而为主要当事人。

法国国王按照他强加于人的条件,对荷兰人的商业贸易予以优惠。他把马斯特里赫特归还荷兰,还把本应充做联省屏障的城市,如夏勒鲁瓦、库特雷、奥德纳德、阿特、根特、林堡等城,交给西班牙。但他为自己保留了布香、贡德、伊普雷、瓦朗西安、康布雷、莫伯日、埃尔、圣奥梅尔、卡塞尔、夏勒蒙、波普兰、巴伊厄等地。这些地方占佛兰德尔的大部分。他还把他曾经两次征服过的弗朗什-孔泰并入佛兰德尔。这两省堪称这次战争的丰硕果实。

法国国王在德国境内只想取得弗里堡或菲利浦斯堡,并让德意志皇帝作出取舍。他在斯特拉斯堡主教区和弗斯腾贝格兄弟的领地里恢复他们的统治。他们的权利过去曾被德意志皇帝剥夺,其中一人还囚于狱中。

法国国王是他的不幸盟国——瑞典——的坚定大胆的保护者,使之不受丹麦国王和勃兰登堡选侯的侵犯。他对丹麦提出这些要求:把它从瑞典手中夺走的全部土地归还瑞典;降低波罗的海的通行税;荷尔斯泰因公爵在他所辖各邦复位;勃兰登堡选侯让出已被他征服的波美拉尼亚;威斯特伐利亚条约重新逐条履行。在欧洲,从东到西,法国国王的意志就是法律。勃兰登堡选侯给法国国王写了一封恭顺服贴的信,按照习惯称这位国王为大人,恳求这位国王把他攻占的地方留给他,并向国王保证,愿竭诚效犬马之劳。选侯的恭顺和抵抗全都徒劳无功。瑞典人的征服者必须归还他所有的胜利果实。

那时,法国的使节正想控制全体选侯。勃兰登堡选侯主动提出各种折中方案,以便在克莱弗和一位法国伯爵谈判。这位伯爵后来成了德斯特拉德元帅,任法国驻三级会议①大使。法国国王从来不准他的代表向任何选侯让步。德斯特拉德伯爵因此无法进

① 指荷兰政府。——译者

行谈判。

卡尔五世曾经使西班牙的高官显贵同选侯平起平坐。法国的勋贵因此也要求这种平等。大家已可看到今天事物发生了多大变化：在德意志帝国国会里，选侯的使节和国王的使节受到同等待遇。

至于洛林，法国国王提出愿意在该邦重立新公爵查理五世。但是他想仍然把南希和所有的通衢大道置于自己控制之下。

这些条件是由征服者骄横倨傲地确定的，但是并不过分苛刻，使敌人感到绝望，从而联合起来，孤注一掷，同法国国王对抗到底。法国国王以主人口吻对全欧洲讲话，同时又以政治家的风度行事。

在内伊梅根会议上，他善于在盟国之间散布忌妒。尽管奥伦治亲王企图不惜一切代价进行战争，荷兰人仍然急于在和约上签字。他们声称，假使他们不签字，西班牙国力太弱，不足以援救他们。

西班牙人看见荷兰人已经接受和平，于是步其后尘，跟着接受。他们声称，德意志帝国没有为共同事业作出足够努力。

最后，德国人由于被荷兰和西班牙抛弃，也签署了和约，把弗里堡让给法国，并确认威斯特伐利亚条约。

路易十四规定的条件没有任何改动。他的敌人枉费心机，提出一些过火的建议，以掩饰他们的软弱。欧洲从法国国王那里得到法律与和平。只有洛林公爵敢于拒绝那个对自己显得过分可憎的条约。他宁愿做一个在德意志流亡的诸侯，而不愿做一个在自己的邦土里手无寸权、不受尊重的君主。他期待时间和本身的勇敢为自己带来好运。

(1678 年 8 月 10 日)在内伊梅根和会召开期间以及法国和荷兰的全权代表签署和约四天之后,奥伦治亲王显出他是路易十四何等危险的敌人。当时正在包围蒙斯的卢森堡元帅刚刚得到缔结和约的消息。他在圣德尼的村子里,感到十分放心,正和后勤总监用膳(8 月 14 日)。奥伦治亲王率领全军猛扑卢森堡元帅的司令部,攻而克之,并进行一场血腥的、历时长久而激烈的战斗。他有理由希望在这次战斗中取得引人注目的胜利,因为他不仅先发制人——这是一种优势——而且他进攻的是一支信赖和约的军队。卢森堡元帅进行了艰苦的抵抗。如果说这次战斗还有某些胜利可言,那么,这些胜利属于奥伦治亲王,因为他的步兵占据了它已经战斗过的地区。

奥伦治亲王这种野心勃勃的人如果珍视别人的鲜血,就不会进行这场战斗。他肯定知道和约已经签订,这项和约对他的国家有利。然而,他不惜以自己和几千人的生命,换取普遍和平的初步成果。他即使把法国人打垮,也无法阻止这一和平的实现。这个行动十分惨无人道,同时又十分重大威严。它当时受到的称赞多于责难。它没有带来任何新的和平条款,而是使两千名法国人和同等数量的敌人白白丧命。从这次和约的缔结可以看到,实际事物与原有计划如何背道而驰。进行这场战争本来针对荷兰,这个国家本会在这场战争中消灭,但它却不但在战争中毫无所失,反而获得一道屏障。其他保证荷兰不被这场战争毁灭的国家,却损失巨大。

法国国王的威势在这场战争中达到顶峰。他即位以来所向无敌,被围之城无不攻克,各方面都胜过联合起来的敌人。他连续六年使欧洲胆战心惊、丧魂失魄，最后成为欧洲事务的裁决者、平定者和绥抚者。他把弗朗什-孔泰、敦刻尔克和半个佛兰德尔并入他的疆土。他是当时一个繁荣昌盛的国家的国王，是其他国家的楷模。他应该把这看成是他最大的优点。不久以后，巴黎市政府庄严授予他伟人称号（1680 年），并颁布命令，规定这是今后用于所有公共纪念碑上的唯一称号。自 1673 年起，铸造了若干刻载有这个称号的奖章。欧洲虽然忌妒，但并没有对这些荣誉提出异议。然而，在社会上，路易十四这个名字比伟人这个称号更加流行。习惯主宰一切。亨利死后，被冠以“伟人”的称号，但通常都称他为亨利四世。仅仅亨利四世这个名字就足以说明问题。亲王先生始终被人称为大孔代。这不仅仅由于他的英雄业绩，还因为这便于把他和其他孔代亲王区别开来。如果称他为“伟人孔代”，这个称号就不会留存至今。人们称呼“大高乃依”，是为了把高乃依和他的兄弟区别开来。人们不说“大维吉尔”、“大荷马”或“大塔索”。亚历山大大帝只是以亚历山大的名字为人知晓。人们不称“恺撒大帝”。卡尔五世的运道虽然比路易十四的更加隆盛，但从未享有“伟人”这个称号。“大帝”这个词对查理曼说来，仅仅作为专有名词而留传了下来。称号对子孙后代来说不起任何作用。一个建立过丰功伟绩的人的名字比所有形容词都更加令人肃然起敬。

第十四章

攻占斯特拉斯堡　炮击阿尔及尔　降伏热那亚　暹罗的使节　教皇在罗马受到顶撞　争夺科隆选侯地位

路易十四的野心并没有受到这个普遍和平的丝毫约束。德意志帝国、西班牙和荷兰都遣散了它们临时组编的部队，而他却把自己的全部军队保留起来。他利用和平东征西讨（1680 年）。他对自己的权力的巩固强大确信不疑，以致他在梅斯、布里萨赫设立辖区，以便把全部以前可能曾经隶属阿尔萨斯或三主教辖区、但自古以来就转属其他主人的土地并入王国版图。德意志帝国很多诸侯、帕拉蒂纳选侯、在这些地区设有若干大法官裁判所的西班牙国王本身、瑞典国王等和茨魏布吕肯公爵①一样，或者为了向法国国王做臣从效忠宣誓，或者由于财产要被充公没收，而受到这些法院传唤。自从查理曼以来，从来没有任何君主像这样以王侯的主子和法官的身份行事，对各国发号施令。

帕拉蒂纳选侯和特里尔选侯被剥夺了法尔肯堡、格尔梅斯海

---

① 茨魏布吕肯本为西德地名。茨魏布吕肯公爵为德国的王侯家族之一，源出于巴伐利亚维特尔巴赫家族。——译者

姆和韦尔登兹领地。他们白费力气，在雷根斯堡召开的帝国会议上进行控诉。这次会议仅仅限于提出抗议。

法国国王以与历代德意志皇帝相同的资格，拥有阿尔萨斯十个自由城市的管辖权。对此他仍嫌不足。在这些城市中，没有人再敢谈论自由，只剩下斯特拉斯堡。这个城市又大又富，因莱茵大桥而成为控制莱茵区的重镇。它本身单独形成一个强大的共和国。这个共和国因拥有一家内藏大炮九百门的军械库而著名于世。

长期以来，卢瓦就蓄意使这个共和国归属他的主人。金钱、阴谋和恐怖曾经为他打开许多城市的大门，此时也正为他铺平进入斯特拉斯堡的道路(1681 年 9 月 30 日)。这座城市的行政官吏已被法方争取。百姓看见两万名法国士兵同时出现在他们的堡垒四周，惊恐万状。在莱茵河附近保护他们的堡垒，受到了攻击，很快陷落。卢瓦刚刚来到城下，市长们就开始谈论投降事宜。热爱自由的市民的眼泪和失望，未能阻止官吏们当天就提出投降条约，也未能阻止卢瓦占领这座城市。以后，沃邦利用这座城市四周的堡垒，把这座城市变为法国最坚固的屏障。

法国国王也不再宽容西班牙。他向西班牙索求尼德兰的阿洛斯特城及其整个大法官管辖区①。他声称，他的大臣过去忘记把这些列入和约的条款中。由于西班牙军队姗姗来迟，法国国王下令包围卢森堡城(1682 年)。与此同时，他从一个小诸侯曼图公爵那里购得卡萨尔这座设防强固的城市(1681 年)。这位公爵为了

① 指古时代表国王或领主执法的大法官的管辖区。——译者

享受声色犬马之尔，竟不惜出卖自己全部邦土。

欧洲各国目睹法国这个强国向四面八方大事扩张，在和平时期征服的土地比路易十四之前的十个法国国王通过战争征服的土地还多，于是又惊恐起来。德意志帝国、荷兰，甚至对法国国王不满的瑞典，缔结了一项联合条约。英国人咄咄逼人。西班牙人渴求战争。奥伦治亲王千方百计促使这场战争爆发。但尽管如此，却没有一个强国敢于率先发难。

法国国王到处令人生畏，还一心一意想使自己更加令人胆寒(1680年)。最后，他使法国海军强大到超出本国期望和欧洲惧怕的限度之外。他拥有水兵八万名(1681年、1682年)。和陆军军纪同等严格的纪律规章，使这些粗野汉子尽忠职守。英国和荷兰这些海上强国既没有这样多海员，也没有这样严明的纪律规章。边境要塞的士官生连和港口内的海军警卫队都已建立，均由青年组成。这些青年受由国库支付薪津的师傅指导，学习适合他们本行职业的各种技艺。

濒临地中海的土伦港，用巨款建成，以便泊碇百艘战舰。这个军港还有一个兵工厂和一些良好的仓库。在大西洋方面，布雷斯特港以同等规模修建。在敦刻尔克和勒阿弗尔-德-格拉斯港内船舶麇集，帆樯蔽日。在罗什福尔港，勉力完成了难以完成的工程。

最后，国王已经拥有战列舰一百艘，其中有的装备大炮百门，有的甚至更多。这些舰只停泊港内并非无所事事。国王的分舰队在迪凯纳的指挥下，扫荡饱受的黎波里和阿尔及尔海盗骚扰的海洋。国王使用新技术对阿尔及尔进行报复。这种技术的发明应该归功于他对他那个时代所有天才的关怀和勉励。这种有害的但又令人钦佩的技术，是制造和使用载有炸弹的小桨帆船的技术，可用以使沿海城市化为灰烬。有一个青年人，名叫贝尔纳·勒诺，以小勒诺之名为人所知。他没有在船舰上服过役，因天资聪慧成为优秀水手。善于发掘默默无闻的人才的柯尔伯，经常叫他参加海军会议，甚至国王出席时也是如此。由于勒诺精心研究，知识渊博，从那以后就采用一种更加正规而简便的造船方法。他竟敢在海军会议上提议使用舰队轰击阿尔及尔。臼炮能不放置在坚实的地上，这种想法从来没有人有过。他的建议引起反感。他遭到任何发明者都会预期到的反对和嘲笑。但是，他的坚定和他那种专心致志于自己的发明创造的人通常具有的辩才使国王决心批准对这一新鲜事物进行试验。

勒诺教人建造五艘船只，较普通船只为小。造船所用木料更加坚实。船上没有甲板。仅舱底有一块假上甲板，其上砌有置放臼炮的凹坑。他随同这个船组出发作战，由老迪凯纳指挥。迪凯纳负责这次行动，但并不指望取得成功。结果他和阿尔及利亚人一样对炮弹的威力惊讶不置(1681 年 10 月 28 日)。阿尔及尔这座城市部分遭到摧毁。这项技术很快传入其他国家，只起了加深人类灾难的作用，并且使发明这种技术的法国本身也多次感到恐惧。

海军在短短几年内达到这样精良完善的程度，这是柯尔伯关怀备至的结果。卢瓦让人竞相加固一百多个城堡。此外，还修建了于南克、萨尔-路易、斯特拉斯堡和蒙-鲁瓦阿尔等堡垒。王国在国外势盛力强。国内百工技艺备受尊重。人民生活丰足。娱乐消遣普及。外国人成群结队，蜂拥前来法国瞻仰路易十四的宫廷。

路易十四的名字在世界各国人民中深入人心。

法国国王的幸福和光荣，在大部分其他国家国王的衰弱和他们人民的灾难衬托下，显得格外突出。利奥彼德当时对叛乱的匈牙利人，特别是对土耳其人不能不心怀恐惧。后者因匈牙利人招引，大量涌入德国。路易十四的政策一方面是迫害法国新教徒，因为他认为应该使之于己无害，但另一方面却暗中保护匈牙利境内的新教徒和造反者，因为这些人能为他效劳。他派驻土耳其政府的使节，早在内伊梅根和会召开之前，就催促对土耳其人进行武装。土耳其枢密院行事稀奇古怪，几乎一直等到德意志皇帝国内安定才对他宣战。土耳其政府于1682年才进行匈牙利战争。据说，次年，奥托曼军队的兵员已达二十万以上，另外还加上匈牙利军队。这支军队在进军途中没有发现法国的那种设防城市，也没有遭遇能阻遏它推进的兵团，因此一路摧枯拉朽，长驱直入，进抵维也纳城下。

利奥波德皇帝在土耳其人即将兵临城下之际，首先匆匆离开维也纳，然后撤至林茨。当他得知土耳其人已经包围维也纳时，除了决定进一步退到帕绍外，别无他法。他让洛林公爵率领的那支在行军途中已被土耳其人重创的小军队尽其所能支撑德意志帝国的命运。

谁也不会怀疑指挥奥托曼军队的卡拉·穆斯塔法大首相很快就会成为维也纳的新主人。这座城市设防很差，已被主人弃之不顾。守城的只是一支应由一万六千人组成，但实际上不超过八千人的卫戍部队。最可怕的彻底变革时刻即将到来。

路易十四很可能有这样的期望：德国惨遭土耳其人蹂躏，只剩下一个首领对抗入侵之敌，举国上下又因这个首领逃跑，而更加惶惶不可终日，这样这个国家很可能被迫求助法国保护。路易十四在德意志帝国边境驻有一支军队。他过去进行的谈判已经把土耳其人引到这个地区。这支军队准备保护他自己免遭这些土耳其人的入侵。这样，他就可以成为德意志帝国的保卫者，使他的儿子成为罗马人的国王。

土耳其人刚刚威胁奥地利，法国国王就把慷慨的行动结合到他的政治意图之中。他这一举动，并不是向德意志皇帝再次派去援军，而是宣布，他将不进攻尼德兰。这样，他就使奥地利家族的西班牙支系得以援助即将崩溃的这个家族的德意志支系。他希望，他按兵不动，就会得到这样的报偿：他在内伊梅根和约很多模棱两可的条款上，特别在关于忘记列入条约的阿诺斯特的大法官管辖区的条款上，得到满足。他并不等待别人来满足他，就在1682年解除了对卢森堡的包围。在这整整一年内，他止戈息武，停止征战。这一慷慨大度的举动的真实意图在维也纳被围时就被揭穿。西班牙枢密院不是使法国国王平静，而是加以激怒。正当维也纳抵挡不住，即将屈服之际，路易十四在尼德兰重新用兵，时值九月初。但是，出乎人们意料之外，维也纳得到解救。土耳其大首相的骄傲自满、疏懒怠惰、对基督教徒冒失唐突的轻视、愚昧无知、行动迟缓断送了自己。他这些缺点过度发展，维也纳才幸免被占。波兰国王约翰·索比斯基率军及时赶到。在洛林公爵援助下，他和奥托曼的大军刚一对阵，就把这支军队打得落花流水，溃不成军(1683 年 9 月 12 日)。德意志皇帝怀着离开首都时感到的痛苦重返首都。他返回京城时，他的解放者——波兰国王——正

走出教堂。教堂里人们刚刚高唱感恩赞美诗。宣讲者把"他是上帝派来的人,名叫约翰"作为讲题。读者已经知道,教皇庇护五世,在莱庞特之役①获胜后,曾把这些话用在奥地利的唐·璜身上。读者知道,看来是新鲜的语句常常只不过是老生常谈而已。德意志皇帝既胜利归来,又万分屈辱。法国国王再也不留情面,下令炮轰卢森堡,并攻下佛兰德尔的库特雷(1683 年 11 月)和迪克斯米德。他占领特里尔并平毁该城防御工事。据说,这一切都是按内伊梅根条约的精神行事。正当他攻城略地之际,德意志帝国和西班牙同他在雷根斯堡进行谈判。内伊梅根和约因被违反,而改为一项为期二十年的休战协定(1684 年 8 月)。根据这项协定,法国国王保留卢森堡城以及他刚刚攻占的卢森堡公国。

(1684 年 4 月)法国国王在非洲海岸更加令人惶恐不安。他即位以前,法国人在这些海岸上仅仅由于有他们的同胞被野蛮人当成奴隶,才为人所知。

阿尔及尔两次遭到炮轰,于是派遣代表向法国国王求饶,并接受和约。他们归还全体基督徒奴隶,并且付了钱。这是对海盗最大的惩罚。

突尼斯、的黎波里同样向法国国王降服。谈谈这一点不无好处:舰长当弗勒维尔以法国国王名义,来到阿尔及尔解救全体基督徒奴隶。奴隶当中有很多英国人登上了船。他们对当弗勒维尔一口咬定说,他们获释是因为英国国王受到尊重的缘故。于是这位

① 希腊沿海城市。1477 年土耳其人曾包围此城。1571 年奥地利的唐·璜(璜即约翰)率西班牙、威尼斯、热那亚舰队在此打败土耳其军队。——译者

法国船长叫来阿尔及利亚人，一面让英国人重新登岸，一面说："这些人声称，他们仅仅是凭了他们国王的名义才被释放的。我们国王不会擅自保护他们。我现在把他们交还你们。应该由你们来向英国国王表明你们对他应该尽什么义务。"这些英国人于是又戴上脚镣手铐。英国人的骄傲、查理二世政府的软弱、各国对路易十四的尊敬，通过这句俏皮话，都为人所知。

法国国王受到的尊敬遍及各地，广布各方，以致当法国国王正在使处于土耳其素丹保护下的非洲人大为丢脸的时候，他派驻土耳其宫廷的使节却被给予新的荣誉，例如在铺有垫子的座台上就座那样的荣誉。

热那亚共和国比阿尔及尔共和国对法国国王更加卑躬屈节。它曾经向阿尔及利亚人出售火药、炸弹。当时，它正为西班牙修造四艘桨帆战船。法国国王派他的特使、一个普通贵族圣—奥隆前去禁止它放桨帆战船下水，并且威胁说，如果它抗命不从，就立即加以惩罚。热那亚人被法国国王这一干预他们自由的举动所激怒，又过分相信西班牙人的援助，因此对法国国王的要求不予满足。于是法国十四艘巨型战舰、二十艘桨帆战船、十艘炸弹船、多艘三桅战船立即驶出土伦港。新任海军大臣塞涅莱本人这次也随舰队出征。他的父亲、著名的柯尔伯在逝世之前就已经要他担任这一职务。这个青年好大喜功、大胆无畏、颇有才识、积极肯干，希望集战士和大臣两种身份于一身。他渴求各种荣誉，干什么都热情积极，把工作和娱乐合为一体，但并不使工作因此受损。老迪凯纳指挥舰只。蒙特马尔公爵指挥桅桨战船。这两个人都是国务秘书的奉承者。舰队驶到热那亚港外。十艘炸弹船在该港投下炸弹一万四千枚(1684 年 3 月 17 日),把部分大理石建筑化为灰烬。这座城市博得“豪华美丽的热那亚”的美名,就是靠的这些建筑物。一万四千名士兵登陆后,直向城门冲去,焚毁了郊区圣-皮埃尔·达雷纳。为了使这座城市免于玉石俱焚,热那亚政府必须卑躬屈膝、含垢忍辱(1685 年 2 月 22 日)。法国国王要求热那亚执政官同四名主要参议员前来凡尔赛宫,向他哀求宽恕。他担心热那亚人避不满足他的要求,并且还窃取他的某些荣誉,因此想要即将前来求饶的热那亚执政官,不顾该国的永久法律,继续执掌他的要职。而按照该法律,任何执政官离开这个城市片刻,就被免除他在该城担任的高官要职。

热那亚执政官安帕里阿尔·勒斯卡罗和洛梅里诺、加里巴尔迪、迪拉索、萨尔瓦戈四名参议员来到凡尔赛宫。对法国国王的要求无不照办。热那亚执政官头戴丝绒帽子,说话时连连脱帽。他的讲话和屈服恭顺的表现都出自塞涅莱的授意。法国国王坐着聆听,并不脱帽。但是,正如在他一生全部活动中一样,他既彬彬有礼,又威严庄重。他接待勒斯卡罗和热那亚的参议员既仁慈和蔼,又大摆阔气。卢瓦、克鲁瓦西和塞涅莱等大臣使他更加感到骄傲自豪。所以,热那亚执政官说:“国王以他接见我们的方式剥夺了我们心中的自由,但是他的大臣们把这种自由归还我们。”这位执政官是个很有风趣的人。大家都知道,塞涅莱侯爵问他,在凡尔赛发现的事物中什么最奇特,他回答说:“是发现我自己出现在那里。”

(1684 年)路易十四对光辉事物异常喜爱。受他接见的暹罗使节于是投其所好。暹罗人到那时为止还不知道有法国这个国家。由于一种足资证明欧洲人优于其他民族的奇特性，发生了这样一件事：一个名叫法尔克·康斯坦斯的希腊人、克法利尼亚一个小酒店老板的儿子，当上了暹罗王国首相。此人企图巩固自身权位，并进一步高升，需要外国援助。但他对英国人和荷兰人却又都不敢信任，因为在印度，他们是暹罗令人心惊胆战的邻居。法国人刚刚在科罗曼德尔①创设洋行，并且把他们国王的威名带到遥远的亚洲。康斯坦斯相信，从远方来向法国国王表示敬意，非路易十四始料所及，一定会使他心花怒放。宗教的手段能使世界的政治从暹罗到巴黎都发挥作用，也为康斯坦斯的图谋服务。他以他的主子、暹罗国王的名义派遣了一个庄严的使团，并携带厚礼前往觐见路易十四，以便使这位法国国王知道，这个印度地区的国王对法国国王的荣誉十分敬佩，只愿同法国一国缔结商约，并且暹罗国王自己并非不想皈依基督教。法国国王的赫赫威势就这样受到恭维吹捧，他信仰的宗教就这样受到欺哄蒙蔽。两者都促使他向暹罗派去使节两名和耶稣会教士六名。后来，他又加派了一些军官和八百名士兵。但是，这个暹罗使团的豪华排场是人们从中得到的唯一好处。四年后，康斯坦斯死于非命，成了自己的野心的牺牲品。留在他身边的很少几个法国人，有的也惨遭杀戮，其他的则被迫逃离。他的遗孀，眼见即将成为王后，却被暹罗国王的继承人贬为厨娘。她生来本是干这一行的。

渴求荣誉使路易十四在各方面都判然有别于其他各国国王，这种渴求还表现在他和罗马教廷打交道时高傲骄横。英诺森十一

① 即本地治里。——译者

世奥德斯卡尔希这个米兰银行家的儿子，当时正高踞天主教会的宝座。他品德高尚，是个贤明的教皇，神学家气味不浓，又是个勇敢坚定、豁达大度的君王。他自己出资帮助德意志帝国和波兰抵抗土耳其人。他派桅桨战船援救过威尼斯人。他鄙夷路易十四谴责他勾结土耳其人反对基督教徒。大家感到奇怪，一个教皇居然热情满怀，站在历代德意志皇帝一边，而这些皇帝部自称是罗马人的国王。他们如果能够统治罗马，肯定会统治罗马。奥德斯卡尔希出生于奥地利的统治之下。他在米兰的军队中服役时，打过两次仗。习惯和性情主宰人们。他本身恃才傲物，因此法国国王的唯我独尊使他大为激怒。而法国国王对教皇也极尽侮辱之能事，但却并不和他断绝来往。长期以来，罗马就存在一种难于根除的弊端，因为这种弊端根植于所有信奉天主教的国王都以之自炫的荣誉问题上。他们派驻罗马的大使把给予他们的府第的免税权和庇护权扩大到很远的地方，范围之广可以称为一个“区”。这些要求由于始终坚持，结果使半个罗马成了各种罪行可靠的庇护所。由于另一弊端，以大使名义进入罗马的物品从不缴纳进口税。罗马的商业因而大受损失，教廷的国库也因此日益枯竭。

教皇英诺森十一世终于争取到使德意志皇帝、西班牙国王、波兰国王、英国新国王、信奉天主教的君主詹姆士二世等人放弃这些邪恶的权利。教廷公使拉努奇建议路易十四像其他国王一样，促进罗马的安宁和秩序。路易十四对教皇极为不满，回答说，他从来就不效法别人，而应该由他自己为别人树立榜样。他派拉瓦尔丹侯爵作为使节去顶撞教会（1687 年 11 月 16 日）。拉瓦尔丹不顾教皇禁令，在全副武装的海军卫队队员四百人、志愿军军官四百人和身穿制服的仆役两百人护送下进入罗马。他进驻他的豪华宅邸、兵营以及圣路易教堂。他下令在这些建筑物周围设置岗哨并进行巡逻，就像在要塞里一样。教皇是唯一各国可以对之派遣这样一个使团的君主。由于他装出优于其他君主的架式，因此其他君主极欲对他进行侮辱而后快；由于他的国家弱小，因此其他国家可以对他肆意凌辱而不受惩罚。英诺森十一世所能做的，就是用革出教门的惩罚来对付拉瓦尔丹。这种武器业已破损不堪，在罗马并不比在其他地方更受人重视。但是，正如教皇的士兵只不过是为了装装门面而武装一样，这些武器倒也不断被人当做古老陈旧的客套来使用。

德斯特雷红衣主教是个颇富才智的人，但却一直是个倒霉背运的谈判者。他当时负责处理法国在罗马的事务。他因为不得不经常和拉瓦尔丹侯爵见面，所以不受赦免就不能随后获准觐见教皇。他为自己辩护，要求不受这种赦免，但是枉费心机。英诺森坚持要给予他赦免，以便通过习俗来长期保住这种假想的、依赖习俗维持的权威。

路易十四同样高傲，并且始终在种种潜在的政治动机的驱使下，企图在科隆扶立一名选侯。他既然一心一意要分裂或打垮德意志帝国，于是就蓄意把弗斯腾贝格红衣主教在这个选区内树立起来。此人是斯特拉斯堡的大主教，是法国国王的宠信和他的利益的牺牲品，是德意志皇帝不共戴天之敌。德意志皇帝在最近一次战争中曾经把他当做卖身投靠法国的德国人投入牢狱。

科隆的教士会议和德国其他教士会议一样，有权任命它的主教。这个主教由此可以成为选侯。当时占有这个位置的是巴伐利亚的费迪南。费迪南和很多其他诸侯一样，同法国国王先是盟友，后是仇敌。他那时正病入膏肓。法国国王在议事司铎中散发金钱，搞阴谋，许诺言，使弗斯腾贝格红衣主教当选为副手。这位诸侯死后，弗斯腾贝格再次以多数票当选。教皇根据他与日耳曼皇帝的协议，有权把主教管辖区授予当选人，而德意志皇帝则有权批准选侯资格。德意志皇帝和教皇英诺森十一世深信，让弗斯腾贝格坐在这个选侯宝座上，无异把路易十四置于这个选帝侯的宝座上，于是联合一致把这个高位给予新亡人的兄弟、那位年轻的巴伐利亚人。（1688 年 10 月）法国国王进行报复，从教皇手中夺走阿维尼翁，并准备对德意志皇帝用兵。同时，他还使帕拉蒂纳选侯在帕拉蒂纳公主、国王的大弟的继室的权利的问题上惴惴不安。这位公主本已根据婚约放弃这些权利。尽管玛丽-泰蕾丝也曾经同样根据婚约放弃过权利，但是 1667 年却为了这些权利对西班牙进行过一场战争。这场战争证明：契约只是为普通人缔结的。威势达到顶峰的法国国王就这样或者使几乎所有王侯不悦，或者剥夺他们，或者羞辱他们，因此几乎所有国王都联合一致，对他群起攻之。

第十五章

国王詹姆士被他的女婿威廉三世废黜，受到路易十四保护

奥伦治亲王比路易十四更加野心勃勃。他曾经构想出一些宏伟的计划，这些计划对荷兰的执政说来，似乎纯属空中楼阁，但他却以自身的精明能干和英勇无畏使之变得合理。他企图贬压法国国王，废黜英国国王。他轻而易举就使欧洲逐步结成反法联盟。德意志皇帝、德意志帝国一部分、荷兰、洛林公爵等首先在奥格斯堡秘密结盟（1687 年）。接着，西班牙、萨伏依也和这些强国联合起来。罗马教皇并没有明确成为这个联盟的成员，但却施展阴谋诡计，对他们全体进行怂恿。威尼斯赞助他们，但并不公开表态。所有意大利的诸侯也对他们加以支持。在北欧，瑞典当时站在德意志帝国军队一边，而丹麦却是法国不堪为用的盟国。五十多万新教徒逃避路易十四的迫害，带着他们的技艺和对法国国王的仇恨逃离法国，成了法国的新敌，并将在全欧进一步煽动已经受到怂恿进行战争的强国。（这次逃亡将在宗教一章中谈及。）法国国王当时正四面楚歌，腹背受敌，只有詹姆士国王是他的盟友。

英国国王詹姆士，继承了他的哥哥查理二世的王位。两人均为天主教徒。但是，查理晚年仅仅为了迎合自己的情妇和兄弟，才

听任别人让他改皈天主教。其实，他除了纯粹的自然神论外，并不信奉别的宗教。他对使人分裂不和的争论抱着极端漠不关心的态度，这对他在英国平安无事的统治有很大的帮助。詹姆士和他相反，从青年时代起，就笃信和深爱罗马教派，把党派和虔诚的精神同他的信念合为一体。他如果是伊斯兰教徒或者孔教徒，英国人永远不会干扰他的统治。然而，他却谋求在自己的王国内部重建天主教。① 当时天主教正遭到拥护共和政体的保皇党主义者的憎恶，被他们视为奴役人的宗教。有时，使某种宗教在某个地区居于统治地位，倒也易如反掌。君士坦丁②、克洛维斯③、古斯塔夫-瓦萨④、伊丽莎白女王⑤各以不同的手段，未冒任何风险，就使人接受了新宗教。但是要产生这样的变化，两个东西必不可少：高明的策

① 人们发现，在编写《曼特农回忆录》时，编者制造了一大篇罕见的谎言(第三卷、标题为“关于英国国王和王后”的第四章)。这些谎言说，法学家提出这样一个问题：“一个民族有权反叛企图强迫它信仰宗教的权力机关吗?”事实正相反。在英国，人们反对国王对罗马宗教的宽容。人们提出这个问题：“国王是否能够免除那些他准许担任职务的人进行考验宣誓?”

同一编作者说，教皇英诺森十一世给奥伦治亲王二十万杜卡托，让他前往英国消灭天主教。

这位编作者以同样轻率冒失的态度声称，英诺森叫人做了几千台弥撒，为奥伦治亲王出征圆满成功祈祷。人们承认，这位教皇赞同奥格斯堡联盟。但是，他从来没有进行过这样可笑、这样有损于他的显职高位的礼仪的活动。西班牙驻海牙的使节为荷兰舰队的顺利成功公开做过弥撒。达沃先生曾经函告国王此事。

该书编作者暗示，达沃对国家要员进行贿赂。他弄错了。行贿的是德斯特拉德伯爵。此事发生于二十四年前。见德斯特拉德先生致利约内先生 1665 年 9 月 17 日的信。——伏尔泰注

② 君士坦丁(270 或 288—337)，罗马皇帝。——译者

③ 克洛维斯(465—511)，法兰克国王。——译者

④ 古斯塔夫-瓦萨(1496—1560)，瑞典国王。为瑞典瓦萨王朝的创建者。——译者

⑤ 伊丽莎白(1533—1603)，英国及爱尔兰女王。——译者

略和顺利的环境，而这两者詹姆士都欠缺。

欧洲那样多国王专制暴虐。瑞典和丹麦的国王正日趋专横。百姓的自由还和君主制并存的国家，世界上最后只剩下波兰和英国两个。詹姆士目睹这些情况，义愤填膺。路易十四怂恿他在国内实行绝对专制。耶稣会教士催促他以他们的声望影响重建他们的教派。他着手进行这件事，很不顺利，不断激怒人心。最初，他行动干事，俨然自己已经完成意愿。他在宫廷中公开接待罗马教廷公使、耶稣会教士以及嘉本遣会修士。他把七个本可争取到自己一边的英格兰教会主教投入监狱。他剥夺伦敦城享有的特权，而他本应给予这个城市新的特权。他高傲骄横，推翻他本应暗中破坏的法律。最后，他行事毫无分寸，以致罗马的红衣主教们开玩笑说："必须把他开除出教，就像开除一个马上就要断送还留存在英国的那点天主教的人那样。"教皇英诺森十一世对詹姆士的举动不抱任何希望，而且始终拒绝发给这位国王为他的忏悔师耶稣会教士彼得斯申请的红衣主教红帽。这个耶稣会教士是个躁猛的阴谋分子。他野心勃勃，极欲成为红衣主教和英国首席主教，这样他就把自己的主子推下万丈深渊。英国的主要头面人物秘密集会，反对国王的图谋。他们向奥伦治亲王派去代表。他们小心谨慎、密谋策划，宫廷对他们却仍然深信不疑。

奥伦治亲王装备了一支运载一万四千人到一万五千人的船队①。

---

① 《曼特农回忆录》的编作者说，奥伦治亲王看到三级会议拒绝支付经费，于是走进会议厅，并说："先生们，明年春天就会发生战争。我要求把我这个预言登录下来。"作者这是引用达沃伯爵的话。

回忆录的作者说，这位大臣洞悉奥伦治亲王的种种措施。谎言堆砌得比这更多、更坏，确实不易。从1687年起，九千名水手就已时刻准备战斗。达沃伯爵只字未提所谓奥伦治亲王的讲话。他于1688年5月20日才怀疑这位亲王的意图。（见他于5月20日致国王的信。）——伏尔泰注这位亲王还只不过是个杰出的个人。他的年俸刚到五十万盾。但是他的政策如此成功，以至金钱、船队、三级会议的拥戴等全归他所有。他因行事干练灵活，真正成了荷兰国王，而詹姆士则因急躁鲁莽而不成其为英国国王。这次战备最初被宣布为针对法国。两百多人对此保密。法国驻伦敦大使巴里荣是个纵情享乐的人，对詹姆士的情妇们的私情，比对欧洲大陆上的阴谋活动更加了如指掌。他第一个被蒙在鼓里。路易十四则没有上当受骗。他向他的盟友提供援助。詹姆士先是感觉平安无事，而加以拒绝。接着，当情况急迫，为时已晚，而他的女婿的舰队已经驶离港口时，他又要求援助。由于他不自爱自重，别人对他也不履行对他应尽的道义上的义务(1688 年 10 月)。他白费力气，写信给德意志皇帝利奥波德。后者回信说："你的遭遇，只不过是我们早已预言过的而已。"他寄希望于自己的舰队，但这支舰队却让敌舰通行，不加拦阻。他至少还能在陆上自卫。他拥有一支两万人的陆军。他如果率领这支军队作战，而不让士兵来得及思考，那么，可以相信，这支军队会进行战斗。但他却让军队有时间独立决定。好些将官抛弃了这位国王。他们中间有著名的丘吉尔。此人后来对路易十四和詹姆士都带来巨大灾难，并以马尔巴勒公爵这个名字闻名于世。丘吉尔深受詹姆士宠信，是他的党羽，是他情妇的兄弟，是他在军中的副将。然而丘吉尔却离弃詹姆士，投奔奥伦治亲王。詹姆士的女婿、丹麦君主，以及他的亲生女儿安娜公主，也都抛弃了他。

他受到一个女婿攻击、追赶，又被另一个女婿抛弃，还遭到两个女儿和他自己的朋友的反对。他自己那一派的臣民也对他憎恶怨恨。他众叛亲离，对自己的命运深感绝望。失败的君主的最后一计是逃之夭夭,这是他未经战斗就作出的抉择。最后,他在逃跑途中被下层民众抓住,饱受虐待,被解往伦敦。他在自己宫中温顺平静地接受了奥伦治亲王的命令。他眼见亲王的卫队不费一枪一弹就替换了自己原有的御林军。自己被赶出家宅,囚于罗彻斯特。之后,他利用给予他的自由,抛弃了他的王国,来到法国寻找庇护所。

这是英国真正自由的时代。这个国家由国会代表,确定了长期争论不休的国王的权利和人民的权利之间的界限。这个国家对奥伦治亲王规定了他据以进行统治的条件,选他出任国王,同他的妻子、詹姆士的女儿共同掌管国务。从这个时候起,这位亲王在欧洲的大部分,就仅以威廉三世这个名字,以英国的合法国王、英国的解放者的身份为世人所知。但在法国,他仍然被看成是奥伦治亲王,是他的岳父所属各邦的篡权者。

(1689 年 1 月)逃亡的国王和他的妻子、莫德内公爵的女儿以及还是儿童的威尔斯亲王,恳请路易十四予以保护。英国王后先于她的丈夫到达法国,对法国国王周围富丽堂皇的场面,对在凡尔赛见到的豪华阔绰,特别是对她受到的隆重接待,感到惊讶。法国国王前往夏图迎迓,对她说:“夫人,我对您招待不周。但是,我希望不久能把您侍候得十分周到、十分妥善。”这是国王的原话。他带领她到圣日耳曼城堡。她在城堡里受到的侍候同法国王后一样。舒适和奢侈生活所必需的,无不具备。还有各式各样礼品:金、银、餐具、首饰、衣料等等。

这些礼物中,有一个是她梳妆台上的钱袋,内有一万金路易。她丈夫比她晚到一天,同样受到无微不至的关怀。除了赠与他大量礼品外，还每年拨给他十万法郎来维持他的家计。法国国王的军官和卫队，他也可派遣使用。同为了使他能在英国复位而进行的准备工作相比，这种接待就微不足道了。法国国王从来没有显得这样伟大崇高，詹姆士则从来没有显得这样渺小低下。那些在宫廷和城市决定人们声誉的人，对詹姆士并无敬意。和他来往的只是一些耶稣会教士。在巴黎，他屈身低就，去圣安东街探访他们。他对耶稣会教士说，他自己也是耶稣会教士。说来真是奇闻，但这件事竟然千真万确：他还是约克公爵的时候，曾经通过仪式，由四个英国耶稣会教士接纳他入会。一个君主这样胆小懦弱，加以他又是那样丢失了王位，因此他被人嗤之以鼻。内宠近幸每天都以编造歌曲取笑他为乐。他被驱逐出英国，又在法国受到嘲笑。他并不因为皈依天主教而受到感谢。兰斯大主教、卢瓦的兄弟在他圣日耳曼的接待室里大声说："这个家伙为了一台弥撒而抛弃了三个王国。"詹姆士从罗马方面得到的只不过是赦罪和嘲笑而已。最后，在整个这场革命中，他所信奉的宗教对他极少效劳，以致当加尔文派的首领奥伦治亲王率领舰队前去罢黜他的岳父国王的时候，正在海牙的西班牙国王的首相竟然叫人做弥撒，祝愿这次远航出征顺利成功。

这位流亡的国王饱受凌辱。路易十四对他慷慨大度。在此期间，詹姆士在英国小修道院中触摸过瘰疬患者。这倒也是个值得稍加注意的场面。这或许因为历代英国国王同法国王位的企求者一样，都把这种稀奇古怪的特权划归自己；也或许因为这个仪式从爱德华一世起，就已经在英国确立不衰。

法国国王不久就安排人把詹姆士带到爱尔兰。天主教徒在该地看来声势浩大。一支由十三艘头等军舰组成的分舰队，停泊于布雷斯特，供运输之用。全体军官、朝臣，甚至那些来圣日耳曼找詹姆士的神父，都由法国国王出钱资到布雷斯特。巴黎苏格兰人学校校长、耶稣会教士伊内是他的国务秘书。法国国王向废王那里派驻了一名大使（这就是达沃先生）。大使跟随废王，大讲排场。舰队已经满载军队和军火。甚至连最差和最好的家具也带到军舰上。法国国王到圣日耳曼向詹姆士告别。他把他的护胸甲作为临别礼品赠给英王，并且一边拥抱他，一边对他说："我所能对你作的最好祝愿，就是我们永不再见。"（1689 年 5 月 12 日）詹姆士国王刚率这批人员和装备在爱尔兰登岸，另外二十三艘大型船舰和无数运输船只就由夏托-勒诺率领随后驶来。这支舰队击溃并驱散前来拦截的英国舰队后，人员顺利登陆。它在返航途中，俘获了七艘荷兰商船，然后满载从荷兰掠夺来的战利品，胜利返回布雷斯特。

（1690 年 3 月）第三批援军不久后又从布雷斯特、土伦和罗什福尔港出发。爱尔兰各个港口和英法海峡遍布法国船舰。

最后，法国海军副司令图尔维尔率领七十二艘大型船舰同一支拥有六十艘帆船的英-荷舰队遭遇。战斗持续达十小时之久（1690 年 7 月）。图尔维尔、夏托-勒诺、埃斯特雷和奈蒙等人都英勇无畏、能干机灵，使法国得到它并不常得的荣誉。到那时为止，大西洋还处于英国人和荷兰人的控制之下。法国人不久以前才从他们那里学到列队战斗的技术，但是他们在这次海战中却全军覆没。他们的船舰中，有十七艘破损不堪或桅杆折断，驶返本国海岸后，不是搁浅就是烧毁。其余舰只或开往泰晤士河，或藏身于荷兰海岸的沙洲群中。法国人连一只小艇也没有损失。于是路易十四二十年来所期盼的、又似乎不可能实现的,终于实现。他控制了海洋。当然,这种控制确实为时很短。敌舰一与他的战舰遭遇,就躲藏起来。塞涅莱命令桨帆战船从马赛驶往大西洋。英国海岸附近首次出现这种船只。船员们自己设法,轻而易举就在丁格茅斯登陆。

英国三十余艘商船在该港被付之一炬。圣马洛和敦刻尔克新港的船主本身和国家都因连续不断掳获敌船而大发其财。最后,差不多在两年内,海上除了法国船只以外,没有别国船只。

詹姆士国王在爱尔兰却不能很好配合路易十四派来的援军。他拥有一支由将近六千名法国士兵和一万五千爱尔兰士兵组成的军队。这个王国有四分之三的人表示拥护他。他的竞争对手威廉当时不在国内。但是对这些优势他却没有善加利用。首先,在伦敦德里这座小城城下,他运气不佳,遭到挫折。他顽强战斗,包围这座城市达四月之久,但指挥不当。该城仅仅由一个名叫沃克的长老会牧师指挥防守。这个牧师统率市民民兵。他在布道和战斗中都领导这支队伍。他激励全城居民勇于忍饥挨饿,视死如归。这位教士终于迫使詹姆士国王撤围。

这位国王在爱尔兰第一次受挫后,另一更大的不幸事件接踵而至:威廉到来,并向詹姆士国王发起进攻。两军之间隔着一条博伊恩河(1690 年 7 月 11 日)。威廉开始在对方目睹之下渡河。这条河有三处可以勉强涉渡。骑兵泅水,步兵下河,水深及肩。到达河的彼岸后,还须穿过沼泽。接着又遇到陡峭的地形,如同一道天堑。威廉国王安排他的部队在三处渡河,然后进入战斗。读者已经看到，爱尔兰人在法国和西班牙境内英勇善战，在本土却始终作战不力。某些民族仿佛是为了屈从另一个民族而生。英格兰人和爱尔兰人相比，始终在天才、财富和军队等方面占有优势。自从一个普通的英国领主①征服爱尔兰以来，这个民族就始终无法摆脱英国的枷锁。法国人参加了攻打博伊恩那一天的战斗。爱尔兰人溃逃。他们的国王詹姆士率先撤退，在战斗中既没有指挥法国人，也没有率领爱尔兰人。过去，他一直十分英勇，只是有时沮丧的情绪压倒了他的勇气。威廉国王在这次战斗以前，肩部曾被炮弹擦伤，在法国被认为已经死亡。巴黎人听了这个谣传既欣喜若狂，但表现也下流庸俗，有失体统。几个下级官吏鼓励市民张灯结彩。有人竟敲起钟来。好些区内，有人焚烧奥伦治亲王的柳条模拟像，其情景和在伦敦焚烧教皇的模拟像一样。有人从巴士底鸣炮，这并非奉法国国王之命，而是由于一位司令官热情冲动，不假考虑所致。根据这些兴高采烈的表现和很多作家的记述，人们会以为这种对一个敌人的所谓死亡表现出来的狂喜，是这个敌人引起的极端恐惧产生的后果。所有写过文章的法国人和外国人都认为，这些欢庆活动实际上是对威廉国王最大的褒扬。然而，人们如果愿意注意当时的环境和时代的主导精神，便会看到，恐惧并不会产生这些喜悦的激情。只有当敌军压境、兵临城下时，市民和百姓才会惧怕敌人。法国的庶民百姓远非害怕威廉这个名字，而是颇不公平地对他蔑视。威廉始终是法国将领的手下败将。这位亲王甚至在战败受挫后还获得多少真正的荣誉，凡夫俗子并不了解。在爱

① 指彭布罗克伯爵，参见《风俗论》，第50章。——译者

尔兰的詹姆士的征服者——威廉，在法国人眼中，还根本不是路易十四的对手。巴黎人把他们的国王当成偶像崇拜，深信国王真正是战无不胜、所向披靡。因此，这些庆祝活动绝不是来自恐惧，而是源出于仇恨。大多数巴黎人生于路易十四在位时期，习惯于专制的枷锁，视国王为神明，视篡位者为亵渎神明的人。卑微小民看见詹姆士每天去望弥撒，于是憎恨异端分子威廉。赶走父亲的女婿和女儿、取代天主教徒进行统治的新教徒，以及路易十四的仇敌，这种种人物的形象使巴黎人产生一种类似狂怒的情绪。但是明哲达理的人却稳重克制地进行思考。

詹姆士返回法国，让他的敌手在爱尔兰攻无不克，接连获胜，巩固王位。法国舰队于是忙于把白费气力进行战斗的法国人，以及那些在本国穷困不堪，希望到法国来靠法国国王的慷慨大度过活的爱尔兰天主教家庭运往法国。

在整个这次革命中，很可能命运自始至终并没有起多大作用。一切都决定于威廉和詹姆士的个性。喜欢从人的行为举止中观察事件产生的原因的人，将会看到，威廉国王得胜以后颁令大赦，而詹姆士国王在败退途中，途经一个叫作加洛维的小城镇时，却下令把几名主张对他闭城不纳的公民绞死。两人各自这样为人行事，人们就不难看出胜利属谁。

爱尔兰还剩下几座城市属于詹姆士，其中包括利默里克。该城有守军一万两千多人。法国国王一贯关心詹姆士的命运，又派遣正规部队三千人去利默里克。他的慷慨不仅如此，他还把一个大国及军队所需的各种物资全都运去。四十艘运输船由十二艘战舰护航，尽其可能运去援救人员和物资装备。其中包括：工程师，炮手,轰炸手,两百名泥水匠,装备两万多匹马的马鞍、马缰、鞍褥,用于武装两万六千人的大炮和炮架、步枪、手枪、刀剑、粮食、服装,直至两万六千双鞋子。利默里克被围,但得到大量援助。守城军民希望看见詹姆士国王为保卫它而战斗,但他并不前往援救。利默里克投降。法国船舰于是又驶往爱尔兰海岸,把近两万名爱尔兰人运回法国,其中士兵和难民各半。

最令人惊奇的也许是,路易十四并不因此灰心丧气。他当时正在进行一场几乎与全欧为敌的苦战。他仍然试图采取决定性行动来改变詹姆士的命运,试图派遣两万人在英国登陆。他倚靠詹姆士还保存在英国的党羽。法国军队在瑟堡和拉霍格之间集结。三百余艘运输船在布雷斯特升火待发。图尔维尔率领大型战舰四十八艘在诺曼底等候。德斯特雷率领另外三十艘战舰从土伦港驶来。如果说拙劣的指挥招致不幸的话,那么,也有一些不幸事件只能归咎于命运。德斯特雷率领的舰队最初一帆风顺,后来风向改变,他因此无法与图尔维尔会合。图尔维尔有四十四艘战舰遭到拥有近百艘帆船的英荷舰队的进攻。数量优势占了上风。法国人经过十小时激战后败退(1692 年 7 月 29 日)。英国海军上将鲁塞尔追击法国人达两天之久。四十艘大型战舰,其中包括装备有一百四十门大炮的战舰两艘,在岸边搁浅。为了不让敌方烧毁这些船只,船长自己放火焚烧。詹姆士国王在岸上目睹这一不幸事件,希望全部破灭。

这是路易十四的武装力量在海上遭到的首次失败。在其父柯尔伯以后,使法国海军臻于完善的塞涅莱于 1690 年末去世。蓬夏特兰从布列塔尼的省长晋升为法国海军国务秘书后,决不让法国海军就此覆灭。同一精神始终主宰法国政府。法国在拉霍格遭到挫折后，第二年又拥有一支舰队，船只数量与过去相同。六十艘战列舰由图尔维尔统率，另有三十艘战舰由德斯特雷指挥，停泊在海港中的舰只还不计算在内(1696 年)。甚至四年后，国王进行了比前几年规模更大的武装，以便护送统率两万法国人的詹姆士返回英国。但是，这支舰队只不过露了露面而已。詹姆士党人在伦敦采取的措施彼此配合得很差，而它的保护人在法国采取的措施却部署得很好。

对已被废黜的国王的党羽来说，除密谋杀害国王的对手外，别无他策可想。参与阴谋的人几乎全被处以极刑。很可能即使这些阴谋得逞，詹姆士也无法恢复他的王国。他在圣日耳曼度过余生，靠路易十四的善行恩惠和一笔七万法郎的养老金过活。这笔钱是废黜他的那个女儿玛丽秘密给他的。他意志薄弱，居然接受了这笔钱款。他于 1700 年死于圣日耳曼。几个爱尔兰耶稣会教士说他的墓上出现一些奇迹。罗马有人甚至打算在这个生前被罗马抛弃的国王死后，予以追谥封圣。

很少君主比他更加不幸。这样一个长期遭到不幸的家族还史无前例。他的第一个祖先——名叫詹姆士的苏格兰国王，被囚禁于英国达十八年之后，和他的妻子一起被人谋害，死于他的臣民之手。这位苏格兰国王的儿子詹姆士二世二十九岁时对英作战阵亡。詹姆士三世先被百姓投入牢狱，后在某次战斗中被叛乱分子杀死。詹姆士四世在一次战斗中战败身亡。他的孙女玛丽·斯图亚特被赶下王位，逃亡英格兰。她在狱中受尽煎熬折磨达十八年之后，被英国法官判处死刑，砍去脑袋。玛丽的孙子——苏格兰和英格兰国王——被苏格兰人出卖，并被英格兰人判处死刑，死于公共广场的断头台上。他的儿子詹姆士是取这个名字的第七个国王，是英国取这个名字的第二个国王，本章谈到的就是此人。他被赶出他统治的三个王国。雪上加霜的是，有人甚至对他的儿子是否他生这一点也表示怀疑。这个儿子企图重登祖先王位，但结果却使其朋党在刽子手的刀下丧生。读者已经看到，查理-爱德华亲王白白集他祖父的德行和外祖父、波兰国王约翰·索别斯基的勇气于一身。他立下战功，但却遭到最难想象的不幸。如果世间有什么事物能为那些相信万事万物都无法逃脱某种命运的人辩解的话，那么，三百多年中，斯图亚特家族所遭到的这一系列不幸就正是这种事物。

第十六章

从威廉三世入侵英格兰、苏格兰和爱尔兰到1697年这段时期欧洲大陆发生的事件　帕拉蒂纳的新战火　卡蒂纳和卢森堡元帅的胜利，等等

我虽然不愿中断英国的事态发展这条线索，但是仍然要回过头来叙述一下欧洲大陆发生的事件。

法国国王一方面就这样建立了一支任何国家都无法超过的海上力量，另一方面又必须和德意志皇帝、德意志帝国、西班牙、两个海上强国——英国和荷兰（在一个元首治理下，两国就显得更加可怕）——萨伏依以及差不多整个意大利作战。从前，这些敌人当中，只要有一个，譬如英国或西班牙，就足以蹂躏法国。这时它们合在一起，也无法伤害这个国家。这场战争期间，路易十四几乎自始至终拥有兵团五个，有时甚至六个，从不少于四个。法国驻德国和佛兰德尔境内的军队不只一次多达十万。当时边境要塞并未平毁。法国国王拥有军队四十五万，其中包括海军。土耳其帝国虽然在欧、亚、非三洲势力强大，但从来没有这样多军队。罗马帝国的军队也从来没有超过此数，而且从来没有同时进行这样多战争。责难路易十四树敌太多的人，对他采取很多措施进行自卫，甚至能

事先防范，十分钦佩。

路易十四的敌人还没有完全公开表态，也没有全体团结一致。奥伦治亲王还没有离开特塞尔岛[①]，去驱赶他那做国王的岳父，法国这时已经陈兵荷兰边境和莱茵河上。（1688 年 9 月 22 日）法国国王已经派遣他的王储儿子率领十万大军开赴德国。这位王太子被人称为殿下，习性温和、举止谦恭。他的一切秉性似乎都得自母亲。他当时二十七岁。这是他以自己的性格确保不会滥用指挥权之后，第一次被委以指挥重任。他出发时，国王公开对他说："儿子，我派你去指挥我的军队，是使你有机会发挥你的才干。让整个欧洲看看你的才能吧！以便我一旦死去，人们看不出国王已经死了。"

这个王太子有一个指挥作战的特别委员会。他本人似乎仅仅是国王挑选的将领之一。他父亲写信给他说："致我的儿子王储、我的副将、我的驻德部队司令。"

一切都已准备就绪，部署完毕，以便路易十四的儿子以他自己的名字和他的亲征来作出贡献，而不致蒙受任何耻辱。迪拉斯元帅是这支军队真正的统帅。布弗勒尔在莱茵河这边有一支军队。于米埃尔元帅在朝科隆方向有一支军队监视敌人。海德尔堡和美因茨都被攻占。对菲利浦斯堡的包围已经开始。这一军事行动始终是法国对德作战必需采取的先决步骤。沃邦指挥这次围城。所有不属他职权范围的细节则由当时任副将的卡蒂纳处理。卡蒂纳是个无所不能、无职不能担任的人物。王太子在挖好攻城壕后六

① 特塞尔岛，属尼德兰，以产羊著称。——译者

天到达。他模仿父亲，根据需要，尽量置身险境，但却从不轻率鲁莽。他对人和蔼可亲，对士兵慷慨大度。法国国王因有这样一个模仿他，但不超过他，使自身受人爱戴，但不为父亲所惧怕的儿子，而真正感到高兴。

菲利浦斯堡在十九天内攻克。曼海姆于三天内占领(1688 年 11 月 11 日)。弗兰肯塔尔于两天内攻占。斯皮尔、特里尔、沃尔姆斯和奥彭海姆等地，一俟法军兵临城下，就开门投降(1688 年 11 月 15 日)。

法国国王早已下定决心，一俟这些城市攻克，就使帕拉蒂纳变得荒无人烟。他的主要意图是使敌人无法在这一地区生存，而不是向帕拉蒂纳选侯进行报复。这位选侯除了和德国的其余部分结盟反对法国，尽其义务之外，并没有其他罪过。(1698 年 2 月)路易十四下令把该地全部化为灰烬。这道命令由卢瓦签署下达军中。法国将领对这道命令只能服从，于是在严冬时节，向这些繁荣兴旺、精心修缮的城市的市民、村民以及五十多座城堡的主人发出通知：他们必须离开自己的住宅；这些住宅将用铁和火加以摧毁。于是，男女老幼匆匆离家。一部分人流落田野；另一部分人逃往邻国。这时，一贯执行严酷军令、从不执行宽大命令的士兵则烧杀抢掠，肆意妄为。烧杀从选侯们的居住地曼海姆和海德尔堡开始。他们的豪华邸宅和公民的房屋同样被付之一炬。贪婪的士兵把他们的坟墓挖开，以为可以从中找到金银财宝。他们的骨灰被抛撒扬散。这是路易十四在位时期，这个美丽的地方第二次惨遭蹂躏。蒂雷纳曾经用来焚毁帕拉蒂纳两座城市和二十座村庄的烈火，与这场大火相比，只不过是星星之火而已。欧洲对这些暴行深恶痛绝。奉命纵火的军官对充当这些冷酷残忍的行动的工具深感可耻。人们把这些罪责推给卢瓦侯爵,因为长期执政产生的冷酷无情使他变得毫无人性。这些的确是他的主张,但路易十四有权不予采纳。法国国王如果目睹这一烧杀景象,也会躬亲扑灭火焰。他在凡尔赛宫的高墙深院之内,在舒适逸乐之中签署命令,摧毁整整一个地区,因为他在这道命令中只看到自己的权力和战争给予他的不祥的权利。如果更靠近战场,他只会看到恐怖景象。到那时为止,那些钦佩他同时又谴责他的野心的民族,于是群起抗议他的冷酷,甚至谴责他的政策,因为如果敌人深入他所属各邦,正如他深入敌境一样,也会把他的城市化为灰烬。

应该担心这种危险:路易十四以十万大军保卫国境,这使德意志也作出同样努力。这个地区人口比法国稠密,兵源比法国充足。军队的招募、集结和支付军饷比较困难。这些军队投入战斗较晚,但纪律严明,能吃苦耐劳。这使他们在战斗结束时,和法军在战斗开始时同样令人胆寒。这些军队由洛林公爵查理五世指挥。这位诸侯因所属邦土被路易十四夺走,不能返回故国。他曾为德意志皇帝把德意志帝国保存下来,使德意志皇帝战胜土耳其人和匈牙利人。他和勃兰登堡选侯消除了法国国王的好运。他收复波恩和美茵茨。这两个城市设防很差,但防守的方式却被认为堪称要塞防御的楷模。波恩在指挥守城的阿斯费尔德男爵于某次总攻击中受伤身死之后,经过三个半月的包围才开门投降(1689 年 10 月 12 日)。

后来晋升为法国元帅的于克塞勒侯爵是最精明强干、最有远见卓识的人物之一。他为保卫美茵茨进行了十分周密精细的布署，因此卫戍部队虽然长时守备，几乎并不感到疲劳。他除了对内部密切注意之外，还进行了二十一次对外出击，杀死敌军五千余人。他甚至还在大白天出击两次。但是，七周以后，该城终因弹尽粮绝被迫投降。这次保卫战由于本身的意义，还由于公众对它的评价，应该在历史上占有一席之地。巴黎是座懒汉充斥的大城。这些懒汉企图事事都妄加评论。他们耳舌极多，眼目极少，把于克塞勒看成是个懦弱无能、没有头脑的人。这个全体优秀军官一致正确称赞的人从战场归来，在剧院里观看喜剧演出时却受到公众嘲骂。人们向他喊叫："美茵茨。"为此，他不得不退休隐居。此举意味着，他和明智有识之士对这样一个拙于评估功劳、但人们却图谋得到其赞美的民族不无蔑视之意。

(1689 年 6 月)几乎与此同时，于米埃尔元帅在荷兰的桑布尔河畔的瓦尔库尔被瓦尔德克打败。这次挫败虽有损他的声誉，对法国军队却并未造成多大损失。卢瓦是于米埃尔的保护者和朋友，但也不得不解除他的兵权。必须找人替换他。

国王不顾首相卢瓦反对，挑选了卢森堡元帅。后者同蒂雷纳过去一样，也遭到首相嫉恨。国王对他说："我答应你，我要设法让卢瓦行为端正。我要迫使他为了我的利益，抛弃对你的仇恨。你有信直接写给我，不要由他转交。"卢森堡因此在佛兰德尔指挥战斗。卡蒂纳则在意大利担任同一职务。在洛尔热元帅的指挥下，德国境内的自卫战进展顺利。诺阿伊公爵在加泰罗尼亚战场上取得一些胜利。然而，在卢森堡指挥作战的佛兰德尔和卡蒂纳指挥作战的意大利，法军却连续取得一系列胜利。这两位将领当时在欧洲最受尊敬。

卢森堡公爵元帅的性格具有他的老师孔代的性格的一些特征：生性热情、行动敏捷、目光锐利、求知欲旺盛、思路开阔，但不够条理、缜密。他虽然身材不好、其貌不扬，但却沉湎于与女人厮混，一贯好色，常常博得女人欢心。他具有的英雄素质比他具有的贤哲素质更多①。

卡蒂纳勤奋努力、灵活敏捷、无所不能而又毫不自夸。这种资质和精神存在于他的心灵之中。他成了一位优秀的将领②。同样，他也会成为卓越的首相、干练的大法官。他最初是个律师。二十三岁时，因在一场有理的官司中败诉，而离弃这一职业。他决定投身军伍。他在军中最初是一名掌旗官。1667 年在进攻里尔堡垒的外护墙的战斗中，他在法国国王的眼观目睹之下，采取了一个需要智勇兼备的行动，引起国王的注意。于是他开始时来运转。他不搞阴谋诡计，逐级晋升。稳重的两大障碍是威势和战争。他身处这两大障碍之中仍能保持冷静沉着。他摆脱一切偏见，但并不故意做作，以致显得对这些偏见过分蔑视。他对献媚邀宠一窍不通。因此他愈交友结谊，愈为人正直诚实。在日常生活中，他既仇视私利，也憎恶排场。他一直到去世，在各方面都冷静通达，行事明哲。

卡蒂纳当时在意大利指挥作战。他时刻想到萨伏依公爵维克

① 见《火刑法庭》第二十六章“轶事”。现在这位元帅通常被军界视为首屈一指的军人，熟谙调动和指挥大部队作战的艺术。——伏尔泰注

② 从《曼特农夫人书信集》可以看出，曼特农夫人并不喜欢卡蒂纳元帅。她并不希望从他那里有所得。她把他的谦虚称作骄傲。看来，这位夫人对事务的一知半解以及她糟糕的选择，后来都促使法国遭受苦难。——伏尔泰注

多-阿梅代。当时这位公爵是个通达明智、手腕灵活，但却更加背运的诸侯。他浑身是胆，亲自指挥，像士兵那样不避艰险。在像他那样的国家里，沟渠纵横、山峦起伏。在这种地形上进行曲折的通道战争，他比任何人都更加精通。他极其警惕，办事井井有条，但无论作为诸侯，还是作为将领，他都犯过错误。根据某些人的说法，他和卡蒂纳两军对峙时，军队部署失当，因而铸成大错（1690年8月18日）。法国将军利用这一错误，在望得见萨卢斯的地方和斯塔法尔德修道院附近大获全胜。这一战役就以斯塔法尔德命名。两军交战，一方死伤惨重，另一方几乎毫无伤亡，这就毋庸置疑地证明，败军处于一种必然要被制服压倒的地形之中。法国军队仅三百人被杀，而萨伏依公爵指挥的盟国军队却阵亡达四千人之多。在这次战役之后，除蒙梅利昂外，整个萨伏依都向法国国王降服。卡蒂纳进入皮埃蒙特（1691年），突破在絮兹附近筑壕固守的敌人的防线，攻克絮兹、维尔弗朗什、蒙塔尔邦、号称无法攻克的尼斯、韦伊拉尼、卡尔马尼奥尔，最后返回蒙梅利昂。他英勇顽强，包围这座城市，并得以占领。

他取得累累战果之后，政府部门裁减了他率领的军队。这时萨伏依公爵却扩大自己的部队。卡蒂纳因此反而不如败敌强大，长期处于守势。但他最后获得增援，便自阿尔卑斯山挥师直下马尔萨伊，在该地取得第二次列阵战役的胜利（1693年10月4日）。这次胜利因萨伏依的欧仁为参战敌将之一而更加辉煌。

（1690年6月30日）在法国面向荷兰的另一端，卢森堡元帅在弗勒吕战役中获胜。全体军官一致认为，这一胜利的取得是由于法国将领的才能高于当时的盟军将领瓦尔德克亲王。这次大捷的标志是:敌军八千人被俘;六千人被杀;两百面军旗或战旗,以及大炮、辎重被缴获;敌军溃逃。

威廉国王战胜他岳父后,再次渡过大海。这位足智多谋的天才从自身一次失败中吸取的教益,比法国人从多次胜利中得到的好处还多。他必须施展谋略,进行谈判,以获得军队和金钱,以对抗那个只消说声“我要”,就会得到军队和金钱的国王。(1691 年 9 月 19 日)他在弗勒吕之役遭到失败后,使用和法军同样强大的军队来对抗卢森堡元帅。

(1691 年 4 月 9 日)敌对双方军队都由八万人组成。但这时蒙斯已被卢森堡元帅包围。威廉国王不相信法国军队已开出宿营地。路易十四前来视察围城情况。攻城壕沟的挖掘工程已进行九天,敌军还在眼前,他就进入该城,旋又立即返回凡尔赛,由卢森堡在整个战役中坚决抵抗敌军。这次战役以勒斯战斗作为终结(1691 年 9 月 19 日)。勒斯战斗是个军事奇迹。在这次军事行动中,国王的御林军和宪兵的二十八个骑兵连打败敌军七十五个骑兵连。

法国国王在包围那慕尔战役中再次出现。那慕尔位于桑布尔河和默斯河的汇合处,城堡筑于悬崖绝壁之上,固若金汤,是荷兰的强固要塞。国王在八天之内攻克该城(1692 年 6 月),在二十二天内占领所有城堡。这时卢森堡公爵正在阻拦威廉国王率领八万大军渡梅埃涅河,前来解除那慕尔之围。路易十四取得这次胜利后,又返回凡尔赛,仍由卢森堡抗击全部敌军。因作战双方施展谋略和作战英勇而著名于世的施泰因刻尔克战役就在当时进行。法国将领派到威廉国王身边的一名间谍遭到破获。这名间谍被处决之前，被迫向卢森堡元帅写了一份假情报。卢森堡根据这份情报，采取了一些他理应采取的措施，但他因此必然被人打垮。拂晓，他的军队正在沉睡，突然，一个旅已被敌军击溃。而这位元帅几乎还浑然不知。如果不是行动神速敏捷，英勇奋战，一切都会丧失殆尽。

仅仅具有卓越的将才还不能免遭击溃。还必须拥有能征惯战、能重新集结再战的军队，以及精明能干的将领。这种将领既能排除混乱，重振颓局，又有这样做的坚强意志。因为如果一个高级军官企图利用混乱之机，使他的将军遭到挫败，他可以轻易做到这点，而不致累及自己。

（1692 年 8 月 3 日）卢森堡患病。在正需要重新奋发、振作再战的时刻，这一情况十分险恶不祥。面临的危难使他力量恢复。这时要不被敌方打垮，必须出现奇迹。他创造了这一奇迹：改换阵地、使他那支已无战场可以施展威力的军队得到战场，整顿陷于一片混乱的右翼、三次重新集合部队、三次率领御林军冲锋。这一切他都在不到两小时之内完成。奥尔良公爵菲利浦（当时是夏特尔公爵、后来是王国摄政、法国国王的孙子）当时不到十五岁，正在卢森堡元帅军中。这位公爵对决定战役胜负无能为力。但是，一个还是孩子的法国国王的孙子和御林军一齐冲锋陷阵，作战受伤仍继续战斗，这已经很足以激励士气。

大孔代的一个孙子和一个侄孙同在卢森堡军中担任副将职务。一个是路易·德·波旁，被人称为公爵大人；另一个是孔蒂亲王弗朗索瓦-路易。两人的勇气、才智、野心、声誉都不相上下。公爵大人的性格更加严肃，品质可能更加笃实，而孔蒂亲王的性格却更加突出。公众齐声要求他们执掌兵权，负责指挥。他们也热望获得这种荣誉，但是却永远无法达到目的，因为路易十四既知道他们的才能，也了解他们的野心。孔代亲王曾经同他作战，这一点他始终耿耿于怀，念念不忘。

孔蒂亲王第一个排拨混乱，重振颓局，重新集合几个旅，并命令另几个旅前进。公爵大人并不需任何竞争精神推动，也同样行动。亨利四世的孙子旺多姆公爵也是这支军队中的副将。他从十二岁起，就在军中服役。当时，他虽然年已四十，但还没有担任过总指挥的职务。他的兄弟是修道院院长，跟随在他左右。

所有这些亲王必须率领国王御林军和舒瓦瑟尔公爵一道，驱逐一支守卫一个处于有利地形的哨所的英国军队。这一哨所的得失为战役胜负所系。法国国王的御林军和英国军队都是世界上最精锐的部队。这场屠杀规模很大。这群亲王和年轻贵族同将军并肩作战，法国人在他们的鼓舞下取得了最后胜利。香巴尼团击溃威廉国王的英国卫队。英国人既被打败，其余的部队也不得不屈服。

后来成为法国元帅的布弗勒尔就在这个关键时刻率领龙骑兵，从几里以外奔赴战场，使法军大获全胜。

威廉国王在这次战役中损失七千人左右。他撤退同进攻一样，有条不紊。他屡战屡败，但始终令人生畏。战场还在他控制之下。因全体年轻王侯和王国中最朝气蓬勃的贵族子弟浴血奋战取得的胜利，在宫廷、巴黎和外省都产生了任何捷报所没有产生过的影响。

公爵大人、孔蒂亲王、旺多姆先生和他们的朋友胜利归来，群众夹道欢呼，欣喜若狂。妇女们急于吸引他们的目光。男人们煞费苦心，花了不少工夫，穿戴打扮，系上花边领结。在这之前，王侯们仓促着装，开赴前线参加战斗，领带结得十分马虎。妇女们身上的饰物就是根据这种式样制作的，被人称为施泰因刻尔克。所有新制首饰都是施泰因刻尔克式的。大家向参加这次战役的一个青年投以热情的目光。群众到处把王侯们团团围住。这些王侯由于在宫廷受到的宠信与他们的荣誉颇不相称，因而更加受人爱戴。

法国在这一战役中失去了在德国作战阵亡的那位英雄的侄儿、年轻的蒂雷纳亲王。他已经显得前程似锦，堪与他伯父媲美。他的风度和他的才智，使城市、宫廷、军队都对他十分珍爱。

卢森堡将军向国王汇报这次令人难忘的战役时，认为不值得告诉国王，他受到敌军进攻时正在病中。

同样这位将军率领同样这些王侯，以及同样这些在施泰因刻尔克遭到突然进攻，但却取得胜利的军队开赴前线，进行下一战役。他们行军七里，在内尔温德追上威廉国王，对他进行突然袭击。内尔温德是盖特河畔的一个村子，离布鲁塞尔只不过几里之遥。威廉在夜间还来得及筑壕固守，并进行战斗部署。法军拂晓时对他发起攻击(1693 年 7 月 29 日)。威廉当时正率领鲁维尼团队作战。构成这个团队的法国贵族全部都因《南特敕令》[①]的不幸废除和龙骑兵的屠杀而被迫背井离乡，憎恨祖国。他们要在自己

① 《南特敕令》于 1598 年由法国国王亨利四世颁布，它有利于新教徒。1685 年路易十四颁令废止，引起大批卡尔文教徒出逃法国。——译者

的祖国身上报耶稣会教士拉谢兹[1]搞阴谋诡计和卢瓦残酷屠杀之仇。威廉有这样一支斗志昂扬的队伍由他指挥，一开始就把出现在他面前同他对抗的骑兵队打垮。但是，他的坐骑被杀，自己也被打翻在地。他站起身来，继续拼死战斗。

卢森堡两次执剑进入内尔温德村。维勒鲁瓦公爵跃入敌军防御工事。村子两度易手，失而复得。

这个夏尔特尔公爵菲利浦，还在内尔温德这个地方表现出不愧为亨利四世的孙子。他三次率领龙骑兵冲锋陷阵。这支队伍被击退。他退到一块低洼地里，周围全是死伤的人马。敌军一支骑兵队向他冲来，喝令他投降。他被人抓住，仍然孤身自卫，打伤扣押他的敌军军官，并得以逃脱。这时他原来率领的士兵又向他飞奔而去，解了他的围。被人称为公爵大人的孔代亲王和他的竞争者孔蒂亲王两人，曾经在施泰因刻尔克战役中表现突出，引人注目，在内尔温德一战中，他们为了生命和荣誉，同样英勇奋战。他们承担义务，亲手杀敌。自从炮火在战斗中决定一切以来，这种事今天在将官中几乎从来没有发生过。

卢森堡元帅比以往任何时候更加引人注目，更加不顾个人安危。敌人向他射击时，他的儿子蒙莫朗西公爵冲到他前面，中了射向父亲的子弹。最后卢森堡将军和亲王们第三次攻占村庄，打赢这场战斗。

别的作战日子很少比这天伤亡更加惨重。近两万人被杀。盟

① 拉谢兹（1624—1709），路易十四的听忏悔神父。曾促使废除《南特敕令》。——译者

国方面死一万二千，法国方面死八千。就是在这种时机，据说必须多唱 De profundis①，少唱 Te Deum。②

如果有什么事物能够使人在悲惨的战争暴行中得到安慰的话，那就是在蒂尔勒蒙受伤被俘的萨尔姆伯爵所说的那句话。卢森堡元帅给予他精心护理。这位伯爵对他说："你们是多么了不起的民族啊！战斗中没有比你们更加可怕的敌人。胜利后没有比你们更加慷慨的朋友。"

所有这些战役带来巨大的荣誉，但很少带来巨大的好处。盟军虽在弗勒吕、施泰因刻尔克、内尔温德等地受挫，但并未被彻底打垮。威廉国王始终撤退得很漂亮。每次战役结束半月之后，还必须对他发动另外一次，以便夺取胜利。巴黎的大天主教堂里挂满敌军的战旗。孔蒂亲王称卢森堡元帅为"巴黎圣母院里的挂毯人"③。人们只谈论胜利。路易十四过去不战而胜，夺取了荷兰、佛兰德尔的一半、弗朗什-孔泰的全部。现在他竭尽全力，浴血奋战，夺得以惨重伤亡换来的胜利之后，仍然不能动摇联省，甚至无法包围布鲁塞尔。

（1692 年 9 月 1—2 日）洛尔热元帅也在施皮尔巴赫附近打了一个大胜仗。他甚至生俘老符腾堡公爵，深入公爵领地。但是

---

① De profundis，拉丁文，为忏悔诗之一。其开头第一句大意为："主啊，我从地下深处呼唤你。"——译者

② Te Deum，拉丁文，为早期基督教赞美诗之一。其开头第一句大意为："主啊，我们礼赞你。"——译者

③ 因为巴黎圣母院展出的敌军军旗都是卢森堡元帅缴获的，故孔蒂亲王称他为"巴黎圣母院里的挂毯人"。——译者

入侵获胜后，又被迫撤出。殿下①再度占领并洗劫被敌军收复的海德尔堡。以后，他不得不采取守势对付德意志帝国军队。

卡蒂纳元帅在取得斯塔法尔德战役的胜利和征服萨伏依之后，并不能保证多菲内免遭同一个萨伏依公爵的入侵，也不能在马尔萨伊得胜之后拯救卡萨尔这个重镇。

诺阿耶元帅也在西班牙的泰尔河岸取得一次战役的胜利（1694 年 5 月 27 日）。他攻占吉罗纳和几个小要塞。但是他兵力单薄，因此在获胜之后，被迫从巴塞罗那城下后撤。所向披靡的法国人，因胜利而遭到削弱，而与他们作战的盟国却始终是条死而复苏的七头凶龙。征募军队在法国开始困难重重。筹集军费更非易事。这个季节的凛冽气候，冻毁这时地里的庄稼，引起饥馑。人们在一片赞美诗声和欢庆声中死于贫困。这种自信心和优越感——法国军队的灵魂——已经略有衰减。路易十四不再统率军队。卢瓦已经去世（1691 年 7 月 16 日）。百姓对他的儿子巴尔伯齐厄极为不满。最后，卢森堡元帅终于去世，士兵在其指挥下曾经具有必胜的信念。他的死似乎中止了法国一系列迅速取得的胜利。

使用舰艇轰击沿海城市的技术使发明它的人自尝苦果。英国人用以焚毁圣马洛但未收到成效的爆炸装置并非来源于法国人的技艺。很久以前欧洲就有人试制这种装置。法国人发明的技术是一种从活动盘上发射炸弹的技术，其准确性和从坚实的土地上发射的相同。正是这种技术才使迪埃普、勒阿弗尔-德-格拉斯、圣马洛、敦刻尔克和加来等地受到英国舰队炮轰（1694 年 7 月和

① 此为路易十四之后对法国王太子的尊称。——译者

1695 年)。迪埃普比较容易接近,是唯一真正受到损失的城市。这座城市今天以其井然有序的房屋逗人喜爱。它的美化应该归功于它的不幸。它当时几乎被夷为一片瓦砾。勒阿弗尔-德-格拉斯只有二十所房屋被炮弹击毁。但是该港的防御工事却被夷为平地。在这个意义上,荷兰铸造的奖章上的图像倒十分真实,虽然很多法国作者对这一图像的虚假性议论纷纷。奖章上的拉丁文题铭是:“被焚烧和摧毁的勒阿弗尔港……”这个题铭并没有说这座城市已被焚毁。说该城被焚与事实不符,但是说该港被烧过,却与事实相符。

不久以后,法国在那慕尔取得的胜利成果也丧失殆尽。法国曾经大事歌颂路易十四攻占该城,曾经轻浮无礼、大事嘲讽威廉国王未能以一支四万人的军队援救该城。威廉过去曾经目睹这座城市被如何攻下,于是这次如法炮制,加以占领。在一支当路易十四围城时比他的军队更强大的军队的目睹之下,他进攻这座城市,发现那里有沃邦新建的防御工事。该城的法国守卫部队是一支大部队,因为当他形成包围圈的时候,布弗勒尔元帅率领龙骑兵七个团投入这一要塞。因此,那慕尔现在由一万六千人保卫,并有近十万人准备随时开来援救。

布弗勒尔元帅是个优点很多的人,是个刻苦勤奋的将领,是个优秀公民。他想的只是如何有利于为国尽力效劳。他不辞劳苦,又不顾个人安危。弗基埃尔侯爵的回忆录责备他在防守要塞和城堡时犯了错误。这一回忆录还责难他在防御里尔时也犯有错误。而事实却是,里尔的保卫战使他荣殊誉满。写路易十四历史的人在写轶事时抄袭舒瓦西修道院长的著作,在写战争时也毫无独立见解，机械抄袭弗基埃尔侯爵的著作。他们无法知道，弗基埃尔这个优秀的军官，对于战争的理论和实践无不通晓，他的忧伤抑郁不亚于他的博学广闻。他是将军们的阿里斯塔克①，有时甚至是他们的佐伊尔②。他篡改史实，以取得对人严责狠批之乐。他抱怨众人，众人也怨恨他。据说，他是欧洲最勇敢的人，因为他曾在十万敌军重重包围之中仍然倒床酣睡。但是，他的才能并没有使他获得法国元帅权杖的奖赏。因此，他过分运用自己的智慧来反对为国效劳的人。他如果具有既通融和解又明察敏锐、勤奋努力、大胆无畏的精神，那么，他的这些智慧就会大有用处。

他责备维尔鲁瓦元帅比布弗勒尔犯的错误更多，更带有根本性质。维尔鲁瓦统率将近八万人，本应援救那慕尔。但是，即使维尔鲁瓦和布弗勒尔元帅做了应当做的一切（这种情况很少），由于地形的缘故，那慕尔无法得到援救，迟早终将投降。美茵河岸曾经遍布一支拦阻威廉国王的援军前进的监视部队。这河岸现在必然会成为阻止维勒鲁瓦元帅增援的障碍。

布弗勒尔元帅、这个城市的总督吉斯卡尔、步兵司令夏特莱·德·洛蒙伯爵以及全体官兵英勇顽强地保卫了城市，令人钦佩。但是，这种勇气延迟该城陷入敌手的时间还不到两天。当某个城市被优势的军队包围，如果攻城战斗指挥有方，季节有利，在这种情况下，无论该城防守如何严密，人们几乎知道它在多长的时间内

---

① 阿里斯塔克（公元前 217—前 145?），古希腊语法学家和文献校勘家。曾任亚历山大城图书馆馆长。此处为引申义，指严厉而公正的批评家。——译者

② 佐伊尔，公元前 4 世纪的希腊诡辩家。以批评荷马作品著名。此处泛指出于嫉妒而贬低他人作品的文艺批评家。——译者

会被攻占。威廉国王占领城市和城堡所花时间比路易十四多(1695 年 9 月)。

法国国王丢失那慕尔时,下令轰击布鲁塞尔。这是为他的城市遭受英国人轰击而向西班牙国王进行的徒劳无益的报复。这一切对交战双方说来都构成一场毁灭性的、悲惨的、有害的战争。

我们的战争引起的破坏不局限于我们欧洲。这是两个世纪以来人们的勤奋和狂热产生的后果之一。我们为了到亚洲和美洲的边远之地去毁灭自己,花费大量人力、财力,结果弄得自身精疲力竭。印度人因我们使用武力和计谋而被迫接受我们的殖民地。美洲人曾经遭到我们屠杀,他们的大陆遭到我们蹂躏。他们都把我们看成是从世界的一端跑去残杀他们,接着又自我毁灭的人,是与人类天性为敌的人。

法国人除了柯尔伯花费巨资,苦心经营的本地治里之外,在辽阔的印度并没有其他殖民地。耗费巨资结成的果实,要好多年后才能采摘。荷兰人轻而易举就占有了这些果实,并摧毁了法国刚在印度建立起来的贸易。

(1695 年)英国人摧毁了法国人在圣多明哥的种植园。一个布雷斯特的船主破坏了英国人在非洲冈比亚的种植园。圣马洛的船主们把铁和血带到英国人在东海岸拥有的纽芬兰。英国人的牙买加岛受到法国分舰队的蹂躏。他们的船舰被缴获焚毁,他们的海岸遭到洗劫。

(1697 年 5 月)法国分舰队司令普安蒂率领几艘法国国王的舰艇和几艘美洲的武装民船,在航线附近对卡塔赫纳城进行突然袭击。这个城市是西班牙人贮存取自墨西哥的金银财宝的仓库和堆栈。普安蒂在那里造成的损失估计为两千万镑，掠获的资财估计为一千万镑。这些计算总会有某些部分需要扣除，但是这些光荣的远征造成的深重灾难却没有任何部分需要扣除。

荷兰和英国的商船始终遭受法国船主，特别是迪盖-特鲁安的掠夺。迪盖-特鲁安在他那类人中是个无与伦比的人物。对他来说，要享有德拉居①和巴尔伯鲁斯②的盛名，只不过还缺少大型舰队而已。

让-巴尔也在海盗中间大名鼎鼎。他同迪盖-特鲁安一样，从普通水手晋升为舰队司令。他们至今还名声赫赫。

敌人抢走的法国商船较少，因为法国商船较少。柯尔伯之死和战争使法国的商业贸易锐减。

海、陆远征带来了普遍灾难。仁慈之心多于策略手腕的人将会看到，在这次战争中，路易十四武装进攻过他的内兄弟西班牙国王，进攻过巴伐利亚选侯（他曾经把巴伐利亚选侯的姐妹嫁给自己的儿子法国王太子为妻）。在让他的兄弟娶了帕拉蒂纳公主之后，进攻过帕拉蒂纳选侯，焚烧了选侯所属各邦。詹姆士国王被他的女婿和女儿废黜。后来，人们甚至看见萨伏依大公与人结盟反对法国。法国太子之妻是这位大公的女儿之一。人们甚至还看见他进攻过西班牙。他的另一个女儿在那里当了王后。大多数基督教君主之间的战争是属于家族内战一类的战争。

---

① 德拉居，十六世纪土耳其海盗。后任土耳其海军将军。曾率军骚扰掠夺非洲海岸。——译者

② 巴尔伯鲁斯，十六世纪土耳其海盗。为兄弟二人。曾相继为阿尔及尔国王。——译者

整个这次战争罪恶最大的行动是唯一真正圆满成功的那个行动。威廉在英格兰和爱尔兰始终一帆风顺，马到成功。他在其他地方取得的胜利则全被抵消。当我把这个行动称为罪恶行动时，我并不去探究这个民族杀死某人的父亲后，有无理由放逐他的儿子，禁绝他的宗教，剥夺他的权利。我只是说，如果地球上有某些正义可言的话，詹姆士国王的女儿和女婿无权把詹姆士驱逐出他的宫廷。这个行动在个人之间是骇人听闻的。百姓的利益似乎为君主王侯们创立了另外一种伦理。

第十七章

法国同萨伏依缔结的条约　勃艮第公爵的婚姻　里斯维克和约　法国和欧洲的局势　西班牙国王查理二世之死及其遗嘱

法国对所有敌人仍然保持优势。它们当中的几个，如萨伏依和帕拉蒂纳，已被它制服。它在其他国家的边境上作战。这个躯体虽结实壮健，却因长期抵抗而疲惫不堪，因节节胜利而耗尽精力。及时给予打击，本会使它摇摇欲坠。同时多方树敌的人最后只能通过分裂敌方或缔结和约来拯救自己。这两者路易十四都很快做到。

当萨伏依公爵维克多-阿梅代需要为自身利益而解除所承担的义务时，他就先于其他君主作出抉择。法国宫廷与之打交道的就是这个诸侯。后来晋升为法国元帅的泰塞伯爵是个灵活干练、和蔼可亲、生性令人喜爱的人。他的才能在谈判者中首屈一指。他最初在都灵秘密行事。卡蒂纳元帅既长于和谈，又善于作战，完成了这次谈判。要使萨伏依公爵决心接受实惠，并不需要两个灵活干练的人去劝说。法国把他的国土归还他，并给他金钱，还向他建议，让他的女儿和殿下的儿子、法国王位继承人、年轻的勃艮第公爵结婚。这桩婚事很快就得到同意（1696 年 7 月）。公爵和卡蒂纳在洛雷特的圣母院缔结了条约。他们以朝拜圣地为借口前往洛雷特，但这个借口骗不过任何人。教皇（当时是英诺森十二世）积极参与这次谈判，其目的在于解救意大利，使之既不遭受法国入侵，也免付德意志帝国为支付军费而不断课征的捐税。人们希望德意志帝国军队让意大利保持中立。萨伏依公爵答应通过条约为意大利取得这种中立。德意志皇帝最初的答复是加以拒绝，因为维也纳宫廷只在局势危急、走投无路时才会作出决定。于是，萨伏依公爵把他的军队并入法国军队。不到一个月，这位诸侯便由德意志皇帝的大元帅变为路易十四的大元帅。他的女儿当时十一岁，被带往法国（1697 年），与十三岁的勃艮第公爵结婚。萨伏依公爵背叛后，正如内伊梅根和约缔结时期一样，每个同盟成员都作出决定，进行谈判。德意志皇帝首先接受意大利中立。荷兰人提出以海牙附近的里斯维克古堡作为谈判普遍和平的会议场所。法国国王当时有四支军队处于战备状态，这加速了和约的缔结。一支八万人的军队当时在佛兰德尔驻守，由维勒鲁瓦率领。舒瓦瑟尔元帅在莱茵河畔也有四万人。卡蒂纳在皮埃蒙也有一支人数相同的军队。旺多姆公爵好像一个官运亨通的士兵，从法国国王的卫士逐级晋升，达到将军的衔级，在加泰罗尼亚担任司令官。他在该地打了一次胜仗，占领巴塞罗那（1697 年 8 月）。这些新的努力和新的胜利是最有效的调停。罗马宫廷还提出愿意进行仲裁，但却如同在举行内伊梅根和会时一样，遭到拒绝。瑞典国王查理十一世担任调停人。（1697 年 9 月、10 月）和约终于缔结。这次缔约，法国不再摆出过去足以显示路易十四的威势的那种高傲和提出那些有利于法国的条件，而是表现得很随和，而且还降低了法国国王所要求的权利，这使法国人和同盟国都感到惊奇。人们长期以来认为，这项和约是经过深谋远虑制定出来的。

人们认为法国国王的宏伟方案是，而且应当是，不让庞大的西班牙君主国的遗产落入奥地利家族另一支系手中。据说，他希望波旁家族至少能争取到被瓜分的遗产的一部分，或者有朝一日，获得全部。路易十四的妻子和母亲过去曾经签字放弃继承西班牙王室遗产的权利。看来，这种签字只不过徒具形式而已。新的时机一到，它就必然会被废弃。为了实现这个扩大法国或波旁家族的如意算盘，必须向欧洲表现出某些节制，以免使这样多始终疑虑重重的强国产生恐惧心理。和平使人有时间结交新盟友，振兴财政，争取自己用得着的人，并在国内重建民兵。为了取得更多的东西，必须作出某些让步。

这些被人认为就是法国缔结里斯维克条约秘而不宣的动机。由于时局使然，这条约确曾使路易十四的孙子取得西班牙王位。这种想法似乎会有，其实并不存在。路易十四和他的枢密院本应有这种种想法，事实上却没有。这是这个世界一连串剧烈变革的重大事例。这些变革把那些似乎领导它们的人诱卷进去。西班牙这个君主国全部或一部分不久将被占领。但是这种明显的利益对里斯维克和约的缔结并无丝毫影响。托尔西侯爵在他回忆录手稿中承认这点。人们因为厌战而缔结和约。这场战争几乎无的放矢。至少在同盟国方面，这场战争只不过是一个模糊空洞的贬压路易十四威势的图谋而已。而在路易十四这位君主方面，这场战争则是那种从来不甘退减的威势所产生的后果。威廉国王把德意志皇帝、德意志帝国、西班牙、荷兰联省、萨伏依全都卷进他的争端中。路易十四卷入太深，以致无法退出。欧洲的精华部分已经惨遭浩劫，因为法国国王在内伊梅根和约缔结之后，过分高傲地运用了他既得的成就。别国结成联盟，主要是针对他个人，而不是反对法国。国王认为他的军队带来的光荣已被置于稳妥可靠之地。他希望得到处事有节的光荣。国家财力枯竭的现象已经日益明显，这使他易于节制。

政治事务由枢密院处理。决议由该院作出。托尔西公爵还很年轻，仅仅负责决议的执行。枢密院全体成员都希望和平。特别是博维利埃公爵曾在会上大声疾呼，竭力描述人民的贫困。曼特农夫人深为所动。国王对此也并非无动于衷。特别由于法国从柯尔伯大臣为王国创造的那种繁荣昌盛的局面一落千丈，相形之下，这种苦难就给人印象更加深刻。各种庞大的机构支出巨大，令人非常吃惊。节约无法弥补这些过度开支所产生的紊乱。这种内病使人惊异，因为自从路易十四亲政以来，还从来没有人感到过。这是缔结里斯维克条约的原因①。当然，一些合乎道德的观念意识对此也有影响。有些人认为各国国王和他们的大臣始终毫无节制地听凭自己的野心支配；又有些人认为各国国王和大臣总是为世界谋幸福而作出牺牲。这两种人他们的错误不相上下。

法国国王于是把他在比利牛斯山附近夺得的土地，以及他在

① 仓促缔结和约的唯一原因是使王国松一口气。见《托尔西回忆录》第1卷，第50页，第1版。——伏尔泰注

最近一次战争中在佛兰德尔占领的城市：卢森堡、蒙斯、阿特、库特雷等全都归还给西班牙的奥地利家族支系。他承认威廉为英国合法国王。在这以前，这个人还被称为奥伦治亲王、篡政者和暴君。他答应不再给予英王的敌人以任何援助。詹姆士国王的名字在条约中略而未提。这位英国国王徒有国王的虚名，靠路易十四给予的养老金，留居圣日耳曼。后来他只不过还发表一些宣言而已。他的保护者出于自身的需要而牺牲了他。他早已被欧洲人抛到脑后。

布里萨赫和梅斯法院对很多君主作出的判决，以及在阿尔萨斯进行的种种领土合并，统统废除。这些合并是威力和危险的骄傲情绪的象征。根据法律没收的大法官管辖区归还给合法主人①。

法国除了放弃这些权益之外，还把弗里堡、布里萨赫、克尔、菲利浦斯堡归还德意志帝国。此外，它服服帖帖，平毁了莱茵河上斯特拉斯堡的要塞：路易堡、特拉尔巴赫、蒙-罗亚尔等。过去为修建这些工事，沃邦用尽全部技能，国王耗光整个国库。路易十四缔结这项和约，仿佛吃了败仗。欧洲人对此惊讶，法国人对此不满。阿尔莱、克雷西和卡利埃等人因曾参加签订这项和约而不敢在宫廷和巴黎城内抛头露面。他们受尽指责、痛骂和嘲笑，似乎走了政府没有下令要走的一步。路易十四的宫廷责难他们背弃了法国的荣誉。但是，后来，人们却又赞扬他们签订这项条约，使法国

① 因其所著的那部有用的《那不勒斯史》而驰誉遐迩的吉阿诺纳说，这三个法庭设立在图尔内。此人对所有非他本国的事经常弄错。譬如，他说路易十四在内伊梅根和瑞典议和。事实正与此相反，瑞典当时为路易十四的同盟者。——伏尔泰注

得以继承西班牙的王位。其实，无论批评还是赞扬，他们都不应得。

最后，法国根据这项和约把洛林归还给七百年来拥有这一地区的那个家族。德意志帝国的支柱和战胜土耳其人的查理五世公爵已经去世。他的儿子利奥波德在缔结里斯维克和约后拥有洛林的主权。他的真正权利已被剥夺，因为不准许这位公爵在洛林的首府建造堡垒。但是，却无法剥夺他享有一项更加重大的权利——为臣民造福的权利。这种权利从来没有一位王侯比他更善于使用。

但愿千秋万代以后，子孙们都知道欧洲的一个最弱小的君王就是对人民造福最多的那位君王。这位君王发现洛林荒无人烟、满目疮痍，于是设法使这块土地的人口重新繁衍和丰饶富足起来。正当欧洲其他部分惨遭战争破坏之时，他却使这块土地始终和平安定。他谨慎小心，一直与法国友好相处，并在德意志帝国受到爱戴。他顺利地在两大强国之间周旋，保持不偏不倚。这种不偏不倚的地位，一个手中无权的王侯几乎永远无法保持。他使百姓得到他们当时已不再能享受的丰衣足食。那里的贵族已经陷于赤贫境地，仅仅由于他的恩惠善行才又富裕起来。他一看见某个贵族的房屋倒塌，就出资予以修缮。他为百姓还债，嫁女。他以高于恩惠善行的这种馈赠艺术来慷慨馈赠。他把王侯的慷慨和朋友的礼貌加进他的赠礼之中。各种技术在他那小小的省份中颇受重视，引起新的商品流转，使国家增添财富。他的宫廷仿照法国王宫建成。人们从凡尔赛到吕内维尔几乎感觉不到自己身处异国他乡。他效法路易十四，使文学艺术百花齐放、欣欣向荣。他在吕内维尔创建一所摆脱学究气味、类似大学的学校。年轻的德国贵族到此就学。在洛林的学校中，学生学习真正的科学。奇妙的仪器向他们传示物理学的原理。他深入店铺和林野访贤求能，以发掘人才，并加鼓励。他在位期间，专心致志，力求国家安定、富有、文化发达、娱乐普及。他说："假使我不能造福人民，明天我就退位下野。"他因而尝到受人爱戴的幸福。他死了很久以后，我还听见人们提到他的名字时，潸然泪下。他死时为最强大的国王们留下榜样。他的所作所为大有助于为他的儿子铺平通向帝国皇位的道路。

当路易十四正精心筹划缔结将使他能继承西班牙王位的里斯维克和约时，波兰王位忽然空缺。这是当时唯一可以通过选举登上的王位。波兰公民和外国人都可追求这个位置。要登上王位必须功勋彪炳，业绩丰伟，再辅之足够的谋略，以求吸引选票（波兰最后一个国王约翰・索别斯基的情况就是这样）；或者拥有足够的财富，以收买这个王国。这个国家几乎始终供人拍卖。

后来成为红衣主教的波利尼亚克修道院院长最初精明能干地安排了这次选举，使之有利于因在施泰因刻尔克和内尔温德战役中作战勇敢而著名的孔蒂亲王。这位亲王从来没有担任过总司令职务，从来没有进入法国国王的枢密院。公爵大人①在战争中和他享有同等声誉。旺多姆先生的声誉更高。然而，由于这位亲王具有讨人喜欢和自我吹嘘的巧妙艺术，而这种艺术又从来没有人比他更善于运用，所以他的名字使其他名字都黯淡无光。波利尼

① 即路易・德・波旁。——译者

亚克有说服人的艺术。他首先使人们决心赞助亲王。他的雄辩和诺言抵消了萨克森选侯奥古斯特为竞选国王而花费的钱财。孔蒂亲王路易-弗朗索瓦被最大的一派选出(1697 年 6 月 27 日),并由王国的首席主教宣布为国王。两小时后奥古斯特被人数少得多的另一派选出。但是,他是拥有主权的强大诸侯。他的军队在波兰边境作好战斗准备。孔蒂亲王当时不在波兰,既无金钱,又无军队,也无权力。他只拥有自己的名声和波利尼亚克红衣主教。路易十四必须阻止他接受授予他的王位,不然就必须向他提供战胜对方所必需的力量。法国政府送走孔蒂亲王去接受王位。它这样做被认为做得太过,但它只给他一支力量很弱的分舰队和几张他用来抵达但泽海湾的汇票。它这样做又被认为做得不够。人们似乎把这种温和策略作为行动指南:着手办理国家事务,旨在放弃国家事务。孔蒂亲王甚至在但泽都没有受到接待。他随身携带的汇票被拒绝承兑。教皇和德意志皇帝的阴谋、萨克森的金钱和军队保证他的对手获得了王位。他带着当选的光荣归来。法国让人看见它没有足够力量拥立一个波兰国王的这种耻辱。

孔蒂亲王的厄运丝毫没有搅扰基督教徒之间在北欧的和平。里斯维克和约缔结以后,欧洲南部很快得到安宁。除了土耳其对德国、波兰、威尼斯和俄罗斯进行的战争之外,没有发生别的战争。基督教徒虽然没有良好的政府,而且四分五裂,但在这场对土战争中却占优势。欧仁亲王在曾塔战役中打垮了亲自出战的土耳其首相(1697 年 9 月 1 日)。这场因一个土耳其大首相、十七个帕夏①

① 古时奥斯曼帝国各省总督。——译者

和两千多个土耳其人丧命而著名的战役，大杀了奥托曼帝国的骄焰盛气，并使科罗维茨和约得以签订（1699 年），使土耳其人接受和约条款。威尼斯人取得莫莱①。莫斯科人取得亚速海湾。波兰人取得卡米尼克。德意志皇帝取得特兰西瓦尼亚。基督教国家终于获得安宁和幸福。亚洲和非洲都没有听人谈论战争。在十七世纪行将结束的最后两年里，在这个过于短暂的时期内，全世界都处于和平安定之中。

公众的灾难不久重新开始。北欧从 1700 年起受到世界两个最奇特古怪的人搅扰：一个是俄罗斯皇帝彼得-亚历克赛维奇，另一个是瑞典国王、年轻的查理十二世。沙皇彼得超越他的时代和他的民族，以他的天才和他的业绩成为他的帝国的改造者，或者说得更确切些，他的帝国的缔造者。查理十二世更加英勇，但对自己的臣民造福较少。他生来善于指挥军人，而不是领导各族人民。他是他那个时代首屈一指的英雄人物，但却以轻率冒失的国王的名声死去。在十八年战争中，北欧满目疮痍、一片荒凉，其源盖出于沙皇、丹麦国王和波兰国王野心勃勃的政策。他们妄图趁查理十二世幼弱，掠夺他所属各邦的一部分（1700 年）。查理国王十六岁时把他们三人全部打败。他震慑了北欧。在别人还没有受完全部教育的那个年纪，他已被公认为伟人。他在位期间，有九年是世界最可怕的国王，另外九年则是世界上最不幸的国王。

南欧的纷扰骚乱还有另一根源，即对濒临死亡的西班牙国王

① 拉丁人征服希腊伯罗奔尼撒半岛以后，对该地的称呼。——译者

的产业的继承问题。各个强国思想上已在吞噬这笔巨大遗产，它们干着我们经常见到的一个身后无嗣的老富翁患病时发生的那种事：他的妻子、亲戚、教士和奉派前来聆听生命垂危的老人的临终遗言的军官等把老人团团围住，全都极欲从他嘴里争得一句对自己有利的话。一些继承人同意瓜分他的遗产，另一些则准备争夺这些遗产。

路易十四和德意志皇帝利奥波德处于同一等级：两人都因母亲的关系同为菲利浦三世的后代。但是，路易是长女的儿子。法国王太子对德意志皇帝的儿子们拥有较大的优势：他是菲利浦四世的孙子，利奥波德的子女则不是菲利浦四世的后嗣。因此，一切自然的权利都属于法兰西家族。只需看看下表就会明白：

法兰西支系	西班牙国王 菲利浦三世	德意志支系
安娜-玛丽，长女、路易十三之妻，1615年结婚	菲利浦四世	玛丽-安娜，次女、德意志皇帝费迪南三世之妻，1631年结婚
1660年，路易十四娶菲利浦四世的长女玛丽-泰蕾丝	查理二世	费迪南三世和玛丽-安娜的儿子利奥波德1666年娶菲利浦四世的次女玛格丽特-泰蕾丝，生

太子殿下	玛丽-安托瓦内特-约瑟夫，与巴伐利亚选侯马克西米利安-埃马努埃尔结婚，生
|	|
勃艮第公爵	巴伐利亚的约瑟夫-费迪南-利奥波德，四岁时被任命为整个西班牙君主国王位继承人
西班牙国王昂儒公爵	
贝里公爵	

但是，德意志皇帝把下列各项都看成是自己的权利：首先是路易十三和路易十四真正地并得到批准地放弃对西班牙王位的继承，其次是奥地利这个名称，利奥波德和查理二世所出身的马克西米利安家族的血统，这两个奥地利家族支系几乎持久不变的结合、这两个家族对波旁王朝的更为持久的仇恨，西班牙民族当时对法兰西民族的憎恶，最后是善于支配西班牙枢密院的种种权术。

当时没有任何别的事物比使西班牙王位永远留在奥地利家族中传下去更加合乎情理的了。里斯维克和约缔结以前，整个欧洲已经料到这点。但是查理二世的懦弱从 1696 年起就打乱了这个继承顺序。奥地利的名字已被暗中抛弃。西班牙国王有个外侄孙，即巴伐利亚选侯马克西米利安-埃马努埃尔的儿子。还活着的西班牙国王的母亲是这个幼小的、当时年仅四岁的巴伐利亚亲王的曾祖母。这个母后虽然是德意志皇帝费迪南三世的女儿，属于奥地利家族，却使他的儿子剥夺了德意志帝国家族对西班牙王位的继承权。她对维也纳宫廷十分恼怒。她看中这个正脱离婴儿时期的巴伐利亚亲王，想立他为西班牙君主国和新世界的国王。查理二世在她支配控制之下，于1690年立下一张有利于巴伐利亚选侯的遗嘱。查理后来丧母，又受到他的妻子、巴伐利亚-诺伊堡的玛丽-安娜的支配。这位巴伐利亚的公主是德意志皇帝利奥波德的舅嫂。她依恋奥地利家族，其程度和奥地利人母后热爱巴伐利亚的血统一样。事物发展的自然进程在这一事件中始终被颠倒。这件事涉及那个世界最大的君主国。巴伐利亚的玛丽-安娜教人撕毁规定年轻的巴伐利亚人为西班牙王位继承人的遗嘱。西班牙国王答应妻子，除德意志皇帝利奥波德的儿子外，他决不选定其他继承人，他决不会毁灭奥地利家族。这就是签订里斯维克和约期间的事态。法、奥两个家族彼此疑惧，互相监视。它们惧怕的是欧洲。在欧洲君主之间保持不偏不倚，是英国和当时正势盛力强的荷兰的利益所在。它们不愿容忍一个人既戴上德意志帝国或法国的王冠，同时又戴上西班牙的王冠。

最奇怪的是，葡萄牙国王竟然也跻身西班牙王位觊觎者的行列。真是荒谬绝伦。他的权利只能够来自十五世纪的"伸张正义者"皮埃尔①的一个名叫约翰一世的私生子。但是这种虚幻的野心却得到布拉冈斯家族的奥罗佩萨公爵的支持。这位公爵是枢密院顾问。他敢于谈及这件事，后来因此不再受宠并被免职。

路易十四不能容忍德意志皇帝的儿子获得这项继承权。他本

① "伸张正义者"皮埃尔(1320—1367)，葡萄牙国王。1357年即位。——译者

人不能要求继承西班牙王位。人们无法确切了解，谁第一个在查理在世时就想出对西班牙君主国进行过早的和闻所闻未闻的瓜分。这个人很可能是托尔西首相，因为他曾经对威廉三世向路易十四派遣的大使波特兰-本廷克提过这种建议。①

（1698年10月）威廉国王情急意迫，同意了这个新的打算。他在海牙同塔拉尔伯爵安排西班牙王位继承问题。他们把西班牙和西印度给予年轻的巴伐利亚亲王，却并不了解查理二世在这之前就已经把他所属各邦全部传给了这位亲王。路易十四的儿子，即太子，将拥有那不勒斯、西西里、吉普斯夸省和几个城市。留给利奥波德皇帝第二个儿子查理大公的只有米兰公国，留给利奥波德的长子、德意志帝国的继承人约瑟夫大公的什么也没有。

欧洲的一部分和美洲的二分之一的命运就这样决定之后，路易十四由于这项瓜分条约，答应放弃对西班牙王位的全部继承权。王太子作了同样允诺，并签了字。法国以为可以得到西班牙的一些州省。英国和西班牙以为此举可能加强欧洲一部分的安宁。这整个策略全都白费心机。奄奄一息的西班牙国王获悉，他还在人世时，他的君主国就被人撕裂，异常愤慨。人们料想，他得知这个消息时，会宣布德意志皇帝利奥波德或这位皇帝的一个儿子为他的继承人。他将给予德意志皇帝这一报酬，以奖励他没有参与这次瓜分。出于对奥地利家族的威势和利益的考虑，他将会立下一项遗嘱。他的确这样做了。但是，他却再次宣布，那个巴伐利亚亲

① 在托尔西侯爵的《回忆录》发表前很久，《路易十四时代》的作者就已撰写了这些既新奇又有趣的轶事的大部分。这部回忆录终于证实了这部历史叙述的所有事实。——伏尔泰注

王仍然是他所属各邦的唯一继承人(1698 年 11 月)。惧怕君主国被人瓜分甚于惧怕一切的西班牙民族完全赞同这种安排。和约似乎应该是这种安排的结果。但是,这个希望同瓜分西班牙的条约一样虚幻不实。巴伐利亚亲王被指定为国王后,死于布鲁塞尔(1699 年 2 月 6 日)。

人们仅仅根据犯罪的人就是那些罪恶对之有用的人①的这种可能性,冤枉奥地利家族,认为它要对巴伐利亚亲王的突然死之负责。于是阴谋活动在马德里、维也纳、凡尔赛、伦敦、海牙和罗马的宫廷中再度展开。

路易十四、威廉国王和三级会议再次蓄意对西班牙君主国进行处置(1700 年 3 月)。他们把过去给予刚刚亡故的这个小孩的那一份转给德意志皇帝的幼子查理大众。路易十四的儿子将得到那不勒斯、西西里和第一次协议给予他的全部权益。

米兰被给予洛林公爵。屡遭入侵又屡被法国归还的洛林将永远并入法国。这项所有王侯或者为了阻挠它,或者为了支持它而纵横捭阖,大事活动的条约和前一项条约一样,毫无用处。欧洲的希望再次落空,这种情况似乎司空见惯。

人们建议德意志皇帝签署这项瓜分条约,他却丝毫也不愿意,因为他希望囊括全部继承权。法国国王虽然催促别国签署,自己

① 关于巴伐利亚选侯之死的种种丑恶传闻,现在只有不讲信义、毫无廉耻和毫无阅历的下流作家才予以复述。他们为书商效劳,也委身于政客,在所谓《曼特农夫人回忆录》第 5 卷第 6 页中,有如下的话:“维也纳宫廷一向被马基雅维利的格言所毒害,并被人怀疑以投毒来弥补他的大臣们的过错”。从这句话看来,似乎维也纳宫廷一向有被指定的投毒人,如同设有执达吏和侍从那样。指出十分不雅的辞藻,反对恶毒诽谤的见解,乃是一项不可推诿的义务。——伏尔泰注

却犹豫不决，坐待事变发生。当马德里宫廷得知这一新的侮辱时，西班牙国王几乎悲痛欲绝，王后则怒不可遏，把房间里的家具，特别是来自法国的镜子和其他装饰品，砸得粉碎。西班牙举国上下无不对此义愤填膺。这些空想的瓜分、这些阴谋诡计、所有这一切都只不过是个人利益的表现。西班牙民族被认为无足轻重。它的意见无人征求；它要什么样的国王，无人询问。有人建议召开 las cortes，即三级会议。但是，查理只要听见这个名称，就索索发抖。

于是，这个眼见就要死于风华正茂之年的不幸君主愿意把他的邦土给予他妻子的侄子、德意志皇帝利奥波德的次子查理大公。他不敢把这些州邦留给利奥波德的长子，因为均势体系当时在民心中颇占优势，而他对以下一点又深信不疑：人们担心西班牙、墨西哥、秘鲁、在印度的大殖民地、德意志帝国、匈牙利、波希米亚、伦巴第同归一个国家所有；这种恐惧心理将使欧洲的其他部分武装起来。西班牙国王要求德意志皇帝派遣他的次子查理率领一万人马前来马德里。但是，法、英、荷、意当时不会容忍这件事。这些国家全都要求进行瓜分。德意志皇帝既丝毫不愿派儿子前去只听凭西班牙枢密院摆布，也无法派去一万人马。他只愿意部队向意大利进军，以便占有西班牙君主国所属各邦州在意大利的这一部分。平民百姓个人之间每天在无足轻重的问题上发生的事，也在重大利益攸关的问题上发生在两个大国国王之间。大家争论不休，相互关系变得紧张起来。德国人的自负激起高傲的卡斯蒂利亚人的愤慨。对命在旦夕的国王的妻子操纵有术的珀里尼伯爵夫人，本应为马德里争取民心，却疏远了民心，而维也纳的枢密院也因自身骄横傲慢使民心更加疏远。

后来成为德意志皇帝查理六世的那位年轻的大公总是以侮辱性的名称称呼西班牙人。他教人懂得，当时王侯们说话应该如何字斟句酌。一个莱里达的主教——马德里驻维也纳大使，对德国人极为不满，摘录了查理六世的这些言论，并在他的函件中大事加油添醋。关于奥地利枢密院，他本人还写了一些比大公过去攻击西班牙的词句更具有侮辱性的词句。他写道："利奥波德的大臣们的心胸好像我国的山羊角：狭窄、冷酷、不正。"这封信被公之于众。莱里达主教被召回。他回到马德里，只不过使西班牙人对德国人更加厌恶而已。

奥地利那一派使马德里宫廷大为愤慨。法国驻西班牙大使，后来成为公爵的阿尔古尔侯爵则以他的极度慷慨大方、机灵巧妙，以他取悦于人的高超艺术，使西班牙所有人心大大归向法国。他最初在马德里受到极为冷淡的接待。他忍受别人对他的厌恶冷淡而毫无怨言。三个月过去后，他仍然得不到西班牙国王接见[①]。他利用这段时间争取人心。他第一个把西班牙民族自"天主教徒费迪南"[②]以来对法兰西民族所抱的反感化为同情。他谨慎小心，为法国和西班牙重修旧好的时代的来临作了准备。在费迪南以

① 雷布勒猜测这位大使最初受到盛大接待。大使对西班牙国王陛下的仆役、华美的镀金四轮马车、亲切的接待等大加赞扬。但是，侯爵在他的信函中却承认，人们对他毫无礼貌可言。他仅仅在一间十分阴暗、点着两支蜡烛的房间里见到一会西班牙国王，因为西班牙方面怕他看出这位君主濒临死亡。最后，托尔西的《回忆录》指出，雷布勒、利米埃和其他历史学家所说的关于这一重大事件的一切无一字真实。——伏尔泰注

② 即费迪南五世（1452—1516），阿拉贡、卡斯蒂利亚、西西里及那不勒斯国王。——译者

前，旧好曾经是维系国王与国王、平民与平民、个人与个人之间的关系的纽带。他使西班牙宫廷习惯于爱法兰西家族，使西班牙的大臣们习惯于不再对玛丽-泰蕾丝和奥地利的安娜放弃西班牙王位继承权这件事感到惊恐，使查理二世本人习惯于在自己的家族和波旁家族之间摇摆不定。他就这样成了西班牙政府和人民心中的彻底剧烈的变革的第一个推动者。然而这次变革还很遥远。

德意志皇帝软硬兼施，又是恳求，又是威胁。法国国王再度提出他的权利，但始终不敢为他任何一个孙子要求整个继承权。他只是对病人大事奉承。莫尔人当时正包围休达[①]。阿尔古尔侯爵立即向查理表示愿意向他提供舰艇和军队，查理对此十分感激。但是，他的妻子、王后对这件事却感到惊恐。她担心丈夫会过分感谢，因而生硬地、冷冷地拒绝了这项援助。

当时还不知道马德里的枢密院会作出什么决定。查理二世行将就木，他此时比任何时候都更加犹豫不决。德意志皇帝大为不悦，召回他驻马德里大使哈拉赫伯爵。但是，过了不久，他重派伯爵出使马德里。有利于奥地利家族的种种希望又恢复了。西班牙国王致函德意志皇帝，说他将选择大公为他的继承人。于是又轮到法国国王对他进行威胁，他在西班牙边境集结一支军队。那个阿尔古尔侯爵奉召回国指挥这支军队。法国在马德里只留下一个步兵军官。这个军官曾任大使馆秘书，正如托尔西所说的那样，现在被任命为临时代办。查理二世这个行将就木的人就这样受到觊觎他的遗产继承权的人轮番威胁，眼见他死亡之日就是战争开始

① 摩洛哥海岸上的一个西班牙殖民地。——译者

之时，他的邦土行将四分五裂。他正在无人安慰、犹豫不决、焦虑不安之中走向他的末日。

在这一严重的危机之中，托莱多的大主教波尔托加雷罗红衣主教、蒙特雷伯爵和西班牙的其他显贵都想拯救祖国。他们联合起来防止君主国遭到瓜分。他们对德国政府的仇恨坚定了他们思想上对国家公益的考虑。这样做恰恰对法国宫廷有利，虽然他们并没有察觉到这一点。他们说服查理二世，宁可选择路易十四的一个孙子，而不要选择一个远离他们、不能保护他们的亲王。这样做绝不是废止路易十四的母亲和妻子对西班牙王位继承权庄严地作出的弃权决定，因为，之所以放弃继承权仅仅是为了防止她们的长子、长孙把法、西两个王国合并于在他们的统治之下，而现在并没有选择长子、长孙为西班牙王位继承人。同时，这样做也是正确对待血统权利。这样做也就是保全一个免遭瓜分的西班牙君主国。国王小心谨慎，教人征求神学家们的意见。神学家们赞同枢密院的看法。接着，国王尽管病入膏肓，仍然亲笔致函教皇英诺森十二世，就这个问题征求教皇意见。教皇以为，奥地利家族式微，意大利就会获得自由，于是复信给国王说："西班牙的法律和所有基督徒的福祉要求他给法国家族以优先权。"教皇的信写于1700年7月16日。西班牙国王把这件国家大事当成良心问题处理，教皇却把一位君主的良心问题当成国家大事。

当时留驻罗马的冉森红衣主教把这件事告知路易十四。这是凡尔赛内阁对这一事件所起的全部作用。法国这时已经半年没有在马德里再派驻大使。这可能是个错误。也可能正是这个错误使法兰西家族获得西班牙君主国（1700年10月2日）。西班牙国王立下他第三个遗嘱，长期以来这个遗嘱被人认为是他唯一的遗嘱。他把他统治的各邦给予昂儒公爵。[①] 人们抓住他妻子不在他身边的时机，让他签了字。整个阴谋就这样结束。

欧洲人认为查理二世的这个遗嘱是在凡尔赛授意的。气息奄奄、日薄西山的国王考虑的仅仅是他的王国的利益、臣民的心愿，甚至他们的恐惧，因为正当他命在旦夕，下定决心把他的一切都给法国国王的时候，法国国王却命令自己的军队向法、西边界进发，以确保他获得西班牙国王的部分遗产。路易十四的声誉和关于他的威力的概念是完成这次剧烈变革的唯一的谈判者。没有一种说法比这更加真实的了。

奥地利家族的查理签署了促使自己家族毁灭和助长法兰西家族威势的文件以后，又苟延残喘，拖延了一个月，最后结束了他那在王位上度过的默默无闻的一生，时年三十九岁（1700 年 11 月 1 日）。为了使人了解人类的心灵，以下叙述可能不无好处：这位君主死前几个月，教人挖开埃斯科里阿尔寺[②]内他父母的坟墓和他的发妻玛丽-路易·德·奥尔良的坟墓。他曾被怀疑毒杀过自己的发妻。他亲吻了他们的遗骸。他这样做，或许因为他效法几位西班牙先王的榜样，或许因为他使自己习惯于死亡的恐怖；或许因为一种秘而不宣的迷信使他相信，打开这些坟墓会推迟他被带进

---

① 几部回忆录写道，波尔托加雷罗红衣主教好不容易让奄奄一息的国王在这一遗嘱上签了名。这些回忆录叙述这位红衣主教为使这位君主签名，对他讲了很久的话。但是，可以看出，一切从七月起就已准备就绪，处理完毕。此外，谁又知道波尔托加雷罗红衣主教对国王究竟说了些什么呢？——伏尔泰注

② 埃斯科里阿尔寺位于马德里西北圣罗伦索村附近，规模宏伟，建筑壮观，内有名画及丰富的藏书。——译者

坟墓的时刻。

这位君主的天生资质和身体同样衰弱。这种衰弱遍及他所属各邦。国家的繁荣昌盛仅仅系于一个人的性格,这就是君主国的命运。查理二世在极其愚昧无知之中被抚养长大,以致当法国人包围蒙斯的时候,他还以为这个要塞属于英国国王。他既不知道佛兰德尔位于何处,也不了解佛兰德尔何物归他所有。这个国王把他所属各邦遗留给路易十四的孙子昂儒公爵,却不知道他遗留给这位公爵的究系何物。

他的遗嘱非常秘密,以致德意志皇帝的大使哈拉赫还以为大公会被承认为西班牙王位继承人。国王死后,立即召开枢密院会议。为了解这个会议的讨论结果,大使等待良久。阿布朗泰斯公爵在会议结束时张开双臂向大使走去。他对大使说:“我是来向奥地利家族告别的。”大使这时对大公将不是西班牙国王这一点才不再怀疑。

就这样,在为西班牙各邦的某些边界进行战争和谈判长达两百年之后,法兰西家族不订条约,不搞阴谋,甚至没有希望获得这一项继承权利,就由于某人大笔一挥而得到整个王国。作者认为自己责无旁贷,应该把一件事实的真相公之于世。由于许多大臣和历史学家惑于偏见,惑于几乎一贯诱人的表面现象,至今还一直使这个事实若明若暗。许多书中详尽记叙的关于阿尔古尔元帅出资花钱的事和关于为了签署这项遗嘱而收买西班牙大臣的事,纯属政治谎言和民间讹传。但是,西班牙国王选择一个与他如此长期为敌的国王的孙子为继承人,此时他心里想到的始终是普遍均势这个思想会引起的种种后果。路易十四的孙子昂儒公爵仅仅因为他不能指望继承法国王位才被叫去继承西班牙王位。同样这个遗嘱提到，路易十四的血族如无年幼的成员，就要召查理大公，即以后成为德意志皇帝的查理六世来充任西班牙国王。这项遗嘱特别载明，德意志帝国和西班牙永远不得统一于同一君主的统治之下。

路易十四还可以坚持这项瓜分条约，因为这项条约对法国说来是个收获。他也能接受这一遗嘱，因为这个遗嘱对他的家族来说是一种实惠。这件事肯定在枢密院特别会议中进行过讨论。掌玺官蓬夏特兰和公爵博维利埃主张坚持履行条约。他们看到要打一场新战争的种种危险。这些危险路易十四也已看到，但他已经习惯于此，因而并不畏惧。他接受了遗嘱（1700 年 11 月 11 日），枢密院会议结束后，他出门时碰见孔蒂公主和公爵夫人，笑着对他们说："你们会支持哪个方面呢？"他不待回答，又说："我知道，我不管支持哪一方面，都会受人责备。"①

国王们尽管受到百般奉承，他们的活动却始终被人大加批评，以致英国国王由于缔结了一项瓜分条约，而在议会中受到责难。他的大臣也因此受到追究。英国人比任何民族都更加长于辩论说

① 尽管所谓《曼特农夫人回忆录》在法国被人嗤之以鼻，然而人们还是不得不告诉外国人，该回忆录所谈到的关于这一遗嘱的一切都纯属子虚乌有。该回忆录的作者声称，当西班牙大使给路易十四带来查理二世的遗言时，这位法国国王回答他说："我要等着瞧瞧。"法国国王肯定不会作出这样一个稀奇古怪的答复，因为托尔西侯爵证明，西班牙大使是在枢密院会议接受该遗嘱之后才受到路易十四的接见。

当时法国驻西班牙的公使名叫布勒库尔，不叫贝尔库尔。《曼特农夫人回忆录》中所记载的卡斯特尔·多斯·里奥斯大使的话，除在这部小说外，在别处从来没有说过。——伏尔泰注

理，但是在他们身上，党派精神的狂热有时却扑灭了理智。他们对缔约的威廉和毁约的路易十四同时提出抗议。

当欧洲看见西班牙君主国屈服于它三百年来的竞争对手法国时，它最初似乎陷于因万分惊讶和无能为力而产生的麻木迟钝之中。路易十四好像是世界上最幸运、最强大的君主。他六十二岁就儿孙绕膝。在他的指挥下，一个孙子将对西班牙、美洲、半个意大利和荷兰进行统治。德意志皇帝这时只有敢怒不敢言的份儿。

威廉国王才五十二岁就已衰弱病残，因此似乎已不再是危险的敌人。他进行战争，必须征得议会同意。路易十四已经教人把钱送往英国，希望用这笔钱来操纵英国议会的若干选票。威廉和荷兰强大的程度还不足以公开表态。他们致函菲利浦五世，把他当作西班牙的合法国王看待（1701 年 2 月）。路易十四得到巴伐利亚选侯的支持，此人是在被指定为国王时死去的那位年轻的诸侯的父亲。巴伐利亚选侯以最后一个国王查理二世的名义担任尼德兰的总督。他就任后立刻保证菲利浦五世拥有佛兰德尔。他还保证，如果德意志帝国敢于发动战争，他就在他的选帝侯辖区内向法国军队开放通往维也纳的道路。这位巴伐利亚选侯的兄弟科隆选侯和他的兄长一样，同法国的关系也十分密切。这两位诸侯看来很有道理，因为波旁王朝的党当时力量最强，无与伦比。萨伏依公爵已经是勃艮第公爵的岳父，还将成为西班牙国王的岳父。他将指挥法国驻意大利的军队。没有人会料到勃艮第公爵夫人和西班牙王后的父亲会对他的两个女婿作战。

曼图亚公爵被他的使者出卖给法国，也自己出卖了自己。他

在曼图亚接纳了法国的守备部队。米兰毫不犹豫，承认了路易十四的孙子。甚至葡萄牙这个西班牙的天然敌人也首先和西班牙团结起来。最后，从直布罗陀到安特卫普，从多瑙河到那不勒斯，似乎全归波旁王朝所有。路易十四对他的兴隆鼎盛异常自豪，以致他对拉罗什富科公爵谈到德意志皇帝当时对他所作的建议时，说出了如下的话："你会发现这些建议比人们对你说的还更蛮横无理。"①

(1701 年 9 月)与路易十四的威势不共戴天、至死为敌的威廉国王答应德意志皇帝，要为这位皇帝把英国和荷兰武装起来。他还争取到丹麦的同情。最后，他在海牙签署了已经是针对法兰西家族的同盟条约。但是，法国国王对此毫不惊奇。他相信他的钱会在英国国会中散布分裂不和。他更加相信法、西的联合力量。他似乎对敌人不屑一顾。

当时，詹姆士死于圣日耳曼(1701 年 9 月 16 日)。路易十四签订里斯维克条约、承认威廉之后，并不急于承认威尔斯亲王为英格兰、苏格兰和爱尔兰的国王。他这样做可以使显得合乎礼仪的东西和合乎策略的东西协调一致起来。一种单纯慷慨大度的感情首先促使他给国王詹姆士的儿子以安慰，即给予他那不幸的父亲至死都一直保持着的荣誉和称号。他这种荣誉和称号，里斯维克条约并没有予以剥夺。但是全体参加法国国王枢密院会议的成员对此都执异议。特别是博维利埃公爵更竭力反对。他能言善辩，

① 这至少是《当若侯爵回忆录》的手抄本中转述的话。这部回忆录有些地方失实。——伏尔泰注

巧舌如簧，指出这种宽宏大量十分危险，必将产生种种战祸。他是勃艮第公爵的家庭教师。在所有问题上他都像这位亲王的导师、著名的康布雷大主教那样思考。这位大主教由于他关于治国理政的人道格言、由于他关心人民的利益甚于关心国王的威势而颇负盛名。托尔西出于策略原则支持博维利埃公爵以公民身份发表的意见。他指出不宜用这样一个仓促的举动来激怒英吉利民族。路易十四采纳了枢密院会议的一致意见，决定不承认詹姆士二世的儿子为英国国王。

同一天，詹姆士的遗孀玛丽·德·莫德内到曼特农夫人的房间来和路易十四谈话。她泪流满面，恳求法国国王绝对不要侮辱她的儿子、她本人以及曾经受他保护的已故国王，不要拒绝授予这个简单称号。这个称号是往昔荣华富贵的唯一遗物。他的儿子一直享受着威尔斯亲王应该享受的礼遇。因此，在他父亲死后，应该给他以国王的待遇。倘若让威廉国王享受他所篡夺的权力，这个国王是不会对此抱怨的。她用事关路易十四的光荣这一点，来补充她提出的理由。她认为：不管法国国王是否承认詹姆士的儿子，英国人都仍然会决心反对法国；法国国王将会为这一点痛苦：为了无谓的照顾而牺牲了他那高尚的情操。这一席话和眼泪赢得曼特农夫人的支持。法国国王回心转意，恢复初衷，要保持他尽力支持受压迫的国王的那种荣誉。詹姆士三世终于在法国枢密院决定不承认他为英国国王的那一天，被承认为英国国王。

托尔西侯爵常常承认这个奇特的轶事是真实的。他没有把这个轶事加进他的回忆录手稿中，因为，他认为，两个女人使法国国王改变枢密院做出的决议这件事，对他的主人说来，并不光彩。有几个英国人[①]对我说，如果法国国王没有采取这个举动，英国议会可能不会在波旁家族和奥地利家族之间偏袒任何一方。但是，承认一个被他们废黜的君主为他们的国王，这显得是对英国民族的莫大侮辱，是一种人们想在欧洲推行的专制主义。伦敦城给它的代表的指示措辞激烈："法国国王把我国君主的头衔授予一个所谓威尔斯亲王，因此替自己设立了一个总督。如果让一个曾经用铁与火以及苦役来摧毁其下属各邦的新教徒的国王随心所欲地统治我们，我们的景遇就将极其不幸。他对我们难道会比对他自己的臣民更加人道吗？"

威廉在议会中同样竭力进行辩解。新国王詹姆士被宣布犯有叛国罪。议会提出一项对他褫夺公权及没收财产的法案，换句话说，他和他祖父一样被判处死刑。根据这项法案，以后将悬赏索求他的脑袋。这就是一个悲惨不幸的家庭的命运。它的苦难还并未结束。必须承认，这是用野蛮残忍来对抗法国国王的慷慨大度。

看来非常可能，英国始终反对路易十四。即使后者拒绝把国王这个空衔授予詹姆士的儿子，情况也会是这样。西班牙君主国虽然在路易十四的孙子手中，似乎也必然会武装海上力量来反对这位法国国王。几个已被法国国王争取过去的英国议员无法阻挡

---

① 在这些英国人之中有英国绅士博林布鲁克。他的回忆录后来证实了《路易十四时代》的作者的叙述（见博林布鲁克《书信集》第 2 卷第 56 页）。托尔西先生在其《回忆录》中也有这种想法。他在这部回忆录第 1 版第 1 卷第 164 页写道："国王决心承认威尔士亲王为英国国王，改变了这个国家大部分人表示维持和平的情绪。"博林布鲁克绅士在他的《书信集》中承认，路易十四因妇女们对他纠缠不休而承认了这位觊觎王位者。通过这些证明可以看出《路易十四时代》的作者如何严谨地探求事实真相，又如何坦率地道出事实真相。——伏尔泰注

他们民族的洪流。曼特农夫人考虑问题是否不如整个枢密院周密？路易十四被他那高贵和富于同情心的灵魂主宰左右，这样做是否正确？这是个有待解答的问题。

德意志皇帝自1701年春起，首先开始发动这场在意大利的战争。意大利是同德意志皇帝的利益最息息相关的地区。他的军队最容易从蒂罗尔和威尼斯邦开进这个国家。因为威尼斯虽然表面中立，实际却偏向奥地利家族，甚于偏向法兰西家族。此外，它根据条约有义务让德军过境，因此，它履行这些条约毫无困难。

德意志皇帝为了从德国这方面进攻路易十四，正等待日耳曼军团进行有利于他的调动。他在西班牙有内应和一个党。但是，利奥波德的儿子如果不出来采摘这些内线的果实，这些内应就不会开花结果，而德意志皇帝的这个儿子又只能借助英国和荷兰的舰队到达西班牙。威廉国王正紧锣密鼓，加紧备战。这时他的躯体虽然衰弱无力，几乎元气耗尽，但他的脑筋比任何时候都更加活跃，反反复复进行思考，其主要目的并非为奥地利家族效劳，而是想贬压路易十四。

他本应在1702年初统率军队作战，但死亡使他无法完成这一图谋。他从马上跌到地下，这就彻底损坏了他衰弱的器官的功能。低烧夺去了他的生命。他没有回答守护在病榻旁的几个英国牧师对他提出的关于他的宗教信仰的问题就死去（1702年3月16日）。除了欧洲事务使他感到忧虑之外，他死时没有表现出别的不安。

他虽然丝毫不得民心，但却留下伟大的政治家的声誉；他虽然在多次战役中失利，但却留下可畏将军的名声。他为人处事始终很有分寸。除战争岁月外，他为人低调，从不张扬。他仅仅由于不想在英国当绝对君主，才能在英国安安稳稳进行统治。大家知道，他被人称为英国人的执政和荷兰人的国王。他通晓欧洲各种语言，但没有一种讲得漂亮，因为在他的脑海中思虑远远超过想象。他的性格在各个方面都和路易十四截然相反①：忧郁、内向、严厉、冷酷、沉静，而路易十四却和蔼可亲。他憎恨女人，而路易却喜欢女人。路易十四以国王的身份作战，而威廉却以士兵的身份作战。威廉曾经同孔代和卢森堡交手，曾经在塞纳弗同孔德打得难解难分，并且在短时期内弥补了他在弗勒吕、施泰因刻尔克和内尔温德遭受的挫败。他和路易十四同样骄傲自豪。但他的这种骄傲自豪令人悲哀伤感，不使人敬畏，而令人嫌恶。由于法国国王的关怀，艺术在法国百花盛开，但在英国却不受重视。在英国除了符合君主天性的冷酷无情和不知满足的策略之外，人们对其他事物毫无所知。

凡更重视保卫祖国的功劳的人，凡更重视取得如下利益和长处的人：没有任何天赋权利，但却得到一个王国；在这个王国不受爱戴，却能稳坐江山；对荷兰未加压服，却能以至尊的身份进行统治；曾经成为半个欧洲的灵魂和首领，既有将帅的智谋，又有士兵的勇敢；没有因为宗教原因迫害过任何人；轻视人间的一切迷信；

---

① 有人说威廉说过："法国国王丝毫不该恨我。在很多方面我效法他，好些方面我惧怕他，在所有方面我钦佩他。"《当若回忆录》在这一点上被人引用。我一点记不起曾经在这部回忆录中见到过这些话。说这些话既不符合威廉国王的性格，也不符合他的作风。任何一部英国的关于这位君主的回忆录都没有记载这些话。这位君主不可能说过他效法路易这样的话。在和平时期和战争时期，他的风尚习惯、兴趣爱好、为人行事都与法国国王截然相反。——伏尔泰注

生活简朴，为人谦虚。毫无疑问，这种人都会把伟人的称号给予威廉，而不给予路易。偏爱路易的是那些更易于受美轮美奂的宫廷里的声色逸乐、豪华排场以及富丽堂皇所触动的人；是那些更易于被对文学艺术的赞助、对公共福利的热心、对荣誉名声的酷爱，以及治国的才能触动的人；是那些大臣将军们的高傲自豪在他们身上留下更加深刻的印象的人，大臣将军们正是以这种高傲自豪感把某些省份并入法国版图的；是那些对一个能把西班牙赐予自己的孙子的法国国王，比对一个把岳父罢黜掉的女婿更加尊敬的人；一言以蔽之，是那些对詹姆士国王保护者比对他的迫害者更加敬佩的人。

第十八章

值得记忆的西班牙君主国王位继承战争 首相和将领到1703年为止对国政和军务的管理

安妮公主继威廉三世为英国国王。她是国王詹姆士和海德的女儿所生。海德先是律师，后任大法官，是英国的伟人之一。安妮公主嫁给丹麦王子。这个王子只不过是她的第一个臣民而已。她虽然曾经同威廉公开闹翻，但一登基，就萧规曹随，按威廉国王全部既定规章办法行事。这些规章措施乃是全民意志的体现。任何国王都要百姓盲从附和自己。但在伦敦，国王却必须依从百姓。

英国和荷兰为使德意志皇帝的儿子查理大公一有可能就登上西班牙王位，或者至少为对抗波旁家族而采取的种种措施，也许值得各个时代注意：荷兰方面应维持一支十万零两千人的军队，这支军队或者担任守卫，或者进行野战。这个时期，庞大的西班牙君主国远不能提供同等数量的兵员。一个三十年前几乎在两个月内被全部征服的商人的省份能做的事竟比西班牙、那不勒斯、佛兰德尔、秘鲁和墨西哥的主人还多。英国答应提供四万人，它的舰队还不包括在内。古往今来，在所有的联盟中，盟员国最终提供的人员物资往往大大少于原来的承诺。英国则相反。它第二年提供的不是四万人，而是五万。战争将近结束时，它在法国边境、意大利、爱尔兰和美洲等地，以及在它的舰队上，驻有与盟国驻军数量相同的军队，士兵和作战水手近二十万名。有些人认为英国本土只相当于法国三分之一，硬币不及法国一半。在这些人看来，上述驻军费用是一笔几乎难以想象的开支。但是，在那些了解商业和信用的人看来，这却是一笔可以承担的费用。英国始终承受这个同盟最重的负担。荷兰逐渐减轻自己的负担，而别人却并未察觉。因为，归根结底，这个联省共和国①只是个颇负盛名的商业公司，而英国却是个商贾和军人比比皆是的富饶之邦。

德意志皇帝应提供军队九万人。德意志帝国和他指望从波旁家族分离出来的盟国的援助还不包括在内。这个时期，路易十四的孙子已经在马德里登基统治，境内太平无事。路易十四的威势和荣誉在本世纪初都已达到顶峰。但是那些深知欧洲各国宫廷、特别是了解法国宫廷的实力的人，开始担心会产生某些挫折。查理五世家族最后几个血亲国王在位期间，西班牙已经被削弱。在一个波旁家族的成员的统治初期，情况更是如此。奥地利家族在这个君主国的若干省里，拥有自己的支持者。加泰罗尼亚似乎准备挣脱新的枷锁，投靠查理大公。葡萄牙不可能不或早或迟站到奥地利家族一边。它明显的利益乃在于长期在它的天然敌人西班牙国内维持一场里斯本只会从中捞取好处的内战。萨伏依公爵刚刚成了西班牙新王的岳父。他虽然同波旁家族有血统和条约上的

① 指十八世纪的荷兰。——译者

联系，但已经对自己的女婿不满。每月可得五万埃居，后来又增为二十万法郎，这个好处似乎仍然不足以把他系留在波旁家族的阵营之内。他至少必须拥有蒙费拉-曼图亚①和米兰的一部分。法国将领和凡尔赛政府对他的倨傲态度使他有理由认为，自己不久就会被两个女婿视为一文不值，而弃之若敝屣。这两个女婿从四面八方对他所属各邦步步紧压。他过去曾经突然脱离德意志投向法国。既然法国对他并不十分敬重，一旦时机到来，他很可能脱离法国。

至于路易十四的宫廷和王国，头脑敏锐的人这时已经察觉到粗枝大叶的人在国家衰落时期到来时才会觉察到的变化。国王已经年过六旬，更加与世隔绝，不再知人善任。他过分远离实际，观察事物的目光已不像过去那样锐利透彻，而又为长期的繁荣所迷惑。曼特农夫人虽然具有一切值得尊敬的品质，但是缺少维护国家荣誉所必需的力量、勇气和高超的才智。她促使1699年把财政部、1701年把军机部交给她的宠幸夏米亚尔掌管。这是个诚实不欺的人，但非将相之才。他负责圣一西尔学校②时，举止谦恭，深得国王欢心。他虽然表面虚怀若谷，可惜不自量力，以为自己能挑起柯尔伯和卢瓦两人几乎挑不起来的两副重担。国王恁恃自己的经验，认为自己领导大臣有方。卢瓦死后，他对英国国王詹姆士说过：“我失去一个良相。但是你我

① 蒙费拉-曼图亚：蒙费拉为意大利的一个地区，在皮埃蒙，位于波河右岸。曼图亚为意大利的一个城市，在伦巴第，位于明奇奥河畔。——译者

② 路易十四于1686年与曼特农夫人共同创建此校。该校最初为教育女子所设，1808年才改建为高级军事学校。——译者

的事不会因此变糟。”当他选用巴尔伯齐厄继承卢瓦掌管军机部时，对巴尔伯齐厄说：“我栽培了你的父亲，我也要同样栽培你。”①他对夏米亚尔说的话也和这差不多。一位如此长期理政、如此得心应手的国王似乎有权这样说。但是他却因相信自己的聪明才智，结果反为自己的聪明才智所误。

至于他任用的将领，他们常因国王的命令过于精确具体，而感到行动起来碍手碍脚，其情况正如一些使节行事时不得背离他们收到的训令一样。国王和夏米亚尔在曼特农夫人的房间里指挥战斗。某个将领如果要采取重大行动，往往需要通过信使呈请国王批准。信使返回时，往往发现良机坐失或将军受挫。②

夏米亚尔掌管的军机部滥授高官显位和军事奖赏。很多青年刚刚脱离孩提时期，就获准购买团队长官称号。与此同时，在敌军方面，团长一职须在军中服役二十年后才能获得。这个区别后来多次表现得十分明显。一名上校能在这种时机防止军队溃散。圣—路易骑士十字军功章是国王1693年创制的奖赏，军官趋之若鹜。夏米亚尔一开始执政，就公开出售这种奖章。在军机部的办事机构里，可以花五十埃居购买一枚。

---

① 见《当若回忆录》的手抄本。本书此处引证这部回忆录，因为它叙述的这一事实经常为国务秘书夏米亚尔的女婿拉弗亚德元帅证实。路易十四只比卢瓦年长三岁。马扎然死时，国王二十三岁，卢瓦二十岁。卢瓦的父亲任军机大臣时，卢瓦曾经担任他的助手多年。——伏尔泰注

② 《曼特农回忆录》的编纂者说，上次战争行将结束之际，王家警卫团上校南吉侯爵对他说，只能用下令砸碎逃兵脑袋的办法来防止士兵潜逃。请读者注意，这位后来成为南吉元帅的侯爵仅在1711年任王家警卫团上校。——伏尔泰注

军纪是军队的灵魂。卢瓦曾经严加维护,现在则已松懈废弛。连队士兵人数不满定额,甚至团队军官的情况也如此。与特派员容易串通谈妥,政府又漫不经心,疏忽大意,于是造成混乱。由此产生一种弊端。如果其他情况不变,这种弊端必然导致作战失利。为了使本国战线与敌方战线等长,不得不以兵力弱小的营,对抗敌方兵力强大的营。仓库规模比过去小。物资储备不如过去充裕、及时。军队素质大不如前。目睹法国政府这种种缺点,并了解法国今后将和什么将领交手的人,甚至在法国占有初期优势,并因而比以往任何时期都更加国运兴隆之时,都深为法国担忧。

第一个抵消法国的优势的将领是个法国人。因为应该用法国人这个名字来称呼这位欧仁亲王。他虽然是萨伏依公爵查理-埃马努埃尔的孙子,但他的父亲苏瓦松伯爵却定居法国,是军中一员副将、香巴尼的总督,娶红衣主教马扎然的侄女奥兰普·曼奇尼为妻(1663 年 8 月 18 日)。这桩婚姻虽然并不幸福美满,却在巴黎生下一个亲王。此人以后对路易十四来说十分危险,而在其青年时代又丝毫不为路易十四所知。他最初在法国被任命为卡里尼昂骑士。之后,他成为神职人员,被人称为萨伏依修道院院长。据说,他曾经请求法国国王调拨一个团队归他指挥,遭到拒绝的侮辱,还受到申斥。他因为在路易十四那里无法达到目的,于是自 1683 年起,转为德意志皇帝效劳,对抗土耳其人。两位孔蒂亲王于 1685 年与他会合。法国国王下令,叫两位亲王及其一行回国。唯独萨伏依修道院院长抗命不从①。他早已宣布放弃法国。国王获悉这件事后，对他的宠臣近幸们说："你们没有发现我在这件事上造成重大损失吗？"宠臣们则肯定这位萨伏依修道院院长以后始终是个疯子、一个庸庸碌碌、一事无成的酒囊饭袋。人们惯于根据青年时代的某些暴躁情绪来判断人。如此行事绝对不行，不足为训。这位亲王在法国宫廷虽然被人粪土视之，却生来具有在战争时期成为英雄，在和平时期成为伟人的优秀品质。他刚正不阿、孤高自傲，无论在军队中还是在政府中任职都有必需的勇气。他像所有将领一样，犯过错误。但这些错误都隐没于他伟大业绩之中，不为人所见。他动摇了路易十四的巨大威势和奥斯曼的赫赫武力。他统治过德意志帝国。他在取得胜利和在政府执政期间，曾同样蔑视豪华排场和金钱财富。他甚至还培植和倡导过文学，在维也纳宫廷力所能及的范围内尽力予以保护。他当时才三十七岁，就已经具有战胜土耳其人的经验，以及关于德意志帝国军队在新近几次战争中所犯错误的经验。在这几次战争中，他本人曾参加对法作战。

① 根据寄送给我的以及从外事文书保管室取出的训令、指示，欧仁亲王显然已于1683年离去。拉法尔侯爵在其回忆录中说孔蒂亲王和欧仁亲王一同离去，这显然弄错事实，把历史学家引入歧途。

当时有好几个宫廷里的年轻爵爷向孔蒂亲王写了一些轻慢失礼的信。这些信对国王缺乏敬意，对当时只不过是国王的宠妃的曼特农夫人毫不尊重。这些信被截获。这些青年因而在一段时期内失宠。

《曼特农回忆录》的编纂者是唯一提出下列说法的人：拉罗什吉荣公爵对他的兄弟利昂库尔侯爵说："我的兄弟，你的信如果被人截获，你就该被判处死刑。"第一，人该被判处死刑绝不是因为一封有罪的信被截获，而是因为写过这封信。第二，人绝不会因为写过一些开玩笑的话就该被判处死刑。这些后来重新得宠的爵爷看来绝不该被判处死刑。所有这些被人在世界上轻率散布，之后又被名不见经传、受人雇佣的作家收集的话，全都不值一信。——伏尔泰注他率领三万人南下意大利，经由特兰提诺抵达威尼斯领土。他可以完全自由地随意调遣使用这支军队。法国国王最初禁止卡蒂纳元帅阻碍欧仁亲王通行。这或许因为国王不愿主动挑起战争（手中握有武器的时候，这种策略是错误的）；或许为了谨慎对待威尼斯人，避免使他们不快，因为威尼斯人不如德意志帝国军队那样危险。

法国宫廷的这个错误使卡蒂纳犯下其他错误。一个人不是执行自己的计划时，就很少获得成功。此外，大家知道，在这个河川纵横的国度，很难阻止机动灵活的敌人渡过这些江河。欧仁亲王把深远的图谋和灵活敏捷的实施结合起来。阿迪杰河沿岸的自然环境使敌军更加密集，使法军更加分散。卡蒂纳想对敌人发起进攻，但几个副将却蓄意制造困难，结成反对他的阴谋集团。他有无法使人听命的缺点。他思想上的温和有节使他铸成这个大错。欧仁首先强攻卡皮哨所。这个哨所在白运河附近，由圣弗雷蒙防守。圣弗雷蒙并不事事遵从将军命令，结果被打垮。德军取得这一胜利后，控制了阿迪杰和阿达之间的地区。它深入布雷桑。卡蒂纳退至奥利奥河背后。很多优秀军官都赞同这次他们认为是明智的撤退。还必须补充一句，政府答应供应的军火并未运来，使这次撤退势在必行。国王的近幸内宠，特别是那些希望取卡蒂纳而代之的人，使人把他这一行动视为对法国的声誉的玷辱。维勒鲁瓦元帅让人相信他能为民族荣誉雪耻。他谈话时的那种百倍信心和国王对他的器重，使这位将军获得意大利前线法军司令的职位。卡蒂纳虽然在斯塔法尔德和马尔萨伊多次获胜，但却被迫在维勒鲁瓦麾下为国效劳。

维勒鲁瓦公爵元帅是国王的家庭教师的儿子。他同国王同时被抚养长大，因而始终深受国王恩宠。他曾经参加国王参加过的所有战斗和娱乐。这个相貌喜人、仪容威严、大公无私、诚实不欺的人，与人交往态度友善和蔼，时时事事都出类拔萃①。但是他的敌人说，他虽身为一军之长，却更加注意指挥的荣誉和乐趣的获得，不大注意伟大指挥官的谋略。他们责备他固执己见，不尊重他人的建议。

他来到意大利向卡蒂纳元帅发号施令。他使萨伏依公爵感到厌恶。他使人感到，他的确认为，路易十四的宠臣率领一支强大军队，其地位远远超乎其他王侯之上。他只称呼萨伏依公爵为萨伏依先生，只把他当成一位法国雇佣的将军，而不把他当成王侯，不把他当成法、意两国之间的天然屏障的主人。这位王侯对法国的友谊没有受到应有的珍惜。法国宫廷认为，恐惧是能维系这种友谊的唯一纽带，认为一支法国军队能够保证萨伏依公爵对法国忠诚。法军中的六七千名皮埃蒙士兵经常有法国士兵在他们周围。维勒鲁瓦元帅平时与萨伏依公爵交往时，像是他的同级；在指挥战斗时，却俨然是他的上司。这位公爵徒然拥有大元帅的之名。维

① 本书作者青年时代荣幸地经常见到这位元帅，因而有权肯定这正是他的性格。拉博梅尔在他的关于《路易十四时代》的笔记中攻击维勒鲁瓦、维拉尔以及其他一些人时，就这样谈到已故维勒鲁瓦元帅(《曼特农夫人回忆录》第 3 卷第 102 页)：“维勒鲁瓦这个生活阔绰、讲究排场的人，极其轻浮地逗乐妇女，极其傲慢地对他手下的人说：‘有人把金子放进我的口袋吗？’”拉博梅尔怎么能认为过去被人说成是一个可笑的大富翁讲的话是出自一位我并不称之为大贵族，而称之为颇有教养的人之口呢？他怎么能以似乎见过这些人的口吻来谈论这么多已经过去的时代的人呢？他怎么能够这样肆无忌惮地写出这类轻慢无礼、虚假谬误、愚蠢无比的话呢？——伏尔泰注

勒鲁瓦却名副其实。他首先下令向在奥利奥河附近的希亚里指挥所的欧仁亲王进攻(1701 年 9 月 11 日)。将领们认为进攻这一指挥所违反所有战斗条例,其决定性的理由如下:该指挥所无任何重要性;其防御工事无法接近;攻下该所将毫无所获,而进攻失败则会丧失作战声誉。但维勒鲁瓦告诉萨伏依公爵必须进军,并派遣一名副官代表他去命令卡蒂纳发起进攻。卡蒂纳要副官把这项命令重复三遍,然后转身向他指挥的军官说:"干吧! 先生们,必须服从!"于是向敌军防御工事发起攻击。萨伏依公爵身先士卒。他战斗时,俨然是个对法国十分满意的人。卡蒂纳企图捐躯沙场。他受了伤。他虽然伤势严重,但眼见国王的军队灰心丧气,维勒鲁瓦元帅停止指挥,于是下令撤退。然后,他离开军队,来到凡尔赛向国王禀报他的作战情况,禀报时并未对任何人抱怨不满。

(1702 年 2 月 2 日)欧仁亲王始终保持他对维勒鲁瓦元帅的优势。最后,某天正值隆冬严寒,这位元帅在克雷莫纳城内安然酣睡。这座城市相当强固,由一支强大的卫戍部队防守。维勒鲁瓦元帅在火枪齐射声中惊醒,匆匆起床,跨上战马。他首先遇到的是敌军骑兵。这位元帅马上被俘,被押解到城外。这时他对发生了何事还浑然不知,还想不出发生这件怪事的原因何在。欧仁亲王已经进入克雷莫纳。一个任新圣玛丽修道院院长的名叫巴佐里的神父,把德国军队从阴沟引进城内。四百名德国兵通过阴沟进入神父家里,随即杀死两道城门的卫兵。于是城门洞开。欧仁亲王率领八千人入城。这一切在那个西班牙人总督尚未料到,在维勒鲁瓦元帅尚未惊醒之前就已发生。这个行动准备得十分秘密、有条不紊、认真细致、小心谨慎。总督和几名士兵在街上行走,一枪打来，中弹毙命。全体将官有的被杀，有的被俘。只有副将勒韦尔伯爵和普拉斯兰侯爵除外。欧仁亲王虽然十分审慎，但也由于偶然原因搞错。

骑士昂特拉克这天本应在城内检阅由他任大队长的舰艇大队。士兵凌晨四时已在城边集合。欧仁亲王这时正从该城的另一端进入。昂特拉克和士兵在街上奔跑，一路上对遇见的德国人进行抵抗，以便使其余卫戍部队来得及赶到。法军官兵惊惶失措，乱成一团，有的武装不全，有的几乎赤身裸体。队伍无人指挥，形同乌合之众，大街小巷、公共广场比比皆是。于是展开一场混战。街道、广场处处设防筑垒，逐一争夺。卫戍部队的两个爱尔兰团遏止了德意志帝国军队的攻势。城市从来没有遭到这样指挥卓越的突然袭击，也从来没有这样被人英勇防守。卫戍部队将近五千人。欧仁亲王率领入城的还不到四千人。他的一支大部队应通过波河大桥到达。已经采取稳妥可靠的措施。但是另一偶发事件却打乱整个计划。这座波河大桥由将近一百名士兵保卫，防守极不严密。它应由德国重骑兵团的骑兵首先攻占。这支骑兵在欧仁亲王入城时奉命前去执行攻占任务。它要达到这个目标，从邻接阴沟的南门入城后，本应立即朝北前进，通过波河门走出克雷莫纳，奔向波河大桥。它朝着目的地挺进时，带路的向导被一颗从窗户里射出的子弹击毙。骑兵们错把一条街当成另一条街。他们多走了路。就在这短暂的间隙中，爱尔兰人冲向波河门，他们抵挡并击退重骑兵。普拉斯兰侯爵利用这一时机下令切断桥梁。于是敌方等待的援军无法到达，城市因此得救。

欧仁亲王经过整天战斗之后，仍然占有他入城的那道城门。

最后，他未能占领克雷莫纳，率军后撤，带走维勒鲁瓦元帅和几名被俘的将官。该城由于他行动敏捷、行事审慎以及总督麻痹大意，被他攻占。但也由于偶然因素以及法国人和爱尔兰人英勇善战，又被从他的手中夺走。

这次维勒鲁瓦元帅极端不幸，受到凡尔赛宫廷近幸内宠们的严厉而又恶毒的谴责。这种严厉和恶毒的态度是他受到的恩宠和他本人的性格所引起的。他的性格高尚，在近幸内宠们看来，似乎太接近虚荣。法国国王怜悯他，对他不加谴责，但对人们这样公然责难自己作出的选择却按捺不住自己的激动，不禁脱口而出："大家激烈反对他，因为他是我的宠臣。"①这是国王一生中除这次以外从未对任何人用过的词。旺多姆公爵立即奉命前往意大利担任指挥之职。

旺多姆公爵是亨利四世的孙子。他像他祖父一样，作战英勇，性格温和、乐善好施、不讲排场，既不仇恨妒忌别人，也不对人进行报复。他仅仅和王侯们在一起时才显得骄傲自豪。他平等待人。他是这样一位独一无二的将领：在他的指挥下，服役的义务和服从军官这样一种纯粹动物的和机械的狂热本能，从未驱使战斗中的士兵。士兵为旺多姆公爵而战。他们为使公爵脱险，甘心牺牲生命。他的急躁性格有时使他陷于险境。大家并不认为他像欧仁亲

① 见《当若回忆录》。当时人们在宫廷、巴黎和军队中唱道：
"法国人，感谢贝隆，
你们无比成功幸运。
你们保存了克雷蒙，
你们失去了将军。"——伏尔泰注

王那样对自己的图谋深思熟虑，像欧仁亲王那样精通保存军队实力的艺术。他太忽略细节。他听任军纪废弛败坏。吃喝睡眠占去他过多时间。他兄弟的情况也是如此。这种柔弱怠惰，使他不止一次遇到被劫持绑架的危险。但是行动之日一旦到来，他就会用镇定冷静，用因面临危险而变得更加敏捷的智力来弥补一切。这种行动出击的日子，他一直寻求。据说，他不像欧仁亲王那样善于防守，但却和欧仁亲王同样善于进攻。

他把紊乱和粗疏的作风带到军中。这一点他在家中更是太过，令人吃惊，在他自己的身上也如此。他由于憎厌奢侈排场，竟至到了犬儒主义的程度，简直是无与伦比。最美好的德行——无私忘我——在他身上成了一种缺点。他办事杂乱无章这个缺点，使他所丧失的大大多于他在做好事方面的花费。人们经常看见他短少生活必需品。他的哥哥是个修道院长，在他的统率下在意大利指挥军队。这位修道院长有他兄弟的全部缺点，甚且有过之而无不及，但也以同样的英勇加以弥补。令人惊奇的是，这两位将军往往下午四时才起床。亨利四世的这两个孙子——两位亲王——不修边幅的习惯已经根深蒂固。他们这样不修边幅连最卑下的人都会为之感到羞愧。

更加令人惊讶的是，这种积极和懒散的混合物竟被旺多姆用来对抗欧仁，和他进行这样一场战争：这场战争有钩心斗角，有突然袭击，有行军扎营，有横渡江河，有既徒劳无益又伤亡重大的小规模战斗，也有浴血奋战、双方都把胜利归于自己的战役。（1702年8月15日）吕扎拉战役就是这样。巴黎和维也纳都为这次战役大唱赞美诗。每当旺多姆不与欧仁亲王本人交手时，他就战无不胜、攻无不克。但是,他一旦再度发现欧仁率领敌军,法国就不再有任何优势可言。

(1703 年 1 月)在这些战斗进行之际,在对大批城堡和小城镇进行包围的过程中,秘密消息传到凡尔赛:路易十三的姊妹的一个孙子、勃艮第公爵和菲利浦五世两人的岳父萨伏依公爵,将脱离波旁王朝,去就德意志皇帝将给予他的支持进行讨价还价。萨伏依公爵抛弃两个女婿,据信,甚至还放弃他自身利益,大家对此无不感到大惑不解。但是,德意志皇帝答应把他的两个女婿拒绝给他的一切全都给他:蒙费拉·曼图亚、亚历山大里亚、瓦伦斯以及波河和塔纳罗河之间的地区。此外还给他一笔比法国给他的钱数量更大的钱。这笔款子将由英国支付,因为德意志皇帝的钱刚够贿买公爵的军队。英国在同盟国中最富有,对共同事业的贡献多于其他国家。萨伏依公爵对国家民族和伦常的法则不加考虑,这是道德问题。这个问题与君王的治理邦国无关。发生的事件在最后,至少在条约中表明,他并没有违反策略法则,而是在另一根本问题上违反了这些法则,即他在和德意志皇帝谈判时,让自己的军队听任法国人摆布。旺多姆公爵教人解除了这位公爵的军队的武装(1703 年 8 月 19 日)。这支军队实际上只有五千人,但对萨伏依公爵说来却非同小可。

波旁家族刚失去这个盟国,又获悉葡萄牙声明反对它。葡萄牙国王皮埃尔承认查理大公为西班牙国王。德意志帝国枢密院以这个大公的名义对一个君主国进行了有利于皮埃尔二世的瓜分。其实,这个大公在这个君主国里没有一城一镇。他根据一项从未被人履行的条约,把下述地区割让给皮埃尔二世:维戈、巴荣纳、阿尔坎塔拉、巴达霍斯、埃斯特雷马杜拉的一部分,以及位于美洲普拉塔河西岸的各地。总而言之,他瓜分了它还没有到手的东西,以便取得他可能在西班牙得到的东西。

葡萄牙国王、查理大公的首相达姆施塔特亲王和首相的拥护者卡斯蒂利亚海军上将,甚至还恳求摩洛哥国王予以援助。他们不仅同这个野蛮人缔约,以求获得马匹、谷物,还向他要军队。摩洛哥皇帝米莱·伊斯梅尔是当时所有伊斯兰国家中最喜征好战、最老谋深算的暴君。他只愿意以危害基督教、羞辱葡萄牙国王的条件派出军队。他要求以葡萄牙国王一个儿子和一些城市为质。这项条约没有缔结。基督徒不待野蛮人插手,就自己动手互相残杀起来。对奥地利家族说来,非洲的帮助不具有英国和荷兰的援助那样的价值。

丘吉尔原为马尔巴勒伯爵,后晋升为公爵。自 1702 年起就被宣布为英国和荷兰军队的将领。这是好几个世纪以来对法国的威势威胁最大的人物。他和这样一些将领迥然不同:这些将领的作战方案由首相向他们书面下达;他们指挥军队执行政府命令后,返回京城还要设法获得再度效劳的荣誉。丘吉尔则通过英国人对他的需要,通过他的妻子对英国女王所具有的权威,操纵左右女王。他利用他和他的姻亲、大财务官戈多尔芬的威信引导英国国会。他就以这种方式支配操纵英国宫廷、议会、军事和财政。他比威廉更具有国王的地位,也更足智多谋、精明能干,更具有名将的指挥才能。他做得比盟国敢于期望的更多。他高出那个时代所有的将领,临乱英勇无畏、镇定安详。这种临危不惧,英国人称为“头脑冷静”。或许正是这种品质、这种指挥军队所必需的第一天赋,从前曾经使英国人在普瓦蒂埃①、克雷西②和阿赞库尔③平原等地对法国取得那样多胜利。

作战期间永不疲劳的军人马尔巴勒，在冬天里成了一名同样活跃的外交谈判家。他前往海牙和德国境内的各个宫廷。他说服荷兰耗尽国力去压抑法国。他煽起帕拉蒂选侯的仇恨。勃兰登堡选侯想当国王时，他前去对他大事奉承。他为这位选侯侍膳，以求从他那里得到七千到八千救兵。而欧仁亲王打完一仗，就亲自去维也纳准备下一战役。大家知道，由将军担任首相职务时，军队得到的供应将是何等充裕。马尔巴勒和欧仁两人进行指挥，时分时合，始终密切配合。他们经常在海牙同大首相海因西乌斯和书记官法热尔商谈。海因乌斯和法热尔用于治理联省的学识和巴恩维尔特④、维特等人同样丰富广博，而且治理得更有成就。马尔巴勒和欧仁始终协调一致，使用半个欧洲的力量来反对波旁家族。法国政府当时相当衰弱，无法长期抵抗这支联合力量。这两位将领作战方案的秘密只有他们两人知道。他们亲自制订作战计划，只在付诸实施时，才把内容告知助手。夏米亚尔与此相反，既不长于谋略，也不善于作战，也不精于理财，但却担任首相之职。他没有能力自行筹划，而是接受下级的安排。他的秘密有时甚至在他本人确切了解应如何进行之前，就已泄露。正是这一点弗基埃尔对

① 法国地名。1356 年，英国国王爱德华三世之子黑太子曾在此战胜“好人让”，并将其生俘。——译者

② 法国地名。1346 年 1 月，英法百年战争开始时，英国国王爱德华三世曾在此大败法国国王菲利浦六世。——译者

③ 法国地名。1415 年 10 月，英军曾在此打败法军。——译者

④ 巴恩维尔特(1547—1619)，荷兰首相。——译者

他责备得很有道理。曼特农夫人在书信中承认她选用的这个人庸碌无能。这是法国之所以不幸的主要原因之一。

马尔巴勒自从受命在佛兰德尔指挥联军以来，就显示出他曾经在蒂雷纳的指导下学过战争艺术。他从前曾经志愿在这位将军麾下打过最初几仗。他当时在军中只被人叫做“漂亮的英国人”。但是，蒂雷纳子爵断定这个漂亮的英国人有朝一日会成为伟大人物。马尔巴勒着手培养的人是些一直默默无闻的下级军官。他能辨识这些军官的才能，不按照我们法国称为“名单次序”的军队衔级次序行事。他深知，当衔级的晋升只不过是论资排辈时，竞争就会消失。他知道，一个军官资格很老，并不一定优秀。(1702 年)他首先培养人。他在对法作战之前，就已占了上风。作战的第一个月荷兰将军阿特隆还同他争夺指挥权。从第二个月起，这位荷兰将军就不得不对他甘拜下风，事事遵从。法国国王派他的孙子勃艮第公爵前往抵抗马尔巴勒。这位公爵是个英国、正直，生来为人们谋幸福的亲王。不知疲倦、英勇善战的布弗勒尔元帅归这位年轻的亲王指挥。但是，勃艮第公爵在眼见几个要塞失守，并因英国人巧妙进军而被迫后撤之后，于战斗正酣之际，返回凡尔赛(1702 年 9 月、10 月)。布弗勒尔独自一人目睹马尔巴勒节节胜利，连克范洛、鲁尔蒙德、列日等地，一路势如破竹，始终保持优势。

马尔巴勒在这次战役结束后返回伦敦，获得在君主国和共和国所能享有的一切荣誉。他被王后封为公爵，而最令他得意的是，他受到议会两院感谢。议会代表前往他的宅第向他致贺。

然而这时却涌现出一个似乎会令人对法国的命运感到放心的人物——维拉尔公爵元帅。当时他还是一员副将。他后来八十二岁时，竟成了法国、西班牙和撒丁军队的大元帅。这是个浑身是胆、满怀信心的军官。他由于坚决顽强，干了逾越自身职责的事，因而成了自己命运的缔造者。他有时使路易十四感到不快。而危险的却是，他使卢瓦大为不悦，因为他对他们讲话时，胆量之大同在军中为国效劳时一样。有人指责他缺乏能与他的勇敢相称的那种虚怀若谷的品德。但是，人们终于发现他具有作战和指挥法国人的天才。他于长期消沉萎靡、无所作为之后，在短短几年内得到提升。

他的运道理应比别人更少受嫉妒，但却遭到更多的嫉妒。他曾经是法国元帅、公爵、大臣、省总督，而且拯救了国家。另一些断送了国家，或只不过是内宠近幸之流，却都得到几乎与他同样的奖赏。甚至他的财富也受人责难，虽然这些财富十分微薄，取自敌国的贡税，是对他作战英勇和指挥卓越的正当奖赏。与此同时，有些人运用可耻手段，使自己的财富猛增到他的财富的六倍，这种人虽拥有大量财富，却受到人们普遍赞许。他到了八十岁才开始享有盛誉。他必须比所有的宫廷人物活得更长，才能充分享受自身的荣誉。

了解在人间产生这种不公正现象的原因，不无好处：维拉尔元帅缺乏通权达变的本领。他既没有利用自己的正直和才智去结交朋友的高明手法，也没有使自己被人垂青看重的灵活技巧，虽然他像值得别人夸耀他那样自我夸耀。

某天，他向宫廷告辞，前往担任指挥军队之职。他当着所有内宠近幸的面对国王说："陛下，我将去同陛下的敌人作战，但却把陛下留在我的敌人当中。"他对摄政王奥尔良公爵的那些利用所谓

“改制”的国家动乱大发横财的内宠近幸臣说：“我除了得自敌人的东西之外，什么都从来没有得到过。”他说的这番话和他行动同样大胆。这些话过分贬抑别人，而这些人已经因为他行时走运而怒火中烧。

战争初期，他是在阿尔萨斯指挥分遣队的副将之一。这时巴登亲王率领德意志帝国军队刚刚攻占兰道。该地曾由梅拉克防守了四个月。这位亲王有所进展。他具有数量、地形和出师告捷等种种优势。他的军队在与黑森林毗连的布里斯高的山中设防。这片辽阔的森林把巴伐利亚军队和法国军队隔开。卡蒂纳在斯特拉斯堡指挥作战。他谨慎小心，考虑周密，决心不在条件如此不利的情况下进攻巴登亲王。如果进攻，法国军队将因一筹莫展而全军覆没，阿尔萨斯则将因这次进攻受挫而失去屏障。维拉尔已经决心要晋升为法国元帅，不然就捐躯沙场，于是冒险采取卡蒂纳不敢采取的行动。他这样做获得宫廷的允准。他率领一支数量居于劣势的军队向德意志帝国军队进攻，朝弗里德林根进军，并发动一次以该地名称命名的战役。

（1702年10月14日）骑兵在平原上作战。法国步兵爬上山顶，向在树林中筑壕据守的德国步兵进攻。我不止一次听见维拉尔元帅说过，当他带领步兵前进时，战斗已经打胜。这时，忽然一个声音喊道：“我们被分割啦！”他指挥的团队一听见这喊声，就全团开始逃散。他向逃散的士兵跑去，对他们高呼：“喂！弟兄们，胜利属于我们！国王万岁！”士兵们全身战栗，喊着回答：“国王万岁！”接着又继续奔逃。将军花了九牛二虎之力重新集合得胜的士兵。如果敌军两个团在这惊惶恐怖的时刻出现，法国军队肯定会溃不成军，一败涂地。战役的胜负竟是这样取决于运道。

巴登亲王损失了三千人以及炮队和阵地之后，在树林和峡谷中被追赶了两里。接着弗里德林根要塞投降，这证明他已遭到失败。但这时他却派人向维也纳报告他获得胜利，并且下令唱一首对他说来比那场打输的战役更加令人感到可耻的《感恩赞美诗》。

法国人惊魂甫定，就在战场上宣布维拉尔晋升为法国元帅。十五天后，国王批准了士兵向他表达的这个愿望。

（1703 年 4 月）维拉尔元帅最后率领他的胜利之师与巴伐利亚选侯会合。他发现选侯也已得胜，获得进展，占领了雷根斯堡这个德意志帝国直辖城市。德意志帝国各邦在该城会商，刚刚做出消灭这位选侯的决定。

维拉尔如果只本着他的天性行事，他就更宜于精忠报国，而不宜于与某位王侯协调行动。他带领，说得更确切些，他拖带选侯渡过多瑙河。渡河以后，选侯后悔起来。这位选侯发觉他自己如稍遭挫败，所属各邦就会听凭德意志皇帝摆布。斯蒂罗姆伯爵率领大约两万人马和巴登亲王的大军在多纳维尔特附近会师。维拉尔元帅对亲王说：“必须抢在他们前头，必须向斯蒂罗姆猛扑，必须立刻出发。”巴伐利亚选侯这时仍在坐等时机。他回答说，他必须和自己的将领以及大臣们商量。维拉尔反驳说：“我就是你的大臣和将领。要打仗，除了我，你还要什么人替你出谋划策呢?”亲王老是把他所属各邦面临的危险惦挂在心，因此继续后撤。他对将军大发雷霆。于是，维拉尔对他说：“好吧！如果选侯殿下不愿和他的巴伐利亚士兵抓紧战机，我就和法国士兵一起去打。”他于是就下令进攻。选侯怒不可遏[①]，把这个法国人仅仅看成是个轻率鲁莽的家伙，因迫不得已而战。这场战斗在多纳维尔特附近的霍赫施泰特平原进行。

（1703 年 9 月 20 日）第一次冲锋后，可以看到运道在战斗中所能起的作用。敌军和法军都惊惶失措，都同时各自奔逃。有几分钟，维拉尔元帅发现战场上只剩自己单独一人。他重新集合部队，率军再战，并取得胜利。德意志帝国军队有三千人被杀，四千人被俘，并丢失大炮和辎重。选侯占领奥格斯堡。通往维也纳的道路已经打开。德意志皇帝的枢密院讨论皇帝是否须从首都出走。

德意志皇帝惊恐万状，情有可原，因为他当时到处受挫。（9 月 6 日）勃艮第公爵指挥塔拉尔元帅和沃邦元帅刚刚占领古老的布里萨赫。塔拉尔不仅再度攻下兰道，还在斯皮尔附近打败了那位后来当了瑞典国王的黑森亲王（1703 年 11 月 15 日）。那时这位亲王力图援救这座城市。如果弗基埃尔这位军事艺术造诣颇深、评价人物严格的军官和评论家所说的属实，塔拉尔元帅仅仅由于对方一个过错和一个误解才打赢这一仗。但是，他最后从战场禀报国王说："陛下的军队缴获的战旗和旗帜多于它失去的普通士兵。"

---

① 所有这些在《维拉尔元帅回忆录》的手抄本中应有记载。我在这部回忆录中读到这些细节。该书印刷出版的第一卷确实出自他本人手笔。其他两卷则出自另一个人之手并且文笔稍异。

通过这位元帅的急函可以看出他在多大的程度上因巴伐利亚选侯的宫廷的气氛而无法不感到痛苦。"或许讨好他，比很好地为他效劳更好。他手下的人就是这样行事。巴伐利亚人，外国人，所有在赌博中偷他的钱、诈骗他、并把他出卖给德意志皇帝的人，都因为他发了财……"

所谓"出卖给皇帝"这几个字，他指的是，巴伐利亚选侯的大臣们，当法国正在为他战斗时，为了与奥地利媾和而搞的一桩阴谋。——伏尔泰注整个战争期间，刺刀在这次战斗中杀伤最多。法国人禀性凶猛，使用这种武器时，占有很大的优势。后来，这种武器的威慑作用力大于它的杀伤力。持续不断和移动的炮火占有上风。德国人和英国人习惯于分组射击，较法国人更有条不紊和迅速敏捷。普鲁士人最先把铁制小棍装在枪上。第二个普鲁士国王对普军军纪严加整顿，并对普军严格训练，使普军每分钟发射六发毫无困难。三列同时射击，接着又立即迅速前进。这种队伍今天往往决定战役胜负。野炮的威力同样令人恐惧。被这种炮火震撼的营队，不待敌方步兵用刺刀发起进攻，敌方骑兵就把他们冲散。这样，刺刀的威慑力就比它的杀伤力更大。刀剑对步兵已毫无用处。士兵的体力、灵活、勇敢不再对他们有用。军队变成一部庞大的机器。安装良好的机器必然会使与之对立的机器运转失灵。欧仁亲王在与土耳其人对阵的著名的特梅斯瓦尔和贝尔格莱德战役中得胜。在这两次战役中，假如进行被人称为混战的战斗的话，土耳其人或许会因具有巨大的数量优势而获胜。因此，自我毁灭的艺术，不但与火药发明以前迥然不同，也与一百年前判然有别。

一百年前，法国最初在对德关系方面十分走运。有人推测，维拉尔如果利用他那曾使动作迟缓的德国人手脚无措的迅雷不及掩耳之势的话，是会把法国的运道更推进一步的。但是，这种使他成为令人生畏的首领的性格却使他和巴伐利亚选侯格格不入。法国国王希望他的将领只对敌人骄傲。巴伐利亚选侯十分不满，以致要求法国国王为他另外派来一位法国元帅。

维拉尔自身对动乱不安、谋求私利的宫廷中发生的种种钩心斗角，对巴伐利亚选侯的犹豫不决，特别对国务大臣夏米亚尔的那些满纸是对他充满成见和愚昧无知的妄言的函件，感到烦腻厌倦。他于是呈请国王准予退休。这是他所得到的对他最熟谙精通的作战行动和对他打过的一次胜仗的唯一奖赏。夏米亚尔派他深入塞文山区镇压狂热的农民。他于是把这位当时唯一能激发法国军队的不可战胜的勇气的将军和旺多姆公爵一样，从这支部队夺走。这样就为法国带来灾难。关于这些狂热的农民的问题将在宗教一章中谈到。路易十四当时还有比这些塞文山区的居民更加可怕、更加走运、更不共戴天的敌人。

第十九章

布莱恩海姆或霍赫施泰特战役的失败及其后果

1703年初，马尔巴勒公爵返回尼德兰。他的举止行动和自身的运道都一如既往。他攻下科隆选侯的驻地波恩，并由此进发，收复于伊、林堡，并占领整个下莱茵。维勒鲁瓦出狱后在佛兰德尔率领军队和马尔巴勒交锋。这次对阵并不比他过去和欧仁亲王交手时更为顺利。布弗勒尔元帅刚刚率领一支分遣部队在与荷兰将军奥布丹作战的埃克朗战斗中获得小胜，但无济于事。得胜而不能扩大战果，这种胜利就毫无价值可言。

这时，这位英国将军如果不前去援救德意志皇帝，奥地利家庭似乎就会覆灭。巴伐利亚选侯是帕绍的主人。三万名由接替维拉尔的马尔森元帅指挥的法国士兵涌向多瑙河彼岸。另一些部队在奥地利急速行军。维也纳一方面处于法国人和巴伐利亚人的威胁之下，另一方面又受到拉戈茨基亲王的威胁。这位亲王领导匈牙利人为自由而战，并得到法国和土耳其的金钱援助。这时，欧仁亲王从意大利赶来指挥德国军队。他在海尔布隆会见马尔巴勒公爵。这位英军司令行事不受任何约束。英国女王和荷兰人都任其机变行事。他率领前往援救德意志帝国中心。他首先率领一万名英国士兵和二十三个骑兵连，急行军抵达多瑙河岸的多纳维特附近地区，对面是巴伐利亚选侯的防线。这道防线由近八千法国人和同等数量的巴伐利亚人固守，以保住已被他们征服的地区。经过两小时战斗（1704 年 7 月 2 日），马尔巴勒率领英军三个营突破对方防线，打垮巴伐利亚人和法国人。据说，他杀死敌军六千，自身也几乎遭到同等损失。一个将军达到自己行动目标时，死亡数字对他说来已无足轻重。他攻下多纳维特，渡过多瑙河，并命令巴伐利亚缴贡纳税。

维勒鲁瓦元帅原想在马尔巴勒行军的最初阶段紧紧尾随其后，但突然不知他的去向。等到多纳维特的捷报传来，才弄清楚。

塔拉尔元帅率领将近三万人经由另一道路前来抵抗马尔巴勒，并同选侯会合。与此同时，欧仁亲王也率军到达，和马尔马勒会师。

最后两军在离多纳维特不远的地方相遇，即在维拉尔元帅一年前获胜的同一片田野中相遇。维拉尔当时还在塞文山区。笔者知道他收到一封战斗前夕从塔拉尔元帅军中发出的信。这封信告知他两军作战部署和塔拉尔元帅拟采取的作战方案。他写信给他的内兄弟梅宗院长说："塔拉尔元帅如果保持这种态势进行战斗，准败无疑。"有人把这封信呈交路易十四。这是封公开信。

（1704 年 8 月 13 日）法国军队内有巴伐利亚人。因为部队员额不满，所以八十二个营、一百六十个骑兵队，一共只有约六万人。敌军由六十四个营和一百五十二个骑兵队组成。因为军队员额往往浮报，所以共约五万两千人。这场伤亡如此巨大、如此具有决定意义的战斗日值得特别重视。法国将领被人责备犯下不少错误。

第一个错误是，他们使自己被迫应战，而不是使敌人因弹尽粮绝而自行衰竭覆灭，也不是使维勒鲁瓦元帅来得及向防务空虚的荷兰猛攻或向德国挺进。为了答复这种责难，必须考虑到，当时法国军队比盟国军队稍强，能够指望打败对方，而胜利将会使德意志皇帝遭到罢黜。弗基埃尔侯爵举出选侯、马尔森和塔拉尔在战役前后所犯的主要错误。其中最重大的错误之一，是没有在他们的阵地中心部署步兵主力，是把他们的两个军团分开。我常常听见维拉尔元帅亲口说，这样的部署不能原谅。

塔拉尔元帅在右翼，选侯和马尔森在左翼。塔拉尔元帅的勇敢之中包含法国人的全部热情活泼，包含一种积极敏锐、足智多谋、随机应变的才智。他曾经参与缔结瓜分他国的条约。他通过才子和勇士所遵循的种种途径获致荣誉和财富。尽管弗基埃尔对斯皮尔一战加以批评，这一战役却使他声誉鹊起，因为得胜的将军在公众眼中万无一失，正如败兵之将尽管也曾经进行过明智的指挥，总被人看得无一是处。

但是，塔拉尔元帅有个对一位将领说来极其危险的不幸：他视力很差，十步之外的东西就无法分辨。深知他的人对我说，他那炽烈的勇气，与马尔巴勒截然相反，在行动的高潮中熊熊燃烧，使他的头脑不能完全独立地冷静思考。这个缺点来自一种躁猛和激奋的性情。大家知道得相当清楚，我们的气质构成我们情感的全部特性。

马尔森元帅到那时为止，还从来没有担任过总指挥的职务。他精明能干、为人正直。据说，他作为优秀军官比作为将军经验更加丰富。

至于巴伐利亚选侯，他不大被人看成是个伟大统帅，而是更多地被当成一个英勇、亲切、深受臣民爱戴、心地高尚多于热心专注的君王。

这次战役开始于中午和下午一时之间。马尔巴勒和他指挥下的英国人渡过一条小河后，向塔拉尔的骑兵发起冲锋。塔拉尔将军在这之前不久，刚刚向左边走开，以便观察那里的兵力部署情况。他的军队作战而不由它自己的将领指挥，因此处境相当不利。选侯和马尔森的军队这时还没有遭到欧仁亲王的进攻。欧仁在向选侯发起攻击后，到达其左翼之前，马尔巴勒已经突破法军右翼将近一个小时。

塔拉尔元帅获悉马尔巴勒进攻他负责的那一翼，立即向该处奔去。他发现一场激战已经展开。法国骑兵三次反复集合，三次受到猛攻。他向布莱恩海姆村走去，他已经在这个村子部署了二十七个步兵营和十二个骑兵队。这是一支单独的小部队。这支部队不断向马尔巴勒的军队开火。塔拉尔从这个村子发出命令，进行指挥，后又从这里飞速返回马尔巴勒正率领骑兵和骑兵队中的步兵营驱赶法国骑兵的地方。

弗基埃尔先生肯定弄错了事实。他曾说，塔拉尔元帅当时不在那里，他从马尔森负责指挥的一翼返回他自己那一翼时被俘。所有关于这次战役的记述一致认为，塔拉尔元帅当时在场。这种说法对塔拉尔说来，千真万确。他当时受了伤。他的儿子在他身旁中弹阵亡。他的骑兵在他面前全被击溃。一方面获胜的马尔巴勒在法军的两支部队之间进行突破，另一方面他的将官也在布莱恩海姆村和塔拉尔的军队之间进行了突破。塔拉尔的军队这时仍然和驻守布莱恩海姆的小部队分隔开。

塔拉尔元帅面临这一严峻形势，四处奔跑，以期重新集合几支骑兵。他视力很差，把一支敌军骑兵当成自己的骑兵。他被英国雇佣的黑森部队俘虏。这位将军被俘时，被法军三次击退的欧仁亲王终于获胜。法军全面崩溃。塔拉尔元帅的军团仓皇逃遁。整个右翼惊惶失措，盲目行动，以致军官和士兵冲入多瑙河中还不知道自己的去处。没有一位将官下令撤退。没有一位将官想到要设法拯救法国最精锐的部队中极其不幸地被包围在布莱恩海姆的那二十七个步兵营和十二个骑兵队，或者想到要设法使之投入战斗。马尔森元帅于是进行撤退。后来晋升为法国元帅的布尔伯爵途经霍赫施泰特沼泽撤退，拯救了一小部分步兵。但他自己、马尔森或许别人都没有想到还留守在布莱恩海姆的那支部队。这支部队正在待命，而命令迟迟不下达。它有一万两千人，是支最老的军队。数量较小的军队打败一支五万人的大军，或者光荣撤退，这种情况颇不乏先例。但是驻地决定一切。这支部队面对一支胜利之师，无法从一个村庄的狭窄的街头开出，自行组成战斗队列。这支胜利之师则时刻以更强大的正面进攻，以它自己的火炮，以及以从缴获自败军方面，并且已供自身支配使用的火炮，对这支部队猛攻。负责指挥这些部队的将官、克莱朗博元帅的儿子克莱朗博侯爵跑去请求塔拉尔下达命令时，得知元帅已经被俘。他只看到逃散的士兵，于是和他们一起逃跑，后来在多瑙河中溺毙。

驻守这个村子的将官西维埃尔进行一次大胆的尝试。他向阿图瓦和普罗旺斯的军官叫喊，要他们同他一起进军，共同战斗。甚至其他团队的一些军官也向这个村子跑去。他们像从被围困的要塞突围一样，向敌军猛扑。但是出击之后，又被迫返回原地。这些军官中有个名叫德农维尔的，不久后和一个名叫汉密尔顿的奥克尼绅士骑马回到村子。军官们围着他问：“你给我们带来的是个英国俘虏吗？”“不，先生们，我自己当了俘虏。我是来对你们说，对你们来说，除了当俘虏外，没有别的办法。这位是来向我们建议投降的奥克尼伯爵。”这些久经沙场的军人全都张皇失措，战栗起来。纳瓦尔撕碎他的旗帜并把它埋起来，但是，终于不得不屈服。这支军队于是不战而降。奥克尼伯爵告诉我，这支军队当时处境困难，除投降之外，别无他法。全欧对法国最精锐之师集体蒙受这一奇耻大辱感到十分惊讶。有人把这一不幸事件归咎于他们的胆小怯懦、贪生怕死。但是，几年以后，一万四千瑞典人在大平原上向俄国人无条件投降。这就为这些法国人进行了辩解。

这就是在法国称为霍赫施泰特战役、在德国称为普莱恩海姆战役、在英国称为布莱恩海姆战役的这一著名战役的前后经过。胜利的一方近五千人阵亡，八千人受伤。欧仁方面伤亡数字最大。法军在这一战役中几乎遭到全歼。从常胜之师的六万人中只能重新集合起两万人。

近一万二千人阵亡，一万四千人被俘。全部大炮、大量军旗、国旗、帐幕、装备、一名将官和一千二百名优秀军官听任胜利者随意摆布。所有这些使这一战斗日闻名于世。逃兵四散。一百法里土地不到一个月就丧失殆尽，陷入敌手。整个巴伐利亚转而沦于德意志皇帝的桎梏之下，饱尝激怒的奥地利政府的严酷残暴和战胜国士兵的贪婪野蛮的滋味。巴伐利亚选侯在逃往布鲁塞尔避难途中和他的兄弟科隆选侯相遇。科隆选侯也同样被驱赶出他的领地。兄弟二人相见之下抱头痛哭。惊讶和恐怖侵袭久已习惯于繁荣昌盛的凡尔赛宫。战败的消息传来之时，路易十四的曾孙诞生的庆祝典礼正在举行。没有人敢向国王禀报这一如此残酷的事实真相。必须由曼特农夫人负责告诉他：他已不再是战无不胜的了。

下面这件事曾经有口头传闻和书面记载，所有历史也反复叙述：德意志皇帝在布莱恩海姆平原为法国这次失败竖立了纪念碑，碑上刻有败坏法国国王声誉的文字①。事实上这块碑从不存在。只有英国为了马尔巴勒的殊荣盛誉竖立了一座纪念碑。英国女王和议会在马尔巴勒的主要领地上修建一座宏伟的宫殿，名叫布莱恩海姆宫。宫里的图画和挂毯都描绘这一战役的情景。国会两院和全国城镇齐声感谢，举国上下万众欢腾，这是马尔巴勒因胜利而获得的第一项奖赏。著名的艾迪生②的诗是比布莱恩海姆宫更加经久传世的纪念碑。它被这个尚武和博学的民族视为马尔巴勒获得的最大奖赏之一。德意志皇帝封他为德意志帝国的王侯，赐予他明德尔海姆公爵爵位和封地。这块封地后来同另一封地交换，但是，明德尔海姆公爵这个称号从来不为人所知，因为马尔巴勒已经成为他最好的名字。

① 雷布勒肯定，德意志皇帝利奥波德叫人竖立了这座金字塔。在法国，人们的确对此深信不疑。1707 年维拉尔元帅派遣五十名匠师前去拆毁这座塔时，却什么也没有找到。图瓦拉的继承人写文章时仅仅以海牙的报纸为根据，想象出这句碑文，甚至还建议修改，使之有利于英国人。事实上，这句碑文是一些逃亡英国、游手好闲的法国人的虚构。把虚构故事、无稽之谈充做确切无疑的事实，这在当时屡见不鲜。今天仍然如此。从前历史缺乏回忆录，今天则回忆录汗牛充栋，为害历史。真实的东西被淹没于小册子的汪洋大海之中。——伏尔泰注

② 艾迪生(1672—1719)，英国诗人及政论家。——译者

法国军队既被驱散，盟国就在多瑙河和莱茵河之间通行无阻。它们渡过莱茵，进入阿尔萨斯。以部署扎营和行军著名的将军路易·德·巴登亲王包围了已被法国人收复的兰道。德意志皇帝利奥波德的长子、罗马人的国王约瑟夫前来参加这次围城。兰道和特拉尔巴赫被攻占(1704 年 9 月 19 日和 23 日)。

法国虽然丧失领土百里，但它的疆界仍然继续向外扩展。路易十四支持他在西班牙的孙子，并在意大利获胜。法国必须在德国境内作出巨大努力以抗击马尔巴勒。它也的确作了这种努力。它重新收集军队残部，用尽守备部队，把民兵投入战斗。政府到处借贷。最后，法国重新拥有一支军队。维拉尔又被从塞文山深处召回指挥这支军队。他来后陈兵特里尔，率领一支数量居于劣势的军队与英国将军交锋。双方都企图发动另一次战役。但是巴登亲王未能率领部队及时到达与英军会合。维拉尔至少迫使马尔巴勒拔营撤退。这已是非同一般的成绩(1705 年 5 月)。马尔巴勒公爵对维拉尔元帅颇为尊重，也希望以此获得对方尊重。他在拔营转移时，致函维拉尔说：“请你公正地相信，我的撤退是巴登亲王的错误所致，请相信我对你的尊敬甚于对他的恼怒。”

法国人因此在德国境内仍然保有天然屏障。佛兰德尔方面的战事正由获释出狱的维勒鲁瓦元帅指挥。该地没有受到袭扰占领。在西班牙方面，国王菲利浦五世和查理大公都在等待王冠。前者期待他祖父的巨大威势和大部分西班牙人的善良愿望使他获得王位。后者则指望英国人以及他在加泰罗尼亚和阿拉贡等地的党徒的援助。这位大公是德意志皇帝利奥波德的次子，后来成了德意志帝国皇帝。那时他因除了大公这一头衔之外，一无所有，所以将在1703年年底，在几乎没有随从的情况下，只身前往伦敦向安妮女王求援。

英国人的力量于是全部显示出来。这个与这次争执本来毫不相干的国家，向奥地利亲王提供运输船只两百艘、军舰三十艘，另加荷兰船只十艘、兵员九千名以及金钱，其目的乃在征服一个王国。但是权力产生的这种优势和种种恩惠并不能阻止德意志皇帝在他致安妮女王的信中拒绝给予这位女君主——他的恩人——以陛下的称号。根据维也纳宫廷的文风，她只被称为殿下。这种文风只有习俗可以为它辩护。后来，当高傲屈从于需要的时候，它才被理智所改变。

第二十章

在西班牙遭到的失败　拉米利和都灵战役的失败及其后果

英军的首批战绩之一是攻下直布罗陀。人们认为直布罗陀无法攻克，是有道理的。一长串的悬崖绝壁使人无法接近陆地。没有港口。海湾漫长，既不安全，风浪又大。企图运兵登陆的船只因而易于受风暴以及堡垒和防浪堤上的炮火的袭击。这座城市的市民仅仅凭恃自身力量就能保卫这座城市，免受千艘战舰、十万大军的入侵。但这种力量本身也导致这个要塞失守。卫戍部队仅一百人。这本来已经足够。但是他们却忽略了他们认为无用的后勤。黑森亲王率领一支一千八百人的军队，在位于这座城市背后北面的地峡登陆。但是，恰好在这一边，一排悬崖绝壁使该城难于攻破。舰队白白发射了一万五千发炮弹。最后，一些水手得以乘船来到防浪堤底下，不胜欢欣鼓舞。堤上的炮兵本应把他们歼灭，但却没有开炮射击。于是水手们爬到堤上，并加以占领。大股部队随即冲向防浪堤。这座固若金汤的城市遂不得不投降（1704 年 8 月 4 日）。我执笔写本书时①，该城仍在英国人手中。西班牙当时

---

① 1740 年。——伏尔泰注

已经在菲利浦五世的第二个妻子帕尔玛公主统治下重振国威，再度强大，而且后来还在非洲和意大利获胜。它这次目睹直布罗陀落入一个西方国家手中，感到痛苦，但却无能为力。两个世纪以前，这个西方国家的船舰几乎没有驶进地中海。

紧接直布罗陀被攻占之后，掌握制海权的英国舰队在马拉加港前向法国海军上将图卢兹伯爵发起进攻。事实上，这是一场胜负未决的海战。但是，这时路易十四的巨大威势已成强弩之末。路易十四的私生子图卢兹伯爵是王国海军上将，统率战列舰五十艘和桨帆战船二十四艘。他光荣撤退，舰队未受任何损失。（1705年3月）后来法国国王派遣十三艘战舰进攻直布罗陀。与此同时，泰塞元帅则从陆上包围这座城市。这双重的鲁莽行动使法国陆军和舰队同时覆灭。部分船舰被风暴摧毁。另一部分进行了令人钦佩的抵抗后，在接舷战中被英国人俘获。还有一部分在西班牙海岸被焚毁。从这一天起，大西洋和地中海上不再出现法国的庞大舰队。法国海军几乎返回路易十四曾经使之脱离的那种状态。这也正如在路易十四的统治之下其他光辉事物曾经兴起衰落一样。

这些英国人为本国占领直布罗陀之后，又在六周内为查理大公征服了瓦伦西亚和加泰罗尼亚两个王国。包围者的鲁莽冒失产生的效果使他们得以攻下巴塞罗那。

指挥英军作战的是这个自豪、勇敢、独特、俊杰人物辈出的国家所曾经产生过的具有奇行异操的人物之一——彼得巴罗伯爵。他各方面都很像那些由于西班牙人想象力丰富而在汗牛充栋的书中被描绘的英雄。他十五岁离开伦敦，前往非洲参加对摩尔人的战争，二十岁开始参加英国彻底的革命，并第一个前往荷兰奥伦治亲王处。但是他担心别人怀疑他旅行的动机，于是先乘船去美洲，再从美洲搭荷兰船抵达海牙。他丧失、花去自己全部财富，但又多次重振家业。他在西班牙几乎自己出资作战，并供养查理大公和他整个家族。是他和达姆施塔特亲王一起包围巴塞罗那。[①] 他建议达姆施塔特对掩护儒伊山要塞和城市的防御工事进行突然袭击。这些工事是用刀剑攻下的。达姆施塔特亲王就在这些工事上丧生。一颗炸弹在要塞的火药库上爆炸。要塞炸毁，被敌攻陷，城市投降。总督从城门上对彼得巴罗讲话。投降条款还未签署。这时忽然喊声四起。总督对彼得巴罗说："你让我们上当了。我们诚心诚意投降。瞧，你们英国人却从要塞进了城。这些人杀人、抢劫、强奸。"彼得巴罗伯爵回答说："你弄错了！这肯定是达姆施塔特亲王的部下。现在只有一个办法可以拯救你的城市：让我同我的英国军队马上进城。我会安抚一切。然后我马上回到城门这里来，把投降的事办妥。"他用诚实不欺、含有威势的声调讲话。这种声调再加上眼前的危险，说服了总督让他进城。他和军官们入城后，发现德国人、卡泰罗尼亚人以及城内的乱民正在抢劫本地豪绅的宅第。他赶走这些人，命令他们放下手中的赃物。他看见波波利公爵夫人落入一些士兵手中，马上就要遭到污辱。他把夫人交还给她的丈夫。最后，他平息了一切，返回城门，签署降表。西班牙人目睹英国人如此宽宏大量，感到十分惭愧，而乱民却因为英国人是异端分子，把他们看成是野蛮人。

① 雷布勒撰写的历史称这位亲王为乱党首领，似乎这位亲王曾经是个造过菲利浦五世的反的西班牙人。——伏尔泰注

巴塞罗那失陷后，西班牙人又因企图收复这座城市未果而蒙受耻辱。菲利浦五世虽然拥有西班牙大部领土，却缺乏将领、工程师甚至士兵。一切都由法国提供。图卢兹伯爵率领法国还剩下的二十五艘船舰卷土重来，对港口进行封锁。泰塞元帅以三十一个骑兵队和三十七个步兵营形成包围圈。但是英国舰队刚一开到，法国舰队就立刻撤离。泰塞元帅也匆匆撤围，只身逃离，在营地上丢下大量粮食储备。被他遗弃的一千五百名伤员受到彼得巴罗伯爵的人道待遇。这些损失异常巨大。人们不知道，法国从前为征服西班牙而花的钱是否比这次为援救这个国家而花的钱数额更大。路易十四的孙子由于得到以忠诚自豪并且坚持自身的选择的卡斯蒂利亚民族的友爱而得以维持自己的王位。

战事在意大利进展顺利。路易十四向萨伏依公爵报了仇。在进行卡萨诺战役那天，旺多姆公爵首先光荣地在阿达附近击退欧仁亲王（1705 年 8 月 16 日）。这是个伤亡惨重的战斗日，是胜负未决的战役之一。为了这类战役，作战双方都高唱感恩赞美诗，但是，这类战役只能使尸横遍野，血流成河，造成大量伤亡，而不能使任何一方有所进展。卡萨诺战役后，旺多姆公爵又在欧仁亲王没有参战的情况下，在卡尔西纳托战役中大获全胜①（1706 年 4 月 19 日）。欧仁亲王在这一战役结束后的第二天赶到时，还看见他

---

① 其实是一位生于丹麦的雷芬特劳伯爵指挥卡西纳托战役。但是，只有一些德意志帝国的部队。

关于这一点，拉博梅尔在其所著《关于路易十四时代史的笔记》中写道：“丹麦人在国外不如在国内更能发挥他们的才能。”必须承认，这样一个人物如此侮辱所有民族，实属罕见。——伏尔泰注

一个被彻底击败的分遣队。最后，盟国不得不把所有地盘让给旺多姆公爵。现在只剩下都灵尚待攻克。这座城市将被包围，似乎不可能得到救援。维拉尔在朝德意志那个方向猛攻巴登亲王。维勒鲁瓦在佛兰德尔指挥八万人。他自以为能通过与马尔巴勒作战，弥补他和欧仁亲王交手时遭到的不幸。他过分相信自己的智慧，这对法国比任何时候都更加危险有害。

维勒鲁瓦元帅让他的军队在梅埃涅附近安营扎寨，面向小盖特河河源。中心在拉米利，这是个和霍赫施泰特同样出了名的村子。维勒鲁瓦本可避免作战。他的将官向他提出这样的建议。但他本人追求荣誉的盲目愿望占了上风（1706 年 5 月 23 日）。据说，他的作战部署很糟，没有一个有经验的人看了不预见他必然失败的。军纪废弛、编制不全的新兵被置放在中心。他把军队的物资装备留在军队的防线中间；把左翼部署在一个沼泽之后，似乎想防止它叛变投敌①。

马尔巴勒发现法军的这些缺点漏洞，于是加以利用，相应地部署了自己的兵力。他看见法军左翼无法进攻他的右翼，立刻撤除右翼，以集中优势兵力向拉米利猛攻。法军副将加西翁先生看见敌军调动，向维勒鲁瓦元帅高喊："你再不变换战斗队形，就要完蛋啦。撤除左翼，调走右翼。用同等兵力抵抗敌人。把你的防线再收拢一些。你再耽搁一会儿，就再也没有办法啦。"不少军官支持副将这个忠谏良谋。但是元帅却置若罔闻。马尔巴勒发起进攻。他和列阵的敌人交手。这些敌人部署得好像他自己为了打垮他们

① 见《弗吉埃尔回忆录》。——伏尔泰注

而对之进行过部署一样。这就是整个法国的看法。历史只不过部分地记叙了人们的看法见解。但是,难道不应该同样指出:盟国军队纪律较好,它们对长官和对过去的胜利的信心使它们更加勇气百倍吗?难道没有玩忽职守的法国团队吗?在战火中最坚忍不拔的军队难道不曾决定过国家的命运吗?法国军队没有抵抗半个小时。战斗在霍赫施泰特进行了近八小时,胜利者方面被杀近八千人。而进行拉米利战役这天,他们被杀死的还不到两千五百。这是一次全面溃败。法国人这天损失兵员两万,丧失了民族光荣和再度获胜的希望。巴伐利亚、科隆已因霍赫施泰特战役而丢失。整个西属佛兰德尔也因拉米利战役而沦入敌手。马尔巴勒胜利进入安特卫普和布鲁塞尔。他攻占奥斯坦德。梅嫩向他投降。

维勒鲁瓦元帅陷于绝望之中,不敢向国王汇报这次败绩。他接连五天没有向国王派遣信使。最后,他终于写信证实了这一使法国宫廷大为震惊的消息。他再度在国王面前出现时,这位君主并没有对他申斥责备,而是对他说:“元帅先生,我们这个年纪的人是不幸的。”

国王认为旺多姆公爵留在意大利已无必要,于是立刻把他从那里调回,以便派遣他去佛兰德尔,在可能的情况下,弥补这一不幸事件。至少出于表面的理由,国王希望攻占都灵会使他在频频受挫之后得到一点安慰。欧仁鞭长莫及,无法前往援救这座城市。他当时在阿迪杰河彼岸。河的这边构筑有一长列防御工事,使渡江难以进行。这座大城受到四十六个骑兵队和一百个步兵营的包围。

指挥这支军队的拉弗亚德公爵是法兰西王国最杰出、最受人爱戴的人物。他虽然是首相的女婿，但本人深得民心。他是那个在胜利广场竖立路易十四塑像的拉弗亚德元帅的儿子。在这个儿子身上，可以看到父亲的勇气、与父亲相同的雄心壮志和显赫荣誉以及更多的机智。他当时正期待为奖励攻占都灵而赐予的法国元帅杖。他的岳父夏米亚尔对他十分钟爱，对他有求必应，毫不吝惜，以确保他打仗获胜。这次围城准备工作的详情细节人们稍加想象就会惊讶不已。无法参与这些讨论的读者也不难看出，这次规模巨大而毫无用途的作战机构设置的情况如何。

调来大炮一百四十门。必须指出：每门巨炮价值两千埃居，配有一万发炮弹。所有炮弹中，十万六千发的弹药属于一种类型，三十万发的弹药属于另一种类型。还有炸弹两万一千枚、手榴弹两万七千七百枚、土袋十五万只、供工兵使用的各种工具三万件、火药一百二十万磅。

此外还有铅、铁、白铁、绳索、全部矿工用品、硫黄、硝石和各类工具。毫无疑问，所有这些摧毁城塞的准备工作所花的费用足够建立一个人口最多的殖民地，并使之繁荣兴旺。对大城市进行任何一次包围都需要这些巨额费用。必须在国内修复一个被摧毁的村庄时，这一点却被人忽视。

拉弗亚德公爵情绪十分高昂，行动非常积极。在进行只需勇气，不需谋略的活动方面，他胜过任何人。但需要技巧、思考和时间的活动，他却不能胜任。他加紧围城，置各种作战规章于不顾。沃邦元帅这个可能是唯一爱国甚于爱己的将领，向拉弗亚德公爵毛遂自荐，表示愿以工程师的身份前来指挥围城，以志愿者的身份到公爵军中服役。但拉弗亚德公爵骄傲自大，把沃邦的建议看成是掩藏在谦虚之下的骄傲。他对欧洲最优秀的工程师想对他提出忠告怒气冲天。他在一封笔者读到的信中写道:“我想用科霍恩的办法拿下都灵。”这位科霍恩是盟国方面的沃邦、优秀的工程师和杰出的统帅,曾经多次攻下沃邦设防坚固的要塞。这封信发出后,必须攻占都灵。但是由于法军已从最强固的一面——城堡——进攻这座城市,并没有包围全城,因此援助和粮食都还能运进城内。萨伏依公爵还可以出城。拉弗亚德公爵对该城反复进行徒劳无益的进攻时,愈是心烦气躁,围城就愈是旷日持久。

萨伏依公爵带领几支骑兵队迷惑拉弗亚德公爵。拉弗亚德离开围城部队前往追赶萨伏依公爵。萨伏依公爵比他熟悉地形,逃脱了追捕。拉弗亚德未能俘虏萨伏依公爵,围城行动也受到挫折。

几乎所有历史学家都肯定拉弗亚德公爵无意攻占都灵。他们声称,他曾经向勃艮第公爵夫人发誓要尊重她父亲的城市。他们散布说,这位公主怂恿曼特农夫人千方百计拯救该城。不错,几乎这支军队的全体军官长期以来都相信这一点。但是,这属于民间传闻。这种传闻使人不相信新闻散播者的判断,并使历史名誉扫地。同一位将军既想放过都灵,又想俘获萨伏依公爵,这种说法自相矛盾。

旺多姆公爵从 5 月 13 日到 6 月 20 日,在阿迪杰河畔对围城战进行支援。他打算以六十六个步兵营和六十个骑兵队封锁欧仁亲王的所有通路。

这位德意志帝国将领缺乏兵员和金钱。伦敦的服饰用品商给予他一笔约相当于我们六百万利弗的贷款。最后从德意志帝国范围内调来一些军队。这些救兵姗姗来迟,本会断送意大利。但是,法军对都灵的包围却进行得更加缓慢。

旺多姆已经奉派前往弥补法军在佛兰德尔方面遭受的损失。但是,他离开意大利之前,却对欧仁亲王渡阿迪杰河不加阻拦,又让他渡过白运河,最后甚至还让他渡过波河。波河比罗纳河宽阔,有几处比罗纳河更加湍急。这位法国将军看见欧仁亲王有可能挺进都灵附近之后,才离开波河河岸。正当在佛兰德尔、德国、西班牙等地进行的战争似乎已经陷入绝望之际,他就这样使在意大利进行的战争也陷入极大的危机。

旺多姆公爵在蒙斯附近重新收集维勒鲁瓦的残部。路易十四的侄子奥尔良公爵来到波河附近指挥旺多姆公爵的军队。这些军队乱成一团,仿佛打了败仗。欧仁在旺多姆的目睹下已经渡过波河。他又在奥尔良公爵的眼皮下渡过塔纳罗河。他攻下卡皮科雷焦和勒佐。他避开法国人的耳目,秘密行军,最后和萨伏依公爵在阿斯蒂附近会合。奥尔良公爵力所能及的,就是在都灵城的营地同拉弗亚德公爵会师。欧仁亲王迅速紧随其后。于是,有两种办法可供选择:或者在封锁壕中据守,等待欧仁亲王来攻;或者当欧仁亲王还在韦拉尼[①]附近时,前往进击。奥尔良公爵召开作战会议。参加会议的甚至有在霍赫施泰特战役中受挫的马尔森元帅,以及拉弗亚德、阿尔贝戈蒂、圣弗雷蒙和另外几位副将。奥尔良公爵对他们说:“先生们,我们如果在自己的防线留守,这一仗肯定打输。我们的封锁壕有五里长。我们没法沿着这些防御工事布防。你们看见这里的海军团队。这个团队在壕中面对敌军,只有两列

① 濒多里亚里帕里亚河,在都灵的上游。——译者

横队。那里,你们看见一些部队全部撤走。杜瓦尔河流过我们营地,使我们部队无法迅速互相援救。法国人坐待别人来攻,就会丧失他们最大的优势。这股迅猛劲头,以及这些往往决定战斗胜负的最初热火朝天的势头。请相信我!必须进攻敌人。”全体出席会议的副将都回答道:“必须进攻。”但是,这时马尔森元帅却从衣袋里掏出国王的命令。命令规定:如采取行动,必须遵从马尔森的意见。而马尔森却认为应在防线留守。

奥尔良公爵发觉自己并非作为指挥军队的将领,而是作为血亲亲王派到这里,大为不满,十分气愤。他在被迫遵从马尔森元帅的意见的情况下,准备这场非常不利的战斗。

敌人似乎企图同时发动多路进攻。敌军的运动引起法军阵营内部犹豫不决。奥尔良的主张和马尔森、拉弗亚德等人的主张大相径庭。彼此争论不休,莫衷一是。终于让敌军渡过杜瓦尔河。敌方以每队纵长二十五人的八路纵队推进。此时此刻,法军必须以相当雄厚的兵力进行抗击。

阿尔贝戈蒂离开主力部队很远,率领两万人在卡皮森山上驻守。他面临的敌人是些不敢向他进攻的民兵。有人派人去请求他调出一万二千人。他回答说,这些人他无法抽出。他举出一些似是而非的理由。人家听他大发议论,结果时间白白浪费。(1706年9月7日)欧仁亲王向法军防御工事发起进攻,两小时后他就攻破了这些工事。奥尔良公爵受伤,退下火线,让人包扎。他刚到军医那里,就有人告诉他大势已去,无法挽回。敌军已经占领军营,法军全线崩溃。必须立即逃跑。防线、战壕都已放弃。军队溃散。装备、粮秣、军火、钱款全部落入战胜者手中。

马尔森元帅大腿受伤，被俘。萨伏依公爵的一名军医截除他的大腿。手术进行后不久，元帅死去。英国驻萨伏依大使梅休因骑士是英国驻外使节中最慷慨大度、真诚坦率、英勇善战的人。他始终在萨伏依公爵左右作战。他目睹马尔森元帅被俘，看见元帅临终的表现。他告诉我，马尔森对他说过这些话："先生，请您至少相信这一点：我们守着自己的防线等待，是违反我的意见的。"这番话似乎正式否定了关于作战会议的讨论情况，但却千真万确。因为马尔森元帅在凡尔赛辞行时，曾经对国王指出，如果敌人出现是为了援救都灵，我们必须对敌发起进攻。但是，夏米亚尔被先前几次战败吓破了胆，决定坐待，而不出战。这项从凡尔赛发出的命令导致法军六万人被驱散。在这一战役中，法国人被杀死的不超过两千。但是已经可以看出，惊惶沮丧比战争杀戮产生的效果更大。一支军队胜利之后，尚且会因无法供应给养而后撤，法国军队更因此在受挫之后返回多菲内①。梅达维-格朗塞伯爵当时在曼图亚率领一个军团，并在卡斯蒂利奥内打败后来成为瑞典国王的黑森亲王指挥下的德意志帝国军队（1706 年 9 月 9 日）。那时一切混乱不堪，以致这位伯爵只取得一次虽然全面但毫无裨益的胜利。法国在很短的时期内丧失米兰、曼图亚、皮埃蒙特，以及那不勒斯王国。

① 法国历史地名，1349 年割让给法王菲利浦六世以后，一直为法国王太子的采邑。该地现分属伊泽尔、上阿尔卑斯和德龙等省。——译者

第二十一章

法国和西班牙继续遭到不幸 路易十四派遣首相求和未成 失利的马尔普拉凯战役 其他

霍赫施泰特战役使路易十四丧失了最精锐的部队以及多瑙河与莱茵河之间的整个地区。它使巴伐利亚家族丧失所属领地。拉米利战役使法国丧失整个佛兰德尔,直到果尔城下。法国人从都灵溃退后,被赶出意大利,正如查理曼大帝以来,他们在多次战争中一直被人驱赶一样。法国在米兰还留下一些部队,这支人数很少的胜利之师由梅达维伯爵率领。此外法国还占有几个要塞。法国方面建议:德意志皇帝如果让法国撤出这些总共将近一万五千人的部队,就一切拱手相让。德意志皇帝接受这一投降。萨伏依公爵也表示同意。这样,德意志皇帝大笔一挥,就成了意大利平静安稳的主人。征服那不勒斯王国和西西里两地,对他说来确有把握。所有在意大利被视为封地领主的人都被他当做臣民看待。他在托斯卡纳征税十五万皮斯托尔,在芒图亚征税四万皮斯托尔。帕尔玛、莫德内、卢卡、热那亚等地尽管享有自由,却都包括在他的征税范围之内。

获得这些好处的德意志皇帝,并不是路易十四的这个夙敌,这个外表温和稳重、不事张扬，但深藏野心的利奥波德，而是利奥波德的长子约瑟夫。此人急躁、骄傲、易怒，并不比他父亲更加英武。如果有过一个似乎为奴役德国和意大利而生的德意志皇帝的话，这个皇帝就是约瑟夫一世。他统治阿尔卑斯山的另一侧。他勒索教皇。他于1706年利用一己的权威，下令废黜巴伐利亚选侯和科隆选侯，并将他们驱逐出帝国国境，剥夺他们的选侯职位和领土。他把巴伐利亚选侯的孩子投入监狱，甚至剥夺他们的称号。这些孩子的父亲别无他法，只得含垢忍辱，前往法国和尼德兰艰苦度日。菲利浦五世后来在1712年①把西属佛兰德尔全部让给这位选侯。这位选侯如果保持住这个省份，这对他将是一块比巴伐利亚更有价值的领地。这个省份将使他摆脱奥地利家族的奴役。但是，他实际上只能拥有这个省份的卢森堡、那慕尔、沙勒鲁瓦等城市。其他地方都属于征服者。

似乎一切都已在威胁从前曾经威胁过整个欧洲的路易十四。萨伏依公爵可能进入法国。英格兰和苏格兰合并成为一个王国，或者说得更确切些，苏格兰成为英格兰一省，促使它的夙敌强大起来。法国所有的敌人似乎都在1706年末和1707年初国力倍增，更加强大，获得新的力量，而法国这时却濒于灭亡。它四面楚歌，海、陆两面受到夹击。路易十四创建的那几支令人生畏的舰队只剩下不到三十五艘军舰。在德国，斯特拉斯堡还属于边境地区。但是兰道的失陷使阿尔萨斯一直暴露于敌人的进攻之下。普罗旺斯

① 雷布勒写的历史说，他从1700年起，即拥有该地最高主权。其实，他在该地只不过有总督职位而已。——伏尔泰注

受到来自陆、海两方面入侵的威胁。佛兰德尔已经部分丧失，使人们为剩下的部分忧心忡忡。然而，尽管灾难频仍，法国的躯体并没有受到损伤。在一次这样不幸的战争中，它只不过丧失部分被它征服的土地而已。

路易十四到处应战。他虽然在各地遭到削弱，但仍然处处进行抵抗、防卫，或者发动进攻。他在西班牙的处境和在意大利、德国、佛兰德尔的处境同样不幸。有人认为，对巴塞罗那的包围比对都灵的包围指挥得更糟。

图卢兹伯爵临阵出战，其结果只不过是率领舰队返回土伦而已。巴塞罗那得救，包围解除。法军损减一半，弹尽粮绝，被迫撤至纳瓦尔。这是个还须保留给西班牙人的小王国。我国历代国王把这个王国的称号加到法国的称号上。这种做法似乎与他们的赫赫威势颇不相称。

除了这些灾难之外，又发生了另一个似乎是决定性的灾难。葡萄牙军队和一些英国军队在进军途中，势如破竹，攻下他们遇到的所有要塞，直抵西班牙的埃斯特拉马杜拉。这个埃斯特拉马杜拉与葡萄牙的埃斯特拉马杜拉不同。这些葡萄牙人由一个法国人指挥。他以前是鲁维尼伯爵，后来成为英国贵族院议员的加洛维大人。与此同时，英国人马尔巴勒的侄子伯尔维克公爵却在指挥法国和西班牙的军队。这些军队再也无法截阻胜利者的进军了。

对自己的命运毫无把握的菲利浦五世当时在潘普洛纳。他的对手查理在加泰罗尼亚壮大了自己的私党和力量，占有阿拉贡、瓦伦西亚省、卡塔赫纳和格拉纳达的一部。英国人已经攻占直布罗陀，并已把米诺卡、伊维萨、阿利坎特等地给予查理。通向马德里的道路已为查理打通(1706 年 6 月 26 日)。加洛维兵不血刃，未遇任何抵抗，就进入马德里，并宣布查理大公为西班牙国王。一个普通的小分遣队也在托莱多宣布查理为王。

对菲利浦五世来说，当时一切显得异常绝望，以致沃邦元帅向法国宫廷建议派菲利浦五世去统治美洲。沃邦元帅原是首屈一指的工程师、最优秀的公民，始终埋头从事于设计方案，其中部分颇为有用，部分不能实施，但全都奇特别致。这位君主表示同意。他和依附他那一党的西班牙人本会一齐上船。西班牙本会弃于乱党手中。秘鲁和墨西哥的商业此后本会由法国一国经营。法国本来还会在路易十四家族遭受这一挫折期内，重振国威，东山再起。这一方案在凡尔赛讨论。但是卡斯蒂利亚人的忠贞不移和敌人犯下的错误使菲利浦保住了王冠。民众爱戴菲利浦，乃是爱他们民族自己作出的选择。民众爱戴他的妻子、萨伏依公爵的女儿，乃是爱她注意迎合他们的心意，爱她那种超乎一般女流之上的大无畏精神、那种在不幸之中表现出来的积极坚定。她亲自走访每个城市，鼓舞斗志，振奋人心，激发热情，并且收受民众献给她的礼物。她就这样在三周内向她丈夫提供了二十多万埃居。没有一个曾经发誓效忠的显要人物叛变。当加洛维下令在马德里宣布查理大公为西班牙国王时，民众高呼："菲利浦万岁！"在托莱多，激动的民众赶走了宣布查理大公为国王的人。

到那时为止，西班牙人很少全力以赴支持他们的国王。但是，当他们眼见国王已被打垮时，却作出惊人的努力，在这个时机表现出一种与其他民族截然相反的勇气。其他民族以积极努力开始，以灰心丧气告终。如果违反了一个民族的意愿，就很难让这个民族接受一个强加在他们头上的国王。在西班牙的葡萄牙人、英国人和奥地利人处处遭到袭扰，缺乏粮食，犯下几乎永远不可避免会在外国犯下的错误，并且一点一点地遭到挫败（1706 年 9 月 26 日）。最后，菲利浦在逃离马德里三月之后，终于胜利归来，受到热烈的欢呼，而他的敌手却感到来自民众的冷漠和唾弃。

路易十四眼见西班牙人奋发为国，也加倍努力。他注意保护大西洋和地中海全部海岸的安全，在那里部署了民兵。他在佛兰德尔和斯特拉斯堡附近已有驻军一支。他已向纳瓦尔和鲁西荣两地各派驻兵团一个。他还把一支生力军调往伯尔维克元帅驻守的卡斯蒂利亚。

（1707 年 4 月 25 日）伯尔维克使用这些得到西班牙支援的部队同加洛维作战，取得重要的阿尔曼萨战役的胜利。阿尔曼萨是摩尔人建立的城市，位于瓦伦西亚省边境。这个美丽的省份是这次胜利的奖赏。这天，菲利浦五世和查理六世都没有出战。对此，那个鼎鼎大名而又行动独特的彼得巴罗伯爵大声叫喊道：“为他们作战真是上当受骗！”这句话是他告诉泰塞元帅的，也是我从他口中得知的。他又说，只有奴隶才会为某个个人打仗，其实，人们应该为某个民族而战。奥尔良公爵本想参加这次战斗，并且应该在西班牙担任指挥。他第二天才到达。但是他乘胜连克要塞多处，其中包括莱里达。那是大孔代背运倒霉之地。

（1707 年 5 月 22 日）另一方面，仅仅由于人们需要他才在法国重新指挥军队的维拉尔元帅，在德国弥补了霍赫施泰特战役为法国带来的不幸。他突破莱茵河彼岸的施托尔霍芬防线，驱散全部敌军，把征收捐税的范围扩大到周围五十里，直抵多瑙河。这一短暂胜利使法国人在法德边境方面获得喘息之机。但在意大利却一败涂地，全军覆没。那不勒斯王国毫无国防可言，它已习惯于改换主子，习惯于置身征服者的桎梏之下。教皇无法阻止德意志军队通过那不勒斯领土。他眼见德意志皇帝当了他的封臣，这违反自己的心愿。他对此不敢口出怨言。人们甚至可以不同教皇商量，就占领那不勒斯，但永远不敢拒绝对教皇表示尊敬，这就是成见的力量和习俗的影响的重要例证。

路易十四的孙子丢掉那不勒斯时，他的祖父也即将丧失普罗旺斯和多菲内。萨伏依公爵和欧仁亲王已经通过坦达山口进入这两个地区。这些边境地区设防不如佛兰德尔和阿尔萨斯。佛兰德尔和阿尔萨斯是古往今来永恒的战场，城堡林立。这些城堡是强邻入侵的危险提醒人们修建的。但在瓦尔附近却没有同样的预防设施，没有可以阻拦敌军，使人来得及集合部队进行抵抗的要塞。直到现在，这个边境地区还被我们忽视。除了人们很难面面俱到照顾防务这一点外，并不能举出别的理由来。法国国王目睹一年前仅仅拥有一座都城的那个萨伏依公爵，以及那个在他的宫廷内被抚养长大的欧仁亲王，几乎要从他手里抢走土伦和马赛，万分痛苦，怒火中烧。

（1707 年 8 月）土伦受到包围压逼。海上霸王的英国舰队驶来港前进行炮击。这支舰队如果作战稍更努力，考虑稍更周密，行动稍更审慎，配合稍更密切，土伦就会沦陷。没有设防的马赛会抵挡不住敌人的进攻。法国很可能马上丢失两省。但是极其可能发生的事，并不一定都会发生。援军还来得及派出。这两省刚一吃紧，就已从维拉尔的军队中分兵前往援救。法国人放弃在德国境内具有的优势，以拯救法国本土的一部分。敌军深入法国境内，所经之地炎热干燥、荒凉贫瘠、群山耸立、粮草短缺、撤退困难。使敌军大受困扰的疾病也来助路易十四一臂之力。土伦解围(1707 年 8 月 22 日)。不久后，普罗旺斯得救，多菲内脱险。入侵某地而在该地没有大量内应，入侵就极少成功。在以前卡尔五世曾经受挫的地方，今天匈牙利王后的军队也在该处打了败仗。①

然而，这个盟国为之付出巨大代价的入侵，也使法国付出同等代价：大片土地惨遭蹂躏，兵力四处分散。

欧洲人远未料到，当法国国力衰竭，把逃脱一次被人入侵之险当成伟大胜利的时候，路易十四不顾法国海军削弱，不顾英国舰队覆盖海洋，竟有足够的崇高气派和人力物力，御驾亲征，进行一次入侵大不列颠的尝试。这个入侵的方案是忠于詹姆士二世的儿子的苏格兰人建议的。此举能否成功十分可疑，但是路易十四预想他肯定会在这次独一无二的行动中获得荣誉。他自己说过，这个动机和政治利益一样，使他下此决心。

在其他很多地方苦荷重负时，却把战争带到英国；几乎无法把菲利浦五世维持于西班牙王位之上时，却企图至少重新扶立詹姆

---

① 出于对最细小的事实的真相的尊重，本书作者对《曼特农夫人回忆录》的编纂者说是瑞典国王查理十二世对马尔巴勒公爵说的这句话加以反驳：“土伦如果被占，我将去收复。”围城期间，这位英国将军根本不在瑞典国王左右。他于 1707 年 4 月在阿尔特一兰斯塔特见到他。土伦于八月解围。此外，查理十二从未插手这场战争。他始终拒绝接见向他派去的法国使节。在《曼特农夫人回忆录》中只能找到一些并没有人讲过，也不可能有人讲过的话。这本书只能看成是一本编写得很糟的小说。——伏尔泰注

士二世的儿子于苏格兰王位之上。这真是气魄宏伟的想法，而且这个想法毕竟还有可能实现。

苏格兰人中的那些没有卖身投靠伦敦宫廷的人因臣属英国而痛苦呻吟。他们出于心愿，暗中一致召唤他们从前的国王的后裔。这个后裔还在孩提时期就被赶下英格兰、苏格兰和爱尔兰的王位，甚至连他的出生过去都有人提出质疑。他得到允诺，只要他能率领法国援军在爱丁堡附近登陆，就会有三万名武装人员前来为他作战。

路易十四在自己过去兴隆鼎盛时期，曾经大力支持詹姆士二世。他现在尽管遭到挫折，身处逆境，仍然支持詹姆士二世的儿子。八艘战舰、七十艘运输舰在敦刻尔克升火待发。六千人登上船舰（1708 年 3 月），由后来成为马提翁元帅的加塞公爵率领。最杰出的海将之一的骑士福尔班·冉森指挥舰队。时机似乎十分有利。苏格兰只有正规部队三千人。英国防务空虚。英国士兵在佛兰德尔由马尔巴勒公爵指挥，正有任务在身。但是抵达英国本土必须渡海。英国人在海上拥有一支由将近五十艘战舰组成的舰队。法国的这一行动与 1744 年支援詹姆士二世的孙子十分相似。英国人对此采取了预防措施。意外事件打乱了这一行动。伦敦政府甚至还来得及从佛兰德尔调回英国十二个营。最可疑的分子在爱丁堡被捕。最后，王位觊觎者在苏格兰海岸出现，但却没有看见预定信号。这位福尔班骑士所能做的一切，就是把王位觊觎者送回敦刻尔克。他保住了舰队，但却丧失了这一行动的果实。只有马提翁有所收获。他在大海中拆开宫廷命令，看见任命他为法国元帅的任命状。这是对他希望完成、但无法完成的任务的奖励。

有几位历史学家[1]曾经设想，安妮女王和他的兄弟勾结串通，认为她邀请自己的竞争者来罢黜她。这种设想未免过于幼稚可笑。他们混淆了时间。他们认为，她当时厚爱他，因为后来她暗地把他当成自己的继承人。但是谁会希望被自己的继承人驱逐呢？

法国每况愈下。法国国王认为，如果让他的孙子勃艮第公爵出面率领佛兰德尔军队，这位王位推定继承人亲临战场必然会激励斗志。法军斗志的确开始严重衰退。这个意志坚强、浑身是胆的亲王，为人虔诚、正直、冷静而明智。他还具有驾御聪明人的天赋。他是康布雷的大主教费内隆的学生。他热爱自身职责。他爱民众，想为民众谋福利。他受过作战艺术的教育。他不把这种艺术看成荣誉的源泉，而是视为人类的灾祸、一种不幸的需要。这位冷静明智的王子被任用来对抗马尔巴勒公爵。旺多姆公爵被派到他那里，以助他一臂。于是发生司空见惯的事。良将的意见不被采纳重视。王子的军事参议竟常常抵消将军提出的理由。于是形成两派。在盟国军队方面则只有一派，即共同事业派。欧仁亲王当时正在莱茵河岸。每当他和马尔巴勒共事时，两人始终同心协力，和衷共济。

勃艮第公爵拥有数量优势。被欧洲人认为已经精疲力竭的法

① 雷布勒也是这些历史学家中的一个（第 8 卷第 233 页）。他把自己的怀疑建立在福尔班骑士的怀疑之上。这位在题名为《曼特农夫人回忆录》的书里向公众散布大量谎言，并于 1752 年在法兰克福叫人印刷《路易十四时代》假版本的人，在一个注中问道，谁是这些曾经声称安妮女王与他的兄弟暗中勾结的历史学家？他说："这是一个幽灵。"但是，人们在这里清楚看到，这绝不是个幽灵。《路易十四时代》的作者，除了手中的真凭实据之外，没有提出过任何别的东西。绝不准许用别的方式来撰写历史。——伏尔泰注

国给他调去一支将近十万人的军队。同盟国方面当时只有八万人。不但如此，这位公爵还具有长期以来始终在西班牙属地上进行谈判的优越条件。这个地区对荷兰的卫戍部队十分憎厌，很多公民偏向菲利浦五世。一些内线为他打开了根特和伊普雷的大门。但是战争的手段使人丧失了用政治手段取得的果实。内部分歧使法国的军事会议举棋不定，先是使法军向登德河进发，但两个小时后又让法军返回埃斯科河以及奥德纳德。这时时机已经丧失。欧仁亲王和马尔巴勒则团结一致，毫无所失。法军被击溃，向奥德纳德撤退。这不是一次大战，却是一次致命的后撤（1708 年 7 月 11 日）。错误愈犯愈多。团队未接到命令，就开往自己能去的地方。甚至有四千多人撤离时，在距战场几里的途中被俘。

法军灰心丧气，斗志全失，从根特、图尔内、伊普雷等城下撤退，队伍紊乱不堪。这使战场上的胜利者欧仁亲王能以较少的兵力包围里尔。

没有占领根特，只能从奥斯坦德方面抽调运输车队。车队只能在狭窄的路上开来，还会随时遭受袭击。在这样的情况下却去包围像里尔这样一座巨大并且设防强固的城市，这种做法被欧洲人称为鲁莽冒失之举。然而这种做法却因法国军队内部的分裂不和、犹豫不决之风盛行而变得情有可原。最后，胜利为这种做法进行了辩护。被认为会遭到劫夺的大运输队平安无事。护送车队的部队本来可能被占优势的敌人打垮，却成了胜利之师。勃艮第公爵的军队虽然能够进攻远非固若金汤的敌军防御工事，却并没有这样行事。里尔失守（1708 年 10 月 23 日），欧洲人为之大吃一惊。他们认为勃艮第公爵包围欧仁和马尔巴勒，较之这两位将军包围里尔，略胜一筹。布弗勒尔元帅守卫这座城市将近四个月。

该城居民已经非常习惯于隆隆炮声以及围城产生的种种恐怖事物，以致围城期间，城内剧院演出频繁，与和平时期毫无二致，以致喜剧院旁掉下一颗炸弹也没有中断演出。

布弗勒尔元帅把一切都安排得井井有条，以致这座大城市的居民因坚信元帅的辛劳而安详镇定。他的防御使他受到敌人尊重，市民爱戴，国王奖励。历史学家，或者说得更确切些，力图责难他的荷兰作家本应记住：反驳公众的意见的人，必须是目睹者，并且是开明的目睹者，并必须证明自己的见证准确无误。①

那支曾经坐视里尔被围而不予援救的军队，这时已经逐渐土崩瓦解。它后来又坐视根特、布鲁日以及其他哨所先后失守。这样致命的战役极为罕见。爱戴旺多姆公爵的军官责难勃艮第的军事会议犯下这些错误。而这个机构又把一切全都诿过于旺多姆公爵。民心因这一不幸事件而乖戾起来。勃艮第公爵的一个廷臣②一天对旺多姆公爵说："这就是从来不去望弥撒的结果。你这就可看到我

---

① 一个名叫范杜伦的书商叫一个用拉奥德这个名字逃亡荷兰的耶稣会教士拉莫特写的历史就是这样。这部史书由拉马尔蒂尼埃尔续完，全部内容都是关于任国务秘书的某伯爵的所谓的回忆录。《曼特农夫人回忆录》更是谎言充斥。该书写道（第 4 卷第 119 页），围城者把字条扔进城里。字条上写着这样的话："法国人，放心吧，曼特农不会是你们的女王了。我们不会撤围的。"这位耶稣会教士还写道："人们将会以为，路易十四因肯定会获得一次没有预料到的胜利而异常兴高采烈。他一高兴就把王位，或者答应把王位交给曼特农夫人。"在这种鲁莽冒失的"热烈情绪"之中，怎能把这些市井传闻写在纸上呢？这个失去理智的人怎能厚颜无耻，竟至声称勃艮第公爵反叛他的国王祖父，并说欧仁亲王因为担心曼特农夫人被宣布为女王而攻下里尔呢？——伏尔泰注

② 奥侯爵。——伏尔泰注

们怎样不幸了。”旺多姆公爵回答说：“你以为马尔巴勒弥撒望得比我多吗？”盟国迅速告捷，使德意志皇帝约瑟夫趾高气扬起来。他是德意志帝国的霸主、兰道的主人。他看见攻下里尔就以为通往巴黎的道路几乎打通。一个荷兰支队已经大胆从库特雷直抵凡尔赛附近，在塞夫勒桥上劫持了法国国王的御马总管，还以为抓住了勃艮第公爵的父亲、王子本人。巴黎城内风声鹤唳，草木皆兵。①

德意志皇帝立他兄弟查理为西班牙国王的希望，至少与路易十四把他孙子保持在该国王位之上的希望不相上下。西班牙人曾经希望使之成为不可分割的西班牙王位继承权，正被三个人瓜分。德意志皇帝为自己占据了伦巴第和那不勒斯王国。他的兄弟查理还拥有加泰罗尼亚和阿拉贡。德意志皇帝强迫教皇克莱门十一世承认查理大公为西班牙国王。据说这位教皇很像圣彼得②，因为他对事情总是肯定、否定、懊悔、哭泣。他效法他的前任，过去一直承认菲利浦五世。他依附波旁家族。德意志皇帝为此予以惩罚，宣布大量到那时为止由教皇管辖的领地转归德意志帝国管辖，特别是帕尔玛和皮亚琴察两地。他蹂躏了几块教会属地，占领了科马基奥城。

---

① 是一些为荷兰效劳的军官采取这一大胆行动。他们几乎全是因《南特敕令》的废除带来不幸，而被迫选择新的祖国的法国人。他们把伯林根侯爵的四轮马车当成王储的车子，因为这辆车子带有法国的盾形纹章。他们劫持了侯爵后，让他骑上马。由于侯爵年迈体弱，他们在途中待之以礼，为他找了一辆驿站快车。这费了不少时间。国王的年轻侍从追赶他们。这位任国王马厩总管的侯爵于是得到解救。那些绑架他的人反而成了俘虏。他们本可在几分钟后抓到那个身边仅带一名警卫，在伯林根之后来到的王储。——伏尔泰注

② 耶稣的使徒之一，为罗马第一任主教。——译者

从前教皇把同他争夺最微不足道的权利的德意志皇帝统统革除教门。这个惩罚往往会使德意志皇帝跌下王位。但是，现在教皇的权威已经几乎缩减到它应该缩减的程度。克莱门十一世在法国的鼓励下，曾经一度敢于使用刀剑的力量。他征募军队，但是马上又后悔起来。他发现罗马人在一个完全由僧侣掌理的政府的统治下，生来并非为了舞枪弄棒。他解除武装，把科马基奥交给德意志皇帝代管。他答应写信给查理大公时用这种称呼："致我们最亲爱的儿子、西班牙的天主教国王。"一支地中海上的英国舰队和在他领土上的德国军队强迫他马上改写为："致我们最亲爱的儿子、西班牙国王。"这种认可在德意志帝国内倒也无足轻重，但在西班牙百姓身上却有某些作用。曾经有人让西班牙相信，查理大公不配统治他们，因为他受占领直布罗陀的异端分子的保护。

（1708 年 8 月）西班牙王朝在欧洲大陆之外还剩下撒丁岛和西西里岛。一支英国舰队把撒丁岛交给德意志皇帝约瑟夫，因为英国人希望约瑟夫的兄弟查理大公只拥有西班牙。他们的军队当时正在促成缔结瓜分条约。他们把对西西里的占领留待以后进行。他们宁肯把自己的船舰用于在海上搜寻来自美洲的西班牙武装运载金银船（这种船只他们俘获了几艘），而不愿给予德意志皇帝新领土。

法国和罗马同样遭到侮辱，而且处境更加险恶：资源枯竭、威信丧尽。在路易十四威势鼎盛时代崇拜国王的百姓也对不幸的国王啧有烦言。

法国政府曾经在迫切需要现款时，把国家出售给一些包税人。这些人乘国家危难之机而大发横财。他们生活穷奢极欲，不啻嘲弄这场灾难。他们借贷给国家的钱已被挥霍一光。如果没有某些商人，特别是那些前往秘鲁、又带回三千万镑、并把其中半数借给国家的圣马洛商人的勤劳勇敢，路易十四连支付军饷的钱都没有。战争破坏了法国。商人拯救了它。西班牙的情况也是如此。尚未被英国人抢走的运载金银船只被用于保卫菲利浦。但是，在几个月内使用的这个办法并不能使征兵工作更易于进行。夏米亚尔已经晋升为财政及军机大臣，于1708年辞去财政大臣职务。他丢下的法国财政状况紊乱不堪，在当前的统治下根本无法补救。1709年，夏米亚尔离开军机部。该部也变得和财政部一样困难重重。人们把很多错误归咎于他。公众因为受苦而变得更加严厉，他们却想不到在某些不幸时期，错误在所难免①。继他之后掌管军机部的瓦赞和掌管财政部的德马雷，既不能制订更能取得成功的作战计划，也无法恢复失去的威信。

(1709年)残酷的1709年冬季使法国的绝望达到顶点。法国南部的重要资源之一的橄榄树冻死。果树几乎全部冻坏。收获毫无希望。粮食储备极少。花费巨资从中东和非洲海岸的商埠运来的谷物有被敌舰截获之虞。几乎已经没有舰只可以用来对付敌方这些舰队。灾难席卷全欧。敌方尚拥有更多财力物力。特别是长期以来充任各国经纪人的荷兰人还有足够储备使蒸蒸日上的盟国军队军需供给充足，而法国军队则因数量锐减、士气低落，似乎遭受灾难而濒于灭亡。

---

① 由拉马尔蒂埃尔续完的前耶稣会教士拉莫特撰写的史书说，夏米亚尔于1703年被解除财政大臣职务。公众舆论要求阿尔古继任此职。这位历史学家的错误真是不胜枚举。——伏尔泰注

法国国王出售了价值四十万法郎的金质餐具。最大的贵族把他们的银质餐具送到造币厂。有几个月,巴黎只能吃到麸皮面包。好些家庭只能吃到燕麦面包。甚至凡尔赛的情况也是如此。曼特农夫人节衣缩食,以身作则。

路易十四已经主动提出议和要求。他的境遇非常悲惨,甚至向以前受他虐待的荷兰人求和。

威廉国王死后,荷兰三级会议不再设有共和国执政的职位。已经称自己的家庭为贵族家庭的荷兰行政官员全都与国王无异。被派往军中任职的四名荷兰特派员对待他们豢养的三十个德国诸侯十分傲慢。他们说:“去叫荷尔斯泰因来,去叫黑森来同我们讲话。”①一些荷兰商人谈话就是用这样的口吻,他们衣着朴素、饮食简单,既喜欢压抑他们所雇佣的德国人的自豪,也喜欢打掉一位曾经征服过他们的国王的骄慢。

这些荷兰人在1665年曾以极低的代价,向路易十四出售自己的忠诚。1672年他们顶住遭受的灾难,又以大无畏的精神弥补了这些灾难带来的损失。他们现在想利用自己的好运。他们远远不是简单地显示自身的优越性,来向人们表明只有强盛才是真正的伟大。他们希望他们的国家作为主权享有者在佛兰德尔拥有十个城市,其中包括:已在他们手中的里尔,以及还不在他们手中的图尔内。荷兰人就企图这样既损害法国的利益,也损害奥地利的利益,以便自己取得战争的果实。他们曾经为奥地利作战,正如威尼

① 作者听见有二十个人这么说,他们是在里尔被攻占后又听见别人这么说的。然而,这种说法更多地是由于当时军中言简意赅的作风颇为盛行,而不是由于粗野骄傲所致。——伏尔泰注

斯从前曾经通过兼并邻国来扩张自己的疆土一样。实际上，共和精神和专制精神全都野心勃勃，如出一辙。

这种共和精神几个月后，显示得十分清楚。因为当这个谈判假象消失，盟国军队再度取得优势的时候，那位在本国比女君主更能当家做主，已被荷兰争取过去的马尔巴勒公爵，让英国政府与荷兰三级会议于1709年缔结了著名的屏障条约。根据这项条约，三级会议将拥有全部将夺自法国的边境城市；它将向佛兰德尔的三十个要塞、于伊、列日、波恩等地派驻卫戍部队，所需费用由当地提供。三级会议还将拥有上格尔德兰的全部主权。事实上，它将成为十七个荷兰行省的统治者。它还将统治列日和科隆。它甚至企图在盟国的废墟上扩张自己。当法国国王向它秘密派遣鲁耶院长[①]试探和谈时，它已经拟就这些重大计划。

这位谈判者先在安特卫普见到两位阿姆斯特丹的行政官布鲁依斯和范德尔杜森。这两位官吏以战胜者的口吻讲话。他们对最骄傲的国王派来的使节大摆特摆那种曾在1672年使他们蒙羞受辱的威风。他们对法国派来的谈判代表虚与委蛇，在曾被路易十四烧杀掳掠过的一个村子里装做和他谈判一段时间。当他们对这位代表已欺骗够久之后，对他宣称：法国国王必须迫使他那个当西班牙国王的孙子退位；他们不给予退位的国王任何赔偿；巴伐利亚选侯弗兰茨-玛丽和他的兄弟科隆选侯必须前来求饶，否则就将动用军队去缔结条约。

在王国最悲惨不幸、灾难最深重的时刻，鲁耶院长令人绝望的

① 鲁耶(1657—1712)，法国外交家。曾任法国国王大枢密院院长。——译者

信函，接二连三到达法国的枢密院。1709 年冬天留下可怕的痕迹。百姓饿死，军队无饷，举国悲伤。民众的呻吟和恐惧使困难和痛苦倍增。

枢密院由王储、勃艮第公爵的儿子、法国掌玺官蓬夏特兰、博维利埃公爵、托尔西侯爵、军机国务大臣夏米亚尔、总监督德马雷等人组成。博维利埃公爵对法国所处的状况作了极其令人恸心伤怀的描绘，以致勃艮第公爵潸然泪下。其他枢密院成员也跟着掉泪。掌玺官决定不惜任何代价与敌方议和缔约。军机大臣和财政大臣承认他们无计可施。托尔西侯爵说："这样悲惨的情景简直难于描绘，即使准许泄露这一情景中最动人的秘密时也是如此。"这个秘密所指的只不过就是流泪而已。

值此国家处于生死存亡之秋，托尔西侯爵建议自己前去分担敌国加在鲁耶身上的对国王的侮辱。但是他怎能期望得到胜利者已经拒绝给予的东西呢？他只能期待对方提出更加苛严的条件。

盟国已经重新开始对法兵戎相见。托尔西改名换姓径直前往海牙(1709 年 5 月 22 日)。当有人向荷兰首相海因西乌斯通报说，那个被外国人认为是法国首相的人已在他的接待室候见的时候，他万分惊讶。海因西乌斯以前曾被威廉国王派往法国进行关于奥伦治公国权利的谈判。他曾经和领有多菲内省的国务秘书卢瓦谈判。奥伦治就位于该省边境。那一次这位威廉的大臣言辞激烈，不但为自己的国君，而且也为奥伦治的新教徒讲话。难道人们会相信卢瓦回答他说，要把他关进巴士底监狱吗？① 这样的话对

① 见《托尔西回忆录》第 3 卷第 2 页。此书证实了此处陈述的各节。——伏尔泰注

臣民说，会令人憎恶；对外国大臣说，则是对民族权利粗暴无礼的侮辱。人们可以判断，这种话是否会在一个自由民族的官员心上留下深刻印象。

先是骄焰万丈，继之又对对谈者百般侮辱，这种例子绝无仅有。托尔西侯爵白费时间，同海因西乌斯又会谈了几天之后，以路易十四的名义在海牙哀求欧仁亲王和马尔巴勒同他谈话。欧仁、马尔巴勒和海因西乌斯三人都想战争继续下去。亲王可以在战争中获得威势和报仇雪恨。公爵则可以获得荣誉，以及他同样喜爱的巨大财富。第三个人则在前两个人的操纵下，把自己视为以贬压波斯国王为己任的斯巴达人。他们提出的，并不是和平而是休战。在休战期内，使他们所有的盟国得到完全满足，对法国国王的盟国则丝毫不予满足。休战条件为：法国国王在两个月内，会同敌方把自己的孙子驱逐出西班牙；为了保险起见，国王应首先把佛兰德尔的十个城市永远割让给荷兰人；交出斯特拉斯堡和布里萨赫；放弃在阿尔萨斯的主权。当路易十四从前拒绝给欧仁亲王一个团队时，当丘吉尔在英国还是一名上校时，当路易十四几乎还不知道海因西乌斯其人时，他万万料想不到这三个人有朝一日竟会把同样条件强加在他身上。托尔西企图用四百万法郎来引诱马尔巴勒，但徒劳无功。这位公爵虽然对名利同样喜爱，但胜利带来的巨大收获远远超过区区四百万这个数字。这使法国大臣因作出令人感到耻辱，但却毫无用处的建议而感到痛苦。托尔西把敌方的命令带给国王。路易十四于是破天荒第一次在自己的臣民面前为自己辩解，对各省总督、各城市的团体发出一封通报。在通报中，他向臣民汇报他被迫使他们承受的负担，以此激发他们的愤恨、荣誉感，甚至怜悯心[①]。政界人士声称，托尔西仅仅为了向敌人提出难以拒绝、拒必输理的建议，为了在欧洲人的眼里替路易十四辩解，为了通过利用他个人所蒙受的别国对法兰西民族的侮辱所激起的仇恨，来激励法国人，才到海牙去蒙羞受辱。但是，他实际上是为了求和才去该地。法国方面甚至让鲁耶院长在海牙再留几天，试图争取得到比较宽大的条件，但是得到的答复只有一个：三级会议命令鲁耶在二十四小时之内离境。

路易十四听人汇报了这些如此苛刻的答复后，在枢密院中说："既然不得不打，我宁愿同敌人打，也不愿同自己的子民打。"因此，他准备在佛兰德尔再试一次运气。饥饿使田野荒芜，这对战争来说倒不失为一种手段。没有面包、饥肠辘辘的人纷纷参军入伍。大片土地荒芜，无人耕种。但法国却招募了一支军队。维拉尔元帅前一年曾被派去萨伏依指挥军队，他激发了部队的斗志，并且小有获胜。这次他作为国家殷切属望的人物被召回佛兰德尔。

马尔巴勒已经攻占图尔内(1709 年 7 月 29 日)。欧仁曾经掩护对该城的包围。这两位将军随即挥师包围蒙斯。维拉尔元帅进军拦截。他和他的故旧、要求在他麾下服役的布弗勒尔元帅并肩战

① 《曼特农夫人回忆录》的编作者在该书第 5 卷第 92、第 93 页中写道："马尔巴勒公爵和欧仁亲王争取了海因西乌斯。"似乎海因西乌斯需要被人争取一样。在这位编作者的笔下，路易十四嘴里说出的不是这位国王在枢密院开会时所讲的那些漂亮动听的话，而是这些粗俗不堪、庸俗乏味的话："管他呢，总有办法！"他引用《路易十四时代》的作者的话，并且责备这本书的作者说过："路易十四下令在巴黎各条街张贴他的通报。"我们已经对照过《路易十四时代》一书的各个版本，这些版本根本没有一句此人引用的话。甚至在此人于 1752 年在法兰克福出版的盗印本中也没有。——伏尔泰注，1756 年

斗。布弗勒尔真诚热爱国王和祖国。他在这一时机证明了(不管关于富有才智之士的格言怎样说):在君主国,特别在圣主明君的统治下,存在着良操美德。毫无疑问,君主国里的德行丝毫不少于共和国。这些德行包含的热情可能较少,但被人称为荣誉的东西却较多①。

法国人刚刚前往解蒙斯之围,盟国马上就在布朗吉森林和马尔普拉凯村向他们发起进攻。

盟国军队将近八万人。维拉尔元帅的军队将近七万人。法国人拥有大炮八十门,盟军则有一百四十门。马尔巴勒指挥右翼,该

① 此处值得澄清。《法的精神》一书的著名作者(孟德斯鸠)说,荣誉是君主政体的原则,而美德则是共和政体的原则。这是一些含糊不清的概念,它们又受到同样含糊不清的攻击,因为人们很少商定词的涵义,很少取得一致意见。荣誉是一种希望受人尊敬、受人重视的愿望。由此产生不做任何人会因之羞惭脸红的事的习惯。美德是职责的履行,并不取决于希望受到重视的愿望。因此产生这种现象:荣誉是普遍的,而美德则是罕有的。

君主政体或共和政体的原则既不是荣誉,也不是美德。君主政体以单独一人的权力为基础,而共和政体则以若干人拥有权力,以防单独一人拥有权力为其基础。君主政体大多由军队首领建立,而共和政体则由联合在一起的公民建立。荣誉对所有的人说来是共同的,而美德则在各种政体中都是罕有的。共和国的每个成员都有自尊心,因而也就照顾别人的自尊心。虽然每个人都想当主子,但却没有一个人当上主子。每个个人的奢望是一种公共约束。于是平等占了支配地位。在巩固的君主政体中,奢望只能通过取悦主子,或取悦在主子之下进行统治的人,才能受到栽培。

在这些基本的原动力中,一方面既无荣誉,另一方面也无美德,只有私利。美德在各个国家是教育和个性结出的果实。《法的精神》一书说,在共和政体中必须有更多美德。在某种意义上说,事实正与此相反。在宫廷中倒需要有多得多的美德,以抵抗如此之多的诱惑。蒙托西埃公爵、博维利埃公爵都是非常严肃认真、行高德美之士。维勒鲁瓦元帅把更加温良的风尚和并不稍减的正直廉洁结合起来。托尔西侯爵处在他那权术谋略可能引起道德松弛的职位上,却是欧洲最正直的人物之一。总监勒佩尔蒂埃和夏米亚尔两人被人认为才不济德。必须承认,在这场不幸的战争中,路易十四左右全是无可指责的人物。在一部风尚占有很大比重的历史中,这种见解是很真实、很重要的。——伏尔泰注

翼由英国人和英国雇佣的德国军队组成。欧仁亲王居中。蒂利和拿骚伯爵在左翼率领荷兰人。

(1709 年 9 月 11 日)维拉尔元帅自己负责指挥左翼,把右翼交给布弗勒尔元帅。他匆匆下令军队筑壕固守。这个举动对数量居于劣势、长期遭逢不幸、半数由新兵组成的部队说来是合适的;对一次全面失败将会使之陷于绝望、毫无出路的法国当时的处境说来,更是适宜的。几位历史学家责难维拉尔的这种部署。他们说:“他应该通过一个宽大的突破口,而不应把这个突破口留在自己前面。”那些纸上谈兵,这样从办公室里判断战场上发生的事的人们难道不是过于精明强干了吗?

我了解的关于这件事的全部情况是元帅自己所说的:士兵们已经整整一天没有吃过面包,刚刚领到面包,就抛掉一部分,以便更加轻装奔赴战场。好多世纪以来,很少战役比这次战役进行得更加激烈、历时更久、伤亡更大。关于这次战役,除了大家都承认的情况之外,其他情况我都不拟叙述。在敌军左翼作战的荷兰人几乎全军覆没,甚至被法国人在枪上装上刺刀追击。马尔巴勒在右翼做出并坚持了最大的努力。维拉尔从自己的中部撤走部分兵力,以便对抗马尔巴勒。那时甚至中部也受到了攻击。掩护中部的防御工事失守。负责防守这些工事的警卫团无法进行抵抗。元帅从左翼奔往中心时受伤。战役失利。将近三万人躯横田野,有的战死,有的奄奄一息。

尸体堆积如山,人在上面行走,特别荷兰人的营地更是如此。这天法国只丧失八千多人。敌方丢下近两万一千名死伤人员。但是法军中心遭到突破,两翼被敌分割,使对方遭到最大伤亡的一方却成了战败之师。

布弗勒尔元帅[1]进行撤退，有条不紊，并由后来成为卢森堡元帅，继承了其先辈的英勇的品质的坦格里—蒙莫朗西亲王协助指挥。这支军队在凯努瓦和瓦朗西安之间撤退，带走大量缴获自敌军的国旗和军旗。这些战利品使路易十四感到欣慰。争夺这个胜利历时如此之久，而失去的仅仅是战场。这种荣誉本身也被当成胜利。维拉尔回到宫廷，对国王说，他这次如果没有负伤，肯定会取得胜利。我发现这位将军对这点深信不疑，但我也发现很少人对他的话信以为真。

大家会感到奇怪，为什么一支杀死敌人多于自身阵亡人数三分之二的军队，竟然不企图去阻止那些除了在他们的死人当中躺下之外别无其他优势的人前往包围蒙斯。荷兰人对这一包围行动惊恐万分，迟疑不决。但打败仗这个罪名使战败者恐惧万分、灰心丧气。人们对自己能做到的事并不总是全做。一个被人说打了败仗的士兵生怕再吃败仗。蒙斯就是这样被包围攻占的(1709 年 10 月 20 日)。占领者仍然是荷兰人。他们就这样把这座城市以及图尔内和里尔保存在自己手中。

① 题名为《伯尔维克元帅回忆录》的书说，伯尔维克进行了这次撤退。很多回忆录也这样写。在拉博梅尔编著的《曼特农夫人回忆录》的第 5 卷第 90 页中，可以发现盟国指责维拉尔元帅自伤，法国人指责他撤退过早。这是两起可笑的欺骗。这位将军膝盖下方被一粒短枪子弹打中。这一枪打碎了他的骨头，使他终生跛行。国王向他派去自己的首席外科医生马雷夏尔先生。只有这位大夫才能设法避免截去受伤的腿。这是我从维拉尔元帅和这位著名的外科医生的口里得知的，也是每个军官都知道的，承蒙维拉尔公爵先生惠予来函证实。公爵先生对拉博梅尔的傲慢无礼、无知妄谈仅报以轻蔑。——伏尔泰注

第二十二章

路易十四继续求和与自卫　旺多姆公爵巩固了西班牙国王的王位

敌军不仅步步推进，一方面接连攻破法国所有屏障，另一方面还企图借萨伏依公爵之助，前往奇袭弗朗什-孔泰，从两端插入法兰西王国的心脏。梅西将军负责促使这一行动成功，他率兵从巴塞尔进入上阿尔萨斯时，幸亏在莱茵河上的诺伊堡岛附近，受到后来成为布尔元帅的一位伯爵的阻击(1709 年 8 月 26 日)。我不知道什么命运使这个名叫梅西的人总是既不幸，又不为人尊敬。此人被彻底打败。在萨伏依方面，盟国没有采取任何行动。在佛兰德尔方面，恐惧并未因此丝毫减少。法兰西王国内部处于极其虚弱的状态，以致国王仍然哀求和平。他提出以下几项：承认查理大公为西班牙国王；不给予他自己的孙子任何援助，让他听天由命；以四处要塞作为抵押；归还斯特拉斯堡和布里萨赫；放弃对阿尔萨斯的主权，法国将只保有该省省长职位；平毁位于巴塞尔和菲利浦斯堡之间的全部要塞；填平敦刻尔克长期以来令人惧怕的港口；拆除其防御工事；把里尔、图尔内、伊普雷、梅嫩、菲尔纳、孔代及莫伯日等地割让给荷兰三级会议。以上这几个要点将成为他乞求讲和的基础。

各个盟国还想尝尝这种胜利的滋味，即讨论路易十四的屈服。

路易十四的全权代表获准于1710年初把这位君主的请求带到小城格尔特鲁登贝格。他选派冷静镇定、沉默寡言、明智多于高尚、坚定大胆的于克塞勒元帅和当时最富有才智、最能言善辩，后来成为红衣主教的那个波利尼亚克修道院长为代表。这个修道院长以他的堂堂相貌和优雅风度令人油然生敬。国王遭逢不幸的时刻，才智、英明、雄辩在使臣的身上都一钱不值。决定和约的是胜利。路易十四的大臣与其说获准进入格尔特鲁登贝格，毋宁说被幽禁于该地。盟国代表来此听取他们的和平建议，并向在海牙的欧仁亲王、马尔巴勒公爵和德意志皇帝的大使青岑多夫伯爵汇报。这些建议总是被人嗤之以鼻。有人撰写诽谤性短文，污辱法国代表。这些短文全部出自法国逃亡者之手，他们仇视路易十四的光荣甚于仇视马尔巴勒和欧仁。

法国的全权大使忍辱含垢，甚至答应由法国国王出钱罢黜菲利浦五世。但是对方却充耳不闻。盟国要求路易十四单独保证在两个月内以军事手段把他的孙子驱逐出西班牙，以此作为媾和的条件。这种荒谬绝伦、极不人道的要求，比干脆拒绝和谈更具有侮辱性。它是在盟国方面新近取得的胜利的诱发之下提出的。

正当盟国像被激怒的主人那样，扬言要打掉路易十四的已经同样受到贬压的威势和骄气的时候，它们占领了杜埃（1710年6月），接着又很快攻下贝顿、埃尔、圣韦南等地。斯泰尔勋爵甚至建议派遣几支队伍去进攻巴黎。

几乎与此同时，声誉仅逊于欧仁亲王的德国将军居伊·德·施塔伦贝格在西班牙指挥的军队，在萨拉戈斯附近与菲利浦五世党人所寄望的、由不幸的将军贝侯爵指挥的军队作战，大获全胜

(1710 年 8 月 20 日)。人们还注意到,这两个争夺西班牙的王侯当时离自己的军队都近在咫尺,可以亲往参战,但这次却都没有在战斗中出现。所有那些人们在欧洲为之战斗的王侯中,当时只有萨伏依公爵亲自参战。可悲的是,他是同自己两个女儿打仗才获得这种光荣。他想推翻其中一个,以便在伦巴第占有一点土地。德意志皇帝约瑟夫已经在这块土地上为他制造种种困难,一旦时机到来就把这点土地抢走。

这个德意志皇帝处处吉星高照,无往不利。他的好运没有在任何地方受到挫压。他利用一己的权威肢解了巴伐利亚,把它分封给他的亲属和心腹。他剥夺意大利的年轻的拉·米隆多尔公爵。德意志帝国的诸侯为他在莱茵河附近供养一支军队,却没有想到他们在致力于巩固一个他们害怕的政权。对路易十四的名字所怀的旧恨支配人们心灵的程度还非常之深。这个名字与大家的利害最息息相关。约瑟夫的好运还使他战胜匈牙利的不满分子。法国曾经唆使拉戈茨基亲王反对约瑟夫。这位亲王为了他自己和他的国家的要求而进行武装。他被打败,他的城市被占,他的党瓦解覆灭。路易十四就这样,无论在国内外,无论在海上和陆上,无论在公开谈判和秘密阴谋中,都同样遭到失败。

整个欧洲当时都以为,吉星高照的约瑟夫的兄弟查理将统治西班牙,而无人与之竞争。欧洲正受到一支比卡尔五世的力量更加可怕的力量的威胁。殚精竭虑以求建立这支力量的,是奥地利家族西班牙支系的宿敌英国和卡尔五世的造反奴隶。荷兰菲利浦五世逃难到马德里后,又从该城出走,退避到巴利阿多里德。查理大公这时却以胜利者的身份进入西班牙首都。

法国国王对他的孙子爱莫能助，再也无法援救他了。他被迫履行了敌人在格尔特鲁登贝格提出的部分要求，放弃了菲利浦的事业，同时调回部分法国驻西部队以保卫自己。因为他自身几乎已经无法在萨伏依、莱茵，特别在佛兰德尔等地进行抵抗，最沉重的打击就发生在佛兰德尔。

西班牙比法国更加令人怜悯。它所属各省几乎全部受到敌人和防守者的蹂躏。它受到葡萄牙进攻。它的商业凋敝，饿殍遍野。但是饥馑对征服者比对被征服者为害更大，因为在国家的广大疆域之内，民众出于爱国之心，拒绝向奥地利人提供任何物资，却愿向菲利浦捐献一切。这位君主再也没有从法国那里得到军队或将领。过去曾经使他摇摇欲坠的处境稍有好转的奥尔良公爵，现在不但远未继续统率他的军队，反而被他视为寇仇。可以肯定的是，尽管马德里的民众爱戴菲利浦，尽管很多权贵和整个卡斯蒂利亚忠于他，但是，西班牙仍然有一大批人反对菲利浦五世。全体卡泰罗尼亚人、这个好战而顽固的民族，坚决站在菲利浦的对手一边。半个阿拉贡已被争取过去。一部分民众于是坐待事件发生。另一部分人民仇恨查理大公甚于爱戴菲利浦。奥尔良公爵和菲利浦同名。他对西班牙大臣不满，对进行统治的于尔森公主更加不满。他已经模模糊糊预感到自己能够得到这个他曾经前来保卫的国家。当路易十四已经打算抛弃自己的孙子，人们在西班牙谈到国王让位时，奥尔良公爵认为自己配得上填占菲利浦五世似乎不得不离开的位置。他也有权占据这个王位。已故西班牙国王的遗嘱忽略了这些权利，他的父亲却曾提出抗议，进行维护。

他通过代理人同几个西班牙的大人物结成联盟。根据这项盟约，这些大人物答应一旦菲利浦退位，就拥立奥尔良公爵为西班牙国王。在这种情况下，他将会发现，大批西班牙人会迫不及待地聚集在一位英勇善战的亲王的旗帜下。这个行动如果成功，并不会使海上强国感到不悦。那时，这些强国将不像过去那样害怕西班牙和法国合并在一个人手下。这个行动将会为和平少带来一些障碍。1709 年初，这个计划在马德里被人发现，当时奥尔良公爵正在凡尔赛。他在西班牙的代理人被关进监狱。菲利浦对于他的亲戚曾经想过他会退位，有过取代他的想法等，都毫不原谅。法国对奥尔良公爵痛加责骂。菲利浦的父亲、法国国王的儿子在枢密院主张控告那个被他认为有罪的人。但是，法国国王却宁愿对一个并未形成而且可以原谅的计划保持缄默，只字不提，而不愿在看见自己的孙子濒于灭亡的时刻惩罚他的侄子。

进行萨拉戈斯战役的时刻终于临近。西班牙国王的枢密院和大部分显贵眼见他们自己没有一位统帅可以抗击被认为是另一个欧仁的施塔伦贝格，于是集体上书路易十四，请求派旺多姆公爵来西班牙。这位亲王当时已在阿内退隐。他奉旨动身前往西班牙。他亲临战场这件事本身，就抵得上一支军队。他在意大利曾获得赫赫声誉。失利的里尔战役并未使这个声誉消失。西班牙人对他的名声印象很深。他的人望、他甚至有些过分的慷慨大度、他的坦率、他对士兵的爱护等等，使他大得民心。当他一旦踏上西班牙的国土，以前伯尔特朗·迪·盖斯克兰①曾经经历过的事，他这次也经历了：仅凭他的名字就招来大批志士仁人。他缺少金钱，城市、

① 盖斯克兰（1315 或 1320—1380），法国陆军元帅。——译者

乡村和教士团体都踊跃捐献。热烈的情绪笼罩全国。萨拉戈斯战役后剩下的残余官兵重新在巴利阿多里德集合，由他率领（1710年8月）。人人争先恐后输送新兵。旺多姆公爵不让这股新起的热劲丝毫减退，趁势追击征服者，把菲利浦国王带回马德里。他迫使敌军向葡萄牙方面撤退，并紧随其后，泅渡特茹河，在布里于加俘虏了斯坦厄普和他率领的五千个英国人（1710年12月9日）。他追上施塔伦贝格将军，并于次日向他发起维拉-维西奥萨战役。菲利浦过去从来没有同任何将领并肩战斗，这次在受旺多姆公爵的精神激励下，也率领部队右翼。将军率领左翼，大获全胜，以致四个月前他到达时的那种一切陷于绝望的颓局，在四个月内得以全部挽回，使西班牙的王冠永远牢牢戴在菲利浦头上①。

正当这场翻天覆地的辉煌革命使盟国目瞪口呆的时候，另外一场不那么明显、但具有同等决定性意义的事件正在英国酝酿。一个德国女人②曾经由于品行不端，使奥地利家族失去对卡尔五世的整个继承权，并因此直接引起战争。一个英国女人因为轻率冒失却带来和平。马尔巴勒公爵夫人萨拉·詹宁斯操纵着英国女王安妮。马尔巴勒公爵统治着英国这个国家。他通过他一个女儿的公公、大财务官戈多尔芬把国家财政掌握在手中。他的女婿、国务秘书森德兰使内阁听命于他。受他妻子支配的女王的家族对公爵唯命是听。英国军队由他调遣。军中职位全部由他授予。辉格党和

① 人们肯定，这次战役之后，菲利浦五世因为没有床用，旺多姆公爵对他说：“我将给你一张国王曾经睡过的最漂亮的床。”这位公爵于是叫人用缴获自敌军的军旗、国旗做了一个床垫。——伏尔泰注

② 指西班牙国王查理二世之后巴伐利亚·诺伊堡的玛丽-安娜。——译者

托利党两党虽然使英国分裂，但是他领导的辉格党全力以赴维护他的威势。托利党曾不得不对他满怀敬意并默不作声。马尔巴勒公爵和夫人是当时最俊美的人物，当这个优点与尊严和光荣合为一体时，就对最大部分民众更富有魅力，补充这一点是无愧于历史的。

他在海牙的威信比荷兰大首相更高，在德国影响也很大。他始终是走运的谈判者和将军，从来没有人有他这样大的权势和荣誉。他还可以利用他担任统帅获得的财富来巩固自己的权力。我听见他的遗孀说过，他把自己的财产分给四个孩子之后，虽然并没有得到宫廷的任何赏赐，也还剩下七万块银币的收入。这笔钱相当我们今天的十五万利弗以上。他如果不吝惜钱财，不去聚积和他的威势同样巨大的财富，就能够为自己创建一个安妮女王无法摧毁的党。他的妻子如果更能讨好人，女王就永远无法解除这位公爵夫人加在她身上的羁绊。但是马尔巴勒公爵永远不能克服自己对财富的爱好，公爵夫人也永远无法克制自己的任性。女王钟爱公爵夫人，对她温柔到了百依百顺和舍弃任何个人意志的地步。

在与此类似的人与人之间的关系之中，一般说来，厌恶、任性、高傲、滥用优势等等总是来自君王方面。君王使人感到枷锁的分量。但是当时却是马尔巴勒夫人使这种枷锁日益沉重。对安妮女王说来，必须有一个女宠。于是，她转向在她身边伴随她的玛莎姆夫人。公爵夫人于是醋意大发。几双她拒绝给予王后的式样独特的手套和一罐她当着女王的面故意装作不小心泼在玛莎姆夫人袍子上的水，改变了整个欧洲的面貌。人们群情激愤。新女宠的兄弟请求马尔巴勒公爵给他一个团队。公爵加以拒绝。女王却给了他。托利党抓住这个时机把女王从这种家庭奴役中解脱出来，以压低马尔巴勒公爵的权势，改组内阁，缔结和约，并在可能的情况下，把斯图亚特家族召返英国，重登王位。公爵夫人的性格如果具有某些灵活性，她还能继续进行操纵。女王和她有每天用假名书面交谈的习惯。这个奥秘和这种亲密关系始终使她们之间和解的道路畅通无阻。但是公爵夫人采用这个手段其结果却只是把一切弄糟。她蛮横无礼，在信中写道："要公平对待我，绝不要回信。"之后，她又懊悔起来，去向女王求饶。她痛哭流涕，女王没有给她别的答复，只对她说："你命令我不回信，我就绝不回信。"于是决裂变得无法弥合。公爵夫人从此不再在宫廷出现。过了些时候，马尔巴勒的女婿森德兰被解除内阁职务。此举旨在剥夺戈多尔芬和公爵本人的职权。这在别国称为失宠。这在英国则是一种国家事务的彻底变革，而且这种变革还很难进行。

托利党当时操纵女王，但不能操纵王国。他们不得不求助于宗教。今天英国除了那很少几种必需用来区别各个党派的宗教之外，几乎没有什么教派。辉格党偏向基督教长老派。这个党曾经废黜詹姆士二世，迫害查理二世，杀死查理一世。托利党赞同圣公会。这个教会赞助斯图亚特家族，企图树立对国王的消极服从，因为主教们希望借此使自己更加被人服从听命，百依百顺。他们唆使一个布道师在圣保罗教堂宣扬这种教义，并且煽动他丑化马尔巴勒的政府和那个曾经把英国王位给予威廉国王的党派①。但

① 托尔西侯爵在他的《回忆录》中称这位国王为"讲道师"。他弄错了。这个称号只给予长老会信徒。所谈到的亨利·萨彻维雷尔是牛津博士，属于圣公会。他曾经在圣保罗大教堂讲道，劝诫大家对国王绝对服从，并排除异己。他宣扬的准则遭到议会谴责，但是，他对马尔巴勒党的抨击受到谴责更甚。——伏尔泰注

是，女王虽然优待这个布道的教士，却还没有足够的权势来阻止国会两院在威斯敏斯特大厅作出使这个教士停职三年的决议，不能阻止国会两院焚毁他的讲道书。尽管她暗中眷爱自己的血亲家族，但却永远不敢对它重新打开那条通向英国王位的道路，这条路曾被辉格党人堵塞。她的兄弟无法通过。她这时更深感自己软弱无力。有些作家声言女王如果不再宠信马尔巴勒和他那个党，后者就会倒台。这些人并不了解英国。女王虽然从那时起就希望和平，却不敢解除马尔巴勒的兵权。1711 年春，当马尔巴勒在宫廷失宠时，他还对法国紧逼猛攻。

在这个 1711 年的 1 月行将终了时，一个默默无闻的神父来到凡尔赛，他名叫戈蒂埃。这个神父在塔拉尔元帅任法国驻威廉国王处的大使时，曾经当过元帅的指导神父的助手。从那时起，他就一直在伦敦居留。他除了去德意志皇帝的驻英大使加拉斯伯爵私人的小教堂做弥撒外，没有其他职务。一个偶然的机会使他成了一位爵士的知心密友。这位爵士是同反对马尔巴勒公爵的英国新内阁友好的人。这个默默无闻的人物去托尔西侯爵那里，开门见山地对他说："先生，你希望缔结和约吗？我来这里为你带来了谈判和平的手段。"托尔西先生说，他这样问，是在问一个垂死的人是否愿意康复。

于是，法国马上和英国的大财务官牛津伯爵以及国务大臣圣约翰进行秘密谈判。后者以后成了博林布罗克爵士。这两个人为法国带来和平。他们这样做，除了为解除马尔巴勒公爵的军队指挥权，除了把他们自己的威信建立在公爵的威信的废墟上之外，别无其他目的。走这一步真是危险之至。这是背叛盟国的共同事业。这是背弃对这个事业应尽的义务。这是在并无任何借口的情况下，使自己在英国冒受被大部分国民痛恨之险，冒受国会严查深究之险。这种查究很可能使他们付出掉脑袋的代价。这件事能否成功，大可怀疑。但是，一个意外事件大大促成这一巨大行动(1711 年 4 月 12 日)。德意志皇帝约瑟夫一世去世。奥地利家族统治下的各邦、德意志帝国，以及这位皇帝对西班牙和美洲的种种要求，都遗留给他的兄弟查理去处置。此人几个月后被选为德意志皇帝。①

死讯一经传出，促使很多国家挥戈动武的那些成见，由于英国新内阁的细致努力，在英国开始消散。有人曾想阻止路易十四在他孙子的名义下统治西班牙、美洲、伦巴第、那不勒斯王国和西西里等地。为什么要把这样多国家集中在德意志皇帝查理六世一人手中呢？为什么英吉利民族要去耗尽自身的财富呢？它支付的费用比德国和荷兰支付的加在一起还多。当年付出的费用高达七百万英镑。难道它必须为了一个与它本身毫不相干的事业，为了把法国的一部分给予它的贸易敌手——荷兰联省——而毁灭自己吗？所有这些理由使女王壮起胆来，使英国大部分国民睁开眼睛、

① 博林布罗克勋爵在其《书信集》中说，当时路易十四宫廷内有庞大的阴谋集团。他在该书第 2 卷第 244 页中谈到，他毫不怀疑“在这个宫廷里制定了野心勃勃而又奇怪的行动计划”。他根据拉弗亚德公爵和莫特马尔公爵后来在一次晚餐时对他讲的这句话作出这样的判断：“你们本来可以粉碎我们，为什么你们不这样做呢？”尽管博林布罗克知识渊博、明理通达，这里他却陷入几位大臣的谬误之中。这些大臣认为所有人们对他们讲的话都有某一含义。人们对法国宫廷和这两位公爵的情况有足够了解，因而知道在乌得勒支和约缔结期间，法国国内既没有任何阴谋、任何乱党，也没有能搞任何名堂的人。——伏尔泰注

明白事理。新国会召开，女王得到缔造欧洲和平的自由。

但是，女王在暗中准备实现媾和期间，还不能和盟国公开决裂。内阁进行和谈时，马尔巴勒还在作战。他在佛兰德尔不断推进，突破维拉尔元帅在蒙特勒伊和瓦朗西安之间布设的防线（1711年8月），攻占布香（9月），向凯努瓦挺进。从该地到巴黎已经几乎没有一个可对他进行抵抗的堡垒。

在这个危难时刻，著名的迪盖-特鲁安，[①]虽然在海军中还没有任何衔级，但却在自己的勇气的推促下和一些商人的援助下，自力更生，勤奋努力，装备了一支小舰队，驶往巴西，攻下该地的主要城市之一里约热内卢的圣塞巴斯蒂安（1711年9月、10月）。他的船员满载财富而归。葡萄牙人所失大大多于所得。但是，使巴西蒙受的损失并不能减轻法国的苦难。

① 迪盖-特鲁安（1673—1736），法国著名航海家、海军将领。——译者

第二十三章

维拉尔元帅在德南的胜利 贸易的恢复 全面和平

和谈最后在伦敦公开举行。这样比较有益。英国女王派遣驻荷兰大使斯特拉福德伯爵向盟国转达路易十四的建议。于是问题就不再是向马尔巴勒求和。斯特拉福德伯爵迫使荷兰人任命全权代表,并接纳法国的全权代表。

有三个人始终反对这次和谈,即:马尔巴勒、欧仁亲王和海因西乌斯。他们坚持要压垮路易十四。但是这位英国将军于1711年末返回伦敦时,被解除一切职务。他发现国会下院成员已经新换,面目全非,只有上院的大多数还拥护他。女王采取册封贵族院新议员的办法来削弱马尔巴勒公爵的党,巩固王党。马尔巴勒同西皮翁一样被控贪污舞弊。但是,他差不多同样因享有殊荣和年老退休,得以免吃官司。他虽然失宠,但仍然有权有势。欧仁亲王毫不迟疑前往伦敦去支持他的党。这位亲王由于他的隆名盛誉而受到接待,也由于他的建议而遭到拒绝。宫廷占了上风。欧仁亲王只身返回欧洲大陆去打完这场战争。希望在没有同伴和他争享荣誉的情况下取得新胜利,对他说来是个新的激励。

会议在乌得勒支举行(1712年1月29日)。法国大臣在格尔特鲁登贝格饱受羞辱虐待之后，以比较平等的地位前来谈判。维拉尔元帅虽然撤退到他布设的防线之后，仍然掩护阿拉斯和康布雷两地。欧仁亲王攻下凯努瓦城（1712 年 7 月 6 日），在该地区摆开十万大军。荷兰人曾经作出努力。他们过去还从来没有提供过他们有义务支付的全部作战费用。这一年他们付出的已经超过他们承担的份额。安妮女王还不能公开摆脱所承担的义务。她已经派遣奥尔蒙公爵率兵一万二千，前去欧仁亲王军中，并为很多德军支付钱粮。欧仁亲王纵火焚烧阿拉斯郊野后，率军向法国挺进。他建议奥尔蒙公爵作战。但是派遣英国将军到他这里并不是为了作战。英法单独谈判正获得进展。两国君王之间的休战已经宣布。路易十四下令把敦刻尔克交给英国，以保证他将履行承担的义务（1712 年 7 月 19 日）。奥尔蒙公爵向根特撤退。他想把女王雇佣的军队和英国军队一齐带走。但是，他只能使荷尔斯泰因的四个骑兵队和一个列日团队随他撤退。勃兰登堡、帕拉蒂纳、萨克森、黑森和丹麦的军队仍然留下听从欧仁亲王指挥。薪饷由荷兰人付给。汉诺威选侯将继承安妮女王。但他仍然不顾女王旨意，把自己的军队留交盟国，并且声称，虽然他的家族等待英国的王冠，但它并不指望安妮女王的恩惠。

英国虽然从欧仁那里调回它的军队，但欧仁的军队仍然比法国军队多两万人。他仍然由于处境良好、军需充足、九年接连获胜，而具有优势。

维拉尔元帅未能阻止欧仁亲王包围朗德尔西斯。法国人力、物力都已枯竭，正惊魂未定，惶恐不安。乌得勒支谈判并不能使法国人心安定，因为欧仁亲王的胜利可能使这次会谈毫无成果。这位亲王所属的一些强大的分遣队甚至已在践踏蹂躏香巴尼的一部分,并进抵兰斯的大门。

凡尔赛和王国其他地区都人心惶惶。法国国王的独子已经死去一年。勃艮第公爵和夫人(1712 年 2 月)和他们的长子(3 月),几个月内很快相继死去,合葬在一座坟墓中。他们的最后一个孩子也命在旦夕。内忧外患迭生,国家灾难重重。这使人把路易十四在位时期的终结看成标志法国灾难的时代。人们预计会遭到的灾难比往昔目睹的民富国强和光荣辉煌更多。

(1712 年 6 月 11 日)正在这时,旺多姆公爵逝世于西班牙。我记得我曾经目睹沮丧情绪笼罩法国,使法国人更加担心旺多姆公爵支撑的西班牙会因公爵的去世再度覆灭。

朗德尔西斯无法长期坚守。凡尔赛开始讨论国王是否应撤退到卢瓦尔河上的香博尔。国王对阿尔古元帅说,如果新的灾难来临,他将召集王国全体贵族,并率领他们向敌人进攻。尽管他已七十四岁,他将身先士卒,为国献身。

欧仁亲王犯了一个错误,终于使法国国王从惶惶不可终日的状态中解脱出来。人们认为亲王的战线太长。他在马尔希安内的仓库中储存的军需物资离前线太远。阿尔贝马尔将军的部队驻扎在马尔希安内和亲王的营盘之间的德南。他一旦受到攻击,无法及时得到援救。有人对我谈起过一个颇有姿色的意大利女人。这个女人我后来曾在海牙见过。欧仁亲王当时正包养着她。她那时在马尔希安内。正因为这个女人的缘故,该地被选做设置仓库地点。认为欧仁亲王布置作战时,竟把一个女人当成考虑的因素,这是冤枉这位亲王。

一个本堂神父和一个名叫勒费弗尔·多尔瓦尔的杜埃市参议，某天一起在这个地区散步。散步时，他们最先想到，德南和马尔希安内容易攻下。知道此事的人将更能证明：这个世界的大事会受到什么样的秘密而细微的计谋手段左右。勒费弗尔把他的意见告诉该省总督。后者又把这个意见转告当时在维拉尔元帅麾下指挥军队的孟德斯鸠元帅。这项计划经将军批准，并付诸实施。这个行动的确能够拯救法国，比同英国和谈更为有效。维拉尔元帅迷惑欧仁亲王。一队龙骑兵在从敌人营盘看得见的地方前进，仿佛准备进攻。正当这队龙骑兵接着朝吉斯撤退时，元帅率军分五路向德南进攻（1712 年 7 月 24 日）。阿尔贝马尔将军的由十七个营守卫的防御工事遭到突破。全体士兵不是被杀，就是被俘。这位将军和两位拿骚诸侯——一位荷尔斯泰诸侯、一位安哈尔特诸侯——以及全体军官被俘。欧仁亲王率领所有能带来的部队匆忙赶到。这时战斗已经结束。一座通向德南的桥梁已被法国人占领，他却下令进攻，结果损兵折将，毫无所获。他目睹这一挫败后，返回营地。

在朝马尔希安内的方向上，所有沿斯卡尔普河的哨所都先后迅速陷落（1712 年 7 月 30 日）。法军挺进到由四千人防守的马尔希安内，加紧包围该城，行动异常迅猛灵活，以致三天后该城被占，守军四千人全部被俘。敌人贮存用于作战的武器、粮食全被法军缴获。于是全部优势转入维拉尔元帅手中。手足无措、狼狈不堪的敌人撤除了对朗德尔西斯的包围，并眼见杜埃、凯努瓦、布香等地相继被法军收复（1712 年 9 月、10 月）。法国边界转危为安。欧仁亲王的军队后撤。这支军队从德南战斗开始到战役结束，共减损五十个营，其中四十个营被法国军队俘虏。最重大的胜利也不会比这次胜利为法国带来更大好处。

维拉尔元帅如果具有另外一些将军的那种民望，大家会齐声高呼他为法国的复兴者。但是，大家几乎不承认应该对他感恩戴德。民众因为始料不及的胜利而欢天喜地，但是，在欢乐之中妒忌之心仍然主宰一切。①

维拉尔取得的每一进展都加速乌得勒支和约的缔结。安妮女王的内阁对祖国和欧洲负责，既没有忽视英国和盟国的利益，也没有忽视欧洲的公共安全。它首先要求王位已在西班牙得到巩固的菲利浦五世放弃他一直保留着的对法国王位的继承权，要求菲利浦五世的兄弟、路易十四唯一的重孙之后的法国王位推定继承人伯里公爵如果即法国王位，也应放弃西班牙王位。人们希望奥尔良公爵也同样弃权。大家刚刚经历十二年的战争，深感这样一些条约文件对人的约束力非常微弱。还没有任何已经得到承认的、能迫使后代放弃他们祖先将放弃的这些权利的法律。

① 维拉尔元帅在凡尔赛拥有王太子殿下以前占用的一套房间的一部分。国王去那里看望他。那个混淆各种年月的《曼特农回忆录》的编作者在这部回忆录第5卷第119页中说：维拉尔元帅到马利公园。国王对他说，他对他很满意。国王说完，这位元帅转身对廷臣们说："先生们，至少你们听见了。"这一无稽之谈在这个场合叙述，会有损于这个刚刚建立奇功殊勋的人物。并不是在这光荣时刻，他向廷臣们指出国王感到满意。这一被人歪曲得面目全非的轶事发生于1711年。当时国王命令他绝不要进攻马尔巴勒公爵。英国人攻占了布香。有人对此窃窃私语，议论维拉尔元帅。正是在1711年的这一战役之后，国王对他说他感到满意。对廷臣们说，他的指挥虽然失当，但国王却仍然感到满意，以此来迫使廷臣们保持缄默，而不指责非难，对一位将领来说，那时这样做可能是适宜的。这个事实并不重要，但是在最微小的事情中也要真实。——伏尔泰注

这些弃权行动只在各国的共同利益继续与之协调一致时，才会有效。但是，目前它们终于平息了一场历时达十二年之久的风暴。可能有朝一日，不止一个统一的民族将会支持这些成为欧洲的均势和安宁的基础的弃权行动。

按这项条约规定：西西里割让给萨伏依公爵，并授予公爵以国王称号；在大陆上，则把费纳斯特莱尔、埃格齐尔和普拉热拉山谷划归他所有。人们就这样为了壮大公爵的势力，而蚕食波旁家族的领土。

这项条约规定把荷兰人长期觊觎的一道巨大的屏障划归荷兰人。法兰西家族的若干领地虽被剥夺，转归萨伏依公爵所有，但奥地利家族实际上也让出部分权益，以满足荷兰人。荷兰人在奥地利家族权益受损的情况下，成了佛兰德尔设防最强固的城市的保管者和主人。他们的贸易利益得到照顾。葡萄牙的利益在条约中也有规定。

条约还规定把西班牙所属八个半行省和屏障地带的有收益的领地的主权留给德意志皇帝，确保他将获得那不勒斯王国、撒丁岛，加上他在伦巴第已经拥有的一切权益，以及托斯卡纳海岸的四个港口。但是，维也纳枢密院却认为自身损失太大，不能同意这些条件。

至于英国，它的荣誉和利益都安全可靠。它使一向受到疑惧的敦刻尔克港口得以拆毁填平。西班牙让英国拥有直布罗陀和米诺卡岛。法国把赫德森湾、纽芬兰和阿卡迪[①]等地让与英国。在

---

① 阿卡迪，原为新法兰西的一个地区，1713年据乌德勒支条约割让英国，今为新斯科舍和新不伦瑞克的一部分。——译者

美洲贸易方面，英国获得曾经促成菲利浦五世登基的、法国人未曾获得过的权利。在对英国政府说来光荣的条款之中，还必须算上英国人使路易十四同意释放他那些因宗教信仰而被捕入狱的臣民这一点。这是迫使别国接受的法律，但却是非常值得尊敬的法律。

最后，安妮女王为了祖国，牺牲了她的亲族的权益以及隐藏在她心中的偏爱，使汉诺威家族得到继承她的王位的保证。

至于巴伐利亚选侯和科隆选侯，前者将拥有卢森堡的公爵领地和那慕尔的伯爵领地，直到他和他的兄弟恢复了他们的选侯地位为止，因为西班牙已经为赔偿巴伐利亚选侯的损失，把这两项主权让给他，同时盟国既还没有攻下那慕尔，也没有占领卢森堡。

至于法国，它平毁了敦刻尔克海港，并在佛兰德尔放弃了很多要塞。这些要塞曾由法国军队占领，并由内伊梅根条约和里斯维克条约加以保证。里尔、埃尔、贝顿和圣韦南等地则归还法国。

英国内阁这样行事，对各个强国似乎给予正确评价，但是辉格党人却不对英国内阁给予正确评价。半个英国不久就在安妮女王去世之后对她大肆攻击诋毁，其原因是她做了一位君主曾经做过的最大好事，她使这样多国家得以休养生息。她被责难能够肢解法国，但却没有这样做。①

---

① 安妮女王于八月派遣她的国务秘书博林布罗克去完成这次谈判。托尔西子爵对这位英国大臣大加赞扬。他说，路易给予这位大臣以应有的接待。这位大臣的确在法国宫廷中像一个前来赠送和平的人那样受到接见。当他来到巴黎歌剧院时，全场起立向他致敬。《曼特农夫人回忆录》第5卷第115页写道："路易十四对博林布罗克绅士表示的轻蔑，丝毫不能证明国王已经把他列入他的领养老金人的名单上。"这样写是在竭力恶意中伤。在这里看到一个女人这样谈论那些最大的人物倒很有趣。——伏尔泰注

这些条约全部于 1713 年先后签订。可能由于欧仁亲王顽强固,也可能由于德意志皇帝的枢密院的政策错误,德意志皇帝没有参加任何一次缔约谈判。他如果首先同意安妮女王的观点,肯定会获得兰道,甚至斯特拉斯堡。他顽固进行战争,结果毫无所获。维拉尔元帅在使法属佛兰德尔剩下的部分确保安全无虞之后,向莱茵河进军。他占领斯皮尔、沃尔姆斯和周围所有地方之后,攻下德意志皇帝根据和约应该保有的兰道(1713 年 8 月 22 日)。他突破欧仁亲王在布里斯高布设的各条防线,在这些防线上打败沃博纳元帅(9 月 20 日),包围并攻下前奥地利首府弗里堡(10 月 30 日)。

维也纳枢密院到处催促德意志帝国各行政区派来它们已经承诺派来的援军,但是,这些援军却根本没有开来。它于是明白,德意志皇帝如果没有英国和荷兰的帮助,就无法在对抗法国时占有优势。因此,它决定接受和约,但已经太迟。

维拉尔元帅这样结束战争之后,还光荣地在拉施塔特和欧仁亲王缔结这项和约。这可能还是人们第一次见到两位对阵的将军在战役结束之后,代表各自的国君进行谈判。他们把自己的坦率性格带到谈判中来。我听见维拉尔元帅说,他对亲王最先讲的几句话中有一句是:"先生,我们绝不是敌人。你的敌人在维也纳,我的敌人在凡尔赛。"的确,这两个人始终不得不对宫廷中的阴谋进行斗争。

当这个西班牙王国仍然稳稳地属于菲利浦五世的时候,德意志皇帝一直要求对西班牙王位拥有的权利以及查理六世始终挂着的天主教国王的空虚称号,在这项条约里根本没有提到。路易十四保有他曾经提出要割让的斯特拉斯堡和兰道、他自己建议平毁的于南克和新布里萨赫，以及他曾经提出要放弃的对阿尔萨斯的主权。但是最令人敬佩的是，他使巴伐利亚选侯和科隆选侯恢复了自己的邦土和地位。

法国在它和历届德意志皇帝缔结的全部条约中，始终保护德意志帝国各邦诸侯和各邦权利，这是一件非同寻常的事。它在蒙斯特奠定了日耳曼的自由的基础，并且为这同一个巴伐利亚家族建立了第八个选侯国。内伊梅根条约肯定了威斯特伐利亚条约。法国通过里斯维克条约使弗斯腾贝格红衣主教的所有财富得以归还。最后，它通过乌得勒支条约恢复了两个选侯。必须承认，它在所有结束这次争端的旷日持久的谈判中，接受了英国的法典，并把这一法典加在德意志帝国身上。

那些被人引为根据、编纂大量路易十四传记的历史回忆录叙述说，欧仁亲王在会谈结束时，请求维拉尔公爵为他拥抱路易十四的膝头，并向这位君主表示他作为一个臣民对自己的君主的最高敬意。首先，一个亲王、一个君主的孙子因为出生在另一个君主的国家里，就永远是这另一个君主的臣民，这种说法令人难以置信。其次，德意志帝国的总代表会自称是法国国王的臣民，这种说法更加虚妄不实。

与此同时，各邦都开始拥有新的权利。萨伏依公爵使自己在西西里得到承认，这件事他并没有同德意志皇帝商量。德意志皇帝为此抱怨也徒劳无益。路易十四使他的军队得以进驻里尔。荷兰人占领了他们屏障地带的城市。佛兰德尔因为荷兰人是该地主人，所以始终每年付给他们一百二十五万盾。路易十四下令，在一位英国特派员的目睹下填平敦刻尔克港，平毁城堡，拆除海岸防御工事。敦刻尔克人看见这样一来，他们的全部商业就会衰落凋敝，于是派遣代表前往英国，请求女王宽大为怀。路易十四自己的臣民去向英国女王求饶，这令他心如刀割。但是，安妮女王被迫拒绝他们的要求，更令他们痛心。

不久以后，法国国王下令扩宽马尔迪克运河。人们采用安装闸门的办法，修建了一个据说可以同敦刻尔克媲美的港口。英国大使斯泰尔伯爵为此对这位君主强烈不满。我国一部最优秀的著作写道，路易十四回答斯泰尔爵士说："大使先生，我始终是我的国家的主人，有时还是别人的国家的主人。别让我回忆过去的事吧！"我确切了解到，路易十四从来没有作过这样不合适的答复①。他从来没有做过英国的主人。事实远非如此。他是自己国家的主人。但是，问题在于要了解他是否能随意避不履行一项他赖以休养生息，甚至赖以保存他的王国的大部领土的条约。

在载明平毁敦刻尔克港及其闸门的条约中，没有条款规定法国不得在马尔迪克修建港口。有人敢于发表文章声称，起草条约的博林布罗克因被一百万元赠款贿买，所以对这一点故意略而不提。在拉·马丁尼埃尔②撰写的《路易十四史》中，有这种卑鄙龌龊、污蔑不实之词。损坏这部著作名誉的还不仅是这一污蔑。路易十四似乎有权利用英国大臣的粗枝大叶，并坚持条约的措辞。

① 斯泰尔爵士对国王说话总是当着国务秘书托尔西的面，托尔西说他从来没有听见这样不得体的谈话。当路易下令取缔马尔迪克的工程时，这个谈话可能会使路易十四感到十分耻辱。——伏尔泰注

② 拉·马丁尼埃尔（1761—1830），法国人文学者、史学家。——译者

但是，他宁可把和平的利益看得重于一切，履行条约的精神，而绝没有对斯泰尔爵士说过，要爵士不要让他回忆起他以前曾经是别人的国家的主人。他愿意对一些他可以拒不接受的抗议让步。他于 1714 年 4 月下令停止马尔迪克的建港工程。不久后，在摄政时期[①]，工程建筑拆毁。条约遂全部履行。

乌得勒支条约和拉施塔特和约缔结后，菲利浦五世尚未在整个西班牙享有主权。他还需征服加泰罗尼亚、马略尔卡和伊维萨岛。

必须了解这个情况：德意志皇帝查理六世把妻子留在巴塞罗那后，无法支撑西班牙战争。他既不愿让出自己的权利，也不愿接受乌得勒支条约，却与安妮女王商定：德意志皇后和帝国军队留在加泰罗尼亚已不再有用，他们将由英国船只运走。帝国军队的确撤出加泰罗尼亚。施塔伦贝格离开西班牙时，辞去总督职务。但是，他却留下内战的种子，并使人仍然有希望得到德意志皇帝的、甚至英国的迅速援救。那些当时在这个省份影响最大的人自以为他们能在外国庇护之下建立一个共和国，而西班牙国王却不会再强大到足以征服他们。他们表现出塔西佗[②]很久以前就认为他们具有的那种刚毅的性格。他说："大无畏的民族不把生命用于战斗时，就认为生命一钱不值。"

加泰罗尼亚是世界上土地最肥沃、地理位置最优越的国家之

---

① 指自路易十四去世至路易十五登位以前的一段由奥尔良公爵摄政的时期。——译者

② 塔西佗（55—120），拉丁历史学家。著有《历史》《日耳曼尼亚志》等。——译者

一。它深得美丽的河川、溪流和泉水灌溉之利，而新、旧卡斯蒂利亚却缺少这些。加泰罗尼亚出产人们生活所需，以及能使人在林木、谷物、水果、蔬菜等方面的欲求得到满足的一切。巴塞罗那是欧洲最美丽的港口之一，该地为造船业提供一切条件。出产大理石、碧玉和水晶的矿场在山区比比皆是，甚至还有大量宝石。铁矿、锡矿、铅矿、矾矿和硫酸盐矿都蕴藏丰富。东海岸出产珊瑚。总而言之，加泰罗尼亚可以脱离整个世界独处，而它的邻居却离不了它。

丰富的物产和欢乐的生活远没有使它的居民软弱柔靡。这些人一贯尚武好战。山民尤其凶狠强悍。但是，尽管他们英勇无畏、酷爱自由，但是历来始终被人征服。罗马人、哥特人、汪达尔人和萨拉森人都征服过他们。

他们挣脱了萨拉森人的枷锁，使自己处于查理曼的保护之下。他们先属于阿拉贡家族，后来又属于奥地利家族。

我们已经得知，在菲利浦四世的统治下，他们被西班牙首相奥利瓦莱斯公爵-伯爵逼得走投无路，遂于 1640 年投靠路易十四。他们的所有特权都得到保留。他们主要是被保护者，而不是臣民。1652 年，他们回到奥地利的统治下，在王位继承问题引起的战争中，站在查理大公一边，反对菲利浦五世。他们的顽强抵抗证明：菲利浦五世即使摆脱了他的对手，也无法单枪匹马地征服他们。路易十四在战争后期不能向他的孙子提供兵员和船只来对抗他的敌手查理，却派遣了一些兵员和船只去镇压他的造反臣民。一支法国舰队包围了巴塞罗那港。伯尔维克元帅则从陆上对该港进行包围。

英国女王对条约比对国家利益更加忠实，因此不给予这座城市丝毫援救。英国人对此感到十分愤慨。他们像罗马人因为曾经任人摧毁萨贡特[①]而责难自己那样责难自己。德意志皇帝空口答应给予一些并不兑现的援助。被包围者情绪高昂,英勇自卫。神父和僧侣都奔赴被敌军打开的突破口进行战斗,仿佛进行一场宗教战争。自由的幽灵使他们对主人主动提出的和解建议充耳不闻。五百多个教士手执武器在这次围城战中牺牲。人们可以由此判断他们的言论和榜样是否已经激励民众。

他们在突破口上树起黑旗,顶住敌人多次进攻。最后,包围者已经深入城内,被围者仍然逐街进行巷战。旧城被占,他们撤至新城。他们投降时,仍然要求保留他们享有的一切特权(1714 年 9 月 12 日)。他们只把生命财产保存下来,大部分特权都被剥夺。在那些曾经煽动民众,对抗国王的僧侣中,只有六十人受到惩罚。他们甚至得到宽大,只被判处划船劳役。菲利浦五世在战争中对待格扎蒂瓦这个小城市比较横暴。这座城市被彻底摧毁以儆效尤。尽管一座无关紧要的小城市遭到摧毁,一座拥有良港、维持它有利于国家的大城市却未被夷平。

加泰罗尼亚人的这种狂热,从前查理六世在他们中间时,并没使他们奋起,当他们孤立无援时,却使他们激昂慷慨起来。这种狂热,由于西班牙国王查理二世的遗嘱的缘故,成了长期使欧洲最美丽的部分玉石俱焚的这场火灾的最后火苗。

① 西班牙古城名,公元前 219 年曾被汉尼拔(公元前 247—前 183)攻占。——译者

第二十四章

从乌得勒支和约缔结到路易十四去世这段时期欧洲的景象

笔者仍然敢于把这场旷日持久的战争称为内战。萨伏依公爵在战争中武装起来，和他两个女儿对抗。沃德蒙亲王曾经赞助查理大公，在伦巴第几乎生俘他那个拥护菲利浦四世的父亲。西班牙乱党林立，举国分裂。整团整团法国加尔文教徒参军入伍，反对祖国。最后，一场全面战争因亲戚之间争夺王位继承权而终于开始。此外，还可再加上这一点：英国女王不让她的兄弟继承王位。这个兄弟因受到路易十四的保护，她不得不予以废黜。

人们怀着希望，但始终失望；人们小心审慎，但始终受骗。这场战争的情况也是如此。查理六世两次在西班牙得到承认，但却被赶出这个国家。路易十四已经濒于覆亡，但却因英国国内意料不到的内讧得以重振威势。西班牙枢密院过去仅仅为使这个君主国永远不被瓜分，而招来昂儒公爵就西班牙王位，但却看到它大部分国土都已分离。伦巴第、佛兰德尔①存留于奥地利家族统治范

① 属于奥地利家族的荷兰诸省通常被称为佛兰德尔，正如七联省被称为荷兰一样。——伏尔泰注

围内。普鲁士家族拥有这个佛兰德尔的一小部分，荷兰人则统治另一部分。四分之一留归法国。勃艮第家族的遗产就这样由欧洲四强瓜分。似乎在那里拥有权利最多的家族在那里连小小农庄一个也没有保住。撒丁岛对德意志皇帝毫无用处，却在一段时期内，归属于他。德意志皇帝曾经在几年内拥有那不勒斯这块罗马的大世袭领地。人们经常夺取这块领地，并且轻而易举。萨伏依公爵拥有西西里岛四年，他之所以拥有这个岛屿，仅仅是为了反对教皇而维护一种特殊的，但却是古老的权利，即在这个岛屿上做教皇的权利，也就是说，除了教义之外，绝对主宰这个岛上的宗教事务的权利。

乌得勒支条约缔结后，政策的虚空无用比在战争期间显得更加明显。毫无疑问，安妮女王的新内阁企图秘密准备詹姆士二世的儿子复位。安妮女王自己开始通过倾听大臣的呼声，来倾听天理的呼声。她企图把王位传给她的兄弟，她曾悬赏索求这个兄弟的脑袋，那是不得已而为之的。

她被女宠马夏姆夫人的话感动，又被她周围倾向托利党的高级教士的劝诫吓住，于是责备自己不该进行这种不近人情的废黜。我见到过马尔巴勒公爵夫人。我看见她时，她表示深信英国女王已经让他的兄弟暗中到来，女王还拥抱过他，并且表示，她兄弟如果愿意弃绝被英国人和全体新教徒视为暴政之母的天主教，就指定他为自己的继承人。她对汉诺威家族的憎恶使她增加了对斯图亚特血统的眷爱。据说，她逝世前夕曾经多次呼喊："啊！我的兄弟，我亲爱的兄弟！"她于 1714 年 8 月 12 日中风去世，时年四十八岁。

她的党徒和敌人一致认为她是个庸碌无能的女人。然而，自从爱德华三世[①]和亨利五世之类的国王执政以来，从来没有过这样光辉的君主统治。陆上和海上从来没有过比她在位期间更多的杰出统帅，从来没有过比这个时期更多的优秀大臣、更见多识广的议会、更能言善辩的演说家。

她的去世使她的图谋无法实现 。被她视为外人、又不受她青睐的汉诺威家族继承了她的王位。她的大臣遭到迫害。

博林布罗克子爵曾经以与路易十四同样崇高伟大的气魄，给这位法国君主带来和平，但却被迫前往法国寻求避难所，以乞求者的身份在法国再度出现。觊觎英国王位者那一派人的灵魂奥尔蒙公爵也选择了同一避难所。牛津伯爵阿尔莱胆量较大。被人怨恨的是他。他骄傲地留居祖国。他在英国甘冒坐牢之险，锒铛入狱。他还不顾人们以死相威胁。他生性安详宁静，妒忌心、贪财心、对酷刑的恐惧都不能使他丝毫动摇。他的勇气本身救了他。他在英国议会中的敌人对他五体投地、肃然起敬，以致无法宣布对他的判决。

路易十四已经接近他一生的终点。很难相信，他七十七岁时，当他的王国正处于困境之中，他竟敢冒再次对英作战之险，赞助那位被他承认为英国国王的王位觊觎者。此人当时被称为圣乔治骑士。然而，这件事千真万确。必须承认，路易十四始终心灵高尚。这种高尚的心灵使他得以完成各项伟大功业。英国大使斯泰尔伯

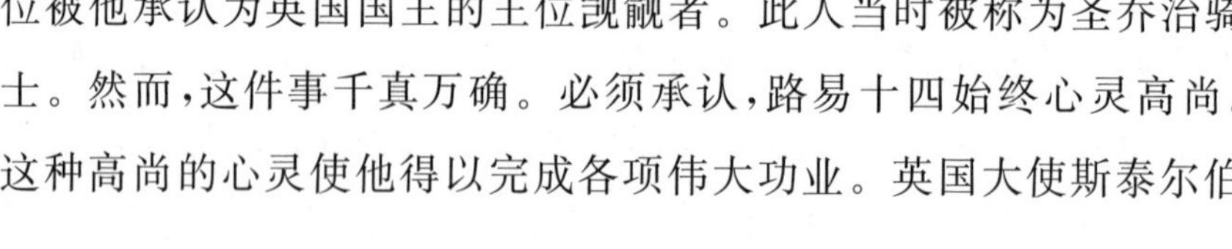

① 爱德华三世(1312—1377)，英国国王。1327—1337 在位。在位时曾征服苏格兰，并进行英法百年战争。——译者

爵顶撞过他。他曾经被迫把詹姆士三世从法国送回英国，正如在他青年时代，查理二世和他的兄弟曾经被人驱逐一样。这位英国亲王藏身于洛林的科梅尔西。奥尔蒙公爵和博林布罗克子爵的事关系到法国国王的荣誉。他们让路易十四对英国，特别对苏格兰会有人起来造乔治一世①的反这件事心存幻想。英国王位觊觎者只需露面就够了。他们只需要一只船、几名军官和少量钱款。未经慎重考虑就把船和军官给了他们。这不可能是一艘军舰，因为条约不准许。著名的船主莱皮纳·达尼康提供了一艘运输船、一些大炮和武器。说到钱，法国国王不名一文。他们只要求四十万埃居，但这笔钱根本无法获得。路易十四给他的孙子西班牙国王菲利浦五世一封亲笔信。西班牙国王向他们提供了这笔钱。英国王位觊觎者正是用这项援助秘密前去苏格兰。他的确发现该地有一帮为数不少的人，但被乔治国王的英国军队打败。

路易十四已经去世。英国王位觊觎者回到科梅尔西躲藏起来，对曾经终生纠缠折磨他的命运缄口不提。这时他的党徒的血正在英国的断头台上流淌。

我们将在留供叙述路易十四的私生活和轶事的篇章中看到路易十四怎样在他的忏悔师的险恶阴谋中，在曾经使无知和好动的人思想混乱、心绪不宁的最可鄙的关于神学的争吵中死去。但是，我要在此审视一下他去世时欧洲的情况。

俄罗斯的力量在北欧日益巩固。这个新兴民族和新兴帝国的

① 乔治一世(1660—1727)，英国国王。原为汉诺威选侯，后继承安妮·斯图亚特为英国国王(1714—1727)。——译者

建立在法国、意大利和西班牙还太不被人了解。

法国的老盟国，以前曾使奥地利家族心惊胆战的瑞典再也无法抗击俄罗斯人的入侵。为查理十二世留下的只是一些荣誉而已。

德国的一个普通选侯国——普鲁士——开始变为一股举足轻重的力量。普鲁士的第二个国王、勃兰登堡选侯靠英明治国、理财有方建立军队，奠定了到那时为止尚不为人所知的强国的基础。

荷兰还因为上次对抗路易十四的战争而受人尊重。但是，它放在天平上的砝码却愈来愈轻。英国在汉诺威选侯统治的最初几年深受骚乱搅扰，但还保存着它的全部力量和影响。奥地利家族所属各邦在查理六世在位时期日渐衰落。但是，德意志帝国大部分诸侯却使他们的领地繁荣昌盛起来。西班牙在菲利浦五世的统治下得以歇息松气。菲利浦五世的王位是倚仗路易十四才得到的。意大利直到1717年为止都国泰民安。欧洲没有发生任何宗教争端，足以使教皇有实现他的奢望的借口，或使他保存的特权被人剥夺。只有冉森教派搅扰了法国，但并没有因此引起分裂，煽起内战。

第二十五章

路易十四在位期间的特殊事件与轶事

轶事是块狭窄的田地。人们对历史资料进行大规模的收割之后,便在这块耕地里拾穗。这是一些长期隐藏的细枝末节。轶事一名即由此得来。它们如果涉及名流闻人,必然使民众觉得趣味盎然。

普鲁塔克[①]的著作之一《伟人传》,是一部令人乐于阅读但不尽可靠的轶事汇编。但是作者怎么可能得到关于提修斯和莱可古的私生活的翔实可信的回忆录呢?在出自他笔下的英雄人物之口的大多数格言中,道德价值多于历史真实。

普罗科普[②]所著《查士丁尼秘史》一书,是部在复仇心理驱使下写成的讽刺作品。诚然,怀有复仇心理的人也可能道出真情,但是这部讽刺作品与普罗科普自己写的公开的历史著作互相矛盾,因此显得并非全是事实。

今天,摹仿普鲁塔克是不可行的,仿效普罗科普就更不行。只有证据确凿的事实,我们才承认是史实。当雷斯红衣主教和罗什

① 普鲁塔克(约46—120),希腊历史学家和伦理学家。著有《伟人传》和《道德论丛》等。——译者

② 普罗科普(46? —120?),希腊历史学家。著有《战记》及《秘史》。——译者

富科这样两个互相仇视的同代人的回忆录都肯定同一事实时，这一事实便无可置疑。当他们所谈的互相矛盾时，就必须加以怀疑。不可能的事情就不应该相信，除非好几个值得信赖的同代人物一致证实这件事。

如果伟大的君王在他们遗留的秘密著作中表露出纯真坦率的心灵，这些著作便成为最有用、最宝贵的轶事。我叙述的路易十四的轶事就是这类轶事。

家庭琐事读起来只能使好奇的人感到高兴。把人的弱点缺陷公之于世，只能使邪恶狡诈之徒喜欢，除非这些弱点缺陷或因招致不幸，或因为美德所弥补，能使人从中获得教益。

同代人物的秘密回忆录有偏袒不公之嫌。一两代以后人们执笔时，应该最审慎周到，撇开轻浮浅薄和毫无价值的内容，缩小夸大的成分，戒除讽刺的口吻。

路易十四使他的宫廷和统治如此灿烂辉煌、壮丽宏伟，以致他生活中最微小的细枝末节，正如过去曾经引起欧洲所有王室和所有同代人的好奇心一样，似乎莫不引起后人的兴趣。他的政府的灿烂光辉，甚至表现在最微不足道的行动中。特别在法国，人们极欲知道他的宫廷小事，甚于渴望了解某些国家的急剧变革。这就是隆名盛誉产生的效果。比起对阿提拉或帖木儿的征战的详情来，人们更喜欢了解奥古斯都①的政府和宫廷的内幕。

这就是为什么几乎没有一个历史学家没有叙述过路易十四最初曾经爱上博韦男爵夫人、阿让库尔小姐和后来同欧仁亲王的父

① 奥古斯都（公元前63—公元14），罗马皇帝。恺撒的甥孙。——译者

亲苏瓦松伯爵结婚的那个马扎然红衣主教的侄女，特别是她的姊妹、后来嫁给科洛纳元帅的玛丽·曼奇尼。

专制独裁的马扎然红衣主教让路易十四终日游手好闲，吃喝玩乐，使他萎靡不振。那时后者尚未亲政。他对玛丽·曼奇尼的爱恋是当时唯一重要的事，因为这位国王爱她极深，颇想娶她为妻，但又很能控制自己，最后终于和她分手。他对炽烈的爱情取得的这一胜利开始使人看出，他生来就具有高尚的情操。他这时让马扎然红衣主教专制独裁，从而取得一次更加重大、更加不易取得的胜利。他对红衣主教所怀的感激之情使他无法摆脱开始重压在他身上的桎梏。当时宫廷里有这样一件众所周知的趣事：红衣主教死后，国王曾说："如果他再活长一些，我真不知道自己会干出什么事来。"①

在这些清闲无事的日子，路易十四专心阅读消遣书籍，主要是和科洛纳元帅夫人同读。这位夫人和她的姐妹一样，都才思横溢、颇有风趣。这位国王非常欣赏描写风流轶事和高尚行为的诗歌和小说。这些作品暗中迎合他的个性。他常常阅读高乃依的悲剧，并逐步培养了自己的鉴赏能力（这种鉴赏仅仅是健全的辨别能力产生的结果），以及才智健全的人的敏捷感受能力。母亲和宫廷贵妇们的谈话也大大促使他欣赏这一才智之花，并在他身上培养出一种与众不同的、从此成为宫廷特色的礼貌。奥地利的安娜给宫

① 这段轶事被《拉波尔特回忆录》记载和流传（第255页起），文中可见国王嫌恶马扎然红衣主教。这位大臣既是他的教父，又主管他的教育，但没有好好培养他，使他往往缺乏必要的知识。作者甚至还提到对这位红衣主教更为严重的指责，这实足以损害这位主教身后的声誉。但看来这些指责并没有得到证实。任何指责之词都应做到有根有据。——伏尔泰注

廷带来了源出于当时西班牙气质的那种高贵并略带傲气的高雅风度，此外还加上只在法国才有的那种温文尔雅、端庄得体的自由自在的情态。国王在十八岁到二十岁之间，因受这些娱乐消遣的熏陶而得到的进步，比在他的家庭教师、后来成为巴黎大主教的博蒙修道院长的教导下在知识方面取得的进步更大。人们几乎什么也没有教给他。但愿有人教过他一些历史，特别是近代史，但是当时这方面的著作写得太差。当时写得成功的还只是些毫无用处可言的小说，而必要的著作却写得味同嚼蜡，毫不引人入胜。这一点令人悲叹。人们以他的名义出版了《恺撒战记译述》，用他兄弟的名义出版了《弗洛吕斯》的一卷译文。但是事实上这两位王子除了选过这些作品中的几段作为无用的翻译练习之外，并没有参与翻译这些作品。

在维勒鲁瓦第一元帅任职时期，负责国王的教育的家庭教师，是个称职的人，学识渊博，和蔼可亲。但是，内战妨碍了国王的教育，而马扎然红衣主教也乐意容忍人家只向国王传授很少的知识。国王爱恋玛丽·曼奇尼的时候，为了她轻而易举就学会了意大利文。他结婚时，专心致志学习西班牙文，但不很成功。他在孩提结束时期跟家庭教师学习，但颇忽视学业，又因为惧怕自己的声誉受损而显得胆怯，再加上马扎然主教又有意使他懵懂无知，这一切使整个宫廷都认为他会像他父亲路易十三那样任人支配摆布。

只有过一次，能够判断世事的人预言过国王将会成为什么样的人物。那是1665年，内乱已告平息，在他第一次出征和教皇为他举行加冕典礼以后，高等法院还想集会讨论国王颁布的几项敕令。国王从万森出发，身着猎装，脚穿大皮靴，手持鞭子，由全体宫廷人员跟随，走进法院说了下面一席话："你们这些集会带来的祸害大家都知道。我命令你们停止已经开始讨论我的敕令的会议。首席法官先生，我禁止你准许开这类会议，禁止你们之间任何人要求开这类会议。"①

他那已显威武的身材、高贵的容貌，以及讲话时用的那种主人的口吻与神态，比他的地位给予他的权威更令人敬畏折服。直到那时，人们对于这种权威并不怎样尊重。但这些初次显露的威势后来似乎消失。它们的成果直到红衣主教死后，才再次出现。

马扎然胜利返回巴黎以后，宫廷整天忙于玩乐，观看芭蕾舞、喜剧和悲剧。喜剧当时刚刚在法国诞生，还没有成为一种真正的艺术。悲剧在皮埃尔·高乃依手里则已经成为一种高尚卓越的艺术。圣日耳曼·奥克塞鲁瓦教堂的一位本堂神父，倾向于冉森教派的严峻的思想。在太后摄政的最初几年，他经常给她写信反对这类演出。他声称观看这类演出的人要入地狱，不得超生。他甚至还让七个索邦神学院的圣师在他草拟的声讨书上签名。但是，国王的家庭教师、修道院长博蒙从圣师方面得到的赞同比那位严厉的神父带来的谴责更多。他因而打消了王后的顾虑。博蒙神父任巴黎大主教后，表示同意他任神父时曾维护过的那种看法。读者在诚恳的莫特维尔夫人的回忆录里可以找到这一事实。

① 这些话是如实抄录的，这一时期所有正式的回忆录中都有记载；因此在任何法国历史材料中都不应略去，也不容篡改。

《曼特农夫人回忆录》的编作者竟敢在他的注解中信口开河地说："他的话并不真是这么动听，他的眼睛比他的嘴更能说明问题。"他从哪儿知道路易十四的话没有那么动听，他亲口说的话难道不是这样吗？谈不上什么比这更动听或者更不动听，原话就是如此。——伏尔泰注必须看到这一点：自从黎世留红衣主教把使巴黎可与雅典媲美的定期演出引进宫廷以来，每次演出时，不但总有一把长椅留给其成员中有好几个教士的法兰西学院，而且还另有一条留做主教专座。

1646年和1654年，马扎然红衣主教在罗亚尔宫剧院和罗浮宫附近的小波旁剧院教人演出意大利歌剧。演唱者都是他从意大利邀请来的。这一新剧种诞生于吉星高照、得天独厚的佛罗伦萨。好几种几个世纪以来就已灭绝的艺术的再生，以及几种新的艺术的创造，都应归功这个地方。反对创造这种艺术，这在法国乃是古代野蛮风气的残余。

黎世留和马扎然两位红衣主教当时正要镇压冉森派教徒。这派教徒进行报复，反对这两位首相向国家提供的娱乐。路德派教徒和加尔文教派教徒在教皇利奥十世在位时，也采取这种行动。此外，只要是革新派，就足以成为严肃刻苦的人。那些同样把国家弄得动荡不安，以求创立一种经常是荒诞不经的主张的人，斥责咒骂这些对一个大城市说来必不可少的纯洁无害的娱乐，以及对国家的壮丽辉煌作出贡献的艺术。与废除戏剧演出的思想更相称的是阿提拉王时代，而不是路易十四时代。

舞蹈因受制于某些规律，并使体形优美，是宫廷的重大娱乐之一，还可算为艺术。路易十三仅仅于1625年，在一场芭蕾舞中跳过一次①。这种芭蕾舞风格粗俗，并不能预示三十年后法国艺术

① 黎世留红衣主教当时就已经主办过芭蕾舞会，但当时的舞蹈甚为乏味，在他以前的文娱演出也大都如此。现在，法国人跳的舞蹈已臻完美，而在路易十四年轻的时候，人们只会跳几个西班牙舞，如萨拉班德舞、库兰特舞、孔雀舞等。——伏尔泰注

的面貌。路易十四擅长庄重的舞蹈。这种舞蹈与他威严的外貌十分相称,也无损于他的身份地位。骑马挑圈赛当时有时举行,并且已经展示出豪华宏伟的气派。这种比赛使路易十四在竞赛中表现的灵巧光辉地显露出来。一切都显示出人们已享有的娱乐消遣和壮丽豪华。然而这和国王亲政以后的情形相比,简直微不足道。在内战发生种种暴行惨事之后,在路易十三经历忧郁、隐居的悲惨生活之后,这些实在令人感到惊奇。路易十三这位体弱多病、郁郁寡欢的君主从来没有像一个国王那样被人侍候,被人安排住宿,供应家具。王室的玉器宝石当时还值不到十万埃居。马扎然红衣主教也只留下价值一百二十万埃居的珠宝,而今天国王却拥有价值两千万利弗的珠宝。

(1660 年)在路易十四的婚礼上,一切都具有十分富丽堂皇、十分雅致大方的特点。这种富丽堂皇、雅致大方从此有增无已。当国王和王后进入巴黎时,全城以赞赏、尊敬和温柔的目光看着这位年轻美貌的王后。她坐在一辆式样新颖、富丽华美的彩车上。国王骑着马跟在她的身旁。他长得英俊貌美,再加上打扮得不能再漂亮,因此众人都对他目不转睛,久久凝视。

在万森林荫大道的尽头竖立了一座凯旋门,底部是石头砌成。这座门由于时间紧迫,无法修得坚固耐久,因此上部仅用石膏造成,后来全毁坏了。这座凯旋门是克洛德·佩罗设计的。圣安托万门也为庆祝同一盛典而重新修建。这一建筑的式样风格并不十分典雅,但上面装饰了不少美丽的雕刻。凡是当年在圣安托万战役进行那天,目睹大批公民的死尸或奄奄一息的躯体通过这道当时安装狼牙闸的城门抬回巴黎城内,今天又看到这一截然不同的行列通过这道城门的人,都为有这样可喜的变化而感谢苍天。

为了隆重庆祝国王的婚礼,马扎然红衣主教安排在罗浮宫演出意大利歌剧《钟情的埃尔科勒》。法国人并不喜欢这个歌剧。他们只是乐于看到国王和王后在剧中跳舞。红衣主教想编排更合乎本国人兴趣爱好的戏剧,借以获得盛誉。国务大臣里约内负责叫人编写一种类似寓意悲剧的戏,其风格和黎世留曾经参加编写的剧本《欧罗巴》一样。对伟大的高乃依说来,没有被选去完成该剧拙劣的初稿倒是幸事。这个剧本题为:《利齐斯和埃斯佩丽》。利齐斯意即法国,埃斯佩丽意即西班牙。基诺被责成编写这剧本,不久前他因写了《假蒂贝里尼斯》一剧本而名驰遐迩。这个剧本虽然写得糟,却获得惊人成功。《利齐斯》则不然。这出戏在罗浮宫上演。只有舞台换景机械设备很好。一个名叫里厄的苏尔迪阿克侯爵——此后法国歌剧的创立就应归功于他——就在那时自己出资,采用机械设备,叫人在他的诺伊堡演出皮埃尔·高乃依的剧本《金羊毛》。年轻而且相貌喜人的基诺有宫廷作后台。高乃依名声很大,并且得到整个法国支持。由此可知,法国的歌剧和喜剧的兴起应该归功于两位红衣主教。

国王举行婚礼以后,接着是一连串庆宴、娱乐、风流韵事。国王的大弟亲王殿下和英王查理二世的妹妹亨利埃特举行婚礼时,庆宴娱乐倍增。这些活动直到1661年马扎然红衣主教去世时才中止。

这位首相去世几个月以后,发生了一件史无前例的怪事。而和这同样奇怪的是,这件事竟然没有一个历史学家知道:一个身材高于常人、年轻、漂亮、高雅的不知名的囚犯,被极端秘密地押送到普罗旺斯海外的圣马格丽特岛上的一座城堡。这个囚犯一路上戴着面罩。面罩的护颏装有钢制弹簧，使他能戴着面具吃饭而不感到丝毫不便。看押人员奉命，如果他取下面罩就杀死他。他一直留在岛上。直到有一天，一个叫圣马尔斯的深为当局信任的军官，即皮涅罗尔的军区司令，亦即1690年被任命为巴士底狱典狱长的那个人，到圣马格丽特岛上把他领出，然后把他带到巴士底狱。这个囚犯始终戴着面具。他被递解之前，卢瓦侯爵到岛上看他，站在他前面，毕恭毕敬和他讲话。这个无名氏被解送到巴士底狱以后，这个牢狱城堡的管理人员尽可能把他的住宿安排得舒适妥帖。他有求必应，要什么从未遭到拒绝。他最喜欢异常精美的衬衣和花边。他常常弹奏吉他。为他做的是头等饭菜。典狱长很少在他面前坐下。巴士底狱里有位老医生①，常常替这个奇怪的人看病。他说他虽然常常检查他的舌头和身体其他部分，但从来没有见过他的脸。他身材优美，令人赞赏。他皮肤略带棕色。仅仅他的声调就使人感到有趣。他对自己的处境从无怨言。至于他可能是什么人，他自己一点也不让人知道。

这个不知名的人于1703年死去，当晚就被埋在圣保罗教区。令人倍感惊奇的是，他被解送到圣马格丽特岛时，欧洲并没有什么重要人物失踪。这个囚犯无疑是个重要人物，因为他到岛上的头几天就发生了这样一件事：某天典狱长亲自把饭菜摆在他桌子上，然后把他关在屋内，退了出来。一天，这个囚犯用餐刀在一只银碟

---

① 有一位著名外科医生，是我刚才提到的那位医生的女婿，也曾当过黎世留元帅的私人医生。他也亲眼看到过我刚才提到的事。圣马尔斯的继承者贝尔纳维尔先生也经常向我证实这事。——伏尔泰注

子上刻了几个字，然后把碟子从窗口扔出。碟子落在停泊在城楼脚下河边的一只船上。船主是个渔夫。他把碟子捡了起来，拿去还给典狱长。典狱长十分惊讶，问渔夫道："你看过碟子上的字吗？你拾起碟子后有谁看到过没有？"渔夫回答说："我不识字。我刚刚拾到，没有人看见。"这个农民被扣留起来，直到典狱长了解到渔夫从来没有念过书，碟子也没有被别人看见过之后，才把他释放了。典狱长对他说："去吧！你不识字是你走大运。"在那些马上就得知这件事的人中间，有一个很值得信任的人现在（1760 年）还活着①。夏米亚尔先生是知道这个奇怪的秘密的最后一个大臣。他的女婿，即拉弗亚德家族第二个任法国元帅的人对我说，他岳父临死前，他曾跪在他岳父面前恳求他岳父告诉他，那个仅以铁面人的名字为人所知的人究竟是谁。夏米亚尔回答他说，这是国家机密，他曾经宣誓永远不泄露。最后，现在还有很多我的同代人能证实我以上所讲的绝非虚构。我没有听说过比这更加离奇、更加确凿的事了。

这时，路易十四把他的时间一半花在适合他年龄的娱乐上，一半用于他职责所在的国务上。他每天亲自主持会议，然后和柯尔伯一道秘密工作。这种秘密工作乃是著名的富凯遭到灾祸的根源所在，其中也牵连到国务大臣盖内戈、珀利松、古尔维尔以及其他很多人。富凯受的指责非难远比马扎然少。他的垮台说明并不是所有的人都有权犯同样的错误。当国王接受参加这位大臣在自己

① "这是在 1750 年写的"（伏尔泰注）。此人名叫里乌斯，原在卡纳任军事委员。——译者

在沃堡的府邸为他举行的盛宴时，他的垮台就已成定局。富凯修建这座宫殿和花园花了一千八百万[①]，即现在的三千五百万。宫殿修建了两次。他还买进三座小村子。村子的土地现在都圈围在他这些大花园里。这些花园部分由勒诺特尔设计，并被认为是欧洲最华丽的花园。沃堡的喷泉后来虽然和凡尔赛宫、马尔利和圣克卢的喷泉相比，相形见绌，但是当时却是奇迹。不管这所府邸怎样美丽，这笔账目还留存至今的一千八百万的巨额花销证明他被人侍候，和他侍候国王同样铺张浪费。的确，国王唯一的两座别墅——圣日耳曼和枫丹白露远远不如沃堡那样美丽。路易十四感到这一点，并为此十分恼怒。在这所府邸里到处可以看到富凯的族徽和题铭。族徽上有一只松鼠，并附有这样的字句："Quo non ascendam?"（我何处不去攀登?）国王让人给他解释了这句话的意思。这句铭文显示的勃勃野心不能使国王息怒。朝臣们注意到，到处画着松鼠被一条游蛇追赶。而游蛇是柯尔伯的族徽。这次宴会比马扎然红衣主教设过的宴会不但还要豪华，而且更为雅致。在宴会上首次演出了莫里哀的戏剧《讨厌的人》。珀利松为此写了序幕，备受赞扬。公开的娱乐常常掩盖或酝酿着宫廷的特殊灾祸，以致这次要不是母后在场，富凯总监和珀利松在举行宴会的当天就已在沃堡被捕。另外一件事更增加国王的心头之恨：当时他对拉瓦莉埃小姐产生了真正的爱情。而拉瓦莉埃小姐是总监暂时爱

① 证明此事的账目当时在沃城。现在1718年，想必还在那里。元帅之子、维拉尔公爵大人证实了这一事实。这位公爵并没有人们想象的那样古怪。在《舒瓦西神父回忆录》中可以读到，卢瓦侯爵在谈到默东宫时说："我已经花到一千四百万了。"——伏尔泰注

慕情趣的对象。总监为满足他这种爱慕情趣,不惜一切代价。他曾经提出要赠送拉瓦莉埃小姐二十万利弗。虽然拉瓦利埃小姐当时还没有想成为国王的心上人,还是愤怒地拒绝了这项馈赠。后来,总监发现他的情敌那么有权有势,于是打算成为那个他已无法占有的人的知己。这样就更加激怒了国王。

当时国王一怒之下,曾打算在他做客的这次宴会上当场下令逮捕总监,后来却采取了一种不必要的掩饰态度。似乎这位已经拥有无限权力的国王竟害怕富凯结成的帮派。

富凯是高等法院总检察官。这个职位使他拥有由联合法庭审判的特权。但是过去很多亲王、元帅、公爵的案件却都由特派员审理。既然人们想采用这种虽然并非不公、但总有不公之嫌的特别办法,也就可以像审判那些亲王、将军等人一样审判一位司法官员了。

柯尔伯玩了一个很不光彩的花招,他怂恿富凯卖掉他的官职。有人向他出价高达一百八十万利弗,相当于现在的三百五十万利弗。由于误会,他只卖了一百四十万法郎。高等法院的职位售价奇昂,从那时起虽然已经大大降低,却仍然证明这个机构即便衰落失势,还是保存着相当大的残留影响。国王的侍从长吉斯公爵把这个御前职务卖给布荣公爵,只卖了八十万利弗。

投石党之乱和巴黎战役使法官的职位的卖价如此昂贵。如果说,法国是世界上唯一可以卖官鬻爵的国家这一点,是一个长期债台高筑的政府的严重缺点和重大不幸之一,那么,法官的职位的价格高于御前的显职高位这一点,就是叛乱的酵母产生的后果,以及对国王的侮辱了。

富凯纵然对国家钱财,像对他私人的钱财那样挥霍无度,他的心灵仍然有某些崇高之处。他侵吞挪用公款仅仅由于乐善好施和慷慨大度。(1661 年)他把出卖官职的钱存入国库。但是这一高尚行动并不能拯救他。他被人巧妙地带到南特。如果在巴黎,一个下级警官和两个卫兵就可以逮捕他。他失宠之前,国王对他十分亲切。我不明白为什么大部分君主通常对他们想搞掉的臣属总喜欢用一番虚情假意去蒙蔽他们。口是心非、表里不一与伟大崇高、率真坦诚是水火不相容的。它绝非美德。它只在绝对必要的时候,才能成为一种具有某些价值的本领。路易十四似乎大发雷霆。有人告诉他富凯在贝尔伊尔岛大规模修筑防御工事,还说他可能与国内外的联系太多。富凯被捕,并被押到巴士底狱和万森后,人们发觉他的党羽似乎只不过是几个贪婪的廷臣和几个女人而已。这些人从他那里领取津贴。而当他无法再给的时候,他们就马上把他抛到脑后。但他还剩下另外几个朋友。这证明他配有这些朋友。著名的塞维涅夫人、珀利松、古尔维尔、斯居代里小姐,以及好几个文人公开宣称支持他,并积极为他效劳,终于救了他的命。

《卢克莱修》的译者埃诺所写嘲弄柯尔伯——富凯的陷害者——的诗句是大家熟知的:

可怜的奴隶,吝啬胆怯的大臣,
你在公共事务的重压下呻吟。
你忧国忧民,忠诚牺牲。
你是身居肥缺,受人崇敬的幽灵。

*　　　*　　　*

荣华富贵的顶点多么危险，
看富凯身后何等悲惨。
当你暗中专心搞垮他时，
得担心别人为你安排的命运更加凶险。

*　　　*　　　*

某一天你会像他同样垮台。
得担心你的地位、职务、官廷和财富，
谁从你爬上的高位跌下都不是清白无辜。

*　　　*　　　*

别再煽动你的君主给人酷刑，
你即将需要他的全部典恩，
此刻别让他惩罚用尽。

有人和柯尔伯先生谈起这首侮辱人的十四行诗。柯尔伯问这首诗是否冒犯了国王。人家告诉他没有。这位大臣便回答说："那它也就没有冒犯我。"

你听了这些深思熟虑的回答、这些违心的公开谈话，千万不要上当。柯尔伯貌似温和节制，实际上却千方百计必欲把富凯置诸死地而后快。一个人可以成为一位良相，而同时也喜欢报复。可悲的是，他没有能做到既宽宏大量，又保持警惕。

富凯的最残酷无情的迫害者之一是当时的国务大臣米歇尔·勒泰利埃。这个人在声誉权势方面是富凯的劲敌，后来当上了掌玺大臣。读他的悼词，再对照他的为人行事，除了使人认为悼词仅仅是一种虚妄夸张之词以外，还会有什么别的想法呢？审判委员会主席、掌玺大臣塞吉埃，是审判富凯的法官中最激烈凶狠、最想把他置诸死地的人，也是对他最冷酷无情的人。

对财政总监起诉确实就等于在马扎然死后，控告这位红衣主教。因为国家财政中最大的几件侵吞公款的事都是红衣主教所为。他把好几笔国家收入据为己有，俨然以君主自居。他以自己名义买卖军需物资，以谋私利。富凯在自己的辩护书中说："主教用有国王封印的信来威胁，向各行政区强行勒索巨额款项。这种事除了他，也是为了他以外，从来没有人干过。干这种事理应依法判处死刑。"红衣主教就这样积聚了万贯家财。这笔财产到底多少连他本人也不知道。

我听已故财政监察官科马尔坦先生说过，他年轻的时候曾经去过马扎然的府邸。那时马扎然主教已经死了几年。他的继承人霍尔滕斯公爵和夫人住在那里。他在他们家见过一只用贵重木材、贝壳、象牙和金属碎片精工镶嵌的又深又大的柜。这只大柜把房间的深处从上到下整个占满。钥匙丢失已久。也没有人想到去打开这只柜的抽屉。科马尔坦先生对这种疏忽感到惊奇，便对马扎然公爵夫人说，也许会在柜里找到什么珍品。后来，打开柜一看，发现里面装满金币、硬币和金质纪念章。马扎然夫人把这些东西一把一把从窗口扔给老百姓，整整扔了八天多①。

马扎然红衣主教滥用他的专制权力，这一点并不能为富凯总监开脱罪责。但是，由于诉讼程序不合规定，对他的起诉也旷日持

① 我后来在圣埃弗蒙著作中也读到这一奇闻。——伏尔泰注

久，掌玺大臣塞吉埃又十分令人憎恶地拼命反对他，因此时间一长，民众的怒火就熄灭了，并且还引起人们对不幸的被告产生同情。此外，为援助这个不幸的人而进行的请愿活动声势日益浩大，其程度超过陷害他的阴谋。这一切救了他的命。这个案件于三年以后，即1664年才宣判。二十二个发表意见的审判官中只有九个主张判处他死刑，其余十三人则赞成判处终身流放[①]。这十三个人中有几个曾经接受古尔维尔的赠礼。国王把这刑罚改变为一项更严厉的惩处[②]。但这一仍然十分严厉的惩处既不合王国的古法，也不符合具有人道精神的准则。最激起民众愤慨的是掌玺大臣放逐了一个叫罗克桑特的审判官[③]，因为他在促使法院决定宽大处理此案中起的作用最大。富凯被关进皮涅罗尔城堡。所有的历史学家都认为他于1680年死于该堡。但古尔维尔在他的《回忆录》里肯定说，他死前不久出狱，而且富凯的媳妇沃伯爵夫人也向我证实过这件事。然而他的家族却认为事实正与此相反。因此，这个不幸的人究竟死在那里，不得而知。当他权大势盛的时候，连他最无关紧要的言行都激起反响，引人注目。

曾经把官职卖给了柯尔伯的国务大臣盖内戈，也未能逃脱法院追究。法院剥夺了他大部分财产。这个法院的判决中最奇特的一项是阿弗朗什的一个主教被罚款一万两千法郎。这个人叫布瓦

① 参见《古尔维尔回忆录》。——伏尔泰注

② 拉辛在他的《历史片断》一书中肯定道，国王在拉瓦莉埃小姐那里曾说过："如果他被判处死刑，我会让他死去的。"如果国王真说了这句话，那是不可原谅的，因为这种说法太无情，也太可笑了。——伏尔泰注

③ 罗克桑特，普罗旺斯法院参议。被放逐于甘培。——译者

莱弗。他的兄弟是一个征税官,曾经盗用公款。布瓦莱弗也曾经从中分赃。

总监的随员圣埃弗雷蒙也被卷入这场灾祸之中。柯尔伯到处收集证据,整他企图陷害的人。他教人没收了圣埃弗雷蒙交给普莱西—贝利埃弗夫人保管的文书证件,在里面发现了这个随员亲笔写的一封关于比利牛斯和约的信。有人把这封开玩笑的信念给国王听。开这个玩笑却被当成犯了叛逆罪。对埃诺尔这个无名小卒竟然也会进行报复的柯尔伯迫害了圣埃弗雷蒙,因为圣埃弗雷蒙是他所切齿痛恨的富凯的朋友以及他所害怕的才子。马扎然红衣主教的这一并无恶意的嘲讽已经事隔多年,而国王竟对此加以严惩。其实国王并不怀念主教,而且整个宫廷多年来一直侮辱、诽谤、摒弃这位主教,并未受到惩处。成千上万篇反对这位首相的文章中,唯一受到惩处的恰恰是最不尖刻的一篇,而且此事发生在红衣主教死后。

圣埃弗雷蒙退居英国,并作为一个自由自在的、明理达观的人死在这个国家。他的朋友米尔蒙侯爵以前在伦敦对我说过,圣埃弗雷蒙的失宠还有另一个原因,可是他自己却从来不肯加以解释。后来,路易十四允许他晚年返回祖国。这位明理旷达的人并不把这个许可看成恩宠。他说,一个人在哪里过得幸福,哪里就是祖国,而他自己在伦敦生活得很幸福。

新的财政大臣,其官衔简称为总监督,对被几位前任搞得紊乱不堪的财政进行整顿,致力于维护国家的威势,毫不松懈,借以证明他严加追究是正确的。

宫廷成了娱乐的中心和其他宫廷效法的榜样。国王自夸能举办使人忘却沃堡盛会的庆宴活动。

大自然似乎乐意在法国产生各个艺术领域里的最伟大的人物，并在宫廷聚集最漂亮、身材最美的男女。国王壮实的身材、威严俊美的容貌又胜过所有的廷臣。他的声音庄严动人，赢得人心。但他在场时却令人生畏。他有一种独特的风度举止。这种风度举止只和他本人以及他的地位相称，在任何别的人身上，就会显得滑稽可笑。他使对他讲话的人局促不安，这使他暗中十分得意，并因此感到高人一等。有个老军官在他面前慌乱发窘，结结巴巴地恳求给予恩赐，最后讲不下去了，说："陛下，我在您的敌人面前不会像这样哆嗦的。"这个人毫不费力就得到他要求的东西。

这时，宫廷社交生活的情趣尚未达到尽善尽美的境地。母后奥地利的安娜开始喜欢隐退生活。王后当时几乎还不懂法语，她唯一的优点就是心地善良。国王的弟媳是位英国公主。她为法国宫廷带来了愉快而生动的谈话的乐趣。不久以后，这种乐趣还因人们阅读优秀的作品，具有正确细腻的鉴赏力，而内容更加丰富。她结婚的时候法语写得不好，后来她的法语知识逐渐臻于完善。她激发起一场新的才智竞争，并把欧洲其他国家几乎还毫无所知的高雅的礼节和优美的风尚引进法国宫廷。这位亲王夫人具有她兄弟查理二世的全部才华。她的女性魅力、她的天赋，以及她那讨人喜欢的心愿，使这种才华更加完美。

在路易十四的宫廷里，处处显露出对待妇女殷勤礼让的风气，端庄得体的仪态使这种风尚更加令人喜爱。在查理二世的宫廷中，这种对妇女的礼节却显得过于大胆、过于粗俗，以致使宫廷娱乐的名声受到玷辱。

起先亲王夫人和国王之间经常互献殷勤，各显才智，暗中交往，这在经常举行的小型晚会上都被人看到了。国王向亲王夫人送去一些诗句。这位公主也用诗回赠国王。在这种巧妙的交往中，同一个人竟然同时成了国王和亲王夫人的心腹。这个人就是当若侯爵。国王委托他替自己写诗。亲王夫人也要他替自己给国王回写。他就这样同时为两人效劳，而不被两人中的任何一人怀疑被对方使用。这也是他飞黄腾达的原因之一。

这种暗通款曲使王室焦虑不安起来。国王使这种热情的交往变为始终不渝的深厚敬意和友谊。当亲王夫人叫拉辛和高乃依创作《贝蕾妮斯》这一悲剧时，她不仅企图使国王和科洛纳元帅夫人绝交，同时也企图抑制自己的爱恋之情，以免这种感情变得危险起来。拉辛写的剧本《贝蕾妮斯》中有两句诗把路易十四指得相当清楚。

> 不管命运让他降生时怎样默默无闻，
> 世界见到他定会认出他是它的主人。

后来，这种种娱乐消遣被国王对亲王夫人的侍女拉瓦莉埃小姐更加认真和持久的爱情代替。他和她在一起时，感受到一种罕有的被人专爱的幸福。有两年之久，所有高雅的娱乐活动和盛大的联欢庆宴，都是国王秘而不宣地为她而举办的。一个叫贝洛克的国王的随身男仆创作了几首独唱歌曲。这些曲子掺进一些舞蹈中，有时在王后那里，有时在亲王夫人那里演出。这些独唱歌曲神秘地表达了国王和拉瓦莉埃两人心中的秘密，但不久以后这就不再是什么秘密了。

所有国王举办的公共娱乐消遣无一不是向他的情妇表达的敬意。1662 年,在土伊勒利宫对面一块围起来的场地上修建了一个骑兵竞技场[①]。这块地方后来一直保留着“竞技广场”的名称。有五支参加马术比赛的骑士队:国王带领罗马人;他弟弟带领波斯人;孔代亲王带领土耳其人;他的儿子昂吉安公爵带领印度人;吉斯公爵带领美洲人。这个吉斯公爵是“带疤人”[②]的孙子。曾经以大胆征服那不勒斯但遭到失败而著名于世。他的监狱生活、他进行的决斗、他传奇式的爱情、他慷慨大度的施舍、他的奇遇,这一切使他各方面都很古怪奇特。他似乎是另一个世纪的人。人们看见他和大孔代赛马时说:“他们真像是历史上和寓言里的英雄。”

母后、王后,还有英国国王查理一世的遗孀,那忘掉自己的不幸的英国王后,都在华盖下观看比赛。莱迪基埃尔公爵的儿子——索尔克斯伯爵——得了奖品,他从母后手中领过奖来。这种盛大的联欢会更加引起人们对有题铭的徽像和徽志的兴趣。过去的骑士比武,使这种徽像和徽志风靡一时,并且后来一直继续存在。

有个名叫杜弗里埃的古玩商从那时起就为路易十四想出一个徽志:一轮红日光芒四射,照耀地球,下面有这样几个字:Nec pluribus impar(堪与众太阳媲美)。这个构思有点摹仿为菲利浦二世制作的西班牙的徽像。它对一个拥有新大陆的精华部分和旧大陆

① 不是像以拉马蒂尼埃署名撰写的《拉奥德》一书中所说的,在皇家广场。——伏尔泰注

② 即弗朗索瓦二世的长子亨利一世(1550—1588)。——译者

那么多国家的国王，比对一位仅仅有希望的年轻的法国国王更加适合。这个徽像获得惊人成功。国王的纹章、王宫的家具、帷幔、雕刻上都用这个徽像装饰。但在竞技中，国王从不佩戴它。有人不公正地责怪路易十四采用这种自负浮夸的徽像，似乎是他自己选择的。就问题的实质而论，这个徽像倒被批评得比较中肯。它的图像并不能表达这句题词的含义。而这句题词的意义也不够清晰明确。可以用几种方式来解释的东西就不值得用其中任何一种方式来加以解释。徽像这种古代骑士制度的残余，适合联欢庆宴。如果它的比喻恰当、新颖、动人，倒也有趣。如果像路易十二的徽像那样，譬喻很糟、低级庸俗、使人憎恶，那倒不如根本没有的好。路易十二的徽像是一头豪猪，写着这句话："谁惹它，谁挨刺。"徽像和题词相比，就如同化装舞会与庄严的仪式相比一样。

1664 年的凡尔赛盛大联欢庆宴比竞技会更加独特、豪华，更富精神乐趣。精神乐趣与这些娱乐的盛大气氛掺混一起，为这次盛会增添了一种过去任何盛会都还没有过的，并因此而变得更加美妙的情趣和优雅风格。凡尔赛宫开始成为美妙的逗留场所。但还没有后来那种阔绰的气氛。

1664 年 5 月 5 日国王带着他的宫廷人员共六百人来到凡尔赛宫。他们和随从人员，以及为这次美妙的盛会做准备工作的人一样，都不必自己花钱。这次盛会应有尽有，只缺特地为它修建的纪念碑。当时希腊人和罗马人就曾经修建过这种纪念碑。然而装饰得富丽堂皇、精致大方的剧院、圆形剧场和拱形长廊，修建得非常迅速。这种修建的高速度本身便是一种奇迹。这种速度补充了人们的幻想，以后又以各种方式千变万化，从而使这类演出更加迷人。

开始进行的是类似竞技的一种比赛。参加赛马的人第一天出场，像接受检阅一样。前面由传令官、青年侍从、手执盾牌的侍从为他们开路。这些人手持他们的徽像和盾牌。盾牌上用金字刻写着珀里尼和邦塞拉德写的诗句。邦塞拉德对写谈情说爱的剧本有独特的才能。在这些剧作中，他常常以精巧、尖刻的笔法影射某些人的性格、当时人们扮演的古代人物或寓言中的人物，以及使宫廷生气勃勃、充满活力的激情。国王扮演的是罗歇。他的衣服上，他的坐骑上，映射着王室的全部珠宝。王后、妃嫔和三百位贵妇聚在凯旋门下，观看他们入场。

众人的目光固定在国王一个人身上。而国王却只辨别出了拉瓦莉埃小姐一人的目光。这次盛会就是为她一个人举办的，她混在人群中享受这种乐趣。

这支骑士队伍后面跟着一辆金色的二轮车，高十八尺，宽十五尺，长二十四尺，象征着太阳车。金、银、铜、铁四个时代，天体的各种标志、四季、时辰，跟在车后步行。这一切的特征都显示了出来。牧羊人抬着栅栏，步伐与小号声配合。小号吹奏之后，每隔一段时间，又由风笛和小提琴来接替。尾随太阳神车的几个人首先给王后妃嫔们朗诵对地点、时间、国王和贵妇人都适宜的诗歌。赛马结束，黑夜来临。四千把粗大的火炬把举行欢庆的场所照得通明。两百个人在那里侍宴。他们代表着四季、农牧神、森林之神、林中仙女。还有一些是牧人、采摘葡萄的人、收割庄稼的人。畜牧神和月神登上一座活动的山，然后走下山来，让一些人把山上和林中出产的味道最美的食品放在宴席上。摆成半圆形的宴桌后面忽然升起一个半圆形的、载着参加合奏的人的戏台。桌子和戏台周围的拱廊饰有五百座绿色和银色的多支烛台，上面插着无数支蜡烛。一排金色的栏杆把这个宽广的、围起来的场地封闭起来。

这些盛大的联欢庆宴活动会的盛况远远胜过小说的虚构，延续七天之久。国王在比赛中四次获奖。他舍弃这些奖品，让其他骑士去争夺。

《埃莉德公主》虽然并非莫里哀的优秀喜剧之一，但以其对时尚风俗的大量微妙的讽喻和一些即景诗，在这些娱乐中成了令人喜爱的装饰品。这些即景诗成了这些欢庆活动的乐趣，但都已失散，没有传到后代。当时，宫廷还对星相学很着迷。好些亲王因为迷信而且骄傲，认为上苍显耀他们，甚至把他们的命运写在星辰上。萨伏依公爵维克多·阿梅代，即勃艮第公爵夫人的父亲，甚至在他放弃爵位以后，身边还带着一个星占家。莫里哀敢于在《慷慨大方的情人》一剧中攻击这种幻想。这个剧作于1670年在另一次盛会中演出。

正如在《埃莉德公主》一剧中一样，在这个剧中也出现一个宫廷小丑。这些悲惨不幸的人那时还颇时髦。这是一种野蛮的残余，它在德国比在其他地方留存得更久。由于需要娱乐，而在那愚昧无知的、趣味低级庸俗的时代又找不到令人喜爱和正当的娱乐，人们才想出了这种使人类精神堕落的娱乐。当时路易十四身边的那个宫廷小丑以前属于孔代亲王，名叫昂热利。格拉蒙伯爵说，曾经跟随过孔代亲王的宫廷小丑中只有昂热利走了鸿运。这个小丑倒也不缺才智。他曾说过，他不去听讲道，因为他不喜欢听人大声叫嚷，也因为他听不到道理。

(1664 年)笑剧《强迫婚姻》也在这次盛会上演出。但是真正令人赞赏的是《伪君子》前三幕的首次演出。甚至在这部杰作完成之前国王就要观看。从那以后国王就保护这部作品,使之免遭那些假装正经的人的伤害。这些人千方百计扼杀这部作品。正如人们所说,只要法国人还有鉴赏力,只要法国还有伪君子,这个剧便会继续存在下去。

大部分隆重的仪式常常只不过是为了赏心悦目。那些只是豪华的排场和壮观的事物,朝夕之间就会消失殆尽。如果有像《伪君子》这样的艺术杰作装饰盛大的联欢庆宴活动,那么,这些活动举办之后,人们便会永志不忘。

人们还记得邦塞拉德为配当时的芭蕾舞而写的寓意诗中的好些俏皮话。我仅引述下面几行描写国王像太阳的诗句:

我不信谁敢对你使用达夫内
和法埃通的口吻。
前者野心勃勃;
后者冷酷无情。
绝没有你会跌进的陷阱。
怎能想象:
你会受男人驾驭支配,
女人会逃脱你的掌心。

这些使法国人的鉴赏能力、礼节和才能日趋完美的娱乐活动的主要优点是,它们并没有使国王脱离他的日常政务。不进行这些工作，他只能维持一个宫廷，无法统治一个国家。如果朝廷进行这些豪奢的娱乐，不顾百姓疾苦，那只能令人憎恶。这同一个曾经举办各种联欢庆宴的国王，于1662年饥荒时期曾把面包分给百姓。他教人把富人贱价购进的粮食弄来，在罗浮宫门前施舍给穷人。他免征老百姓三百万人头税。国内的行政管理没有任何疏忽之处。政府在国外受到尊重。西班牙国王不得不让他居先。连教皇也被迫向他赔礼道歉。通过一项对买主说来光彩、对卖主说来丢脸的交易，敦刻尔克并入法国领土。总之，自从他掌握国家最高领导权以来，他的一切举动措施都是崇高的，或者有用的。他干了这些事之后，举行盛大的联欢庆宴就无可非议了。

(1664年)教皇亚历山大七世的侄子、罗马教皇特使齐吉正值凡尔赛举行联欢庆宴之际前来巴黎，就教皇卫队的行凶事件向国王赔礼道歉。他的到来使宫廷展示出一番新景象。盛大的接待仪式对民众来说就是节日欢庆。对这位特使表示的敬意使这次赔礼道歉更加引人注目。他在一个大华盖下接受高等法院、市政府、宗教团体的敬意。他在礼炮声中进入巴黎城内。陪同他的人右边是大孔代，左边是这位亲王的儿子。他在这样一种礼仪排场之中来到这个国家，让自己、罗马和教皇在一个还未拔剑出鞘的国王面前卑躬屈膝。他受到接见以后和路易十四共进晚餐。大家只忙着隆重接待他，让他参加各种娱乐消遣。后来在接待热那亚城的执政官时虽然没有这样尊敬，但也同样十分殷勤，讨他欢心。国王总是把这种殷勤和他高傲的举止协调起来。

这一切使路易十四的宫廷具有一种威严宏伟的气势，使欧洲其他宫廷大为逊色，黯然无光。路易十四想使与他个人相联系的光荣扩散到他周围的一切，也就是说，所有的显要人物都受到尊敬，但从他的大弟亲王殿下起，谁也不能拥有实权。也就是出于这个目的，他在判决重臣和高等法院院长的争吵中偏袒重臣。高等法院院长自认为在讨论中他们应该先于重臣发言，并且已经享有这种权利。国王在一次特别会议中处理这个问题，决定在国王主持的审判会议上重臣在御前先于高等法院院长发言，似乎重臣由于国王亲自出席才享有这种特权。如果不是国王主持的审判会议，而是一般会议，则保留以前的惯例。

为了突出主要的朝臣，国王设计了一种绣着金银花纹的蓝色上衣。对受虚荣心驱使的人来说，获准穿这种衣服乃是极大的恩宠。人们几乎像追求圣神骑士团的金链一样希望穿上这种衣服。既然这里谈到细节问题，我们可以注意到当时人们在饰有绸带的紧身短上衣上穿着大袖口外套。外套上横过一条肩带。肩带上挂着剑。另外还有一种饰有花边的领巾之类的东西，以及饰有两排羽毛的帽子。这种穿戴打扮的式样一直流行到 1684 年。除了在西班牙和在波兰以外，它已经成为流行全欧的服饰式样。当时到处都以模仿路易十四的宫廷自炫。

国王在王室建立了一种延续至今的等级制度。他调整了等级地位和职责。他还在自己身边增设新的像御衣官这样的官职。他恢复了弗朗索瓦一世创始的宴请制，而且桌数还有所增加。有十二桌专为经常共餐的军官而设。供应的菜肴之洁净丰盛都可与很多君王的膳食相比。他想所有的外国人都应邀就餐。在他统治期间，这种殷勤款待始终保持。他还对人有另外一种更加讲究、更加有礼的殷勤款待。1679 年他在马尔利修建好楼阁以后，住进去的贵妇们在每一个套间里都发现有一套完备的梳妆用具。这个套间里一切舒适奢华的设备应有尽有。谁旅行归来,就可以在自己的套间里设宴。人们在那里受到的侍候和国王受到的侍候同样精心周到。这些细小的事物只有当它们被宏伟的功业支撑时,才具有价值。路易十四的所作所为都显露出光荣显赫和慷慨大度。大臣们的女儿结婚时,他都赠送二十万法郎的厚礼。

使他在全欧享有最大荣誉的,是他那种绝无仅有的慷慨大度。圣埃尼昂公爵的一次演说对他有所启发。公爵谈到黎世留红衣主教曾经馈赠颂扬过他的外国学者。国王并没有等待别人颂扬。他相信自己值得赞颂。他嘱咐里约内和柯尔伯两位大臣选择一批法国和外国的学者,以便对他们表示慷慨。里约内写信到国外,尽量了解关于这个微妙棘手的问题的一些情况。问题在于要在同代人中对一部分人有所偏爱。他们先拟出了一个六十人名单。这些人根据自己的身份、地位、需要和才能,有的收到礼品,有的得到补助。列入这张名单的包括1663年梵蒂冈的图书馆馆长阿拉齐、莫德内公爵的国务大臣格拉齐阿尼公爵、佛罗伦萨大公的数学家、享有盛名的维维亚尼、荷兰联省的史官沃西于、著名数学家惠更斯、一位侨居瑞典的荷兰侨民等,最后还有几乎不为法国人所知的城市阿尔托夫和赫尔姆斯泰特的几位教授。这些人都异常惊奇地收到柯尔伯先生的来信。这些信告诉他们,法国国王虽然不是他们的君主,但请他们同意他是他们的恩人。这些信根据收信人地位的高低,用字措辞很有分寸。随信附去的或者是一笔可观的奖金,或者是一笔补助。

被选上的法国人有:拉辛、基诺,还有后来任尼姆主教的弗莱希埃。他们当时还很年轻。他们都得到馈赠。不错，夏普兰和科坦两人的确也都得到补助。但是，柯尔伯大臣主要是征求夏普兰的意见。这两个人在诗歌创作方面常常被人贬低，但也并非一无所长。夏普兰学识渊博。而且，令人惊奇的是，他颇有鉴赏力，是最有真知灼见、经验丰富的批评家之一。这一切离成为天才还有很大的距离。知识和智慧能引导艺术家，但绝不能造就艺术家。在法国，没有人在自己所处的时代比龙沙和夏普兰更享有盛誉。这是因为在龙沙那个时代，人们还没有开化，在夏普兰那个时代，人们才刚脱离了未开化状态。巴尔扎克和瓦蒂尔求学时期的伙伴科斯塔尔称夏普兰为第一个英勇的诗人。

国王的这些馈赠，布瓦诺一份也没有得到，因为他当时还只写过一些讽刺作品，而且大家知道他这些作品攻击了柯尔伯大臣请教过的几个学者。几年以后，国王没有经任何人推荐，就识别出他的才能。

对国外的馈赠数量极为可观，以致维维亚尼竟用路易十四的赠款在佛罗伦萨修建了一所房子。在房屋的主立面写上金字：神赐之屋。这句话影喻“天赐之子”，即路易十四这位君主诞生时，民众给他起的外号。

大家很容易想象这种极其罕见的慷慨大度在欧洲产生了什么样的后果。如果考虑到国王在不久以后所做的一切令人难忘的事，那么，任何一个最严厉、最苛求的人也会容忍人们对他过分的颂扬了。法国人并不是唯一赞颂他的人。意大利许多城市发表了十二篇对路易十四的颂词。这些既非出于恐惧，也非由于希望有所得而对法国国王表示的敬意，由臧皮里伯爵呈献给国王。

路易十四始终不断对文学艺术广施恩泽，厚加优待。给拉辛的一份近四千路易的特别奖金，布瓦洛·戴普雷奥、基诺、特别是吕利以及所有把自己的作品献给国王的艺术家们的财富，都充分证明了这一点。他甚至给邦塞拉德一千路易，让他将他的《奥维德变形记回旋诗》刻成铜版画。但是，这样的赠与并不恰当，它仅仅证明君主的慷慨。邦塞拉德在芭蕾舞中取得一点小小的成就也受到他的奖赏。

好些作家把这种对艺术的爱护和路易十四的这种慷慨大度都归功于柯尔伯。其实他在这方面除了支持主人的慷慨和爱好之外，别无其他功劳。这位大臣在财政、贸易、航海和文化方面很有天才，但是在他的头脑里并没有国王那种趣味爱好、远见卓识和崇高伟大。不过他也热情地赞同这件事。他远远没有在国王的身上激发起国王的天赋。

既然如此，我们就看不出某些作家根据什么来责难这位君主吝啬。一位把自己的财产和国家的收入绝对分开的君主可能和任何一个平民同样吝啬。然而，法国国王实际上只能是他的臣民的钱财的分配者，绝不会染上吝啬这种恶习。他可能对人关心不够，缺乏奖励人的愿望。但这一点是不能指责路易十四的。

就在国王开始广施恩惠，鼓励有才之士的时候，比西伯爵使用他自己的恩惠的行为却受到国王严厉惩罚，于1665年被投入巴士底狱。监禁他的借口是他写了《高卢人的爱情》一书，而真正原因是他过去写过一首诗歌。在这首诗里国王的名声受到极大损害。有人为了陷害比西，对这首诗又旧事重提，并因这首诗加罪于他。这首诗写道：

戴奥达蒂斯吻这张多情的嘴，
他是多么高兴。
这张嘴大得快咧到两边耳根！
哈利路亚！

他的作品好得还不足以补偿它们对他造成的损害。他对语言使用得很纯正。他也有些长处，但却更加自负、自尊。他把自己的优点仅仅用于为自己树敌。路易十四如果原谅他，就会宽宏大量地行事。然而，国王却表面倾听公众呼声，实则报了个人受辱之仇。不过比西伯爵十八个月后就被释放出狱，被革除官职，整个余生始终失宠。他枉费心机，公开庄严保证对路易十四温和顺从，但是国王和任何人都不相信他有诚意。

第二十六章

特殊事件与轶事续篇

路易十四统治的最初几年,时间都用于寻求荣誉、进行娱乐和追求风雅。除此之外,国王还想添加亲友的乐趣。对一个君王来说,交友得当倒是件难事。在他最信任的两个人中,一个卑鄙无耻,背叛了他,另一个滥用他的恩宠。前一个是瓦尔德侯爵。国王爱上拉瓦莉埃夫人时,曾经对他推心置腹。大家知道,宫廷中的钩心斗角促使这位侯爵想方设法陷害拉瓦莉埃夫人。拉瓦莉埃夫人的地位必然引起别人嫉妒。不过她的品格丝毫不会招树敌人。大家知道,瓦尔德侯爵竟敢和吉什伯爵、苏瓦松伯爵夫人串通一气,盗用王后的父亲即西班牙国王的名义,伪造了一封写给王后的信。这封信告知王后一些她可能并不了解但只能扰乱王室安宁的事。他不仅狡诈阴险,而且还恶毒地使宫廷中最正直的纳瓦伊公爵和夫人受到怀疑。(1665 年)这两个清白无辜的人成了受骗的君王怨恨不满的牺牲品。瓦尔德为人行事阴险毒辣已是尽人皆知。他虽然罪恶深重,但受到的惩罚并不比被他控告并被迫去职和离开宫廷的人所受的惩罚更重。

国王的另一个宠信是后来晋升为公爵的洛增。这个人有时是国王在短暂的恋爱事件中的情敌，有时又充当他的心腹。他曾经想和公主公开结婚。后来，他不顾对国王许下的诺言，还是秘密地和公主成了亲。这件婚事使他成了名人。

国王选择朋友时上当受骗。他说，他曾经寻找朋友，但只找到了阴谋分子。这种令人不快的、很迟才获得的知人善任的经历，使国王不禁颇有感触地说："每当我给人一个空缺，就会使一百个人不满，使一个人忘恩负义。"

在 1668 年战争期间，娱乐活动、王宫和巴黎的装饰美化、王国的警政治安并没有中断。

直到 1670 年，国王还在芭蕾舞会上跳舞。当时他三十二岁。有一次，为他在圣日耳曼演出悲剧《布里塔尼库斯》。他观剧时，下面的诗句使他感到震惊：

他擅长驾车疾驰在赛车场上，
在有失身份的竞赛中夺奖。
让罗马百姓观看评论；
这是他奇特的德行，
也是他的全部雄心。

从此，他不再在大庭广众之中跳舞。这首诗的作者改正了君王的行为。国王虽然对拉瓦莉埃公爵夫人时有不忠之处，但他们仍然过从甚密。国王同别的女人的勾搭并没有使她感到不安。女人们对国王几乎无不依顺，而国王总是回到这个不用巧妙的手腕，而以真正的爱情、温柔、善良，甚至以习惯的锁链征服他的人的身边。然而，从 1669 年起，拉瓦莉埃公爵夫人觉察到蒙特斯庞夫人占了上风。她以惯常的温柔来同她进行斗争。她忍受了这种长时期以来亲眼看见自己的情敌得胜而引起的悲伤，并且几乎毫无怨言。她在痛苦之中，还认为自己是幸福的，因为她受到她始终热爱的国王的尊重，因为她虽然不被国王所爱、但能看到国王。

最后，她于 1675 年，为自己只有强烈、深厚的感情才能制服的温柔的灵魂作出了最后的抉择。她认为只有上帝才能在她心灵中接替她的情人。她虔信宗教和她性格温柔同样闻名。她成了巴黎加尔默罗会的修女，并始终笃信虔诚。穿苦行者的粗毛衬衣、赤足行走、严格守斋、夜里用一种别人不懂的语言在唱诗班里唱赞美诗，所有这些都丝毫没有使这位过惯如此荣华、奢逸、欢乐的宫廷生活的女人灰心丧气。从 1675 年到 1710 年她一直苦修，只用慈善修女路易丝这个名字。一个这样惩罚有罪的女人的国王，可能是个暴君。很多妇女就是这样为了曾经爱过人而受到惩罚。政治人物采用这样的严酷手法，几乎还没有先例，而政治上的罪恶似乎又比柔弱的爱情更加需要赎罪补过。统治人们灵魂的人只能影响弱者。

大家知道当有人把慈善修女路易丝和国王生的儿子韦尔芒杜瓦公爵的死讯告知这位修女时，她说："我对他的生应该比对他的死更痛惜。"她还剩下一个女儿。这个女孩子在国王所有的孩子中最像父亲，后来嫁给大孔代的侄子阿尔芒·德·孔蒂亲王。

蒙特斯庞侯爵夫人受到国王恩宠时，竭力炫示荣华，运用威势，而过去拉瓦莉埃夫人受宠时则尽量保持谦虚。

当拉瓦莉埃夫人和蒙特斯庞夫人还在争夺国王心中的头把交椅时，整个宫廷到处是男女私通的风流韵事，甚至卢瓦也为之心动。在这位性格冷酷无情，与爱情似乎格格不入的首相的好几个情妇中，有一个叫迪弗雷努瓦夫人。她是卢瓦手下一位职员的妻子。卢瓦后来利用权势，为他这个情妇在王后身边安上一个位置。她被称为侍寝夫人。这样她就可以自由出入内室。国王这样为他的下臣们对男女私通的爱好大开方便之门，是想使他自己的这种爱好名正言顺。

偏见和习惯的力量非常之大。明显的例证就是准许所有已婚女子有几个情人，却不准许亨利四世的孙女有一个丈夫。这位公主曾经拒绝很多君王求婚，也曾经有希望和路易十四结婚。她四十四岁那年，想帮助一位贵族发迹高升。她得到国王的许可，嫁给一个姓科蒙、名叫佩吉兰的洛增伯爵。他是目前已不存在的两个百人弯刀队之一的最后一任队长，也是第一个国王为之设立了龙骑兵上校这个官职的人。历史上曾经有过不少公主嫁给贵族的例子。古罗马皇帝把自己的女儿许配给元老院议员。比法国国王更有权势、更加专制暴虐的亚洲君主的女儿，几乎总是嫁给她们父王的奴隶。

1669 年，公主把估计价值两千万的全部财富给了洛增伯爵，其中包括四块公爵领地、东布的治理权、埃厄的伯爵领地以及叫做卢森堡的奥尔良宫。她什么都没有为自己留下，因为她已经完全沉醉于这样一种使人得意的想法：要给她所爱的人一笔比任何国王赠与他的内宠近幸的财富还要大的财富。赠产证书已经拟就。

洛增当了一天蒙庞西埃公爵，当时只差国王的签名了。一切都已准备就绪。就在这时候，国王由于诸亲王、群臣和这个过分幸运的人的仇敌反复劝诫，而收回自己的诺言，禁止了这门婚事。他已经致函外国宫廷宣布这门婚事。现在他又写信宣布撤销婚约。当初他因批准这桩婚事受到谴责，现在又因禁止这桩婚事遭到非议。他因使公主不幸而悲哀。但是，这同一位君主在因为对公主食言而心肠变软之后，却在 1670 年把洛增关进了皮涅罗尔城堡，原因是洛增私自同几个月前国王曾经准许他公开娶的那位公主结了婚。洛增身既陷囹圄整整十年。在不少王国里，君主并没有这样大的权力。那些拥有这种权力的君主，当他们不使用这种权力时就更加受人爱戴。一个丝毫没有触犯法律的公民难道应该受到一个代表国家的人如此严厉的惩罚吗？使君主感到不快和背叛君主，这两者之间难道没有天壤之别吗？一个国王对待一个人难道可以比法律更严酷吗？

蒙特斯庞夫人阻止这门婚事以后，被洛增伯爵痛加责骂。她十分恼怒，要求国王为她报仇雪恨。记叙这段事实的人不公正地谴责了国王①。一个正直的人、一个受宠的人，已经被国王剥夺了最大的财富。他除了过分抱怨蒙特斯庞夫人以外，并没有其他罪行。国王为了平息一个女人的怒气竟牺牲这个人，这就是既暴虐无道而又卑怯恶劣的行为。读者原谅这种感想体会吧！人类的权利使人产生这样的想法。不过，说句公道话，路易十四在他整个在

① 在许多历史学家的著作中都如此指责他。究其根源，是来自《塞格雷逸话集》。这部遗著收集了塞格雷的一些谈话，但几乎都是歪曲了的。书中矛盾百出，大家知道任何这一类逸话集都不值一信。——伏尔泰注

位期间并没有干过任何这类事。不能指责他这样残酷冤枉好人。对这桩秘密婚事、这一无辜的男女私情，国王已经严加处理，这就已经足够。其实这些事他装做不知道倒还更好些。收回他的恩宠是完全正确的，但处以监禁就未免太严酷了。

怀疑过这桩秘密婚事的人只要仔细读读《公主的回忆录》一书就会明白。这一回忆录使人了解到她没有说出的事。可以看出，这同一位公主虽然曾经痛苦地埋怨国王取消了她的婚事，但却不敢对她丈夫被监禁一事表示不满。她承认有人认为她已经结婚。她绝不说她没有。回忆录中仅仅这么写道："我不能，也不应对他变心。"这些话就已经具有决定意义了。

洛增和富凯在同一所监狱中相遇，两人都大吃一惊。富凯尤其惊讶不置。因为当他享受荣华富贵、位高权重的时候，曾经从远处看见过佩吉兰混在人群之中，当时只不过把他看做个不名一文的外省贵族。这时洛增告诉他，自己曾经受过国王的宠信，并且获准娶亨利四世的孙女为妻，还可继承蒙庞西埃家族的一切财产和头衔。富凯听后以为他疯了。

洛增在狱中受了十年煎熬之后终于出狱，但这仅仅是在蒙特斯庞夫人劝公主把东布的治理权和埃厄伯爵领地送给还在孩提时期的曼恩公爵之后。这位公爵在公主死后才拥有这些领地。公主仅仅因为希望洛增先生被承认是她的丈夫才同意这项馈赠。但是她弄错了。国王仅仅答应她，把圣法尔若和梯也尔的土地给这个秘密的不幸的丈夫，此外还加上其他一些可观的收入。但洛增认为这还不够。公主被迫做他的秘密妻子，在公开场合受人奚落嘲笑。她在宫廷中和在家里同样不幸。这是热烈的爱情通常会产生的后果。她于 1693 年去世①。

至于洛增伯爵，他于 1668 年来到了英国。他命中注定始终会有异乎寻常的奇遇。他把皇后——詹姆士二世的妻子——和她还在摇篮中的儿子带到法国，并被封为公爵。他在爱尔兰指挥过作战，但很少打胜。他返回法国时，他那与多次奇遇相联系的名声倒比他个人享有的尊敬更大。他同很多曾经经历重大事件，但并无伟大业绩的人一样，死时高龄，但早已被人遗忘。

从刚才谈到的那些事件开始发生时起，蒙特斯庞夫人就已经是个炙手可热的人物。

蒙特斯庞侯爵的妻子阿泰娜伊丝·德·莫特马尔、这个女人的姐姐蒂昂热侯爵夫人和她们的小妹妹（她曾为这个妹妹获得丰特弗罗修道院），这三姐妹是当时最美的女人。她们三人除了具有貌美这一优越条件之外，在心智方面都有独特的可爱之处。她们的兄弟——法国元帅维沃纳公爵，是当时宫廷中最有鉴赏能力、最

① 在她的回忆录后面附有《公主和洛增先生的恋爱史》。该文系某个侍仆所作。文中附有几句诗。这些诗句和那恋爱史以及人们在荷兰惯于出版的那种无稽之谈颇为相称。

一个叫拉名博梅尔的人写的《曼特农夫人回忆录》中的大部分故事也属于这一类。此书说，1681 年洛林公爵的一位大臣，扮成乞丐进入教堂，走到公主跟前给她看两本祈祷书，上面写道："受洛林公爵委派"，然后他便与她商议有关促使她宣布洛林公爵为她的继承人的事（见第 2 卷 204 页）。这个奇闻是从克洛蒂尔德皇后的奇遇中援引过来的。奇遇不知是真是假。公主在自己的回忆录中从不忽略各种细情末节，至于上述之事她却只字未提。洛林公爵丝毫无权继承公主的财产。再说，她已于 1679 年确认曼恩公爵和图卢兹伯爵为她的继承人。

这部毫无价值的回忆录的作者在第 207 页上提到："洛增公爵回来的时候，发现公主只是一个内心充满不纯正的爱情的姑娘。"她是他的妻子，他也承认这一点。这部作品中骗人的话之多、文笔之粗俗，实在无以复加。——伏尔泰注

学识渊博的人。某天国王问他："读书有什么用？"身材矮胖、面色红润的维沃纳公爵回答说："读书对一个人的头脑起的作用就同您的鹧鸪对我的脸颊起的作用一样。"

这四个人全都为人喜爱，因为他们谈吐不凡，谈话既诙谐有趣，又天真无邪，又深沉微妙。这种风格被人称之为莫特马尔才智。三姊妹的文笔都非常轻松流畅、优美独特。由此可见，我经常听见的关于蒙特斯庞夫人不得不叫斯卡龙夫人替她给国王写信、为此斯卡龙夫人竟成了她的一位颇为成功的竞争者的说法，是何等可笑。

斯卡龙夫人，即后来的曼特农夫人，确实由于博览群书，知识更加渊博。她的谈吐也更加温柔迷人、讨人喜欢。在她的一些书信中，写作艺术使自然朴素变得更美。信的文笔非常漂亮。但是蒙特斯庞夫人并不需要借助别人的才智。还早在别人把曼特农夫人介绍给她以前，她早就成了国王的宠妃。

1670年，国王在佛兰德尔旅行时，蒙特斯庞夫人的胜利最为明显。在玩乐之中所作的这次旅行期间，正酝酿着荷兰的灭亡。这是一次排场最豪华盛大并延续多日的联欢庆宴。

国王在战争期间旅行总是骑马。这次他第一次乘坐装有玻璃窗的华丽的四轮马车。当时驿站快车尚未发明。王后、国王的弟媳、亲王夫人和蒙特斯庞侯爵夫人乘坐这辆华丽的车子，后面跟随很多别的车辆。蒙特斯庞夫人单独出行时，车门上有四名卫士。王太子和公主也随后各自带着他们的随从到来。这是公主在婚姻问题上遭到不幸的意外以前的事。她平静地分享所有的欢呼喝彩。她看见自己的情人——国王的宠信——带领国王的卫队，感到十分得意。最好的家具被人带到国王一行在旅途中留宿的每个城市。到了这些城市就举行蒙面舞会或者化装舞会，或者施放焰火。国王的卫士跟随国王左右。国王的侍从前呼后拥。宴席同在圣日耳曼一样丰盛。宫廷成员就在这样的盛况之下视察所有被占领的城市。布鲁塞尔和根特的贵妇人们都来观赏这一壮丽豪华的场面。国王邀请她们和他一起进餐，并且极为殷勤地赠给她们礼品。各个城市的卫戍部队的军官都得到赏金。他这样慷慨赐赠，有好几次一天就花了一千五百个金路易。

除了应该给予王后的以外，一切荣誉、一切赠礼都给了蒙特斯庞夫人。然而，这位夫人却并不知道国家机密。国王知道怎样把国家大事和寻欢作乐区别开来。

亲王夫人单独一人肩负联合法、英两国国王和灭亡荷兰的使命。她由部分宫廷人员陪同，在敦刻尔克登上她兄弟英王查理二世的船只。她身边带着凯鲁阿尔小姐，即后来的朴次茅斯公爵夫人。这位夫人容貌之美与蒙特斯庞夫人不相上下。蒙特斯庞夫人在法国是怎样一个人物，她后来在英国也成了怎样一个人物，而威信影响还比蒙特斯庞夫人更大。英国国王查理一直到生命的最后一刻都受她操纵支配。他虽然时常对她不忠，但始终被她制服。从来没有一个女人能够比她把自己的美丽的容貌保持得更久。她将近七十岁时，我们见到过她。她的面孔仍然端庄高贵、逗人喜爱。岁月并没有使这副容颜凋谢憔悴。

亲王夫人到坎特伯雷会见了她的兄弟之后，胜利归来。正当她享受这一盛誉时，她于 1670 年 6 月 30 日猝然的和痛苦的惨死，夺走了她的生命，她当时年方二十六岁。整个宫廷都陷入悲痛和惊愕之中。由于死得离奇突然，她被认为是毒死的。英国大使蒙泰古深信这一点。法国宫廷对此也毫不怀疑。整个欧洲对这件事沸沸扬扬，议论纷纷。她丈夫家里的一个老佣人告诉过我投毒的人姓甚名谁。（根据他的看法）他说："这个人并不富裕。这件事发生以后，他立刻隐退到诺曼底，在那里买了地产，并且在那里长期过着阔绰的生活。"他还说："这种毒药是金刚石粉，被当成白糖放在草莓里。"宫廷和全城的人都认为亲王夫人是喝了一杯菊苣水被毒死的①。她喝了以后感到一阵剧痛，不久便抽搐死去。然而，人们之所以普遍这样坚信，仅仅是因为人类生性邪恶，喜欢奇事的缘故。既然拉法耶特夫人和另外一个人喝了杯子里剩下的水并没有感到丝毫不适，这杯水就不可能放了毒。金刚石粉并不比珊瑚粉毒性更大②。亲王夫人长期患有肝脓肿，健康状况一直很坏。她还生过一个完全坏死的婴儿。她的丈夫虽然在欧洲非常受人怀疑，但在这事发生前后，却从来没有因为有任何卑鄙行为而受过指责。只犯过一次大罪的罪犯是罕有的。如果凶残行暴和相信暴行都是人类的共性的话，人类就实在太不幸了。

亲王的宠信洛林骑士，曾经因为在亲王夫人面前有过应受谴责的行为，而被流放监禁。有人认为他为了报仇采取了这一可怕的报复行动。人们并没有注意到，当时洛林骑士正在罗马，对这位

---

① 见拉法耶特伯爵夫人所著《英国亨利埃特夫人传》，1742 年版本，第 171 页。——伏尔泰注

② 金刚石和玻璃的碎片，由于刃尖，固然可能划破内脏的膜壁，但是吞不下去，当上腭和喉咙被擦破时马上就会觉察危险。细得摸不出来的粉末是无害的。医生们将金刚石列为毒品时，应该区分是细得摸不出来的金刚石粉末，还是磨得很粗的金刚石。——伏尔泰注

年仅二十岁，身在罗马的马耳他骑士来说，出钱叫人在巴黎弄死一位大公主真是谈何容易。

蒂雷纳子爵意志薄弱、口风不紧，是这一人们至今还喜欢提起的讨厌的谣言产生的第一个原因。这一点千真万确。他年过六十时，还是科阿特冈夫人的情人，并且受了她的骗。这和他过去曾经是隆格维尔夫人的情人，也受过她的骗一样。他向科阿特冈夫人泄露了人们对国王的弟弟所隐瞒的国家机密。这位夫人热恋洛林骑士，又把这一机密告诉了她的情人。洛林骑士又转告了亲王。亲王家庭内部被责难和嫉妒所能引起的最激烈的情绪所苦。亲王夫人启程之前，这些家庭纠纷就已爆发。亲王夫人回来时，激烈情绪倍增。亲王情绪激动，怒气冲天。他的宠信和亲王夫人的朋友争吵不休。这使整个家庭陷于一片混乱和痛苦之中。亲王夫人在死前不久，用温和、动人的声调，责备科阿特冈夫人，责备她引起这些不幸。这位夫人跪在亲王夫人的床边，双手捂着热泪纵横的脸，只用了《万塞斯拉斯》[①]的这些诗句来回答：

> 我去……，我是……，爱情牢牢地控制着我，
> 夫人啊，我很窘，什么也不能对您说……

制造这些家庭纠纷的洛林骑士首先被国王遣送到皮埃尔一昂西斯。接着洛林家族中的马尔桑伯爵，以及后来成了维勒鲁瓦元帅的那位侯爵也被放逐。这位不幸的亲王夫人的正常死亡最后被

① 《万塞斯拉斯》是法国剧作家罗特鲁所作的一个悲剧(1647 年)。——译者

看做是这些纠纷的应受谴责的续篇。

使公众更加怀疑亲王夫人被毒死的是，当时法国已经开始出现这种罪恶的投毒行为。在进行内战，暴行惨事四起时期，倒还没有人使用过这种卑鄙可耻的报复手段。正当法国光辉灿烂、举国欢乐、社会风尚也因之日趋温良的时候，这种罪行却由于一种奇怪的必然性，毒害法国的气氛。这正如当年罗马共和国繁荣昌盛、国运兴隆之时，这种暴行渗入罗马一样。

有两个意大利人，其中一个名叫埃克齐利。他们长期和一个叫格拉塞尔的德国药剂师合作，寻求所谓点金石。这两个意大利人为此耗尽了他们仅有的一点钱财。他们想用犯罪的办法来弥补由于干这件蠢事为自己造成的损失。他们秘密出售毒药。忏悔是对人的恶毒言行的最大约束。可是有人认为凡是事后可以补赎的罪都可以犯，于是滥用忏悔。我要说的是，巴黎的显要的听忏悔神父在听人忏悔时获悉某些人是被毒死的。他向政府报告了这些事。这两个被人怀疑的意大利人因而被关进巴士底狱。其中一个在狱中死去。埃克齐利由于罪证不足留在监狱听候审查。他虽然身系囹圄，却在巴黎散布这些致人死命的秘诀。民事长官奥布雷及其一家因此丧命。法院为此专设了审理投毒案件的分庭，叫做火刑法庭。

这些可怕的意外事件的第一个根源是爱情。民事长官奥布雷的女婿布兰维利埃侯爵，留他那个团队的一位面孔十分英俊标致的队长圣克鲁瓦在他家里住宿①。他的妻子提醒他，这样做会产

① 作者署名为拉马蒂尼埃的《路易十四史》一书中称此人为拉克鲁瓦神父。这部作品谬误百出，其中人名、日期、事件都混淆不清。——伏尔泰注

生什么后果。但是,这位丈夫却十分固执,坚持让这位青年和他年轻、美貌、多情的妻子住在一起。会发生的事情终于发生。他们一见钟情,坠入爱河。侯爵夫人的父亲,即那位民事长官,相当严厉,但又相当轻率。他申请了一封有国王封印的密札,把那个只需送回团队处理的队长关进巴士底狱。圣克鲁瓦不幸正好和埃克齐利关在同一间牢房里。这个意大利人就教他怎样报仇。这件事的令人不寒而栗的后果已是众所周知。侯爵夫人丝毫没有谋害她丈夫的生命。这个当丈夫的曾经宽容这一他自己引起的爱情。复仇的怒火驱使侯爵夫人毒死了父亲、两个兄弟和一个妹妹。她在犯了这样多罪的时候,依然笃信宗教,常常去作忏悔。她在列日被捕时,人们发现她亲笔写的一份总忏悔书。这份材料并不能充做罪证,仅能充做一种推定。市民都说她在医院里试过这种毒药。一位没有委托人的律师为大众写的《著名诉讼案》一书中也这样说。事实并非如此。但是,她和圣克鲁瓦两人都和后来被控犯有类似罪行的人有秘密联系。这倒是事实。1767 年,她被斩首,尸体被焚。然而,自从 1670 年埃克齐利开始制造毒药起,到 1680 年止,这种罪行一直污染整个巴黎。还有这样一件无法掩盖的事实:这位侯爵夫人的一个朋友、名叫珀诺蒂埃的教会财政员,不久后也被控使用过埃克齐利的秘方。为了撤销这个控告,他花掉自己的一半钱财。

拉瓦赞、拉维古勒和一个名叫勒萨热的神父,还有其他一些人,都曾经贩卖过埃克齐利的秘方。他们的借口是,要用显现神灵的办法来使那些好奇的、意志薄弱的人高兴。实际上,这种罪恶并没有蔓延得人们想象得那样广。火刑法庭于 1680 年成立于巴士底狱附近的火药局。一些最大的显贵要人曾经被该庭传讯。其中有马扎然红衣主教的两个侄女、布荣公爵夫人和欧仁亲王的母亲苏瓦松伯爵夫人。

布荣公爵夫人仅仅受到个人传讯。她被控告有一种当时极为普遍的可笑的好奇心。但这并不属于法庭管辖的范围。向占卜的人请教、为人占星算命、寻找怎样使别人爱自己的奥秘，这些古老的习俗当时还存在于老百姓中间，甚至还存在于王国的首要人物中间①。

我们曾经提到路易十四诞生时，星相家莫兰甚至被领进母后的寝室里，为王储卜星算命。我们还甚至看到，王国摄政奥尔良公爵对这种迷惑所有古人的江湖骗术很感兴趣。著名的布兰维利埃伯爵的全套哲学始终无法纠正他这种幻觉。因此，布荣公爵夫人和其他贵妇们有这种幻觉倒也情有可原。勒萨热神父、拉瓦赞和拉维古勒利用为数众多的无知的人的好奇心，挣了一大笔钱。他们预卜未来，呼神唤鬼。如果他们的所作所为仅止于此，那么，他们以及传讯他们的火刑法庭都只不过荒谬可笑而已。

火刑法庭庭长之一的拉雷尼，冒冒失失，竟然问布荣公爵夫人是否见到过鬼。她回答说她现在就见到一个，这个鬼非常丑陋，非常卑鄙，还装扮成国家的法官。审讯到此就再也没有继续进行下去。

苏瓦松伯爵夫人和卢森堡元帅的案情要严重一些。当时勒萨

① 《雷布莱传》说："法庭下令逮捕布荣公爵夫人。她出庭时，有那么多朋友陪着她。因此即使她有罪，她也无所畏惧。"这完全不是事实。根本没有对她下逮捕令，因此，任何朋友也不能使她逃避法律的制裁。——伏尔泰注

热、拉瓦赞、拉维古勒和其他同谋被控贩卖一种叫“夺取继承权药粉”的毒药，而被关进监狱。对凡是找过他们出主意的人，他们都加上罪责，其中包括苏瓦松伯爵夫人。国王屈尊向她提出，如果她觉得自己有罪，他就劝她退隐。她回答说，她完全清白无辜。但是，她不喜欢受法庭审讯。随后她就退隐到布鲁塞尔，于 1708 年年底在该地去世。这时，她的儿子——欧仁亲王多次获胜，打败了路易十四，为她报了仇。

另一个被人向火刑法庭告发的人是弗朗索瓦·亨利·德·蒙莫朗西-布特维尔。他是一位公爵、重臣，又是法国元帅。他集蒙莫朗西家族和卢森堡王室的隆名盛誉于一身。他已经以伟大将帅的丰功伟绩驰誉全欧。事情是这样的：他有一个名叫波纳尔的办事员，为了找回一批丢失的重要文件，曾经去找过勒萨热神父，请他设法找回。勒萨热开始要求他忏悔，还要他忏悔之后，在九天之内到三个不同的教堂去背诵三首圣诗。

忏悔举行了，圣诗也背诵了，但是文件仍然石沉大海，没有找到。这些文件被一个叫迪潘的女孩拾到。波纳尔在勒萨热目睹之下，以卢森堡元帅的名义，念了一种类似咒语那样的东西，搞了一种类似驱邪的活动。如果迪潘不交还文件，这个咒语就会使她失去性的能力。女孩子没有性的能力到底是怎么回事，人们还不清楚。最后迪潘什么也没有交还，但也并没有因此而少几个情人。

波纳尔在绝望之中，设法从元帅那里得到一份新的全权委任书。在这份委任书的本文和下面的签名之间，有用另一种笔迹写的两行字。元帅就因为这两行字祸从天降。

勒萨热、波纳尔、拉瓦赞和拉维古勒以及四十多个其他被告被关进巴士底狱之后，勒萨热供称，为了弄死这个拒绝交出文件的迪潘，元帅曾经求助于魔鬼，也曾经求助于他。其他几个同谋补充说，他们根据元帅的命令杀害了迪潘，先把她的尸体分成四块，然后扔到河里。

这些控告既不可信，又非常可怕。元帅本来应该在贵族院出庭候审。高等法院和贵族院的议员们本应要求行使审判他的权利，但他们并没有这样做。被告自动前往巴士底狱。这个举动本身就证明他在这个所谓暗杀事件中清白无辜。

（1679 年）国务大臣卢瓦对元帅本来就不喜欢，这时教人把他囚禁在一间长六尺半的类似黑牢的牢房里。元帅得了重病。第二天他受了审讯之后，有整整五个星期没有继续审判。这种做法对任何人都是残酷和不公正的，对一个王国的重臣说来，更应受到谴责。元帅本想写信给卢瓦侯爵，提出申诉，但是没有得到准许。最后，他又被审问。审判人员问他是否给过别人几瓶毒酒，去毒死迪潘的兄弟和他抚养的一个女孩。

一个曾经指挥千军万马的法国元帅竟然企图毒死一个不幸的小市民和他的情妇，但却从这一滔天罪行中捞不到半点好处。这件事看来真是荒谬透顶。

最后，法庭让他和勒萨热以及另外一个叫阿沃的神父对质。他被控和这两个人一起搞巫术妖法，害死了不只一个人。

他之所以遭到这一不幸，全是因为去看过一次勒萨热，并且要他算过一次命。

在构成这起诉讼案件的依据的可怕的控告之中，有勒萨热说过的话。他说元帅，即卢森堡公爵，曾经勾结魔鬼，以便使他的儿子娶卢瓦侯爵的女儿为妻。被告回答:“当年马提厄·蒙莫朗西娶胖子路易的寡妇为妻的时候,并没有求助于魔鬼,而是请求了王国的三级会议。三级会议宣称,为了使未成年的国王取得蒙莫朗西的支持,必须办这门亲事。”

这个回答非常自豪,不像出自一个有罪的人之口。审判延续了十四个月之久。任何对他有利或不利的判决都没有作出。拉瓦赞、拉维古勒,以及他的兄弟、一个也叫拉维古勒的神父和勒萨热一起被烧死在格雷弗广场上。卢森堡元帅到乡下去了几天,然后回到宫廷担任警卫队长的职务。他没有去见卢瓦。国王也没有和他提起往事。

我们已经了解到,后来他怎样未经请求,就获得军队的指挥权,并屡战屡胜,迫使敌人销声匿迹。

这些指控在巴黎引起什么样的谣传,可想而知。拉瓦赞和他的同谋被处以火刑。这种刑罚终止了对投毒案的追究和这类罪恶。这种恶行仅仅是个别人的禀性。它丝毫无损于整个法兰西民族温良的习俗风尚,但它在人们的头脑里留下了往往把正常死亡怀疑成横死暴卒的这种有害的习性。

人们以为亲王夫人、英国的亨利埃特所遭到的悲惨命运,后来她的女儿玛丽·路易丝也遭到了。1679 年玛丽·路易丝嫁给西班牙国王查理二世。这位年轻的公主怀着遗憾的心情出发前往马德里。大郡主常常对亲王,即国王的大弟弟讲:“不要这样常常把您的女儿带到宫廷去,将来到了别的地方她会感到十分不愉快的。”这位年轻的公主想嫁给王太子。国王对她说:“我使你当上了西班牙王后。就是为我自己的女儿,我还能比这做得更好吗?”她回答说:“啊!您还可以为您的侄女多做些事。”她于 1689 年撒手人寰,和她母亲死于同一年龄。这个情况被人认为是真实可靠的:查理二世的奥地利顾问想要把她除掉,因为她热爱她的国家,她可能阻止她的丈夫发表声明赞助反法联盟。甚至从凡尔赛为她送来据信是一种解毒药之类的东西。但是这种预防措施很不可靠,因为能治好一种病的药物,可能使另一种病恶化。绝没有万能的解毒药。这种所谓的解毒药在她死后才送到。读过当若侯爵编纂的回忆录的人一定读过这样的叙述:国王在一次吃晚饭时说:“西班牙王后是吃了有毒的鳗鱼馅饼死的。珀尔尼伯爵夫人、侍女扎帕塔和尼娜后来吃了,也被同样的毒药毒死。”

据说这些手抄的回忆录是一位在四十年内几乎从来没有离开过路易十四的一个廷臣精心撰写的。我读了其中这个离奇的轶事之后,依然怀疑,于是又问了国王从前的几个仆人,这位一向言谈谨慎的君主是否真的说了这番冒失的话。他们一致对我肯定,没有比这更加虚妄不实的事了。我又问了从西班牙回来的圣皮埃尔公爵夫人,另外三个人是不是真的和王后一起死去了。她向我证实,她们三人在她们的女主人死后多年还活着。最后,我了解到,当若侯爵的这些回忆录尽管被人视为是珍贵的不朽之作,其实仅仅是些有时出自他的仆人之手的“手写小故事”。我可以肯定,这一点从这本书的文笔、通篇的废话和假话,就可看出。英国的亨利埃特之死使我们产生这些悲惨的印象之后,现在我们得回过头来谈谈她死后宫廷发生的事。

帕拉蒂纳公主一年后继亨利埃特成为亲王夫人,亦即后来的摄政王奥尔良公爵的母亲。她为了嫁给亲王,必须弃绝加尔文教派。但是她一直秘密保持着对她以前信奉宗教的崇敬。这种崇敬之心很难动摇，因为在童年时代它就已深深铭刻在心上。

1675年王后的一个侍女的不幸遭遇使宫廷作出一项新的安排。这一不幸事件因有一首题为《早产儿》的十四行诗而闻名。诗中的这几句经常被人引用：

> 爱情过去因它的罪恶使你诞生，
> 现在又因它的罪恶使你毁损。
> 你是爱情的不幸产物，
> 你是荣誉的牺牲品①。

在风流淫乐的宫中，由于女孩子的处境往往招致种种危险的发生，于是使人作出决定，以十二个宫内已婚妇女代替王后身边的十二个侍女，后者曾使王后的宫殿增艳添姿。从此以后，王后的侍从就这样组成。这一安排使这些妇人的丈夫和父母都住进宫中，从而使宫廷人员增多，气派更加壮丽宏伟，社交更加频繁，挥霍浪费更加严重。

王太子的妻子、巴伐利亚公主一开始就使宫廷增辉添彩，更加活跃。蒙特斯庞侯爵夫人始终最引人注目。但到最后，她不再逗人喜爱。她的痛苦引发的傲慢无礼和冲动激烈的行为，无法使一

① 这首诗系埃诺所作。诗中暗指皇后的嫔妃盖尔希小姐。她是维特里公爵的情妇。负责为她进行手术的接生婆把她弄伤了，伤势很重，看来无法挽救。维特里命人找来一位神父给她举行忏悔仪式。随后，维特里把她杀害并逃往巴伐利亚。他后来在商议亲王和巴伐利亚公主的婚事中出了力而得到赦免。——译者

颗离她远去的心返回。然而，她身为后妃宫的侍女长，因这一重要职位始终和宫廷关系密切。她还因她的孩子、习惯和巨大的影响与国王无法分开。

人们虽然对她保持表面的尊敬和友谊，但这并不能使她感到安慰。国王由于使她异常悲伤而感到难过，但他已被别的情趣吸引。他已经在曼特农夫人的谈话中找到在他以前的情妇身边再也尝不到的甜蜜温柔。他感到自己被三个女人分有。她们是：他须臾不可离的蒙特斯庞夫人、他爱着的丰唐热小姐和曼特农夫人。和曼特农夫人交谈对他那颗痛苦的心来说已是必不可少的了。这三个人竞相争宠，使整个宫廷气氛紧张不安。但是，这些风流韵事没有一件影响国家的重大事务。爱情虽然扰乱了宫廷生活，但却丝毫没有扰乱政府工作。路易十四的这一点是值得推崇的。在我看来，没有比这一点更能证明路易十四的心灵既崇高伟大，而又易于动情。

我甚至认为，如果路易十四的伟大时代未能使一切都令人感兴趣，如果这样多历史学家没有揭开这些秘密的帷幕——他们大多数人歪曲了这些秘密——这些与国家大事风马牛不相及的宫廷中的风流韵事就不应载入史册。

第二十七章

特殊事件与轶事续篇

丰唐热小姐青春年少、天生丽质。1680 年她给国王生了一个儿子，又被封为公爵夫人。这一切使她把曼特农夫人从国王身边的首宠地位逐步排挤开。这个地位她一直不敢企望，但却从此取得。然而丰唐热公爵夫人和她的儿子于 1681 年死去。

蒙特斯庞侯爵夫人虽然不再有公开的对手，却也无法再得到那颗对她和她的怨言都感到厌倦的心。男人过了青年时代，几乎都需要和一个亲切随和的女人交往。公务的重担尤其使这种安慰成为必不可少。新的受宠人曼特农夫人感觉自己愈来愈具有这种神秘的力量，便施展出那种对女人说来非常自然，而又不会使男人感到不快的手腕。有一天，她在给她完全信任的表妹福隆特纳夫人的信中写道："我送别他的时候，他总是悲伤，但从不失望。"这时，她正日益得宠，而蒙特斯庞夫人即将完全失宠。两个对手天天见面。见面时有时暗中恼怒；有时由于需要相互讲话，以及懒得约束自己，便在交谈中暂时相互信任。[①] 她

① 以"曼特农夫人"名义发表的《回忆录》说，曼特农夫人对蒙特斯庞夫人谈到她的梦时说过："我梦见我们两人走在凡尔赛宫的大台阶上。我正往上走，你往下走。我

们商定各自写下宫廷见闻回忆录。但是这项工作并没有多大进展。蒙特斯庞夫人晚年喜欢把她的回忆录中的某些内容念给朋友们听。对宗教的虔信掺混在男女私情之中。这使曼特农夫人得宠的地位更加巩固,使国王更加疏远蒙特斯庞夫人。国王对自己爱上一个有夫之妇深感内疚,特别是不再爱她时,更感到不安。这种尴尬的局面一直延续到1685年,即因废止《南特敕令》而令人难忘的那一年。当时已经时过境迁。一方面,国内一部分人感到绝望,逃离祖国;另一方面,在凡尔赛又丝竹歌舞,庆宴玩乐。特里亚农宫和马尔利的城堡已经建成。在这些乐园里完成了难以完成的工程。修建花园时,人工技巧都已耗尽。大孔代的孙子公爵大人和国王与蒙特斯庞夫人生的女儿南特小姐结婚,是国王的这位情妇的最后一次胜利。这时,她已开始从宫廷退隐。

后来,国王又安排了他和蒙特斯庞夫人生的另外两个孩子的婚事。布卢瓦小姐嫁给了其中一个——夏尔特尔公爵。公爵后来当了王国的摄政王。另一个是曼恩公爵。他娶了大孔德的孙女,即公爵大人的妹妹路易丝·贝内迪克特·德·波旁。这位公主以自己的聪明才智和艺术修养高超闻名。只要对罗尔亚宫和索宫的内幕略有所知的人,就可以看出收集在不少历史书里有关这些婚

不断上升直入云霄,你却直下丰特弗罗。”这段轶话是根据有名的埃佩农公爵的一句话改头换面而来的。1624年埃佩农公爵在罗浮宫大台阶上遇到黎世留红衣主教。主教问他有何新闻。公爵对他说:“除了你在往上走,我往下走,别无其他新闻。”现在加上从台阶直升云霄的说法,这个故事就被弄糟了。应该看到在差不多所有的趣闻和轶事集里,人们几乎总是把一个世纪以前甚至几个世纪以前的人讲过的话加在当代人身上。——伏尔泰注

事的民间传闻何等虚假不实。①

（1685 年）在公爵大人和南特小姐的婚礼举行之前，塞涅莱侯爵利用这个时机，在索宫的花园里为国王举行一次与这位君主身份相称的盛宴。花园是勒诺特尔设计的，格调雅致，堪与凡尔赛宫的花园媲美。在那里演出了拉辛创作的《和平》田园诗。凡尔赛又举行了一次竞技。婚礼举行以后，国王又显示了一次他独特的壮丽豪华的气派。1656 年马扎然红衣主教曾经有过显示这种豪华气派的想法。这次在马尔利宫的客厅里，开设了四个商店，里面摆满了巴黎的能工巧匠制作的最珍贵讲究的商品。这四个铺子本身就装饰得非常富丽堂皇。它们代表一年的四个季节。蒙特斯庞夫人和王子殿下共管一个铺子。她的竞争者曼特农夫人和曼恩公爵照管另一个。新婚的夫妇也各管一个。公爵大人和蒂昂热夫人在一起。公爵夫人太年轻，与一个男子共管一个与礼仪不合，便和谢弗勒兹公爵夫人合伙。被指定前往参加的贵妇和男人抽签得到摆满铺子的珠宝。国王就这样以无愧于他的身份的方式向宫廷人员馈赠礼品。马扎然红衣主教举办的用奖券进行的赌博没有这样别出心裁，也不像这样引人注目。从前古罗马皇帝也曾经采用过这种赌博方式，但没有一个像路易十四那样以雅致大方来使这些活动更加豪华盛大。

蒙特斯庞夫人自从女儿结婚以后，就不再在宫中出现。她在

① 你可以在二十多本书中读到奥尔良家族和孔德家族对提婚的事十分气愤。你可以读到公主，即夏尔特尔公爵的母亲威胁她的儿子。你甚至还可以读到她打了他。《通谕轶事集》比较严肃地报道了此事。书中说，国王派迪布瓦神父，即夏尔特尔公爵的副教师去商议这门亲事。神父经过很大的周折才把此事办妥。为此他要求给他红衣主教之职以作酬报。在很多历史书中谈到有关宫廷的事都是这么写的。——伏尔泰注

巴黎过着庄重严肃的生活，并终生享有一笔很大的收入。国王还一直每月叫人给她一千个金路易的补贴。她每年都到波旁[①]温泉去进行水疗，并在那里为附近的女孩子办婚事，赠送她们嫁妆。她早已过了因幻想受到强烈的刺激而把人送到加尔默罗修道院去的那种年龄了。1707 年她死于波旁。

南特小姐和公爵大人结婚后一年，孔代亲王在枫丹白露因病去世，终年六十六岁。他这场病因为他劳累身体，去探望得了天花的公爵夫人而恶化。他这样急于去看望公爵夫人以致送了命。根据这一点，我们就可以判断出，他是否像给予荷兰以不良影响的那些专事造谣说谎的报人所说的那样，对他的孙子同国王和蒙特斯庞夫人所生的女儿结婚一事厌恶反感。还有一本叫《孔代亲王史》的书，也是出自这同一无知、诈骗的出版机构。这本书写道，国王时时处处都贬辱这位亲王，还说拉瓦莉埃夫人的女儿孔蒂公主结婚时，国务大臣拒绝在亲王的名字前加上“高贵的有威望的大人”这一称号，似乎这一称号只能给血亲亲王似的。撰写《路易十四史》的那位阿维尼翁作家写作时部分取材于这些毫无价值的回忆录，他难道对人世生活和我们的宫廷习俗竟然无知得以致去记述同样的谎言吗？

当公爵夫人已经结了婚，她的母亲也完全隐退以后，曼特农夫人争宠得胜，影响大增，使路易十四满怀柔情，行事异常审慎，终于在拉谢兹神父的劝告下，于 1686 年 1 月在一个小教堂里和她秘密结婚。小教堂在一组套房的尽头，后来被勃艮第公爵占用。当时没有立下任何婚约，也没有提出任何条件。巴黎大主教阿尔莱·

① 此处的波旁，指穆兰附近的波旁—拉香波尔。下页的波旁同。——译者

尚瓦龙为他们祝福，听忏悔的神父也在场。国王的第一随身侍从蒙谢弗勒伊和邦唐是证婚人。① 这一事实不容抹杀，所有作家都记叙过。只不过名字、地点、日期全弄错了。路易十四当时四十八岁，他娶的这位女人已经五十二岁。这位荣殊誉满的君主想在处理国政的辛苦之余过纯真而温柔的私生活。这件婚事丝毫不会使他卷入任何与他的地位不相称的事情中。曼特农夫人是否结了婚，当时在宫廷里始终是个问题。她因为被国王选中而受人尊敬，但并没有像王后那样受到对待。

在我们中间，这位夫人的命运似乎十分奇怪，虽然开始地位比她更加低贱、后来比她更发迹走运的例子在历史上也屡见不鲜。譬如说，撒丁国王维克多·阿梅代国王娶的圣塞巴斯蒂安侯爵夫人的出身并不比曼特农夫人高贵。俄罗斯王后卡特琳的出身比她低贱得多。英国国王詹姆士二世的第一个夫人也比她出身差。这些都是根据欧洲的偏见来判断的。这种偏见在世界其他地方并不存在。

曼特农夫人出身于一个古老的家庭。她的祖父名叫泰奥多尔·阿格里帕·奥比涅，是亨利四世内府的一个普通贵族。她的父亲名叫孔斯唐·奥比涅，因为曾经想去卡罗来纳创业，找过英国人帮忙，所以被囚禁于特隆佩特城堡，后来被城堡的总管的女儿救了出来。这个总管叫卡尔迪阿克，波尔多人，是个贵族。1627 年，孔斯唐·奥比涅娶了

① 当时确是蒙谢弗勒伊作证婚人，而不是像《舒瓦齐回忆录》所说是福尔班骑士。因为像这种秘密事的参与者一定是心腹仆人，或者是在国王身边侍奉的人。当时根本没有什么结婚证书。结婚证书是用来证明某人身份的，而这门亲事是所谓良心婚姻。有人说，巴黎大主教阿尔莱死后，于 1695 年，即婚事举行将近十年以后，“主教的仆人在他的短裤当中找到这张结婚证书”。这怎么可能呢？这种连侍仆们都不要读的故事，只有《曼特农夫人回忆录》中才读得到。——伏尔泰注

他的女恩人,并把她带到卡罗来纳。几年以后,他们回到法国。宫廷下令把他们两人囚禁在普瓦图省的尼奥尔。1635 年他们就在尼奥尔的监狱中生下弗朗索瓦丝·奥比涅。这个小女孩似乎生来就注定要尝尽命运的辛酸滋味和恩惠优遇。她三岁时被带到美洲。有一次仆人疏忽大意把她一个人留在海边。她差点被蛇吃掉。她十二岁成了孤儿,被带回法国。然后,她在亲戚纳瓦伊公爵夫人的母亲纳扬夫人的严格管教下被抚养成人。1651 年,她异常幸运地嫁给了保罗·斯卡龙。斯卡龙当时住在昂费尔街,离她家近在咫尺。斯卡龙出身于一个古老的法官家庭。这个家庭曾因与几个大户人家联姻而享有盛誉。斯卡龙以之为业的滑稽文学虽然被人喜爱,另一方面也使他为人所不齿。不过,对奥比涅小姐说来,能嫁给这个长得难看、肢体不灵、财产微薄的人还是幸运的。她结婚前,发誓弃绝她家祖传的对加尔文教派的信仰。她的美貌和才智不久就使她出了名。巴黎最有教养的圈子里的人物都热衷于与她交往。她的青年时代无疑是她一生中最幸福的时期。① 1660 年,她的丈夫死后,她一直请人恳求国王发给她斯卡龙生前享有的一笔一千五百利弗的年金。几年之后,国王终于给了她一笔两千利弗的年金,并对她说:"夫人,我让您久等了,但您有那么多

---

① 所谓《曼特农夫人回忆录》第 1 卷第 216 页写道:"她很久以来一直和有名的妮农·朗克洛同床睡觉。这是从夏托纳夫神父和《路易十四时代》的作者那儿听来的。"但《路易十四时代》的作者从未在他的作品中提过这件事。夏托纳夫神父所留下的著作中也没有。《曼特农夫人回忆录》的作者总是胡乱引证。拉法尔侯爵的《回忆录》,鹿特丹版,第 190 页中才提到过此事。以前曾经有过和朋友同床睡觉的习惯。但即使在宫廷里这也是很陈旧的习惯。现在已经不时行了。法国历史上曾见过查理九世为营救拉罗什福科公爵使他免遭圣巴托洛缪节大屠杀,曾请他睡在罗浮宫他自己的床上;吉斯公爵和孔德亲王曾长期睡在一起。——伏尔泰注

朋友,因此我希望在您那里仅仅有我一个人能有这种功绩。”

这件事是弗勒里主教告诉我的。他喜欢经常提到这事,因为他说路易十四在封他为弗雷儒斯主教时也说过同样的恭维话。

她应该感谢蒙特斯庞夫人给了她这一微薄的援助,使她摆脱了贫困。这一点曼特农夫人的书信本身也证明了。几年以后,当国王与蒙特斯庞侯爵夫人于 1670 年所生的孩子曼恩公爵需要秘密抚养时,曼特农夫人又被人想起。肯定是在 1672 年她才被选中负责这一秘密教育。她在一封书信中写道:“如果孩子是国王的,我很愿意,因为我不会无所顾虑地承担教养蒙特斯庞夫人的孩子。因此,必须由国王来命令我。这一点我再也不能让步了。”蒙特斯庞夫人直到 1672 年才有两个孩子:曼恩公爵和韦格赞公爵。曼特农夫人在 1670 年的信中提到这两个孩子,但是其中一个那时还没有出生,因此信的日期显然是错误的。这些已出版的信件的日期几乎全部有误。如果这些信件不是写得那么自然、那么逼真——这是难以伪造的——那么,这些失真之处就会使人们对信件的可靠性产生极大的怀疑。

了解这位夫人哪一年受托照料路易十四的私生子并不重要,但是对这些细节的真相的注意,则使人看出作者在写这历史的主要事实时何等一丝不苟。

曼恩公爵的一条腿生下来就是畸形的。了解这个秘密的首席医师达坎认为必须把孩子送到巴雷热温泉去疗养,因此需要找一个可以信任的人负责照管孩子。① 这时国王想起斯卡龙夫人。于

① 《曼特农夫人回忆录》这本传奇的作者说,曼特农夫人见到特隆佩特堡时说:“这儿就是我成长的地方”,等等。这显然是不对的。她是在尼奥尔长大的。——伏尔泰注

是，卢瓦先生秘密来到巴黎向她提出，要她作这次旅行。从此以后，她就关心曼恩公爵的教育。是国王本人，而不是像某些人所说是蒙特斯庞夫人，指派她担任这一职务。她直接给国王写信。她的信博得国王的欢心。这就是她吉星高照，走运发迹的根据。她的优点则使她得到后来得到的一切。

国王最初还不习惯于同她交往。后来则从对她厌恶转为对她信任，又从对她信任转为对她喜爱。留存至今的她的书信是一部比人们想象的更加珍贵的著作。信中揭示了，在人们心中和路易十四心中，宗教信仰和男女私情、尊严庄重和意志薄弱经常混为一体。曼特农夫人的心似乎既充满抱负，而又充满虔诚，两者从不矛盾。她的听忏悔神父戈贝兰对她这两者都加赞许。他既是她的神师，又是她的奉承者。他的忏悔人总是掩饰自己对蒙特斯庞夫人忘恩负义这一过错。听忏悔神父也助长了这种自欺行为。为了取代已经变为她的情敌的恩人，她真心诚意求助于宗教来援助她那已经衰退的魅力。

国王的温情和谨慎、他的新情妇的雄心和虔诚，这两方面奇特的交流从 1681 年一直延续到 1686 年他们结婚的时候。

她的高升对她来说只不过意味着退隐而已。她闭门不出，关在和国王的寓所同一层的一套房间里，只有两三个和她同样退隐的夫人做伴。再说她也很少看见她们。国王每天午饭后和晚饭前后到她这里来，一直待到午夜。国王就在那里和大臣们一起工作。这时曼特农夫人总是读书或者做针线活。她从来不热衷于参加谈论国家大事。她经常显得对国事一无所知。遇到稍微有点阴谋诡计的迹象的事，她都退避三舍。她对博得统治者的欢心，比对自己掌权统治更加关心。她十分珍惜她的声誉，使用时极端审慎。她丝毫不利用个人地位使所有的高官显位都归自己家族所有，她的兄弟奥比涅伯爵，原来已是副将，但后来甚至连法国的元帅都不是。一根蓝色绶带[①]以及王国包税金中的某些秘密份额[②]就是他的唯一财富。因此，他对蒙特斯庞夫人的兄弟维沃纳元帅说，他是用现款买得元帅杖的。

她的侄子，或者她的表兄弟维莱特侯爵，也只不过是个海军分舰队的司令。这位维莱特侯爵的女儿凯吕斯夫人结婚的时候，路易十四只给了她一份微薄的年金。曼特农夫人把奥比涅家的侄女嫁给诺阿耶家的第一位元帅的儿子时，[③]只给了她二十万法郎。其余费用由国王承担。她自己只拥有曼特农的田地。这地是她用国王赏赐给她的钱购置的。她希望公众考虑到她的大公无私而谅解她的得宠高升。维莱特侯爵的第二个妻子，即后来的博林布罗克夫人什么也没有从她那里得到过。我常常听见这位夫人责怪她的表姐为她的家族出力办事太少。她曾经怒气冲冲对她表姐说："你希望自己温良恭俭让，可是你的家族却成了牺牲品。"曼特农夫人一门心思担心拂逆国王的意愿，因此她常常什么都忘得干干净净。她甚至不敢支持诺阿耶红衣主教反对勒泰利埃神父。她对拉辛一向怀着深厚的友情。虽然如此，当国王对拉辛稍有不满时，这

① 意即：他被封为"圣灵骑士团骑士"。——译者

② 可参阅她给她兄弟的信。信中说："我恳求你用我们经营的事业所得到的一万八千法郎过个清静舒服的日子。以后我们还可以经营其他事业。"——伏尔泰注

③ 《曼特农夫人回忆录》的编纂者在第4卷第200页中说："鲁梭极其恶毒地攻击他的恩人。他写过一首讽刺诗，攻击诺阿耶元帅。"这不是真的。不可以随便诽谤任何人。当时，鲁梭还很年轻，根本不认识诺阿耶第一元帅。作者谈到的讽刺诗歌是一位名叫卡巴纳克的贵族写的。他本人也公开承认。——伏尔泰注

种友情并不能使她鼓起足够的勇气来保护他。有一天，拉辛对她谈到1698年的百姓的贫困。这种贫困虽然一向被人夸大，但是后来的确达到极其可悲的程度。拉辛能言善辩，动人心弦。曼特农夫人深为所动。她叫她这位朋友向国王写一份陈情书，指出弊端危害和补救办法。国王读了这一陈情书后，这位夫人一面表现忧伤，另一面又不禁说出是谁写的。说出后，她又不敢为作者辩护。拉辛更加软弱，为了这件事感到万分痛苦，后来竟因忧伤过度而进入坟墓。①

她由于本性，不会为人效劳。同样，她也不会害人。舒瓦齐修道院长谈过这样一件事：卢瓦大臣曾经跪在路易十四脚下，劝阻国王和斯卡龙寡妇结婚。这位修道院长如果知道这件事，曼特农夫人当然也会知道。但是她不仅原谅了这位大臣，而且当卢瓦侯爵粗鲁的脾气有时使国王冲动激怒时，她还往往平息国王的怒气。②

由此看来，路易十四娶曼特农夫人为妻，只不过为自己找了一

① 这件事是著名的拉辛的儿子在关于他父亲的生平的一书中谈到的。——伏尔泰注

② 谁会相信《曼特农夫人回忆录》第3卷第273页中竟说这位大臣怕国王会毒死他？这也奇怪，继那么多可笑的传闻之后，在巴黎竟会传播如此荒诞可怕之事。

这种令人难以忍受的蠢话来自卢瓦侯爵死时民间流传的谣言。这位大臣遵循他的医生塞龙的嘱咐进行温泉治疗（在巴拉吕克温泉）。他的外科医生拉利热里让他喝温泉水。这位拉利热里曾为公众配制一种现在叫做夏尔特勒粉的药。拉利热里时常对我说，他曾一再提醒卢瓦先生，如果他一面进行温泉治疗一面工作的话，必将有生命危险。但这位大臣仍继续工作。他于1691年7月16日几乎突然去世（那些假回忆录的作者说他死于1692年。这是不对的）。拉利热里对他进行了解剖，除他预言的死因外，并未发现任何其他原因。有人竟然怀疑塞龙医生在一瓶温泉水中放了毒药。我们已经看到这种不祥的猜疑当时是如何普遍。有人声称，邻近的一个王族子弟（维克多-阿梅代，即萨伏依公爵），由于卢瓦侯爵曾惹怒过他并对他很粗暴，因此收买了塞龙医生。我们在拉法尔侯爵的《回忆录》第10章中可读到这些轶事中的一部分。卢瓦侯爵家甚至将一个在他家擦擦洗洗的萨伏依人送进了监狱。但这个完全无辜的可怜人不个适意可爱、顺从听话的伴侣。唯一使人感到她的地位秘密上升的公开荣誉是，她望弥撒时占用一个似乎专为国王和王后准备的小平台或金色的斗室。此外，并没有给她任何威严的外表。她在国王身上唤起的，并促使国王和她结婚的虔诚笃信逐渐发展成一种真挚、深厚的感情。这种感情因年龄和愁闷的增长而日益加深。她已经在努瓦西把几个贵族人家的女孩子聚集起来，组成团体，所以在宫廷和国王面前受到类似创始人那样的敬重。国王已经把圣德尼修道院的收入拨给这个刚刚诞生的团体。1686 年，在凡尔赛花园的一端修建了圣西尔女修院。修院的一切组织形式都是她决定的。她还和夏尔特尔主教戈代·德马雷一起制定了这个机构的规章制度。她自任修院院长。她经常去那里消磨几个小时。我说愁闷的情绪使她决定投身这些活动，是根据她自己的话这样说的。读读她写给拉梅宗福尔夫人的信吧。这封信将在本书“关于寂静主义”一章谈到。

“我多么想把我的感受告诉你啊！我多么想让人看到折磨大人物的烦恼和他们消磨日子遇到的困难啊！你难道没有看见我在

久便获释了。如果说，有人怀疑一位敌视法国的王公贵族谋害路易十四的一位大臣，尽管是毫无理由，可是显然不能因此而怀疑到路易十四本人。

汇集了那么多虚假之事的《曼特农夫人回忆录》的作者在同一处还说：国王说过：“他在同一年中摆脱了三个他无法忍受的人，即拉弗亚德元帅、塞涅莱侯爵和卢瓦侯爵。”首先，塞涅莱先生并非死于同年，即 1691 年，而是死于 1690 年。其次，路易十四一贯出言谨慎，诚恳正直，这番如此可憎，又如此冒失的话又是对谁讲的呢？他是向谁说过这种忘恩负义、心肠狠毒的话呢？这三个人都曾非常热忱地为他效劳。他能向谁讲他很高兴摆脱了他们呢？难道可以毫无根据、不合情理地诬蔑一位说话一向审慎的国王的身后名声吗？明理的读者看到这些骗人的文集到处充斥无不感到气愤。要不是《曼特农夫人回忆录》的作者滥用置之不理的蔑视态度，使他免遭指责，他早该受到惩罚了。——伏尔泰注人们难于想象的巨大财富之中愁闷得要死吗？我过去年轻、漂亮。我尝遍世间一切乐趣。我曾经处处被人喜爱。我年长后，曾经好几年在同别人的精神交往中度过。我最后终于受到宠爱。亲爱的女儿，我向你肯定：所有高贵的地位、身份只为人们留下可怕的空虚。①”

如果有什么东西能够使人从名利欲中醒悟过来的话，那就是这一封信。然而曼特农夫人除了在一位伟大的国王身边生活单调以外，并没有其他忧愁。有一天，她对她的兄弟奥比涅伯爵说：“我再也受不了啦。我想死去。”大家知道她兄弟是怎样回答她的。他说：“那么，你已经得到嫁给天父的许诺了吗？”

国王去世后，她完全隐退到圣西尔女修院。令人惊奇的是，国王生前几乎没有对她作过任何保证，只托了奥尔良公爵照顾她。她只要一笔八万利弗的年金，这笔年金一直如数付给她，直到1719年4月15日她死去为止。人们装着忘了在她的墓志铭上写上斯卡龙的名字。其实这个名字丝毫不会使人受到轻视，变得低贱。对这个名字略而不提倒会使人想到也许这个名字可能有损她的身份。

自从国王和曼特农夫人开始过着比较退隐的生活以来，宫廷不如过去那样活跃，比过去严肃一些。1686年国王患的那场重病更使他不再有兴趣举行以前每年举行的联欢庆宴。他患的病是直肠瘘管。虽然路易十四在位时，外科这种技术在法国比在欧洲其他国家进展更快，但外科医生对这种疾病却还不熟悉。黎世留就

① 这封信是真实可靠的。作者在伟大的拉辛的儿子公开发表此信以前，就已经看到过它的手稿。——伏尔泰注

是因为没有得到精心治疗，死于此病。国王病危的消息使整个法国动荡不安。不可胜数的人挤满教堂，流着热泪，为国王的康复祈祷。这种民众普遍动情的场面和1744年他的继承者在梅斯病危时的情境十分相似。这两件大事将永远教导各国君主，告诉他们，对懂得这样爱戴君主的臣民，他们负有什么样的责任。

自从路易十四患的这个病初次发作以来，他的首席外科医生费利克斯就到各个医院去寻找相同的病例，请教了最好的外科医生，并和他们一道发明了几种可以缩短手术、减轻手术痛苦的器械。国王经受了这次手术，一点没有呻吟叫苦，而且当天就在床边给大臣布置工作。为了使他病危的消息不在欧洲各国宫廷引起什么变化，进行手术后的第二天他就接见了各国大使。他不但有这样勇敢的精神，而且慷慨大度，奖励了费利克斯，赏赐他当时值五万多埃居的土地。

从此以后，国王再也不观看演出。巴伐利亚公主已经变得郁郁寡欢，1690年终于因患忧郁症死去。她当时也弃绝了一切娱乐，固执地待在自己房间里。她爱好文学，甚至还写过一些诗，但是她整天闷闷不乐，只喜欢清静独处。

圣西尔女修院重新引起人们对精神的东西的兴趣爱好。拉辛已经不再为冉森教派和宫廷创作剧本。曼特农夫人请他写一部她的学生们能够演出的悲剧。她希望取材于圣经故事。拉辛写了《埃斯泰尔》一剧。这出戏首先在圣西尔女修院演出，后来又于1689年冬在凡尔赛宫演出。国王观看过几次。高级教士和耶稣会教士都急忙设法获准去观看这出奇特的戏。值得注意的是，这出戏获得了普遍成功，而两年以后，另一出戏《阿塔利》，由同样这些人演出却没有获得成功。作者死后很久，即当这充满偏见的时代过去以后，这两出戏又在巴黎上演，但两者演出情况截然相反。《阿塔利》于1717年上演，受到应有的对待，观众情绪热烈。1721年《埃斯泰尔》上演时，观众情绪冷淡，此后就不再上演了。以前，内宠近幸阿谀奉承地在曼特农夫人身上认出埃斯泰尔这个人物，恶意地在蒙特斯庞夫人身上认出瓦斯蒂，在卢瓦先生身上认出阿芒这个人物，特别在剧中希伯来人遭到放逐这件事中认出遭到这位大臣迫害的胡格诺派教徒。当时已经不再有这些内宠近幸。大公无私的观众只看到一场索然寡味、毫不真实的奇遇。一个失去理智的国王和他的妻子一起生活了六个月，但却不知道，甚至也不去打听她究竟是什么人。一个野蛮得可笑的大臣竟然请求国王灭绝全国的男女老少，原因是人家没有对他行屈膝礼。这同一个大臣还竟然笨拙到公开下令在十一个月内杀光犹太人。这大概是为了给他们充分时间，让他们或者逃跑，或者准备进行自卫。一个愚蠢的国王没有任何理由就签发了这道可笑的命令，接着又毫无理由地忽然下令吊死他的宠臣。这一切既不曲折，也无情节，又枯燥无味。有鉴赏能力的人都不喜欢。但是尽管《埃斯泰尔》一剧的主题有严重的缺陷，但它里面的三十句诗却比很多获得巨大成功的悲剧更有价值。

勃艮第公爵夫人、萨伏伊的阿德拉伊十一岁那年被带回法国。为了配合对她进行教育，又开展了这种巧妙的娱乐。

我们的风俗习惯的矛盾之一是：一方面还留下与公开演出相联系的下流行为的残余；另一方面，这些演出却又被看做是王室人物最高尚的、最合适的练习。在曼特农夫人的寓所里修建了一个小戏院。勃艮第公爵夫人、奥尔良公爵以及宫廷中最有才能的人在那里演出。著名演员巴隆给他们上课，并和他们一起演出。国王的侍臣迪歇的大部分悲剧就是为这个小戏院写的。奥尔良公爵夫人的指导神父、修道院长热内也为曼恩公爵夫人写剧本，供这位亲王夫人和她的奉承者演出。

这些活动培养了才智，活跃了社交[①]。

在那些曾经过分指责路易十四的人中，没有一个能否认，在霍赫施泰特战役以前，他几乎在各方面都是唯一强大的、威严的、伟大的人物。因为虽然他作为军人，不如有些英雄，如约翰·索别斯基以及几位瑞典国王，但是他作为君主却没有人超过他。还应该承认他能经受得住他遭到的不幸，并加以补救。他有缺点，也犯过大错，但是谴责他的人如果处在他的地位，能够比得上他吗？

勃艮第公爵夫人的风韵和才能与日俱增。她的姊妹在西班牙受到的颂扬唤起了她的好胜心，使她加倍施展讨人欢心的本领。她并不是个沉鱼落雁、闭月羞花的美女，但她有像她儿子路易十五那样的眼神、高贵的风度和优美的身材。这些优越条件，因她富有才智，极欲不负众人一致对她的赞许，而更加完美。她像英国的亨利埃特一样，是宫廷的偶像和典范。不过，她的地位还更高，接近

① 拉法尔侯爵在他的《回忆录》中怎么能这样说："自从亲王夫人死后，宫内热衷于赌博，杂乱无章，不讲礼貌。"在前往马尔利和枫丹白露的旅途中曾多次玩过赌博，但在曼特农夫人家中从来不玩。而且宫廷任何时候都是崇尚礼仪的典范。奥尔良公爵夫人、即当时的夏尔特尔公爵夫人，孔蒂公主、即公爵夫人，都否认了拉法尔侯爵讲的这些话。侯爵本人待人接物宽容大度。他几乎只写过一部讽刺作品。他对政府怀有不满情绪，一生与一批专以攻击朝廷自傲的人厮混在一起。这样的交往使这个很可亲的人成了一位有时不大公正的历史学家。——伏尔泰注

王位。法国指望勃艮第组成一个像古代圣贤所想象的那样的政府，但是这个政府的严峻将因这位公主优雅的风韵而有所缓和。她这种优雅的风韵比她丈夫的哲理更易于被人感受。大家知道这些希望怎样化为泡影。路易十四命中注定，眼见他家族的成员在法国一一夭折。他的妻子四十五岁时死去。他的独生子五十岁时死去①。他的儿子死后一年，他的孙子、即王储勃艮第公爵，公爵的妻子、即王储的妃子，和他们的长子布列塔尼公爵，又相继于1712年4月被送进圣德尼的同一座坟墓。至于他们后来登上王位的那个最小的儿子，在摇篮时期也曾经走到死亡的大门。勃艮第公爵的弟弟贝里公爵两年以后随之死去。与此同时，贝里公爵的女儿，被直接从摇篮带进棺材。

这悲惨的岁月在人们心中留下十分深刻的印象，以致路易十五还未成年时，我就看见好些人在谈到这些人的死亡时无不掉泪。这么多人相继很快死去以后，这个时期最可怜的倒是那个看来马上要继承王位的人。

当年亲王夫人和西班牙王后玛丽·路易丝的死所引起的那种

① 《曼特农夫人回忆录》的作者在第4卷题为《舒安小姐》的一章中说："王太子爱上了他自己的一个姊妹（南特小姐、波旁公爵夫人）。后来他娶了舒安小姐为妻。"正直的人一致认为这些民间流传的事并不真实。只有同时代并拥有确凿证据的人才能讲述这样的轶事。从来没有任何迹象表明王太子曾娶舒安小姐为妻。时隔六十年以后，还搬出这些含含糊糊、很不可靠，且无人相信的市井传闻，这不是在写历史，而是妄谈谬传各种丑闻来骗取钱财。这位作家在第224页上竟厚颜无耻地捏造说，勃艮第公爵夫人对亲王，即她的丈夫说："假如我死了，你会不会续写贵府历史的第三卷呢？"这又有什么根据呢？在他笔下引述了路易十四、各位王公贵族、各位大臣的话，好像他亲自听到他们讲过似的。这些回忆录没有几页不是充满各种无耻谎言的，凡正人君子读了无不极为愤慨。——伏尔泰注

怀疑，这时又奇怪地突然产生。如果诬蔑诽谤可以原谅的话，那么，民众在极度悲痛之中是会加以原谅的。但是，如果认为有人竟能犯罪害死那么多王室家族成员，只留下一个唯一可以为他们报仇的人，这简直是痴人说梦。夺去王太子勃艮第公爵、他的妻子以及他的儿子的生命的是一种传染性紫麻疹。这种病在短短不到一个月内就使巴黎五百多人死亡。孔代亲王的孙子波旁公爵先生、拉特里穆伊公爵、拉弗里利埃尔夫人和利斯特内夫人都得了这种病。昂坦公爵的儿子贡德兰侯爵得病后两天之内就死去。他的妻子，即后来的图卢兹公爵夫人也曾经生命垂危。这种疾病席卷整个法国。它还在洛林使预定当德意志皇帝并振兴奥地利王室的洛林公爵弗朗索瓦的几个大哥哥死亡。

当时，有个名叫布丹的医生，是个嗜好玩乐的人。他胆大妄为，又十分无知，公开说："对这样的病我们不了解。"我认为，这就足以使诬蔑诽谤不受约束了。

路易十四的侄子、奥尔良公爵菲利浦有个实验室。他研究化学和许多其他科学。于是这就成了无可辩驳的证据。公众的呼声是可怕的。不目睹其事简直无法置信。如果知情人不注意消除这些怀疑，好些文章、好些毫无价值的关于路易十四的故事就会使这种种怀疑永远存在。我敢说，人的不公正行为常常使我震惊，为了弄清事实真相，我曾多次进行调查。王国最正直的人物之一的卡尼阿克侯爵和这位受到怀疑的亲王关系十分密切。但此后他也有很多事对公爵不满。侯爵多次告诉我这件事：卡尼阿克侯爵在上述死亡事件激起公愤时，到奥尔良公爵的宫中里去看他。他看见公爵躺在地上，痛哭流涕，因绝望而精神错乱。他的化学师霍姆贝格跑到巴士底狱去要求当犯人。但是，监狱没有接到收留他的命令，因此加以拒绝。亲王(谁会相信他呢?)悲痛欲绝，也要求入狱。他希望通过司法程序来澄清事实，证明他清白无辜。他的母亲和他都要求采取这个令人痛苦的措施来证明他无罪。一封有国王封印的信寄发了出去，但是没有签名。在这民情万分激动的情况下，卡尼阿克侯爵一个人保持着相当冷静的头脑。他感觉到这一绝望的行动会带来什么后果。他劝服亲王的母亲拒绝这封可耻的有国王封印的信。同意发出有国王封印的信的君主和要求这封信的侄子同样不幸①。

① 首先提到这种极为拙劣的谎言的是《奥尔良公爵生平》一书的作者。他是一个名叫拉莫特的耶稣会教士。在奥尔良公爵摄政期间，在卢昂讲道，大肆反对公爵，后来改名拉奥德逃亡荷兰的就是他。他了解几桩有关国家的大事。他在第1卷第112页上写道："亲王无端受到怀疑，他主动要求入狱受审。"这事倒是完全正确的。不过，这位耶稣会教士就无法得知卡尼阿克先生如何反对这种办法，因为这样对无辜的亲王太不公平了。他报道的其他轶事都是假的。勒布雷照抄了他的作品，在第8卷第143页中他也跟着说："勃艮第公爵和夫人的小儿子服用了威尼斯解毒药才被救活。"根本没有什么可以随便给人的威尼斯解毒药。医学上还没有万灵解毒药可以治疗一种不知病源的疾病。在那可悲的年代里，流传于民间的大量轶事只是以讹传讹而已。

《曼特农夫人回忆录》的编纂者说："曼恩公爵当时生命垂危。"这个错误倒也无关紧要。但是他说："有关这些流传，《路易十四时代》的作者传播的东西多，推翻的东西少。"这简直是幼稚可笑的诬蔑。

这些所谓《回忆录》以如此荒谬的谎言来玷污历史，是空前未有的。作者假装在1753年写成回忆录，他竟无所顾忌地臆造出什么勃艮第公爵、公爵夫人和他们的长子死于天花症。他捏造这一谎言，目的在于找个借口，以便大谈其什么1756年5月接种疫苗的事。因此，在同一页里，他在1753年就已在谈论1756年发生的事情。

充斥文坛的诬蔑性文章如此之多，有关政府和百姓的假回忆录、欺骗性文章在荷兰流传得那么广，因此，我们有责任提请读者注意，谨防这一大堆谤文。——伏尔泰注

第二十八章

轶事续篇

路易十四在公开场合强忍他的痛苦，让人看见他和平时一样。但在私下里，屡遭不幸带来的痛苦却深深透入他心中，引起惊厥。在战争失利之后，和平尚无保证之前，贫困使王国悲痛忧伤之时，他失去那么多亲属。但是从来没有人看见他向这些痛苦屈服。

他的余生是凄惨的。国家财政紊乱不堪，无法弥补。这使他大失人心。他对那个过于粗暴的耶稣会教士勒泰利埃的绝对信任终于激起公愤。这件事很值得注意：公众原谅他有不少情妇，却不能原谅他有那个听忏悔神父。在他生命的最后三年中，他一生所完成的伟大的、值得纪念的业绩，在大多数臣民的心目中，已经丧失殆尽。

国王几乎失去他所有的子女。他对他那两个已被承认为合法的儿子曼恩公爵和图卢兹伯爵更加温存爱抚。这种温存爱抚之情促使国王发布诏书，宣布他们两人以及他们的子孙在没有血亲亲王的情况下为王位继承人。法院对这项诏书没有提出任何指责就于 1714 年登记备案。这样，他就以自然法缓和了严格的习惯法。习惯法不给予非婚生子女对父方的任何继承权。国王们可以免受这一法律约束。路易十四认为自己可以为他的亲生骨肉做他过去曾经为几个下臣做过的好事。他特别认为，他曾经为洛林家族子弟做过，而高等法院没有异议就予以通过的事情，他也能为自己的两个孩子去做。接着，他于 1715 年又使他的私生子和血亲亲王具有同等地位。后来血亲亲王曾经向被认为婚生的亲王起诉这件事大家都知道。这两个私生子为他们自己和子孙保留路易十四给予的荣誉地位。至于与他们的子孙后代有关的一切，就要取决于他们生活的时代、他们的优点和命运了。

1715 年 8 月中旬，路易十四从马尔利返回时，已经病入膏肓。他双腿肿大，并出现坏疽。英国大使斯泰尔伯爵以英吉利民族的天资和特性，断定国王活不过九月份。奥尔良公爵过去在去马尔利旅行途中只是单独一个人。这次全宫廷的人员都围在他的身边。在国王的生命最后几天，一个江湖医生给他服用一点酏剂，这使他的病情稍有好转。他略为进食，那个医生担保国王会痊愈。这时候奥尔良公爵周围的那群人一下就减少了。这位公爵说："如果国王再吃一次东西，我周围的人就一个也不剩了。"然而，国王的这种病是不治之症。他已经采取措施，授予奥尔良公爵绝对摄政权。国王过去在提交高等法院的遗嘱中，只给公爵留下很有限的权力，说得更确切些，只把他定为摄政会议主席，即他只在摄政会议表决时赞成与反对票数相等之际有决定性的一票。然而，国王却对他说："我给你保留了你的出身赋予你的一切权利①。"因为国王不相信有什么根本法可以在国王未成年期间授予王国的推定继

① 《曼特农夫人回忆录》第 5 卷第 194 页上说，路易十四想让曼恩公爵当摄政官。发表这么重要而又异乎寻常的事件，必须要有可靠的依据。要是曼恩公爵的地位凌驾于奥尔良公爵之上，一切都会搞乱。因此，这件事肯定是假的。——伏尔泰注

承人以无限的权力。这种最高权力可以被人滥用,因此是危险的。不过被分散的权力会更加危险。路易十四认为他一生中人家对他唯命是从,他死后也将是这样。他竟忘了他父亲的遗嘱也曾经被人撤销。(1715 年 9 月 1 日)此外,大家都知道,他看见死亡来临时,心情多么坦然。他对曼特农夫人说:“我过去以为死比这还更难受一些。”他又对他的仆人说:“你们哭什么? 你们过去真的以为我不会死吗?”他还平静地就很多事情逐一下达命令,甚至安排他的葬礼。一个人临终时有很多人在场总是会勇敢地死去。路易十三在病危期间,为他死后人们要唱的哀歌谱了曲。路易十四临终时,表现出的勇敢精神丝毫不带有他毕生都显露出来的那种自我炫耀。他勇敢得竟承认了自己的错误。这位君主临终时把他的继承人搂在怀里,对他讲了一番值得注意的话。他的继承人把这些金玉良言一直保存下来,写在床头。并不是所有史书记载的这些话都与原话一样。下面是原原本本抄录下来的这些话:

“您不久就要成为一个伟大王国的国王。我特别嘱咐您:别忘记您对上帝应尽的职责。要记住您所有的一切都是上帝所赐。要尽力同邻国和睦相处。我过去太爱战争。这一点您不要学我。也不要像我那样过度挥霍。遇事要多征求意见。要力求了解哪个意见最好,并且照办。要尽快减轻百姓负担,完成我不幸尚未完成的事业。”

有些文章责备路易十四心胸狭窄。狭窄的心胸和这番话相去太远了。

有人责备路易十四晚年佩戴圣物。他感情高尚。但他的听忏悔神父的感情并不这样,他敦促国王屈从这种不适宜的、目前已经过时的教规,以便国王完全受他的影响。再说国王嗜好佩戴的这些圣物是曼特农夫人送给他的。

虽然路易十四的生和死同样光荣。但他死后却没有受到应该受到的怀念。人们对新鲜事物的爱好、新王尚未成年不能执政（人人这时都想高升走运）使人们乖戾易怒的教皇谕旨①争论，凡此种种都使人在得悉国王的死讯时怀有一种比漠不关心更坏的感情。同样这些在1686年曾经流泪祈求上天使国王康复的百姓，而今在送殡的行列中却表现出迥然不同的感情。据说国王还很年轻时，有一天，他母亲对他说："我的儿子，要像你的祖父一样，不要像你的父亲一样。"国王问为什么。她回答说："亨利四世去世时，大家都哭，而路易十三去世时，大家都笑。"②

虽然大家责备他狂热反对冉森教派心地狭窄，手段严酷；得胜时对外国人过于高傲；偏爱几个妇女；处理私事过于严厉；轻率发动战争；焚烧帕拉蒂纳；迫害新教徒等等。然而，如果拿他伟大的品质和功绩同这些错误缺点比较，他还是功大于过。时间使人的见解判断逐渐成熟，已经肯定了他的声誉。不管有人怎样写文章反对他，但是人们提起他的名字却无不油然生敬，听到这个名字无不联想到一个永远值得记忆的时代。从这位君主的私生活来看，他确实过于威严，但却和蔼可亲。他不让他母亲参与国政，但对她却尽了一个儿子应尽的全部责任，对他的妻子遵守了表面上的一切规矩礼

① 此处的教皇谕旨，指教皇克莱门十一世1713年颁布的《上帝唯一子》通谕。通谕谴责凯斯内尔的一百零一条陈议。——译者

② 那时（指路易十四逝世时——译者），我看到通往圣德尼的路上搭起了小帐篷。人们喝酒，唱歌，欢笑。巴黎市民们的感情一直传到下层民众。大众欢乐的主要原因是对耶稣会教士勒泰利埃不满。我听到有好几个观众在说应该用照亮葬礼仪式的火炬去把耶稣会的房子烧光。——伏尔泰注

貌。他是一个好父亲、一个好主人，在公众场合始终端庄稳重。他工作勤奋，治政精明，思考正确，讲话得体，既庄重又和气。

我在其他地方指出过，一些别人认为是他说过的话他从来没有说过。据说当国王的首席宫内侍从和他的御衣官争夺侍候国王的这种荣誉时，他说："我的仆人谁侍候我都不在乎"这样粗鲁的话不可能出自他这样彬彬有礼和细致认真的人之口。而且这与有一天他对罗什富科公爵谈起公爵欠的债时所说的话很不相符。国王说："您为什么不对您的朋友说呢?"这句话与上面那句话就不大一致。它本身就很有价值。而且国王说这话时还赠给公爵五万埃居。

据说路易十四写信给罗什富科公爵说："我作为您的朋友，祝贺您得到我作为您的国王授予您御衣主管的职务。"这件事并不真实。历史学家认为这封信出自路易十四之手。这说明他们没有感觉到对自己的仆人说我是你的主人这种讲法多么不妥，甚至多么冷酷。如果对一个背叛他的下臣这样写，倒很中肯。亨利四世在还没有和马延公爵完全和解以前，本可对他这样讲。国务办公厅秘书罗斯确实写过这样一封信，但是国王见识高明，善于判断，没有把这封信发出。国王具有这一良好的判断力，还删去了法兰西学院院士夏庞蒂埃为凡尔赛画廊中勒布伦的几幅画所作的这些浮夸的题词："难以置信的横渡莱茵河""奇取瓦朗西安"等等。他认为如果题为："横渡莱茵"和"攻克瓦朗西安"就更加有意义。夏庞蒂埃用我们自己的语言来题词，以装饰祖国不朽的作品，这一点无可非议。但用词阿谀奉承则对作品有损。

这位君主对别人的几句回答、几句打趣的话，被人收集了起来。这些话并无关紧要。有人肯定，他决定在法国取缔加尔文教时说过:“我祖父喜欢胡格诺派,不怕他们。我父亲不喜欢他们,怕他们。至于我,既不喜欢他们,也不怕他们。”

1658年,他把巴黎高等法院第一院长的职位授予当时的奏章送审官的拉穆瓦尼翁先生后,对他说:“如果我知道有比你更好、更称职的下属,我一定会选择他。”他把巴黎大主教的职位授予诺阿耶红衣主教时,也讲了类似的话。这些话好就好在是真实,并能激发人们的美德。

据说有个冒失无礼的传道士一天在凡尔赛讲道时,指名道姓地提到了国王。对待普通个人也不允许这样轻率鲁莽,更何况对待一个君主。大家肯定路易十四仅仅对他说了这样一句话:“神父,我很喜欢参加听讲道,但我不喜欢别人把教训强加于我。”这句话不管他是否说过,都可以作为教训。

他表达自己的思想感情总是庄严而精确。他在公众场合力求讲话、行为都符合君主的身份。当昂儒公爵动身前往西班牙就王位时,为了表示今后法、西两国之间的团结,路易十四对他说:“比利牛斯山再也不存在了。”

肯定没有什么东西比下面这段完全由他亲笔写的回忆录更能使人了解他的性格。

“凡是国王都常常不得不做一些违背自己癖好、违反自己的良好天性的事。他们必须乐于使人高兴。他们不得不经常惩罚并断送一些他们本想予以帮助的人。国家的利益应居首位。他们必须控制自己的兴趣爱好,不要使自己在任何重大的、能够做得更好的事情上感到内疚。但有时某些个人利益妨碍我这样行事,并转移了我为了谋求国家的威势、幸福和强大而应该怀有的意图。常常有些问题令人痛苦难过。有些微妙的问题很难辨明弄清。人们思想糊涂。在这种情况下,就可不作决定。然而,一旦头脑里有了想法,而且被认为是最好的办法,就必须采用。这就是使我常常做事取得成功的原因。我犯过的一些使我感到极其痛苦的错误,是出于好意,是因为我过分漫不经心,听了别人的意见而犯的。没有什么东西像软弱无能那样危险,不管这种软弱属于何种性质。要指挥别人,就必须高于别人。此外,在广泛听取各方面意见之后,一个国王应该根据自己毫无成见地作出的判断去作出决定。进行判断时应该经常想到,不要命令别人去做,自己也不要去做任何与自己的地位、称号和国家的威严不相称的事。怀有良好的意愿和对他们的政务有所了解的君主,或者通过自己的经验,或者通过勤奋学习来胜任工作。他们会找到很多各种各样的能使自己扬名天下的事,因此他们必须特别注意,事事用心。必须提防自己,始终提防自己的爱好和天性。如果国王自己觉得能圆满完成所有他从事的工作,那么,国王这个职务是伟大的、高尚的、使人愉快的。但国王并不能免于忧虑、辛劳、不安。有时,他会因对事情毫无把握而绝望。当他对某个问题进行过理智的考虑之后,就应该下决心,采取他认为最好的办法①。

---

① 卡斯泰尔·德·圣皮埃尔神父,曾因写过几部独树一格的作品而著称。他的作品里包含很多哲学观点,但其中很少能够付诸实施。他留下了一部1658年至1739年的《政治年鉴》。他在好几个地方谴责了路易十四的统治。他特别不愿意人家称路易十四为伟人路易。如果"伟人"一字意味着十全十美,那这个称号当然与他并不相称。但是从这位君主亲手写的《回忆录》中,可见他也有很好的治国方针,至少和圣皮埃尔神父的方针一样好。圣皮埃尔神父的回忆录中,除了此人粗浅而真诚地以为自己生来就有治国之才外,没有什么新奇的东西。——伏尔泰注

“一个人如果为国家着想，就是为自己工作。国家得利，个人光荣。国家幸福、崇高、强大，造福国家的人就十分光荣。因此，和他的臣民相比，国王更应该尝到最大的生活乐趣。如果做错了什么事，应该尽早纠正，而不应有其他考虑。甚至也不能因为做错事是出于善意而不加以纠正。

“1671 年，一个担任国务大臣之职并负责外交工作的人死了。这个人能干，但并非没有缺点。他仍然圆满完成了这一非常重要的工作。

“有一段时间，我对任命谁来担任这项职务犹豫不决。经过仔细考察，我发现有个曾经长期在驻外使馆工作的人担任这项职务最合适。

“我把他召来。我这一选择得到大家赞同，这种情况并不常有。他回国后，我命令他接任这个职务。我只是由于他享有声誉，由于责成他办过几件事，他办得很好，才了解他。但我给予他的这个职位对他说来过于重大，范围太广。我没有利用我能够具有的全部优越条件。这一切都出于善意和仁慈。最后，我不得不命令他退职，因为所有他经办的事都失去了人们执行法国国王命令时所应有的威严和力量。假如我早些打定主意把他调离，就可以避免我遇到的麻烦，我就不会责备自己对他的好心使国家受害。我谈这个细节，是为了举例说明我上面讲的话。”

这一宝贵的、至今尚不为人所知的不朽文件，向子孙后代证明路易十四的灵魂何等正直高尚。甚至可以说他对自己评价过分苛严。关于蓬波纳先生的事，国王没什么可以自责之处，因为他是根据这位大臣的工作和声誉决定选任他的。而且这次选任得到普遍赞同。蓬波纳先生有幸在王国全盛时期效劳。如果国王由于选任他而自责，那么，关于夏米亚尔先生他又该作何感想呢？这位大臣掌管的部门非常不幸，受到普遍谴责。

他写过好几本这一类的回忆录，或是为了自省，或是为了教育王储勃艮第公爵。他往往在事件发生后才有这些感想体会。倘若他能自己形成一套超越一般政治与偏见的哲学体系，他就更能接近完美的境地。他向往这一体系，这是他的优点所在。这门哲学在过去很多时代很少君主运用过。既然很多人都不了解它，国王们不了解就情有可原了。

下面是他给他即将赴西班牙的孙子菲利浦五世的一部分指示。这些指示他仓促写成，十分随便，但是这种不加修饰、随随便便的态度却比经过研究推敲的演说更能揭示他的心灵。我们在这些指示中看见作指示的人既是父亲，又是国王。

“要爱西班牙人，爱所有隶属于王国和你本人的臣民。不要偏爱那些最爱讨好你的人。要器重那些为了国家利益敢于冒使你不快的风险的人。他们才是你真正的朋友。

“为你的臣民造福。为此，除非迫不得已，要在枢密院深思熟虑，权衡得失之后才进行战争。

“努力整顿财政。要关心印度和你的舰队。要考虑商业贸易。要和法国精诚团结。没有任何其他东西，像这种团结那样有利于我们两大强国。这种团结任何力量也抵挡不住①。

“你如果被迫作战，就亲自统率军队。

① 显而易见，他的这一臆断是错误的。——伏尔泰注

“要考虑在各地整顿部队，并从整顿佛兰德尔的部队开始。

“绝不要为了娱乐而丢下国政。不过要为你自己作个规定，使自己有空闲和消遣的时间。

“只要不在狩猎和讲究乡间别墅方面花费太多，那么，这两者就不是什么邪门歪道了。

“别人对你谈论国家事务时，要注意倾听。开始要多听，不作任何决定。

“当你的知识更加丰富时，要记住事情应该由你决定。但是，不管你的经验多么丰富，作出决定之前，一定要听取枢密院陈述的所有意见和理由。

“要尽可能了解最重要的人物，以便知人善任。

“尽量让西班牙人当你的总督和省长。

“好好对待每个人。绝不要对任何人讲任何令人不快的话。不过要识别那些德才兼备的人。

“要对已故国王以及所有主张选你继承王位的人表示感谢。

“要非常信任波尔托卡雷罗红衣主教。向他表示你对他过去管理国政的感谢。

“我想你应该为那位有幸向你求见，并且第一个作为臣民向你致敬的大使做些值得重视的事。

“别忘了贝德马尔这个有长处的人能够为你效劳。

“要完全信任阿尔古公爵。他是个能干、正直的人，会替你设想，提出对你有益的忠告。

“要让所有法国人奉公守法。

“好好对待你的仆人。但不要让他们太随便，更不要对他们过分信任。只要规矩听话，就使用他们。稍有错误，就辞退他们。绝不要支持他们反对西班牙人。

“除了不能免除的联系之外，不要和前国王的遗孀有任何来往。设法使她离开马德里，但不要让她从西班牙出走。无论她在什么地方，都要注意她的行动，防止她参与任何国事。要提防那些和她来往太密的人。

“永远爱你的父母。记住他们和你分别是多么痛苦。事无大小，都要和他们保持密切联系。你们那边没有的东西，如果你需要，或者想要，就告诉我们。我们对你也会这样。

“千万不要忘记你是法国人，以及可能对你发生的事。以后当你已经确保你的孩子可以继承西班牙王位时，巡视一下你所属的各个王国。到那不勒斯去。到西西里去。再到米兰去。然后来佛兰德尔[1]。这样就有机会再见到我们。在这以前，去视察一下加泰罗尼亚、阿拉贡和其他地方。看看你为休达有些什么要做的事。

“到了西班牙，特别是进入马德里时，扔一些钱给老百姓。

“看到有人神情异样，不要反感。千万不要嘲笑他们。每个国家都有自己特殊的风俗习惯。你很快就会习惯最初好像对你最奇怪的事物。

“尽可能避免把恩宠赐给那些想用金钱得到你的恩宠的人。馈赠要适时、慷慨。不要接受别人的礼物，除非是些不值钱的东西。如果有时你不得不接受人家的礼物，几天以后要用价值更大

① 仅这一点便足以使很多历史学家哑口无言。他们根据在荷兰写的不真实的回忆录，提到一项所谓的条约（由菲利浦五世在离去前签订的）。条约规定这位王子将佛兰德尔和米兰区割让给他的祖父。——伏尔泰注

的礼物回赠送给你礼物的人。

“准备一只小箱子来装你专有的物品。这个箱子的钥匙只能你一个人有。

“最后，我把一个我能奉赠给你的最重要的忠告奉赠给你：不要受人支配控制。要自己做主。绝不要宠臣，也不要宰相。要听取枢密院的意见，同它商量，但事情由你自己决定。上帝使你成为国王，只要你有良好的意愿，他将给你必需的智慧①。”

在路易十四的头脑中，正确与崇高的东西多于风趣与俏皮的东西。再说，人们并不要求一个国王说些令人难忘的话，而是要求他做令人难忘的事。对任何身居要职的人说来，必须做到以下几点：不要让任何人离开你时，对他到你那里来感到不满；使所有接近你的人感到你和蔼可亲。一个人不可能时时刻刻都做好事，但是可以常常讲一些使人高兴的话。路易十四养成了这样做的良好习惯。这是他和他的廷臣之间始终保持的一种关系：国王的尊严包含一切恩宠，但不失去尊严；而廷臣则殷勤效劳，尽量取悦国王，细心周到，但无奴颜婢膝的态度。特别是对妇女，他是那样殷勤、那样彬彬有礼。这使他的内宠近幸更有礼貌。他从不放过任何机会，向男人们讲些迎合他们的自尊心，又能激励他们相互竞争的

① 西班牙国王从他的忠告中得益不浅，这是一位有德行的君主。

《曼特农夫人回忆录》的作者在此书第5卷第200页，指责他在发妻死后的第二天，就同于尔森公主共进过一次“令人议论纷纷的晚餐，并想娶这个妇人为妻”，他使这个妇人蒙受耻辱。应指出，于尔森公主安妮-玛丽·德·拉里穆伊是陪伴已故皇后的贵妇，当时年已七十多，离她初婚已五十年之久，离她再婚也已四十年。最好把这种民间传说置于脑后。如果把它们发表出去，并且没有一点最微薄的证据，就想用它来玷辱最受尊敬的名字，那么，这种诽谤是应当受到惩罚的。——伏尔泰注

话。这些话使人们永志不忘。

当勃良第公爵夫人还很年轻的时候，有一天她在晚餐时看见一个长得很难看的军官。她不停地大声嘲笑这位军官丑陋。于是国王用更大的声音说："夫人，我觉得他是我的王国的最俊美的人之一，因为他是最勇敢的人之一。"

有个将军的性格有点粗暴。他即使在路易十四的宫廷里脾气也并没有变得温和一些。他在一次战斗中失去一只胳膊。他向国王诉苦。能为一只断臂奖赏多少，国王就奖赏了他多少。这个将官对国王说："我愿意把另一只胳膊也丢掉，不再为陛下效劳。"国王回答说："那我将为我自己和您感到遗憾。"说了这话以后，国王又给了他一份赏赐。他绝不讲令人不愉快的、出自君主之口会致人死命的话。连最不伤人、最温和的开玩笑的话他也戒绝。而一般人却常常十分冷酷无情，对人冷嘲热讽，令人感到痛苦。

精巧的作品、即兴诗、悦耳的歌曲他很喜欢，并且很内行。有时他甚至为当时流行的曲调即席配出下面这样的歌词：

在我弟弟那里，
不太需要塞朗法官。
而乖巧的布瓦弗朗，
倒懂得讨人喜欢。

另一首是某天他在宣布枢密院会议散会时作的：

枢密院在他眼前，

开会讨论也是枉然。
他一见他那只猎狗，
便丢下一切飞奔向前。
每当狩猎的号角召唤，
什么也无法把他阻拦。

这些琐事至少显示，智力娱乐也是宫廷中的娱乐消遣之一。路易十四也参与这种娱乐。他善于以君主的身份在世界舞台上演出，也同样善于在日常生活之中以普通人的身份出现。

他给兰斯大主教写的关于巴尔伯齐厄侯爵的一封信，虽然文笔很不讲究，但是更能反映他的性格。奇思妙想在反映他的才智方面，则略逊一筹。国王已经把原来由卢瓦侯爵担任的军机大臣的职位授予一个年轻人，即侯爵的儿子。不久以后，他对新任军机大臣的为人行事感到不满。他想纠正他的行为，而又不过分贬辱他。因此，他写信给侯爵的叔父兰斯大主教，请他提醒他的侄子。他是一个对情况了若指掌的主人。他还像父亲一样语重心长地说：

“我知道我应该感谢已故的卢瓦先生什么①。但你的侄儿如果不改邪归正，我就不得不作出决定。我会对此感到遗憾。但我必须这样做。他有才能，但没有很好使用。宴请王公贵人次数太多，而不是工作得太多。他经常寻欢作乐而不理政务。他让他的

① 这句话正好驳斥了拉博梅尔的可耻诬蔑。他竟敢说：“卢瓦侯爵怕路易十四毒死他。”再说，这封信现在一定还保存在掌玺大臣肖弗兰先生的手稿中。——伏尔泰注

军官在前厅久等，对他们训话时态度十分傲慢，甚至生硬。”

这些就是我还记得的这封信的一些内容。这封信的原文我曾经见过。它清楚表明，路易十四并不像人们所认为的那样，受大臣们的操纵，他善于支配他的大臣。

他喜欢听人赞颂。一个国王喜欢听人赞颂是件好事。因为这样，他就会力求使自己受之无愧。但是赞扬过分，路易十四不一定会接受。法兰西学院每次为颁发奖金而出的题目都呈报国王。有一次呈请国王审阅这个题目：“国王的所有的美德中，哪一种更值得喜爱？”看到这个题目，国王脸红了起来。他不同意论述这样一个题目。他容许基诺所写的序言。但这是在他的全盛时期。这个时期举国上下兴奋狂热。他陶醉其中，也就情有可原了。从前，维吉尔和贺拉斯出于感恩，奥维德则由于可耻的懦弱，都曾经对奥古斯都大事赞颂。如果想到奥古斯都曾执行放逐政策，这些赞扬，他很不配得到。

要是高乃依在黎世留红衣主教的房间里向某个内宠近幸说：“告诉红衣主教大人，要说诗歌我可比他内行。”那这位首相是绝对不会原谅他的。然而这正是布瓦洛·戴普雷奥在一次几句诗引起的争论中公开讲的关于国王的话。这几句诗国王认为写得好，布瓦洛却认为写得糟。国王说：“他说得对，他确实比我内行。”

旺多姆公爵身边有一个专事吃喝玩乐的人，叫维利埃。他以荒淫无耻、放肆随便为荣。公爵让他住在自己在凡尔赛宫的寓所里。大家通常叫他维利埃·旺多姆。这个人公开指责国王在音乐、绘画、建筑、园艺等方面的兴趣爱好。国王种植一片小树林，陈设一间寓所，修建一个喷泉，维利埃都觉得很不得当，而且讲话又毫无分寸。国王说："奇怪，维利埃选中我的房子，嘲笑我所做的一切。"有一天国王在花园里遇到他。国王指了指他的新工程说："嗳，这个难道不会蒙您赞赏吗?"维利埃回答说："不。"国王说："不过，有很多人对此并不感到不满意。"维利埃回答说："这是可能的，各人有各人的看法嘛!"国王笑着回答说："使每个人都中意是不可能的。"

一天，路易十四下双六棋。有一着棋子有些含糊不清之处，于是发生争执。在场的内宠近幸都一声不吭。正好格拉蒙伯爵走来。国王对他说："您来给我们评断一下吧!"伯爵说："陛下，是您错了。"国王说："您还不知道是怎么回事，为什么就说我错了呢?"伯爵答道："啊，陛下，难道您还看不出来，只要这里面有一点可疑的地方，这些先生们就一定会说您是对的。"

当时昂坦公爵以具有一种独特的本领著称。这个本领倒不是说奉承话，而是做奉承事。有一次国王到珀蒂堡去过夜。他指责一条林荫道挡住了视线，使人看不见小河。昂坦就叫人连夜把树砍光。国王第二天醒来，非常惊讶。他讨厌的那些树再也看不见了。昂坦公爵回答说："就是因为陛下讨厌它们，所以就再也看不到它们了。"

我曾经在其他地方叙述过另一件事：这同一个公爵，有一次发现国王不喜欢枫丹白露的狭长水池尽头处那片相当大的树林，于是花了一次散步的时间，等一切都准备就绪之后，请求国王向他下令砍掉这片树木，并一下子全部砍光。这些就是机敏灵巧的内宠近幸的行为，而绝不是一次阿谀奉承者的行为。

路易十四被人指责骄傲自大、令人难于容忍，因为胜利广场上他的塑像的底座四周围着用链条锁住的奴隶。其实这塑像和旺多姆广场的那座塑像，都不是他自己叫人竖立的。胜利广场上那一座雕像，是纪念拉弗亚德第一元帅的崇高精神和他对君主的感恩。他在这一工程上花了五十万利弗，价值为现在的一百万。这座城市又花了同样多的钱修整广场。把这座塑像的豪奢华丽归咎于路易十四，以及把元帅的豁达大度仅仅看成是虚荣与阿谀，似乎同样都是错误的。

人们只谈这四个奴隶，但是，这些奴隶既象征被征服的民族，也象征被降伏的积弊，如被废除的决斗、被消灭的异端。塑像上的铭文充分说明了这一点。铭文还歌颂了大海的汇合、内伊梅根和约的签订。它们谈恩德善行，比谈战绩功勋更多。再说，把奴隶放在国王塑像的脚下，是雕塑家古已有之的习惯。当然还是不如塑造一些自由幸福的公民好些。总之，在巴黎，仁慈的亨利四世和路易十三的塑像脚下都有奴隶。在里窝那，费迪南·德·美第奇的塑像的脚下也有。可以肯定，此人没有奴役过任何民族。一个打退了瑞典人、但并没有征服过别国的选侯①，在柏林的塑像下面也有奴隶。

法国的邻国和法国人自己认为路易十四应对这种习俗负责。这种看法很不公平。他的塑像上面的题词："献给不朽的人"，被说成是偶像崇拜，好像这个词除了意味着他的荣誉永存之外，还有什么别的含义似的。维维亚尼在佛罗萨的那所房屋上的题词"神赐

① 指腓德烈·威廉。此人即勃兰登堡选侯，又称为"大选侯"（1620—1688）。——译者

之屋”就更是偶像崇拜了。然而这只不过是暗指“天赐之子”这一外号，以及维吉尔的这一诗句：“一个神赐给我们这些娱乐”。

至于旺多姆广场的塑像，那是巴黎城为他竖立的。底座四周刻满的拉丁文铭文是比胜利广场的铭文更加露骨的阿谀谄媚之词。这些铭文说，路易十四除非不得已，决不拿起武器。路易十四在临终时严肃地否认了这一过分的赞扬。他的这些临终遗言，同那些连他本人都不知道的铭文相比，将会被人们铭记在心，永志不忘。其实，那些铭文只不过是些文人的粗鄙作品而已。

国王原来准备把广场上的房屋用作他的公共图书馆。广场本来还更大一些，最初有三面。这是一座巨大的宫殿的三面。三面的围墙已经筑好。1701 年的那场灾祸迫使巴黎居民在这座已经开工修建的宫殿的废墟上盖起私人住宅。因此，罗浮宫没有完工。柯尔伯想在佩罗的正门对面修建的喷泉和方尖碑只不过出现在建筑图纸上而已。美丽的圣日尔韦门一直无法看到。巴黎的大部分纪念性建筑都留下遗憾。

国民希望路易十四对罗浮宫和对首都的喜爱超过他对凡尔赛宫的喜爱。克雷基公爵称凡尔赛宫为毫无优点可言的最受宠的人物。子孙后代怀着感激的心情赞赏前人为公众完成的伟大事物。但是，当人们看到路易十四为他的乡村别墅所进行的如此富丽堂皇、但又如此不完善的工程时，除了赞赏，还会加以批评。

从刚刚叙述的全部事实可以得出这一结论：路易十四在各个方面都好大喜功。如果一个君主完成了同他一样多的丰功伟绩，并且仍然保持简单朴素、谦虚谨慎，那么，他在所有的帝王中将居于首位，而路易十四则占第二位。

如果他在临终时后悔自己曾经轻率征战，那么，应该说，他这样做就没有对具体情况进行具体分析，因为他进行的战争中最正义、最必要的1701年的那场战争正是唯一不幸的一次。

他的婚生子女中，除了王太子以外，两男三女都于童年夭亡。他的情妇们比较幸运。他的私生子只有两个死于摇篮中。其他八人都活着，而且取得合法地位。其中五个留下了后代。他和蒙特斯庞夫人身边的一位侍女生过一个女儿。这个女儿未被正式承认。后来他把她嫁给了在凡尔赛附近的一位贵族，名叫拉克。

有人怀疑莫雷修道院里的一个修女是他的女儿。这倒很有可能。因为她皮肤很黑，而且很像国王[①]。国土把她安置进这个修道院时，给了她两万埃居，作为她带进修道院的一笔财产。她自己认为出身高贵而非常傲慢。院长们对此曾有所抱怨。曼特农夫人某次到枫丹白露旅行，去到莫雷修道院。她想启发这位修女，要她谦虚一些。她尽力使这位修女抛开那个使她产生高傲情绪的想法。这个修女却对她说："夫人，一个像您这样高贵的夫人不辞辛苦，特地跑到这儿来对我说我不是国王的女儿，这正好使我更相信我就是国王的女儿。"莫雷修道院的人现在还记得这个轶事。

这样多详情细节也许会使哲学家感到厌腻扫兴。可是好奇心这种极其普遍的通病，当它把那吸引子孙后代的目光的时代和人物作为自己的对象时，它就不再成为一种通病了。

① 作者曾经看见过她同财政总监科马尔坦在一起。后者有权进入修道院内部。——伏尔泰注

第二十九章

内政、司法、商业、治安、法律、军纪、海军等

所有为自己的时代谋福利的社会活动家都应该受到这样的公正对待，即：考虑他们的起点，以便更好地衡量他们在祖国引起的变化。即使他们树立的榜样被后人所超越，子孙后代也应该对他们永怀感激之情。这种应得的荣誉是对他们唯一的奖赏。毫无疑问，当路易十四开始亲政，立志改革国务、美化宫廷、发展学术时，也受到对这种荣誉的爱好的激励。

他不仅为自己规定必须经常与每个大臣商讨政务，而且所有知名人士都可以得到他的单独接见。每个百姓都有向他提出请求或上疏奏议的自由。请求书先由一位奏章送审官受理，在上面加批，然后送交各部。有研究价值的奏章由枢密院负责审查。上书人不止一次被召到御前与各位大臣共同商讨。因此，虽然在极权统治之下，君民仍能声气相通。

路易十四努力训练自己，并使自己习惯于工作。他对处理国务毫无经验可言，而且娱乐的诱惑容易使他分心，因此这项工作对他说来就更加艰巨。发给各驻外使节的最重要训令，他无不亲笔书写。后来，最重要的信件他都亲自草拟。凡是以御名发出的文

件，他无不叫人读给他听。

富凯失势后，柯尔伯刚整顿好国家财政，路易十四就免除了百姓从 1647 年到 1656 年的全部欠税，特别免除了三百万人头税[①]。每年免除的苛捐杂税价值达五十万埃居。因此修道院长舒瓦齐主教说国家收入丝毫没有减少，如果这不是不了解情况，就是持论不公。可以肯定，国家收入因这些税收的豁免而有所减少，但又由于制度健全而有所增加。

由于首任院长贝利埃弗尔呕心沥血，关心操劳，再加上埃吉荣公爵夫人和好几位公民慷慨捐助，在巴黎成立了总医院。路易十四把这所医院扩大，还在全国各主要城市设立医院。

到那时为止，一直无法通行的公路不再废弃荒置，并逐步变成今天路易十五统治下的这种模样，备受国外人士赞赏。不管从哪个方向去巴黎城，除了个别几处以外，现在都可以在两旁植树的坚固的大道上旅行五六十里。古罗马人修筑的道路虽然更加经久耐用，但没有这样宽阔、这样美观。

柯尔伯的才能主要发挥在贸易方面。贸易当时没有得到大力发展。它的主要方法原理也无人懂得。法国的贸易运输几乎都由英国船只，特别是荷兰船只承担。荷兰船只特别在我国港口装载我国产品，运往欧洲各地。从 1662 年起，国王就对本国臣民免征所有外国船只必须交纳的货运税。他还为本国人提供一切方便，使他们能以较少的费用自己运载货物。海外贸易就这样诞生了。

① 当时法国向一切非贵族、非教士以及不享有任何豁免权的人所征收的现金税。——译者

现在还存在的贸易部就是那时设立的。国王每两星期主持一次部务会议。

敦刻尔克和马赛两港被宣布为自由港。这一有利条件不久便把近东的贸易引向马赛，把北欧的贸易引向敦刻尔克。

西印度公司创立于 1664 年。东印度公司也于同年成立。在这以前，法国人的奢侈享受需要依靠荷兰人的勤劳。经济上的守旧派胆小无知、目光短浅。他们声嘶力竭地拼命反对用不会消失的货币去换取会被消耗的衣物等商品。但反对也是徒劳。他们没有考虑到这些已经成为生活必需品的印度商品，若在国外购买，价格更加昂贵。当然，带往东印度的货币要比从那里取回的多，欧洲也因而贫困起来。但是，这些货币来自秘鲁和墨西哥，是我们运往加的斯[①]的农产品出售后换来的。这笔钱留存在法国的要比花费在东印度的多。

国王把一笔相当于今天六百多万的巨款赠给该公司，并邀请有钱的人都来入股。王后、亲王和整个宫廷提供了当时的货币二百万。各高级法院捐助了一百二十万利弗，金融家捐助了二百万，商会捐助了六十五万。举国上下都出资支援他们的主子。

这家公司一直留存到今天。因为虽然荷兰人于 1694 年占领本地治里，法国对印贸易从此萧条，但是在奥尔良公爵摄政期间，这一贸易又再度兴盛繁荣起来。本地治里当时成了巴达维亚在商业上的竞争对手。由伟大的柯尔伯经过千辛万苦把这家印度公司创办起来。它在我们这一代几经动荡和周折之后，又重新建立。

① 西班牙港口，位于莱昂岛上，濒大西洋。——译者

若干年来它是王国最大的财源之一。1669 年国王又创建北方公司,并像对两个印度公司投资一样,对该公司进行投资。那时做生意似乎并不使人降低身份,失去体面,因为连豪门巨宅也仿效国王,在各家公司入股。

西印度公司得到的资助不在其他公司之下。国王为这家公司提供了十分之一的基金。

他对每吨出口货物津贴三十法郎,对每吨进口货物津贴四十法郎。所有在王国港口内造船的人每吨运载量可以得五利弗的补助。

修道院长舒瓦齐的《回忆录》竟谴责这些公司,令人至为惊讶。读这本书必须持怀疑态度。我们今天感觉到了柯尔伯为国家谋福利所做的工作。但这些工作当时没有被人体会到。他夙兴夜寐,辛勤工作,有人却忘恩负义[①]。在巴黎,大家因他取消 1656 年以来以廉价购买的市政厅公债的利息,又因前任大臣滥发储蓄券引起货币贬值而对他不满,但对他为公众做的好事却置若罔闻,无动于衷。当时一般市民多于守法良民。为公众谋利益的人寥寥无几。大家知道私利会怎样迷住人的眼睛,使人思想狭隘。我指的不仅是某一个商人的个人利益,一家公司、一个城市的本身的利益也是如此。柯尔伯大臣征询一个名叫阿宗的商人意见。这个商人

---

① 卡斯泰尔·德·圣皮埃尔神父在他的名为《政治年鉴》的手稿第 105 页中这样说:“柯尔伯是个勤奋的工作者,由于更多地关心奇异的科学和美术而疏忽了海洋贸易公司,此人认虚为实。”但是,柯尔伯远远没有忽视海洋贸易。实际建立海洋贸易的就是他一个人。在大臣中他最不把虚当实。这同全法国和整个欧洲都承认的事实全然相反。——伏尔泰注

用粗俗的话回答说："您发现车子往一边翻倒了，结果您却把它翻向另一边。"我年轻时，有人还常常得意地引用这句话。在莫雷里的著作中这件事也有记载。哲学精神很晚才传到法国。要在这位伟大的人物身后给他完全公正的评价，必须让哲学精神纠正人们的偏见。他办事和絮利公爵同样严格准确，视野比公爵广阔得多。絮利公爵只会管理大企业，柯尔伯则善于创办大企业。絮利公爵在韦尔万和约[①]签订以后面临的唯一困难是严格管理、厉行节约，而柯尔伯必须为1667年和1672年的战争立即广辟财源。亨利四世支持絮利的财政管理，而路易十四宫廷的豪华奢侈却经常妨碍柯尔伯的财政制度的实施。

但是，在柯尔伯任职期间，几乎一切都得到恢复或兴建。1665年，国王和私人放款的利率减至五厘。这充分证明资金流转迅速。他立志使法国富有，人口繁衍。农民结婚受到鼓励。二十多岁成家的农民免交人头税五年。子女多达十人的家长终身免税，因为他通过子女的劳动交付给国家的，要比缴纳的税还多。这项规定理应坚持执行，永不违反。

在柯尔伯任职期内，从1663年到1672年，每年都要新建几个工场。从前需从英国和荷兰进口的细呢，现在在阿布维尔织造。国王除了发给工场主一笔可观的奖金以外，还为每架开工织机预付两千利弗。1669年王国拥有毛纺织机达四万二千二百架之多。设备完善的丝绸工场的产品投入市场，贸易额按当时货币计算达五千多万。这不仅比向国外购买必需的丝绸更为有利，而且由于

---

① 法国亨利四世和西班牙菲利浦二世于1598年签订的和约。——译者

国内广植桑树，制造商可以不必向国外购进蚕丝来织丝绸。

从 1666 年起，法国制造的玻璃已经可以和供应全欧的威尼斯玻璃媲美。不久以后法国生产的玻璃既宽又美，其他国家始终无法仿制。土耳其和波斯的地毯被萨沃内里的地毯超过。佛兰德尔的挂毯也让位于戈贝兰的出品。当时戈贝兰宽阔的圈围起来的工场有八百多个工人，其中三百多名住在厂内。优秀的画家在工场里指导工作。他们或者自己设计图案，或者取法古代意大利的大师。戈贝兰工场还生产镶嵌制品。这是一种令人赞叹的镶嵌艺术。细木镶嵌也臻于精美。

除了戈贝兰的这个非常好的织毯工场以外，还在博韦建立了另外一个。第一个工场主在那个城市雇用工人六百名。国王给了他六万利弗的馈赠。

当时有一千六百名女工从事花边编织业。从威尼斯聘请来三十名熟练工人；从佛兰德尔请来二百名，并给了他们三万六千利弗的聘金，以资鼓励。

色当的毛纺工场和奥比松的织毯工场，原已衰落倒闭，现在也重新建立，恢复生产。里昂和图尔两地采用新技术，生产一种用丝绸和金银线交织的华丽的料子。

英国当时有一种精巧的织袜机，生产速度比针织快十倍。大家都知道法国政府后来怎样用钱把这个秘密买来。白铁、钢、精美的上彩釉的陶器和仿制摩洛哥皮革原来都来自海外，现在在法国国内生产。掌握白铁制造和炼钢技术的加尔文派教徒于 1686 年逃往国外，带走了这些技术的秘密，并让外国人分享这个好处和其他好处。

国王每年约花相当于现在八十万利弗的钱购买王国生产的精

致工艺品，作为馈赠他人的礼物。

当时的巴黎远不是今天这样。那时照明设备缺乏，治安情况很差，街道肮脏不堪。经常打扫街道、夜里点起五千盏路灯、全城铺设新路、建立两座新码头、修复全部旧码头、派步警和骑警彻夜巡逻以保障市民安全，这一切都需要花钱。国王把这一切承担起来，拨出经费作为必要的开支。1667 年，他还增设一个专管治安的官员。欧洲大部分大城市都是在多年之后才开始仿效巴黎，没有一座城市赶上它。没有一座城市的街道铺得像巴黎这样好。罗马甚至连照明设备都没有。

一切开始臻于完善。因此，当时巴黎的第二任警察署长①在任职期间获得盛誉，被列为为时代增光的人物之一。由此可见，这个人是个全才。他此后在政府中任职。他本来完全可以成为一名杰出将领。若论他的出身和能力，担任警察署长的职务对他来说是大材小用。然而，这个职务却比他晚年担任的诸事掣肘、为时短暂的大臣的职务使他博得更大的声誉。

应该指出，出身古代骑士家庭的人担任司法官职远不只警察署长达让松一人。出身古代名门贵族的人选择法官职务的这种情况几乎仅见于法国。欧洲其他国家，因受一种野蛮思想的残余的影响，还不了解担任这种职务也可以大有作为。

自 1661 年起，国王就在罗浮、圣日耳曼、凡尔赛不断大兴土木。百姓仿效国王，也在巴黎修建了上千座华美舒适的大厦。新建大厦日益增多，以致在巴黎，在罗亚尔宫和圣絮尔皮斯教堂周

① 即下文即将提到的达让松（1652—1721）。——译者

围，形成了两座新城。这两座城市都远远胜过旧城。也就在那个时候，发明了一种装有玻璃和弹簧的马车。一个巴黎市民乘坐这种马车在市内游逛，要比当年第一批胜利归来的古罗马将领到卡皮托利山告祭朱庇特神殿时还更奢侈豪华。乘坐这种车辆的习俗始于巴黎，不久便为全欧洲所接受。它一旦变得普遍，也就不再成其为奢侈的享受了。

路易十四爱好建筑、园林和雕刻。他在各个方面都欣赏雄伟、高贵的气派。财政总监柯尔伯自 1664 年起掌管建筑工程。这个部门本应属工艺大臣掌管的范围[①]。他始终不遗余力促使国王各项计划完成。首先要竭力完成的是罗浮宫的建筑。法国当时最伟大的建筑师之一、弗朗索瓦·芒萨尔被选派来修建计划中的宏伟建筑。他谢绝担任这项职务，除非他获准在施工中发现某些已经建成的部分在他看来有缺陷时，能自由任他返工重建。由于他对自己这样没有信心，浪费必然过大，因此没有考虑聘请他。后来从罗马请来了贝尼尼骑士。这位骑士因建造圣彼得大教堂广场周围的环形柱列、君士坦丁大帝的骑马塑像和纳沃纳喷泉而驰名遐迩。贝尼尼首途前来巴黎，车马、随从都由法国提供。他被当作前来为

① 圣皮埃尔神父在他的《政治年鉴》手稿第 104 页上说："这些事说明了游手好闲者之多，他们本身喜欢游手好闲，这就足以培养其他各种游手好闲之徒……。目前，意大利情况就是如此，尽管那儿的艺术已达十分高超的地步。人们十分贫困、无所事事、懒惰、虚荣、尽干蠢事，等等。"这些粗浅的看法也是不对的，而且文笔又如此粗俗。意大利在这几门艺术上获得最佳成就时，正处于美第奇王朝时期。那时威尼斯是各共和国中最善战、最富裕的。也就是在这个时代，意大利出过最伟大的军人和最卓越的各种艺术家。同样，正是在路易十四统治下的繁荣昌盛的年代里，艺术达到了最完善的地步。圣皮埃尔很多事情都讲得不对。他虽有良好的愿望，但缺乏正确的判断，令人深感遗憾。——伏尔泰注

法国增光的人物迎入巴黎。他在居留巴黎的八个月内，除了每天得到五个路易的薪金以外，还收到一份五万埃居的馈赠和一笔两千埃居的年金。另外还给他儿子一笔五百埃居的年金。路易十四对贝尼尼的慷慨大度比当年弗朗索瓦一世对拉斐尔的优赏厚赠有过之而无不及。贝尼尼出于感激之情，后来在罗马竖立了一座国王的骑马塑像。这座塑像现在保存在凡尔赛宫。贝尼尼到达巴黎时，十分显赫，似乎他是唯一配得上为路易十四从事建筑的人。但是当他看到位于圣日耳曼的奥克斯鲁瓦教堂那边的罗浮宫的正面设计图后，大为惊讶。这一建筑落成后便成了世界最庄严雄伟的纪念性建筑之一。这个建筑物由克洛德·佩罗设计，由路易·勒沃和多尔贝负责组织施工。佩罗还发明了一种机器，用来运送长达五十二英尺的石料。这些石料作为构筑庄严雄伟的建筑上三角楣之用。自己家里有的东西，有时却到远处去寻找。其实，罗马没有一座宫殿的正门堪与罗浮宫的正门相比。这要感谢布瓦洛竟敢讥贬的这位佩罗。游客们认为，那些有名的游廊，即便仅仅和弗朗索瓦·芒萨尔用很少的钱修建的梅宗城堡相比，就已大为逊色。贝尼尼得到一份优厚的报酬。其实他并不配，因为他只不过设计了一些并没有付诸施工的图样而已。

国王修建了日夜企盼的罗浮宫之后，又在耗资数百万的凡尔赛城堡附近修建一座新城，修建特里亚农和马尔利两座宫殿，装饰很多其他建筑物。与此同时，他在创立科学院之后，于 1661 年立即开始修建天文台。就使用价值、规模大小、工程难易而论，最光辉的工程要算连接两个海洋的朗格多克运河了。这条运河流入赛特港。这个港口就是为了接纳运河的水而修建的。全部工程始于

1664 年，延续到 1681 年竣工，中间从未停顿。残废军人院和院内那座巴黎最美丽的小教堂，以及在国王晚年最后建立的圣西尔女修院，已经足使在路易十四在他身后被人感恩赞美①。四千名士兵和很多军官晚年在残废军人院中得到安慰，在伤残贫困之中得到救助。二百五十个贵族少女在圣西尔女修院受到与她们的身份相称的良好教育。他们异口同声赞颂路易十四。圣西尔女修院的规模和作用都被路易十五为培养五百名贵族子弟而创立的军事学校所超过。但是，这所军校远远没有使人忘却，反而使人想起这所女修院，因为这只说明国王为百姓造福的方式在不断改进而已。

与此同时，路易十四想从事一些更伟大、用途更广、但也更加艰巨的工作，即法律改革。他责成赛吉埃法官以及拉穆瓦尼翁，塔隆和比尼翁等家族，特别是国务参赞皮索尔等人负责这项工作。有时他还亲自参加他们的会议。1667 年既是国王开始颁布新法律的一年，也是他取得军事胜利的一年。首先颁布了民法，其次是水利森林法。然后几乎逐年颁布了各项手工制造业的章程、刑事法、商法和海运法。甚至还创立了一种有利于我国殖民地的黑人的新法律②。这种人从来没有享受过人权。

一位君王并不需要精通法学。但是路易十四熟读主要的法律条文。他深明法意，知道什么时候应该坚决执行，什么时候应该适当减缓。他经常审理臣民的诉讼事件。不仅国务秘书厅受理的案件，而且所谓国务顾问法庭受理的案件，他也过问。他曾经两次作

① 圣皮埃尔神父批评了这个几乎各国都竞相模仿的修道院。——伏尔泰注

② 即 1685 年颁布的《黑人法典》，为柯尔伯所起草。此法典明文禁止贩卖奴隶，禁止拆散夫妻和强行使父母同幼年的子女分离。——译者

出众所周知的决定，判决自己理屈败诉。

发生于1680年的第一件讼案是以国王为一方，以在王家土地上修建房屋的几个巴黎居民为另一方之间的诉讼。国王最后决定房屋仍旧归建造者所有，还把自己的土地让与他们。

另一次牵涉一个名叫鲁普利的波斯人。1687年他的货物被国王庄园的办事人员没收。国王判决货物全部归还原主，还赠送三千埃居给他。鲁普利对国王又钦佩又感激，回到了祖国。后来，波斯大使穆罕默德·里扎贝格到巴黎时，人们发现他早就从传闻中知道这件事了。

废除决斗是路易十四为国家办的最大好事之一。过去这种争斗甚至得到国王、法院和教会的准许。虽然亨利四世在位时曾经加以禁止，但这一有害的习俗却比过去任何时候都更加普遍。1663年拉弗雷特一场四对四的著名决斗使路易十四下定决心不再对此宽容。他雷厉风行，令人满意，不但使国内的恶习逐步得到纠正，而且还影响了邻国。这些国家沾染了我国的恶习之后，又遵循我国这种明智的习俗。在今天的欧洲，决斗的次数只有路易十三在位时的百分之一。

路易十四不但为百姓立法，也为军队制定规章制度。奇怪的是，在他以前军队没有统一规定的制服。他执政第一年，就下令各个兵团以制服的颜色或不同的标记来区分识别。这项规定不久以后也为其他各国普遍采用。是他设立了大队长这个级别[①]，并使

① 圣皮埃尔神父在其《年鉴》中仅谈到大队长的设置，却忘记了路易十四为维护军纪的所作所为。——伏尔泰注

组成御林军的军队具有今天的地位。他把马扎然红衣主教的卫队组成火枪连，并规定两个连的人数为五百人。他为这两个连规定的制服沿用至今。

在路易十四统治下，取消了大将军这一职位。埃佩农公爵死后，又取消了步兵统领这个职位，因为这些职位过于独立做主，而国王却希望自己统率一切。他的确应该这样。格拉蒙元帅原是埃佩农公爵统率的法国卫队的一名团长，并且只接受这位统领的命令，现在则直接受国王指挥。他第一个被授予卫队上校名称。路易十四亲自任命各团上校，亲手授予镀金颈甲和长矛。长矛废弃以后，便授予短矛。起先国王在他亲手创建的殿前团中，增设了掷弹兵，每连有四名。后来又在每一步兵团中设掷弹兵一个连。在法国近卫军，团里则设两个连。现在，每一步兵营有掷弹兵一个连。他大大增加龙骑兵团的人数，并为这支部队指定一名统领。不要忘记，他还于 1667 年建立了几个种马场。在这之前，种马场几乎完全废弃，无人管理。这些种马场对于重建骑兵极为有用：可惜后来这项至为重要的办法措施，却被忽视。

步枪上装配刺刀，也是路易十四创始的。在路易十四以前，有时刺刀也有人使用，但只有少数连队使用这种武器打仗，而且从来没有统一用法，也没有训练。一切都取决于将领的个人意志。长矛被认为是最最可怕的武器。首先使用刺刀并受过劈刺训练的，是 1671 年建立的步枪团。

今天使用大炮的方式，也完全是路易十四创制的。他先后在杜埃、梅斯和斯特拉斯堡等地开办炮兵学校。后来炮兵团有很多几乎都能指挥攻城的军官。王国的武器弹药库都贮备充足。每年分配给它们火药八十万公斤。国王还建立了一个炮轰团和一支轻骑兵。过去,只有敌方有轻骑兵。

他于 1688 年建立了三十个民兵团,由各村镇提供给养装备①。这些民兵受作战训练,但并不脱离农事。

在大部分边防城市都有贵族子弟士兵连队。这些贵族子弟在连队里学习数学、绘图,进行各种操练,也执行士兵任务。这种制度延续了十五年。最后人们对这些很难使之遵守纪律的青年感到厌烦。然而,由国王创办并为其制定了目前仍被遵循的规章制度的军事工程团已经成了永久性机构。路易十四在位时期,沃邦元帅和他的学生使加强城防的技术臻于完善。他们的成就超过帕冈伯爵。元帅新建和修复要塞一百五十处。

为了加强军队纪律,他设置了军事总监和督察官,由他们负责向上级汇报部队情况,通过他们的报告可以看出将领是否称职。

他设立了圣路易勋章。这是一种体面的,比财富更为人渴求的奖赏。他为了无愧于臣民的尽忠效劳,对他们关怀备至。巴黎残废军人院的建立使他对臣民的关怀达到了顶点。

他通过这一系列努力,于 1672 年已拥有正规部队十八万人。他还随着敌军数量和威力的增长,不断增加兵力。最后他拥有军队四十五万人,其中包括海军。

在他以前,法国还从来没有过这样强大的武装力量。他的敌

① 这些民兵团是为正规部队培养人才的地方。维拉尔元帅指挥的最后几场战役拯救了法国。路易十五时的几次战役取得胜利。它们也对此做出贡献。1724 年采取维持民兵团的好办法主要是迪韦尔内先生建议的,后来由达让松伯爵使之臻于完善。(伏尔泰:《驳拉博梅尔先生的批注》)

人几乎无法以同等数量的兵力和他对抗，它们必须联合起来。路易十四显示出法国独自能完成什么样的功业。在作战中他常常或者取得巨大胜利，或者显出他的卓越才能和智谋。

他第一个在和平时期使人看见战争形象，并使人受到完整的军事教育。1698 年他在贡比涅集中了七万人，演习了一次战役所包括的全部作战行动。这次演习的目的在于指导他的三个孙子。阔气的排场使这次军事操练成了一次豪华奢侈的盛会。

路易十四不仅在战争开始之前便注意建立一支庞大的纪律严明的陆军，他还注意努力取得制海权。首先，马扎然红衣主教遗留下来的很少几艘停在港内任其朽坏的船只得到修理。此外，国王还从荷兰、瑞典购买一些新船。他亲政的第三年，就派遣海军去非洲海岸的吉热里初试锋芒。博福尔公爵早在 1665 年就清除了海盗。两年以后，法国港口已停泊有军舰六十艘。这仅仅是开始而已。在制定新规章制度和进行新的努力时，路易十四已经觉察到自己的全部力量。他不肯同意他的船只向英国军舰降旗致敬。查理二世国王的枢密院坚持继续拥有英国人过去由于武力强大、工业发达、时间有利而拥有的权力，但是白费力气。路易十四写信给他的大使埃斯特拉德伯爵说："英国国王和他的首相可以看到我的实力，但却看不到我的心。和荣誉相比，其他一切对我说来都微不足道。"

他决心坚持要做的事，他才说出来。英国的僭越行为果然向天赋的权利和路易十四的坚定态度让了步。从此，两国在海上一切都完全平等。但是，他一方面要和英国讲平等，另一方面却要维持他对西班牙的优势地位。他根据 1662 年正式给予他的居先权，迫使西班牙海军将领在他的船只前降旗。

这时，法国国内各方齐心协力，建设一支无愧于这种卓越崇高感的海军。在夏朗特河口，修建了罗什福尔城和港口。一些水手应征入伍，分成等级。他们有时在商船上服务，有时在王家舰只上服务。不久就有六万名编级水手。

各个港口都成立了船舶修造指导机构，研究船舶具有何种式样最为合适。在布雷斯特、罗什福尔、土伦、敦刻尔克和阿弗尔·德·格拉斯等地修建了五个海军兵工厂。1672 年，法国已拥有战列舰六十艘、三桅战船四十艘。到 1681 年，包括随航装卸小船在内已有一百九十八艘战舰。土伦港还泊有三十艘双桅战船。有的已经武装起来，有的正准备武装。军舰上有正规海军一万一千人。双桅战船上有三千人。海军各部门有各级人员十六万六千人。在此后几年中，有一千个贵族或世家子弟参加海军。他们在军舰担任士兵职务，并在各港学习航海和操作船舶的基本知识。他们被称为海军见习军官，相当于陆军的士官生。这种军官职务创始于 1672 年，起先人数很少。这个军官团是培养优秀海军军官的学校。

法国海军以前还没有过法国元帅。这一事实说明法国武装力量的这一主要部分过去如何受到忽视。让·德斯特雷于 1681 年第一个被授予海军元帅军衔。似乎路易十四所重视的事项之一是在各部门激起竞争。没有这种竞争，一切都会萎靡不振，毫无生气。

法国舰队在它发动的各次海战中始终占有优势，直到 1692 年拉霍格一战，才转胜为败。在这次战斗中，图尔维尔伯爵奉宫廷命令，以四十艘舰只进攻一支由九十艘英、荷船舰组成的联合舰队。法国海军寡不敌众，丧失一等船舰十四艘。这些军舰搁了浅，为了不使之落入敌手，于是付之一炬。法国海军尽管遭到这次挫折，还一直勉强支撑下去。但在西班牙王位继承战争中衰落。可惜以后在难得的和平间隙中，弗勒里红衣主教①却忽视海军，而这时正是重整海军的最佳时机。

这些海军也用来保护贸易。马提尼克、圣多米尼克和加拿大等殖民地以往萎谢衰落，现在则一派繁荣景象，并得到过去一直没有期望过的好处。因为，从1635年到1665年，这些殖民地一直是法国的负担。

1664年，国王派遣一批移民去卡宴。不久，又派另一批去马达加斯加。路易十四试图通过各种途径弥补法国因忽视海洋而长期蒙受的损失与不幸。而此时，其他邻国都已经在地球的另一端建立了殖民帝国。

仅仅通过以上的观察，便可以看出路易十四给国家带来了多大的变化。这些变化既然都还存在，这说明它们都对国家有益。大臣们都竞相辅佐国王。毫无疑问，制定细节和具体执行都归功于大臣，但总的计划安排要归功于国王。可以肯定：要不是有一位国王胸怀种种宏图，并有使之付诸实施的坚强意志，那么，官吏就不会改革法律，财政就不可能得到整顿，军队就不会纪律严明，国内不可能普遍建立治安警政，法国就不会拥有舰队，学术就不会得到鼓励，而且这一切也不可能协调一致，历经数任大臣之手而始终

① 弗勒里红衣主教（1653—1743），路易十五的大臣。——译者

坚持不渝。

路易十四绝不把自己的荣誉和国家的利益分开。他对待他的王国不像一个领主对待他的领地那样敲骨吸髓，榨尽脂膏，以供自己寻欢作乐。爱慕荣誉的君王必然会为公众谋求福利。将近1698年，他已经不再有柯尔伯和卢瓦了，但为了教育勃艮第公爵，国王命令各省总督写一份关于自己的省份的情况的详细报告。这样，就可以得到一份关于王国的真实准确的概述以及全国人口统计数字。虽然并不是各省总督都像拉穆瓦尼翁·德·巴维尔那样精明能干、深入细致，但是他们提供的这种材料还是十分有用。如果各省都像这位行政官吏在朗格多克省统计人口时那样认真执行国王的旨意，那么，这种材料就会成为本时代最光辉的文献之一。其中也确有几份写得不错。但这项工作缺乏全盘计划，没有让各省总督采用统一的规格。如果每份报告都能分栏写出各财政区的居民人数，其中包括贵族、市民、农民、手工业者、普通工人的人数，再加上各类牲畜、上中下三等土地、入修会的教士和不入修会的教士、他们的收入以及各城市和村镇的收入等方面的数字，那就好了。

在大部分呈报国王的报告中，上述内容乱七八糟，混在一起。材料写得既不深入，也不精确。从中寻找需要的资料非常困难。这些资料每位大臣应该手边必备，以便一经查阅，很容易就查到各地的武装力量、需要和资源的情况。这一设想很好，各省能统一执行，就会非常有用。

以上是路易十四为使国家进一步繁荣昌盛所做的和力求做到的事的概貌。在我看来，人们不能看到这些工作和努力而不产生感激之情，而不为推动进行这些工作的为民造福之心所激励。想象一下，投石党之乱时的王国情况和今天的情况吧！路易十四为国家做的好事超过他的二十个先辈好做的好事的总和。但是，他还远远没有做完他所能做的。他的大臣柯尔伯所建立的规模巨大的商业，在以缔结里斯维克和约[①]告终的那场战争中，已经开始遭到破坏，到西班牙王位继承战争时便被彻底摧毁了。

曼特农工程是为了把水引进凡尔赛而兴建的，后来中断，以致废弃无用。如果他把用于开凿水渠和曼特农工程的巨额款项用于美化巴黎，建完罗浮宫，如果他把用于在凡尔赛大兴土木，强使自然变样所花的那笔经费的五分之一用于巴黎，整个巴黎城都会同土伊勒利宫和御河桥一带一样美丽，并会成为世界最壮丽的城市。

法律改革是件很了不起的事。但是司法未能完全消除在诉讼中强词夺理、钻空觅隙的现象。当时打算使适用于某种案件的法律原则一致起来。在刑事案件、商业案件、诉讼程序等方面已经做到这一点。这一点在处理公民财产案件的法律中本来也可以做到。同一个法庭必须根据百种以上不同的习惯法来审理案件是件令人厌烦的事。各种土地法有的模棱两可，有的难于忍受，有的给社会带来麻烦。封建统治已经不复存在，但是，它们作为封建统治的残余却依然存在。这是已经倒塌了的古旧过时的建筑的破砖碎瓦。

---

① 里斯维克为荷兰城市。1686 年，《南特敕令》被撤销以后，在奥格斯堡成立了一个反对路易十四的奥格斯堡联盟，参加者有奥地利、西班牙、瑞典和德国，后来英国也参加。它们和法国进行了为时九年的战争，至 1697 年在里斯维克签订和约。——译者

我们并不主张国家的不同等级的人都必须服从同一法律。大家知道贵族、教士、官吏、农民的习俗必然有所不同。然而，我们希望在全国范围内对每一等级都能有统一的法律。在香巴尼被认为正确、合理的事，在诺曼底就不应该被认为是错误、非法。各项行政管理工作一致起来是个优点。但这是一项巨大任务，困难重重，曾经使人望而生畏。

路易十四本来很容易做到不用指定包税人那种危险办法。但是，由于他几乎总是需要先期使用他的税收，而不得不沿用这个办法。关于这个问题可见后面财政一章。

如果他没有认为单凭他的意志便可以使一百万人改变宗教信仰，那么，法国就不会失去那么多公民。法国虽然遭到打击和经受灾难，依然不愧为地球上最繁荣昌盛的国家之一，因为路易十四做过的所有好事至今犹存。至于那些在动乱时期难于避免的损失，已经得到弥补。后世必然会对君主们进行评价。君主也应该时刻想到后世会对他们作出评价。后代的人权衡一下路易十四的德行和缺点，一定承认，他虽然生前被人过分颂扬，但他毕竟永远值得称赞。为他在蒙彼利埃竖立的塑像上有一句拉丁文的题铭，意为："献给已故伟人路易"。应该承认，他对这句话是受之无愧的。政治家唐·乌斯塔里曾经就西班牙的财政和贸易著书立说，他说路易十四是个非凡人物。

在政府和各个等级的民众中发生的上述变化，必然引起风俗习惯的巨大变化。自从弗朗索瓦二世执政以来，民众中普遍存在的派系斗争、狂热和叛乱的思想，一变而为竞相为君主效劳的风气。阡陌相连、广有地产的封建领主不再与世隔绝，蛰居于自己的领地上。各省总督不再有重要职位可以赏赐下属。人人都想着如何取得君主的恩宠。这样，国家就成了一个各地齐通中枢、正规有法的整体了。

就是这些使宫廷得以摆脱多年来使国无宁日的乱党和阴谋叛乱。路易十四在位期间，仅于1674年发生过一次阴谋活动。策划者是一个叫拉特吕奥蒙的诺曼底贵族。此人花天酒地、债台高筑。参与这一阴谋活动的是一个出身罗昂家族的法国国家猎犬狩猎队队长。此人有勇无谋。一次卢瓦侯爵接见他时态度傲慢生硬，他非常恼火，以致接见后，他万分冲动，怒不可遏。他走进科马尔坦的房间，就倒在一只躺椅上说："我与这卢瓦势不两立，不是他死，就是我亡。"科马尔坦把他这样说只看成一时发火。但是第二天，这同一个年轻人问他他是否认为诺曼底的百姓对政府忠诚。这时科马尔坦才隐约看出这个年轻人图谋不轨，便劝他说："投石党的时代已经过去。相信我的话吧！你这样做会害了自己，以后不会有人怜悯你。"这位骑士不听他的话，不顾一切参加了拉特吕奥蒙的密谋活动。除他之外，参加这一阴谋活动的只有拉特吕奥蒙的侄子、一个普雷奥的骑士。这个骑士受到他叔父的诱骗，又去诱骗他的情妇维利埃侯爵夫人。他们的目的和愿望并不是，也不可能是在国内成立一个什么党派。他们只是妄图把基耶伯夫出卖给荷兰人，并把敌人引进诺曼底。其实，与其说这是一次阴谋叛乱，毋宁说这是一个策划不周的卖国事件。全体罪犯都受到酷刑。这一疯狂的、枉费心机的罪行现已几乎被人遗忘，它没有引起任何其他事变。

即使外省发生过一些骚乱，也只不过是些民众声势微弱的闹

事而已，很容易就被镇压下去。胡格诺派在他们的教堂被拆毁以前也一直安分守己。总之，国王终于使这个到那时为止一直好动喜乱的民族变得和平宁静起来。这个民族在一百多年内曾经为害自身，现在则只对敌人形成危险。国家的风尚日趋温良，但并未因此损伤勇气。

贵族领主在巴黎建造或购买的房子和他们生活庄重体面的妻子，形成了教育讲究礼节的学校。这种学校逐渐把青年从长期流行的、只能煽动引诱人们大胆妄为和荒淫放荡的小酒店生活中吸引过来。风俗习惯的形成往往取决于某些小事。譬如说，过去人们在巴黎市内骑马的习惯一直使人易于动辄争吵。这种习俗废弃后，争吵也随之告终。崇尚礼仪的风习主要应该感谢妇女们在他们家里开展社交活动，使人们更加和蔼可亲。此外，阅读书籍也久而久之使人更加稳重。在过去动乱时期内并不能使人声名狼藉的叛国投敌或其他严重罪行，现在已经难觅踪迹。布兰维利埃和瓦赞的暴行只不过是在万里晴空下暂时掀起的风暴。仅仅由于少数不良分子犯下弥天大罪而对这个国家横加指责是不合理的，正如我们不能因为一个国家实行了特拉普改革①而把整个国家奉为圣人一样。

过去，各个不同等级的人都因具有独特的缺点而一望就可辨识。军人和打算将来从事军职的年轻人，性情火暴易于冲动。司法界人士则总是道貌岸然，令人生厌。这在不小的程度上乃是由

① 特拉普修道院曾经办得一团糟。院内人员荒淫无耻、道德败坏。1664 年兰赛在修道院厉行改革，寺僧才开始过淡泊的苦修生活。伏尔泰称兰赛所倡导的改革为“可怕的”改革。——译者

于他们习惯于身披长袍。即使在宫廷里也是如此。大学界人士和医生也是如此。商人聚会一起，或去求见大臣时还穿短袍。当时连最大的富商巨贾也举止粗俗。但是，在私人住宅、剧院和公共散步场所，开始有人聚集，目的在于领略更加美好的生活的滋味。这些地方使所有公民的外表几乎趋于相同。高雅有礼的风尚今天已遍及各种身份地位的人，甚至在店铺的深处也是如此。随着时间的推移，外省也受到影响。

后来，人们只在爱好和舒适方面讲究。主人出行不再有大批穿制服的年轻侍从和仆役前呼后拥。住宅内部则布置得更为舒适。虚浮的排场和外表的豪华已被法国抛弃，由还只懂得公开自我炫耀，对生活的艺术毫无所知的国家承袭了下去。

人们在社会交往中表现出非常平易近人、和蔼可亲、纯朴和有文化教养。这些使巴黎在生活的美妙甜蜜方面远远超过了极盛时期的罗马和雅典。

一切科学、艺术、趣味爱好和需求在这里都能及时得到热情的支持和大量帮助。大量牢固实用的和讨人喜爱的物品在这里汇集一起，再加上巴黎人特有的坦率性格，这一切都促使大批外国人到这友好交往的社交生活的故乡来旅行或居留。少数当地人之所以离开这个城市，或者是因为才能出众被外国邀请因而为国争光，或者是一些民族败类，他们企图利用法国在外国人心中引起的尊敬谋求私利。不然，就是那些移居国外的人。他们为了宗教信仰宁肯抛弃祖国，效法他们的父辈远客异乡，碰碰运气。当年他们的父辈就是那永远有效的《南特敕令》被废止的时候，由于伟大的亨利四世死后的名声受到不可弥补的污辱而被赶出法国的。还有一些对政府不满的军官和一些逃脱了有时管理不善的司法机关的严峻的法律的罪犯。以上种种情况世界各国都会发生。

有人抱怨再也看不到宫廷人士过去那种自豪的神态举止了。的确，投石党时期、路易十三时代和前几个世纪的那种小独裁暴君已经不复存在。不过，在长期以来被迫降低自己的身份去为国王属下有权有势的王侯效劳的那批贵族身上，还可以重新找到真正高尚的品质。过去以替王侯当奴仆为荣的贵族和市民，现在在军队里却与王侯平起平坐，并且往往成了他们的上级。一个国家越重功劳轻封号，就越繁荣昌盛，兴旺发达。

有人曾经把路易十四时代同奥古斯都时代相比。这并不意味着这两个人的威势和个人的事迹可以相比。罗马和奥古斯都在世界上的地位要比路易十四和巴黎重要十倍。但是必须记住，在所有不涉及凭借武力和威势而具有价值的其他方面，雅典可与罗马帝国相媲美。我们还应该想到，虽然今天再没有像古罗马和奥古斯都那样的国家和君主，但整个欧洲远远胜过罗马帝国。在奥古斯都时代，只有一个国家，今天却有好几个治理良好、文明开化、能征惯战、风气开明的国家。它们掌握了许多希腊人、罗马人不懂的技艺。将近一个世纪以来，这些国家之中，没有一个在各方面比那个多少可以说是路易十四创建的国家更加光辉灿烂。

第三十章

财政及其规章制度

如果把柯尔伯的行政管理与以前的行政管理相比，后代一定会热爱这个人物。然而，在他死后，当时丧失理智的百姓却必欲撕碎他的尸体而后快。毫无疑问，法国全靠这位人臣才有自己的工商业。因此，法国国家的富足，也归功于他。战争期间，国家财源有时虽然减少，但在和平时期国家又财路广开，富裕起来。尽管如此，1672 年，人们却忘恩负义，把国家经济命脉中开始出现的萎缩萧条归罪于他。鲁昂大法官辖区的一位庭长布瓦吉贝尔①那时曾出版过一部分上、下两小卷的《法兰西详情》。他声称自 1660 年以来法国国内一切都日趋衰落。事实正好相反。自从马扎然红衣主教去世一直到 1689 年战争爆发，法国呈现出一片前所未有的繁荣昌盛景象。即使战争期间，国家的躯体开始有病，但由于柯尔伯已经使它的四肢粗壮有力，因此仍能站立支撑。《详情》一书的作者硬说 1660 年以来，王国的不动产已减少了十五亿。没有比这更加虚假、更不真实的说法了。然而，作者似是而非的论据却使那些愿

---

① 布瓦吉贝尔(1616—1714)，法国经济学家，重农学派的先驱。他极力反对柯尔伯对工业给予补贴的资助政策。认为应着重发展农业，农业是国家的唯一真正富源。著有《法兰西详情》和《法兰西辩护书》等。——译者

意相信别人的人相信了这一奇谈怪论。当年英国国运最兴隆时，情况也是如此：大量文章公开发表，论证国家已经破产。

然而，在法国比在其他国家更容易在百姓心目中贬低财政部。因为捐税始终令人憎恨，所以财政部也最令人憎恨。何况，一般说来，在财政领域和在哲学领域内同样是偏见与无知占着支配地位。

人们很晚才学到一些知识，以致时至今日，在1718年，还听到高等法院全体法官对奥尔良公爵说：“银马克的固有价值是二十五利弗。”好像除了按重量和成色决定的价值以外，还有什么别的真正的固定价值似的。奥尔良公爵知识渊博，但是他的学问还不足以使他能够指出高等法院的这一谬误。

柯尔伯以他的学识和才华精通了财政管理。他像絮利公爵一样，先着手根除种种骇人听闻的流弊恶习、贪污盗窃。税收办法尽量简化。他施展惊人的理财本领，一面减免人头税，一面又使御库收入增加。从令人难忘的1664年的敕令可以看出，每年拨一笔相当于当时货币一百万的巨款专门用于奖励制造业和海外贸易。在他掌管财务之前，农村听任贪得无厌的税收承包人肆意掠夺。柯尔伯任职后，十分重视农村，以致1667年英国商人向他的兄弟、法国驻伦敦大使柯尔伯·德·克罗瓦西先生提出，要向法国提供爱尔兰牲畜，还要出售腌腊食品给法国的殖民地，这位财政总监回答说：“这四年来，我们自给有余，还可卖给外国。”

国家治理这样成功，建立特别法庭和进行重大改革这两项措施起了必不可少的作用。柯尔伯曾不得不削减八百多万以低价购进的市政厅公债，现在则按购价偿还。进行这些改革，必须由政府颁布法令。自从弗朗索瓦一世在位以来，高等法院有权审核敕令。

当时有人建议敕令只由审计法庭登记即可。但结果还是旧的惯例占了优势。国王于 1664 年亲自去法院使敕令审核通过。

路易十四一直牢记投石党之乱。暴乱时期，他的首相，一位红衣主教被判决放逐。此外，那时还有人们据以没收王室钱财，抢走属于与王室有联系的臣民的家具和金钱的其他决定。由于所有这些过火行为都从对国王关于国家收入的敕令所进行的“进谏”①行动开始，因此国王于 1667 年下令：高等法院在服从王命，登记敕令一星期之后才能陈述意见。1673 年国王宣布这项敕令继续有效。因此，路易十四在他统治期间，没有受到任何法院的任何谏诤。只是不幸的 1709 年除外。那一年巴黎高等法院白费力气指出财政大臣改变黄金和白银的价格给国家造成损失。

几乎全体公民都深信，如果高等法院的行动仅仅局限于在充分了解实情之后让君主体会民生疾苦和需求，提醒他过多征税的危险性，以及将收税权卖给欺君压民的税收承包商这种做法带来的更大危害，则谏诤可以成为国家一种神圣的手段，成为对贪得无厌的征税官的一种限制，对大臣们来说也是一种经常的忠告。但是，这种非常之好的保健良药却被大大滥用，路易十四因而异常恼怒，以致他只看到滥用现象，并禁止使用良药。他始终郁积在心中的愤恨发展到竟然使他于 1669 年亲自来到高等法院废除 1664 年他未成年期间对所有高等法院赐予的贵族特权。

虽然这项敕令已经当国王的面登记备案，但旧的惯例仍然继

① 进谏：国王把敕令送给各高等法院登记，因为法院是负责执行这些命令的。在没有登记之前，国王允许法院向他陈述意见，叫作“进谏”。国王可以自行决定是否接受。——译者

续存在。这一惯例允许其父亲在某一高等法院担任法官职务二十年或在任法官期间死亡的人享受贵族待遇。

国王就这样侮辱了一批司法官员。但与此同时，他奖励保卫祖国的贵族和供给国家粮食的农民。早在1662年，国王就已颁布敕令，规定给予养育子女十二人的贵族两千法郎，即相当于现在四千法郎的补助，给予养育子女十人的贵族一千法郎的补助。免缴人头税的城市的居民可得上述奖金的半数。应缴纳人头税者，如已有子女十人，可免缴一切税款。

以下这一点是真实的：柯尔伯大臣并没有把他力所能及的事办完，更没有把他想办的事办完。当时人们的知识还不够渊博，大国总会产生大的恶习流弊。任意征收的人头税，名目繁多的各种税收，使法国的一部分对另一部分成了外国、甚至成了敌国的那种省际的关税，各城市度量衡制的差异，以及无数其他法国政体方面的弊病，都无法治愈。

柯尔伯大臣被指责犯下的最大错误是他不敢鼓励出口麦子。麦子已经很久没有向国外输出。在黎世留任职的动乱时期，农事耕作遭到忽视。投石党叛乱时期情况更甚。1661年的饥荒使农村彻底破产。然而这种破产用大自然的力量，辅之以人的辛勤劳动并不难弥补。就在那灾难深重的一年，巴黎高等法院作出一项决定。这项决定原则上虽然正确，但却同内战期间这一机构被迫作出的其他各项决定一样引起不良后果。上述决定禁止商人合伙进行麦子贸易，禁止个人囤积粮食，违令不从者严惩不贷。短暂的荒年暴月中采取的良谋善策久而久之却变得于人有害，使所有农民心灰意懒。但在危机深重、偏见很深的时期，取消这项决定必然激怒民众。

财政大臣别无他法，只好以高价从国外购进过去法国在丰收之年向这些国家出售的麦子。这样做人民固然有了粮食，但国家却花去大量金钱。幸亏柯尔伯先生已经整顿财政，这一损失才得以减轻。

因为担心再度陷入歉收的状态之中，于是禁止从我国的港口输出小麦。各省总督甚至禁止粮食运往邻省，并以此居功自傲，引以为荣。丰收年头必须向枢密院提出申请才能出卖粮食。从以往的经验看，上述效果欠佳的粮食管理办法，似乎情有可原。枢密院全体成员都担心自由买卖小麦，会迫使法国再度以高价从其他国家购进对国计民生必需的，而农民却因贪图利益、目光短浅以低价出售给这些国家的小麦。

农民比枢密院更加胆小。他们担心自己因生产自己并不能指望从其中牟取巨利的粮食而破产。因此土地没有得到应有的精心耕作。这时其他行政部门都蓬勃发展，欣欣向荣，于是柯尔伯就不去设法弥补这一主要部门的缺陷。

这是柯尔伯掌管的那个部门的唯一的缺点。这个缺点很大。这个错误虽然精明的公民都已经察觉，但整整一百年以来，历届政府却都未加纠正。直到1764年这个难忘的时期，有一个总监①比较明智，宣布粮食买卖自由，不过要像英国那样加以必要的限制，这样才把法国从贫困中解救出来。这些事实都使柯尔伯被人谅解。这同时也证明了要消除法国行政工作中的偏见绝非易事，要

① 即总监拉弗迪。——译者

为善行好举十分困难。

为了同时提供军费、建筑费和娱乐费，柯尔伯在将近 1672 年时不得不恢复他原来打算永远废除的几项措施：出包征税[①]、借债、鬻卖新官职[②]和增加抵押贷款等。这些措施固然能在短期内支撑国家，但却使国家在几个世纪内负债累累。

柯尔伯有时竟越出他为自己规定的限度。因为，从他留下的指示可以看出，他深信国家的富有仅仅在于人口的数量、土地的耕作、灵巧的劳动和贸易。也可看出，国王的私产数量甚少。国王只不过是臣民的财产的管理人。他只有征收易于征收和平均分摊的捐税才能真正发财致富。

柯尔伯非常担心把国家交到税收承包商手中，以致他专为对付这种人成立的特别法庭一经解散，他就让枢密院做出决定，凡以征收新税为交换条件而出借贷款者一律处以死刑。这一恫吓性决定从未付印。他想以此震慑吓唬贪婪成性的工商业家。但是不久以后，他还没有撤销这项决定，自己就不得不利用税收承包商为国王筹款。因为国王催得很紧，必须寻找立竿见影的办法。

这种办法由卡特琳·德·美第奇从西班牙带到法国。它简便易行，但为害极大，使政府受到严重腐蚀。在亨利四世统治的极盛

① 这是国王借款的一种方式。国王把他在巴黎应征收的一部分税款让给市政厅征收，而由市政府出面担保向私人借一笔债。市政府负责将借款利息付给借债人。每一季还一次。这是公债的嚆矢。——译者

② 鬻卖新官职：最初仅贵族出租或出售他们领地上的办事人员职务。后来，国王也开始出卖官职。起先只售出缺的官职，以解决财政拮据。对此有钱的中产阶级也很乐意，因为只需买一个名誉的职衔，就可以提高他们的社会地位。所以国王开始设置专供鬻卖的新官职。——译者

时期被取消后，在路易十三的整个执政时期再度采用。路易十四执政晚期特别受到它的毒害。

絮利[①]的理财术很高明，得到他那个既厉行节约、又坚强勇敢的国王的支持，并使国家富有起来。这个国王是一位统率军队的士兵国王，是老百姓的一家之长。尽管柯尔伯的主子颇讲究排场，为了使自己的统治光辉灿烂而大肆挥霍，柯尔伯还是维持了这个国家。

大家知道，柯尔伯死后，当国王打算让勒佩尔蒂埃掌管财政时，勒泰利埃[②]对国王说："陛下，他不适宜担任这个职务。"国王问："为什么？"勒泰利埃回答说："他的心肠不够硬。"国王说："说老实话，我并不希望我的大臣对待我的百姓严厉冷酷。"新上任的这位大臣的确善良公正。不过，1686 年法国又陷入战争之中，必须支撑下去，对抗奥格斯堡联盟，也就是说要对付几乎整个欧洲，他被委以当年柯尔伯感到过重的重担。他首先采取的就是借款和发行新公债这种简单易行，但后患无穷的临时措施。接着，他又打算减少奢侈豪华。在一个手工工场比比皆是的国家，这样做意味着减少工业和流通。这个办法只适用于从国外购进奢侈品的国家。

当时政府下令，实心银制家具均需要交到铸币厂。这种家具在大贵族家里还为数不少，这证明生活富裕。国王以身作则，拿出他所有的银桌、银烛台、实心的银制长靠背椅，以及所有其他银制家具。这些家具都是技艺无双的杰作，出自金银雕镂大师巴兰之

① 絮利(1560—1641)，法国国王亨利四世的财务大臣。——译者

② 勒泰利埃(1648—1719)，法国耶稣会教士，路易十四最后一个忏悔师。——译者

手，全按勒布伦设计的图案制作，价值一千万。这些家具铸成银币仅得三百万，其他个人的银制家具也铸了数额为三百万的银币。这个办法收效不大。

此后，政府还犯了一个极大的错误。这类错误一直到不久前才由政府部门加以纠正。这就是：降低货币质量；铸造时质量不稳定；一埃居币和四分之一埃居币的价值不成应有的比例。于是产生这样的现象：四分之一埃居币的含银量高，而一埃居的含银量则相应较低。结果所有的四分之一埃居币都流向国外。外国人把这些四分之一埃居币重新铸成一埃居币，然后使之倒流回法国，以便从中牟利。一个国家频频受到这样的打击后，还能继续存在，仍然强大，确实本身情况必须良好。当时，人们还学识浅薄。财政学同物理学一样，还是一门属于凭空臆测的科学。税收承包商是一些欺骗政府的江湖骗子。他们使国家蒙受八千万的损失。要弥补如此巨大的亏损必须含辛茹苦二十年。

1691 年和 1692 年前后，国家财政显得十分紊乱。那些把国家财源枯竭归咎于路易十四在营建、艺术和娱乐方面耗费过大的人不知道事实恰恰与此相反。这些促进工业发展的花费，使国家富有起来。除非用从战败者手中夺取的战利品来充实国库，战争必然使国库空虚。我不知道从古罗马时代起，有过哪个国家因作战取胜而发财致富。十六世纪的意大利是靠进行贸易富裕起来的。如果荷兰仅仅劫掠西班牙人运载白银的船队，如果东印度不为它提供生计，使它国力强大，它就维持不了多久。英国甚至在摧毁法国舰队的同时，自己也被战争弄得国贫民穷。只有贸易才使它富裕起来。除了在海上掠夺来的东西之外别无其他财富的阿尔及利亚人是非常贫穷的民族。

战争进行了几年。在欧洲国家中，战胜国与战败国几乎同样悲惨不幸。战争是一个无底深渊，所有丰足富裕的渠道都在其中被吞没。现金这个财富之源和万恶之源，好不容易从各省征来，却进入大批租税承包商和征税官的银箱。这些人预付给国王现金，并用这些预付款买得了以国王的名义掠夺国家的权利。老百姓视政府为寇仇，把钱埋藏起来。这样，货币停止流通，使王国经济日渐萎谢。

没有一种仓促制定的补救办法可以代替稳定不变的安排。这种安排经过长期制定，早就考虑到日后意外的需要。人头税制度制定于1695年①。里斯维克和约签订时曾一度取消，后又恢复。1696年，财政总监察蓬夏特兰②把贵族证书以每张两千埃居的价格出售。五百个人购买了这种证书。这一生财之道仅收效于一时，但留下的耻辱却是永久的。所有新、老贵族都必须登记他们的徽像。要获准用自己的徽像在信件上盖封印必须付钱。一些特税征收人承办这件事，他们预付了钱。要是一个国家能提供更大的收入，政府部门就几乎不会求助于这些微不足道的财源。

直到1710年，政府才敢下令征收“什一税”。可是这项税收，继名目繁多的重税之后课征，显得如此苛刻，因此不敢过于严厉向

① 《曼特农夫人回忆录》第4卷第136页说：人头税的“收益超出了包税人的期望”。从来不存在什么人头税的包税制度。书中还说：“巴黎的仆役到市政厅去要求对他们征收人头税。”这可笑之词不攻自破。仆人的税向来都是主人为他们付的。——伏尔泰注

② 蓬夏特兰（1643—1727），政治家。曾任路易十四的海军大臣。——译者

百姓征索。按一马克合四十法郎计算,政府一年还收不到两千五百万。

柯尔伯很少改变硬币的价格。这种价格最好丝毫不要改变。金银是交换的根本保证,其标准应该固定不变。柯尔伯上任时,一个银马克的兑换价格为二十六法郎。他仅仅将它提高到二十七至二十八法郎。柯尔伯的继任者在路易十四晚年,把它提高到他所理想的四十个利弗。国王采取这一必然招致不幸的办法,虽然一时痛苦减轻,感到宽松,但后来却因之倾家荡产。因为该付一个银马克的人实际上只要付给他一半就行了。1668 年欠二十六利弗的人要付一个马克,到了 1710 年,谁要是欠四十利弗,差不多只要付这么一个马克。随之而来的银马克价格的下跌和当初它价格的上涨,同样都扰乱了剩下的很少一点贸易。

当时如果使用纸币可能是个有效措施。不过,纸币必须在繁荣时期采用,以便能在困难时期支撑得住。

1706 年,夏米亚尔大臣曾开始使用纸币、衣食券、用具券来支付。不过这种纸币国库拒收,因此,几乎一出现就丧失信用。结果政府被迫继续大量借款,并且寅吃卯粮,预先耗去了王国四年的收入。

当时经常采取所谓特别措施,设置各种可笑的新职位。想免缴人头税的人就花钱买这些职位。在法国缴纳人头税会使人身价降低,受人轻视。既然人生来就爱好虚荣,摆脱人头税这种耻辱就是一种诱饵,经常使人受骗上当。与这些新职务相连系的各种可观的报酬,在困难时期诱使一些人购买这些职位。因为人们并不考虑一旦形势稍有好转,这些报酬便随之取消。就这样,在 1707

年，设立了国王的酒类运输商兼经纪人的官职。这一官职卖了十八万利弗。人们还想出皇家法院书记官、各省总督代理人、国王的掌管木料存放顾问、治安顾问、假发假须师、鲜牛油视察监督员、咸牛油品尝员等职位。这些怪诞荒谬的行动今天令人发笑，但在当时却使人掉泪。

1709 年，杰出的柯尔伯的侄子德马雷继夏米亚尔担任财政总监，也无法治好这种由各种因素形成的不治之症。

大自然和命运之神串通一气，共谋压垮法国。1709 年，严酷的冬天逼使国王在无钱发给士兵军饷时，免除老百姓九百万人头税。粮食奇缺，以致花了四千五百万为军队购买粮食。1709 年国家开支上升至二亿二千一百万，而国王的正常收入还不到四千九百万。为了使法国不被敌人侵占，只好使国家破产。局势日益混乱，并很少加以补救，以致 1715 年初，和约签订很久以后，国王不得不转让价值三千二百万的票据以调换八百万现款。最后，他在去世时留下一笔二十六亿的巨债(当时货币已跌到一马克为二十八利弗)，也就是说折合现在 1760 年的货币，约为四十五亿。

令人惊讶但却千真万确的是，如果当时法国的贸易发达，并已采用纸币，而且像瑞典、英国、威尼斯和荷兰那样有几家可靠的公司为纸币作保，那么，这笔巨债也不会成为无法承担的重负。因为，当国家强盛，只欠内债时，那么，国家的信用和货币的流通就足以还债。但要使法国有足够的力量来开动这部庞大、复杂、沉重的机器，还差得很远。

路易十四在位期间共花费了一百八十亿。考虑到货币价格的增值和贬值，等于普通年份的三亿三千万。

在伟大的柯尔伯掌管财政期间，按一个银马克先值二十七利弗、后值二十八利弗计算，王室的日常收入仅为一亿一千七百万。因此，差额需通过采取特别措施取得。柯尔伯平时最反对这种害人的生财之道。但为了及时为国王效劳，也只好采用这种办法。在1672年战争期间，他借了折合现在货币约八亿的一笔巨款。当时，旧日的王产已所剩无几。国内所有高等法院都宣布这些产业不得转让。但事实上几乎全部转让了。今天国王的收入就包括在他的臣属的收入内，并形成了一种负债和偿还的永久循环。国王以市政厅公债债息的名义每年欠臣民几百万现金。这笔钱比任何国王从王产中得到的收入都多。

在法国及其他国家，捐税增加、债务加重、财富增长、货币流通加速都令人吃惊。与此同时，贫穷与困难也大大加剧。如果想对这一切有个概念，只需想想，弗朗索瓦一世去世时，国家所欠的长期市政厅公债为三万利弗左右，而现在这笔债款竟高达四千五百多万。

那些曾经想拿路易十四的收入和路易十五的收入作一比较的人发现，仅就日常固定收入来看，1683年，即柯尔伯去世的那一年，路易十四的收入为一亿一千七百万，比他的继承者在1730年收入近两亿时富有得多。如果只考虑王室的日常固定收入，这一点千真万确。因为一亿一千七百万现款，其价值要比1730年按一马克值四十九利弗计算的两亿为高。这一年国王的收入就上升到这个数字。此外，还必须算上因王室借款而增加的负担。可是后来，国王的收入，即国家的收入，有所增加，管理人员对财政事务的理解日益深入透彻，以致在1741年那场耗费大量财力的战争中，货币从来没有丧失信用。法国决心仿效英国人，筹设偿债基金。为此有必要采用他们一部分财政制度和哲学体系。使英国的财富至少增加了一倍的流通纸币，如果能在法国这个百分之百的君主政体国家里运用，那么，法国的财政管理一定会达到尽善尽美的程度，不过在君主制度之下这种完美太近于一种流弊了①。

1683 年，法国国内的银币铸造数额约为五亿。按今天的方式计算，1730 年约为十二亿。在弗勒里红衣主教任职期内，拥有的硬币现金几乎为柯尔伯任职时的两倍。因此，自从柯尔伯死后，法国的流通货币似乎仅仅比以前大约多六分之一。但是用金银铸成的用品和奢侈品却比过去多得多。1690 年，这种金银制品折合现在的钱还不到四亿。1730 年前后法国拥有的金银制品的价值和流通货币的价值相等。没有什么比这更能充分表明：由柯尔伯开辟来源的贸易，当它那被战争堵塞的渠道重新疏通之后，增长得何等迅速。尽管废除《南特敕令》使大批能工巧匠四处逃散，流亡国外，但是法国工业还是日趋完善，至今仍不断增长。我们的民族有能力完成这样宏大的功业，完成比路易十四在位时的功业更加宏伟的事业，因为人的才华和贸易只要受到鼓励必将有所发展。

个人富裕的生活、巴黎和外省的大量舒适的宅邸、大量的车马、那些被总称为奢侈品的舒适的衣食住行设施，人们看到这些，一定会以为法国比过去富裕得多。其实这一切主要是灵巧的劳动，而不是国家的财富结出的果实。今天住得舒适并不比亨利四

① 圣皮埃尔神父在《政治报》上的一篇题为《制度》的文章中说："在英国和荷兰发行纸币的数量与拥有硬币的数量相同"。但事实证明，纸币的数量大大超过硬币，它只是靠信用才得以维持的。——伏尔泰注

世在位时住得糟糕花钱更多。现在用本国工场生产的美丽的玻璃装饰房屋比用从威尼斯买来的小玻璃要便宜得多。我们自己织造的漂亮的装饰布比进口布料更价廉物美，而且质地良好。

事实上，使人生活舒适的绝不是黄金、白银，而是人的天才。一个只拥有金银的民族，可能非常贫困。没有这类金属，但能充分利用天然产物的民族，才是真正最富有的民族。法国具有这一优越条件，而且它拥有的货币量大大多于流通的需要。

工业在城市里趋于完善之后，在农村里也发展起来。此后关于农民的命运就一直怨声四起，不绝于耳。在世界各国都可以听到这种抱怨。这些怨言几乎到处都是出自游手好闲的富人之口。他们主要是谴责政府，而不是怜悯百姓。这一点千真万确：几乎在世界所有国家，那些终日从事田间劳动的人如果还有空闲埋怨几声的话，他们倒会首先奋起反对那些使他们丧失部分生计的横征暴敛和敲诈勒索。他们厌恶憎恨的是必须缴纳并非自己规定的赋税，必须分担国家的重负，却不能和其他公民同样分享好处。研究百姓应该怎样做出贡献而不受压榨，准确标出执行法律和滥用法律之间、征税和掠夺之间的非常难以找到的分界线，并不属于历史研究的范围。但历史应该指出，一座城市繁荣而周围的农村却不富足是不可能的。因为，毫无疑问，是农村供养了城市。在法国各个城市，相隔一定的时间就可以听到某些人的非难指责。这些人由于职业上的方便可以公开激烈抨击被称之为奢侈品的各种消费品。显而易见，这些奢侈品所需的原料都是来自农民的辛勤劳动，而对他们的劳动总是报以重酬。

葡萄比以前种植得更多。栽培耕作比以前更加精细。酿造了

过去没有过的新品种酒，如香槟酒。这种酒具有勃艮第葡萄酒的色泽、芳香和强度。这种酒畅销国外，获利很大。随着葡萄酒品种的增加，白酒的产量也提高。园林、蔬菜、水果的种植都大幅度增加。与美洲殖民地的食品贸易也因而增长。因此，老是埋怨农村贫困的人当时已不再有什么根据。再说，在这一片含糊不明的埋怨中，并没有把农民、农场主同粗工区别开来。粗工靠双手劳动养活自己。在大部人都以劳动为生的世界各国都是如此。但是，世界上几乎没有一个国家的农民和农场主比法国某几个省的农民更加富裕。只有英国还可以和法国比比。在某些省内按比例征收人头税的办法代替了任意摊派的税收，使拥有犁、葡萄园和园林的农民更加殷实富有。农业粗工和工人不得已而劳动，人的天性就是这样。这一大批人生活必然贫困，但不应该是悲惨的。

社会上中间等级的人因从事工业而发财致富。大臣们和内宠近幸不如过去富有，因为货币的数额增加了一半，而薪俸、年金却和以前一样，而且食品的价格翻了一番多。欧洲各国情况都是这样。各地税收和酬金都停留在原来的水平上。一个选侯①在领受册封给他的疆土时所付的钱，和他们的先辈在十四世纪德意志皇帝卡尔四世统治时期被授予封土时付的钱一样多。在这个册封的仪式上他只需付给皇帝的秘书一个埃居就可以了。

更奇怪的是，货币的总额、金银的数量以及食品的价格都上升了，但士兵的饷银却与二百年前一样。步兵的饷银和亨利四世时

---

① 神圣罗马帝国时，德国有七个选侯，三个为教会选侯（即美茵茨、科隆和特里尔大主教），四个为世俗选侯（即莱茵普法尔茨伯爵、萨克森公爵、勃兰登堡边区行政长官和波希米亚国王），从十三世纪起他们有权选举德国国王或皇帝。——译者

同样是五个苏。在这一大批廉价出卖自己生命的无知的人们中间，谁也没有想到，由于货币的增长、食品的昂贵，他们的收入比亨利四世的士兵收入减少三分之二。如果他们意识到这一点，并要求提高饷银三分之二，那么，就应该如数付给他们。这样，欧洲各个强国维持的军队将比原来少三分之二。各国武装部队的数量仍会保持均衡，而土地的耕作和手工制造业将从中得到好处。

还应该指出，贸易利润已经增加，所有高级官职的薪给的实际价值降低，因此达官显贵的财富少于以前，而中间等级的财富却多于过去。这样人与人之间的差距缩小。以前，平民百姓除为达官显贵们效劳之外，别无他法。如今工业为他们开辟了成千上万条途径，这却是一百年前所没有的。总之，法国国家的财政不管用什么方式管理，这个国家因有两千万人的劳动，而拥有无法估量的财富。

第三十一章

科　学

在这个千载难逢的兴隆盛世，人类思想发生了革命。但是这并非命定如此。先就哲学而论，路易十三在位期间，并没有任何迹象表明，它能脱离它深陷其中的那种紊乱状态。意大利、西班牙、葡萄牙的宗教裁判所把哲学的错误与宗教的信条结合为一。法国的内战、卡尔文教派的争端，就像当年英国克伦威尔时期的宗教狂热一样，并不能培养人类的理性。托恩一位议事司铎①重新提出卡尔达亚人②曾经提出过，但早已被人遗忘的旧行星系。但是，这个真理却在罗马遭到谴责。由七个红衣主教组成的宗教裁判所③不但宣布地动说为异端邪说，并且还说它荒谬不经。而事实却是，如果没有这种学说，就绝不会有真正的天文学。伟大的伽利略在七十高龄时，就因为自己有理，而不得不请求宽恕。情况既然如此，真理似乎就不会在世界上被人接受。

---

① 此议事司铎指哥白尼。哥白尼生于东普鲁士的托恩，该地当时属波兰。——译者

② 卡尔达亚人为古巴比伦的一个迷信宗教的民族，精于星算，以观察星相来预测未来。——译者

③ 罗马宗教裁判所，原由红衣主教七人组成，后增至十二人，审理一切被目为“异端”的案件。——译者

大法官培根早就指出过一条可以遵循的道路。伽利略发现了落体运动的定律。托里拆利[①]开始知道我们周围的空气的重量。人们在马格德堡进行了几次试验。但是，尽管进行过这样几次缺乏说服力的试验，学校教育仍然荒谬无稽，世界仍然愚昧无知。这时笛卡儿出现了。他与理应采取的做法背道而驰，不去研究大自然，而是对之进行猜测。他是他那个时代最伟大的几何学家。但几何学对人的思想并不产生任何影响。笛卡儿的思想自然而然地过分趋向于虚构想象。这位首屈一指的数学家仅仅写了几本哲学小说。一个轻视实验、从不引用伽利略的学说、想修建房屋而不用材料的人只能盖起一座空想的大厦。

笛卡儿著作中幻想的东西取得成功。幻想中很少的一点真理最初却遭到反对。但是，这点真理借助他采用的方法，终于显露出来。因为，在他以前，人们在这座迷宫中没有任何线索可循。笛卡儿至少给了人一条线索。虽然用来破除逍遥学派[②]的是另外一些空想，但这毕竟是件很了不起的事。这两个幽灵互相争斗，相继垮台。最后理性在它们的废墟上建立起来。佛罗伦萨有一所实验科学院，名称是“试验馆”，于 1665 年左右由红衣主教利奥波德·德·美第奇创办。在这个艺术的国度里，人们已经感觉到只有对大自然这座大厦中的各个部分逐一详加剖析才能了解它的某些现象。伽利略死后，从托里拆利的时代起，这所科学院就作出了很大

① 托里拆利(1608—1647)，意大利物理学家和几何学家，伽利略的学生，也是哥白尼的信徒。——译者

② 逍遥学派指亚里士多德及其弟子，因为这位哲学家喜欢一面散步一面教他的学生。——译者

贡献。

在克伦威尔的黑暗统治下，英国有几位哲学家聚集一起，以求安安静静地探求真理。此时宗教狂热正在压制一切真理。查理二世在由于英吉利民族的后悔和反复无常而被召回英国并登上他祖先的王位之后，授予这所新生的学术团体以特许证书。但这就是政府所给予的一切。皇家学会，或者说得更确切些，伦敦自由学会，为了工作的荣誉而进行工作。现在关于光学、万有引力原理、恒星的光行差、高等几何的发明以及其他很多发明创造都出自这个学会。在这方面，这些发明可以使人把这个时代既称为路易十四时代，也可称为英国人的时代。

1666 年，柯尔伯先生对英国这种新的荣誉十分羡嫉，希望法国人能够分享。他在几位学者的请求下，促使路易十四同意创立一所科学院。正如英国科学院和法兰西学院一样，这个机构直到 1699 年都是自由组织。柯尔伯以高额补助把意大利的多米尼克·卡西尼[①]、荷兰的惠更斯[②]、丹麦的罗梅尔[③]都招引到法国来。罗梅尔确定了太阳的光速。惠更斯发现了土星光环和一颗土星。卡西尼发现了其他四颗。即使有钟摆的挂钟不是惠更斯第一个发明的，但至少是他发现了这种挂钟的运动规律性的真正原理。这些原理是他用卓越的几何学推算出来的。人们抛弃一切旧体系，对真正的物理学的各部分逐渐有了认识。研究化学既不寻求炼金

---

① 多米尼克·卡西尼（1625—1712），意大利天文学家、巴黎观象台的筹办者。——译者

② 惠更斯(1629—1695)，荷兰物理学家、几何学家和天文学家。——译者

③ 奥拉乌斯·罗梅尔(1644—1710)，丹麦天文学家。——译者

术,也不寻求使人延年益寿到自然限度以外的办法。研究天文学不再预言世事变迁。医学与月亮的盈蚀不再相干。人们看到这些,感到惊奇。腐败变质的现象不再是动、植物之母。人们一对大自然有了进一步的认识,世界上就不再存在什么奇迹。人们通过研究大自然的一切产物来对大自然进行研究。

地理学进展惊人。路易十四下令修建天文台后不久,又于1669年责成多米尼克·卡西尼和皮卡尔①划定子午线。1683年子午线被拉伊尔②继续向北划。最后由卡西尼于1700年把它延长,划到鲁西荣。这是天文学上最宏伟的丰碑。仅仅这项成就就足以使这个时代永放光芒。

1672年,几位物理学家被派往卡宴进行卓有成效的观测。人对地球扁率的认识便来源于这次科学考察旅行。这种认识后来被伟大的牛顿证实。这次旅行还为使路易十五的统治增添光彩的一系列更加著名的外出观测活动作了准备。

1700年图尔纳福尔③奉派前往地中海东岸地区。他在那里采集了各种花卉草木。这些植物使一度荒芜废弃的王家花园花木丛生,再度受到重视,今天成为欧洲名副其实的珍奇。王家图书馆原来已有大量藏书。在路易十四在位期间又增添了三万多册。现在大家尽力遵循这个榜样,以致目前该馆藏书已达十八万册。路易十四重新开办那关闭已达一百年之久的法律学校,并在法国每所

---

① 皮卡尔(1620—1682),法国天文学家。——译者

② 拉伊尔(1640—1718),法国天文学家、物理学家。——译者

③ 图尔纳福尔(1656—1708),法国植物学家和旅行家。他的植物分类法在林耐体系确立以前曾风行一时。——译者

大学里安排一名教授法国法律的教师。看来不应该在法国大学讲授别的法律。已被吸收进法国法律之中的完善的罗马法律应该与法国法律合为一体。

路易十四在位期间，还创办了报纸。大家知道，1665 年创办的《博学者报》是今天充斥欧洲的这类报纸的祖先。大量恶习流弊，正如它们钻进其他最有用的事物之中一样，也钻入报纸。

美文学院始建于 1663 年，由法兰西学院的几个院士组成，其目的为通过颁发奖章把路易十四的丰功伟绩传到后世。后来，它不再专为君主效劳，而致力于研究古代文化，并对各种思想观点和各种事件进行正确合理的考证评论。自此以后，它便成了有益于民众的机构。它在历史学方面起的作用，和科学院在物理学方面起的作用不相上下。它消除了一些谬误。

明智的和批判的精神逐渐广泛传播，无形中破除了大量迷信。正是在这新生的理性的影响下，国王于 1672 年宣布禁止法院受理任何单纯的对妖术的控告。亨利四世和路易十三在位时期还不敢这样做。1672 年以来，虽然还有关于妖术的起诉，但一般来说，法官只把被告人作为渎神者加以判处。再说，被告们还投毒作案①。

---

① 1609 年，在波尔多法院管辖范围内，有六百个巫师被判处，其中大部分被焚死。尼科拉·勒米在《鬼神崇拜》一书中提到仅洛林地区十五年内就曾判处巫师九百人之多。有名的神父路易于 1611 年在埃克斯被焚死。他就曾承认自己是巫师，法官也居然相信了他。

勒布伦神父在他的《迷信活动论》一书中承认有真正的妖术，这实在是件羞辱的事情。在第 524 页，他甚至还说"巴黎高等法院承认妖术"。但他弄错了。法院承认"亵渎圣物和魔法，但不承认鬼怪的神通"。堂·卡尔梅描写吸血鬼和幽灵显现的书，大家都认为是胡说八道，但由此可见，人类的迷信思想竟达到如此地步。——伏尔泰注以前，用绳子把巫师捆起来扔进水里，以检验他们，是屡见不鲜的事。如果他们漂浮起来，这就证明他们有罪。外省有好几个法官曾经下令进行这种试验。这种做法后来还在民众中长期流行。牧羊人都被认为是巫师。城市里流行佩戴护身符和吉星环的习俗。人们还深信榛树棒有法力，可以用来发现水源、珍宝和小偷。现在，在德国好几个省内榛树棒的这种法力还被人深信不疑。几乎无人不曾为自己占星算命。到处只听到谈魔法巫术的秘密。似乎一切都属于幻觉。有些学者和法官还一本正经地著书立说，论述这些内容。这些作家中就有一批鬼神学家。辨别真假巫师术士、真假鬼神附身者有一套方法。总之，在这个时期前后，取之于古代的只不过是各种各类的谬误而已。

迷信思想在人们的头脑里根深蒂固，以致直到 1680 年，彗星还使人胆战心惊。几乎没有人敢于破除民众的这种恐惧心理。欧洲最伟大的数学家之一雅克·贝努利①就彗星的问题回答这种成见的信奉者时说，彗发不可能是神的愤怒的征象，因为彗发始终存在。它的尾部倒可能是这种征象。其实，彗发和尾部都不是永恒不变的。后来还得由贝尔②写一部有名的书来破除民间的迷信思想。人类理性的发展使这本书现在不像当时那样尖刻辛辣了。

人们不会认为君主受到哲学家什么恩惠。但事实却是，哲学思想普及到除下层百姓以外的各个阶层，这对君主行使他们的权

---

① 贝努利(1654—1705)，法国数学家。在莱布尼兹以后，创立了变分法，是最早研究概率论的人。——译者

② 贝尔(1647—1706)，法国作家。著有《历史与批判辞典》。是法国启蒙运动思想的先驱。——译者

利有很大的帮助。某些纠纷如果发生在过去，很可能会引起驱逐出教会、禁止宗教活动、教会分立等后果。现在却不然。有人说如果哲学家做国王，百姓就会得福。而我看，如果臣民中有很多哲学家，国王就会更为有幸。

应该承认，在大城市里，理性的思想开始指导教育界，但并未能防止塞文山[①]的宗教狂徒的狂暴行为，未能预防巴黎的小市民在圣梅达尔一座坟墓周围的荒诞行动，也没有平息发生在那些本应明智审慎的人之间的既无聊又激烈的争论。不过，这些争论要是发生在以前的话，便会在国内引起骚乱。圣梅达尔出现的圣迹连国内最重要的人物也会加以传播。局限于塞文山区的宗教狂热也会进一步扩及城市。

各门科学和文学在这个时代都被人进行了深入研究。推广人类思想才智的知识的作家是不可胜数，以致如果在别的时代，他们也许会被看作奇才，而在当时却因人才辈出而与民众混同，并不突出。由于他们数量很大，因此得到的荣誉就微不足道，而这个时代的光荣却因此大得多。

① 塞文山，法国中部山脉名，这里指由于取消《南特敕令》所引起的宗教战争的事。——译者

第三十二章

文学和艺术

理性的哲学在法国不如在英国和佛罗伦萨进展巨大。科学院虽然对促进人类智慧的发展作出一些贡献，但是并没有使法国优于其他国家。所有重大的发明和伟大的真理都来自别处。

但是，在修辞、诗歌、文学、道德伦理以及供人娱乐消遣的书籍等方面，法国人在欧洲却是法则的制定者。意大利已经失去鉴赏力。真正的雄辩术没有地方有人懂得。在讲道台上，宗教被宣讲得滑稽可笑。在法庭上，对案件进行辩护也是如此。

讲道者引述维吉尔和奥维德的作品中的语句，而律师则引用圣奥古斯丁[①]和圣杰罗姆[②]的话。法国还没有出现任何能够赋予法国语言以风格独特、和谐匀称、确切恰当以及庄重高洁等特性的天才人物。马雷伯[③]的某些诗句只不过使人感到法国语言

① 圣奥古斯丁(354—430)，北非努米底亚希波的主教。著有《忏悔录》、《上帝之城》等。——译者

② 圣杰罗姆(约 331—430)，罗马天主教会之父、护教论者。曾将圣经译成拉丁文。——译者

③ 马雷伯(1555—1628)，法国抒情诗人。——译者

能够成为一种纯净高雅、遒劲有力的语言。但仅此而已，别无其他。像图院长[①]和一位济贫院主管等天才人物过去用拉丁文写作时，文采出众，现在用本国语言写作却不能字从句顺，不再成其为天才。法语还仅仅因其朴素尚为人推崇称道。这种朴素正是儒安维勒[②]、阿米奥[③]、马罗[④]、蒙泰涅[⑤]、雷尼埃[⑥]等人以及《梅尼珀讽刺诗》[⑦]的作者们的优点。但它接近于无规律和粗糙。

马孔市的主教让·德·兰让德[⑧]是第一个使用庄重文体的演说家。由于他从来没有出版过自己的作品，因此，今天毫无名望可言。他作的讲道词和悼词虽然也夹杂着他那个时代的愚昧和粗糙的痕迹，但却是后来模仿他并超过他的演说家的典范。为在本土被人起了“大公爵”这个外号的萨伏依公爵查理·埃马努埃尔写的悼词，就是由兰让德于1630年宣读的。这篇悼词如此富于精彩感人的笔触，以致很久以后，弗莱希埃[⑨]为了修饰他为蒂雷纳子爵写的那篇有名的悼词，竟然全文抄录这篇悼词的开场白，并且还引用了好几大段正文。

---

① 图院长（1553—1617），法国历史学家。——译者

② 儒安维勒（1224—1317），法国历史学家、路易九世的顾问。——译者

③ 阿米奥（1513—1593），希腊作家普鲁塔克和隆古斯的作品的翻译者。曾任查理九世和亨利三世的家庭教师和指导神甫。——译者

④ 马罗（1496—1544），法国诗人。擅长于写短诗。——译者

⑤ 蒙泰涅（1533—1592），法国著名哲学家和伦理学家。——译者

⑥ 雷尼埃（1573—1613），法国讽刺诗人。——译者

⑦ 《梅尼珀讽刺诗》是一本政治性小册子。它反对由吉兹伯爵组成：其目的为推翻亨利三世自己称王的天主教联盟，并赞助亨利四世继位。作者有皮图、拉潘、帕塞拉和勒鲁瓦等人。——译者

⑧ 让·德·兰让德（1595—1665），马孔市主教，杰出的讲道者。——译者

⑨ 弗莱希埃（1632—1710），尼姆主教，宗教演说家。——译者

在那个时期，巴尔扎克①使散文文句匀称和谐。的确，他的书信中尽是浮夸之词。如他在给雷斯第一红衣主教的信中写道："您刚刚获得国王的权杖和玫瑰色的外衣。"他从罗马写信给布瓦罗贝尔②谈到香水时说："我沐浴在一片芬芳之中，以治愈我的疾病。"他虽然有这种夸张的缺点，但他的词句却悦耳迷人。修辞的影响深远巨大，以致巴尔扎克在他那个时代，由于发现了被人忽视、但却必不可少的艺术的这一小小的分支，甚至由于经常不当地使用这一分支，而受人赞赏。这个分支的内容为对音调和谐的词进行选择。

瓦蒂尔③的作品使人对书信体的轻松优点有了某些概念。但是既然这种笔调不过是谈笑逗乐，所以并不是最好。

他的两卷书信是些粗俗的插科打诨。其中没有一封对人有教益，没有一封是肺腑之言，没有一封刻画了当时的习俗风尚和人们的品格。这与其说是运用智慧，毋宁说是滥用智慧。

法语开始日益纯净，并且逐步具有固定不变的形式。这要归功于法兰西学院，特别是归功于沃热拉④。他于1646年出版的昆特·库尔斯⑤的译文，是第一本用纯正的语言写成的好书，而且书

① J.-L.盖兹德·巴尔扎克（1594—1654），法国作家。口才极好，但有些夸张。——译者

② 布瓦罗贝尔（1592—1662），法国诗人、剧作家，法兰西学院最早的院士之一。——译者

③ 瓦蒂尔（1598—1648），法兰西学院院士。——译者

④ 沃热拉（1595—1650），法国语法学家。——译者

⑤ 昆特·库尔斯，公元一世纪的拉丁语历史学家。著有《亚历山大传》。——译者

中很少已经陈旧的短语和表达方式。

奥利维埃·帕特吕[①]继沃热拉之后，大大促使语言合乎规范、精练、纯净。虽然他并不被人认为是一位精通法律的律师，然而，人们使用语言时能够条理清楚、清晰明了、措辞恰当、文体优美，都应该归功于他。这些优点在他以前，在法律界还根本闻所未闻。

在形成民族风格以及在赋予这种风格以用词正确和含义精确等特点方面起了最大的促进作用的著作之一，是弗朗索瓦·拉罗什福科公爵[②]的《箴言录》这本小文集。虽然书中几乎只有一条真理："自尊心是万事万物的动力。"然而，在各种各样的形式下表现出来的这一思想，几乎始终尖刻辛辣、引人注目。这与其说是一本书，倒不如说是像用来修饰书的素材。人们如饥似渴地读这本小集子。他使人们养成用一种生动、精确、细腻的表达方式来思维，来表达思想的习惯。这是自文艺复兴时期以来，在他之前欧洲还没有人有过的一种优点。

但是，第一部用散文体写成的天才著作是1654年出版的《致外省人书简》[③]。这本书包括各种各样的雄辩术。一百年来，书中没有一个字受到经常损害活的语言的那种变化的影响。应该认为产生这部著作的时期，就是语言固定的时期。著名的比西[④]的儿

---

① 奥利维埃·帕特吕(1604—1681)，法国律师。——译者

② 弗朗索瓦·拉罗什福科公爵(1613—1680)，法国拉罗什福科家族中有名望的人。在投石党之乱时起过很大作用。晚年在宫廷度过。著有《箴言集》。——译者

③ 致《外省人书简》为法国有名的数学家、物理学家和哲学家帕斯卡所著。其主题思想为支持冉森教，反对耶稣会。——译者

④ 比西(1618—1693)，法国作家。——译者

子、吕松的主教曾经对我说,有一次他问莫城的主教[①],要是他没有写过自己的那些作品,他宁愿写过什么作品。博絮埃[②]回答说《致外省人书简》。当耶稣会教士遭到取缔,他们争论不休的缘由受到普遍蔑视以后,这些书信就显得不像以前那样尖刻辛辣了。

始终贯穿全书的优美的风格,以及最后几封信的雄伟气势都不能改正长期以来几乎每个作家、讲道者、律师都有的那种施沓无力、冗长啰嗦、文理不通、缺乏条理的文笔。

将近 1668 年,首次在教坛上展示始终具有说服力的理性的人物之一是布尔达卢神父[③]。这是又一个出类拔萃的人物。继他之后,还出现其他教坛演说家,如克莱蒙主教马西荣神父[④]等人。他们的演说更加优美动人,把时代的风尚习俗描绘得更加细腻深刻。但是,他们当中谁也不能使人忘掉布尔达卢神父。他的风格并不华丽,但刚劲有力。他表达思想时没有加上任何想象。他似乎不想动人心弦,而是以理服人,他也从不打算取悦于人。

也许人们希望他在把那种使教坛堕落低下的拙劣风格排除教坛的同时,也废除就经文进行宣讲的习惯。的确,长时间讲述一两行引文、白费气力地就这一行引文仔细推敲整个讲话,这种工作似乎是与这一庄严的圣职颇不相称的游戏。文章成了一种格言,或者更类似谜语,通过演说来加以发挥。古希腊人和古罗马人从来

① 即博絮埃。——译者

② 博絮埃(1627—1704),莫城主教。因口才极佳而著名。常为名人致悼词。——译者

③ 布尔达卢(1632—1704),耶稣会的杰出演说家。——译者

④ 马西荣(1663—1743),法国讲道者。著有《小四旬斋》。——译者

没有这种习惯。这种习惯始于文学日趋衰落之时,久而久之便长期固定下来。

当时还有这样一种习惯:总是把像道德那样并不需要分成几点来加以阐述的事物,或者像论战那样需要分成更多部分的事物分成两点或三点来加以论述。这种束缚人的习惯,布尔达卢发现已经传入,他自己也去适应。

在布尔达卢神父之前,有一位后来担任莫城主教的博絮埃。博絮埃后来成为一个伟大的人物。当他还很年轻的时候,曾和一位超凡出众的女子、德维厄小姐订了婚。然而,他在神学方面和成为他的特点的修辞方面的才能很早就显露出来,因此他的父母和朋友却推促他下定决心献身宗教。德维厄小姐也劝他这样做。她喜爱他应得的荣誉甚于喜爱自己与他一起生活的幸福。远在布尔达卢神父成名之前,博絮埃还相当年轻的时候,便于1662年在国王和母后面前讲道。他那辅以高贵和动人姿势的演说,在宫廷里第一次被人听到。这些演说接近卓越崇高的境地,获得极大成功。国王教人以他的名义写信给博絮埃的父亲、苏瓦松的监察官,祝贺他有这么一个儿子。

然而,布尔达卢出现后,博絮埃就不再被人认为是首屈一指的布道师了。他已经投身于悼词的写作。这种滔滔陈词的体裁需要想象力和有些近似诗歌的雄伟气势。人们写作悼词时,为力求完美,便对诗歌有所借鉴,虽然这样做时,需要十分谨慎。他于1667年为母后所致的悼词,使他获得孔东主教这个职位。但是这篇演说与他并不相称。这篇悼词和他的讲道词都没有出版。1669年他为查理一世的遗孀、英国王后所致的悼词几乎从各个方面看都堪称杰作。死者遭逢的不幸越大，这种表现力强的篇章的主题就越易于取得成功。在某种程度上，这好比在悲剧中一样，主人公的巨大不幸更使观众感兴趣。亲王夫人在风华正茂时去世，并死于博絮埃的怀抱之中，这使他为亲王夫人所致的悼词，获得了最巨大、最罕有的成功。它使整个宫廷的人都潸然泪下。他读完下列词句时，不得不停顿下来："啊！悲惨之夜！恐怖之夜！令人震惊的消息突然传遍各地，有如晴天霹雳：亲王夫人病危！亲王夫人死了！"这时追悼会上一片啜泣。致悼词者的话语也被自己的哀叹和哭泣打断。

只有法国人在这类演说术中取得成就。不久以后，博絮埃又创造了一种新形式，而且这种形式只有在他的手中才能成功。他把演说术甚至用于历史。这两者似乎是水火不相容的。他为教育王太子而写的《世界史讲话》，是一部既无榜样可循，也无人模仿的作品。虽然，他为了把犹太人的编年史同其他民族的编年史统一起来而采用的方法遭到某些学者反对，但他的笔调却受到一些人赞赏。他以一种雄伟的气势描写习俗风尚、政府和伟大帝国的兴亡，又以真实而生动的笔法描绘并评断各国。这些都令人惊叹不已。

所有为这个时代争光的作品几乎都以古代从未有过的体裁写成。《忒勒马克》①就是其中之一。这本独特的书出自博絮埃的学生和朋友、后来却在无意之中成了他的竞争对手和仇人的费内

① 费内隆所写的一部散文体的历史小说。——译者

隆[①]之手笔。它既像小说，又像诗歌，并以有韵律的散文代替了诗。看来，作者想象莫城主教处理历史那样处理小说，其办法是赋予小说一种前所未有的庄严的气势和魅力，特别是从这些虚构的现象中得出对人有益的道德教训。这种道德教训以前在一切虚构的小说中完全被人忽视。大家认为，正如博絮埃为教育王太子写了《世界史讲话》一样，费内隆写这本书的目的是供勃艮第公爵和其他法国王子作翻译练习用，因为他是他们的家庭教师。但是，费内隆的侄子，那位继承了这位名人的美德、后来于罗库之役中阵亡的费内隆侯爵，对我说的正与此相反。一位神父用卡利普索和厄夏丽的爱情故事作为给王太子们上的最初几课，确实不很适宜。

这部作品是他被降职为康布雷总主教后才写的。他博览古籍，天生具有丰富敏锐的想象力。他的笔调流畅、表达力强、自成一格。我看过他的手稿。上面涂改的地方不到十处。他在三个月内完成这部著作。当时他正就寂静主义与人论战，十分不幸。他也没想到他为了消遣而写的东西竟然胜过他从事的正经事务。据说他的一个仆人偷偷拿了他的一个抄本去出版。如果事情果真如此，这位康布雷总主教倒多亏这个仆人的不忠才得以在全欧享有盛誉。不过他也因此而永远失去宫廷的恩宠。人们认为《忒勒马克》一书间接抨击了路易十四的统治。书中塞佐斯特里斯王在庆祝胜利时过于炫耀摆阔；伊多梅内王[②]在萨朗特城穷奢极欲，把应办的事置诸脑后。这两人都似乎是国王的写照。不过除了必要的

① 费内隆(1651—1715)，法国作家。曾任勃艮第公爵的家庭教师。——译者

② 虚构的克里特岛国王，特洛伊战争的英雄之一。——译者

技艺产品极度丰富之外，毕竟不可能有多余的东西可供挥霍。在那些心怀不满者的眼里，普鲁泰西拉斯这个名字就代表卢瓦侯爵，崇尚虚荣、冷酷无情、高傲自负，仇视那些不为首相而为国效命的将领。

在1688年战争中团结一致反对路易十四，后来又于1701年的战争中动摇了路易十四的统治地位的盟国，乐于在这个因骄傲自大而激起邻国愤慨的伊多梅内王身上看到路易十四的影子。这些隐喻通过作者和谐的笔调，巧妙地向人灌输节制适度和协调融洽的思想，给人留下深刻的印象。外国人，甚至法国人自己，对战争频仍十分厌倦，读到为宣扬美德而写的这本书中的讽喻都不怀好意地感到宽慰。这本书的版本不胜枚举。我就看到过十四种英译本。后来，这位大家非常敬畏、钦慕、尊重，但也被某些人切齿痛恨的君主去世后，当心怀恶意的人对谴责这位君主的所作所为的讽喻不再感到痛快的时候，严格的鉴赏家对《忒勒马克》作了比较严厉的批评。他们指责这本书过于冗长、细节过多、书中叙述的奇遇彼此不相连贯、乡村生活的描绘又过多地重复、千篇一律，尽管如此，这本书一直被视为这个繁荣昌盛的时代的优秀巨作之一。

拉布吕耶尔的《品性论》①一书也可算为体裁独特的作品之一。它和《忒勒马克》一样，在古代文学中没有先例。它那紧凑、简练、刚劲有力的文笔、它那生动的表达方式，它那崭新的、但不违反语言规律的语言使用等等，对公众产生了深刻的印象。其中还有

① 拉布吕耶尔(1645—1696)，法国伦理学家、作家、大孔代的孙子的教师和秘书。他的《品性论》又称《道德面貌》，著于1688年。——译者

大量的隐喻。凡此种种都使它成为一部成功的作品。当拉布吕耶尔把他的手稿给马莱济厄先生[①]看时，后者对他说："这是足以吸引大批读者、也足以招来许多仇人的东西。"在作品中受到抨击的整整一代人去世之后，这本书的价值在人们的心目中降低了。但是，由于书中的一些内容存在于任何时代、任何地方，因此可以相信，它绝不会被人遗忘。《忒勒马克》有几个模仿者，而仿效拉布吕耶尔的《品性论》的作品更多。简短地描绘对我们产生强烈印象的事物，比创作既受人欢迎，又有教育意义的长篇虚构故事容易得多。

把优美的文笔运用了撰写哲学著作的这种精巧的艺术，还是一种新事物。《世界》[②]一书是这种艺术的第一个例子，但也是一个危险的例子。因为，哲学的真正的装饰，应该是井然有序、清晰明了，特别是真理。后代人不把这部作品列入我国古典著作，可能由于这本书部分建筑在笛卡儿的涡流运动的空想上。

必须把贝尔在编写类似推理辞典的著作[③]时创造的新事物添加到这些新事物中去。这是人们可以从中学会怎样思索的第一部这类作品。应当让这个汇编里的条目受一般书籍的命运的支配，因为这些条目只包括一些琐闻，既不配贝尔执笔去写，也不配严肃的读者和后代的人去阅读。此外，他虽然流亡荷兰，我仍然在这里把他置于为路易十四时代增光的作家之列。我这样做只不过是根

① 马莱济厄(1659—1727)曾为勃艮第公爵讲授几何学。著有《勃艮第公爵的几何学初步》。以文学论著深刻著称。——译者

② 丰特内尔写的这本著作的全称应为《可居住的世界的多重性》。——译者

③ 指贝尔的名著《历史与批判辞典》。——译者

据图卢兹高等法院的判决行事而已。这项判决不顾法律的严肃性，宣布他的遗嘱在法国有效，明确指出："这样的人不能被看成是外国人。"

至于这个时代产生大批的好书，我在这里不再一一赘述。我只谈一些显示时代特征，使这个时代与众不同，风格独特新颖的天才著作。譬如说，博絮埃和布尔达卢的雄辩术不是，也不可能是西塞罗的雄辩术，而是一种崭新的、具有新优点的雄辩术。如果说有什么东西接近这位罗马演说家的作品的话，那就是珀利松为富凯写的三篇回忆录。这些回忆录与西塞罗的某些演说属于同一类型，是法律事务和国家事务的混合物。作者对它们进行了踏实稳妥的阐述。阐述的技巧并不明显，但是动人的说服力增加了它们的光彩。

我们有历史学家，但不是李维这种人。《威尼斯密谋》[①]的风格类似撒路斯特[②]的风格。可以看出修道院长圣雷阿尔[③]是奉撒路斯特为典范的，而且也许还超过了后者。上述其他作品看来都是一种创新。尤其是这些使得这一光辉的时代超凡出众。因为，就学者和评论家而论，十六、十七世纪大有人在。但是没有一种真正天才得到发挥。

谁会相信，所有这些优秀的散文作品如果没有诗歌作为先驱，

① 此书作者为圣雷阿尔。全名为《1618 年西班牙人针对威尼斯共和国的密谋》。此密谋由于德国史学家兰克的研究才得以全部澄清。——译者

② 撒路斯特(公元前 86—前 35)，拉丁历史学家。著有《卡提里那阴谋》、《优古尔塔战争》等。——译者

③ 圣雷阿尔神父(1639—1692)：法国历史学家和文学家。——译者

可能永远不会存在？然而，这就是各个国家的人的思想的命运：诗歌在各个地方都是天才的第一批产物，也是雄辩术最早的导师。

民族就体现在每个个人的身上。柏拉图和西塞罗都是从写诗开始的。当人们还无法举出一段高贵卓越的法语散文的时候，就已经能背诵马雷伯留下的很少几段优美的诗了。十分明显，如果没有皮埃尔·高乃依，散文作家的才能不会有所发展。

高乃依在开始写悲剧的时候周围只有一些颇为拙劣的榜样，因此他就更加令人钦佩。此外，还使他的道路被堵塞的是，这些坏作品竟然受到赞赏重视。更加使人气馁的是，它们还受到黎世留红衣主教的赞助扶持。这位主教是文人的保护者，而不是高雅的鉴赏力的促进者。他奖励那些不仅卑鄙可耻，而且往往阿谀奉承的作家。他出于他那种在其他方面表现得十分得体的高傲的性格，总想贬抑那些他疾首蹙额地感到具有真正天才、很少屈从他人的人。一个有权有势的人，本身是个艺术家，而且又真心诚意保护优秀的艺术家，这种情况极其罕见。

高乃依不得不同他那个时代，同他的竞争对手，同黎世留红衣主教进行斗争。关于《熙德》①的评述，这里不再重复。我要指出：法兰西学院在对高乃依和斯居代里②之间作出明智的评断时，过

① 《熙德》为高乃依所著的悲剧。剧中人熙德为报父仇，杀死未婚妻希梅妮的父亲。希梅妮虽然追寻谋杀者报仇，但仍很爱他。任务的完成反而更增加了爱情。此剧演出后朝野人士十分欢迎，以致有人能背诵其中一部分，甚至出现“像《熙德》那样美”这一成语。——译者

② 斯居代里(1601—1667)，法国剧作家、诗人和小说家、黎世留的宠儿。与高乃依为敌。——译者

于讨好黎世留红衣主教，因而对希梅妮①的爱情加以指责。既爱杀害父亲的凶手，又为父亲报仇雪恨，这是令人钦佩的。克制自己的爱情，会成为悲剧艺术的主要缺点，因为悲剧主要是描写内心斗争的。但除了《熙德》的作者以外，大家对这门艺术都毫无所知。

《熙德》并不是高乃依的作品中唯一黎世留想贬低的作品。奥比尼亚克神父②告诉我们这位首相对《波利厄克特》③一剧也大加非难。

《熙德》毕竟是部被人大加美化润饰的、对纪廉·德·卡斯特罗④的作品进行模仿的作品。它有好几处是译文⑤。继《熙德》之后写成的《西拿》⑥是独一无二的作品。我曾经和孔代家里的一个老仆人有过交往。他告诉我大孔代二十岁那年曾去观看《西拿》的首场演出。当演员念到奥古斯都下面这段话时，孔代竟然流下泪来：

我能主宰乾坤，也能克制自己。

现在如此，但愿将来也如此。啊！时光和记忆，

---

① 希梅妮为《熙德》一剧中的女主人公、熙德的未婚妻。——译者

② 奥比尼亚克神父（1604—1676），法国戏剧评论家。依附黎世留与高乃依为敌。——译者

③ 《波利厄克特》为高乃依所著的悲剧。——译者

④ 纪廉·德·卡斯特罗（1569—1631），西班牙剧作家。著有悲剧《熙德的童年》。——译者

⑤ 西班牙有两部描写这一主题的悲剧：一部是纪廉·德·卡斯特罗写的《熙德》，另一部是让·巴蒂斯特·迪阿曼特所作的《他的父亲尊敬的人》。高乃依同时模仿了迪阿曼特和卡斯特罗的作品，取之于两者的篇章不相上下。——伏尔泰注

⑥ 《西拿》为高乃依所著的悲剧。——译者

请永远铭记我这新的胜利。
今天，我战胜了最正义的怒火，
这将永远传之后世，留传在人们的记忆里。
让我们成为朋友吧，西拿，是我在请求你。

这是英雄的泪水。伟大的高乃依使伟大的孔代钦佩得热泪纵横，是人类文化史上著名的、具有划时代意义的一页。

高乃依后几年创作了许多与他的隆名盛誉并不相称的剧本。但是我国并没有因此不把他看做伟人，正如荷马纵有不少错处，仍不失为一位卓越的人物。犯大错而不受罚蒙损，是真正有天才的人，尤其是开辟某条道路的天才人物享有的特权。

高乃依是靠自己的努力成长起来的，而拉辛的成长则由于路易十四、柯尔伯、索福克勒斯[①]和欧里庇得斯[②]的培养和奖掖。拉辛十八岁那年为国王的婚礼写了一首颂歌，使他得到一份他始料不及的馈赠，并且从此决定了他创作诗歌的生涯。他声誉日隆，而高乃依则名望略有下降。其原因是拉辛的全部作品，从《亚历山大》开始，始终文笔优美、语句正确、真实动人，而高乃依在这些方面却往往远未做到。在体会感情方面，拉辛远远超过希腊人和高乃依。他的诗歌和谐悦耳，他的语句优美动听，都达到登峰造极的境地。上述作家教本国人民如何思考、如何领会、如何表达思想。他们的门生受到他们教导以后，到头来却成了自己的启发开导者

---

① 索福克勒斯（公元前 497 或前 495—前 405），希腊著名悲剧作家和诗人。——译者

② 欧里庇得斯（公元前 480—前 406 或前 405），希腊悲剧作家和诗人。——译者

的最苛严的鉴定人。

黎世留红衣主教执政时期，法国很少有人能看出《熙德》的缺点。1702年，戏剧杰作《阿泰利》[1]在勃艮第公爵夫人家中演出时，宫廷的内宠近幸都自以为高明，对这部剧作横加责难。时间为作者报了仇。但是，这位伟人生前未能享受到他这部最令人赞赏的作品的成功。有一大批人以不给拉辛正确评价而自鸣得意。塞维涅夫人当时在书信体方面是首屈一指的作家。她特别擅长用优美的笔调叙述日常琐事。她认为“拉辛没有多大前途”。她像评价咖啡那样评价拉辛说：“人们很快便会醒悟过来的”。声望成熟需要时间。

这个时代奇特的命运使莫里哀成了高乃依和拉辛的同代人。认为莫里哀出现时法国舞台根本没有好的喜剧，这种看法与事实不符。高乃依就曾经写过《说谎者》。这是一部情节曲折的性格喜剧。这个剧本和《熙德》一样曾经借鉴西班牙戏剧。当莫里哀还只发表了两部杰作的时候，观众已经观看了基诺的《卖弄风情的母亲》。这既是一部性格喜剧，又是一部情节曲折的喜剧，甚至是情节曲折的喜剧的典范。这部剧本于1664年写成，是第一部描写后来被称为“侯爵”的那些人的喜剧。路易十四的宫廷的大部分显贵都想模仿他们的主子的威严和庄重的气派。低一级的显贵则模仿前者的高傲。甚至有相当的人把自命不凡的神气，把抬高自己的主导愿望发展到最可笑的地步。

这种缺点持续了很久。莫里哀常常予以抨击。他努力促使民

① 《阿泰利》为拉辛的五幕悲剧。——译者

众摆脱那些平庸的自命不凡之辈的神气，摆脱那些女才子的矫揉造作，摆脱那些女学者的学究气味，以及那些医生们的长袍和拉丁文。我冒昧地讲，莫里哀就是上流社会的礼仪的创造者。我在这里只谈他对他那个时代所作的这一贡献。至于他的其他优点则是尽人皆知的。

这是一个值得后世重视的时代。在这个时代里，高乃依和拉辛笔下的英雄、莫里哀的戏剧中的人物、吕利①创作的对全国来说完全新鲜的交响乐，还有博絮埃和布尔达卢等人的滔滔不绝的演说（既然这里只谈到艺术），都受到下列人物的欣赏：路易十四、以精于鉴赏著称的亲王夫人②、孔代、蒂雷纳、科尔伯，以及在生活各个领域中涌现出来的大批杰出人物。一位像《箴言录》的作者拉罗什富科公爵那样的人物与帕斯卡或阿尔诺③那样的人物交谈结束后，又去观看高乃依的悲剧，这样的时代是一去不复返了。

戴普雷奥④达到很多伟大人物的水平，这倒不是由于他早期写了讽刺作品，而是因为后代人的目光不会停留在《巴黎的困境》⑤以及像卡塞涅、科坦⑥这些名字上面。他以他的优美的“书简”，特别以他的《诗的艺术》使后代得到教益，连高乃依也从中学

① 吕利（1633—1681），法国路易十四时代的音乐家。——译者

② 指路易十四的唯一兄弟之妻。——译者

③ 阿尔诺（1612—1694），法国神学家。维护冉森派而反对耶稣会。先后写过论文法、逻辑和几何学的书。——译者

④ 戴普雷奥（即布瓦洛，1636—1711），法国诗人和批评家。——译者

⑤ 《巴黎的困境》为布瓦洛讽刺诗中的一首。——译者

⑥ 科坦（1604—1682），法国讲道师和作家。布瓦洛诗中讽刺的人物之一。——译者

到不少东西。

拉封丹的文笔虽然远不如其他一些作家的文笔精练，他使用语言虽然不如其他一些作家正确，但是朴素是他特有的风格。在这方面，他是独一无二的。他因具有最简易的文体几乎跻入最优秀的作家之林。

基诺[①]以具有非常新颖、越显得自然就越难形成的那种风格，置身于所有这些杰出的同代作家之列而无愧。大家知道，布瓦洛想贬低他是多么不公平。布瓦洛自己缺乏优美高雅的文笔。他一生枉费心机、意欲贬低的这个人，恰恰是以文笔优美著称。对一个诗人真正的赞美，就是有人牢记他的诗句。有人可以整幕整幕背诵基诺的剧作。这是任何意大利歌剧无法取得的成功。法国音乐依然停留在十分简单的阶段，这已经不合乎任何国家的口味了。但是，基诺的歌剧的纯朴优美的本质，常常非常迷人地显露出来，以致在整个欧洲还得到熟谙我国语言和比较有文化素养的人士的喜爱。在古代如果看到像《阿尔米德》[②]和《阿蒂斯》[③]那样的诗，人们一定将像崇拜偶像那样崇拜它，但是基诺是个现代作家。

所有这些伟大的人物除了拉封丹以外，都受到路易十四的赏识和保护。拉封丹生活极端简朴，甚至于到了不修边幅的地步，因而被排斥在宫廷之外。他并不寻求这个宫廷的恩宠。但是，勃艮第公爵接待他。他老年时得到这位王子的恩惠。尽管他才思横

① 基诺(1635—1688)，法国诗人。他写的歌剧由吕利谱曲。——译者

② 《阿尔米德》为基诺所写的五幕悲剧。——译者

③ 《阿蒂斯》为基诺所著五幕抒情悲剧。——译者

溢，他却和他寓言中的主人公一样单纯。奥拉托利会①中一位叫普热的神父在接待这位品德高洁的人时，竟好像在和布兰维利埃②、拉瓦赞③那种人谈话似的。这位神父还以此为荣。拉封丹的短篇小说取材自波热④、阿里奥斯特⑤和纳瓦尔王后⑥的作品。如果说情欲是危险的，那么，煽起情欲的并不是几句开玩笑的话。拉封丹那首令人赞美的寓言诗《得了瘟疫的动物》倒可以运用到他自己身上。故事中讲到动物都承认自己的错误。狮子、狼、熊干过的一切都得到宽恕。一个无辜的动物因为吃了点草而当了献祭品。

这些天才人物使后代人得到莫大的乐趣，并受到教育。在他们的熏陶下，成长了一大批受人欢迎的才子。他们写出了无数精巧的小作品，供上流社会中有教养的人消遣。同时我们还有很多画家。他们虽然不能和普桑、勒絮厄尔、勒布伦、勒穆瓦纳和范洛等优秀画家相提并论，但是他们的作品也十分优美。

在路易十四的统治行将结束的时期，有两个人从才能平庸之辈中超群突出，声誉鹊起。一个是拉莫特·乌达尔⑦。他主要是聪慧明智、知识渊博，而不是才智卓越。他在散文方面是个文笔精巧、条理清晰的作家。但他的诗歌却往往缺乏生动的想象，并且不

---

① 奥拉托利会为 1564 及 1611 年分别在罗马及巴黎成立的天主教修会。——译者

② 布兰维利埃侯爵夫人，著名的投毒者。在格列夫广场被斩首并焚尸。——译者

③ 拉瓦赞，占卜者。作为布兰维利埃侯爵夫人的同谋而被焚。——译者

④ 波热（1380—1459），意大利作家。著有讽刺和淫猥故事。——译者

⑤ 阿里奥斯特（1474—1533），意大利诗人。——译者

⑥ 弗朗索瓦一世的姊姊（1492—1549）。著有散文集。——译者

⑦ 拉莫特·乌达尔（1672—1731），法国文学家和寓言作家。——译者

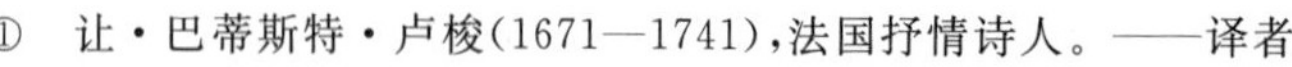

够优美，甚至语言也不够精确。除非是为了使文笔雄伟壮丽，语言的精确性是不容忽视的。最初他主要创作优美的诗（如数节组成），而不是创作优美的颂歌。他的才能不久便衰退。但是，他至今留存的不同体裁的作品的一些优秀片断，永远使人不会把他列为无足轻重、可以略而不提的作家。他证实了，身为二流作家，在写作技巧上也可以有所作为。

另外一个是卢梭①。论才智他虽然不如拉莫特卓越，论文笔也不如拉莫特精巧流畅，但论创造诗歌的技巧，却比拉莫特有才能。他在拉莫特之后才写颂歌，但他的颂歌更加优美多样，更加富于形象。他写的圣诗和拉辛的赞美诗一样热情洋溢、和谐悦耳。他的短诗比马罗②的短诗经过更多的推敲和润饰。写歌剧需要敏感。写喜剧要求诙谐。写培养道德的书简要求诚实。这些他全不具备。他写这类作品远远不如写颂歌成功，因为这类作品同他格格不入。

如果人们模仿他在这些严肃的作品中使用的马罗的笔调，这种笔调就必然会破坏法国的语言。幸好我们纯洁的语言和两百年前人们所讲的畸形变态的语言互相掺和混杂，这只不过是一种短暂的风尚而已。他的某些书简是布瓦洛的作品的生硬勉强的仿作，不是建立在清晰的思想和公认的真理之上。“只有真实的才是可爱的。”③

他在国外已大不如前。这或者是由于年龄和不幸的遭遇减弱

① 让·巴蒂斯特·卢梭（1671—1741），法国抒情诗人。——译者

② 马罗（1486—1544），法国诗人。——译者

③ 见布瓦洛的《书简（Ⅸ）》。——译者

了他的才华，或者是正因为，虽然选字精确、措辞巧妙是他的主要长处，亦即比人们想象更加必要和更加罕有的长处，但他再也得不到和以往同样的帮助。他远离祖国，客居异乡。他遭遇的不幸之一可说是不再受到严厉的批评。

他长期遭遇的不幸的根源是他那难以抑制的、忌妒和仇恨掺杂得过多的自尊心。他的例子对所有有才华的人士来说应该是个深刻的教训。不过这里我只把他看做是一个对于为文学的争光不无贡献的作家。

这些杰出的作家的美好时代过去之后，很少再出现伟大的天才。将近路易十四逝世时，大自然似乎休闲了。

在这个时代开始时，道路崎岖难行，因为没有前人走过。今天，道路仍然坎坷不平，因为走过的人太多。过去这个时代的伟大人物已经教给我们怎样思想、怎样讲话。他们已经讲了许多我们不知道的事。后继的人几乎只能旧事重提，老调重弹。最后，由于杰作太多，反而产生一种类似厌恶的情绪。

因此，从各方面来看，路易十四时代都有着利奥十世、奥古斯都、亚历山大等时代的命运。在这些光辉的时代中，结出累累的才华之果的土地曾经经历过长期的平整和耕耘。为什么富饶丰产之年姗姗来迟，接着又是长期的贫瘠荒歉，此种原因，大家曾经在精神和物质中去寻找，但是徒劳无功。真正的原因在于，在培植文学艺术的国家中，必须经过多年才能使语言纯洁、情趣高雅。当第一步迈出去之后，天才人物便茁壮成长。彼此之间的竞争以及公众对这些新的努力的优遇厚爱，激励所有有才能的人。每一个艺术家在自己的艺术领域中抓住这个领域自身所包含的自然美。谁要是对纯属天才的艺术的理论深入研究，而自己也有点天才的话，就应该懂得，这些最早的美，这些属于这些艺术的、并且适合人们为之劳动的那个民族的伟大而自然感人的特征是为数不多的。主题以及适合这些主题的精心美化的创作，其范围比人们想象的要窄得多。修道院长迪博是位精于鉴赏的人。他在将近 1714 年时，写了一篇关于诗歌与绘画的论文。他发现在整个法国历史上，除了伟人亨利①摧毁天主教联盟这个主题之外，没有真正史诗的主题。但是，还应该指出：既然适合希腊人、罗马人、十五和十六世纪的意大利人写史诗的修饰润色的手段已经被法国人摈弃，既然寓言中的诸神、天启、刀枪不入的英雄、鬼怪、妖术、变形奇遇等也已经不合时宜，那么，适合于史诗的美丽的事物便缩小到一个很狭窄的范围之内了。所以，如果有某个艺术家把唯一适合时代、适合主题的和适合国家的装饰品据为已有，并且进行已有前人尝试过的工作，那么，在他之后到来的人便会发现这个领域已经有人捷足先登了。

悲剧艺术的情况也是如此。不要以为悲剧性的激情和崇高的感情能够以动人的新形式千变万化。任何事物都有自己的限度。

高雅的喜剧也有它的限度。人类天性中真正喜剧性的和具有显著特点的性格最多不过十二种。修道院长迪博自己并没有什么天才，却认为有天才的人可以找出许许多多新的性格，殊不知性格必须由天性形成。他以为存在于人的性格之中的细小区别也像重

① 伟人亨利，即法国国王亨利四世。他在阿尔克和伊弗里战胜保守的天主教联盟(1589—1590)，并于 1593 年放弃新教。次年开入巴黎，击败西班牙人。他签订了维尔凡和约，获得了外部安宁，又颁布了《南特敕令》，获得了国内安宁，从此巩固了王权并开始建设。1610 年遇刺身亡。——译者

大的主题的基本特点一样，可以被人成功地处理运用。细微的差别确实不可胜数，色彩鲜明的毕竟是少数。正是这些原始的色彩，一位大艺术家必然会加以运用。

用于宣讲神道的，特别是用于致悼词的雄辩术就是如此。道德方面的真理一旦被人雄辩地阐明，对人类的贫困与弱点、崇慕权势地位的虚荣心、死亡造成的灾害等等的描绘，一旦出自大师之手，便成了陈词滥调。人们只好或者进行模仿，或者离题言他。有那么一位拉封丹已经写了足够数量的寓言诗。别人再写出来的也是同样的道德题材，几乎同样的奇遇。因此，天才只能在一个世纪茁壮成长，以后就必然退化。

像历史、自然科学等题材不断更新，只要求写作者艰苦劳动、正确判断和具有常识，因此还比较容易维持下去。在手工艺术方面，如绘画、雕刻，只要统治者都以路易十四为榜样，注意只重用最好的艺术家，那么也不致退化衰败，因为，在绘画和雕刻方面，人们可以一再处理使用同样那些主题。例如，虽然拉斐尔在《神圣家族》这一主题上施展了他最卓越的艺术才能，但是这一主题现在依然有人在画。然而，像《西拿》、《昂德洛马克》、《诗的艺术》、《伪君子》等题材，现在就不允许再采用了。

还必须看到，过去这个时代使目前这个时代得到教益，因此现在写出平庸的作品毫不费力，以致毫无价值的书籍汗牛充栋。更糟糕的是其中还有一些严肃却又无用的书。在人们生活富裕、游手好闲、一部分人不断专为另一部分人提供消遣的大城市中，有大量平庸的作品。这些作品已经成为必然会有的祸患。在这些作品中，也偶有优秀的著作，如历史著作、感想集，或者供各种人消遣的轻松的文学作品。

在所有国家中，这类著作法兰西民族写得最多。法国的语言成了欧洲的语言。各种因素都促成了这一点。路易十四时代的伟大作家、他们的后继人，以及逃亡出走的加尔文教派牧师，把雄辩术和逻辑学带往外国。尤其在荷兰从事写作的贝尔，他的作品在所有国家都有读者。拉潘·德·图瓦拉①用法语写了唯一的一部英国史佳作。又如圣埃弗雷蒙②，整个伦敦宫廷都竞相与他交往。还有马扎然公爵夫人，大家都渴望博得她的欢心。奥尔布勒兹夫人后来成为策尔公爵夫人，她把祖国一切优美雅致的东西带到德国。爱好交往是法国人的禀性。这是一种优点，也是一种乐趣。其他国家也感到有这种需要。法语在所有语言中最能流畅地、清晰地、细腻地表达上流社会交谈中的各种内容，从而在整个欧洲对生活的最大乐趣之一作出了贡献。

① 拉潘·德·图瓦拉(1671—1725)，法国历史学家。此人曾长期在英国避难。曾任军官。他撰写的英国史(1721 年)在休谟的著作问世以前，一直是最佳的英国史。——译者

② 圣埃弗雷蒙(1610—1703)，法国作家。因参加投石党之乱，逃亡英国。著有《院士的喜剧》及其他文史论著。葬于英国威斯敏斯特寺。——译者

第三十三章

文学和艺术（续）

至于那些并不仅仅取决于人的智力的艺术——音乐、绘画、雕刻、建筑——等，在我们称为路易十四时代的那个时期以前，在法国进步微乎其微。音乐尚处于摇篮时期。当时所有的全部歌曲就是几支萎靡颓废的歌，几首小提琴、吉他、双颈诗琴[①]的曲子。而且其中大部分是西班牙人创作的。吕利以他的风格技巧令人感到惊奇。他是法国第一个创立低音对位、中音部和音型的人。早先演奏他的作品还有些困难。现在这些作品显得都很简易。今天懂得音乐的人和路易十三在位时期懂得音乐的人为一千与一之比。在这个逐渐进步的过程中，音乐这门艺术日臻完善。如今没有一个大城市不举办公开的音乐会，而以前连巴黎也没有举办过。那时候，国王的二十四位提琴手便是法国的全部音乐。

人们日益熟悉音乐以及与音乐有关的艺术。到了路易十四统治后期，创立了与音乐相配合的舞步型，因此现在真的可以说一看乐谱就可以跳舞了。

在玛丽·德·美第奇摄政时期，法国已经拥有杰出的建筑家。

① 十六、十七世纪流于欧洲的一种乐器。——译者

她下令建造了具有托斯卡纳柱型风格的卢森堡宫,以为她的祖国增光,并把我国装扮得更美。建造卢森堡宫和圣热尔韦正门的德·布罗斯①为王后造了一座宫殿,可是,王后从未享用过。黎世留红衣主教虽然思想同样开阔,但和王后相比,他的鉴赏能力差得很远。红衣主教府,即现在的罗亚尔宫,足以证明这一点。当我看到卢浮宫美丽的正面修建起来时,便怀着很大的希望。这座正门使人极其盼望这座宫殿早日竣工。很多市民为自己建筑华丽的住宅。住宅内部非常讲究,外表的式样倒不值得称道。这些住宅更多地是为了满足个人奢侈的享受,而不是美化城市。

柯尔伯是各种艺术的梅塞纳②。他于 1671 年创立了建筑科学院。只有几个维特吕弗③是不够的,还必须有奥古斯都那样的人来使用他们。

市政官员也必须对艺术热衷积极,并能评价鉴赏。如果有两三位像杜哥④主席那样的人任巴黎市长,巴黎就不会受到这些指责:市政厅建筑质量低劣;坐落位置不当;广场小而不规则;只因场上有绞刑架和节日篝火才小有名气;闹市街道太窄等等。总之,在宏伟崇高之中和在各种艺术的深处还留下了一些未开化的残余。

绘画是路易十三在位时期由普桑创始的。在他以前的平庸画家不应计算在内。继普桑之后,法国不断产生伟大的画家,虽然不

---

① 洛蒙·德·布罗斯(? —1626),法国建筑家。——译者

② 梅塞纳,古罗马骑士。他利用自己在奥古斯都身边享有的威望,鼓励文学和艺术的发展。从此梅塞纳便成为"文学艺术的赞助者"的同义词了。——译者

③ 维特吕弗,公元一世纪时的罗马建筑家。——译者

④ 此处的杜哥应为米歇尔·艾迪安·杜哥。曾任国务参赞、大枢密院主席。主持过巴黎的城市规划和各项重大市政工程。——译者

像意大利那样人才辈出，成为国家的财富之一，但我国也并不是只有一个自学成功的勒絮厄尔①，只有一个在画法和构图方面都可与意大利人媲美的勒布伦②。我们有三十多个为后世留下了很值得研究的作品的画家。外国人开始从我们手中把这些作品夺走。我在一位伟大的国王③的国家里看到，装饰一些画廊和住所的，只是我们的画。对这些画的价值，也许我们过去不肯给予足够的重视。我曾在法国见到有人拒绝以一万二千利弗购买桑泰尔④的一幅画。勒穆瓦纳⑤在凡尔赛宫顶上画的那幅画，其规模之宏大在欧洲无与伦比。我不知道是否还有比这幅更美的画。后来，我们另有一位名叫范洛⑥的画家。即使在国外他也被推崇为他那个时代首屈一指的画家。

柯尔伯不但使美术专科学校具有今天这个模样，而且还于1667年促使路易十四在罗马创办了另外一所。他们在这个大城市里购买了一座豪华宅邸，学校校长就住在其中。在巴黎美术专科学校中得奖的学生被送往该校深造。他们的学习和膳宿费用都由国王负担。他们在那里临摹古代作品，学习拉斐尔和米开朗琪罗的画。模仿罗马的这个愿望本身，就是对这座城市表示的崇高敬意。甚至在国王和奥尔良公爵收集了大量意大利名画，法国产

① 勒絮厄尔(1616—1655)，法国画家。——译者

② 勒布伦(1619—1690)，法国画家。——译者

③ 这里指的是普鲁士国王腓德烈。伏尔泰1749—1753年间曾应其邀请长住柏林。——译者

④ 桑泰尔(1658—1717)，法国画家。擅画肖像。——译者

⑤ 勒穆瓦纳(1668—1739)，法国历史画画家。——译者

⑥ 范洛(1705—1765)，法国画家。——译者

生了雕刻杰作,我国因此能够不到国外寻求导师之后,也还始终向罗马表示这种敬意。

我国主要擅长雕刻和整件浇铸的巨型骑马像。

如果有朝一日,人们在废墟之中发现一些雕塑的残碎物,如凡尔赛小树林里任凭日晒雨淋的阿波罗沐浴池、在索邦小教堂公众很少瞻仰过的黎世留红衣主教墓、为装饰波尔多而在巴黎塑造的路易十四骑马像、路易十四送给普鲁士王的墨丘利神像,以及能和上述艺术品媲美的其他作品等,那么,这些现代作品看来完全可以和古希腊最优秀的艺术品并驾齐驱。

在铸造纪念章方面,我们赶上古人。在路易十三统治晚期,瓦兰①第一个使这种艺术摆脱平庸状态。在卢浮宫长廊陈列艺术品处按历史顺序安放的名神冲模和压印机真是令人赞赏的物品,其价值达二百万,而且大部分都是杰作。

宝石雕刻技艺也同样获得成功。在这个时期之前,用铜版复制绘画使之永久留存,使所有自然和人工的艺术品易于留传后代的这种技艺在法国还很不成熟。这种技术是最令人喜爱和最有用的技艺中的一种,于十五世纪中叶由佛罗伦萨人发明,后来在法国甚至比在它的诞生地发展更快,因为法国创作了大量这类技艺作品。国王的铜版画集往往是送给各国大使的最贵重的礼品之一。金银雕镂术的质量取决于精美的设计和高雅的风格。这种手艺当时在法国,在人手的技巧所能及范围内,已经达到登峰造极和十全十美的程度。

① 瓦兰(1604—1672),法国雕刻家和纪念章制作家,原籍佛兰德尔。——译者

我们扫视了所有这些使人们得到乐趣，又能为国争光的艺术之后，不能对所有技艺之中最有用的那一种闭口不谈。就这种艺术而论，法国超过世界所有国家。我指的是医学外科技术。外科在这个时代里发展很快，名扬四海。人们从欧洲各地到巴黎来寻求所有需要卓越技巧的治疗和手术。不仅只在法国才有优秀的外科医生，而且也只有法国能完美地生产必需的外科手术器械，并供应各个邻国。我从伦敦最杰出的外科医生、有名的切斯尔登①那里了解到，他于 1715 年才开始在伦敦制作外科手术器械。有助于使外科技术臻于完善的医生的水平，在法国并不比在英国和在拥有布尔哈弗②那样的名医的荷兰更高。但是后来法国的医学正如它的哲学一样，不断借鉴邻国的知识而达到了完美的程度。

以上是从黎世留红衣主教执政时期起到现在为止的这个时代中，人的智慧在法国发展的真实概述。这一时代今后很难超过。如果它在某些方面被超过，它仍然是它将使之诞生的那些更加幸运的时代的榜样。

① 切斯尔登(1688—1752)，英国著名外科医生。——译者

② 布尔哈弗(1688—1738)，荷兰名医和化学家。——译者

第三十四章

路易十四时代欧洲的艺术与科学

在叙述这段历史的过程中，我们已经逐渐向读者充分灌输了这种观点：构成这段历史的几乎连绵不绝的共同灾难久而久之终于从史册中消失。政治上种种详情细节和种种计谋手段都已被人遗忘。唯有良好的法律、各种研究机构、科学和艺术的不朽成就才与世长存。

今天，有大批去罗马旅行的外国人，不是作为朝圣者，而是作为趣味高雅的人士到那里去。他们很少了解有关格列高利七世[①]和卜尼法八世[②]的情况，而是欣赏像布拉曼特[③]和米开朗琪罗那样的大师建筑的寺院、拉斐尔的画、贝尼尼的雕刻。他们如果是有识

① 格列高利七世(1020—1085)，1703—1085年的罗马教皇。宣扬教皇权力高于一切，甚至可以废除君主。1706年趁德意志政局不稳，宣布开除亨利四世皇帝出教。亨利被迫于次年赴罗马请罪。1804年亨利四世强大，进军罗马。格列高利出走，死于萨勒诺城。——译者

② 卜尼法八世(1235—1303)，1294—1303年的罗马教皇。为扩大教皇权力，先后在英、法、西西里制造争端。1302年禁止法王菲利浦四世向教会征税，未果。后在阿那尼被菲利浦四世的使者所辱，回罗马后抑郁而死。——译者

③ 布拉曼特(1444—1514)，意大利著名建筑家。——译者

之士，就会喜欢读阿里奥斯特①和塔索②的作品，瞻仰伽利略的遗骸。在英国，人们只是偶尔谈论克伦威尔，也不再提到白玫瑰战争，然而却长年累月研究牛顿的学说。人们看到他的墓志铭中写道："他是人类的光荣"时，毫不感到奇怪。相反，如果有人发现这个国家有任何一个政治家身后被授予这样的荣誉称号却会大为惊讶。

我希望能在这里对所有上个世纪像牛顿那样为祖国争光的伟人给予公正的评价。我曾经称这个时代为路易十四时代，这不仅因为这位君王比所有与他同时代的君王都对艺术更加鼓励扶持，而且还因为路易十四在位期间曾经目睹欧洲各国二次更换君主。我把这个时代定在路易十四即位以前几年到去位以后几年之间，因为正是在这个时期内，人类的思想取得最大的进步。

从1660年到现在，英国人几乎在各方面都比过去任何时期更快向完美之境前进。在这里，我不再重复我已在别处谈过的关于弥尔顿的话。的确，好几个评论家都指责他离奇的描绘，他那愚人的天堂、尘世的乐园的晶莹洁白的围墙，他描写的为了能在用全金建成的阴曹地府的大厅里开会时少占点地方而从巨人一变而为侏儒的魔鬼、在天空中射击的大炮、敌对双方相互扔到对方头上的大山，被砍成两段但是又忽然连接起来的骑马的天使等等。人们抱

① 阿里奥斯特(1474—1533)，意大利文艺复兴时期的优秀诗人。著有《愤怒的罗兰》。——译者

② 塔索(1544—1595)，意大利著名诗人。著有《阿略塔》和《被解放的耶路撒冷》。——译者

怨他的作品冗长、重复，说他关于地球、动物和人类如何形成的长篇描写比不上奥维德和埃西奥德[①]的诗句。人们批评他关于天文学的论述过于枯燥无味，批评他的虚构想象，认为这些虚构想象与其说是神奇，毋宁说是荒诞，与其说强而有力，毋宁说令人厌恶。作者描述的那条修筑在一片混沌之上的道路就是这样。罪孽和死神恋爱。他们在乱伦之爱中生下孩子。而死神"抬起鼻子透过那一大片混沌去嗅嗅地球上发生的变化，就像乌鸦嗅死尸一样"。这个死神嗅到罪孽的味道，用打算使人发呆的大棒敲击寒冷与干燥。寒冷与干燥、炎热和潮湿变成了四位勇将，在战斗中率领一批用轻武器装备起来的微粒的胚胎。总之，对弥尔顿的批评之词用光耗尽，而对他的赞扬之词却永不枯竭。他永远是英国的光荣和赞赏的对象。有人把他比作荷马。荷马的缺点和他也不相上下。有人把他置于但丁之上。但丁的想象比他还要稀奇古怪。

在人们喜爱的为查理二世装点粉饰的大批诗人，如沃勒[②]、多塞特伯爵[③]、罗切斯特伯爵[④]、白金汉公爵[⑤]等人中，以著名的德赖登[⑥]最为突出。他写各类诗歌都很出色。他的作品充满自然的细致的描写。这些描写才思横溢、生动活泼、雄健有力、大胆热情。

---

① 埃西奥德，公元前九世纪或八世纪的希腊诗人。——译者

② 沃勒(1606—1687)，英国宫廷诗人。他最有名诗是《赞克伦威尔》。——译者

③ 多塞特伯爵(1536—1608)，即查尔斯·萨克维尔。英国政治家和诗人。——译者

④ 罗切斯特伯爵(1647—1680)，英国诗人和廷臣。——译者

⑤ 白金汉公爵(1628—1687)，即约翰·谢菲尔德。英国廷臣。——译者

⑥ 德赖登(1631—1700)，英国诗人。著有讽刺诗、戏剧等。——译者

没有一个英国诗人可与伦比。古代诗人中也没有超过他的。波普①是他以后的诗人，如果不是后期写过《论人类》一书，也无法与他相比。

没有别的国家像英国那样，以诗歌的形式，有力地、深刻地论述伦理道德。在我看来，这就是英国诗人的最大功绩。

此外，还有另外一种不同的文学形式。它要求作者修养更高，知识更广。这就是艾迪生②精通的那种文学。他的《加图》是英国独一无二，写得优美、庄重的悲剧。他不但因此而被人永志不忘，而且他的其他关于伦理道德和评论方面的著作也显示出他高雅的情趣。他的作品处处情理通达，而且饰以想象之花。他的创作风格在任何国家都是杰出的典范。此外，还有斯威夫特③教长作品的好些片断也是优秀之作。即使在古代作品中也找不出写得这样好的例子。这是臻于完美的拉伯雷④。

英国人对悼词不很了解熟悉。他们没有在教堂里颂赞英国国王和王后的习惯。至于讲道的口才技巧，在查理二世以前十分低下，后来一下子就培养起来。伯内特⑤主教在他的回忆录中承认这是从法国人那里模仿来的。他们也许已经超过他们的老师，因为英国人讲道不像法国人那样刻板、做作、夸张。

---

① 波普(1688—1744)，英国诗人、哲学家。——译者

② 艾迪生(1672—1719)，英国政治家、名作家。——译者

③ 斯威夫特(1667—1745)，英国作家。著有《格列佛游记》。——译者

④ 拉伯雷，法国作家。生于1483—1500年之间，死于1553年。著有《巨人传》。——译者

⑤ 伯内特(1643—1715)，苏格兰作家、主教。著有《英国宗教改革史》等。——译者

此外，值得注意的是，这些岛屿的居民虽然与世隔绝，并且很迟才有文化知识，但是他们获得的关于古代的知识却至少和长期以来成为世界中心的罗马所能收集到的同样丰富。马香[①]曾揭穿了古埃及的奥秘。没有一个波斯人像英国学者海德[②]那样了解琐罗亚斯德教。土耳其人对穆罕默德和他以前的历史毫无所知，而英国人塞尔却到阿拉伯作了很有收获的旅行，对上述历史进行了详细的阐述。

世界上没有一个国家像英国那样，基督教一方面在那里遭到十分猛烈的攻击，另一方面又被人非常巧妙地捍卫。从亨利八世即位起到克伦威尔统治结束止，人们进行争论和斗争就像古罗马的斗士那样，手持新月形大刀，眼睛蒙上布条，走下竞技场决一胜负。礼拜仪式或教义上的细微区别曾经引起可怕的战争。从王朝复辟到现在，差不多每年都有人攻击整个基督教，但是，在此期间这些争论没有引起任何骚乱。现在是用知识学问答辩，而过去却是用铁和火回驳。

尤其在哲学方面，英国人是其他民族的导师。问题已经不再是什么巧妙的体系。希腊神话早已销声匿迹，而现代神话再也不会出现了。大法官培根开始时说，应该使用新的方法探索自然，必须进行实验。波义耳[③]以毕生精力从事实验。这里不是论述物理学的场所。只谈谈以下这一点就足够了：在人类经过三千年徒劳无功的探索之后，是牛顿第一个发现并指出自然界非常重要的规

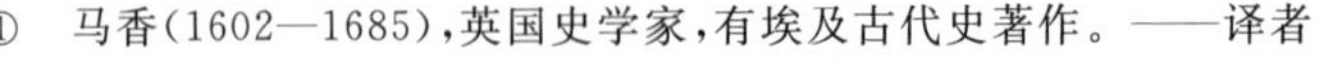

① 马香(1602—1685)，英国史学家，有埃及古代史著作。——译者

② 海德(1609—1674)，英国政治家和史学家。——译者

③ 波义耳(1626—1691)，英国物理学家和化学家。——译者

律。根据这条规律，物质的所有组成部分都相互吸引，所有星球都被系留在自己的轨道上。他是第一个真正对光进行观察的人。在他以前没有人了解光是什么。

在牛顿的数学原理中，一种新的、真正的物理学占主导地位。这些原理建立在他发现的一种被人不恰当地称为无穷大的运算方法的基础之上。这种算法是数学上最新的努力，是牛顿二十四岁做出的。一位伟大的哲学家和学者哈雷①因此说："任何凡人都不可能比他更加接近上帝。"

许多优秀的数学家、物理学家都受到牛顿的发现的启发，并且得到他的鼓励。布雷德莱②终于发现了恒星光行差。这些恒星距离我们这个小小的地球至少有一二万亿里③。

我刚才提到的哈雷虽然是个普通的天文学家，但是，1698 年却在国王的一艘大型舰只上担任指挥职务。就是在这艘船上，他确定了南极群星的位置，并且标出已为人所知的地球的各部分的经差。相形之下，阿耳戈英雄们④的旅程只不过是一只小船从河的此岸渡向彼岸而已。但是哈雷的旅行在欧洲几乎没有人提及。

我们对当代已经过分为人熟悉的伟大成果态度冷漠，古希腊人对微小的成就却十分赞赏。这正是我们的时代对古代具有极大

---

① 埃德蒙·哈雷(1656—1742)，英国天文学家。曾发现彗星。——译者

② 布雷德莱(1692—1762)，英国天文学家。——译者

③ 法国古里，约等于四公里。——译者

④ 根据希腊神话，阿耳戈英雄们乘坐快艇"阿耳戈"号去现今的黑海一带觅取金羊毛。——译者

优越性的又一明证。法国的布瓦洛和英国的坦普尔①骑士执意不承认这种优越性。他们想贬低他们所处的时代，是为了把自己凌驾于这个时代之上。这一古人和今人之争至少在哲学领域里已经得到了解决。今天，在文明开化的国家里，没有人再用古代哲学家的论述来教育青年了。

洛克一个人足以成为我们的时代对于希腊极盛时期的优越性的重要例证。从柏拉图到洛克，哲学毫无进展。在这段时期内，没有人把人类的精神活动推进一步。一个人如果懂得整个柏拉图，并且也只懂得柏拉图，那实在是懂得很少，而且并非真正懂得。

柏拉图确实是个能言善辩的希腊人。他写的《苏格拉底辩》一书，对各国贤哲很有用处。大家尊敬他是正确合理的。因为他使不幸的德行变得如此令人尊重，迫害者变得如此令人憎恨。长期以来，大家认为他那卓越的伦理学不可能伴随着一种谬误的形而上学。由于他写了一部从来没有人读懂的《泰尔内尔》，他几乎被推崇为教会之父。但是，今天，如果有个哲学家对我们说：一种物质即另一种物质，地球是由十二个五边形组成的图形，火是一个棱锥体，它和地球是用数学连接起来的，我们会对他作何感想呢？说睡眠是清醒的产物，清醒又是睡眠的产物，或者说生来自死，死来自生，以此来证明灵魂不灭，灵魂转生，这样说会被人接受吗？这些就是很多世纪以来受人赞赏的论证。后来还有许多更为荒诞的思想被用来教育人类。

只有洛克在他的一部著作中阐述了人类的理解力。这本书的

① 坦普尔(1628—1699)，英国政治家、散文家。——译者

内容全是真理。这些真理明白易懂，使这本书成了完美无缺的著作。

如果我们想完全了解我们这个时代在哪些方面优于以前任何时代，我们可以看看德国和北欧的几个国家。但泽的黑费留斯[1]是第一个深入了解月亮行星的天文学家。在他以前没有人比他更仔细地观察过宇宙。在这个时期产生的许多伟大人物中，没有人比他能更好地表明这个时代堪称路易十四时代。黑费留斯在一场火灾中丧失他那藏书丰富的图书馆。法国国王赠予这位但泽的天文学一份厚礼，其价值远远超过他受的这次损失。

荷尔斯泰因的麦卡托[2]在几何学方面是牛顿的先驱。瑞士的贝努利[3]兄弟就是这位伟人的优秀弟子。莱布尼茨曾经一度被人认为是麦卡托的竞争者。

这位赫赫有名的莱布尼茨生于莱比锡，死于汉诺威，死时是位贤哲。他像牛顿那样崇拜一个上帝而不求教于世人。他也许是欧洲最渊博的学者。他是一个刻苦钻研的史学家和博大精深的法学家。他用哲学来阐明法律问题，虽然表面上哲学与法律无关。他是一位玄学家，思想敏锐得把神学和玄学调和起来。他是一位拉丁文诗人。最后他还是个相当优秀的数学家。他的数学水平足以使他和牛顿争夺微积分的发明者的地位。这使人在一个时期内无法肯定这门学科的创造者到底是谁。

① 黑费留斯(1611—1687)，德国天文学家。由路易十四赡养。——译者

② 麦卡托(1512—1594)，荷兰地理学家。曾发明一种投影法。——译者

③ 逃亡在瑞士的贝努利家族中的几位瑞士数学家。其中有名的有：雅克·贝努利(1654—1705)和让·贝努利(1667—1748)。——译者

当时正是几何学的黄金时代。数学家之间经常相互挑战，即互送题目给对方解答，差不多同当年埃及和亚洲的君王一样。听说他们之间时常互送谜语让对方猜。数学家相互出的数学题要比谜语难得多，但在德国、英国、意大利和法国，没有一道题目没有解出。各国哲学家之间的通讯联系从来没有像当时那样广泛。莱布尼茨在其中起了推动作用。虽然战争此起彼伏，宗教信仰互不相同，但已经在欧洲无形之中建立了一个文化知识的共和国。在各门科学、各种艺术的领域中，各国之间因此得以互相帮助。各类科学院是这一共和国的组成部分。意大利和俄国有文字之交。英国人、德国人、法国人都到莱顿去学习。至于名医布尔哈弗，教皇和沙皇都请他诊病。他最优秀的学生因而吸引很多外国病人，并在一定程度上成为驰誉各国的医生。各种学科的真正的学者加强了这一大规模的有才智的人物的联系交往。这种联系交往遍及各地，没有在任何地方受到约束，并一直延续到现在。这是对饱尝野心和政治在这世界上播下的种种痛苦的人的一种慰藉吧！

意大利在这个时代虽然没有再次产生像塔索和拉斐尔那样的人物，但是依然保持它过去的光荣。产生过一次这样的人物已经足够。基亚布雷拉①以及后来的扎皮②和菲利卡雅③等人的作品表明，细腻的文笔仍然是意大利民族的天赋。马费伊④的《梅罗普》⑤一剧，

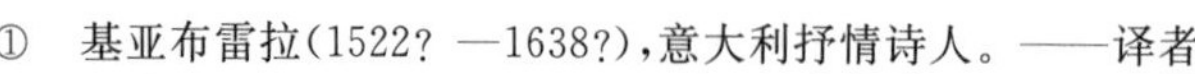

① 基亚布雷拉（1522？—1638？），意大利抒情诗人。——译者
② 扎皮（1667—1719），意大利诗人。——译者
③ 菲利卡雅（1642—1707），意大利爱国诗人。——译者
④ 马费伊（1675—1755），意大利作家和悲剧作家。——译者
⑤ 《梅罗普》为马费伊于1713年写的一部悲剧。——译者

以及梅塔斯塔齐奥[①]的戏剧作品是这一时代宏伟的不朽之作。

伽利略创始的对真正的物理学的研究，虽然受到久已根深蒂固的旧哲学的阻挠，仍然在继续进行。卡西尼·维维阿尼[②]、曼弗雷迪[③]、比安奇尼[④]、扎诺蒂[⑤]以及许多其他学者在意大利放射出已经照亮其他国家的光辉。虽然主要的光芒来自英国，但是意大利的各个学派并没有把视线从那里移开而不予理睬。

在这个艺术古老的祖国，和在别处一样，各种形式的文化知识都受到培植，只是在某些方面例外。在这些方面，其他国家的思想自由使人的才智得到更充分的发挥。这个时代比以前各个时代对古代文化更有研究。意大利产生的不朽杰作比欧洲各国所产生的加在一起还多。人们越是深入挖掘这些杰作，知识越是扩展。

这些进步的取得应该归功于散居欧洲某几个部分为数不多的智者和天才。他们几乎都长期默默无闻，时遭迫害。世界遭受战争蹂躏时，他们光照人世并给人间以安慰。我们还可以在别处找到那些为德国、英国和意大利争光的人物的名单。一个外国人对所有这些杰出人物的功绩逐一评价似乎是很不适宜的。这里只需指出，在过去这个时代里，从欧洲一端到另一端，人们比以往任何时期获得的知识更多。

---

① 梅塔斯塔齐奥(1698—1782)，意大利诗人。——译者

② 维维阿尼(1662—1703)，意大利几何学家。——译者

③ 曼弗雷迪(1674—1739)，十六世纪下半叶意大利抒情诗人、戏剧家、数学家。对天文学、水力学和科学史也很有研究。——译者

④ 比安奇尼(1662—1729)，曾从事子午线的划定和历法改革，也研究历史和考古。——译者

⑤ 扎诺蒂(1692—1777)，意大利文学家和哲学家。——译者

第三十五章

教会的纠纷　难忘的争论

国家的三个等级中，人数最少的是教会。只有在法兰西王国，僧侣才成为国家的一个等级。这是千真万确而又令人惊讶的事。这一点，前面已经谈过，而且再没有比这更能显示出习惯的力量了。因此，僧侣被承认为是国家的一个等级之后，君主领导这个等级，就需要极其灵活细致、谨慎小心。既要保持与罗马教廷的团结，又要维护法国教会的自由——古代教会的权利；既要使主教俯首听命犹如臣仆，又要不触及其权利；既要主教在许多方面受制于世俗的司法，又要让他们在其他方面居裁判者之尊；既要他们捐输财物以供国家之需，又要不侵犯其特权。凡此种种，都要求集机智灵活与坚定果断于一身，而这正是路易十四几乎始终具备的才能。

法国的僧侣又逐渐恢复了内战和放纵的年代曾经使他们背离了的秩序和礼仪。国王终于不再容忍俗人以受雇教士的名义占据有俸圣职，也不再容忍不是神父的人拥有主教的职位，就像过去红衣主教马扎然甚至不是五品修士，就掌管梅斯教区，而韦纳伊公爵不是教士却当上主教一样。

法兰西和所有被征服的城市的僧侣，在平常年份，缴付给国王二百五十万利弗，以后由于硬币价值在数字上增长，教士以什一税、特别补助、无偿赠与的名义，每年资助国家约四百万。无偿赠与这个词和这种特权，作为所有封建领主在国家需要时要给国王无偿赠与这一古老惯例的痕迹，保存了下来。主教和修道院，由于古老的陋习，本身都是封建的领主，在封建战乱时只有提供士兵的义务。那时国王跟其他领主一样，只有自己的领地。后来，一切都已时过境迁，但僧侣却依然故我，保持着以无偿赠与形式资助国家的习俗旧例。

经常聚会的团体始终保持这种习俗。从不聚会的团体必然丧失这种习俗。除了这古老的习俗之外，还有教会一直要求的豁免权。至于教会提出它的财产就是穷人的财产这一箴言，并不是认为它对国家毫无义务（其实它的一切都来自国家，因为王国在荒时暴月、民穷财尽之时，王国就是第一个穷人），而是为了声称自己拥有仅仅提供自愿援助的权利。但是，路易十四要求这些援助时，从来都是有求必应的。

在欧洲和法国，人们对教士缴纳赋税如此之少都感到惊奇，因为他们设想教士拥有王国收入的三分之一。如果教士的确拥有这三分之一，那么，无疑就应缴付三分之一的赋税。这在平常年份可能高达五千多万，还不算他们跟其他臣民一样都要缴付的消费税。但是，人们对于一切事物，都只有模糊认识并且抱有成见。

在所有天主教会中，法国教会中积聚的财产最少。这是无可争辩的事实。不仅没有一个主教像罗马主教那样攫取了广泛的主权，而且没有一个修道院长像卡西诺山修道院长①和德国修道院长那样，享有王权。法国主教辖区一般收入并不太多。斯特拉斯

① 卡西诺山修道院在意大利南部，建于六世纪。该院享有王权，即可铸造钱币，征收捐税，进行司法审判，设置官职等。本笃会成立于此。——译者

堡和康布雷主教辖区收入最多，但这是因为这些教区原属德国，而德国教会过去比德意志帝国还要富有得多。

吉阿诺纳在其所著《那不勒斯史》①一书中肯定教士占有国家收入的三分之二。这种夸大其词的欺人之谈，其实并没有使法国人感到心烦意乱、忐忑不安。说教会收入占国王三分之一，就像随便说巴黎有一百万人口一样。只要不辞劳苦，计算一下主教辖区的收入，就会看到根据大约五十年前定的租约的价格，所有主教辖区当时年收入加在一起，估计不过四百万，而享有教皇授予的产益处置权的修道院的收入则达四百五十万利弗之多。诚然，申报的租约的这个价格比实际价格低三分之一，而且如果再加上土地收入的增加，那么，由红衣主教会议决定的年收入总数就达一千六百万左右。但不要忘记这笔钱中有一大笔每年都交到罗马而一去不复返，成为纯损失。这是国王对罗马教廷的极大慷慨。这种慷慨在一个世纪内，便使国家损失四十多万马克②的银子。要不是商业的收入大大弥补这一损失的话，长此以往，就会使王国一贫如洗。

除了这些要向罗马缴纳初任年金③的有俸圣职外，还有本堂神父、修道院、有教务会的教会、修会以及所有其他有俸圣职。如果把王国现有全部有俸圣职收入估计为每年五千万的话，那也跟事实相去不远。

---

① 吉阿诺纳(1676—1748)于1723年发表《那不勒斯王国史》，激烈攻击教皇的世俗权力，被开除出教，被囚并死于都灵城堡。——译者

② 古代法国称量贵金属的单位。每马克为8盎司(224.5克)。——译者

③ 新任的神职人员应将该神职的一年收入缴给罗马教廷，称为初任年金。——译者

即使是以既严格又专注的目光来审视这一问题的人，也不可能把整个法国教会（包括俗间神父主持的和正式神父主持的教会）的收入估算到九千万以上。对于供养1700年所统计的九万个修士和大约十六万教士来说，这并不是一笔过大的款项。而在这九万个修士中，三分之一以上靠布施和做弥撒过活。许多修士在修道院中，每年还领取不到二百利弗。但是有些修道院的正式神父却享有二十利弗的年金。正是这种巨大悬殊的差异，令人感到诧异，并引起抱怨不满。人们同情乡间本堂神父。他们工作辛苦繁重，却收入菲薄，按规定只有权领取三百利弗的本堂神父薪俸，加上四五百利弗的布施。而一个游手好闲的修士，成为修道院长后，虽然仍旧无所事事，却拥有巨额收入，而且还从其属下获得农产品什一税。在佛兰德尔、西班牙，尤其是在德国信仰天主教的诸邦中，这种流弊为害更烈。一些僧侣形同王侯。

几乎普天之下，都是恶习流弊充做法律。如果把至贤至智者聚集一堂来制定法律，那么，哪里还会有这种仍然保持着完整形式的国家呢？

法国的僧侣，一直沿袭对他们来说沉重不堪的惯例习俗，几年就要付给国王几百万无偿赠与。他们向人借债，并在付清利息之后，再向债主还本。这样，他们就付款两次。如果僧侣这个团体根据每一有俸圣职的收入的价值，按比例纳税以供国家之需的话，那么，这对国家和整个僧侣团体来说，可能更加有利，而且也更加合理。但是，人们始终抱住古老的习俗不放。正是由于这种精神，教士每五年一聚时，连一个会场、一件属于他们的家具都从来没有过。显然，如果他们花费少些，就可以帮助国王多些，并在巴黎为自己修建宫殿，作为点缀首都的新装饰品。

在路易十四尚未成年时期，法国教士的道德行为准则还没有完全清除天主教同盟带来的杂质。我们看到，在路易十三青年时代，即在1614年举行的最后一次三级会议上，被称为第三等级并作为国家的根基的、全国人数最多的这一部分，同高等法院一道，徒劳无功地要求把下述条文定为根本大法："任何教权均不得剥夺国王的神圣权利；王权仅得自上帝一人；宣扬可以废王弑君乃是头等大逆不道之罪。"这就是国民提出的要求的主旨的原话。这个要求是在亨利四世尸骨未寒之时提出的。但是，一个出生法国的法国主教、红衣主教迪佩隆，却激烈反对这一提案。借口为不该由第三等级就可能涉及教会的问题提出法律。他为什么不同教士一道做第三等级想做的事呢？但是，他已经走得太远了，以至于勃然大怒，竟然说："教皇的权利是充分的和至高无上的，直接及于教权，间接及于俗权。"他作为教士，有责任宣称，"对提出教皇无权废黜国王者，将开除其教籍"。僧侣争取了贵族，使第三等级默不作声。高等法院重申其过去的决定，宣布王位独立于教会，国王人身神圣不可侵犯。僧侣团虽然承认国王人身是神圣的，但同时又坚持王位隶属于教廷。过去正是本着这种精神废黜了温厚者路易①。这一精神至今仍占优势，以至宫廷被制服后，不得不把用《根本法》这一名称出版最高法院的决定的出版商投入监狱。据说这是为了和平的利益。但是，这却惩处了向君王提供自卫武器的人。这样的景象在维也纳根本不会出现。这是因为当时法国害怕罗马，而罗

① 温厚者路易即路易一世(778—840)，亦称诚笃者路易。——译者

马害怕奥地利家族。

这场打输的官司同各国国王关系十分密切，所以英国国王詹姆士一世执笔为文，反驳红衣主教迪佩隆。这篇文章是这位君主最出色的作品①。这场官司也是为了百姓，因为百姓要想休养生息，他们的君主就不能隶属于外国势力。理性逐步占了上风。路易十四以实力为后盾，轻而易举使人遵从理性。

安东尼奥·佩雷②曾经嘱咐亨利四世注意三件事：罗马、谨慎、海洋。对于路易十四来说，他在后两方面已占有很大的优势，以致可以不需前者。他关注的是，只要教会的指令涉及国王的司法权，他就保持向高等法院上诉的惯例，控告教会的指令逾权违法。教士常常对此满腹牢骚，但是有时也表示赞赏满意。因为，尽管一方面，这种上诉捍卫国家的权利，反对主教的权威；但另一方面，由于维护了法国教会的特权，反对罗马教廷的野心，这种上诉也就肯定了主教的权威本身。于是主教们把高等法院看做既是自己的对手，又是自己的保护者。政府则小心翼翼使双方尽管有宗教争执，但不超出那些本来就易于逾越的界限。法人团体和会社的权力，同商业城市的利益一样，要由立法者来调整平衡。

法国教会的自主权

自主权这个词就意味着处于从属地位。自主权、特权，就是一

① 指詹姆士一世写的《自由君主制的法律》一书。——译者

② 西班牙菲利浦二世的大臣，因故入狱，越狱后潜居法国。——译者

般奴役的某些免除。应该说法国教会的权利，而不该说自主权。这些权就是所有古代教会具有的权力。罗马主教对东罗马帝国的基督教会从来没有丝毫的管辖权。但在西罗马帝国的废墟中，罗马主教的权势却无孔不入。长期以来，只有法国的教会向罗马教廷争夺首次尼西亚主教会议①之后每个主教已经授予自己的古老权利。当时教会的纯粹教务的管理，都仿效世俗政府的模式。就像帝国的每个行政区都有其辖区一样，每个主教也拥有自己的教区。的确，没有一本福音书上曾经说过，罗马城的一个主教可以向法国派遣由红衣主教担任的教皇特使。这些特使有权：

负责审判、恢复旧教规、宽免以及向百姓征收税款；

命令法国高级教士到罗马申辩；

对王国的有俸圣职，以空缺税、动产继承税、遗产税、有俸圣职出缺收入税、兼职费、有俸圣职候补费、九一税、什一税、初任年金等名目征收；

开除国王的官员的教籍，以阻止他们履行职务；

使私生子有权继承遗产；

对死时未将其部分财产捐献给教会者，撤销其遗嘱；

允许法国教士让与其不动产；

派遣法官了解婚姻是否合法。

总之，有七十余种侵越权利的行为。王国的高等法院始终反对这些行为，维护国家天赋的自由和王权的尊严。

不管耶稣会教士在路易十四时代有多大影响，也不管这位君

① 325年由罗马帝国君士坦丁大帝召开。——译者

主亲政以来对高等法院的诤谏如何约束，这两个大团体谁都从不放过任何机会来抑制罗马教廷的野心，而国王对这种警惕性则加以首肯，因为在这方面，国家的基本权利就是君主的权利。

这类事情中最重要、也最微妙的，是国王的特权[①]问题。在某一主教辖区有职位空缺时，任命所有普通有俸圣职[②]并根据他的意愿管理和使用该教区的财政收入，这是法国国王的权利。这一特权如今为法国国王所特有。但是，每个国家都有其特权。葡萄牙国王享有王国所有主教辖区收入的三分之一。德意志皇帝有任命空缺的有俸圣职之权，并一直在授予空缺的主要有俸圣职。那不勒斯和西西里国王权利更大。罗马的权利大部分建立在习俗之上，而不是建立在原有的资格和权利之上。

墨洛温王朝诸王以一己的权威任命主教和全体高级教士。公元 742 年，卡洛曼[③]任命卜尼法为美因茨的大主教。而这个卜尼法出于感激，以后则用宗教仪式为矮子丕平加冕。现在还留存许多表明国王有权处理这些重要神职的历史遗物。这些职位越重要，就越应由国家元首授予。由一个外国主教参与分配，似乎是危险的。而由这个外国主教来任命神职人员则往往被看作是更加危险的侵越权利的行为。这不只一次引起内战。既然国王可以授予主教职位，那么，在从某一主教去世到继任者登记宣誓效忠这段短短的时间内，国王享有支配主教辖区的收入和任命某人担任某些普通有俸圣职这一微不足道的权利，看来是合乎教规的。然而，在

① 指法国国王征收空缺主教的收入及任命其所属宗教职位之权。——译者

② 普通有俸圣职只需举行削发式，而不必接受圣礼或出家修行。——译者

③ 铁锤查理之子、矮子丕平之兄。——译者

第三代王朝[1]期间归并为国王管辖的一些城市的若干主教不愿承认这一权利。个别领主贵族又过于软弱，以致无法使这一权利受到尊重。教皇公开支持主教，其意图始终笼罩在一团迷雾之中。1608年，亨利四世在位时，高等法院宣告国王的特权行使于整个王国之内，于是僧侣怨声载道。这位君主谨慎对待主教和罗马，把事情交给枢密院，自己对此则避而不作决定。

红衣主教黎世留和马扎然公布了枢密院的若干决定。根据这些决定，自称享有豁免权的主教应出示证件。直至1673年，一切还悬而未决。那时卢瓦尔河以南几乎所有主教辖区，每逢有俸圣职出缺时，国王甚至连一个也不敢授职。

1673年，掌玺大臣艾蒂安·达利格尔终于在一道敕令上盖上国玺。该敕令规定王国所有主教均由国王授职。有两个主教——可惜这是王国中最有德行的两个人——顽固地拒不服从。这就是阿勒特主教帕维荣和帕米埃主教科勒。他们首先用一些说得过去的理由来自我辩护，但政府方面则以同样有力的理由加以驳斥。如果知识渊博的人尚且长期争论不休，很显然这个争论不休的问题含糊不清，当时的事情极其晦涩不明。但是显而易见，阻止国王在两个主教辖区做他在所有其他主教辖区做的事，既不利于宗教信仰，也不利于秩序安定。这两位主教都坚定不移，谁都不登记宣誓效忠，因此，国王认为有权向他们的教堂派去议事司铎。

这两位主教把国王使用特权任命的神职人员开除出教。他们两人都涉嫌信奉冉森教派教义。过去教皇英诺森十一世反对他

① 指卡佩王朝。——译者

们。但当他们公开反对国王的意图时，则受到英诺森十一世奥德斯卡尔希的支持。这个教皇跟他们一样德行高尚而又顽固执拗，完全站在他们一边。

最初国王只不过放逐这两个主教任命的主要神职人员。他表现得比这两个自炫圣洁的人更克制。国王尊敬阿勒特主教的高龄，让他安详宁静地死去。帕米埃主教剩下孑然一身，但仍然毫不动摇。他变本加厉地开除别人教籍，同时仍然坚持不登记宣誓效忠，因为他深信这种宣誓使教会过于屈从君主。国王没收他的收入，而教皇和冉森派教徒则给予补偿。他因被人剥夺收入，地位反而提高，更受尊敬。他于 1680 年去世，至死确信自己曾经维护上帝的事业，使之不受国王侵犯。他的去世并没有平息争端。由国王任命的议事司铎前去任职，占有财产。而一些自称为议事司铎和代理主教的人则把他们赶出教堂，并开除他们的教籍。虽然此事属于图卢兹大主教蒙帕札受理的范围，但他对这些自称代理主教的人所进行的判决却不起作用。这些代理主教根据法国大主教对教会争端做出的判决可以提交教廷复审的惯例，向罗马上诉。这个惯例是同法国教会的自主权相抵触的。但人类的一切统治本来就是矛盾。高等法院进行了判决。代理主教之一、一个名叫塞尔勒的僧侣，把大主教的判决和高等法院的判决一律撤销。高等法院对他进行缺席审判，处以死刑，并把他的模拟像装在柳条囚笼里，拖到刑场，以示侮辱。人们还对他的模拟人像进行处决。塞尔勒从他隐避的住所对大主教和国王进行辱骂。教皇对他予以支持。更有甚者，这位高级神职人员像帕米埃主教一样，确信国王的特权是天主教会的一种流弊，认为国王对帕米埃教区没有任何权

利。他撤销图卢兹大主教的教令，把大主教任命的新代理主教以及国王任命的神职人员及其庇护者统统开除出教。

国王召集了由三十五名主教和同等数量的次级教阶代表组成的僧侣会议。冉森派教徒首次站在教皇一边；而教皇——国王的敌人——虽然并不喜欢他们，但却予以支持。他们始终利用一切机会来反抗这位君主，并以此为荣。而且甚至后来在 1699 年，因为路易十四保护英王詹姆士，他们便跟联盟国联合起来反对这位君主，以致当时人们都说，只有詹姆士国王成为胡格诺教派教徒，而教皇成为天主教徒，才能结束欧洲和教会的纷争动乱。

1618 年和 1682 年的僧侣会议一致表示拥护国王，这里还因另一小小争执而引起重大事端：巴黎郊区一个小修道院院长的选举把国王和教皇都牵涉了进去。罗马教皇推翻了巴黎大主教的教令，并撤销了大主教对该小修道院院长的任命。高等法院判定罗马的手续为滥用。教皇发布谕旨，命令宗教裁判所焚毁高等法院的判决。高等法院也下令废除教皇谕旨。人们一方面在本国享有自治这种天然自由，另一方面又服从某一外国权力。这两种混杂的现象古已有之。上述的斗争长期以来便是这种现象导致的惯常的，而又不可避免的结果。

僧侣会议作出的这项决定表明，在没有另一权力干预的情况下，明智的人可以向自己的君主让步而不失尊严。会议同意把国王的特权扩展到整个王国。这既是僧侣方面为感激其保护者、因此野心有所收敛而作出的一个让步，也是对国王绝对权力的正式承认。

这次会议通过一封信向教皇为自身进行辩白，其中有一段话，仅仅这一段话就足以在所有争论中充做永恒的行动准则："与其搅扰安宁，毋宁牺牲某些权利。"国王、法国教会、高等法院皆大欢喜。冉森派教徒写了一些谤文。教皇坚定不移，发布敕书推翻僧侣会议的全部决议，并训谕主教们收回前言。这样就有可能使法国教会和罗马教会永远分离。在红衣主教黎世留和马扎然执政时期，就曾谈到打算设立大主教。所有行政官员希望：不再向罗马缴纳初任年金；罗马一年中有六个月不向布列塔尼任命担任有俸圣职的人员；法国主教不再自称为"经教廷批准的"主教。如果国王原先愿意这样，他这时只要说一声即可。他是僧侣会议的主人，而且得到全国支持。在这个世纪所有的教皇中，唯独这个德行高尚的教皇，不善于顺应时代。由于他坚定不移，不屈不挠，罗马几乎什么都丧失殆尽。但是，有些界石年代久远，不经强烈震撼，就不可能摇动。要想一下子跟罗马决裂，那就需要利己之心更重、情绪更加偏激、人心更加激昂，因此，当人们想根除加尔文教派时，要进行这种决裂，真是谈何容易。当 1682 年公布这次僧侣会议的四项著名决定时，人们甚至认为是采取了大胆行动。这四项决定的要旨如下：

1. 上帝并未赋予彼得及其继承者任何直接或间接干预世俗事务的权力；

2. 法国教会赞同康斯坦茨宗教会议宣布的公会议在信仰方面高于教皇；

3. 法兰西王国和法国教会公认的教规、教例、教仪永远不可动摇；

4. 教皇在宗教信仰方面的决定，只有在教会接受之后，方为有效。

所有法庭和所有神学院都把这四条主张的全文原原本本地记载下来。还通过了一道敕令禁止今后宣扬任何与此相反的言论。这个坚定的举动，在罗马被视为叛乱分子的暴行，而在欧洲所有新教徒看来，则只不过是一个生来自由的教会所做的微弱努力，只不过砸碎它身上的锁链的四个链环而已。

这四条规定起初在全国受到热烈拥护，后来受到拥护的热烈程度便不如过去。到路易十四晚年，这些规定开始变得可疑起来。因此，红衣主教弗勒里通过一次僧侣会议，把它的某些部分取消，但这并未引起丝毫反响，因为当时人们的情绪并不激动，同时也因为红衣主教弗勒里执政期间，没有任何引起轰动之举的缘故。最后，这四条又恢复了巨大的活力。

在此期间，英诺森十一世比任何时候都更加激怒怨恨。他对国王任命的所有主教和享有国王授予的产益处置权的修道院长拒不颁发诏书，以致当这位教皇于 1689 年去世时，法国有二十九个教区没有主教。这些高级教士仍然领取薪俸，但他们不敢为自己举行授任礼，也不敢履行主教职务。于是设立大主教的想法再度萌生。关于各国驻罗马大使的特权的争论，加深了原有的创伤，从而使人们认为在法国建立一个完全非罗马的“天主教徒和使徒的”教会的时期终于来到。当阿尔莱总检察长和塔隆大律师于 1687 年提出上诉，控告教皇发出的反对各国驻罗马大使享有的特权的谕旨逾权违法时，当他们强烈谴责顽固不化的教皇使那么多的教堂没有司牧时，这种想法已经表现得相当清楚了。虽然这个行动看来大胆冒险，更不难做到，但国王却从不愿表示赞同。

英诺森十一世的利益后来成了教廷的利益。法国僧侣的四项主张,攻击绝对正确这种虚幻的说法。罗马人并不相信绝对正确,但却支持这种说法,以及与这种虚幻说法相联系的权力。亚历山大八世和英诺森十二世虽然没有骄傲的奥德斯卡尔希那么冷酷无情,但却步他的后尘。他们赞成对僧侣会议的谴责,拒不发给主教谕旨。总之,他们做得太过分了,因为路易十四并没有采取适当的行动。主教们对于自己只有国王的任命,却没有自己的职务感到颇不耐烦,于是请求法国宫廷准许他们安抚罗马教廷,与之言归于好。

国王坚持不让的态度已经疲软,便答应了。主教们每个人分别上书教皇,表示"对会议的做法深感痛心"。每个人在信中都声明自己并不把会议的决定看成决定,也不把会议的命令看成是命令。皮尼亚特利(英诺森十二世)比奥德斯卡尔希通融灵活,对这个举动感到满足。在法国,人们还不时宣扬这四条主张,但是当不再进行战斗时,这些武器便锈钝起来。这场争论仍然被一层薄雾笼罩,并未解决。在一个国家里,对于这些问题如果没有一成不变和普遍公认的原则,这种情况几乎会经常发生。因此,根据执政者的性格,根据控制国家首要人物的那些人物的特殊利益,人们时而反对罗马,时而又向罗马让步。

除此之外,路易十四同罗马并没有别的宗教纠纷,在世俗事务方面,他也没遭到僧侣的反对。

在路易十四时代,僧侣由于审慎稳重而令人肃然起敬。这种审慎稳重,在头两个王朝的野蛮统治下,以及在更为野蛮的封建统治的时代都未曾有过;在内战时期和路易十三执政时期的动乱中,尤其在投石党运动中，除去某些例外，更是闻所未闻。不管德行占主导地位，还是邪恶占主导地位，这些例外情况必须排除。

只是在这时人们才开始睁开眼睛看清什么是迷信行为。他们过去总是把这种行为和他们的宗教信仰混为一谈。尽管埃克斯高等法院和加尔默罗会修士反对，还是准许人们知道拉撒路[①]和抹大拉的马利亚[②]并没有来过普罗旺斯。本笃会修士不能使人相信雅典法庭法官德尼斯曾经统治过巴黎教会[③]。假冒的圣徒、虚假的圣迹、赝造的圣物，开始声名狼藉。启迪哲学家的健全理性渗透各地，但是进展既缓慢又困难。

巴黎红衣主教的兄弟，马恩河畔夏隆的主教加斯东—路易德·诺阿耶，十分开明。他于1702年没收一件几百年来珍藏于圣母教堂、被人称为耶稣基督的肚脐而受到崇拜的遗物，并叫人把它扔掉。夏隆人个个抱怨主教。主审法官、市政参事、国王侍从、司库官员、商贾、显贵名流、议事司铎、本堂神甫，通过一项法案，一致抗议主教的侵犯行为，要求归还圣脐，并且引证下列圣物：保存在阿尔让特伊的耶稣基督的衣袍、保存在都灵和拉昂的他的手帕、保存在德尼斯的十字架上的一钉子，以及其他许多人们对它们虽然予以保存，但却嗤之以鼻，从而大大有损于受人崇敬的宗教的圣物。但是主教既理智又坚定，终于战胜了人们的幼稚轻信。

---

① 拉撒路为《圣经》人物、玛尔特和玛丽亚的兄弟。死后被耶稣救活。传说为马赛第一任主教。——译者

② 抹大拉的马利亚为《圣经》人物、敬重耶稣的忠实女徒。曾目睹耶稣钉死在十字架上。为耶稣送葬，并亲眼目睹耶稣复活。——译者

③ 德尼斯，雅典法庭法官。公元95年殉教。另一德尼斯则是巴黎的首任主教，三世纪时殉教。人们把这两人混为一人。——译者

其他各种迷信由于与曾经一度值得称赞的习俗有联系而得以继续存在。新教徒克服了这些迷信，但他们也不得不承认，比起其他天主教会来说，这些弊端陋习在法国最不普遍，最受蔑视。

真正的哲学精神只是在这一世纪的中叶方才扎下根来。它丝毫没有平息神学上的新旧争吵，因为哲学的职责并不在此。下面将谈到这些纷争，它们简直是人类理性的耻辱。

第三十六章

关于路易十四时代的加尔文教派

基督教会由于内部争吵，一直四分五裂。好几百年来，捧着和平之神的手使人鲜血流淌，肝脑涂地。这些无疑都是骇人听闻的事。异教从来没有这种狂暴行动。异教用黑暗覆盖世界，但它只是用动物的血浇洒世界。而且，犹太人和异教徒有时虽然杀人祭祀，但是这些奉献，不管多么令人感到恐怖，却并没有引起内战。异教徒的宗教信仰只包括伦理道德和宗教节庆这两个内容。古往今来，普天之下，伦理道德莫不相同，而宗教节庆仅仅是欢乐庆祝而已，所以，都不会扰乱人类的安宁。

教理思想把进行宗教战争的狂热灌注入人们心中。我曾经长期探究：这种教理思想，曾经使古代异教的各个流派分裂，但并没有引起任何纷争，那么，它究竟怎样和为什么却在我们中间产生如此可怕的动乱呢？这绝不仅仅是宗教狂热所致。因为裸体修行者①和婆罗门教徒，这些人类中最狂热笃信的人，从来都只是把苦难加在自己身上。这蹂躏世界的新瘟疫的根源难道不可以在共和精神的这场天然斗争中寻找吗？这种共和精神曾经激励最初的教

① 古希腊人给印度一个教派的修行者的名称。——译者

会起来反对那痛恨任何形式反抗的当局。那些最初在地窖和岩洞里对抗某些罗马帝国皇帝的法令的秘密集会团体逐渐形成国中之国，即隐藏在帝国内部的共和国。君士坦丁使这个共和国脱离地下状态，并把它置于王权旁侧。不久以后，主教的权威便与迄今一直激励着基督教徒所有集会的民众精神对立起来。往往只要某个大城市的主教一宣扬某种想法，某个副主教、某个神父、某个六品修士便大唱反调。任何权威都暗中伤人，尤其是因为任何权威都总想与日俱增。当人们找到一个被认为是神圣的口实来反对这种权威时，便立即把造反奉为天职。于是，一些人成了迫害者，另一些人成了造反者。双方都请上帝作证。

我们看到，自从阿里乌斯神父[①]与某位主教发生争论以来，那支配人类灵魂的狂热把世界搞得多么动乱不安。把自己的观念感觉说成是上帝的意志，下令信仰上帝，否则肉体消灭、灵魂永受磨难，这是某些人思想上的专制主义的登峰造极的表现。而抵抗这两种威胁，在另一些人那方面，则是为了争取天赋的自由而作出最后努力。你们已经浏览过《论风俗论》。这本书使你们了解到，自从泰奥多斯以来，在世俗司法权与教会司法权之间进行着的一场旷日持久的斗争。以及自从查理曼大帝以来，大领主反对君主、高级主教反对国王、教皇反对国王和主教的反反复复斗争。

在最初几个世纪，拉丁教会中的争论并不多。蛮族不断入侵，几乎使人无法进行思考。已经被人充分阐述并足以确定普遍信仰

---

① 阿里乌斯神父(256—336)因否认三位一体，也就是否认基督的神圣，先后被尼西亚和君士坦丁宗教会议目为异端。——译者

的教理也不多。在查理曼大帝时代，几乎整个西欧都已抛弃圣像崇拜。一个名叫克洛德的都灵主教，狂热地取缔一切圣像，并保存了一些至今仍是新教基础的教理。这些宗教观点和信念在皮埃蒙、多菲内、普罗旺斯、朗格多克等谷地世代相传。十二世纪时，它们曾大放异彩。阿尔比教派①之战刚一结束，它们便产生效果。接着，在传入布拉格大学之后，这些信念便引起了胡斯教派之战。

从由于杨·胡斯和布拉格的杰罗姆②被活焚而引起的战乱结束，到由于出售赦罪符而动乱再起，其间仅仅相隔约一百年。瓦尔多教派③、阿尔比教派和胡斯教派所信奉的，经过路德、茨温利④革新并被人作过种种解释的古老教理，在德国被人如饥似渴地全盘接受。这些教理还被当做口实去夺取主教和修道院长所占据的大量土地，和抵抗当时正向专制政权阔步前进的德意志皇帝。这些教理在瑞典和丹麦也获得了胜利。这些国家的百姓在国王的统治下过着自由的生活。

天生具有独立精神的英国人，采纳了这些教理，并使之变得温和，从而创建了自己独有的宗教⑤。长老会⑥于多难之秋，在苏格

① 阿尔比教派，基督教的一派。主张善恶二元。不承认教会的权力。斥教皇为魔鬼。十二世纪盛行于法国南部阿尔比一带，1209 年教皇英诺森三世，勾结法国国王路易八世进行镇压。经过二十年战争，阿尔比派逐渐衰微。——译者

② 布拉格的杰罗姆(1374—1416)，胡斯信徒。1416 年在康斯坦茨与胡斯一道被教皇火焚。——译者

③ 十二世纪由神父瓦尔多在普罗旺斯建立的教派。——译者

④ 乌利希·茨温利(1484—1531)，与马丁·路德同时代的宗教改革者，瑞士人。——译者

⑤ 1534 年，英国国王亨利八世宣布英国与罗马教廷脱离关系。但到 1562 年伊丽莎白一世时，英国教会才最终建立。——译者

⑥ 苏格兰的一个新教教派。——译者

兰建立了一种类似共和政体的宗教组织，其学院气味和僵硬严酷，比起严寒的气候，甚至比起令人怨声载道的主教的专横恣肆来，都更令人难以容忍。这个长老会只是在受到理性、法律和武力抑制时在苏格兰才不再对人危险有害。宗教改革也深入波兰，但它只在那些百姓并不遭受奴役的城市里才取得巨大进展。赫尔维蒂共和国[①]中最大、最富饶的那一部分没有多大困难就接受了宗教改革。由于同样原因，宗教改革在威尼斯也即将大功告成。如果威尼斯不同罗马毗邻，或者，如果威尼斯政府不害怕民主（任何共和国的百姓都自然地向往民主，民主当时是大多数布道者的伟大目标）的话，宗教改革已经在那里扎下根来。荷兰人只是在挣脱了西班牙的枷锁之后，才信奉了这一宗教。日内瓦改宗加尔文教派教义，成了一个百分之百的共和主义的国家。

整个奥地利家族都尽其所能把上述新创宗教从它所属各邦排除出去。这些宗教对西班牙几乎没有影响。它们在自己的发祥地、萨伏依公爵所属各邦里，却被剑与火根除。1655 年，皮埃蒙谷地的居民经受了梅兰多尔和卡布里埃两地的百姓在法国弗朗索瓦一世统治下遭受的苦难[②]。掌握绝对权力的萨伏依公爵，一旦感到某一教派的危险，便立即将国内的这一教派彻底消灭。幸存的仅仅是一些隐藏在悬岩峭壁之间，不为世人所知的力量薄弱的后裔而已。在佛朗索瓦一世和亨利二世强有力的统治下，路德派和加尔文派在法国并没有引起巨大骚乱。可是，一旦政府软弱无力，

---

① 赫尔维蒂原为东高卢的一个行省，现属瑞士。——译者

② 梅兰多尔和卡布里埃均位于迪朗斯谷地。十六世纪时居民信仰瓦尔多教派。1545 年，村庄被毁，数千居民被屠杀。——译者

分崩离析时，宗教纠纷便激烈起来，并且竞相使国家兵荒马乱，动荡不安。国家的轻率浮躁、进行革新的狂热，以及人们的热情，在四十年间，使一个彬彬有礼的民族变成一个野蛮民族。

出身于新教的亨利四世，热爱这个教派，但并不对之依附不离。尽管他多次得胜，德行高洁，他如果不抛弃加尔文教派，也无法进行统治。他改宗天主教后，并没有忘恩负义到想消灭这个教派。这个教派长期与法国国王为敌，但他的王冠是部分地依靠它才取得的。而且，他想摧毁这个小集团，也无能为力。他喜爱它，保护它，同时又抑制它。

法国胡格诺教派教徒，当时几乎占全国人口的十二分之一。其中有一些是势力强大的领主。有些城市的居民全部信奉新教。这些领主过去曾经同一些国王作战。国王被迫让与他们若干设防城市。亨利一世仅在多菲内一地便让与了十四个这种城市，还把朗格多克的蒙托邦、尼姆给了他们。让与的城市还有索米尔，尤其是拉罗舍尔，后者成了一个与众不同的共和国。商业贸易和英国对它的优惠使它得以强盛起来。

最后亨利四世于1598年向胡格诺教派颁布了著名的《南特敕令》。他这样做，似乎满足了自己的爱好和施政的需要，甚至尽了自己的职责。其实这道敕令只不过是确认了法国新教徒手执武器从历代国王那里争得的特权。亨利四世在王位巩固之后又真心诚意地赐予了这些特权。

亨利四世的赫赫名声使《南特敕令》比其他所有敕令更加闻名于世。根据这一敕令，任何享有高级审判权的采邑的领主，在其城堡内，可以充分进行所谓经过改革的宗教活动，而没有这种权利的领主则可以接纳三十个人参加他组织的宣讲布道。高等法院直辖的所有地方，都允许这种宗教从事全部宗教活动。

加尔文教派教徒在允许他们从事宗教活动的城市里，可以不经官方许可出版一切书籍。

政府宣布，加尔文教派教徒可以担任国家的任何公职，可以领受国家的任何封号。事实似乎也的确如此，因为国王就曾经封拉特雷穆伊和罗斯尼的领主为公爵和勋贵。

巴黎高等法院特别设立了一个分庭，由一名首席庭长和十六名法官组成，不仅负责审理巴黎所辖广大地区的新教徒的案件，而且还负责审理诺曼底和布列塔尼地区的新教徒的一切案件。该庭称为“敕令分庭”。说实话，历来只有过一名加尔文教派教徒依法被接纳为该分庭的法官。但是，由于成立“敕令分庭”是为了防止发生新教徒所抱怨的欺压行为，同时还由于那些法官一直以能够承担这种使其显得超群出众的职务而洋洋自得，所以就是胡格诺教派教徒自己也承认，这个由天主教徒组成的分庭对他们的判决是至为公正的。

胡格诺教派在卡斯特尔有一个类似小型高等法院的机构。这个机构并不隶属图卢兹高等法院。在格勒诺布尔和波尔多，有由天主教徒和加尔文教派教徒各一半组成的分庭。加尔文教派教会和法国教会一样，也召开教务会议①。这样，这些特权和其他许多权利便把加尔文派教徒和全国其余的人结合为一体。实际上，这

① 教务会议，是天主教为处理地区宗教事务而由主教召集的会议。参加的有地区司铎、本堂神父等。有新教徒的城市都有其主教会议。每省有教务会议。经国王批准，每两年召集一次全国教务会议。——译者

是把敌对双方联合一起。伟大的国王亨利四世在世时，以他的威望权势、善良仁慈和机智灵活，对双方都加以抑制。

亨利四世之死永远令人感到可怕和惋惜。他去世后新王幼弱，宫廷分裂。在这种情况下，一方面要使新教徒的共和思想不会导致他们滥用特权，另一方面要使当时尽管软弱不堪的宫廷不想遏制这些特权，都是难乎其难的。胡格诺教派仿效德国，在法国建立了几个辖区。这些辖区代表经常闹事。此外新教还有一些野心勃勃的领主贵族。布荣公爵，特别是罗昂公爵这个胡格诺教徒中最有威望的领袖，不久就把好动喜乱的传教士和盲目虔信的民众投入叛乱之中。1615 年以后，胡格诺教派竟敢向宫廷呈交一份请愿书。他们除了提出一些侮辱性的条款外，还要求改组国王的枢密院。自 1616 年起，他们便在某些地区拿起武器。宫廷内部分裂，宠臣被人仇恨，国家动荡不安，再加上胡格诺教派胆大妄为，凡此种种都使整个国家长期兵荒马乱，烽火连天。这时叛乱迭起，阴谋四伏，恫吓盛行，刀光剑影，匆匆媾和，又匆匆毁约。就是这些现象使当时教廷驻法国公使、大名鼎鼎的红衣主教本蒂沃里奥说，他在法国看到的只是狂风暴雨。

在 1621 年，法国各个新教教会提出把它们的军队指挥官的职位交给后来成为法国陆军统帅的莱迪基埃尔，每月付给他薪俸十万埃居。可是莱迪基埃尔实现自己的野心，比新教徒从事叛乱，经验更加丰富。而且，由于他曾经指挥过新教徒，对他们了若指掌，所以他宁愿同他们作对，而不愿担任他们的首领。他改而皈依天主教，以此作为对新教徒的建议的答复。胡格诺教派教徒接着转向布荣公爵元帅。但这公爵声称自己已经年事过高，无法胜任。

最后，他们把这个倒霉的职位给予罗昂公爵。于是这公爵竟敢伙同他的兄弟苏比兹，向国王开战。

同年，陆军元帅吕伊纳带领路易十三转战各省，几乎兵不血刃就降服了五十多座城市，但他在蒙托邦城下却遭到挫败。结果国王蒙受了拔营逃遁之耻。这位元帅还包围拉罗舍尔，结果徒劳无功。这座城市依靠自己的力量和英国的援助，进行抵抗。最后，犯有谋杀君主罪的罗昂公爵，俨然以君主的身份同国王议和①。

在签订这项和约和吕伊纳陆军元帅去世之后，还得再次作战，再次包围拉罗舍尔，因为拉罗舍尔一直联合英国和法国的加尔文教派教徒反对国王。一位妇女（罗昂公爵之母）对王军，对积极活跃的红衣主教黎世留，以及对在围城期内英勇无畏多次冒死出战的路易十三，拼死抵抗，保卫这座城市达一年之久。全城忍受了饥饿引起的极端困苦。后来这座城市之所以投降，只是由于红衣主教黎世留仿照从前亚历山大在蒂尔城下高筑围垒的办法，下令构筑长五百尺的围堤。这种围堤制服了大海和拉罗舍尔的居民。市长吉东原打算为保卫拉罗舍尔战至最后一息，但在无条件投降后居然鲁莽冒失，率领自己的卫队出现在红衣主教黎世留面前。胡格诺教教教徒派控制的主要城市的市长都有卫队。黎世留撤销了吉东的卫队和这座城市的特权。叛乱的异端分子的首领罗昂公爵一直继续为其教派作战。英国人虽是新教徒，却弃他不顾。于是他转而和西班牙结盟，尽管西班牙人信奉天主教。红衣主教黎世

---

① 1622年签订蒙佩利埃和约，规定新教徒不得参与一切政治会议，拆除设防城堡，但蒙托邦和拉罗舍尔除外。——译者

留指挥有方，坚定有力，迫使到处受挫的胡格诺教派教徒屈膝投降。

在这以前，向胡格诺教派教徒颁发的一切敕令，都是这个教派教徒和历代国王之间缔结的条约。黎世留则要把他颁布的敕令称为《恩典敕令》。国王在这道敕令中以宽大为怀的君主的口吻降旨。在拉罗舍尔、雷岛、奥列龙、普里瓦、帕米埃等地，新教徒的一切宗教活动均被取缔，但一直被加尔文教派视为其根本法的《南特敕令》却仍然继续存在。

如此专制，如此果敢的红衣主教黎世留居然没有废止这一著名的《南特敕令》，这似乎很奇怪。这是由于他当时抱有另一目的缘故。这一目的可能较难实现，可是它和这位主教的远大抱负、高超思想却完全符合。他追求征服人心这种光荣。他自信凭他的智慧、力量和策略，能够做到这一点。他计划争取一些当时被新教徒称为 ministre（司牧）、今天被人称为 pasteur（牧师）的讲道者，首先让他们承认天主教的祭礼在上帝眼中并非罪行，然后逐步加以引导，同时也对他们作一些无关紧要的让步，但却又让罗马教廷看起来似乎并未给他们任何好处。他打算用赠与和宽恕来迷惑一些新教徒，引诱另一部分新教徒，最后使人看起来他已经把他们全都统一于一个教会之中。至于其他一切则留待时间去处理。他考虑的只是获得这样的光荣，即：一个教会已经完成或者已在准备完成这一巨大功业，或者被人看起来像是已经完成这一巨大功业。以著名的嘉布遣会①修士约瑟夫为一方，以两名已被收买的新教牧

① 嘉布遣会是方济各会的一个分支。——译者

师为另一方进行谈判。看来红衣主教黎世留未免太过于自负了，要使神学家们协调一致，似乎比在大西洋上修筑堤坝还要难。

黎世留深感失望，于是打算镇压加尔文教派教徒。可是别的关切使他的打算无法实现。他同时要同王国的高官显贵、皇亲国戚、整个奥地利家族进行斗争，并且还得经常和路易十三本人对抗。最后他在所有这些骚乱动荡之中，过早去世。他留下全部尚未完的图谋以及他那谣传远播的、而不是亲切可敬的名声。

但是，在攻陷拉罗舍尔和颁布《恩典敕令》之后，内战停止了。只有争论依然存在。双方都出版了一些今天已无人再读的鸿篇巨制。僧侣们，尤其是耶稣会教士，力图使胡格诺派教徒改变宗教信仰，而新教牧师则竭力争取一些天主教徒接受其观点。国王的枢密院忙于对诸如两个教派在某个村子争夺一块墓地、某个新教教堂建于原属天主教会的土地上、学校教育、城堡的权利以及丧葬、教堂大钟之类的纠纷进行判决。新教徒很少在这类官司中胜诉。在长期破坏、多年浩劫之后，还只剩下这些困难麻烦。自从罗昂公爵不再充当首领和布荣家族丢失色当以来，胡格诺教派就群龙无首。他们甚至以在投石党之乱中，在一些亲王、高等法院和主教借口效忠国王、反对红衣主教马扎然而煽起的内战中保持平静为荣。

在这位首相的一生中，几乎没有发生任何严重的宗教问题。他毫不作难就把财政总监的职位给予一个名叫赫尔瓦尔特的外国加尔文教派教徒。所有新教徒都进入包税所、包税分所及其所有附属单位中工作。

振兴了法国工业，并可视为法国商业的奠基人的柯尔伯，在工艺、制造业、航海等领域，雇用了许多胡格诺教派教徒。所有这些有益事物使他们忙碌紧张。在他们当中盛行一时的争论狂热也就逐渐平缓下来。路易十四享有的五十年光荣。他的威势以及他坚强有力的统治，消除了新教徒和国家所有社会等级的一切反抗念头。在优雅的宫廷里举行的豪华盛大的庆宴上，胡格诺教派教徒的拘泥迂腐甚至成为笑柄。随着鉴赏能力日益提高，马罗①和贝兹②的圣诗逐渐令人厌恶。这些曾使弗朗索瓦二世的宫廷倾倒入迷的圣诗，在路易十四时代，只有下等人才再去阅读。接近本世纪中叶才在世界上开始稍稍显露的健康的哲学，久而久之也使那些诚实正直、通情达理的人，对宗教争论感到厌恶。

不过，在理性逐渐被人们遵从之前，这种争论精神本身可以用于维持国家的安宁，因为当时冉森教派教徒开始出现并有某些声誉。他们和那些沉浸于精神妙义的人同样拥有徒众。他们撰文攻击耶稣会教士和胡格诺教派教徒。胡格诺教派教徒则对冉森教派教徒和耶稣会教士予以回敬。阿尔萨斯省的路德教派教徒也写文章攻击上述三派。在国家忙于重大事务，政府拥有无限权力的时期，发生于这样多教派之间的笔墨官司，在短期内只能使游手好闲的人感兴趣，而且这种事情迟早会变得毫无意义。

路易十四的僧侣不断进谏，耶稣会教士影射暗示，罗马教廷，以及最后掌玺大臣勒泰利埃和他的儿子卢瓦怂恿推动——这两个人是柯尔伯的死敌，他们希望把新教作为叛逆加以铲除，而柯尔伯

---

① 克莱芒·马罗曾在日内瓦跟加尔文学习，并把加尔文教派宗教仪式所用的许多圣歌译成法文。——译者

② 贝兹（1519—1605），新教作家和神学家、加尔文的弟子。著有《法兰西王国新教史》和圣经剧《献祭的阿伯拉罕》。——译者

则把新教徒当成有用的臣民加以保护——这一切都促使路易十四反对新教徒。此外，路易十四对新教教义的内容毫无所知，所以他把他们视为花了九牛二虎之力才制服的前叛乱分子，并非毫无道理。他首先竭力从各方面逐步破坏新教徒的那座宗教大厦。只要稍有借口就夺走他们的教堂，禁止他们同天主教徒的女儿结婚。不过在这一点上，他的做法可能不太策略明智，因为这是对性别的力量无知的表现，而宫廷对此却十分了解。总监和主教们竭尽全力使用最合情理的手段，夺走胡格诺教派教徒的子女。柯尔伯于1681年下令包税所不再雇用新教徒。胡格诺教派教徒被千方百计赶出工艺部门。国王虽然把他们置于桎梏之下，但是并没有加重这个桎梏。他发布谕旨禁止对胡格诺教派教徒使用暴力。潜移默化与严厉制裁双管齐下。当时只有具有法律形式的严厉措施。

此外，还采用了一种行之有效的办法来使人改变信仰：使用金钱。但是这种办法未被充分使用。珀利松被委以这一秘密职务。就是这个珀利松曾经长期是加尔文教派教徒，因其著作，因其滔滔雄辩的才能，因其对总监富凯的忠诚而名驰遐迩——他曾经是这位总监的首席秘书、宠幸和牺牲品。他有幸在这个改变宗教信仰便可获得高官厚禄、发财致富的时期，明达通理，改变信仰。他披起僧袍，取得有俸圣职，还得到一个奏章送审官的职位。将近1677年，国王委托他管理圣日耳曼·德·普雷和克吕尼两修道院的收入，再加上俗产收入的三分之一。这些收入用来发给愿意改宗的人。格勒诺布尔主教、红衣主教勒卡米已经使用过这种方法。负责这个部门工作的珀利松，把钱寄往外省。他企图用少量金钱，使大批人改变宗教信仰。小笔小笔分发给穷人的钱，加长了珀利松每三个月向国王呈报一次的改宗者的名单，同时使国王相信，世间万物都会屈服于他的权势或者他的恩惠。

枢密院受到这微小的、时间本会使之变得更大的成就的鼓舞，于 1681 年大胆发布了一项公告，允许儿童在七岁时弃绝改宗。外省于是根据这一公告强迫大批儿童发誓弃绝，而且派兵住在他们父母家中。

正是掌玺大臣勒泰利埃①和他儿子卢瓦的这种急躁行动，首先使普瓦图、圣东日及邻近各省的许多家庭于 1681 年背井离乡逃往异国他乡。外国人迫不及待，对此加以利用。

英国国王和丹麦国王，特别是阿姆斯特丹城，邀请法国的加尔文教派教徒到他们国家避难，并保证他们的生活。阿姆斯特丹甚至答应为逃亡者建造一千幢住房。

枢密院看到使用权力过分急躁所产生的危险后果，想使用权力加以弥补。人们感觉到，一个商业发达的国家，多么需要能工巧匠；而在建立强大海军的时刻，又多么需要海员水手。于是下令对从事上述职业而企图外逃者处以划船苦役。

人们发现不少加尔文教派教徒的家庭出售他们的不动产。政府于是立即发布公告，规定如卖主一年后从王国出走，便没收其全部不动产。当时对新教牧师的惩罚更加严厉。他们稍有违章行为，教堂便被查封。所有根据某人遗嘱留赠宗教教务会议的年金，都被用来充做国内医院的经费。

① 米歇尔·勒泰利埃（1603—1685）。《南特敕令》就是由他签署废除的。此人与路易十四最后一个忏悔师同名同姓。——译者

加尔文教派的小学校被长期禁止招收寄宿生。新教牧师必须缴纳人头税①。取消信仰新教的市长的贵族称号。信仰新教的国王卫队中的军官、国王秘书，一律被勒令自动辞职。不再接纳新教徒充当公证人、律师，甚至诉讼代理人。

全体教士都奉命争取人入教，但却禁止新教牧师这样做，否则终身放逐。所有上述决定都是法国天主教教士的公开要求。总而言之，情况有点像一个家庭的子弟绝不愿同鸠占鹊巢的外人平分家产。

珀利松继续收买改变宗教信仰者。但是，财政总监的遗孀——埃尔瓦尔夫人，出于任何时代的妇女都具有的宗教热诚，汇钱阻止人们改宗，其数额与珀利松用于劝人改宗的钱款相同。

（1682 年）胡格诺教派教徒终于竟敢在某些地方抗命不从。他们在维瓦雷和多菲内省他们被人拆毁的教堂旧址附近集会，遭到攻击，于是进行自卫。这只不过是过去的内战的一点极其微弱的星火而已。两三百个不幸的人，没有首领，没有要塞，甚至也没有计划，顷刻之间，便被驱散。溃败之后，酷刑接踵而至。多菲内省总督下令对曾经起草《南特敕令》的新教牧师夏米埃的孙子处以车轮刑。后者因而跻身胡格诺教派最著名的殉教者之列。夏米埃这个姓于是长期受到新教徒崇敬。

（1683 年）朗格多克省总督②下令用车轮刑把传教士肖梅尔活活处死，对另外三人也判处同样刑罚。十人被判处绞刑。但他们

① 原来新教牧师和天主教神父都同样豁免人头税。——译者

② 当时朗格多克总督为亨利·阿格索。——译者

事先都已出逃，故幸免于难，只不过他们的模拟人像被处决而已。

这一切都令人心惊肉跳，但同时又使人斗志更坚。人们愈为自己的宗教信仰蒙受苦难，就愈加虔诚笃信。这一点大家都是清楚不过的。

就在这个时期，有人说服国王，把天主教传教士派往各省之后，还应派去一些龙骑兵。这些暴力手段似乎采取得不合时宜。当时有一种想法主宰着宫廷：一切均须屈从于路易十四的威名。上述行动就是这种想法产生的必然结果。但是，人们却没有考虑到以下几点：胡格诺教派教徒已不再是雅尔纳克战役、蒙孔图尔战役和库特拉战役①时期的胡格诺教派教徒；内战的狂热已经消失；这一长期缠身的疾病已经使人衰弱不堪；人间衰兴各有其时；尽管先辈在路易十三时代是异教叛乱者，但子孙在路易十四时代却已归顺降伏。我们看到在英国、荷兰、德国，上个世纪有许多教派互相残杀，如今却在那些城市中和睦相处。一切都证明，一个专制君主同样可以使天主教徒和新教徒都对他忠心耿耿。阿尔萨斯的路德教派教徒便是令人信服的真实例证。所以，克里斯蒂娜女王后在她的一封信中谈到这些暴力行为和流亡外逃的现象时，看来最后说得很对："我把法国看成病人。为了治他的病，切去他的手和足，如果用仁慈和耐心去治疗，就完全可以治愈。"

路易十四于 1681 年占领斯特拉斯堡时，曾经保护当地的路德教派。他如果能够在他所属各邦容忍加尔文教派，这个教派天长

① 1569 年进行的雅尔纳克战役、蒙孔图尔战役与 1587 年进行的库特拉战役，均以新教徒失败而告终。——译者

日久本会自行消灭，正如随着岁月推移，阿尔萨斯的路德教派教徒日趋减少一样。难道可以想象，强迫大批臣民而不会失去更多臣民吗？后者会不顾国王的敕令和边防警卫的看守，去逃避被视为可怕的迫害的暴力行为。总之，为什么要使一百多万人去仇恨一个亲切而珍贵的名字呢？对于这个名字，新教徒和天主教徒、法国人和外国人，都曾冠以“伟人”二字。策略本身似乎就可以促使人把加尔文教派教徒保存下来，以便利用他们来对抗罗马教廷的诛求无厌。正在这个时期，法国国王同教皇，法国的敌人英诺森十三世公开决裂。但是，路易十四为了调和宗教的利益和自身威势的利益，想在同一时期，用一只手侮辱教皇，用另一只手消灭加尔文教派。

路易十四同时采取这两项行动，考虑的是使他在各方面都备受崇拜这种荣誉。主教、好些总督、整个枢密院都竭力使他相信，只要他的士兵一露面，就可以使他的恩惠善行和传教士们已经开创的事业大功告成。路易十四以为这只不过使用了一下权力而已。但是，那些受托行使这种权力的人却采取了最严酷的手段。

大约在 1684 年末和 1685 年初，当路易十四仍然拥有坚甲利兵，对任何邻国都毫不畏惧之时，军队被派往所有新教徒人数最多的城市和城堡。由于当时龙骑兵军纪相当败坏，最为暴戾恣睢，所以这场屠杀被称为“龙骑兵之祸”。

军队竭尽全力对边界严密守卫，以防止那些政府企图迫使其改宗国教的人潜逃出境。这就像在一个大围场里进行的一次狩猎。

主教，总督或者总督代理人，本堂神父或者某个被授权的人，带领士兵前往把那些主要的信奉加尔文教派教义的家庭，特别是那些被认为最容易对付的家庭，全部集中起来。这些家庭代表别的家庭宣布弃绝它们信仰的宗教。顽固分子则交给士兵。士兵除无权杀死他们以外，可以为所欲为。不少人因遭到极其残酷的折磨而丧命。那些留居国外的流亡者的后裔，至今还谴责这次对他们先辈的迫害。他们把这次迫害比之为基督教草创时期教会所遭受的最惨无人道的迫害。

一道道如此严酷强硬、残忍无情的命令却出自一个追求逸乐的宫廷，在那里社交生活优雅、动人，这真是个奇怪的对照。卢瓦侯爵以他冷酷无情和坚定不移的性格对待这一事情。我们在这里认出了那个企图把荷兰埋葬于海底、后来又把帕拉蒂纳化为灰烬的人的气质。他1685年亲笔的写谈及这次事件的书信还保存至今。信中写道："陛下要让那些不信仰他的宗教的人遭受最严厉的惩罚。而那些愚蠢不堪，以顽固到底为荣的人必然被推到覆灭的绝境。"

巴黎没有发生这类凌辱欺压事件。可能因为呼号叫喊被近在咫尺的国王听见。人们有意使一些人悲惨不幸，可是听到这些人的喊叫却又痛苦难过。

（1685年）当新教的庙堂这样到处被捣毁，各省都使用武力胁迫人们发誓弃绝新教时，《南特敕令》终于在1685年撤销。于是，这座早已处处破损、百孔千疮的宗教大厦终于彻底摧毁。

根据《南特敕令》而设立的法院分庭早已取消[①]。加尔文教派的法官被勒令辞职。枢密院的大量决定接二连三公布，以根除被

① 高等法院分庭于1699年取消。两派代表各占半数的省分庭于1679年取消。——译者

禁止的宗教的残余。其中最致命的是下令从所谓新教徒手中强行夺走他们的子女,交给他们信奉天主教的近亲抚养。这道命令由于人类天性表示反对的呼声非常之高,以致没有执行。

可是在这项撤销《南特敕令》的著名敕令中,人们似乎正酝酿一个与原定目标背道而驰的事件。人们想把国内的加尔文教派教徒并入天主教中。古尔维尔是个精于判断、敏于识别的人,当卢瓦征询他的意见时,正如我们所知,他曾经建议卢瓦囚禁全体新教牧师,只释放那些受秘密津贴收买,当众发誓弃绝新教,对并教活动比传教士和士兵更有用的人。当局没有采纳这一富有策略性的意见,却命令所有不愿改变宗教信仰的新教牧师于十五天后一律离开法国,以为赶走牧人,羊群的大部分并不会跟随而去。这简直是使自己蔽目塞听。认为这么多被刺伤的人,这么多因幻想殉教而激奋的人,特别是法国南部的这些人,不会甘冒一些危险出逃国外,不会到这么多对路易十四嫉妒而对这些流亡队伍却伸开双臂、热烈欢迎的国家里去宣扬自己对宗教信仰的忠贞坚定和流亡出走的光荣,这完全是过高估计自己的力量,以及对新教徒缺乏了解的表现。

年迈的掌玺大臣勒泰利埃在签发敕令时,心花怒放,大声叫道:"现在把你们的奴隶干掉。放手干吧!……因为我要亲眼看到你们将得救。"殊不知,他签发的正是法国的大灾难之一。①

① 如果您阅读博絮埃为勒泰利埃所作的悼词,那么,这位掌玺大臣就是个公正而伟大的人。如果您阅读圣彼得修道院长的《纪年》,此人却是个卑劣而危险的朝臣、一个巧妙的诽谤者。格拉蒙伯爵在看到他跟国王个别谈话后出来时,这样谈论他:"我觉得我看到一头石貂刚刚咬断一些母鸡的喉咙,一边还舔着沾满鸡血的嘴巴。"——伏尔泰注

他的儿子卢瓦还错误地认为，只要经他的手发布一道命令，就可以守住所有边界和整个海岸，使那些把出逃国外当成自身义务的人无法得逞。躲过法律的灵巧手法，总是比权威更胜一筹。只要买通几个哨兵，就可以为大批逃亡者大开方便之门。三年内将近五万户人家离开了法国。继他们之后，还另外有一些人家出逃。他们把技艺、手工业和财富带往异邦。几乎原是朴野无文之乡、毫无工业可言的整个德国北部，因为这大批移民涌来而顿然改观。他们住满整个城市。布匹、饰带、帽子、袜子等过去要购自法国的东西，如今全由他们自己制造。伦敦整整一个郊区住满法国的丝绸工人。另外一些移民给伦敦带来晶质玻璃器皿的精湛工艺。这种工艺当时在法国都已失传绝迹。现在还能在德国经常找到逃亡者当时在那里散传的金子①。这样一来，法国损失了大约五十万居民、数量大得惊人的货币，尤其是那些使法国敌人发财致富的工艺。荷兰因此得到一批优秀的军官和士兵。奥伦治亲王和萨伏依公爵都建立了一些全由流亡者组成的团队。萨伏依和皮埃蒙的这两个君主，对本国的新教徒，十分凶暴残忍，但却愿意收养法国的新教徒。奥伦治亲王招募他们入伍，绝不是出于宗教热忱。甚至远至好望角，都有逃亡者落户定居。著名的海军副将迪凯纳的侄子，在这个天涯海角建立了一块小小的殖民地。但是，这块殖民地没有发达兴旺起来。因为那些登船前往的人，大都葬身海底。不过，在与霍屯督土著部落毗邻的这块殖民地上，现在还留下他们的

① 阿沃伯爵在其信中说，有人告诉他，在伦敦，人们用逃亡者带到那里去的金子，铸造了六万枚畿尼（英国旧金币，值 21 先令。——译者）。人家向他做的报告过于夸张了。——伏尔泰注

后裔。在世界各地，法国人比犹太人散居得还要遥远。

把逃跑时被捕的人塞满监狱和桨帆船，这样做也是白费力气。对如此众多因饱受酷刑磨难而信仰益坚的不幸者，该怎么办呢？怎么能把一些法律界人士、一些残废的老人处以划船苦役呢？于是便用船把数百名这样的人载往美洲。最后枢密院设想：今后如不再禁止从王国出走，那么，人们由于不再有抗拒王命的这种秘而不宣的乐趣，逃亡现象便会减少。这样做又铸成大错。因此开放边界通道之后，又再次关闭。这当然还是枉费心机。

1685 年，当局下令禁止加尔文教派教徒雇用天主教徒为仆人，因为怕主人会腐蚀毒害仆役。次年又发布教令，命令他们解雇胡格诺教派的仆役，以便把后者当做流浪汉加以逮捕。当时除了迫使新教徒改变信仰这一企图不变外，迫害新教徒的方式不断花样翻新。

所有新教教堂都被捣毁，所有牧师均遭放逐。问题在于要使那些或因被说服，或因受胁迫而改变宗教信仰的人留在罗马天主教内。这些人在法国还留下四十余万。① 他们不得不去望弥撒、领圣体。有些人因领了圣体饼又把它扔掉，被判处活活烧死。所有不愿临终接受圣事的人，遗体都受到凌辱，被放在柳条筐里拖走，扔到垃圾场里。

宗教热情炽烈时对教徒进行的任何迫害，都会使受迫害的宗教得到新的皈依者。尽管明文规定，对举行集会者处以死刑，加尔

① 人们多次发表文章称，在法国还有三百万新教徒。这种夸大是不能容忍的。巴维尔先生认为在朗格多克还不到十万人。他的计算是正确的。巴黎的新教徒不足一万五千人。许多城市和一些省份一个也没有。——伏尔泰注

文教派教徒仍然到处集会，高唱他们的圣诗。尽管三令五申，对返回王国的牧师，也一律处以死刑，对检举人赏金五千五百利弗，好些牧师仍然返回法国。他们返回后，都受到绞刑或车轮刑。

新教看来似乎已经消灭，实际上继续存在。在 1689 年的战争中，这个教派希望威廉国王在废黜他信奉天主教的岳父后，支持法国的加尔文教派教徒，结果希望落空。但是在 1701 年的战争中，在朗格多克及其毗邻地区，都暴发了新教徒叛乱和宗教狂热。

这次叛乱由一些预言煽起。预言一向被用来诱惑头脑简单的人和煽动狂热的宗教信徒。在狡诈之徒大胆预言的一百起事件中，如果命运之神仅使其中一起应验，那么，其他九十九起便都被抛到脑后。而这一起便被作为上帝的恩典的明证和奇迹的证据而留存于世。倘若这些预言没有一个应验，人们便加以解释，并赋予新义。狂热的宗教信徒采纳这种新义，笨伯傻瓜则对之深信不疑。

新教牧师朱里厄是最热心的先知之一。起初他把自己置于科特吕、克里斯蒂娜(哪个克里斯蒂娜我不知道)、尤斯图斯·韦尔西乌斯、德拉比蒂乌斯[①]之上。他认为这些人都得到神灵启示。后来他认为自己几乎可以置身《启示录》的作者[②]和圣保罗之列。他的信徒，或者说得更确切些，他的敌人，教人在荷兰冲制一种纪念

① 彼得·朱里厄(1639—1713)，法国新教神学家。因与博絮埃进行论战而出名。——译者

克里斯托夫·科特吕(？—1547)，鞘皮匠、预言家。——译者

克里斯蒂娜·波妮雅托维亚(？—1644)，波兰人。——译者

尤斯图斯·韦尔西乌斯，海牙医生和预言家。——译者

尼古拉·德拉比蒂乌斯，生于莫拉韦。1671 年在普雷斯堡被斩首。——译者

② 《启示录》为《圣经》最后一篇。据传，作者为耶稣的门徒圣约翰。——译者

章，题名为："预言大师朱里厄"。他用八年时间解救上帝的子民。他的预言学堂设在多菲内、维瓦雷和塞文等山区。这些地方非常适于传播预言。那里居民愚昧无知、易于激动。布道者比炎热的气候更容易使他们头脑发热。

第一所预言学堂建立在位于多菲内省的一座名叫佩拉山的山上的一家玻璃厂里。一位年迈的胡格诺教派教徒塞尔，在这里预告巴比伦的毁灭和耶路撒冷的重建。他向孩子们指出《圣经》的名言：

> 三四人以我的名义相聚时，
> 我的灵魂便寓于其中；
> 只要播下一颗信仰之种，
> 他们便可以把群山移动。

随后他便接受圣灵。有人向他嘴里吹气，授予他圣灵，因为在《马太福音》中写道，耶稣在临终前向弟子吹气。根据这个民族的古老习俗和世代相传的荒唐教规，这个老头这时勃然大怒发起狂来，疯疯癫癫。他浑身痉挛，声音大变，呆然木立，神志迷惘，毛发竖起。那些孩子就这样得到进行预言的才能。他们之所以没有搬动群山，这是因为他们的宗教信仰足以使他们接受圣灵，还不足以使他们创造神迹。于是他们便越发热诚虔信，以便获得这后一种法力。

塞文山区就这样成为培育狂热的崇拜精神的学校。一些被称为使徒的牧师又偷偷回来向百姓布道。

克洛德·布鲁松出身于尼姆的一个名门望族。这是个能说会道、极端虔诚、在国外备受尊敬的人物。他于 1698 年回到祖国。在尼姆,他被证明有罪:他不仅曾经不顾禁令,履行了牧师职责,而且十年前就私通法国的敌人。他确曾拟订过一项把英国和萨伏依的军队引进胡格多克的计划。这份计划由他亲笔书写,并向朔姆贝格公爵提出,久已被截获,落到该省总督手中。布鲁松在欧洲挨城逐镇奔波,到处流浪。后来在奥列龙被捕并被解送到蒙彼利埃城堡。总督和法官审讯他。他回答说他是耶稣基督的使徒,已经接受了圣灵,他不应背叛他的信仰,他的职责就是把真理的食粮发给托付给自己的弟兄们。审讯人问他,牧师们是否已经制订计划,要煽动一些省份叛乱,还把他那份致他死命的计划原稿给他看。法官们一致判处他车轮刑(1698 年)。他像最早的殉教者一样死去。整个加尔文教派非但没有把他看成国家的罪人,反而视之为用鲜血来巩固自身信仰的圣者。人们印发了《殉教者:布鲁松先生》一文。

当时,先知人数不断剧增,狂热情绪日益强烈。1703 年,发生了一起不幸事件:一位夏拉家族的修道院长、传教会的督察,接到宫廷一道谕旨,要他把一位新近改宗的天主教的贵族的两个女儿送进女修院。但他并没有把她们带到女修院,而是领到自己的城堡。加尔文派教徒聚集成群破门而入,释放了这两个少女和其他几个囚徒。暴动分子抓走了修道院长夏拉,向他提出,如果他愿意皈依新教,就饶他一命。夏拉拒绝求生。一个先知对他大声叫道:“那你就死吧!圣灵判决你,你的罪孽要你倒霉。”于是他被枪杀。紧接着,暴动者又抓了人头税的征收吏,把纳税人的花名册挂在他们的脖子上，把他们吊死。从那以后，他们遇到神父就扑过去杀死。官府追捕他们。他们退到密林深处和崇山峻岭之中。他们的人数越来越多，因为他们的男女先知代表上帝向他们宣告了耶路撒冷的重建和巴比伦的陷落。布尔利的一位修道院长①突然来到他们在荒野中的隐蔽地点，给他们带来金钱和武器。

这个人是国王的副太傅、吉斯卡尔侯爵的儿子。侯爵本人是王国最明智审慎的人物，但他的儿子却实在不配有这样一个父亲。他曾因罪逃往荷兰，现在又怂恿塞文山民叛乱。不久以后，有人看见他到了伦敦。在那里，他因背叛祖国之后，又背叛英国政府，于1711 年被捕。他被押解到枢密院时，从桌上抓起了一把那种可以用来行凶杀人的小长折刀，向后来成为牛津伯爵的掌玺大臣罗伯特·哈利砍去。于是他被带回牢房并戴上镣铐。他在牢中自杀身死，以免被人处决。就是这个人以英国人、荷兰人和萨伏依公爵的名义，煽动这些狂热的信徒，并答应给他们强有力的援助。

(1703 年)全国一大部分人暗地帮助加尔文教派。他们的战斗口号是：不要捐税，要信仰自由。这一口号到处煽惑平民大众。这些狂热行动使路易十四要根除加尔文教派的意图，在百姓眼里变得理由十分充足。但是，假如当时不废止《南特敕令》，就根本用不着制止这些狂热行动了。

国王起初派蒙特勒韦尔元帅率领几支部队前往镇压。他同这些可怜人作战，其野蛮的程度比起后者来有过之而无不及。俘虏被处以车轮刑、火刑。但是，落到造反者手里的士兵，死得也很惨。

① 即安东内·德·吉斯卡尔(1638—1711)。——译者

国王由于不得不到处打仗，只能派出少量部队对付造反者。在当时几乎无法进入的悬岩峭壁之间，在岩穴山洞内，在造反者经由从未开辟的道路走进去，又从那里像猛兽一样突然走下来的树林里，对他们突然袭击是困难的。在一次正规的战斗中，他们甚至击溃了一些海军部队。为了对付他们，曾接连调用过三名法国元帅。

维拉尔元帅于 1704 年接替继蒙特勒韦尔元帅。对他来说，找到这些造反者的踪迹比打败他们还要困难。于是他在让造反者畏惧他之后，提出对他们实行大赦。萨伏依公爵效法许多君主，在本国迫害加尔文教派，但却想在敌国保护这一教派。这使这些造反者当中一些人醒悟过来，不再相信萨伏依公爵援助他们的许诺，同意接受维拉尔元帅提出的赦免。

他们当中最受信任，而且唯一值得一提的就是让·卡瓦里埃。我后来在英国和荷兰见到过他。他满头金发、身材矮小、外貌温文尔雅、讨人喜欢。在他那一教派中，大家叫他大卫。他二十三岁那年，由一个面包师的小学徒，一变而为相当大一批群众的首领。这是由于他英勇无畏并且得到一个女先知的帮助的缘故。这个女先知奉圣神明令，要大家承认他为首领。官方建议他接受赦免招安时，他要求以人为质。对方把人质给了他。于是他由另一个头目伴随，来到尼姆，跟维拉尔元帅谈判。

（1704 年）他答应建立四个由造反者组成的团队。这四个团队由四名上校率领，为国王效劳。他本人任第一团团长。其余三名团长也由他任命。这四个团和法国雇用的外籍部队一样，应该有进行宗教活动的自由。但是，这种活动不得在别处进行。

官方接受了这些条件。正在这时，荷兰派来密使，带着金钱和许诺来阻挠实施这些条款。他们使狂热信徒中的首要分子离开卡瓦利埃。但是，卡瓦利埃由于已经答应了维拉尔元帅，因此仍然打算信守诺言。他接受了上校证书，并着手把一百三十多名拥戴他的人编成一个团队。

我经常听见维拉尔元帅亲口说，他曾经问过这个年轻人，以他那个年纪，怎么能够在那些如此凶猛强悍、如此桀骜不驯的人中间具有那么高的威信。他回答说，有谁不服从他时，那位被称为伟大的玛利亚的女先知立刻做法通神，对抗命不从者判处死刑，并且不讲明道理就把人杀死①。后来我也向卡瓦里埃本人提过同一问题，得到的回答也是如此。

上次奇特的谈判是在霍赫施泰特战役之后进行的。路易十四极其骄横倨傲、唯我独尊，取缔了加尔文教派之后，现在却以赦免招安之名，同一个面包师的学徒媾和。维拉尔元帅授予他上校证书和领取一千二百利弗的补助金的证明。

这位新上校前往凡尔赛，在那里接受陆军大臣的命令。国王见到他，耸了耸肩膀。卡瓦里埃受到陆军部的监视，担心起来，于是退隐到皮埃蒙。然后又从那里前往荷兰和英国。他曾在西班牙作战，指挥一个由法国流亡者组成的团队，参加阿尔曼查战役。这个团队的经历表现，可以用来证明内战何等残酷激烈，而宗教又怎样为之推波助澜。卡瓦里埃的部队与法军一个团对阵。它们一旦彼此认出是谁，没有射击便端起刺刀向对方猛扑。大家已经注意

① 这一点维拉尔元帅的《回忆纪实》中也有叙述。第一卷肯定是他自己所写。它与我所见到的手稿相符。其余两卷则出自他人之手，字迹大不相同。——伏尔泰注

到，刺刀在目前的战斗中很少使用。开火之后，由三个横队组成的第一梯队的士兵的表现，往往决定当天战斗的胜负。但是在这场战斗中，宗教狂热起了人们的勇敢几乎永远起不了的作用。敌对双方的这两个团打得剩下不到三百人。伯尔维克元帅谈起这险遇，常常万分惊异。

卡瓦里埃去世时，身为将官并任泽西岛总督①，享有作战英勇的盛名。他最初的凶狠暴烈只剩下勇敢精神。已不再有人以身作则来保持的宗教狂热，已被他逐渐用审慎小心取代。

维拉尔元帅被从朗格多克召回，由伯尔维克元帅接替。国王的军队遭到的厄运使朗格多克的狂热教徒胆量倍增。他们希望上天救助，却得到了盟国支援。盟国让他们经由日内瓦领取金钱。他们等待军官。这些军官将从荷兰和英国向他们派来。他们在全省每个城市，都有内线。

他们曾经密谋策划在尼姆抓走伯尔维克公爵和巴维尔总督，煽动朗格多克和多菲内叛乱，并把敌军引进该地。这一密谋可列入最大的阴谋之中。千余名谋反分子对此严守秘密。但是，一个人的不慎却使整个计划全部暴露。两百多人死于酷刑。伯尔维克元帅一遇到这些作恶的人，就用剑与火把他们斩尽杀绝。有的死时还手执武器，有的死于车轮之下或烈火之中。一些相信预言甚至于相信武器的人，便设法逃到荷兰。法国流亡者在那里把他们作为天国使者加以接待。法国流亡者高唱圣诗，一路

---

① 卡瓦里埃后为英国军队的参谋长和泽西岛总督，1740 年在伦敦附近的谢尔西亚去世。——译者

撒满树枝，前去迎接他们。好几个先知前往英国。但是他们发现，主教派教会[①]同罗马教会过于相似，于是便打算让他们的宗教主宰英伦。他们的信念异常坚定，以致他们毫不怀疑，只要虔诚笃信，便可创造大量奇迹。他们提出要使死人复活，甚至是人们愿意选择的那个死人。平民百姓不论在哪里都是平民百姓。长老会信徒能跟这些狂热之徒联合起来反对英国国教教徒。谁会相信欧洲最伟大的几何学家之一、法西奥·德·都依雷[②]和一位名叫多代[③]的知识渊博的文学家，竟然都是这些狂热之徒的为首分子呢？宗教狂热使科学本身也变成了它的同谋者，并且扼杀理性。

对于那些圣迹显示者，英国内阁采取了人们本来始终应该采取的办法。它准许他们在主教座堂的墓地里挖出一具死尸。现场由卫兵包围。一切都依法进行。最后这出戏以对那些先知处以示柱刑告终。

极端的宗教狂热引起的过火行动在英国无法成功，因为哲学在这里开始居于统治地位。自从天主教、福音教[④]和加尔文教派等三个教派在德国同样受到威斯特伐尼亚条约保护以来，这种过火行动再也不能在德国引起骚乱。荷兰联省本着政治的宽容精神，对所有教会兼容并纳。总之，在本世纪行将结束之际，只有法国，尽管理性在那里已经取得进展，仍然饱受大规模的宗教纷争之

---

① 或译为圣公会。——译者

② 法西奥·德·都依雷(1664—1753)，也是天文学家、生理学家、英国皇家学会会员。——译者

③ 多代十八世纪初曾住在英国，学识渊博。——译者

④ 福音教亦即路德教。——译者

苦。这种理性输进博学之士的头脑如此缓慢,几乎还不能在圣师们的心中露头,更难在一般平民心中萌生。理性必须首先在首要人物头脑里确立,然后逐步下达,最后主宰百姓。百姓对理性并不了解,但是由于看到他们的长上已经变得温和节制,于是群起仿效。这是时间的伟大功业之一,但这个时代尚未来到。

第三十七章

关于冉森教派

加尔文教派必然引发内战，动摇国家根基。冉森教派则只能引起神学争论和笔墨官司。因为十六世纪的宗教改革者在砸碎了罗马教会赖以禁锢人的镣铐，把罗马教会至为神圣的事物看做偶像崇拜，打开罗马教会隐修院的大门，把院里的金银财宝分给俗人之后，两个教派只能你死我活，誓不两立了。的确，没有一个国家出现加尔文教派和路德教派而不引起迫害和战争。

然而，冉森教派却不攻击天主教会。他们对天主教的根本教理和财富并不怨恨不满，只是就一些抽象问题写作论述，其锋芒时而指向新教徒，时而指向教皇谕旨，结果到处都没有威信。虽然这个教派确有若干才能卓越、品德高尚而极其可敬的信奉者，但这一派的教徒终于还是眼睁睁看到自己的教派几乎在整个欧洲受人藐视。

就在胡格诺教派引起世人严重关注的时期，冉森教派使法国不安超过使法国骚乱。这场争论同许多其他争论一样，还有其他根源。最初，卢万的一个名叫米歇尔·贝，而根据当时的迂腐习俗则被称为巴伊乌斯①的圣师，在将近 1552 年时，竟然提出了一些

① 巴伊乌斯（1514—1589），神学家。曾代表卢万大学出席特兰托宗教会议。——译者

关于上帝的圣宠和灵魂归宿预定论的陈述。这个问题，几乎像整个玄学一样，就其实质而言，属于使人迷惘的宿命论和自由论之列，所有古人无不迷失于其中，今人也没有引路的线索。

上帝赋予世人以好奇心。这种推动我们学习的力量不断地带领着我们去超越预定的目标。它就像我们精神的其他动力一样，如果不能过分地促进我们，就可能永远不会足够地激发我们。

人们这样就他们已知和未知的一切展开争论。不过古代哲学家进行争论总是心平气和，而神学家进行争论则常常动武流血，而且总是大吵大闹。

一些方济各会修士，虽然了解得并不比米歇尔·巴伊乌斯更多，但却认为自由意志已被推翻，斯科特[1]的学说已经岌岌可危。此外，他们在另一场性质几乎相同的争论中跟巴伊乌斯闹翻，于是向教皇庇护五世[2]对巴伊乌斯的七十六条论述提出控诉。西克斯特五世，[3]当时是方济各会的会长，曾于1567年起草了教皇的谴责谕旨。

教皇或因怕连累自身，声誉受损，或因厌倦于审查这些精细的内容，或因对卢万的论点漠不关心，轻蔑鄙视，所以对这七十六条论纲，只是笼统地分别指责为异端邪说、迹近异端、粗俗难听、轻率鲁莽、居心叵测，并没有进行任何详细说明，也没有谈到任何具体细节。这种办法近乎使用最高权力，使人没有分辨余地。卢万的学者接到教皇这道谕旨时，十分尴尬。特别是其中有一个句子，如逗号点在一处，是谴责米歇尔·巴伊乌斯的某些意见；如点在另一

① 斯科特反对圣托马斯的理论，支持自由意志说，自成一派。——译者

② 庇护五世(1566—1572年在位)。原为异端审判所大法官。——译者

③ 西克斯特五世，1585—1590年任教皇。曾积极干预法国的宗教争端。——译者

处，则是容忍这些意见。卢万大学派人到罗马请示教皇逗号应该点在哪里。罗马教廷忙于其他事务，便给这些佛兰德尔人一份谕旨副本，作为全部回答，而这个副本上却根本没有标点。这份谕旨被存放档案。代理主教莫里荣说，即使教皇谕旨有错，也要接受下来。从策略上看，这个莫里荣是有道理的，因为接受一百份有错误的圣谕，肯定要比像胡格诺教派及其对手那样，使一百座城市化为灰烬要好得多。巴伊乌斯相信莫里荣的话，便温顺地收回前言。

几年以后，在经院学派作者数见不鲜、但真正哲学家却寥寥无几的西班牙，出了一个莫里那①。这个耶稣会教士认为自己确切地发现上帝如何影响他的创造物，他的创造物又如何对抗上帝。他把秩序分为自然的和超自然的两种，把灵魂归宿预定②分为圣宠预定和光荣预定，又把圣宠分为预备圣宠③和合作圣宠④。他是同时救助论、中介知识和天人相应论⑤的创始人。这种中介知识

① 莫里那(1536—1600)，西班牙耶稣会教士。1588年发表过一本论自由意志的著作，创造了一种关于圣宠的理论，即莫里那主义。关于莫里那的争论是天主教改革后，十六世纪中叶，天主教为反驳改教者对天主教的指责(认为天主教是半裴拉鸠斯主义)而进行的神学讨论。莫里那的著作引起多明我会神学家的反对，在天主教内部展开争论。教皇克莱门八世特任命一个机构受理两派申诉。该机构后由保罗五世下令撤销。这个问题(预知、预定与自由意志)是基督教神学中长期争论不休的问题，实质上是不可能调和的矛盾。莫里那理论后来被天主教斥为谬误。——译者

② 灵魂归宿预定指上帝预先已选定一些人给以圣宠，使其灵魂得救；而另一些人则注定堕入地狱，不管其信仰及行为如何。——译者

③ 预备圣宠指人们产生自由意志前，上帝已预先给以圣宠，以促使其决心行善。——译者

④ 合作圣宠指人在凭意志去选择时，必须有上帝的圣宠的合作，才能有效地行善。这种圣宠因为是与人们运用意志时同时发生作用，故称同时救助。——译者

⑤ 天人相应论认为神的恩泽通过人的自由意志显验出来。——译者

和天人相应论尤其是稀罕的观点。上帝利用中介知识,巧妙地探询人的意愿,以便了解当人获得他的圣宠之后做什么;然后,按照他所推测的、将由人的自由意志形成的这一惯例,作出决定人们的行动的相应安排。这种安排,就叫作天人相应论。

西班牙的多明我会修士并不比耶稣会教士更理解这种阐述,但却妒忌耶稣会教士,于是撰文攻击莫里那的著作是反基督的先声。

这一争论已经提交到宗教裁判所法官手中。后来,罗马教廷又重新研究了这一案件,并且非常明智地命令双方停止争论。但是,没有一方善罢甘休,愿意保持缄默。最后,有人当真向教皇克莱门八世告状。使人类的理性引以为耻的是,整个罗马在这场官司中偏袒一方。一个名叫阿希尔·加亚尔的耶稣会教士向教皇担保,他有个可靠办法能使教会恢复和平。他郑重建议,只要多明我会修士承认中介知识,人们尽可能把中介知识和灵魂归宿预定论这两种学说协调起来,那么,就可以接受那无根据的灵魂归宿预定论。多明我会修士拒绝阿希尔·加亚尔的调和。他们的著名人物勒莫斯①主张预备救助以及积极道德的补充。会议②日益频繁,但谁也不知所云。

克莱门八世还没有来得及弄清赞成和反对双方的论据就去世。保罗五世重新审理此案。然而,由于他自己同威尼斯共和国

① 托玛士·德·勒莫斯(1560—1629),西班牙多明我会神学家。1607年任罗马教廷宗教裁判所咨议。此人坚决反对莫里那,热烈支持托马斯·阿奎那。——译者

② 指教皇为研究这场争端而成立的专门机构召开的会议。参阅553页关于莫里那的脚注。——译者

有更重要的争端[1],所以便下令一切审议会停开。这些审议会过去和现在都被称为 auxiliis。这个名称本身就跟它所讨论的问题一样,含义并不明确。它之所以被称为 auxiliis,是因为这个词是"救助"的意思,而这场争论是关于上帝给予人类的薄弱意志的救助的问题。最后,保罗五世命令双方和睦相处。

在耶稣会教士创立他们的中介知识和天人相应论时,伊普雷主教科内里乌斯·冉森尼乌斯在他一部死后才出版的关于圣奥古斯丁的巨著[2]里,重新提出了巴伊乌斯的某些观点。结果他成了这一教派的领袖。这一点他永远没有料到。当时几乎没有人读过这本后来使得骚乱迭起的著作。冉森尼乌斯的朋友,圣西朗修道院长迪韦尔热·德·奥拉内来到巴黎。这是个积极热情的人,同时又是个文章冗长松散的默默无闻的作家。他说服了一些青年学者和一些青年妇女。耶稣会教士要求罗马教廷把冉森尼乌斯的书作为巴伊乌斯那本书的续集加以谴责,并于 1641 年达到这个目的。可是在巴黎,神学院及所有参与辩论的教会团体,都众说纷纭,莫衷一是。如果赞成冉森尼乌斯的看法,认为上帝支配着不可能的事,这样做似乎并没有多大好处。这样既不通达明理,又不令人感到快慰。但是,由于成为某一教派的成员而内心窃喜,由于耶稣会教士招惹了仇恨;又由于切望出人头地、引人重视,以及由于

① 保罗五世,1605—1621 年在位。他向威尼斯要求恢复教廷的各种权利。威尼斯以这些权利应属世俗政府享有为理由加以拒绝。保罗五世就把威尼斯元老院和督治开除出教,并向共和国发出禁令。亨利四世于 1607 年平息了这一纠纷。——译者

② 科内里乌斯·冉森(1585—1638),曾在卢万大学求学。1636 年任伊普雷主教。其著作《奥古斯丁论》发表于 1640 年。该书阐述他关于恩典、自由意志、预定的学说。——译者

精神不安等等，所以人们要创立一个教派。

神学院以多数票通过对冉森尼乌斯五点论述的谴责。这五点摘自冉森尼乌斯的那本书，忠实于原作的意思，但并非原文。六十名学者向高等法院控诉这五点论述为滥释妄解。于是紧急讼事审判庭传双方出庭。

双方都没有出庭。但在这一方，一个叫做阿贝尔①的圣师，煽动人们反对冉森尼乌斯；而在另一方，著名的阿尔诺②、圣西朗的弟子，以其滔滔不绝、口若悬河的辩才，为冉森教派辩护。他对耶稣会教士的仇视，甚于对有效圣宠的热爱。耶稣会教士更对他恨之入骨，因为他父亲献身于律师事务，曾经拼命为巴黎大学辩护，反对耶稣会。阿尔诺的先人在司法界很受尊重。阿尔诺的才华和处境，使他决心投入这场笔战，并成为教派首领。这类似一种其他一切在他面前都会销声匿迹的野心。他反对耶稣会和新教徒，一直反到八十岁。他的著作有一百零四卷，但如今似乎没有一卷能列入为路易十四时代增光、成为各国收藏的那些优秀的经典著作之中。他的书由于作者享有声望，也由于当时争论十分热烈，曾经风靡一时。后来这种激烈的争论逐渐温和起来，于是这些书也就被人遗忘。流传后世的只有一些纯属理性的著作，如他对之做出很大贡献的《几何学》、《说理语法》和《逻辑学》等。没有人生来比他更有哲学头脑。但是，他的哲学却在他身上被捣乱集团弄得腐败变质。这个集团裹诱了他，把六十年的光阴投入宗教流派的毫

① 伊萨克·阿贝尔，1643年为瓦布尔主教。死于1668年。——译者

② 安东尼·阿尔诺(1612—1694)，因发表《论频繁的圣餐仪式》和《耶稣会教士的道德神学》而著名。——译者

无价值的纷争中，使一个生为启发开导人类的人，陷于顽固执拗必然带来的不幸之中。

巴黎大学对著名的五点论述意见分歧，主教们也是如此。八十八位主教联名上书英诺森十世，请他裁决。另外十一名主教却上书请求他不作任何决定。英诺森十世作出决断，对五点论述逐条谴责，但始终没有举出这五点论述的页次和上下文。

本来初等法庭受理民事案件时都不会疏忽的这一点，却被索邦神学院、冉森教派、耶稣会以及教皇疏忽了。被谴责的五点论述的内容，显然存在于冉森尼乌斯的书中。只要打开1641年巴黎版第3卷第183页，就可以一字不差地读到："这一切充分而明显地表明，在圣奥古斯丁的学说里，没有比这一点更加肯定、更加根本的了，即：有些清规戒律不可能做到，不仅那些非基督教徒、盲人瞎子、冷酷无情者办不到，就是那些虽然意志坚强，决心尽力而为的基督教徒和恪守教规者也做不到；上帝的圣宠本可使这些清规戒律可行，但这些人却没有得到这种圣宠。"还可在165页上读到："根据奥古斯丁的学说，耶稣基督并非为所有的人而死。"

红衣主教马扎然使僧侣会议一致接受了教皇谕旨。当时他与教皇关系良好①。他不喜欢冉森教派教徒。他对那些乱党集团也完全恨得有理。

和平似乎回归法国教会。但冉森派教徒写了那么多信，引证奥古斯丁那么多话，鼓动了那么多妇女，以至于教皇谕旨被接受

① 马扎然曾因逮捕雷斯主教而与罗马教廷不睦，于是便利用这一机会与教皇修好。他召集了一个有三十八名主教参加的会议，宣布反对冉森教派。——译者

后，冉森教派教徒比以往更多。

一位圣絮尔皮斯的神父竟然拒绝赦免利昂库尔先生的罪。因为据说后者不相信那五点论述存在于冉森尼乌斯的著作中，而且据说他家中窝藏异教徒。这件事又轰动了一时，成了写文章的新题目。圣师阿尔诺成了知名人士。他在最近致一位或确有其人或凭空虚构的公爵大臣的信中，表示支持认为受谴责的五点论述不存在于冉森尼乌斯的原著中，而是存在于奥古斯丁和许多先圣宗师的著作中的这种观点。他还进一步指出："没有上帝的圣宠，人们就一事无成，而圣彼得便是一位没有得到上帝的圣宠的正人君子。"

诚然，圣奥古斯丁和圣约翰·克利索斯托姆都曾经说过同样的话。但是，改变世间一切的时势，如今使阿尔诺成了罪人。据说准定是在罗马教皇的酒中掺进了水，因为对一部分人来说异常重大严肃的东西，对另一部分人说来却总是谈资笑料。神学院举行会议，甚至掌玺大臣塞吉埃也奉国王命令前来出席。阿尔诺受到谴责，于1654年被开除出索邦神学院。掌玺大臣出现于神学家中，产生了一种令公众厌恶的专制主义气味。大批不习惯于群集一堂的神学家和托钵僧挤满会议大厅的做法使帕斯卡在其《致外省人信札》一书中写道："找到僧侣要比找到理智还要容易。"

这些僧侣大部分都不接受莫里那的天人相应论、中介知识和圣宠无常说。但是，他们确信一种人们的意志可以同意但却从不同意的充分圣宠，以及一种人们可以抗拒但却从不抗拒的有效圣宠。他们对此做了清楚的解释，即可以从各别的意义而不是从组合的意义上来抗拒这种圣宠。

如果说这些高超的论述跟人类的理性不太协调一致的话，那么，阿尔诺和冉森教派教徒的感情却似乎与纯粹的加尔文教派过于同出一辙了。这正是戈玛尔教派教徒与阿尔米纽斯教派教徒争吵的实质①。正像冉森教派使法国分裂一样，这两个教派的争吵也使荷兰分裂。不过这场争吵在荷兰演变成了政治动乱，而不是一些无所事事之徒的口角。它使荷兰首相巴恩维尔特血洒断头台。时至今日，荷兰人对这种惨无人道的暴力行为还深恶痛绝。他们已经看清这些争吵的荒谬、迫害的恐怖，以及具有难能可贵的容忍精神的必要性。这种精神是居于统治地位的贤哲对付争论者转瞬即逝的热情的手段。而在法国，这种争论当时只招致了主教训谕、教皇谕旨、御玺诏书②和一些互相攻讦的小册子，因为法国当时还有比这更加重要的争执。

因此，阿尔诺只不过被开除出神学院而已。这次小小的迫害却为他招引来大批朋友。但是法国教会和教皇始终同他和冉森教派教徒势不两立。教皇英诺森十世的继承人亚历山大七世登位后最先采取的行动之一，就是重申对五点论述贬责。法国的主教们过去曾经拟订一份用宗教套语写成的声明书。现在又草拟了另外一份，结尾为："予谨心口如一，谴责科内里乌斯·冉森尼乌斯书中之五点论述。此学说绝非圣奥古斯丁之教义。盖该教义已为冉森尼乌斯所歪曲。"

---

① 弗朗索瓦·戈玛尔(1563—1641)，佛兰德尔神学家，莱登大学教授。比加尔文更加热烈支持"预定说"。雅克·阿尔米纽斯(1560—1609)则支持"自由意志说"。这两教派后来都变成政治派别。——译者

② 盖有国王御玺，命令对犯罪者无须审判便加以囚禁或放逐的诏书。——译者

然后，必须在这声明书上签字。主教们在所辖教区内把这份声明书发给所有可疑分子。他们想让巴黎的皇港修道院和乡间皇港修道院的修女们在声明书上签字。这座修道院是冉森教派的圣地，由圣西朗和阿尔诺主持①。

他们在乡间皇港修道院附近已经修建了一所房子。一些德高望重但顽固执拗、因意气相投而合在一起的学者在这里退隐。他们在这里教育一些经过挑选的青年。拉辛这个最了解人类心灵和举世公认的诗人就是这所学校培养的。帕斯卡——法国第一位讽刺诗人（因为德普雷奥仅居第二位）——与这些赫赫有名但思想危险的隐遁者关系密切。人们把待签字的声明书拿给巴黎的皇港修道院的修女看。她们回答说，她们凭良心说不能追随教皇和主教承认这五点论述存在于冉森尼乌斯的书中，因为这本书她们没有读过。冉森尼乌斯的思想肯定没有被人摘引出来。她们又回答说这五点论述是错误的，但冉森尼乌斯并没有错。

这种顽固态度激怒了宫廷。民事长官杜布雷（当时还没有警察总监）来到乡间皇港修道院，把所有在这里退隐的人和他们教育的青年全部赶走，并扬言要捣毁这两座修道院。但这两所修道院却因出现圣迹而得救。

巴黎的皇港修道院的寄宿生、著名的帕斯卡的侄女佩里埃小姐一只眼睛发炎疼痛。于是便在修道院里举行了一个圣事仪式，

---

① 皇港修道院 1204 年建于谢弗勒兹，离巴黎约 24 公里。1625 年迁巴黎。后该修道院分巴黎的皇港修道院与设在原处的乡间的皇港修道院两部分。1636 年由圣西朗主持，成为冉森教派之家。1707 年，修道院为路易十四查封。1721 年被毁。——译者

由她亲吻过去耶稣基督头上戴过的棘冠上的一根荆棘。这根荆棘在皇港修道院已经存放多年。查明它怎样被人从耶路撒冷抢救出来，后来又怎样转运到圣雅克郊区[①]，真是谈何容易。病人亲吻了荆棘，几天之后，似乎痊愈。于是有人必然断言并且证实佩里埃小姐那只害泪瘘的眼睛一眨眼间就治好了。这个女孩子直到1728年才死去。一些同她长期一起生活的人向我担保，她的眼疾好得很慢。这是很可能的。不过，不太可能的是，上帝丝毫没有显示圣迹来使地球上二十分之十九的对我们的宗教茫然无知或者感到厌恶的人皈依我们的宗教的上帝，却真的为了一个女孩子而使自然的秩序中断，以便为十二位修女辩解。这些修女认为科内里乌斯·冉森尼乌斯根本没有写过人们说是他写过的那十二行字；或者他虽然写了，但并非出于人们归罪于他的那种意图。

这个圣迹引起极大轰动，以至于耶稣会教士纷纷撰文抨击。路易十四的听忏悔神父、一个名叫阿纳[②]的神父，发表了一篇题为《在众口传播圣迹出现于皇港修道院之时令冉森教派扫兴之事》的文章，作者署名为："一个天主教圣师"。阿纳既非圣师，也非博学之士。他想论证这一点：如果一根荆棘从朱迪亚来到巴黎治好小佩利埃的眼疾，那这就向他证明了耶稣是为了众人，而不是为了几个人而死。结果，大家对阿纳神父群起而攻之。于是，耶稣会教士决定自己也创造圣迹。但是，他们的圣迹却不受欢迎，因为当时只有冉森教派的圣迹才时髦。几年之后，冉森教派又创造了一个圣

① 巴黎的皇港修道院就坐落于圣雅克郊区。——译者

② 阿纳(1590—1670)，自1654年起任路易十四听忏悔神父。为反对冉森教派的主要人物。帕斯卡的第十七、十八封致外省人信札便是写给他的。——译者

迹：皇港修道院一个叫热尔特律德的修女被人治好了腿上的浮肿。但是，这一圣迹并未引起轰动，因为时过境迁，而且修女热尔特律德没有帕斯卡这样一个叔父。

耶稣会教士虽有教皇和国王做靠山，但在百姓心目中却名誉扫地。由巴里埃尔策划的、耶稣会的学生夏泰尔执行的对亨利四世的谋杀、吉尼亚尔神父遭受的酷刑、耶稣会教士被驱逐出法国和威尼斯①、炸药阴谋②和塞维利亚破产③等事件，又都被人旧事重提，用来指责他们。总之，人们千方百计使耶稣会教士显得令人憎恨。帕斯卡做得更过分。他把他们描绘得滑稽可笑。他当时发表的《致外省人信札》是雄辩与戏谑的典范。就是莫里哀那些最优秀的喜剧，也不及他头几封信饶有风趣。博絮埃的作品较之他最后几封信，也相形见绌。

诚然，全书以虚假的根据为基础。作者巧妙地把若干西班牙和佛兰德尔耶稣会教士的荒谬无稽的意见，归咎于整个耶稣会。这些谬论本来也完全可以从多明我会和方济各会的决疑论者的言论中挖掘出来。但是，作者怨恨的只是耶稣会教士。在这些书信中，他力图证明，耶稣会教士有一项败坏风俗的既定计划。这项计

---

① 巴里埃尔曾策划暗杀亨利四世，但阴谋败露。1594 年，夏泰尔行刺，伤亨利四世嘴唇。1610 年，亨利四世终于被耶稣会教士拉瓦里亚克刺杀。

夏泰尔行刺事件后，耶稣会教士被赶出法国。吉尼亚尔神父参与谋杀事件，于 1596 年被处死。耶稣会教士由于支持教皇保罗五世反对威尼斯，被驱逐出威尼斯。——译者

② 英国耶稣会会长图谋暗杀詹姆士一世，策动于 1605 年 11 月国王到上议院开会时，把上议院炸毁。但因事机不密，被国王侦知，未果。这便是著名的“炸药阴谋事件”。——译者

③ 塞维利亚耶稣会教士一次宣布破产，使一百余户人家沦于行乞。——译者

划其他任何教派和任何修会都不曾有过，而且也不会有。不过问题并不在于他是否攻击得有理，而在于使公众消遣解闷。

耶稣会教士那时没有优秀作家，因此无法抹除法国一向写得最好的书使他们蒙受的污辱。不过，他们在这场争吵中的遭遇，几乎和红衣主教马扎然的遭遇相同。布洛、马里尼和巴尔邦松等人的作品[①]曾经使马扎然受到整个法国的嘲笑。而马扎然却是法国的主宰。这些神父势力强大，通过普罗旺斯高等法院的一项决定，焚毁《致外省人信札》。但是他们仍然十分可笑，并因此更引起国人憎恨。

当局派出两百名警卫队士兵劫走皇港修道院的主要修女，把她们分散到其他修道院，只让愿意在声明书上签字的人留下。驱散这些修女一事，引起整个巴黎关注。修女佩尔德罗和帕萨尔自己签了字，还教别人签字，因此成了人们说笑话、编歌谣的对象。这些笑话和歌谣被那些对什么事都只看到好笑的一面，总是消遣自娱的游手好闲者传遍全城。与此同时，坚定者都在悲叹呻吟，投石党徒慷慨激昂，大事抨击，政府则在采取行动。

冉森教派教徒因横遭迫害而坚定起来。圣师的兄弟，昂热主教阿尔诺、博韦主教比藏瓦尔、阿勒特主教帕维荣和帕米埃主教科勒（即以后在国王特权方面反对路易十四的那同一个科勒），这四位高级教士公开反对那个声明书。这个新声明书由教皇亚历山大七世本人起草，其主要内容与已为法国主教、甚至为法国高等法院接受的第一个声明书完全相同。亚历山大七世大为震怒，任命九名法国

① 指《话说马扎然》。此书以诗文形式抨击这位红衣主教。——译者

主教以对这四名犯上违命的高级教士起诉。于是群情空前激愤。

然而,正当法国举国情绪热烈激奋,想弄清五点论述究竟是否存在于冉森尼乌斯原著时,罗斯皮利奥西就任教皇,称克莱门九世。他在这一段时期内安抚了一切(1668 年)。他劝这四位主教“诚心诚意地”,而不是“无条件无保留地”在声明书上签字。这样,就似乎准许人们在谴责这五点论述时,认为这五点论述并非出自冉森尼乌斯的原著。这四位主教稍微作了一些解释。结果意大利人的温和殷勤平息了法国人的冲动躁烈。用一个词代替另一个词,便带来了这一所谓克莱门九世的和平,甚至教会的和平。尽管问题只不过是一场争论,世界其他地方的人对之一无所知,或者嗤之以鼻。似乎自从巴伊乌斯那个时代以来,教皇的目的始终在于平息这些根本无法取得一致意见的争论,并促使双方宣传大家都能倾听的同一种道德训诫。这是再合理不过的了。不过,人得跟人打交道啊!

政府释放了囚于巴士底狱的冉森教派教徒,其中有《旧圣约书解说》的作者萨西,还让遭到流放的修女返回修道院。她们“诚心诚意地”签了字,同时相信由于“诚心诚意地”这个词,她们已经取得胜利。阿尔诺从他的隐藏地点出来,被引见给国王,受到教廷公使接待,被公众视为教会之父。他答应从此只反对加尔文教派教徒,因为他还须斗争。在这个安宁时期,他的《论信仰之永恒性》一书问世。他写这本书,得到尼科尔①的帮助。该书论述的主题是

① 尼科尔(皮埃尔),1615 年生于夏尔特尔。是皇港修道院最优秀的作家之一。他的《道德论》对人类很有用,将会永世长存。尤其是“论保持社会和平的方法”一章是一杰作。死于 1695 年。——伏尔泰注

他们和新教牧师克洛德[①]之间的重大争论。按照惯例，双方在争论中都总自以为得胜。

给那些嗜争好斗、骚动不息的人“克莱门九世的和平”，只不过是给他们短暂的休战而已。其实双方暗中捣鬼，要弄阴谋，互相辱骂，从未稍停。

大孔代的姊妹隆格维尔公爵夫人，因为掀起内乱及风流韵事而闻名遐迩，如今已年老色衰，无所事事，变得十分虔诚。由于她仇视宫廷，而且需要耍阴谋，于是成了冉森教派教徒。她在乡间皇港修道院内盖了一所房屋。她有时来这里隐居，和那些隐遁者来往。这是他们的事业最兴旺发达的时期。阿尔诺、尼科尔、勒梅斯特尔、埃尔芒、萨西之流，以及许多虽不那么闻名、但优点不少、声誉很高的人，都常在她那里聚会。他们以严肃认真的交谈和那种构成他们的著作和谈吐的特征的雄壮刚健、遒劲有力、生气勃勃的气质取代了隆格维尔公爵夫人从她朗布依埃府邸学来的情趣横溢的妙语。他们对高尚的鉴赏力和真正的雄辩术在法国的传布，贡献不小。但不幸的是，他们却更渴望在法国传布自己的宗教观点。他们本身似乎就证明了他们那个被人责难的宿命论的体系。他们好像受到一系列无法克服的事件影响，去为了一些奇思空想而自招迫害。而如果他们放弃这些白费力气的争吵，就可以博得最大的尊重，就可以过最美满的生活。

（1679 年）那些由于《致外省人信札》一直激怒不已的耶稣会

① 克洛德（让），1619 年生于阿热努瓦。夏朗东的牧师、新教的权威人物。是博絮埃、阿尔诺和尼科尔这样一些人的当之无愧的对手。有十五部著作。在论战期间，人们贪婪地阅读他的著作。1687 年死于海牙。——伏尔泰注

教士的集团，千方百计反对冉森教派。隆格维尔夫人因为不能再为投石党搞弄密谋，便转而为冉森教派出谋划策。他们在巴黎聚会，有时在她府邸里，有时在阿尔诺家中。国王既已下定决心根除加尔文教派，因此根本不愿再出现一个新教派。他对他们进行威胁。最后，阿尔诺由于害怕用君权武装起来的敌人，又因为死亡夺走了隆格维尔公爵夫人的生命而失去靠山，便决心永离法国，定居荷兰。他在那里过着默默无闻、没有财产甚至没有仆人的生活。他的侄子曾任国务大臣。他自己本来也可能成为红衣主教。自由写作的乐趣在他身上取代了一切。他直到1694年都过着一种不为世人所知，仅为挚友了解的退隐生活。他不断写作，始终是个不肯屈服于厄运的哲学家。直至生命的最后一刻，他都为人树立一个心地纯正、意志刚强、坚定不移的人的榜样。

在信奉天主教、被人称为听命之国的荷兰，教皇谕旨就是金科玉律。在这里，阿尔诺的教派一直遭受迫害，而且比在法国有过之而无不及。

奇怪的是，五点论述是否存在于冉森尼乌斯的著作中这个问题，竟然一直是这场小规模的内讧的唯一借口，人们所关心的是事实和正理的区别。1701年，有人终于提出了一个被称为特别良心问题的神学问题："我们难道可以给一个尽管在声明书上签了名，但内心深处却认为教皇甚至教会可能搞错事实的人做圣功吗？"四十名圣师签名，表示可以宽恕这样的人。

争执立即重新开始。教皇和主教们要大家在事实的问题上相信他们。巴黎教区大主教诺阿耶却告诫人们，要出于对神的默启的信赖而相信正理，出于对人的证明的信赖而相信事实。其他人，甚至包括对诺阿耶先生不满的康布雷大主教费内隆，则要求把基于对神的默启的信赖当做事实。其实最好是费神引证一下该书的原文段落。可是从来没有人这样做。

教皇克莱门十一世于1708年发布《主之葡萄园》谕旨，命令人们相信事实，但并没解释这是属于基于对神的默启的信赖，还是属于基于对人的证明的信赖。

让修女在教皇谕旨上签字，成了教会里的新鲜事物。这种荣誉又赐给了乡间皇港修道院的修女。红衣主教诺阿耶不得不把这道谕旨送给修女以考验她们。她们没有违反教皇克莱门九世的和平，在谕旨上签了字，但对是否事实这一点，则仍然谦恭有礼，缄默不言。

修女们根据人们的要求承认五点论述存在于一本拉丁文著作之中，还是执拗地拒不承认？这两点中哪一点更加奇怪，至今大家都不明白。

国王要求教皇发布一道取缔她们的修道院的谕旨。红衣主教诺阿耶褫夺了她们做圣功的权利。她们的辩护人被投入巴士底狱。修女全被带去，并分别安置在比较顺从的修道院里。1709年，警察总监下令把她们的修道院彻底拆毁。最后1711年，又挖出教堂内和公墓里的尸体，运到别处。动乱并没有随着这座修道院被拆毁而消除。冉森教派教徒总想要弄阴谋，兴风作浪。耶稣会教士总想成为不可或缺的人物。著名的阿尔诺的挚友、奥拉托利会的神父凯内尔，一直到阿尔诺的生命的最后一刻，始终是他退隐生活中的伴侣。从1671年起，他就写了一部关于《新约全书》的宗教随感集。书中有一些似乎可能有利于冉森教派的箴言，不过这些箴言混杂在大量内容圣洁、热情洋溢、感人肺腑的箴言之中，因此这部著作受到普遍赞赏。书中处处表露出善。至于恶则须加搜寻。这部著作问世时，一些主教给以最热烈的赞扬。此书经作者最后润色以后，他们更加赞不绝口。法国最博学的人士之一的勒诺多神父，在教皇克莱门十一世在位的第一年，就在罗马。我甚至知道，一天他去觐见这位爱惜学者而本人也博学多才的教皇时，发现教皇正在阅读凯内尔神父的书。教皇对他说："这是本很好的书。罗马没有人能写得这样好。我想把作者召到我身边来。"正是这同一位教皇，后来又谴责了这本书。

然而，不应当把克莱门十一世的这些赞扬和赞扬之后进行的谴责，看成互相矛盾。因为阅读一本书时，读者可能起初会因这本书文笔优美动人而深为所动，而后来又会批评书中隐藏的缺点。法国曾经最真心诚意赞同凯内尔的著作的高级教士之一，是巴黎大主教、红衣主教诺阿耶。他担任夏隆教区主教时，公开保护了这本书。这本书也写明是奉献给他的。这位品德高尚、学识渊博的红衣主教，是最温文尔雅、最热爱和平的人。他虽不信奉冉森教派，但却保护过一些冉森教派教徒。他不大喜欢耶稣会教士，对他们既不损害，也不惧怕。

自从指导路易十四的信仰的拉谢兹神父实际上成了法国教会的首领以来，耶稣会教士便影响大增、炙手可热。凯内尔神父害怕他们，便跟一位满腹经纶的本笃会修士热尔贝龙、一个名叫布里戈德的神父，以及同教派的其他一些人，退隐到布鲁塞尔。著名的阿尔诺去世后，他成了这个教派的首领，而且像阿尔诺那样，由于为自己建立了一个不受君主管辖的秘密帝国，统治着一些人的良心，成为由一些开明之士组成的教派的灵魂，因而享有那种令人洋洋得意的荣誉。但是,耶稣会教士比他那个集团散布更广、势力更大,很快便在凯内尔的隐遁处发现了他。他们便在当时还是荷兰国王的菲利浦五世面前进谗言迫害凯内尔,就如同他们曾经在路易十四面前控告他的老师阿尔诺一样。他们终于使西班牙国王下令逮捕这些隐遁者(1703 年)。凯内尔被投入马利内大主教辖区的监狱。有个贵族认为,只要冉森教派能解救这位首领,这个教派便会发达兴旺起来。于是他挖通牢狱的墙壁,让凯内尔越狱逃走。凯内尔避居阿姆斯特丹,于 1719 年高龄去世。他死前在该地致力于在荷兰建立几个冉森教派教会。然而软弱无力的冉森教派教徒已经日趋消亡。

他被捕时,文件全被查抄。所有显示一个成熟的教派的特征的东西都在这些文件里发现。其中有一份冉森教派教徒与安托瓦内特·布里尼翁签订的旧合同抄本。布里尼翁是个著名的幻想者、一个富有的女人。她曾经以她的指导神父的名义,买下荷尔斯泰因附近的诺德斯特兰德岛。她曾打算建立一个神秘主义教派,买下这个岛就是想把参加这个教派的人聚集在那里。

这位布里尼翁自己出钱印刷了十八卷厚厚的宗教默想集,并花了一半财产来争取皈依者。但她获得的成就仅仅是使自己成了笑柄。她甚至还遭到任何改革者必然遭到的迫害。最后,她因为对在岛上定居建业感到失望,便把该岛转卖给冉森教派教徒。但是,冉森教派教徒同她一样,也未能在该岛定居建业。

在凯内尔的手稿中还发现了一份如果说不是十分荒诞,但却更应受到谴责的计划。路易十四曾经于 1684 年派遣阿沃伯爵去荷兰,并授以全权,准许愿意休战的各国,休战二十年。冉森教派教徒设想使自己以圣奥古斯丁弟子的名义,也被包括在休战范围内，仿佛他们也像加尔文教派那样在很长的时期内令人胆寒一样，真的已经是个令人生畏的教派。这个想入非非的念头，始终没有付诸实施。但是，冉森教派教徒向法国国王求和的建议确已草拟成文。在这一草案里，他们肯定想使自己成为重要人物。但仅此一点就足以构成犯罪行为。根据这些事实，很容易使路易十四相信，这些冉森教派教徒都是一些危险分子。

路易十四还不大认识到这一点：空洞的思辨性见解如果弃置一旁而不付诸实施，它就会自行消失。把它当成国家大事，就是对它过分重视。凯内尔被当成乱臣贼子之后，让人把他的书看成是罪书并不困难。耶稣会教士怂恿国王亲自叫人去请求罗马谴责这本书。这实际上就是让罗马谴责红衣主教诺阿耶，因为他曾经是这本书最热心的赞助者。耶稣会教士有理由幻想教皇克莱门十一世会侮辱这位巴黎大主教。要知道，当克莱门十一世还是红衣主教阿尔巴尼时，他曾经叫人出版他的朋友红衣主教斯封德拉特写的一本纯属莫里那观点的书，而诺阿耶先生却是这本书的谴责者。认为当了教皇的阿尔巴尼反对给予凯内尔的赞许，至少会像人们反对给予斯封德拉特的赞许一样，这种想法是很自然的。

人们丝毫没有弄错：教皇克莱门十一世在将近 1708 年时发布通谕，谴责凯内尔的书。可是当时的古俗纠纷却使这个人们煽起的宗教案件不了了之。法国宫廷当时对克莱门十一世在承认菲利浦五世之后，又承认查理大公为西班牙国王感到不满。法国认为教皇通谕无效，不予接受。国王的听忏悔神父拉谢兹是个性情温和的人。跟他打交道，和解的道路始终畅通无阻。诺阿耶是曼特农夫人的盟友，所以拉谢兹对诺阿耶宽容照顾。这样直至他去世之前，争吵一直是缓和的。

耶稣会教士可向国王派遣听忏悔神父，正如可向几乎所有信仰天主教的诸侯派遣听忏悔神父一样。这一特权是他们的修会会规带来的果实。根据这一会规，他们放弃教会的高位显职。这个修会的创始人出于谦卑而制定的方针，如今已成为崇高伟大的原则。路易十四年事越高，他的听忏悔神父的职位就越成为重要的大臣职位。这一职位授予了下诺曼底省的维尔的一个检察官的儿子勒泰利埃。此人性情阴郁、易于激动、僵硬死板、外表文静、内心暴戾。他干尽了担任这一职务的人所能干的一切坏事，因为处于这种地位，要鼓动人去干他自己想干的事，去害他自己所恨的人，都易如反掌。他要为自己所受的侮辱报仇，因为冉森教派教徒曾经使罗马谴责过他的一本关于中国礼仪的书。他把整个法国教会弄得天翻地覆。他和红衣主教诺阿耶关系很坏。他什么都不宽容。1711 年，他起草了一些信件和训谕让主教们签字。他给他们寄去对红衣主教诺阿耶的控诉状。这些主教只好在这一控诉状下面签了字。这样的手段用在世俗的诉讼中是要受惩处的。然而，他的这一手段虽然被人揭发，但其目的却仍然达到。①

---

① 1773 年出版的《奥尔良公爵的生平》说，红衣主教诺阿耶指控勒泰利埃神父出售有俸圣职。这位耶稣会教士对国王说："如果人们能够证实这个指控，我同意把我活活烧死，但我要求也要把红衣主教活活烧死，假如他不能加以证实的话。"

这个故事出自流传的有关通谕事件的诗文，而这些诗文件跟《奥尔良公爵的生平》同样谬论充斥。这些诗文大部分是那些一味追求赚钱的卑鄙之徒所写。这些人不知道，一个听取国王忏悔的人，要维护国王对自己的器重，是不会为了替自己开脱而建议国王把他的大主教活活烧死的。有关这一诗文的小故事见于《曼特农夫人回忆录》。对于事实和耳闻应仔细地区别。——伏尔泰注国王的良心被他的听忏悔神父弄得警觉不安起来，就像他的权威因叛逆教派这个概念而受到损害一样。红衣主教诺阿耶请求他对这些邪恶的奥义给予公正评断，然而白费力气。这位听忏悔神父使主教相信他已经使用了人的办法来实现神的事物。而且，因为他事实上在维护教皇的权威和教会的统一，所以事情的整个实质全部对他有利。红衣主教向王太子勃艮第公爵求助。但他发现，由于康布雷大主教的朋友和信件的影响，王太子已有了先入之见。人的弱点进入所有人的内心。费内隆还不够明哲豁达，以致他忘不了红衣主教诺阿耶曾经促使当局对他进行谴责。凯内尔当时便因居荣夫人之故而付出代价①。

红衣主教不再受曼特农夫人宠信。仅仅这件事便可使人了解这个贵妇人的性格。她自身并没有个人好恶，而只是一味顺从国王的感情。她亲笔写给红衣主教诺阿耶的信，三言两语就把应该怎样看待她，看待勒泰利埃的阴谋，看待国王的想法，看待当时的局势都说得一清二楚了。“您对我相当了解，足以知道我对新近的发现有什么想法。很多原因使我不能开口。不应由我来评断和谴责。我只有保持缄默，并且为教会、国王和您祈祷。我已把您的信交给国王。他已读过。我因悲哀感到沮丧，不想多写。这就是我能奉告您的一切。”

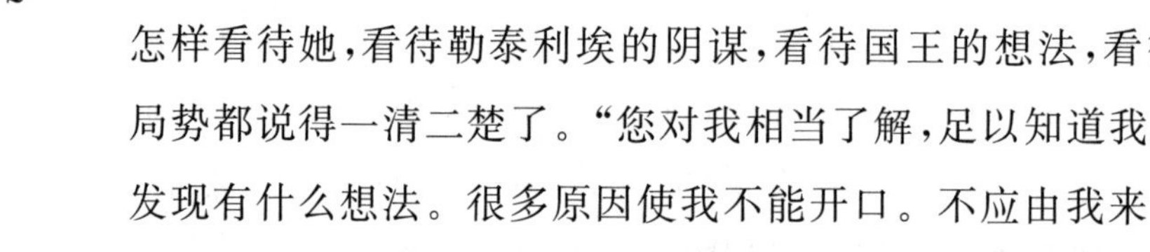

红衣主教由于受到一个耶稣会教士的压迫，便剥夺所有耶稣会教士布道和听忏悔的权利，只有几个最明智审慎、温和克己的教

① 参见《曼特农夫人书信集》。可见这些信件在尚未付印以及写信人也未作任何冒险之前，就已因写信人之故而为人所知。——伏尔泰注

士除外。他的地位给予他阻止勒泰利埃听取国王忏悔这种危险的权利。但他不敢把敌人激怒到这种地步。他在给曼特农夫人的信中写道:“我担心把权力交给最不配得到这种权力的人,而对国王表现得过分顺从。我祈求上帝让国王知道,他把灵魂托付给有这样品质的人,会遇到什么危险。”①

好些回忆录写道,勒泰利埃神父曾说,不是他丢掉职位,便是红衣主教下台,二者必居其一。他这么想过非常可能,确有其事。但这样说过,却很不可能。

人们乖戾激怒时,对立双方的所作所为只能招致灾祸,带来重大损失。勒泰利埃神父的党羽、一些希望戴上红衣主教冠冕的主教,利用国王的权力,使这些本来可能扑灭的星星之火,燃成熊熊烈焰。然而,路易十四不是效法罗马多次要求双方保持沉默,不是一方面制止教士,另一方面疏导红衣主教,不是像禁止决斗一样,禁止这些斗争,不是使所有神父像所有领主一样有用而不为害于人,最后,不是用理性和全体官吏所支撑的最高权力来制服双方,而是认为应亲自要求罗马发布讨伐声明,并由教皇下达那道著名的《上帝唯一子》谕旨。这就使路易十四的余年充满辛酸苦楚。

耶稣会教士勒泰利埃和他的教派把拟加谴责的一百零三条论述寄往罗马。宗教裁判所取缔了其中一百零一条。教皇谕旨于

① 我们拥有如此真实的信件,便可以引用。这是历史的最珍贵材料。但是,有一封人们设想为红衣主教诺阿耶写给国王的信,怎么能依靠呢?……“我第一个致力于毁灭僧侣以挽救您的国家和维护您的王位……所以不允许您来过问我的行为。”一个像红衣主教诺阿耶这样明智而审慎的臣子难道竟有可能向他的君主写出一封如此傲慢不逊、如此愤懑激烈的信么?这只不过是一种拙劣的栽赃而已。此信载于《曼特农回忆录》卷4第141页。因为它既不可靠,又不真实,故丝毫不可置信。——伏尔泰注

1713 年 9 月发布。谕旨一到，几乎引起法国举国上下一致反对。国王要求发布这项谕旨本为防止教会分立，而结果却适得其反，几乎因此引起教会分裂。群情激愤，呼声四起。因为这一百零一条论述中，有些在任何人看来都包含最纯真的思想和最纯洁的道德。于是在巴黎召开了一次有很多人参加的主教会议。四十名主教为了和平的利益接受了谕旨，但同时作了一些解释，以消除公众疑虑。关于无条件接受教皇谕旨的声明寄呈教皇。与此同时，对谕旨所作的修改则向民众公布。他们以为这样就可以同时使教皇、国王和民众皆大欢喜。但是，红衣主教诺阿耶和另外七名与他联合一致的与会主教，既不同意教皇谕旨，也不同意修改谕旨的缓和语气。他们上书教皇，请求教皇陛下亲自加以订正。这是他们对教皇彬彬有礼的冒犯。国王对此不能容忍。他不让这封信发表，命令主教各自返回教区，并禁止这位红衣主教出入宫中。这一迫害使公众对这个主教更加敬重。又有另外七名主教站到他一边。这是主教团、整个僧侣界以及宗教团体的一次真正分裂。大家都承认，这次分裂，问题并不在于宗教根本观点。然而，人们却发生内讧，仿佛事关基督教的倾覆灭亡。就像在凡俗的事务中所发生的那样，斗争双方都使尽计谋手段。

使用这些计谋手段是为了使索邦神学院接受教皇谕旨。虽然多数票反对，但是谕旨仍然被登记收录。司法当局为了执行国王的御玺诏书，监禁或放逐反对者，大感能力不足。

（1714 年）这项谕旨在高等法院登记收录，但国王惯有的权利、法国教会的自由、主教的权力和裁判权也同时保留。然而，公众的呼声始终透过表面的服从表现出来。谕旨的最热烈的捍卫者之一、红衣主教比西，在他的一封信中也承认，就是在日内瓦接受这个谕旨也不会像在巴黎这样丢尽脸面。

有识之士特别反对耶稣会教士勒泰利埃。再没有比身居高位、权势突增的教士更加令人激怒的了。他的权力在我们看来乃是对自己的誓愿的违反。如果他滥用权力，就更加令人憎恶。长期以来，所有监狱都塞满被指控为冉森教派教徒的公民。勒泰利埃使对宗教问题过于无知的路易十四相信，这是一位笃信基督的国王应尽的天职；他只有迫害异教徒，才能赎愆补过。更可耻的是，有人居然把对这些不幸的遇难者的审讯记录抄送给这位耶稣会教士勒泰利埃。对正义公理的背弃，从来没有比这更加可耻的了。从来没有比这更加卑鄙无耻地迎合权势的行为。在耶稣会教士终于因自己的凶残行为而受到惩处，并根据王国所有高等法院的判决，根据国民的意愿，最后根据路易十五的敕令而被驱逐之后，有人于1768年，在这些耶稣会教士发誓修行的修士屋子里，发现了他们专横暴虐的痕迹。（1715年）勒泰利埃过高地估计了自己的威势，以致居然建议在一次全国主教会议上废黜红衣主教诺阿耶。一个教士就这样利用他的国王，他的忏悔者和他的宗教来报一己的私仇。

这次主教会议，事关废黜一位因德行高洁、性情温和、因横遭迫害而成为巴黎和法国的崇拜偶像的人。为筹备这次主教会议，勒泰利埃怂恿路易十四将下述声明交由高等法院登录备案：凡未无条件接受教皇谕旨的主教，均须拥护此谕旨，否则将根据教规严予追究。军务大臣、掌玺大臣瓦赞，这个冷酷无情、暴戾恣睢的人，起草了这一敕令。总检察官达格索比掌玺官瓦赞更熟悉王国法律，而且正年轻无畏，断然拒绝负责登记这样的文书。高等法院院长梅斯姆向国王进谏，告以事情的严重后果。这桩事于是长期拖延。国王已病入膏肓，生命垂危，但这些毫无价值的争端使他弥留之际也不得安宁，并且加速了他的死亡。他的这位残忍无情的听忏悔神父，没完没了对他劝导告诫，要他完成一件将使人在他身后不纪念他的工作，这样就使他羸弱衰竭的身体更加疲惫不堪。国王的侍从十分气愤，两次不让这位神父进入国王的寝室，最后请求他不要跟国王谈起教皇谕旨的事。国王驾崩，于是一切都情随事迁。

摄政王奥尔良公爵首先推翻路易十四政府的整个组织形式，以咨询会议取代国务大臣办公厅，然后组织了一个宗教事务会议，由诺阿耶红衣主教任主席。耶稣会教士勒泰利埃，这个民愤极大，会友也不太喜欢的人遭到放逐。

反对教皇谕旨的那些主教呼吁召开下届主教会议。即使它永远开不起来，也要作出这项决定。索邦神学院、巴黎教区的本堂神父，以及一些修会的全体成员，也发出同样的呼吁。最后，红衣主教诺阿耶也于1717年发出他的呼吁，但起初他不想公开发表。据说，有人不顾他的反对，把这个呼吁印了出来。法国教会始终分裂为两派：接受派与拒绝派。接受派就是路易十四在位时曾经赞同耶稣会教士和嘉布遣会教士的那一百名主教。拒绝派包括十五名主教和整个法国。接受派倚仗罗马。拒绝派则夸耀有大学、高等法院和民众支持。著作和信函接二连三出版。双方都指责对方进行分裂，信奉异端。

兰斯大主教马伊，这位罗马教廷的重要而幸运的拥护者，曾经在两件文书上签过名。高等法院命令刽子手焚毁这两件文书。马伊主教得知此事后，便让教徒诵唱感恩赞美诗，以感谢天主使他遭受分裂派的凌辱。结果天主给以补偿，他当上了红衣主教。苏瓦松主教朗格也受到高等法院的同样待遇。他向该法院指出："即使是犯了亵渎君主罪，也不该由它来判决。"他因此被课以一万利弗的罚金。但摄政王并不想叫他付款，据说是怕他也当上红衣主教。

罗马怒斥严责。争论双方都被谈判交涉弄得精疲力竭。上诉继之以再上诉。而这一切都是一个住在阿姆斯特丹，靠布施过活的八旬神父的书中的某些如今已被人忘得一干二净的段落引起的。

财政制度①引起的一阵狂热促进了教会的和平，其程度超过人们的想象。人们疯狂投身股票交易。人的贪婪在这种诱饵的刺激下变得如此普遍，以致后来如果谁还再谈什么冉森教派、什么教皇谕旨，就一个听众都找不到了。巴黎对这些事根本不加考虑，就跟对在西班牙边境的战事②漠不关心一样。有人当时转眼之间就挣得万贯家财，骄奢淫逸，恣情纵欲。这使教会的这些争论归于沉寂。结果娱乐消遣做成了路易十四没有做成的事。

奥尔良公爵抓住这个时机实现法国教会的统一。他的方针政策与这息息相关。他担心有朝一日罗马、西班牙和那一百名主教会一齐反对他。③

---

① 指法国国王路易十五在位时的财政总监约翰·劳开设银行、国债用纸币偿还、拨款资助扩大殖民事业、用集股办法开办大公司等。——译者

② 1718年，法国与英国、德国、奥地利联合反对西班牙。1719年爆发战争。——译者

③ 在《路易十五时代》中，我们将会看到摄政王究竟是什么观点和行为。——伏尔泰注

必须说服红衣主教诺阿耶不仅接受那道他视为可耻的教皇法，而且收回那个他认为合法的呼吁和要求。他的恩人路易十四曾经白费力气要求于他的，现在不但必须得到，而且还要超过。奥尔良公爵在高等法院必然遇到最强烈的反对，因为他曾经把高等法院放逐到蓬图瓦兹①。但是，他终于完成各项工作。他编出一套几乎使双方都感到满意的"教义"。红衣主教答应他最终将接受教皇法。奥尔良公爵亲自与王公大臣一道出席大枢密院会议，让会议登录一道敕令。这道敕令下令：接受教皇谕旨；取消召开主教会议的呼吁；团结一致；实现教会和平。这位公爵把一贯由高等法院受理的陈述交给枢密院处理，以致对高等法院轻慢不敬。此外，他还威胁要把高等法院从蓬图瓦兹迁到布卢瓦。结果高等法院只得把枢密院通过的敕令登录备案，但是仍按惯例作出保留，即维护法国教会的自由和王国的法律。

红衣主教兼大主教因为曾经答应，一旦高等法院服从，他便收回前言，所以，最后只好实践诺言。1720 年 8 月 20 日发布了他收回他过去的呼吁的主教训谕。

新任的康布雷主教杜布瓦是布里夫拉加亚尔德城一个药剂师的儿子，后来荣任红衣主教和首相。他是在这一路易十四的权威遭到失败的事件中起作用最大的人。

这个首相的为人行事、思想方法和道德面貌无人不知。这个下流放肆的杜布瓦征服了虔诚笃信的诺阿耶。大家还记得，奥尔良公爵和他的首相在谈到他们平息那些争论时，语气何等轻蔑，他

① 因高等法院反对约翰·劳的财政制度。——译者

们对这场论战多么嘲笑。这种轻蔑、这种嘲笑，现在仍然有助于和平。人们终于对参加受人嘲笑的争论感到厌倦了。

从此以后，所有在法国被称为冉森教派教义、寂静主义、教皇谕旨、神学争论的东西都明显减少。几个提出上诉的主教仍然固执己见。

然而也有几个鼎鼎有名的主教和几个默默无闻的教士对冉森教派教义始终狂热虔信，坚持不渝。他们深信，既然在意大利印刷的一张叫作谕旨的纸片已被法国接受，天主就将毁灭世界。但是，假如他们在某个地球仪上真正看清法国和意大利占着多么小一块地方，而外省主教和教区无职衔神父更是多么微不足道，那么，他们大概就不会写道，天主为了他们要毁灭世界了，而且必须承认天主教远没有这样做。弗勒里红衣主教则有另外一种荒唐想法，即他认为这些魔鬼附身的狂热分子对国家来说是危险的。

另外他想讨好教皇本笃十三世。这位教皇出身于一个古老的奥尔西尼家族，是个顽固执拗的老僧侣。他认为教皇谕旨来自天主本人。奥尔西尼和弗勒里下令在昂布伦召开一个小型的天主教主教会议，来谴责一个叫作塞奈的村镇的主教苏瓦南。此人已八十一岁高龄，从前曾是奥拉托利会的教士，是个比教皇还要顽固执拗的冉森教派教徒。

这次主教会议的主席是昂布伦大主教唐森。这是个一心想戴上红衣主教红帽甚于支持教皇谕旨的人。他过去曾因犯买卖圣物罪被人在巴黎高等法院起诉。他在公众心目中是个诈赌乱伦的神父。但是，他使财政总监、银行家拉斯改变了信仰，使这位财政总监从苏格兰的长老会信徒变为信奉天主教的法国人。这一善举使这位使人改宗者捞到许多钱财和昂布伦大主教的职位。

苏瓦南在整个昂布伦省都被看成圣人。而那个买卖圣物者却谴责他，禁止他行使主教和神父的职权，然后又把他贬到位于群山之中的一个本笃会修道院里。在这里，这个被谴责的老人却为那个使人改宗者向上帝祈祷，直到八十四岁为止。

这次主教会议、这个判决，尤其是主教会议的这个主席，激怒了整个法国。可是过了两天，大家就再也不提这件事了。

可怜的冉森教派教徒求助于圣迹，可是圣迹并不受欢迎。兰斯的一个老神父鲁斯，这位正如人们所说，在圣洁的气氛中死去的人，曾经治愈过牙痛和扭伤。但他这样做是白费了力气。用带到巴黎圣安东尼郊区的圣体花了三个月时间才治好一个名叫拉斯福的女人的月经过多，但却使她双目失明。这项治疗也白费了力气。

有个名叫帕里斯的六品修士是高等法院一个法官的兄弟。他为了教皇谕旨曾经一再上诉，死后葬于圣梅达尔公墓。一些狂热的冉森教派教徒终于设想此人会显示圣迹。于是，有几个教徒去他墓上祈祷。他们的想象力受到非常强烈的刺激，以致身体器官震动，产生轻微的痉挛。帕里斯的坟立刻围满了人。人们白天黑夜蜂拥前来。爬上坟顶的人抖动身体，把这种抖动当做奇迹出现。冉森教派的秘密庇护者为这种疯癫行为推波助澜。人们用鄙俗不堪的语言在坟墓周围祈祷。到处谈的都是关于聋子听见人讲几句话，瞎子模糊看见东西，残疾人有时笔直走路的传闻。这些奇迹甚至还被一群几乎目睹此事的证人在法律上加以引证，因为他们来到墓地的目的，就是希望见到这些奇迹。有一个月的时间，政府对这场瘟疫不闻不问，听之任之。但是人越聚越多，圣迹层出不穷。

终于不得不关闭公墓，并设置岗哨。于是，那些狂热的信徒便到人家家里去显示圣迹。这座六品修士帕里斯的坟墓，在所有正直诚实的人的心目中，事实上已成为冉森教派的坟墓。这些闹剧假如发生在民智不开、风气闭塞的时代、就会产生严重的后果。看来，庇护这些闹剧的人并不知道自己究竟处于什么时代。

迷信发展到这种地步，以致一个名叫卡雷、绰号蒙热龙的高等法院法官，荒唐到竟于 1736 年向国王呈上一本有关所有这些圣迹的汇编，并附有大量证明材料。这个丧失理智者——丧失理智者的喉舌和牺牲品——在他的奏章中禀报国王说："必须相信这些愿以砍头来担保其证词的证人。"假如未来某一天他这本汇编还存在，而其他的书都已消失，那么，子孙后代就会以为我们这个世纪，是一个蛮荒时代了。

这些荒诞行为在法国，是一个教派临终前的奄奄一息。这个教派已经没有阿尔诺、帕斯卡和尼科尔这样的台柱。追随的只是一些痉挛病人。它已经堕落而为人所不齿。如果不是偶尔有几个惹是生非之徒，在熄灭的灰烬中寻找残余的火星，企图再引起一场火灾的话，那就不会再听到有人谈起这场玷辱理智、为害宗教的争吵了。万一这些好惹是生非之徒得逞，这场关于莫利那学说和冉森教派教义的争论，也不会再引起什么动乱，因为成为笑柄的东西，再也不会有什么危险性了。争吵将会改变性质。人们要想互相残害的话，即使并无缘由，也是不乏借口的。

宗教仍然可以用来磨快匕首。在法国一向存在这样一种人：他们跟正人君子毫无来往，跟所处的时代格格不入，对理性的进步无动于衷，而宗教狂热的凶暴残忍却对他们还有影响，就像某些疾病，只侵袭最卑贱的下等人一样。

耶稣会教士似乎也随着冉森教派的失败而没落。他们的刃卷锋钝的武器已不再有杀伤的对象了。宫廷对他们的信任，由于勒泰利埃滥用，而丧失殆尽。他们的《特雷乌报》[①]并没有使他们赢得文人的尊敬和友谊。过去受他们支配的主教，如今把他们跟其他修士混同为一。这些修士，过去受他们贬抑，如今也压低他们。各地高等法院不止一次公开谴责本来会被人忘却的某些耶稣会教士的著作品，以此使他们领会这些机构对他们的看法如何。当时巴黎大学已开始深入研究文学和进行良好的教育，因而从他们那里夺走大部分青年。他们期望有朝一日时来运转，会得到天才人物或有利时机，以便东山再起，重振事业。然而他们的希望尽皆落空。他们衰败没落。他们的教会在法国遭到取缔。他们被从西班牙、葡萄牙、那不勒斯驱逐出境。这一切终于使人清楚地看到路易十四信任他们铸成大错。

对所有这些争论着迷的人来说，读读世界通史，可能有所裨益。因为综观世上如此众多的国家民族、习俗风尚，如此众多而又各个不同的宗教信仰，他们将会看到，一个莫里那派信徒、一个冉森教派在世上占有的地位何等的微不足道。于是他们便会因自己对一个消逝于广大人群中和无穷无尽的事物中的教派如此狂热而赧颜羞愧。

① 耶稣会从1701年起在东布的特雷乌城出版的报纸。其办报的宗旨在于攻击启蒙运动的哲学家。——译者

第三十八章

关于寂静主义

正当加尔文教派掀起派别斗争，冉森教派争吵不休之际，法国在关于寂静主义问题上，也发生了分裂。人们几乎力图在各个方面都超越对我们的知识规定的界限。这是路易十四时代人类思想进步的一个不幸的结果，说得更确切些，这是人类尚未取得长足进步的一个证明。

关于寂静主义派的争论，是思想上的放肆无度的表现和神学上的玄妙莫测、难以捉摸的问题之一。如果没有那两个杰出的论敌的赫赫大名，这些在人们的记忆中，就不会留下任何痕迹。一个既无人望、又无真正才智、只有热烈想象的女人，却操纵着当时教会中最大的两个人物。她的名字叫让娜·布维埃·德·拉莫特。她的老家原在蒙塔吉。她嫁给布里雅尔运河①工程总办居荣的儿子为妻，年纪轻轻便当了寡妇，但有财产，有姿色，还有社交才能。她对所谓灵修着了迷。她的神师是个巴尔纳贝会②修士，日内瓦

---

① 布里雅尔运河联结塞纳河与罗亚尔河，1601年开始开凿。柯尔伯任职时，开凿奥列昂运河与之相连。——译者

② 即圣保罗僧侣会。因其创建者在米兰的圣巴纳贝教堂聚会故又称巴尔纳贝会。——译者

附近的昂西人，名叫拉孔布。集激情与宗教于一身的人颇为常见，但是这个人却因此而出了名，死时已经发疯。他的女忏悔者德·拉莫特本来已受神秘主义幻想感染，而他又使她的思想深陷其中。想在法国成为泰蕾丝式①的女圣徒的愿望，使她看不到法国的民族性跟西班牙的民族性多么截然相反。她的所作所为比圣泰蕾丝更加过分。拥有信徒的野心——可能是所有野心中最强烈的一种——占据了她的整个心灵。

她的神师拉孔布把她带到萨伏依，到了他的家乡——小小的昂西。日内瓦领衔主教便住在那里。把一个年轻寡妇带出她的故国家园，这对于一个修道士来说，已经很不正派。但是，几乎所有想建立教派的人都用这种办法。他们身边几乎都带着女人。起初这位年轻寡妇靠慷慨施舍，在昂西有了一点名望。她布道讲演，宣扬完全弃绝自我、灵魂寂静、毁灭自身一切能力、内心崇拜，以及既不为恐惧、也不为得偿的希望所败坏的纯洁无私的爱情。

稚嫩而灵活的想象，尤其是妇女和某些年轻修士的想象，容易被一种滔滔雄辩的口才所打动，也就是被唯一能说服已受灌输者并使之相信一切的那种口才所打动。与其说妇女和年轻修士们相信一位漂亮女人所讲的圣经道理，不如说他们喜爱她讲话时那种滔滔不绝的口才。

她使一些人入了教。昂西主教终于获准把这个女人和她的神师撵走。他们于是去到格勒诺布尔。在那里，她散发一本题为《简

① 圣泰蕾丝(1515—1582)，西班牙人。1621年被封为女圣徒。其作品充满神秘主义色彩。——译者

易方法》[1]的小册子和另一本以她说话的口气写成的书名为《激流》的书。但是，最后他们又不得不从格勒诺布尔出走。

她因自己已能厕身于听忏悔神父之列而自我夸耀，产生了幻觉，于是预卜起吉凶祸福来。她把她的预言书寄给拉孔布神父。她说："整个地狱将竭力阻止内心的发展和耶稣基督在灵魂中的形成。暴风雨将如此猛烈，以致世上的一切将彻底摧毁。我似乎感到在整个地球上，到处是动乱、战争和颠覆。女人因内部的精灵而怀孕。龙就站在她面前。"

这个预言书应验了。但是地狱根本没有竭尽全力。她被神师带到巴黎后，由于两个人在 1687 年都传经布道，大主教阿尔莱·德·尚瓦隆[2]奉国王之命，把拉孔布作为勾引妇女犯关押起来，而居荣夫人则被作为须予以治疗的精神错乱者送进修道院。但是，居荣夫人在受到这一打击之前，就已经找到对她有用的靠山。她在初建的圣西尔女学中有个表妹，叫拉梅宗福尔夫人，是曼特农夫人的宠幸。她还打动过谢弗勒兹公爵夫人和博维利埃公爵夫人的心，深得她们的信任。她所有的朋友都公开抱怨这个以过于喜爱女人而出名的阿尔莱大主教，说他迫害一个只谈上帝之爱的妇女。

曼特农夫人强有力的庇护迫使巴黎大主教默不作声，并使得居荣夫人获释。居荣夫人去到凡尔赛，进入圣西尔。她作为第三者陪曼特农夫人进膳之后，听费内隆院长布道宣讲。阿尔古亲王夫人、谢弗勒兹公爵夫人、博维利埃公爵夫人和夏罗公爵夫人都被

---

① 该书全名为《心灵祈祷的方便而简易的方法》。——译者

② 弗朗索瓦·德·阿尔莱·德·尚瓦隆(1625—1695)，巴黎大主教。积极参与废止《南特敕令》和迫害冉森教派。——译者

宣授了这些宗教奥义。

费内隆神父当时是宫廷太傅，是宫廷中最富有魅力的人。他天生心地温柔、想象美妙卓绝、文学精华哺育了他的心灵。他举止优雅，风度翩翩。在神学中，他喜爱一切显得动人和高尚的东西，而不喜欢阴暗和艰深的东西。这一切，使他具有一种说不出的浪漫气质。这种浪漫气质在他身上激起的，不是居荣夫人的那些冥想，而是一种对灵修的爱好。而这种爱好正与这个妇人的想法相去不远。

他的想象因天真与美德而活跃起来，正如其他人由于激情而热烈起来一样。他的激情就是为了上帝而热爱上帝。他在居荣夫人身上看到的只是一个与他爱好相同的纯洁的灵魂，于是他毫无顾忌，与她结为好友。

奇怪的是他竟然会被一个从事默启、预卜，说话混乱难懂的女人所诱惑。这个女人因内心恩典充溢而感到窒息气闷。人们不得不为她解开胸衣带子。她倾倒出(照她的说法)那充盈的恩典，用来充满坐在她身旁的那个被选中的门徒的身体。但是，费内隆由于友谊使然，也由于他神秘主义的思想使然，就像一个陷入情网的人一样。他原谅一切缺点，只喜爱那些使他陶醉入迷的感情深处的一致。

居荣夫人对有这样一个被她称为儿子的信徒感到放心和自豪。她甚至依靠曼特农夫人，在圣西尔散布她的全部观点。圣西尔所在的教区夏尔特尔主教戈代对这件事惊惶不安起来，并且抱怨，上告。巴黎大主教威胁要重新进行从前的那些起诉。

曼特农夫人一心只想使圣西尔成为一个和平安宁的住所。她了解国王多么敌视一切改革创新。她用不着为了让人尊重而去当一个类似教派的组织的首领。而且归根结底,她企图得到的只是自己的威望和安宁。她因此跟居荣夫人断绝了一切来往,并禁止她在圣西尔居留。

费内隆神父看到一场风暴即将形成,害怕丢失他所向往的高位要职。他劝告他的女友去投奔被视为教会之父的莫城主教、著名的博絮埃。他的女友依从这位莫城主教的决定,从他的手里领了圣体,然后把她的全部著作呈交主教审阅。

莫城主教经国王批准,结合后来成了红衣主教诺阿耶的夏隆主教和圣絮尔皮斯修道院院长特隆松神父共同进行这一审查。他们在巴黎附近的伊西村秘密聚会。巴黎主教尚瓦隆,因是别人而不是他在他的教区里负责审理此事而妒火中烧,于是对正在审查的书到处公开贬责。居荣夫人就在莫城退隐,对博絮埃主教的要求全部同意,并且答应以后不再传教布道。

在此期间,费内隆于1695年晋升为康布雷大主教,并由莫城主教对他祝圣。这桩迄今为止只不过滑稽可笑并且已经缓和平息的事,似乎不会被人旧事重提。但是,居荣夫人却被控在答应闭口缄默之后,还一直在传教布道。因此根据国王命令,她于同年被抓走并关在万森的监狱里,仿佛她在国内是个危险人物。她不可能危害国家。她那些虔诚的幻想不值得君主重视。她在万森写了一厚本神秘主义的诗,写得比她的散文还糟。她滑稽地模仿歌剧的诗句。她经常唱道:

纯洁而美满的爱情走得比预料的更远,

爱情产生之初，谁也不知道
有一天它索取的全部代价若何。
我的心如果没有感受这纯洁的爱，
它本来不会经历万森监狱和痛苦折磨。

人们的观点取决时间、地点和情况。居荣夫人囚禁监狱期间，某次在精神恍惚之中同耶稣基督结了婚。从此，她就不再向圣徒祷告，说家庭主妇不该向仆人请教。请注意，就是在这个时候，有人却请求罗马把阿格雷达的玛丽①封为圣女，因为她得到的幻想和接受的启示，比所有神秘主义者得到的加在一起还多。而且，这个世界已经矛盾充斥。似乎为了使矛盾加在一起更加尖锐，西班牙人想要奉为圣徒的这个阿格雷达的玛丽，却在索邦神学院受到指控。萨拉曼卡大学②谴责索邦神学院，并因此受到谴责。很难说哪一方最荒谬、最疯狂。不过使所有这类胡言乱语具有至今它们有时还具有的重要影响，这大概是最荒唐不过的举动了③。

博絮埃过去长期被看做是费内隆的父辈和师长，现在却妒忌他弟子的声望和权威。同时因为想始终保持他对全体同行的巨大

---

① 她之所以称为阿格雷达的玛丽，是因为她是西班牙阿格雷达的一个女修院院长(1602—1665)。——译者

② 萨拉曼卡大学在西班牙马德里北面的旧卡斯蒂。当时是最著名的大学。哥伦布曾在这里宣布其探险计划。——译者

③ 我们本应指出的是，在《堂吉诃德》中就有寂静主义。这个游侠骑士说，他应为杜尔西内娅(这是堂吉诃德所物色的并决心终身为她效劳的意中人。——译者)效劳，唯一的报酬便是充当她的骑士。桑科回答说："我曾听到人们布道劝诫，应为天主而爱天主，这种对天主之爱不是出于希冀天堂的真福，也不是害怕受到惩罚。但我却愿意热爱天主和为他效劳，而不管出于什么动机。"——伏尔泰注

影响，于是他便要求新任康布雷大主教同他一道谴责居荣夫人，并在他的主教训谕上签字。费内隆既不愿为了他放弃自己的感情，也不愿为了他牺牲自己的女友。于是有人提出折衷解决的办法。两人都做出许诺。但双方又都埋怨对方食言。康布雷大主教在动身前往其教区就任时，在巴黎出版了他的《圣徒箴言录》这本书。他认为通过这部著作，可以改正人们对他女友的一切指责，同时阐述虔诚的静修士的正统观点。这些观点超越感官，已经臻于凡夫俗子向往不到的完善境地。莫城主教和他的朋友对这本书群起而攻之。有人向国王告发了这本书，好像这本书既危险又难懂。国王尊重博絮埃的名望和学识，便向他谈起这本书。博絮埃向他的君主下跪，请求原谅他没有及早向国王禀奏康布雷先生那会招致不幸的异端思想。

在费内隆的许多好友看来，这种狂热的崇拜并不真诚。国王的内宠近幸认为这是一种阿谀奉承的手段。实际上，像博絮埃这样一个人很难把为了上帝而热爱上帝的虔诚幻想看做是一种会招致不幸的异端。可能他真心诚意仇恨这种神秘主义的虔信，更暗中仇恨费内隆，也可能两者兼而有之。所以，他真心诚意对他的同事和老朋友提出这种指控。因为他也许以为，可能破坏武士名誉的告密行为会给教士增添光荣，宗教的热情会使一切卑劣行为变得神圣。

国王和曼特农夫人立即征求拉谢兹神父的意见。这位听忏悔神父回答说，大主教的书非常好，所有耶稣会教士都从中获益匪浅，只有冉森教派教徒才加以非难。莫城主教并非冉森派教徒，但却大量阅读冉森教派教徒的优秀作品。耶稣会教士不喜欢他。他也不喜欢他们。

宫廷与巴黎城都有意见分歧。所有的注意力都转移到这方面来，这时冉森教派教徒有了喘息之机。博絮埃撰文抨击费内隆。两人都把自己的著作寄呈教皇英诺森十二世，信赖他的裁决。情况似乎对费内隆不利：前不久西班牙人莫利诺①的寂静主义思想刚在罗马受到强烈谴责。现在人们正在指控康布雷大主教的这种思想。控告莫利诺的是法国驻罗马大使、红衣主教埃斯特雷。我们看到这位红衣主教埃斯特雷在晚年更热衷于社交中的娱乐消遣，而不是神学。那时他却迫害莫利诺，以取悦于这个不幸的神父的敌人。他甚至怂恿国王请求罗马加以谴责，并且轻而易举就达到目的。路易十四成了神秘主义者的纯洁爱的最可怕的敌人，自己还浑然不知。

在这些微妙棘手的问题上，从一本正受评审的书中找出与某本已被取缔的书的某些段落的相似之处，是再容易不过了。支持康布雷大主教的有耶稣会教士、博维利埃公爵、谢弗勒兹公爵和不久后任法国驻罗马大使的布莱红衣主教。莫城先生则有赫赫大名并且得到法国主要高级教士的赞助。他把好些主教和一大批学者的签名呈交国王。这些人都反对《圣徒箴言录》一书。

博絮埃的威望如此之高，以致拉谢兹神父在他的忏悔者国王跟前也不敢支持康布雷大主教，而曼特农夫人则坚决抛弃他的朋友。国王致函教皇英诺森十二世，说有人向他控告康布雷大主教，

① 米歇尔·莫利诺（1627—1696），寂静派教徒。1685年被捕，囚于罗马异端审判所监狱。——译者

认为他的书是一部有害的著作,他已把该书交给了教廷公使,他敦请教皇陛下进行裁决。

有人说——甚至公开在罗马这么说,而且这种谣言还有人听信——康布雷大主教之所以受到这样迫害,只是因为他曾经反对宣布国王和曼特农夫人的秘密结婚。趣闻轶事的制造者声称,这个贵妇人曾经要拉谢兹神父敦促国王承认她为王后,而这位耶稣会教士却巧妙地把这个有风险的委托转交给费内隆神父。这个宫廷太傅,热爱法国的和他弟子的荣誉胜过自己的命运,于是跪倒在路易十四脚下,向国王进谏,以防这件事轰动全国,受人讥嘲。这件事荒诞不经,在国王身后对国工的贻害损失将会多于国王生前从其中得到的喜悦欢乐。①

费内隆自从被任命为康布雷大主教以来,还继续负责勃艮第公爵的教育。在这期间,国王确曾风闻他同居荣夫人和拉梅宗福尔夫人的暧昧关系。另外,他认为费内隆向勃艮第公爵灌输的是一些相当严肃的格言,以及治国方略和道德原则。这些方略和原则,有一天将会指责那种威严的气派、对荣誉的渴求、轻率进行的征战和对玩乐的爱好。而这一切已经成了他的统治的特征。

国王想同新任大主教就他的政治策略原则进行一次谈话。颇有自己的见解的费内隆,让国王隐约看出他后来在《忒勒玛克》一书论述政府的章节里发挥的那些准则的一部分。那些准则同柏拉图的共和国中的准则比它们同必须用来统治人的方式更加近似。谈

① 这一无稽之谈见于在阿维尼翁出版的《路易十四史》。接近过这个君主和曼特农夫人的人都知道,这一切与事实多么不符。——伏尔泰注

话之后，国王说跟他谈话的人是王国中最有才华、又最喜幻想的人。

国王的这些话被人告诉了勃艮第公爵。不久以后公爵又把这些话告诉了教他几何学的马莱齐厄先生。这件事我是从马莱齐厄那里得知，并经红衣主教弗勒里证实的。

从这次谈话以后，国王便很轻易相信，费内隆在宗教和政治方面都是幻想家。

国王本人肯定对康布雷大主教十分恼怒。夏尔特尔主教戈代·德马雷，这个以修道院长的独断专行支配控制着曼特农夫人和圣西尔女学的人，毒害了国王的心灵。这位君主把这场荒谬可笑而他自己又毫不了解的争论当做他的主要事情。毫无疑问，很容易使这场争论烟消云散。因为后来，它很快就自行消失了。但是，当时这场争论弄得宫廷满城风雨，以致国王害怕这是一次阴谋，甚于害怕这仅仅是异端思想。这就是煽起迫害费内隆的真正原因。

国王在他 1697 年 8 月（我们却非常不适当地把八月叫作 aoust）的信中，命令当时他的驻罗马大使红衣主教布荣继续谴责一个人们非把他说成是异端分子不可的人。他亲笔写信给教皇英诺森十二世，敦促他作出决定。

罗马宗教裁判所任命一名多明我会教士、一名耶稣会教士、一名本笃会教士、两名方济各会教士、一名斐扬派修士①、一名奥古斯丁派教士②对这一案件进行预审。这些人在罗马称为神学顾

① 斐扬派是本笃会下属的锡托会的一个分支，1577 年经斐扬修道院院长让·德·拉巴里埃尔改革后而得名。——译者

② 奥古斯丁会以圣奥古斯丁定的教规为行动指南。——译者

问。红衣主教与高级教士们通常让这些僧侣去研究神学，而自己却去搞政治、要阴谋或者享受饱食终日无所事事的乐趣。[①]

神学顾问们开了三十七次会，审查了三十七条陈述，以多数票判决这些陈述内容谬误。教皇主持一次红衣主教会议，下了一道敕书对陈述进行谴责。该敕书于 1699 年 3 月 13 日在罗马城内张贴。

莫城主教赢得胜利，但康布雷大主教从他的败北中却取得一次更加辉煌的胜利。他无条件服从裁决。他自己登上康布雷的讲坛谴责自己的书。他阻止他的朋友为他辩护。一个本可因为这一迫害本身自己就可另立一个庞大的教派的学者所树立的这种绝无仅有的驯服的范例，以及这种坦荡诚实，或者说这种伟大的艺术，使他赢得了所有人的心，使人们几乎憎恨起那个得胜的人来。费内隆从此一直作为一位可敬的大主教、文学家，在他的教区里生活。从他的谈话和著作中流露出来的温和高雅的品行，使所有见到他的人都成了他的挚友。他所受的迫害和他的《忒勒玛克》，博得整个欧洲对他的崇敬。英国人尤其尊敬他。

英国人虽然在他的教区内打仗，但却迫不及待地向他表示他们的敬意。马尔巴勒公爵叫人小心不去侵犯他的领地。受他教育培养的勃艮第公爵，始终都很珍爱他。如果这位亲王活着的话，这位主教可能会出任政府职务。

从康布雷大主教明智而可敬的隐退中，可以看出摆脱像路易十四那样的宫廷并与之一刀两断是多么困难。因为有一些宫廷，

① 教廷大使罗韦蒂说过："必须以神学来粉饰，而以政治为内容。"——伏尔泰注

许多名人可以掉头离去而毫不惋惜。大主教谈到宫廷时，从他那顺从安命的思想中总是流露出喜爱和关怀之情。他的许多哲学、神学、文学著作正是这个退隐时期的成果。以后成为王国摄政王的奥尔良公爵，在一些跟人人息息相关但很少有人加以思考的棘手问题上，征询他的意见。公爵询问人们能否论证上帝存在；如果这个上帝要求某种礼拜，那么，上帝赞成什么样的礼拜；如果选择得不妥，是否会得罪上帝。公爵像个努力学习的哲学家那样，提出许多类似的问题，而大主教则以哲学家和神学家的身份予以解答。

在学派之争中遭到失败之后，不再参与关于冉森教派的争论，对康布雷主教来说，可能会更为合适。但是，他却投入这次争论中。因为红衣主教诺阿耶曾经支持最强者来反对他，现在他也如法炮制。他希望再返回宫廷并受人咨询，因为某些事情一旦增长了人们的忧虑不安，人们的心绪就难以把它摆脱。这位主教的愿望同他的著作一样，这时是克制温和的。他到晚年，甚至终于蔑视一切争论。只是在这一点上，他与欧洲最博学的人之一、阿弗朗什主教于埃①有相似之处。于埃主教晚年，确认大部分知识和人的思想的虚妄性。（谁会相信？）康布雷大主教滑稽地模仿吕利的一首曲子写道：

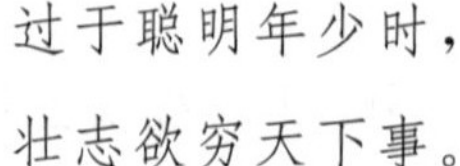
过于聪明年少时，
壮志欲穷天下事。

① 彼埃尔·达尼埃尔·于埃（1630—1721），知识极为渊博，学习情绪极高，至老死（91岁）方休。——译者

禀性今只爱戏谑，
不觉昏昏老已至。

他是当着他侄子、后来任驻海牙大使的费内隆侯爵的面做这几句诗的。我从侯爵处得到这首诗①，我担保此事属实。这一事实如果不能证明以下这一点，它本身就会是无足轻重的：当人们处于思想比较活跃的年龄时，思想成为他的愿望和幻想的玩物，此时在我们看来觉得那么伟大、那么有趣的事情，到了悲伤寂静的晚年，我们却往往以冷漠的眼光去看待。

这些法国长期举国瞩目的争论，以及其他许多产生于无所事事、游手好闲的事情，都已烟消云散。今天，人们对这些争论竟然产生那么多怨恨敌意感到惊奇。日益受人重视的哲学精神，似乎保证了公共安宁。就是那些反对哲学家的宗教狂热信徒所享受并力图加以破坏的和平，也是靠了哲学家才得到的。

寂静主义事件在路易十四时代曾经是非常不幸的重大事件，今天则颇受轻视，被人完全忘却。它使红衣主教布荣失去宫廷宠信。这位主教是那个鼎鼎有名的蒂雷纳的侄子。在内战中，蒂雷纳曾救过国王的性命，而以后对王国疆土的拓展，也曾立下汗马功劳。

① 这首诗收于居荣夫人的诗集中。但坎布雷大主教先生的侄子不只一次向我保证，此诗是其叔父所写，而且在大主教先生写好此诗的当天，听到他吟诵过，所以我们应把此诗归于其真正的作者。在费内隆侯爵于荷兰出版的《忒勒玛克》中，有五十册印有此诗，而在其他各册中则已删掉。

在这里我不得不再次指出，我手边有费内隆先生的弟子拉蒙塞的一封信。他在信中对我说："如果他生在英国，他就可能发挥他的天才，并使他那从未被人们深刻理解的道德准则得以发扬。"——伏尔泰注这位主教与康布雷大主教交谊甚笃，但又奉国王之命反对大主教，于是他力求调和这两种义务。从他的信件中可以看出，他始终贯彻这一原则：绝不背叛职责，但又忠于朋友。他奉宫廷之命催促教皇作出裁决，但同时尽力使双方和解。

一个名叫吉奥里的意大利神父是反对派派到布荣主教身边的奸细。这个神父骗取了主教的信任，但在他的信中则对主教大事诬蔑。他极为阴险毒辣，竟然卑鄙无耻到请求主教帮助他，给他一千埃居。钱一到手，他就溜之大吉，不再去见主教。正是这个卑鄙无耻之徒的信件，在宫廷里断送了红衣主教布荣。国王对布荣严加指责，仿佛他背叛了国家。不过，从这位主教的全部函件中可以看出，他似乎行事明智审慎，端庄自重。

他服从国王的命令，要求谴责神秘主义者的某些虔诚而可笑的箴言。这些人是宗教的炼丹术士。但他又忠于友谊，因此挡开别人企图对费内隆进行的打击。假如对教会来说，重要的是要人们不要为了上帝本身而热爱上帝，那么，使康布雷大主教受谴蒙辱就不是什么要紧的事了。然而，不幸的是，国王要费内隆遭受谴责。这或者是因为对他怀恨在心。这对一个伟大的国王来说，似乎有失尊严；或者是因为屈从于反对派的愿望，这似乎更有损国王的尊严。但他仍然于 1699 年 3 月 16 日给布荣红衣主教写了一封侮辱人的信。他在信中宣称他一定要谴责康布雷大主教。这一封信出自激愤恼怒的人之手。《忒勒玛克》一书当时在整个欧洲引起巨大反响。国王根本没读过《圣徒箴言录》，但因一些箴言散见于国王读过的《忒勒玛克》中，所以《圣徒箴言录》也受到惩处。

国王随即召回红衣主教布荣。主教动身回国，在离开罗马几里时获悉年资最深的红衣主教去世，便不得不返回罗马，去担任这一理应归他的显职，因为虽然他还年轻，但他已是资格最老的红衣主教了。

罗马红衣主教团的首席主教的职位给人很大的特权。在当时的人看来，这个职务由一个法国人来担任，对法国来说，是件令人愉快的事。

另外，先取得自己应该取得的好处，然后动身返回巴黎，也并非对国王不敬。然而，这一举动却无可挽回地触怒了国王。红衣主教到达法国时便立即遭到流放，为期达十年之久。

最后，红衣主教对如此长期失宠十分不耐烦，于 1710 年决定永远离开法国。当时路易十四似乎正不堪盟国围攻，王国正四面楚歌。

红衣主教在佛兰德尔边境受到他的亲戚欧仁亲王和奥弗里涅亲王的迎接。他们在那里打了胜仗。他给国王寄去圣神骑士团十字勋章和法国宫廷首席指导神父的辞呈。他在辞呈中写道："我已重获自由。我出生为外国亲王。君主之子只隶属上帝。我担任神圣罗马教会红衣主教以及红衣主教团首席主教的职务。凡此种种都予我这一自由。……我力图在有生之年，在仅次于至高无上职位的第一职位上，为上帝与教会效劳。"

他作为独立亲王提出的要求，在他看来是有充分理由的。这不仅有好些法学家提出的放弃一切便不尽义务和任何人均有选择住地自由这一公理原则作为依据，而且还可依靠他生于色当，他父亲当时还是色当的君王的这一事实。他把他独立亲王的身份，视为不可抹除的特点。至于那个他称为仅次于至高无上职位的第一职位的首席红衣主教的资格，则因他所有的前任已开先例，在罗马的一切宗教仪式中，总是无可争辩地走在国王们的前面，这就是他用来为自己辩白的理由。

法国宫廷和巴黎高等法院的行事准则则截然不同。后来成为掌玺大臣的总检察官阿格索向联合法庭对红衣主教布荣提出控诉。法庭向他发出逮捕令，并没收他一切财产。他在罗马虽然贫苦度日，但却深受尊敬。他去世了，他成为他所鄙视的寂静主义的牺牲品，以及高尚地使之与其职责相调和的友谊的牺牲品。

以下这一点不能略而不谈：当他离开荷兰前往罗马时，法国宫廷似乎担心他会成为教皇。我手边有1710年5月26日国王给红衣主教拉特里穆伊的信。国王在信中表示了这种担心。他写道："可以设想，心怀成见，以为自己只依靠自己的臣民的人必然会胆大包天，为所欲为。红衣主教布荣对他的现职感到骄傲。当他一旦得以就近目睹教皇的荣耀显赫，认为他的现职低于他的才能、出身，就足以使他自信可不择手段，以达到这个教会的首要地位。"

因此，法国宫廷发出通缉令逮捕布荣红衣主教，如一旦捉拿归案，便投入巴黎高等法院监狱。这就说明，他们担心他会登上被所有天主教徒视为人间至高无上的宝座，还担心那时他会与路易十四的敌人联合起来，对法国的报复将会较欧仁亲王更甚，因为教会的武器本身虽然对任何事物都无能为力，但一旦与奥地利的武器结合起来，就颇能为力了。

第三十九章

关于中国礼仪的争论　这些争论怎样促使中国取缔基督教

我们在本国宗教的若干问题上争论了一千七百年。但是，这并不足以使我们心神不安。还需要中国的宗教问题掺入我们的争吵，才让我们坐卧不宁。这场争论并没有引起很大的动乱。但是，在我国到处占主导地位的那种积极活跃、嗜争好讼、喜欢争吵的特性，却没有一次争论比这次争论把它显示得更加清楚明白。

耶稣会教士马蒂厄·里西①是十七世纪行将结束之际，前往中国的首批传教士之一。中国人在哲学和文学方面，当时而且现在仍然处于我们大约在两百年前所处的那种状态。他们尊崇先师，因此行事必须止于那条他们不敢逾越的界限。科学的进步是时间和大胆精神的产物。但是，由于道德和治国比科学容易理解，而且这两种东西在中国已经臻于完善，其他百工技艺还远未达到这个程度，于是产生这样的情况：中国人因为两千多年来故步自封，停滞不前，所以在科学方面无所作为；由于它是世界上最古老的民族，它在伦理道德和治国理政方面，堪称首屈一指。

---

① 意大利人，汉名利玛窦，约于1580年来华，1610年死于北京。——译者

很多耶稣会教士继马蒂厄·里西之后，深入这个庞大的帝国。他们利用欧洲的科学，终于在他们尽力教育的中国百姓的子弟中间，暗暗播下基督教的种子。一些也在中国传教的多明我会①修道士指控耶稣会教士在布讲基督教教义时容许偶像崇拜。这个问题和在中国应该如何为人行事这个问题一样，十分棘手。

这个庞大的帝国的法律和安宁建筑在既最合乎自然而又最神圣的法则、即后辈对长辈的尊敬之上。后辈还把这种尊敬同他们对最早的伦理大师应有的尊敬，特别是对孔夫子应有的尊敬，合为一体。这位孔夫子，我们称为 Confucius，是一位在基督教创立之前约六百年教导后辈谨守美德的先贤古哲。

每逢一定的日期，中国人家家团聚，祭奠祖宗。读书人则公祭孔夫子。中国人遵循他们的礼仪，对尊长叩头跪拜。罗马人当年在整个亚洲都发现这种习俗，称之为“崇拜”。崇拜时还燃烛焚香。被葡萄牙人称为“mandarins”的“阁老”，每年在孔庙宰杀牲畜两次。宰后设宴大嚼。这些礼仪是否是偶像崇拜？是否纯属文明礼节？祖先和孔夫子在中国是否被奉为神祇？他们是否像我们的圣徒那样仅仅被人祈祷？最后，这是否是一种某些迷信的中国人滥用的公众习惯？这些问题，过去外国人在中国好不容易才得以弄清，在欧洲则根本无法判定。

1645 年，多明我会修士就关于中国的习俗的问题，向罗马宗教裁判所提起诉讼。该所根据多明我会修士的报告，宣布在教皇

① 天主教僧团之一，亦称托钵僧，成立于 1286 年。创始人为罗耀拉圣·多明尼克。多明我会传教士来中国传教稍后于耶稣会教士。——译者

就这一问题作出裁决之前，对中国的礼仪暂加禁止。

耶稣会教士在这场官司中，为中国人和他们的习俗辩护。取缔禁止中国的习俗，就必然使基督教无由传入这个酷爱自身习俗的帝国。耶稣会教士陈述了他们的理由。1656 年，宗教裁判所准许中国读书人崇拜孔夫子，准许后辈尊敬长辈，但遇有迷信情事，则应提出抗议，加以反对。

这个问题长期悬而不决。传教士内部长期意见分歧。诉讼双方不时向罗马上诉，要求解决。在此期间，北京的耶稣会教士由于精通历算而博得康熙皇帝的欢心，以致这位以善良仁慈、行高德美而驰名遐迩的君主，准许他们在中国传教，并公开讲授基督教教义。指出以下这一点不无裨益：皇上虽为专制君主，又是征服中国的那个开国皇帝的嫡孙，但却循例遵照帝国法律行事。他不凭个人权力擅准传布基督教。此事须禀呈某部。皇上躬亲以耶稣会教士名义，草拟奏章两份。仅仅由于耶稣会教士孜孜以求、灵活干练，基督教才在 1692 年获准在中国传布。

巴黎设有外方传教会。该会的一些教士当时正在中国。在所有被称为“非基督教区”的各国，教皇都驻有宗座代表。教皇从巴黎外方传教会选派一个名叫墨克罗[①]的教士以代牧主教的身份前往中国主持传教事宜，并授以福建的一个中国小教省[②]——科农[③]主教辖区。这个法国人出任中国主教后，不但宣布祭祀亡人的仪

① 墨克罗(1652—1730)，法国人、耶稣会教士。1693 年来华。1696 年被教皇任命为福建主教。——译者

② 原文如此。——译者

③ 原文为 Conon。此处译音。有人以为指崇安县。——译者

式为迷信活动、偶像崇拜,并且还宣布中国的读书人为无神论者。这正是法国所有严守教规派的意见。这一派人曾经大叫大嚷,竭力反对贝尔。他们虽然曾经指责贝尔说过无神论者的社会能够存在,曾经连篇累牍声言这样的社会绝不可能有,但是现在却冷冷地声称,这个社会在最贤明的政府治理之下,十分繁荣昌盛。耶稣会教士那时固然需要同清朝官吏和中国百姓斗争,但却更需要与他们的传教士同行斗争。他们向罗马方面指出:既认为中国人是无神论者,又认为他们崇拜偶像,这两种说法水火不相容,彼此矛盾。有人指责中国文人只承认物质存在。既然如此,他们祈求祖先和孔夫子的灵魂这一点,就很难解释。除非认为中国也像我们法国经常发生的那样,接受自相矛盾的说法,否则这两个指责就互相否定。要弄清这种矛盾的说法,必须了解中国的语言和风尚。关于中华帝国的这场官司在罗马教廷打了很久。在此期间,耶稣会教士到处受到攻击。

学识渊博的耶稣会教士勒孔德①曾在其所著《中国纪事》一书中写道:“这个民族将近两千多年来,始终保持对真神的认识。他们在世界最古老的寺庙中祭祀造物主。中国遵循最纯洁的道德教训时,欧洲正陷于谬误和腐化堕落之中。”

前面已经谈到,中国这个民族,以它真实可靠的历史,以它所经历的、根据推算相继出现过三十六次日蚀这样漫长的岁月,其根源可以上溯到我们通常认为发生过普世洪水的时代以前。中国的读书人,除了崇拜某一至高无上的上帝以外,从来别无其他宗教信

① 汉名李明。——译者

仰。他们尊崇正义公道。他们无法了解上帝授予亚伯拉罕和摩西的一系列律法，以及长期以来西欧和北欧民族闻所未闻的弥赛亚的完善的法典。以下这一点是确切无疑的：当高卢、日耳曼、英吉利以及整个北欧沉沦于最野蛮的偶像崇拜之中时，庞大的中华帝国的政府各部正培养良俗美德，制定法律，只承认一个上帝，对这个上帝的朴素的信仰始终不渝。这些明显的事实应能证明勒孔特教士的看法正确无误。然而在这些观点中，因有某些与约定俗成的固有观念相抵触之处，所以在索邦学院[①]受到攻击。

戴普雷奥的兄弟布瓦洛教士指摘批评别人，比之戴普雷奥毫不逊色，而敌视耶稣会教士则有过之。1700 年，这位教士谴责对中国的赞扬，斥之为亵渎神明。他才思敏捷、作风独特，以幽默诙谐之笔，论述严肃艰深之事。他著有《鞭笞派教徒》[②]之类的书。他说，这些书用拉丁文写成，因为他担心受到主教们的谴责。戴普雷奥谈到他时说："他如果不是索邦学院的博士，就会成为意大利喜剧院的学者。"布瓦洛对耶稣会教士和中国人大肆攻击。他开口就说："对这些民族的赞颂震荡了他信奉基督的头脑。"学院其他人士的头脑也受到震荡。于是，展开几场辩论。一位名叫勒萨日的博士主张从他的同事中选派十二名信念最坚者前往中国，就地深入了解缘由。争辩十分激烈。最后索邦当局宣布那些对中国人的赞扬为虚假不实、激起公愤、鲁莽轻率、亵渎神明、异端邪说之谈。

---

① 索邦学院为路易九世的忏悔师索邦所建，原系神学院。1508 年赠与巴黎大学，成为该校的文理学院。——译者

② 鞭笞派为十三、十四世纪盛行于欧洲的一个教派。信徒多为宗教狂人，往往当众鞭笞自己。——译者

这场激烈而又幼稚的争吵使关于中国礼仪的争论激化起来。教皇克莱门十一世[①]终于于次年派遣教皇特使前往中国。他选择安提阿大主教托马·马亚尔·德·图尔囊[②]担任特使职务。图尔囊大主教于1705年才抵达中国。北京的朝廷到那时为止，还不知道罗马和巴黎在对它进行评判。这件事比起圣马利诺共和国在土耳其素丹和波斯王国之间居中调停还要荒唐可笑。

康熙皇帝最初予图尔囊大主教以隆重礼遇。教皇特使的翻译禀奏皇上，在帝国传教的基督教士意见分歧，互不协调。这位教皇特使此次前来中国，旨在了结一场北京朝廷从未闻说的争吵。可以想象，翻译把这番话禀告皇上，皇上是何等惊讶。教皇特使还禀告皇上，除耶稣会教士以外，所有传教士都非议帝国的古老习俗，有人甚至怀疑皇帝陛下和中国士子是只承认有物质的天的无神论者。教皇特使又说，如皇帝陛下愿屈尊俯聆，有个科农主教对这一切将详作解释。康熙皇帝闻知自己的帝国内居然有主教之类的人物时，更大为惊奇。但是，当读者看到这位圣怀宽阔的君主善良仁慈，竟至准许科农地方的主教前来禀陈，谴责帝国的宗教、习俗和皇帝陛下本人时，其惊讶的程度当不下于皇上本人。科农主教获蒙皇上召见。他中文懂得很少。皇上首先要他解释御座上方牌匾的四个漆金大字。墨克罗只认识其中两个。但他坚持认为皇上在匾额上的御书“敬天”二字，并无“崇敬天帝”之意。皇上通过翻译对他耐心解释，这两个字正含此义。皇上屈尊与之详作研讨，指出

① 克莱门十一世1700—1721年任罗马教皇。——译者

② 图尔囊(1668—1707)汉名铎罗，于康熙四十四年(1705年)来北京。同年11月16日觐见康熙。次年6月离京。——译者

礼敬亡人无可非议。主教坚持己见,丝毫不为所动。耶稣会教士在中国朝廷比这位主教声誉更高,这一点完全可信。康熙皇帝本可依法判处主教死刑,但仅限于对之谪贬放逐。皇上随后降旨,今后欧洲人凡愿留居帝国者,均需来御前领取特许证书。

教皇的特使图尔曩奉旨离京。他甫抵南京,就下了一道主教训谕,对中国礼敬亡人的礼仪进行严厉谴责,并禁止教民使用皇上用以表示“天帝”之意的字眼。

他因此又被流放澳门。中国人虽准许葡萄牙人在澳门设置总督,但该地仍然隶属中国。特使羁押在澳门期间,教皇派人送来红衣主教方帽。但这顶帽子除使这位特使能以红衣主教的职称辞世之外,对他别无其他用途。他于 1710 年终其一生。耶稣会教士的敌人把特使之死归罪于耶稣会教士,这未免太过。他们应满足于把主教遭受流放一事诿过于后者。

前来帝国传教布道的外国人之间的分裂不和,使他们传布的宗教名誉扫地。清朝朝廷对欧洲人注意了解之后,得知不仅传教士内部四分五裂,而且在广州登岸的外国商人也分成派别,彼此不共戴天。在这种情况下,基督教就更加被人贬低。

1724 年康熙皇帝去世。这是一位爱好欧洲技艺的君主。一些明达渊博的耶稣会教士曾奉派前往清朝宫廷。他们为皇上效劳,因而深得圣爱,并如前所述,蒙钦准公开从事基督教教务和传布基督教教义。

康熙皇帝并未指定四子雍正的几个兄长中的一个继承帝位,而是指定雍正在他身后执掌帝国大权。雍正登基,兄长无人啧有烦言。孝道为帝国国本,因此,无论具有何种地位身份,对先父遗愿抱怨不满，都是耻辱罪恶。

新帝雍正爱法律，重公益，超过父王。帝王之中无人比他更不遗余力鼓励农事。他对这一于国民生计不可或缺的百艺之首极为重视。各省农民被所在州、县长官评选为最勤劳、能干、孝悌者，甚至可以封为八品官。农民为官，并不需为此放弃他已卓有成效的农事耕作，转而从事他并不了解的刑名钱谷。农民有权在省总督衙门中就座，并与总督大人同餐共膳。农民的名字用金字书写在大堂之上。据说，这一与我国风俗相去甚远、并可能对我国习俗风尚进行谴责的规矩仍然沿用至今。

雍正降旨，帝国各地处理重罪案件，未呈皇上本人亲览（甚至需呈上三次），不得对人犯处以极刑。颁布这一敕令理由有二。两者均与敕令同样可敬。其一为：不得视人命如草芥。其二为：君王对百姓须爱民如子。

皇上诏令各省修建贮粮大仓。粮务管理须量入为出，既不得增加百姓负担，又应永防荒歉饥馑。各省上演新戏，以表万众欢腾狂喜之情。各地修建牌坊以谢皇恩浩荡。雍正降旨劝阻此类有违他所倡导的节约原则的演出，并禁止为他修建牌坊。皇上下诏百官称：“朕加惠黎庶，非为虚誉，实乃欲万民乐生，与日俱进，各忠职守。朕准建之牌坊仅此无他。”

以上所述乃是这位君主的为人操守。但不幸的是，下诏取缔基督教的也正是这位皇帝。当时耶稣会教士已在中国公开建立教堂多所。有几位皇族子弟已皈依领洗。有人开始担心这个帝国会进行招致重大损失的改革。在日本发生的不幸事件比纯净的基督教对人心的影响更深，因为这一宗教的教义为人误解的现象比比皆是。众所周知，这时教会内部争吵不休，以致各派传教士日益激愤，互相攻讦。这些争吵使基督教在安南遭到根除。同类争论也在中国爆发，而且程度更为激烈，使中国法庭对前来中国宣讲天律，但却对天律本身见解并不一致的人极为不满。最后，中国人获知广州有荷兰人、瑞典人、丹麦人和英国人，这些人全是基督教徒，但却被认为与居住澳门的基督教徒不属同一教派。

清朝政府礼部汇集各方意见，最后决定禁止基督教布道。1724年1月10日，礼部上呈奏议。奏议并未对传教士科以重罚，亦无诋詈传教士的只言片语，甚至禀呈皇上将传教士中在历算方面有用之才留储京师。皇上批准这一议奏，并诏令将全体传教士遣往澳门，途中派一名官吏护送，使之免遭欺辱。以上是诏令原意。

皇上留在身边的几名教士中，有位名叫巴多明[①]的神父。这位教士我曾倍加赞扬。他素以学识渊博、练达世故著称，汉、满两种语言都说得很好。此人不仅作为通译，而且作为优秀的数学家，都为皇上所不可缺少。正是他主要因对我国一位优秀哲学家就中国科学提出的若干学术疑难作出周全审慎、颇富教益的答复，而闻名我国。这位教士深得康熙皇帝宠信，又蒙雍正皇帝厚爱。如果说，曾经有人能拯救基督教，那就是此人。他和另外两位耶稣会教士获准去见皇太弟。皇太弟当时正受命审查礼部奏议，并就此事禀呈皇上。巴多明教士直言无讳，详述了皇太弟对他们的答复。皇太弟庇护这三位教士，对他们说："你们的事使我很为难。控告

① 巴多明(1665—1741)曾与布韦神父等人绘制大清舆图，并参加过清政府同俄国人的谈判。——译者

你们的状子我已看过。你们同其他欧洲人在中国礼仪问题上争吵不休。这对你们已经为害无穷。如果我们中国人去你们欧洲，也和你们在中国同样行事，你们会作何感想呢？你们老实说，这你们能容忍吗？”这番话很难反驳。但这三位教士仍然争取到皇太弟在皇上面前为他们说项。当他们获准觐见皇上时，皇上宣称，凡自称传教士者一律遣送回国。皇上宣称：“尔等纵能欺蒙父王，勿望欺蒙寡人。”皇上这番话我们已加转述。

有几个耶稣会教士置英明御旨于不顾，在声名煊赫的雍正驾崩、新帝继位后，又暗地返回各省。他们公然违反帝国法令，被判处死刑。法国处决违抗皇上诏旨、前来聚众闹事的胡格诺派牧师，其情况也是如此。前文已经谈到，新入教者的狂热乃是我国社会特有的弊病。这种弊病在亚洲本部从来不为人所知。这些地区的民族从来没有派遣传教士前来欧洲。只有我们这些国家想把自己的看法主张连同商业带到地球的两端。

耶稣会为好些中国人，特别为两位厚助善待他们的宗亲王贵胄，招来杀身之祸。这些教士来自地球的尽头，使中国皇族内部失欢不睦，宫闱失和，使两位亲王死于极刑。难道他们还不为此感到万分悲痛吗？他们声称上帝曾为他们显灵，使中国地平线上的大片乌云中出现过四个十字架。他们认为这样说，就可以使他们的传教使命在欧洲受到尊敬。他们让人把这些十字架的图像刻印在他们的《有益和奇异的信札》①里。但是，如果上帝要中国信仰基

① 定期出版的通信集。1717—1774年和1818—1820年间在巴黎出版。所叙述的均为天主教传教史实。——译者

督教,难道他仅仅满足于把十字架悬放在云端,而不置放在中国人的心上吗?

译名对照表

A

Abbeville　阿布维尔
Abrantès (le duc d')
　阿布朗泰斯(公爵)
Académie Française　法兰西学院
Acadie　阿卡迪
Adda (l')　阿达
Addisson　艾迪生
Adige　阿迪杰
Afrique　非洲
Agen　阿让
Agouste　阿古斯特
Agréda (Marie d')
　玛丽·达格雷达
Aguesseau　阿格索
Aiguillon　阿吉荣
Aire　埃尔
Aix　埃克斯
Aix-la-Chapelle　亚琛
Albergoti　阿尔贝戈蒂
Albermale　阿尔贝马尔
Albuquerque　阿尔布克尔克
Alcantara　阿尔坎塔拉
Alep　阿勒颇
Aleth (l'évêque Pavillon d')
　阿勒特(帕维荣主教)
Alexandre (roi de Macédoine)
　亚历山大(马其顿国王)
Alexandre VI (le pape)
　亚历山大六世(教皇)
Alexandre VII (le pape)
　亚历山大七世(教皇)
Alexandre VIII (le pape)
　亚历山大八世(教皇)
Alexandrie　亚历山大里亚
Alger　阿尔及尔
Alicante　阿利坎特
Aligre　阿利格尔
Allaci　阿拉西
Allemagne　德国
Almanza　阿尔曼萨
Alost　阿洛斯特
Alpes　阿尔卑斯
Alphonse　阿尔方斯
Alsace　阿尔萨斯
Alost　阿洛斯特
Amédée　阿梅代
Amérique　美洲
Amsterdam　阿姆斯特丹
Amurat　阿穆拉特

Amyot　阿米约
Ancre　昂克尔
Anet　阿内
Angeli (l')　昂热利
Angers　昂热
Angerville　昂热维尔
Angleterre　英国
Anhalt (prince d')　安哈尔特(亲王)
Anjou　昂儒
Annat　阿纳
Anne d'Autriche　奥地利的安娜
Anne, reine d'Angleterre　英国女王安妮
Annecy　昂西
Antin　昂坦
Antioche　安提阿,安条克
Antonio Perez　安东尼奥·佩雷
Anvers　安特卫普
Appelle　阿佩尔
Aquin (d')　达坎
Arabes　阿拉伯人
Arabie　阿拉比亚
Aragon (l')　阿拉贡
Aragonnais　阿拉贡人
Argencourt (Mlle d')　阿让库尔(小姐)
Argenson (d')　达让松
Argenteuil　阿尔让特伊
Arioste (l')　阿里奥斯特
Aristarque　阿里斯塔克
Aristote　亚里士多德
Arius　阿里乌斯
Armentières　阿芒蒂埃尔
Arnauld　阿尔诺

Arnheim　阿恩海姆
Arras　阿拉斯
Artois　阿图瓦
Asfeld　阿斯费尔德
Asie　亚洲
Asti　阿斯蒂
Ath　阿特
Athènes　雅典
Athlone　阿特隆,阿思隆(爱)
Attila　阿提拉
Aubignac　奥比尼亚克
Aubigné　奥比涅
Aubray　奥布雷
Aubusson　奥比松
Augerville　奥热维尔
Augsbourg　奥格斯堡
Auguste　奥古斯都
Autriche　奥地利
Autrichiens　奥地利人
Auvergne　奥弗涅
Avaux　阿沃
Avignon　阿维尼翁
Avranches　阿弗朗什
Azincourt　阿赞库尔
Azof　亚速

B

Bacon　培根
Badajoz　巴达霍斯
Bade　巴登
Bailleul　巴伊厄
Baïus　巴伊于斯
Balaguer　巴拉盖
Bâle　巴塞尔

Ballin　巴兰
Balthasar　巴尔塔扎
Baltique (la Mer)　波罗的海
Balzac　巴尔扎克
Barbançon　巴尔邦松
Barbarie　柏柏尔
Barberini　巴尔贝里尼
Barberousse　巴尔贝鲁斯(红胡子)
Barbesieux　巴尔伯齐厄
Barcelone　巴塞罗那
Barèges　巴雷热
Barillon　巴里荣
Barnevelt　巴恩维尔特
Baron　巴隆
Barrière　巴雷尔
Barrière (la)　屏障
Bastille　巴士底狱
Batavia　巴塔维亚
Bavière　巴伐利亚
Bâville　巴维尔
Bay　贝
Bayle　贝尔
Bayonne　巴荣纳
Beaufort　博福尔
Beaumont　博蒙
Beauvais　博韦
Beauvilliers　博维利埃
Bec-Crepin (Du)
　贝克·克雷潘(迪)
Beck (le général)　贝克(将军)
Befort　贝福尔
Belfort　贝尔弗
Belgrade　贝尔格莱德
Belle-Ile　贝尔伊尔(岛)
Bellièvre　贝利埃弗尔

Belloc　贝洛克
Benoît XIII　本笃十三世
Benserade　邦塞拉德
Bentivoglio　本蒂沃里奥
Berwick　伯尔维克
Berry　贝里
Bernard　贝纳尔
Besançon　贝桑松
Bianchini　比安奇尼
Bleinheim　布莱恩海姆
Bléneau　布勒诺
Blois　布卢瓦
Blot　布洛
Bodegrave　博德格拉弗
Boerhaave　博尔哈弗
Bohême　波希米亚
Boileau　布瓦洛
Boine　布瓦内
Bois-Guillebert　布瓦-吉贝尔
Bois-Jourdain　布瓦-儒尔丹
Boislève　布瓦莱弗
Boisrobert　布瓦罗贝尔
Bolingbroke　博林布罗克
Bommel　博梅尔
Bonard　波纳尔
Boniface VIII　卜尼法八世
Bonn　波恩
Bonne-Espérance　好望角
Bontems　邦唐
Bordeaux　波尔多
Borgia　波贾
Borysthène　波里斯泰内
Bossuet　博絮埃
Bouchain　布香
Boudin　布丹

Bouffers　布费尔
Bouffler　布弗勒尔
Bouillon　布荣
Boulainvilliers　布兰维利埃
Bourbon　波旁
Bourdaloue　布尔达卢
Bourg　布尔
Bourges　布尔热
Bourgogne　勃艮第
Bourhave　布尔哈弗
Bourignon　布里尼翁
Bournonville　布尔农维尔
Boutteville　布特维尔
Boyne　博伊恩
Bozzoli　博佐利
Brabant　布拉邦特
Bradley　布雷德利
Bragance　布拉冈斯
Bramante　布拉曼特
Brandebourg　勃兰登堡
Brésil　巴西
Bressan　布雷桑
Brest　布雷斯特
Bretagne　布列塔尼
Brigode　布里戈德
Brihuega　布里于加
Brinvilliers　布兰维利埃
Brisach　布里萨赫
Brisgaw　布里斯高
Brives-la-Gaillarde　布里夫拉加亚尔德
Brosse　布罗斯
Broussel　布鲁塞尔
Brousson (Claude)　布鲁松(克洛德)
Bruges　布鲁日
Brunswick　不伦瑞克
Bruxelles　布鲁塞尔
Buckingham　白金汉
Burick　比里克
Burnet　伯内特
Bussy　比西
Buys　比伊
Buzanval　比藏瓦尔

C

Cabrières　卡布里埃
Cadix　卡迪克斯
Calais　加来
Calcinato　卡尔西纳托
Callières　卡利埃
Calvin　加尔文
Calvinistes　加尔文派
Cambrai　康布雷
Canada　加拿大
Canaries　卡纳里
Candie　康迪
Canillac　卡尼阿克
Canton　广州
Cantorbéry　坎特伯雷
Capétiens　卡佩王朝
Capitole　卡庇托尔
Caprara　卡普拉拉
Capucins　嘉本遣会修士
Cardillac　卡尔迪阿克
Carignan　卡里尼昂
Carloman　卡洛曼
Carlowitz　卡洛维茨
Carmagnole　卡尔马尼奥尔

Carmélites　加尔默罗会修女
Caroline(la)　卡罗琳
Carpi　卡皮
Carré　卡雷
Carthagène d’Amérique　美洲的卡塔赫纳
Carthagène (d’Espagne)　(西班牙的)卡塔赫纳
Casal　卡萨尔
Cassaigne　卡塞涅
Cassano　卡萨诺
Cassel　卡塞尔
Cassini　卡西尼
Castiglione　卡斯蒂利奥内
Castillans　卡斯蒂利亚人
Castille　卡斯蒂利亚
Castres　卡斯特尔
Castro　卡斯特罗
Catalans　加泰罗尼亚人
Catalogne　加泰罗尼亚
Catelet　卡特莱
Catherine de Médicis　卡特琳·德·美第奇
Catherine　卡特琳
Catinat　卡蒂纳
Caton　加图
Caulet　科勒
Caumartin　科马尔坦
Caumont　科蒙
Cayenne　卡宴
Caylus　凯吕斯
Cazal　卡扎尔
Céphalonie　克法利尼亚(希)
Cerle　塞尔勒
César　恺撒
Cette　塞特
Cévennes　塞文山脉
Ceuta　休达
Chaila　夏拉
Chaldéens　卡尔达亚人
Châlons-sur-Marne　马恩河畔夏龙
Chamillard　夏米亚尔
Chamilly　夏米伊
Champagne　香巴尼
Chantilly　尚蒂伊
Chanut　夏尼
Chapelain　夏普兰
Charente　夏朗特
Charlemagne　查理曼
Charlemont　夏勒蒙
Charleroi　夏勒鲁瓦
Charles-Edouard　查理-爱德华
Charles-Emmanuel　查理-埃马努埃尔
Charles-Gustave　查理-居斯塔夫
Charles ler, etc.　查理一世等
Charles Martel　铁锤查理
Charles-Quint　卡尔五世
Charnacé　夏尔纳塞
Charonne　夏罗内
Charpentier　夏庞蒂埃
Charton　夏尔东
Chartres　夏尔特尔
Château-Renaud　夏托-勒诺
Châtel　夏泰尔
Châtelet　夏特莱
Chatou　夏图
Cherbourg　瑟堡
Cheselden　切斯尔登
Chevreuse　谢弗勒兹

Chiabrera　基阿布雷拉
Chiari　希亚里
Chigi　齐吉
Chine　中国
Chinois　中国人
Choiseul　舒瓦瑟尔
Choisi　舒瓦齐
Christine　克里斯蒂娜
Churchill　丘吉尔
Cicéron　西塞罗
Claude　克洛德
Claude Perrault　克洛德·佩罗
Clément VIII　克莱门八世
Clérembault　克莱朗博
Clermont　克莱蒙
Clèves　克莱弗
Clovis　克洛维斯
Clouet　克卢埃
Coëtquen　科阿特冈
Cohorn　科霍恩
Colbert　柯尔伯
Coligni　科利尼
Colmar　科尔马
Cologne　科隆
Colonne　科洛纳
Colovitz　科罗维茨
Comacchio　科马基奥
Commercy　科梅尔西
Comminges　科曼热
Compiègne　贡比涅
Condé　孔代
Condé (la ville de)　贡德(城)
Condom　孔东
Confucius　孔子
Conon　科农
Consarbruch　康萨尔布鲁赫
Constantin　君士坦丁
Constantinople　君士坦丁堡
Conti　孔蒂
Corbie　科尔比
Cordue　科尔多瓦
Corinthe　科林斯
Corneille　高乃依
Coromandel　科罗曼德尔
Correggio　科雷焦(意)
Corse　科西嘉
Costar　科斯塔尔
Cotin　科坦
Cotterus　科特吕
Courville　古尔维尔
Courtrai　库特雷
Coutras　库特拉
Créci　克雷西
Crécy　克雷锡
Crémone　克雷莫纳
Créqui　克雷基
Crèvecoeur　克雷夫科尔
Croissy　克罗瓦西
Cromwell　克伦威尔
Cromwell (Richard)　克伦威尔(理查德)

D

Damfreville　当弗勒维尔
Danemark　丹麦
Dangeau　当若
Dante　但丁
Dantzick　丹泽
Danube　多瑙河

Darmstadt　达姆施塔特
Davaux　达沃
Daudé　多代
Dauphiné　多菲内
Démosthène　德谟斯提尼
Denain　德南
Dendre　登德(河)
Descartes　笛卡儿
Desmarets　德马雷
Des Nonvilles　德农维尔
Desvieux　德维厄
Deux-Ponts　双桥,即茨魏布吕肯
Dhona　多纳
Dieppe　迪埃普
Dijon　迪戎
Dixmude　迪克斯米德
Doesbourg　多埃斯堡
Doire　杜瓦尔
Dôle　多尔
Dombes　东布
Donawert　多纳维尔特
Dorbay　多尔贝
Dorset　多塞特
Dosseri　多塞里
Douai　杜埃
Douvres　杜弗尔
Douvrier　杜弗里埃
Drabitius　德拉比蒂于
Dragut　德拉居
Dryden　德赖登
Dubois　杜布瓦
Dubos　迪博
Dubourg　迪布尔
Dufresnoy　迪弗雷斯努瓦
Du Guay-Trouin　迪盖-特鲁安
Du Guesclin　迪居斯克兰
Duiller　都依雷
Dunes　迪纳
Dunkerque　敦刻尔克
Du-pas　迪-帕
Duperron　迪佩隆
Dupin (la)　迪潘
Duquesne　迪凯纳
Duras　迪拉斯
Durasso　迪拉索
Duverger de Hauranne　迪韦尔热・德・奥拉内

E

Eckeren　埃克朗
Ecossais　苏格兰人
Ecosse　苏格兰
Edimbourg　爱丁堡
Edouard ler　爱德华一世
Egra　埃格拉(印)
Egypte　埃及
Elbouf　埃尔伯夫
Elisabeth　伊丽莎白
Embrun　昂布伦
Enghien　昂吉安
Entragues　昂特拉克
Epernon　埃佩农
Erlach　埃尔拉赫
Escaut　埃斯科
Escurial　埃斯库里阿尔
Espagne　西班牙
Espagnols　西班牙人
Estevan de Gamare　埃斯特旺・德・加马尔

Estrades (d') 德斯特拉德
Estramadure 埃斯特雷马杜拉
Estrées (d') 德斯特雷
Eu 厄
Eugène de Savoie 萨伏依的欧仁
Euripide 欧里庇德
Europe 欧洲
Exili 埃克斯利
Exiles 埃格齐尔

F

Fagel 法热尔
Falconbridge 福尔康布里奇
Falkenbourg 法尔肯堡
Fariaux 法里奥
Fatio de Duiller 法西奥·德·都依雷
Félix 弗利克斯
Fénelon 费内隆
Fenestrelle 费纳斯特莱尔
Ferdinand III 费迪南三世
Ferdinand de Bavière 巴伐利亚的费迪南
Ferdinand le Catholique 天主教徒费迪南
Feuquière 弗基埃尔
Filicaia 菲利卡雅
Flamands 佛兰德尔人
Flandre 佛兰德尔
Fléchier 弗莱希埃
Fleurus 弗勒吕
Fleury 弗勒里
Florence 佛罗伦萨(意)
Florus 弗洛吕斯

Fokien 福建
Fontainebleau 枫丹白露
Fontange 丰唐热
Fontenac 丰特纳克
Fontenay-Marevil 丰特内-马雷维尔
Fontevrault 丰特弗罗
Forbin-Janson 福尔班·冉森
Forêt Noire 黑森林
Fort-Louis 路易堡
Fouquet 富凯
Fourilles 富里伊
Français 法国人
Franche-Conté 弗朗什-孔泰
Francisco de Mello 弗朗西斯科·德·梅洛
Franckendal 弗兰肯塔尔
François Ier 弗朗索瓦一世
François de Lorraine 洛林的弗朗索瓦
François-Louis 弗朗索瓦-路易
François 弗朗索瓦
Frédéric 腓德烈
Fréjus 弗雷儒斯
Fribourg 弗里堡
Friedlingen 弗里德林根
Fronde 投石党
Frondeurs 投石党人
Fuensaldagne 富恩萨尔达涅
Fuentes 菲昂特
Furne 菲尔纳
Furstenberg 弗斯腾贝格

G

Gabrielle d'Estrées 加布里埃尔·

德斯特雷
Gaillard (Achille)　加亚尔(阿希尔)
Galilée　伽利略
Gallas　加拉
Galles　威尔斯
Galloway　加洛维
Gambie　冈比亚
Gand　根特
Garibaldi　加里波迪
Gassion　加西翁
Gaston　加斯东
Gaules　高卢
Gautier　戈蒂埃
Gênes　热那亚
Genest　热内斯
Genève　日内瓦
Geneviève　日尼薇
Génois　热那亚人
Geoiges ler　乔治一世
Gerberon　热尔贝龙
Germesheim　格尔梅斯海姆
Gertrude　热尔特律德
Gertruydenberg　格尔特鲁登贝格
Gesvres　盖弗尔
Ghette　盖特
Giannone　吉阿诺纳
Gibraltar　直布罗陀
Gien　吉昂
Gigeri　吉热里
Giori　吉奥里
Girardon　吉拉尔东
Girone　吉罗纳
Glaser　格拉塞尔
Glen　格伦
Goblin　戈布兰
Gobelins　戈贝兰
Godet-Desmaret　戈代·德马雷
Godolphin　戈多尔芬
Gondrin　贡德兰
Gonzalve de Cordoue
贡扎尔夫·德·科尔多瓦
Goths　哥特人
Gourville　古尔维尔
Grammont　格拉蒙
Grande-Bretagne　大不列颠
Grave　格拉夫
Gravelines　格拉夫利纳
Graziani　格拉齐亚尼
Grèce　希腊
Grecs　希腊人
Grégoire VII (le pape)
格列高利七世(教皇)
Grenade　格拉纳达
Grenoble　格勒诺布尔
Grève (place de)　格雷弗(广场)
Guébriant　盖布里昂
Gueldre　格尔德兰
Guéméné　盖梅纳
Guénégaud　盖内戈
Gueselin　盖斯克兰
Guette　盖特
Gui de Staremberg
居伊·德·斯塔伦贝格
Guiche　吉什
Guienne　吉埃纳
Guignard　吉尼亚尔
Guilhem de Castro
纪廉·德·卡斯特罗
Guillaume III　威廉三世
Guipuscoa　吉普斯夸

Guiscard　吉斯卡尔
Guise　吉斯
Guitton　吉东
Gustave-Adolphe
　古斯塔夫·阿道夫
Gustave Wasa　居斯塔夫·瓦萨
Guyon　居荣

H

Habert　阿贝尔
Habsbourg　哈布斯堡
Haguenau　阿格瑙
Hainaut　埃诺
Halley　哈雷
Hallier　阿利埃
Hamilton　汉密尔顿
Hanovre　汉诺威
Harcourt　阿尔古
Harlay (de)　阿尔莱
Harlay-Chanvalon　阿尔莱-尚瓦隆
Harrach　哈拉赫
Havre, Le　勒阿弗尔
Haye　海牙
Hazon　阿宗
Heidelberg　海德尔堡
Heilbronn　海尔布隆
Heinsius　海因西乌斯
Helmstadt　赫尔姆斯泰特
Henri VIII　亨利八世
Henriette　亨利埃特
Héricourt　埃里库尔
Hermant　埃尔芒
Hervart　埃尔瓦尔
Hésiode　埃西奥德
Hesnault　埃诺
Hesse　黑森(德)
Hevelius　黑费留斯
Hochstedt　霍赫施泰特
Hocquincourt　奥克坎库尔
Hollandais　荷兰人
Hollande　荷兰
Holstein　荷尔斯泰因
Homberg　霍姆贝格
Homère　荷马
Hongrie　匈牙利
Horace　贺拉斯
Hortense　霍尔滕斯
Hospital　奥斯皮塔尔(侯爵)
Hottentots　霍屯督人
Hudson　哈德森
Huet　于埃
Humières　于米埃尔
Huningue　于南克
Huss　胡斯
Hussites　胡斯教徒
Huy　于伊
Huygens　惠更斯
Hyde　海德

I

Ibrahim　易卜拉欣
Impériale Lescaro
　安帕里阿尔·勒斯卡罗
Indiens　印度人
Innès　伊内
Innocent II (le pape)
　英诺森二世(教皇)
Insbruck　因斯布鲁克

Invalides　残废军人院
Irlandais　爱尔兰人
Irlande　爱尔兰
Isabelle　伊莎贝尔
Issy　伊西
Italie　意大利
Iviça　伊维萨
Ivice　伊维斯

J

Jacques I　詹姆士一世
Jamaïque　牙买加
Jansénisme　冉森派教义
Jansénius (Cornélius)　冉森尼乌斯
Janson　冉森
Japon　日本
Jarnac　雅尔纳克
Jarsai　雅尔塞
Jean　让
Jean-Bart　让-巴尔
Jean-Casimir　让-卡齐米尔
Jean-Cavalier　让-卡瓦利埃
Jean de Witt　约翰·德·维特
Jean Goujon　让·古戎
Jean ler　约翰一世
Jennings　詹宁斯
Jersey　泽西(美)
Joinville　茹安维尔
Joly　若利
Joseph　约瑟夫
Juan d'Autriche (don)
奥地利的唐·璜
Judée　朱迪亚
Juifs　犹太人
Jules II　优里乌斯二世
Jurieu　朱里厄
Justus Velsius
尤斯图斯·韦尔西乌斯

K

Kaminieckh　卡米尼克
Kang-hi　康熙
Kara Mustapha　卡拉·穆斯塔法
Kehl　克尔
Kins　金斯
Kiuperli　基乌帕利
Kocherberg　科黑尔贝格
Koenigsmark　克尼斯马克

L

La Capelle　拉卡帕尔
La Bourlie　拉布尔利
La Bruyère　拉布律耶尔
La Chapelle　拉夏佩尔
La Chaise　拉谢兹
Lacombe　拉孔布
Ladenbourg　拉登堡
La Fayette　拉法耶特
La Ferté　拉费尔泰
La Feuillade　拉弗亚德
La Fontaine　拉封丹
Lafosse　拉福斯
La Frette　拉弗雷特
Lahire　拉伊尔
La Hogue　拉霍格
La Mirandole　拉米朗多尔
Lamoignon　拉穆瓦尼翁

La Monnaie　拉莫内
La Mothe Houdancourt
　拉莫特·乌当库尔
La Motte-Houdard
　拉莫特-乌达尔
Lampourdan　郎普当
Landau　兰道
Landrecies　朗德尔西斯
Languedoc　朗格多克
Languet　朗格
Laon　拉昂
La Queue　拉克
La Reynie　拉雷尼
La Rivière　拉里维埃
La Rochelle　拉罗歇尔
La Trémouille　拉特雷穆伊
La Trimouille　拉特里穆伊
La Truaumont　拉特吕蒙
Lauzun　洛增
La Valette　拉瓦莱特
La Vallière　拉瓦利埃
Lavardin　拉瓦尔丹
La Vigoureux　拉维古勒
Lavingen　拉温根
La Voisin　拉瓦赞
Law　劳
Lebrun　勒布伦
Le Camus　勒卡米
Lecomte　勒孔特(李明)
Le Fèvre d'Orval
　勒费弗尔·多尔瓦尔
Le Havre-de-Grace
　勒阿弗尔-德-格拉斯
Leibniz　莱布尼茨
Leipsick　莱比锡
Le Maistre　勒梅斯特尔
Lemoine, Le Moine　勒穆瓦纳
Lemos　勒莫斯
Lenat　勒纳
Le Nostre　勒诺特尔
Lens　朗斯
Léon X　利奥十世
Léopold　利奥波德
Lépante　莱庞特
Le Pelletier　勒佩尔蒂埃
L'Epine d'Anican　莱皮纳·达尼康
Le Poussin　勒普森
Lérida　莱里达
Le Sage　勒萨热
Lesdiguières　莱迪基埃尔
Lesueur　勒絮尔
Le Tellier (Michel)
　勒泰利埃(米歇尔)
Leuse　勒斯
Levant　地中海东岸
Levaut　勒沃
Leyde　莱顿
Liancourt　利昂库尔
Liège　列日
Lille　里尔
Limbourg　林堡
Limerick　利默里克
Lingendes　兰让德
Lintz　林茨
Lionne　里约内
Lisbonne　里斯本
Listenois (Mme de)
　利斯特努瓦夫人
Lithuaniens　立陶宛人
Livonie　利沃尼

Livourne　里窝那
Locke　洛克
Lockhart　洛卡尔特
Loire　卢瓦尔河
Lombardie　伦巴第
Lomellins　洛梅兰
Lomont　洛蒙
Londonderry　伦敦德里(英)
Londres　伦敦
Longueville　隆格维尔
Lorette　洛雷特
Lorges　洛尔热
Lorraine　洛林
Loudun　卢登
Louis le Débonnaire　谦虚者路易
Louis le Gros　胖子路易
Louis XI　路易十一
Louis de Bourbon　路易・德・波旁
Louis de Haro (don)
　路易・德・哈罗
Louise-Bénédicte
　路易丝・贝内迪克特
Louvain　卢万
Louvois　卢瓦
Louvre　罗浮(宫)
Luçon　吕松
Lucques　卢卡(Lucca)
Lucrèce　卢克莱修
Lulli　吕利
Lunéville　吕内维尔
Luther　路德
Luthériens　路德教教友
Luxembourg　卢森堡
Luynes　吕伊纳
Luzara　吕扎拉
Lycurgue　莱可古
Lyon　里昂
Lyonne　里约内

M

Macao　澳门
Macon　马孔
Madagascar　马达加斯加
Madrid　马德里
Maestricht　马斯特里赫特
Maffei　马费伊
Magdebourg　马格德堡
Mahomet　穆罕默德
Maigrot　墨克罗
Mailly　马伊
Maine　曼恩
Maintenon　曼特农
Maisonfort, La　拉梅宗福尔
Maison　梅宗
Majorgue　马略尔卡
Malaga　马拉加
Malézieu　马莱济
Malherbe　马雷伯
Malines　马利内
Malplaquet　马尔普拉凯
Malte　马耳他
Manche　英吉利海峡
Mancini　曼奇尼
Manfredi　曼弗雷
Manheim　曼海姆
Mansard　芒萨尔
Mantalban　芒塔尔邦
Mantouan　曼图昂
Mantoue　曼图亚

Marchiennes　马希安内
Mardick　马尔迪克
Marguérite　玛格丽特
Marie-Anne　玛丽-安妮
Marie de Médicis
　玛丽·德·美第奇
Marie de Modène
　玛丽·德·莫德内
Marie　玛丽
Marie-Louise　玛丽-路易丝
Mariendal　马克昂达尔
Marie-Stuart　玛丽-斯图尔特
Marie-Thérèse　玛丽-泰蕾丝
Marignan　马里尼昂
Marigni　马里尼
Mario (Chigi)　马里奥(齐吉)
Marlborough　马尔巴勒
Marly　马尔利
Maroc　摩洛哥
Marot　马罗
Marsaille　马尔萨伊
Marsal　马尔萨尔
Marsan　马尔桑
Marseille　马赛
Marsham　马香
Marsin　马尔森
Martel　马特尔
Martinet　马蒂内
Martinière　马丁尼埃尔
Martinique　马提尼克
Masham　马夏姆
Massillon　马西荣
Matignon　马提翁
Maubeuge　莫伯日
Maures　摩尔人
Maurice　莫里斯
Maximilien de Bavière
　巴伐利亚的马克西米利安
Maximilien　马克西米利安
Mayence　美因茨
Mayenne　马延
Mazarin　马扎然
Mazel　马泽尔
Médavi-Grancey　梅达维-格朗塞
Médicis　美第奇
Méditerranée　地中海
Méhaigne　梅埃涅
Méhémet-Rizabeg
　穆罕默德·里扎贝格
Mélac　梅拉克
Menin　梅嫩
Mercator　麦卡托
Mercoeur　梅尔克尔
Merci　梅西
Mérindol　梅兰多尔
Mérovée　墨洛温
Mesme　梅斯姆
Messine　墨西拿
Metastasio　梅塔斯塔齐奥
Methuin　梅休因
Metz　梅斯
Meuse　默斯
Mexique　墨西哥
Michel-Ange　米开朗琪罗
Milanais　米兰人
Milton　弥尔顿
Mindelheim　明德尔海姆
Minorque　米诺卡
Miremont　米尔蒙
Modène　莫德内

Moissac 穆瓦萨克
Molé 莫莱
Molière 莫里哀
Molina 莫利那
Molinos 莫利诺
Monaldeschi 蒙纳尔德希
Mons 蒙斯
Montaigne 蒙泰涅
Montaigu 蒙泰古
Montalban 蒙塔尔邦
Montaubau 蒙托邦
Monbazon 蒙巴宗
Mont-Cassel 卡塞尔山
Mont-Cassin 卡西诺山
Montchevreuil 蒙谢弗勒伊
Montcontour 蒙孔图尔
Montecuculli 蒙特古古利
Monterey 蒙特雷
Montespan 蒙特斯庞
Montesquiou 孟德斯鸠
Montferrat-Mantouan 蒙费拉-曼图亚
Mont-Jouy 儒伊山
Montmélian 蒙梅利昂
Montmorenci 蒙莫朗西
Montmorency-Boutteville 蒙莫朗西-布特维尔
Montpellier 蒙彼利埃
Montpensier 蒙庞西埃
Monpezat 蒙帕扎
Montreuil 蒙特勒伊
Montrevel 蒙特勒韦尔
Mont-Royal 蒙-罗亚尔
Morée 莫莱
Moreri 莫雷里
Moret 莫雷
Morillon 莫里荣
Morin 莫兰
Mortemart 莫特马尔
Moscovie 莫斯科公国
Moscovites 莫斯科人
Motteville 莫特维尔
Muiden 米伊登
Muley Ismaël 米莱·伊斯梅尔
Mulhausen 米卢兹
Munster 蒙斯特
Mustapha 穆斯塔法

N

Naerden 纳埃尔登
Namur 那慕尔
Nancy 南希
Nankin 南京
Nantes 南特
Naples 那不勒斯
Nassau 拿骚
Navailles 纳瓦伊
Navarre 纳瓦尔
Navonne 纳沃纳
Nemond 奈蒙
Nemours 内穆尔
Nerwinde 内尔温德
Neubourg 诺伊堡
Neuillant 纳扬
Nevers 内韦尔
Newton 牛顿
Nice 尼斯
Nicée 尼西亚
Nicole 尼科尔

Nimégue　内伊梅根(即 Nijmegen)
Nîmes　尼姆
Nina　尼纳
Nior　尼奥尔
Noailles　诺阿耶
Nogent　诺让
Noisy　努瓦西
Nordlingen　诺德林根
Nordstrand　诺德斯特兰德
Normandie　诺曼底
Normands　诺曼人
Nosembourg　诺桑布尔
Notre-Dame　圣母院
Notre-Dame-de-Lorette
　洛莱特的圣母院
Novion Blancménil
　诺维荣·布朗克梅尼尔

O

Obdam　奥布丹
Odescalchi　奥德斯卡尔希
Offenbourg　奥芬堡
Oglio　奥利奥(河)
Oléron　奥列龙
Olivarès　奥利瓦莱斯
Olympe Mancini　奥林普·曼奇尼
Omer Talon　奥梅尔·塔隆
Oppenheim　奥彭海姆
Orange　奥伦治
Oratoire　奥拉托利会
Orkney　奥克尼
Orléans　奥尔良
Ormond　奥尔蒙(德)
Ormus　奥尔米(霍尔木兹海峡)
Oropesa　奥罗佩萨(西)
Orsini　奥西尼
Orsoy　奥尔苏瓦
Osman　奥斯曼
Ossembrock　奥森布罗克
Ostende　奥斯坦德
Ottoman　奥托曼
Oudenarde　奥德纳德(比)
Over-Yssel　奥弗尔-伊塞尔
Ovide　奥维德
Oxenstiern　奥克赞斯蒂恩
Oxford　牛津

P

Pagan　帕冈
Palais-Royal　罗亚尔宫
Palatinat　帕拉蒂纳
Palladio　帕拉迪奥
Pamiers　帕米埃
Pampelune　潘普洛纳
Pantaléon-Sâ　庞塔勒翁-萨
Parennin　巴多明
Pâris　帕里斯
Parme　帕尔玛
Particelli-Emeri
　帕尔蒂切利-埃梅里
Pascal　帕斯卡
Passart　帕萨尔
Passau　帕绍(德)
Patru　帕特吕
Paul V　保罗五世
Paulet　波莱
Pavie　帕维亚
Pavillon　帕维荣

Pays-bas　荷兰
Pèdre　佩德尔
Peira　佩拉
Pékin　北京
Pellisson　珀利松
Penautier　珀诺蒂埃
Pepin　丕平
Perdreau　佩德罗
Périclès　伯里克利斯
Perigni　珀里尼
Pernits　珀尔尼
Péronne　佩罗内
Pérou　秘鲁
Perrault　佩罗
Perrier　佩里埃
Persans　波斯人
Perse　波斯
Peterborough　彼得巴罗
Peters　彼得斯
Petit-Bourbon　珀蒂-波旁
Petit Bourg　珀蒂-布尔
Phalk Constance　法尔克・孔斯唐斯
Phidias　菲迪阿斯
Philibert Delorme　菲利贝尔・德洛姆
Phillipe　菲利浦
Phillipe Prosper　菲利浦・普罗斯佩
Philipsbourg　菲利浦斯堡
Picard　皮卡尔迪人
Picardie　皮卡尔迪
Piccolomini　皮科洛米尼
Pie V　庇护五世(教皇)
Piémont　皮埃蒙
Pierre Alexiowitz　彼得・阿列赛维奇
Pierre-Encise　皮埃尔・昂西斯
Pierre, le Justicier　伸张正义者皮埃尔
Pierre II　皮埃尔二世
Pignatelli　皮尼亚特利
Pignerol　皮涅罗尔
Plaisance　皮亚琴察
Plata　普拉塔
Platon　柏拉图
Pleintheim　普莱恩海姆
Plessis-Bellièvre　普莱西-贝利埃弗
Plessis-Praslin　普莱西-普拉斯兰
Plutarque　普鲁塔克
Pô　波
Pogge　波热
Pointis　普安蒂
Poitier　普瓦蒂埃
Poitou　普瓦图
Plignac　波利尼亚克
Pologne　波兰
Pomérainie　波美拉尼亚
Pomponne　蓬波纳
Pondichéry　本地治里
Pons　蓬斯
Pontchartrain　蓬夏特兰
Pontoise　蓬图瓦兹
Pope　波普
Popering　波普兰
Popoli　波波利
Porte　(土耳其)奥托曼政府
Portland-Bentinck　波特兰-本廷克
Portocarrero　波尔托加雷罗
Porto-Longone　波尔托・隆戈纳

Port-Royal 皇港
Portsmouth 朴次茅斯
Portugais 葡萄牙人
Portugal 葡萄牙
Potier 波蒂埃
Potosi 波托西(玻)
Pouget 普热
Poussin 普桑
Pragelas 普拉热拉
Prague 布拉格
Praslin 普拉斯兰
Praxitèle 普拉克西泰尔
Préaux 普雷奥
Privas 普里瓦
Procope 普罗科普
Protestants 新教徒
Provence 普罗旺斯
Provinces-Unies 荷兰联省
Prusse 普鲁士
Prussiens 普鲁士人
Pussort 皮索尔
Pyrénées 比利牛斯山

Q

Quesnel 凯内尔
Quesnoy 凯努瓦
Quilleboeuf 基耶伯夫
Quinault 基诺
Quinte-Curce 昆特-库尔斯

R

Raab 拉布河(奥-匈)
Rabelais 拉伯雷
Racine 拉辛
Ragotski 拉戈茨基
Rambouillet 朗布依埃
Ramillies 拉米利
Rantzau 兰特佐
Ranucci 拉努奇
Raphaël 拉斐尔
Rapin de Thoyras 拉潘·德·图瓦拉
Rastadt 拉施塔特
Ratisbonne 雷根斯堡
Ré 雷(岛)
Reggio 勒佐
Régnier 雷尼埃
Reims 兰斯
Renaud 勒诺
Renaudot 勒诺多
Réthel 雷代尔
Retz 雷斯
Revel 勒韦尔
Rhin 莱茵
Rhinberg 莱茵贝格
Rhinfeld 莱茵费尔德
Rhône 罗纳
Ricci (Matthieu) 利玛窦
Richelieu 黎世留
Rieux 里厄
Rio-Janeiro 里约热内卢
Robert 罗贝尔
Rochefort 罗什福尔
Rochefoucauld La 拉罗什富科
Rochester 罗彻斯特
Rocoux 罗库
Rocroi 罗克鲁瓦
Roemer 罗梅尔

Roger 罗歇
Rohan 罗昂
Romains 罗马人
Rome 罗马
Ronciglione 龙奇利奥纳
Ronsard 龙沙
Roquesante 罗克桑特
Rose 罗斯
Rosny 罗斯尼
Rospigliosi 罗斯皮利奥西
Rouen 鲁昂
Rouillé 鲁耶
Roupli 鲁普利
Rousse 鲁斯
Rousseau 卢梭,鲁梭
Roussillon 鲁西荣
Ruremonde 鲁尔蒙德
Russel 鲁塞尔
Russie 俄国
Ruvigny 鲁维尼
Ruyter 吕泰尔
Ryswick 里斯维克

S

Sacy 萨西
Sagonte 萨贡特
Saint-Aignan 圣埃尼昂
Saint-Antoine 圣安托万
Saint-Augustin 圣奥古斯丁
Saint-Cloud 圣克卢
Saint-Cyr 圣西尔
Saint-Denis 圣德尼
Saint-Denys 圣德尼
Saint-Dominique 圣多米尼克
Saint-Evremond 圣埃弗雷蒙
Saint-Fargeau 圣法尔若
Saint-Frémont 圣弗雷蒙
Saint-Germain 圣日耳曼
Saint-Gervais 圣热尔韦
Saint-Gothard 圣哥大
Saint-Hilaire 圣伊莱尔
Saint-Jean-de-Luz 圣让-德吕兹
Saint-Jérôme 圣哲罗姆
Saint-Louis 圣路易
Saint-Malo 圣马洛
Saint-Marin 圣马兰
Saint-Mars 圣马尔斯
Saint-Médard 圣梅达尔
Saint-Olon 圣奥隆
Saint-Omer 圣奥梅尔
Saint-Paul 圣保罗
Saint-Paul de Loudres
卢尔德的圣保罗
Saint-Pierre 圣彼得
Saint-Pierre d' Arène
圣皮埃尔达雷纳
Saint-Quentin 圣康坦
Saint-Réal 圣雷阿尔
Saint-Sébastien 圣塞巴斯蒂安
Saint-Sulpice 圣絮尔皮斯
Saint-Venant 圣韦南
Saint-Chapelle 圣夏佩尔
Sainte-Croix 圣克鲁瓦
Sainte-Genevièvre 圣女日尼薇
Sainte-Marie la Neuve 新圣玛丽
Sainte-Thérèse 圣泰蕾丝
Saintonge 圣东日
Salamanque 萨拉曼卡
Sale 塞尔

Salins 萨兰
Salluste 撒路斯特
Salm 萨尔姆
Saltzbach 萨尔茨巴赫
Saluces 萨卢斯
Salvago 萨尔瓦戈
Sambre 桑布尔
Santerre 桑泰尔
Saragosse 萨拉戈斯(萨)
Sarah Jennings 萨拉・詹宁斯
Sardaigne 撒丁(岛)
Sar-Louis 萨尔-路易
Sarrasins 萨拉森人
Sarragose 萨拉戈斯
Sault 索尔
Saumur 索米尔
Saverne 萨韦尔纳
Savoie 萨伏依
Savoie (Charles-Emmanuel) 萨伏依(夏尔・埃马努埃尔)
Savoie (Victor-Amédée) 萨伏依(维克托・阿梅代)
Savonnerie 萨沃内里
Saxe 萨克森
Scarpe 斯卡尔普
Scarron 斯卡龙
Sceaux 索
Schomberg 朔姆贝格
Scipion 西皮翁
Scot 斯科特
Scudéri 斯居代里
Sedan 色当
Séguier 塞吉埃
Seignelai 塞涅莱
Séjan 塞让
Sélim 塞利姆
Senef 塞纳弗
Senez 塞奈
Serre (de) 塞尔
Sévigné 塞维涅
Séville 塞维利亚
Sèvres 塞夫勒
Sfondrate 斯丰德拉特
Shenck 申克
Siam 暹罗
Sicile 西西里
Sintzheim 辛茨海姆
Sirot 西罗
Sivières 西维埃尔
Sixte-Quint 西克斯特五世
Smyrne 士麦拿
Soanen 苏瓦南
Sobieski (Jean) 索别斯基(约翰)
Socrate 苏格拉底
Soissons 苏瓦松
Solbaie 索尔贝
Soliman 苏利曼
Sommershausen 索默斯豪森
Sophocle 索福克勒
Sorbonne 索邦
Soubise 苏比兹
Spire 斯皮尔
Spirebach 施皮尔巴赫
Staffarde 施塔法尔德
Stair 斯泰尔
Stanhope 斯坦厄普
Steinkerque 施泰因刻尔克(德)
Stenai 斯特内
Stockholm 斯德哥尔摩
Stolhoffen 施托尔霍芬

Strafford　斯特拉福特
Strasbourg　斯特拉斯堡
Stuart　斯图亚特
Styrum　斯蒂罗姆
Suède　瑞典
Suisse　瑞士
Sulli　絮利
Sully　絮利
Sunderland　森德兰(英)
Suse　絮兹
Svammerdam　斯瓦梅尔丹
Swift　斯维夫特
Syracause　叙拉古
Syrck　西尔克

T

Tabor　塔博尔
Tacite　塔西佗
Tage　特茹河(Tejo)
Tallard　塔拉尔
Talon　塔隆
Tamerlan　帖木儿
Tamise　泰晤士
Tanaro　塔纳罗
Tanne　塔内
Tasse　塔索
Telemaque　忒勒马克
Temesvar　特梅斯瓦尔(罗)
Temple　坦普尔
Tencin　唐森
Tende　坦达
Ter　泰尔
Terre-Neuve　纽芬兰
Tessé　泰塞
Texel　特塞尔岛(荷)
Thann　塔恩
Théodore Trivulce
　西奥多尔·特里维尔斯
Thesée　提秀斯
Thianges　蒂昂热
Thiers　梯也尔
Thionville　蒂翁维尔
Thorn　桑恩
Thou　图(院长)
Thurloe　图尔洛
Tilli　蒂利
Tingmouth　丁格茅斯
Tingri Montmorenci
　坦格里·蒙莫朗西
Tirlemont　蒂尔勒蒙
Tite-Live　提图斯-李维
Tolède　托莱多
Tollhuys　托尔于伊
Tonquin　东京(安南)
Torci　托尔西
Torricelli　托里拆利
Torstenson　托尔斯唐松
Toscane　托斯卡纳
Toulon　土伦
Toulouse　图卢兹
Tournai　图尔内
Tournefort　图尔纳福尔
Tournon (Thomas-Maillard de)
　图尔嚢(托马-马亚尔·德)
Tours　图尔
Tourville　图尔维尔
Transylvanie　特兰西瓦尼亚(罗)
Trappe　特拉普
Trarbach　特拉尔巴赫

Trémouille 特雷穆伊
Trentin 特兰提诺
Trèves 特里尔(即 Trier)
Trianon 特里亚农
Tripoli 特里波利(黎),的黎波里(利)
Tromp 特龙普
Trompette 特隆佩特
Tronson 特隆松
Tuileries 土伊勒利(宫)
Tunis 突尼斯
Turenne 蒂雷纳
Turckheim 图尔克海姆
Turgot 杜哥
Turin 都灵(意)
Turquie 土耳其
Tyr 蒂尔(黎)
Tyrol 蒂罗尔(奥)

U

Urbain VIII 乌尔班八世
Ursins 于尔森
Ustariz 乌斯塔里
Utrecht 乌得勒支(荷)
Uxelles 于克塞勒

V

Valbelle 瓦尔贝尔
Valcour 瓦尔库尔
Val-de-Grâce 瓦尔德格拉斯
Valence 瓦朗斯(法)
Valence 瓦伦西亚(西)
Valence, Royaume de 瓦伦西亚王国
Valstein 瓦伦斯坦
Valenciennes 瓦朗西安
Valladolid 瓦利阿多里德
Van Beuning 范博伊宁
Vandales 汪达尔人
Vanderdussen 范德尔杜森
Van Galen 范加伦
Vanloo 范洛
Var 瓦尔
Vardes 瓦尔德
Varron 瓦龙
Vatican 梵蒂冈
Vatteville 瓦特维尔
Vauban 沃邦
Vaubonne 沃博纳
Vaubrun 沃布兰
Vaudemont 沃德蒙
Vaugelas 沃热拉
Vaux 沃(城堡)
Veillane 韦伊拉尼
Veldenz 韦尔登兹
Vendôme 旺多姆
Vénitiens 威尼斯人
Venloo 范洛
Vermandois 韦芒杜瓦
Verneuil 韦纳伊
Versailles 凡尔赛
Vervins 韦尔万
Vexin 韦格赞
Victor-Amédée ler 维克多-阿梅代一世
Vienne 维也纳
Vigo 维戈
Villars 维拉尔

Villa-Viciosa　维拉-维西奥萨
Villefranche　维尔弗朗什
Villeroi　维勒鲁瓦
Villette　维莱特
Villiers　维利埃
Vincennes　万森
Vire　维尔
Virgile　维吉尔
Vitruve　维特吕弗
Vittorio Siri　维托里奥·西里
Vivarais　维瓦雷
Viviani　维维亚尼
Vivonne　维沃纳
Voisin　瓦赞
Voiture　瓦蒂尔
Vossius　沃西于
Vrillières　弗里利埃
Vrangel　弗兰格尔

W

Waldeck　瓦尔德克
Walker　沃克
Waller　沃勒
Walstein　瓦伦斯坦
Warin　瓦兰
Weimar　魏玛
Wesel　韦塞尔
Westminster　威斯敏斯特
Westphalie　威斯特伐利亚(德)
Witt　维特
Worms　沃尔姆斯
Wrangel　弗兰格尔
Wurtemberg　符腾堡

X　Y　Z

Xativa　格扎蒂瓦
Ximénès　格齐梅纳
Yenne　伊埃纳
York　约克
Young-Khing　雍正
Ypres　伊普雷
Yssel　伊塞尔
Zampieri　臧皮里
Zanotti　扎诺蒂
Zapata　扎帕塔
Zappi　扎皮
Zell　策尔
Zenta　曾塔(南)
Zinzendorf　青岑多夫
Zoïle　佐伊尔
Zoroastre　琐罗亚斯特
Zuiderzée　须得海
Zutphen　聚特方
Zwingle　茨温利

译后小记

本书参照几种法文版本译出。这些版本除有作者自注之外，还各自对书中谈到的一些史实和人物加以注释。这类注释夹叙夹议，观点互异。翻译本书时，只译出作者自注，其他注释一律略去。

在翻译过程中，南京大学赵俊欣教授曾经予以帮助，现谨向他表示衷心的感谢。翻译本书第1、2、29及第39章时，曾参考已经发表在《法国史通讯》上的这些篇章的译文。现也向这些译文的译者吴兴华教授和校者张芝联教授致谢。

翻译本书的分工为：吴模信负责译第1—24章及第39章；沈怀洁负责译第25—34章；梁守锵负责译第35—38章，郑州大学王明元同志也协助了本书第35—38章的翻译工作。吴模信负责总校全书。

译者法、汉语水平不高，历史知识贫乏，译文难免有错，敬希读者不吝指出。

译　者

1981年1月

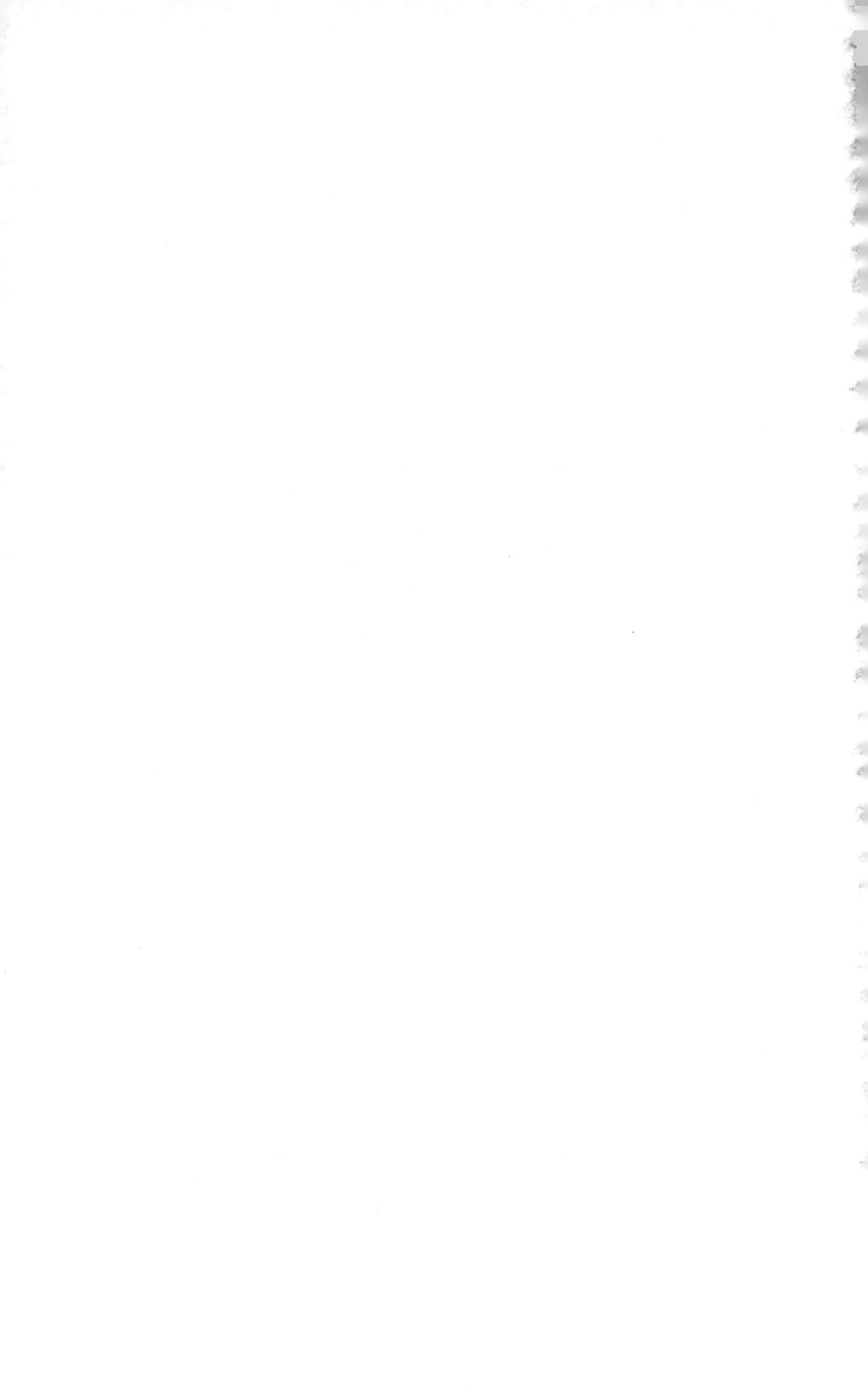

图书在版编目(CIP)数据

路易十四时代/(法)伏尔泰著;吴模信,沈怀洁,梁守锵译.—北京:商务印书馆,2017
(汉译世界学术名著丛书:120年纪念版:珍藏本)
ISBN 978-7-100-14284-7

Ⅰ.①路… Ⅱ.①伏… ②吴… ③沈… ④梁… Ⅲ.①法国—中世纪史 Ⅳ.①K565.3

中国版本图书馆CIP数据核字(2017)第141200号

汉译世界学术名著丛书
(120年纪念版·珍藏本)
路易十四时代
〔法〕伏尔泰 著
吴模信 沈怀洁 梁守锵 译
吴模信 校

商 务 印 书 馆 出 版
(北京王府井大街36号 邮政编码100710)
商 务 印 书 馆 发 行
北京通州皇家印刷厂印刷
ISBN 978-7-100-14284-7

2017年12月第1版 开本710×1000 1/16
2017年12月北京第1次印刷 印张40¾
定价:202.00元